대한민국게임총서 12

C O N T E N T I N D U S T R Y

4차 산업혁명과 스마트 경제하에서의

콘텐츠 산업의 이해

권택민 지음

한국게임학회 Korea Game Society
홍릉과학출판사

들어가면서

콘텐츠 산업을 둘러 싼 생태계의 변화는 一初新又一初新하고 있다. 지난 2015년 "디지털미디어와 콘텐츠 산업의 이해"라는 제하로 처음 발행한 후, 산업 환경이 급속히 변화되는 모습을 보면서, 빠른 시간 내에 개정판을 써야 한다는 부담감에 늘 마음이 무거웠다.

지난 10여 년 간 여러 대학과 대학원에서 강의를 하면서 늘 느꼈던 것이, 콘텐츠 산업의 이해를 위해 공학, 예술학과 스토리텔링 등 문학 등 다른 학문적 측면에서의 접근을 통해 산업을 해석하고 교육하는 다양한 교재가 만들어졌으나, 경영학적 · 경제학적 관점에서 산업을 이해하고, 공부할 수 있는 교재가 없음을 안타깝게 생각하였다. 그런 안타까운 마음을 담아 다소 부족함이 있더라도 지난 10여 년 간 강의해 오던 내용들을 중심으로 교재로 만들어 제공하는 것이 콘텐츠나 통신 산업에서 30여 년간 종사해 온 나로서의 최소한의 도리이자 의무란 생각에 이 책을 낸다.

제4의 물결, 이로 인하여 사회 전반의 시스템에 혁신적, 파괴적(Disruptive) 변화 현상이 일어나고 있다. 첫째, 서로 단절되어 있던 분야들이 경계를 넘어 분야 간 융 · 복합을 통해 발전해나가는 '기술혁신'의 패러다임이 전개되어 궁극적으로 스마트 홈, 스마트 공장, 스마트 농장 또는 스마트 시티 등 사회전반의 스마트 화는 인류의 사회, 산업 및 경제 체제 등 모든 분야에 큰 변화를 유발할 것이다. 둘째, 제조업이 정보통신기술(ICT)과 융합됨에 따라 제조업의 경쟁력과 효율성이 제고되어, 리쇼어링(reshoring), 맞춤형 소량생산, 소규모 자본으로 생산이 가능한 공정의 혁신, 자동화, 노동대체 기술의 발전, 그리고 온디맨드(On-Demand) 플랫폼 비즈니스 확대 등의 산업구조적인 패러다임 변화가 빠르게 진행될 것이다. 셋째, 사물 인터넷(IoE: Internet of Everything)과 소셜 미디어 등으로 인간의 모든 행위와 생각이 클라우드(Cloud)에 빅 데이터(Big Data)의 형태로 수집, 축적, 활용되고, 만물 초 지능, 즉 인공지능이 모든 것과 결합되어, 수집된 빅 데이터가 해석되고, 이를 바탕으로 사물을 자동적, 기능적으로 제어함으로써 맞춤형 예측 서비스가 제공될 것이다. 마지막으로 실재(Reality)와 가상(Cyber)이 통합되는 사이버-물리 시스템(CPD: Cyber-Physical System) 혹은 O2O(Online to Online)는 공유경제로의 이행을 촉발시킬 것이다.

이러한 혁신적 변화의 가운데서 콘텐츠 산업이 나아가야 할 길은 어디인가? 단말 측면에서의 웨어러블(Wearable), 히어러블(Hearable), 인체를 활용한 단말 등 한계가 없는 다양한 단말의 등장, 5세대 통신망이라 불리는 IMT-2020(International Mobile Telecommunication 2020), 기존 4세대 망인 LTE(Long Tern Evolution) 대비 30배 빨라지게 되고, 사물 인터넷을 통한 다양한 정보 수집, 가공 등과 이들 정보가 인공지능을 활용해 해석되는 등의 지능화(Context Awareness), 증강현실, 가상현실, 홀로그램 등과 같은 다양한 실시간(real-time) 인터랙티브(interactive) 멀티미디어 콘텐츠, 5감을 만족시켜 주는 콘텐츠 서비스로의 변화 등 생태계는 앞으로 10년을 예측할 수 없을 정도로 혁명적 변화가 일어날 것이다.

대학(원)에서 콘텐츠 산업에 대해 공부하고자 하는 학생들이나 콘텐츠 산업의 전후방 산업에 종사하는 사람들, 산업의 미래를 예측하고, 사전적으로 대비코자 하는 사람들, 혹은 우리나라의 신 성장 동력 산업으로 콘텐츠 산업의 정책이나 전략을 수립하고자 하는 사람들에게 조금이라도 도움이 될 수 있다면, 나의 노력이 보상을 받는 것일 것이다. 이제 다시 산업의 현장으로 돌아가서 그 간 고민했던 것들을 현장과 접목시켜 지난 30여 년 동안 사회로부터 받았던 혜택에 대해 조그마한 보답이라도 해야겠다는 생각을 가져본다.

2017년 새 봄에

차 례

CHAPTER 01 사회의 변화와 기초 이론 고찰

CHAPTER 02 콘텐츠와 콘텐츠 산업의 이해

차 례

차례

그림차례

표차례

차 례

CHAPTER 01

사회의 변화와 기초 이론 고찰

제1절 산업 이해를 위한 이론 고찰

사회나 산업에서 발생하는 여러 사회·문화·기술적 변화의 현상들은 일정한 방향성과 시간적 지속성을 가진다. 따라서 사회·문화·기술의 변화를 촉발하는 현상인 트렌드를 이해하고, 미래의 변화 요소를 파악한다는 것은 빠르게 변화하는 현상의 중심에서 미래 변화를 대비할 수 있는 기회를 가질 수 있고, 더불어 미래의 시간 점유율을 선점한다는 점에서 매우 중요하다고 할 수 있다.

이러한 관점에서 콘텐츠 산업을 이해하기 위해 산업의 등장 배경과 더불어 콘텐츠 산업을 둘러싸고 있는 전후방 및 관련 산업의 다양한 구성 요소들의 변화에 대한 생태계적 관점에서의 이해를 선행하는 것이 매우 중요하다 할 것이다. 즉 소비자, 단말기, 플랫폼, 네트워크, 앱(App.)이나 웹(Web) 측면에서의 서비스 등 생태계를 구성하고 있는 다양한 구성 요인들의 변화에 대한 이해가 필요하며, 이러한 생태계 구성 요소 변화 요인 및 현상의 이해를 위해서는 경영학, 경제학, 예술학, 소프트웨어 및 정보통신 공학, 문학 등 다(多)학문적 관점의 이론적 고찰을 진행하는 것이 타당할 것이다.

콘텐츠 산업에 대해 학문적으로 접근하는 방법으로는 경영경제학과 문학 혹은 예술학, 공학 등 다양한 접근 방법과 더불어 생태계를 구성하고 있는 소비자, 네트워크, 플랫폼, 미디어 그리고 콘텐츠 자체의 변화 등 전후방 산업에 대한 트랜드와 정부의 정책, 관련 기술 및 시장의 변화를 이해하는 것이 필요하다.

그림 1-1 콘텐츠 산업의 이해를 위한 프레임워크(Framework)

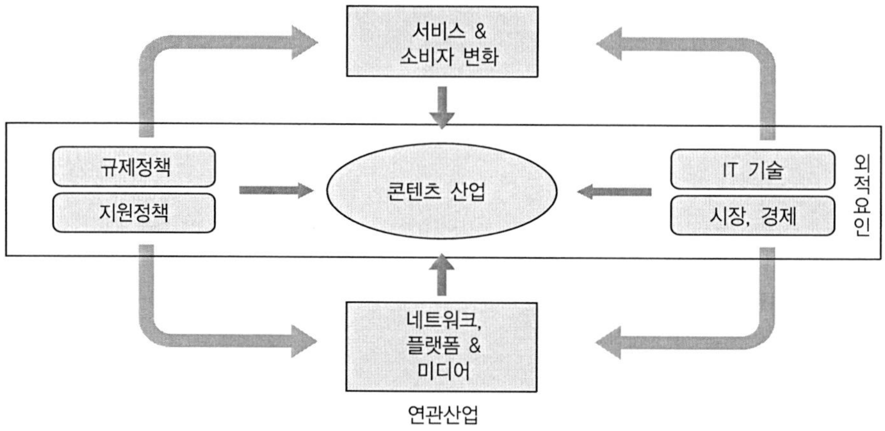

일반적으로 전방산업은 고객(이용자) 측면에 가까운 산업 군을 말하며, 후방산업은 제공자, 즉 공급자 쪽에 가까운 산업을 의미한다. 이러한 관점에서 볼 때, 콘텐츠 산업의 전방 산업은 단말기, 서비스 플랫폼(운영체계, 서비스 등) 그리고 네트워크(Network) 등으로 구성되어 있고, 후방 산업은 콘텐츠의 제작 및 생산과 관련된 기획, 스토리, 저작툴/ 그래픽/ 보안 등의 소프트웨어(Software)등과 관련된 산업 및 소비자(이용자)로 구성되어 있다.[1)] 이러한 전후방 산업들은 콘텐츠 산업 전반의 생태계를 구성하고, 서로 밀접한 관계를 형성하면서 발전해 가고 있다.

정보통신기술(ICT: Information and Communication Technology)의 발전과 이들 기술이 개별 산업에 적용되어 짐에 따라 나타나는 상호 융합을 통한 새로운 서비스, 제품, 사업모델의 탄생 등의 현상이 발생하게 되는데, 이를 일컬어 디지털 컨버전스(Convergence)라 하는 바, 이러한 디지털 융·복합(Digital Convergence) 현상은 새로운 형태의 산업 패러다임 변화를 유발하고, 개별 산업의 부가가치를 증대시키고, 융합을 통한 새로운 산업을 지속적으로 창출시키고 있다. 특히 서비스나 산업 간 경계가 사라지고, 산업 내 혹은 산업 간 발생되고 있는 다양한 형태의 산업 구조 변화 현상을 고려할 때, 이러한 현상의 변화에 직면한 기업 혹은 서비스 제공자들에게는 생존과 성장을 위해 그들을 둘러싼 경영 환경의 복잡성이나 해당 서비스, 제품, 혹은 산업 내에서의 전략적 포지셔닝(Positioning) 등 다양한 전략적 선택과 변화의 중요성이 점차 커져가고 있다.

1) 참고 : 산업 생태계 이론 측면에서 학자에 따라 더 세분화된 산업 생태계 구성을 주장하는 이도 있으나, 여기서는 상기 구성 요소를 중심으로 생태계 변화를 살펴볼 것이다.

콘텐츠 산업의 이해 및 지속가능한 발전을 위한 요소들에 대한 이해를 위해 본서에서는 경제, 경영학점 관점에서 사회의 변화, 이를 촉발 시키는 네트워크 이론, 가치사슬 및 생태계 이론, 망 외부성 이론, 메칼프의 법칙 등 다양한 기초 이론에 대해 선제적으로 고찰해 보고, 나아가 생태계를 구성하는 전후방 산업의 변화 양상을 살펴보고자 한다.

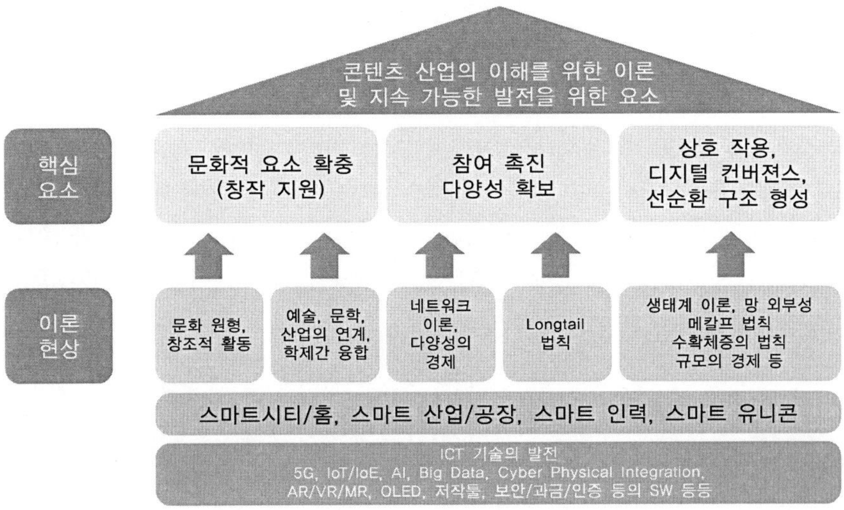

1 네트워크 경제

네트워크 경제(networked economy, economy of network)란 특정 산업이나 서비스 네트워크에 이용자가 추가로 참여할 때, 비용은 추가되지 않으면서도 한계 이익(marginal profit)[2]이 더 커질 수 있는 경제 현상을 일컫는 용어이다. 네트워크 경제 하에서는 사용자 수가 늘어나면 날수록 시장의 가치가 기하급수적으로 증가하는 특성을 가진다. 다시 말해 네트워크 경제 현상 하에서는 네트워크의 규모가 커질수록, 즉 특정 서비스나 상품을 소비하는 소비자나 이용자의 규모가 커지면 커질수록 네트워크의 가치가 증가하는 네트워

2) 한계이익 : 매출액에서 변동비를 차감한 것을 일컫는 것으로, 한계 이익에서 고정비를 차감하면 이익이 된다. 즉, 고정비는 항시 고정되어 있어 통제 불가능한 경비로, 예를 들면, 고정비가 단가 5,000원인 제품의 경우, 10개를 판매할 때나 100개를 판매할 때나 400,000원으로 일정하다고 가정할 때 판매 수량이 10개 정도로 저조할 때는 350,000원의 적자가 발생하게 된다. 이것이 판매 수량이 증가함에 따라 점점 적자 폭이 줄어들다가 판매량이 80개가 되는 시점에서는 수지가 균형을 이뤄 손익은 0가 된다. 그리고 그 이후에는 판매 수량에 비례해서 이익이 발생하여 점차 증가하는 구조가 되는 것이나, 변동비는 100개 판매 시와 101개 판매 시 서로 상이해지는 구조로, 다시 말해 1단위 증가할 때마다 추가적으로 발생되는 비용 구조를 말한다.

크 효과(Network Effects)가 작용하게 된다. 이러한 현상을 설명하는 이론으로 망 외부성(Network Extenality)과 메칼프의 법칙(Metcalfe's law). 수확체증의 법칙(increasing Returns of Scale) 등이 있다. 이러한 다양한 이론적 현상이 발생되는 네트워크 경제 하에서는 초기에 시장을 선점하기 위해 치열하게 경쟁해야 하는 상황이 되는 반면, 일단 경쟁에서 우위가 결정되면, 우위를 점한 기업이 산업에서 발생되는 대부분의 이익을 독과점적으로 향유하게 되는 특성을 갖는다. 인터넷이 발달하게 되면서, 다양한 경제 주체들이 상호 연결되게 되고, 상호 연결된 경제 주체들은 상호 작용을 통해 막대한 가치를 창출해 나가는 등 네트워크 경제의 다양한 현상이 나타나고 있다.[3)]

네트워크 효과는 미국 경제학자 하비 라이벤스타인(Harvey Leivenstein)이 소개한 개념으로, '특정 서비스나 상품에 대해 어떤 소비자의 수요가 다른 소비자들의 수요에 의해 영향을 받는 것'을 설명하는 이론으로, 일단 어떤 상품 혹은 서비스에 대한 수요가 형성되면 이것이 다른 사람들의 상품 혹은 서비스의 선택에 큰 영향을 미치는 현상이 나타나게 되는 것을 의미한다. 즉, 특정 제품을 사용하는 소비자가 많아질수록 더 많은 소비자를 유인하게 되고, 이에 따라 해당 상품의 가치가 더욱 높아지는 현상인 '망 외부성'(network externality)과 유사한 의미로 사용되는 경제학적 개념이다.

예를 들면 현재 국내에서 이동통신서비스를 제공하는 사업자 3개사(단, 알뜰폰 혹은 이동통신재판매사업자(MVNO: Mobile Virtual network Operator 제외)가 이동통신 서비스를 제공 중에 있다. 만일 이들 사업자 망(Network) 간 상호접속[4)]이 이루어지지 않아 서로 상대편 가입자와 통화나 데이터 연결이 되지 않는다고 가정할 경우, 새로이 이동통신을 이용하고자 하는 가입자(이용자)는 자신과 많은 통화가 필요로 하는 사람이 사용하는 통신사업자의 서비스에 가입할 수밖에 없을 것이다. 이처럼 이동통신사업자들의 서비스 차별화나 요금 경쟁 등의 망 내부적 요인 보다는 서비스를 이용하고 있는 다른 소비자들의 수요가 새로운 가입자를 유인하게 되는 것을 망 외부성 효과라 한다.

네트워크 효과(외부성)는 직접적인 효과와 간접적 효과로 구분할 수 있는데[5)], 직접적인 효과는 네트워크 자체 크기에 의해 고객의 효율성과 이익이 결정되는 효과를 말하며, 간접 효과는 보완제(complementary goods) 또는 보완 자산(complementary assets)에 의해 발생하게 되는 효과로, 보완재를 제공하는 업체의 경우, 보다 큰 고객 네트워크 구조를 지닌 기업 혹은 서비스 위주로 보완재를 제공하고자하는 동기요인이 커지고, 고객의 입장에서는 양질의 보완재를 선호하게 되어, 정(正)의 피드백 효과로 네트워크 크기가 확장하는

3) 출처 : Laudon, Kenneth C, Jane P. ≪Management Information Systems 12/E: Managing the Digital Firm P.138≫ Pearson Education Asia.

4) 상호접속 : 개방형 시스템에서 망이 서로 다른 경로에서 데이터가 이동하는 곳이 어느 곳이든, 보내는 사람이 누구이든, 누구에게 필요하며, 어떤 물리적 매체가 사용되든 상관없이 데이터가 이동할 수 있게 망(Network) 간에 서로 연결하는 것.

5) 출처 : Katz & Shapiro, 1985.

선순환구조를 갖게 되는 경우를 보인다.

사례로 애플이 아이포드(iPod)라는 기기의 성공을 이끌 수 있었던 것은 간접 네트워크 효과를 극대화하기 위해 아이튠즈(iTunes)를 통한 저가 MP3 파일을 제공하는 보완재 역할이 주효했기 때문이다. 또한 생산자 입장에서는 '네트워크 효과'로 인해 생산 규모가 커질수록 비용이 줄어드는 효과를 누릴 수 있다. 즉, 이용자의 수가 증가하면 할수록 규모의 경제에 의해 생산비는 낮아지고, 매출은 더 많이 증가한다. 이러한 네트워크 효과를 발생시키게 되는 것은 기술 발전에 기인하는 것인데, 기술 발전이 이루어지면 생산비용이 절감되어 재화의 시장가격을 인하하는 효과를 가져 올 수 있게 된다. 즉, 기존에 제공하던 서비스나 제품보다 가격은 싸지만 재화의 성능은 향상되게 됨에 따라 더 많은 소비자들을 시장으로 끌어들이고, 재화의 유용성도 높여 '네트워크 효과'를 발생시키게 된다.

반면 특정 제품과 서비스를 이용하는 사람이 많을수록 그 사용가치는 더욱 높아지지만, 동일 종류의 소비를 하는 사용자들이 많아지면 도리어 사용가치가 저하되는 역 현상이 발생할 수 있다. 이는 개인이 필요로 하는 소비에 부하(負荷, load)를 증대시키기 때문이다. 즉, 개인의 소비에 부하를 증대시키는 다른 사용자보다는 개인의 소비에서의 부하를 줄여주는 다른 사용자들이 많을수록 '네트워크 효과'는 증대된다. 이는 네트워크 경제 하에서는 편승 효과(bandwagon effect)와 속물 효과(snob effect)라는 이론으로 설명될 수 있다. '편승 효과'는 많은 사람들이 사는 물건이라고 하면 필요 여부에 상관없이 따라 사는 소비심리를 이용하는 것이고, '속물 효과'는 남들이 많이 사는 것은 오히려 구입하기 싫어하는 소비심리를 이용한 것인데, 예를 들어 여성복의 경우 동일한 디자인의 옷을 입은 사람이 많을수록 해당 디자인의 옷에 대한 수요가 감소하게 되는 등의 소비자 부하가 부의 피드백 효과(負, Negative Feedback Effect)로 나타나기도 한다.

메칼프의 법칙은 '통신망 사용자 혹은 가입자에 대한 효용성을 나타내는 망의 가치는 대체로 사용자(가입자) 수의 제곱에 비례한다.'는 이론이다. 즉 사용자는 산술적으로 증가하는데 비해 네트워크의 가치는 기하급수적으로 증가하는데(Arthur, 1996), 이는 수확체증의 법칙과 유사한 의미를 갖는다. 수확체증의 법칙이란 '투입된 생산요소가 늘어나면 늘어날수록 산출량이 기하급수적으로 증가하는 현상'을 말한다. 즉, 투입된 생산요소가 늘어나면 늘어날수록 산출량이 기하급수적으로 증가하는 현상을 설명하는 이론이 메칼프의 법칙인데, 메칼프 법칙의 특징 중 하나로, 특정 기업이나 기술이 고객 네트워크에서 임계수준을 넘어가게 되면, 초기의 승자가 오랜 기간 그 시장을 장악하면서 높은 이윤을 향유하게 되고, 나머지 기업은 생존조차 힘들어지는 현상이 나타난다. 이와 같이 메칼프의 법칙이 나타나는 현상에서는 초기의 승자가 경쟁의 주도권을 쥐게 되고, 시장 선점 우위를 향유함으로써 후발 사업자와 신규 진입 경쟁자에 대한 진입 장벽을 높이고, 지배적 사업자가 이윤을 독식하는 승자 독식 현상(Winner takes all)이 나타나게 된다.[6]

6) 출처 : Shapiro & Varian, 1999

대표적으로 네트워크 경제의 특성이 가장 잘 나타나는 산업분야가 소프트웨어나 콘텐츠 서비스 등의 산업이다. 예를 들어 애니메이션이 만들어져 A 방송 채널에서 방영하고, 나아가 이를 B, C, D, E 방송 채널 등 더 많은 방송 채널에서 방송을 할 경우, 추가적인 매출을 발생시킬 수 있으나, 추가적으로 소요되는 비용, 즉 한계 비용은 거의 들지 않고, '0(Zero)'에 가깝게 된다.

또 다른 예로 온라인 게임 산업에서 2015년 이후 상당기간 지속적으로 PC방 점유율 30%이상 유지하고 있는 라이엇게임즈(Riot Games)에서 개발한 다중역할수행게임(MMORPG)[7]인 리그오브레전드(LoL, League of Legend)의 경우, 시장 선점하여 지속적 매출 확대가 이루어지고 있을 때, LoL 게임을 통하여 경쟁하기를 원하는 다른 사용자를 끌어들이게 되고, 게이머들은 자신이 게임에 투자한 시간에 비례하여 획득하게 되는 아이템들이 쌓여가게 됨에 따라, 그 게임을 그만두고 다른 게임으로 쉽게 떠날 수 없게 되는(Lock-in Effect) 등 해당 게임의 사용자의 수가 기하급수적으로 증가하는 현상으로 보이게 된다. 반면, 후속적으로 동일한 장르의 게임으로 경쟁하고자 시장에 참여하는 게임의 경우 현재 LoL 게임을 사용하고 있는 사용자들을 자신의 게임으로 이전(Churn out) 시키기 위해서 더 많은 자원과 마케팅 노력을 경주하여야 하고, 설사 자원을 더 많이 투여한다하더라도 경쟁 게임을 이길 수 없는 상황이 벌어지게 된다. 이렇듯 시장에서 성공한 기업이나 서비스는 지속적으로 성장하는 반면 실패한 혹은 후발적으로 시장에 참여한 서비스나 기업의 경우 동일한 산업 혹은 동일한 서비스로는 성공하기가 어렵게 된다. 이는 앞서 기술한 바와 같이, 선두위치에 놓인 기업이 경쟁기업에 비해 경쟁우위를 더욱 강화시키는 정(正)의 피드백 효과(Positive Feedback Effect)와도 연계된다.

따라서 네트워크 경제 하에서는 지배적 사업자와 후발 사업자 간에는 서로 다른 경쟁전략이 요구된다. 특정 시장이나 특정 산업에 새로이 참여하고자 하는 비지배적 사업자의 경우, 기존에 구축되어 있는 시장 지배적 사업자의 간접적인 네트워크의 영향력을 줄이고, 파괴적 혁신을 통해 자신의 직접적인 네트워크 효과를 발현케 함으로써 자신의 영향력을 확대하는 노력을 경주함으로써, 새로운 경쟁적 환경을 조성하고, 시장 혹은 산업에서의 지배력을 확보하고자 하는 전략을 구사해야 한다. 반면 기존에 특정 시장이나 산업에서 지배적 지위를 누리고 있는 지배적 사업자의 경우 기존의 지배적 지위를 가져 오게 한 역량을 강화하고, 그 역량을 활용하여 이미 구축한 자산으로 간접 네트워크 효과를 확대하는 점진적 혁신 전략을 수립, 시장 지배력을 가속화시키는 전략으로 나가야한다.

---

7) MMORPG(Massive Multiplayer Online Role Playing Game : 게임 속 등장인물의 역할을 수행하는 형식의 게임인 RPG(Role Playing Game)의 일종으로, 온라인으로 연결된 다수의 사용자가 같은 공간에서 동시에 즐길 수 있는 게임

트립사스(Mary Tripsas) 하버드대 교수는 네트워크 경제 하의 경쟁 환경에서 승리하기 위해서는 첫째, 투자행위, 둘째, 기술적 역량, 셋째, 보완자산을 통한 전유성(appropriability) 측면에서의 다양한 고려를 선행해야 할 필요성을 이야기하고 있다. 투자행위나 기술적 역량 측면에서 지배적 사업자의 경우 신규 사업에 투자할 동인(Drive)이 부족하게 되고, 기술적 역량 측면에서는 경로 의존성(Path-dependency)[8] 현상에 의존적이 되면서, 의사결정 및 자원 배분에 있어 새로운 기술이나 제품, 서비스를 창출하고자 하는 자원과 능력(R&C, Resources and Capability)을 발현하는데 장애물로 작용하게 된다(Nelson & Winter, 1982). 이러한 현상은 후발적 시장 참여자 혹은 신규 사업자나 경쟁자로 하여금 경쟁 환경에서 급진적인 변화를 가져올 수 있는 기술, 즉 파괴적 기술의 등장을 촉발하게 되어 지배적 사업자에게 있어 위협으로 작용하게 되는 원인이 된다.

표 1-1 네트워크 경제 하에서 시장의 경쟁적 지위에 따른 혁신 유형과 경쟁전략[9]

<table>
<tr><td rowspan="2">네트워크 효과 유형</td><td>직접</td><td>친지 네트워크 활용으로 인한 차별화 전략 추구로 전세 역전 가능성
→ 파괴적 혁신과 점진적 혁신의 경쟁 구도 형성</td><td>기존의 네트워크를 활용한 고객의 충성도 확보
→ 파괴적 혁신과 점진적 혁신의 경쟁 구도 형성</td><td>후발 사업자는 파괴적 혁신과 함께 신속한 시장 진입을 추구하여 직접 네트워크 효과를 활용한 초기 선점 효과를 누림.</td></tr>
<tr><td>간접</td><td>역전 가능성 희박
→ 파괴적 혁신 ≪ 점진적 혁신</td><td>정의 피드백 효과로 인한 수확체증이 발생하여 지속적 우위 향유
→ 파괴적 혁신 ≪ 점진적 혁신</td><td>지배적 사업자는 간접 네트워크를 활용한 점진적인 혁신으로 소비자의 혜택이 네트워크 전체로 발현되도록 하고, 이는 선순환 구조로 인한 수확 체증이 발생, 지속적인 시장 지배력을 확보하게 됨.</td></tr>
<tr><td colspan="2" rowspan="2"></td><td>후발사업자</td><td>지배적 사업자</td><td rowspan="2">경쟁 구도의 결과</td></tr>
<tr><td colspan="2">시장의 경쟁적 지위</td></tr>
</table>

일반적으로 신규 산업 혹은 시장에서 후발(신규) 사업자가 시장을 확대하기 위해서는 파괴적 혁신과 조속한 시장 진입 전략이 필요한 바 이에 대해 살펴보자. 일반적으로'기술혁신'이라 함은 '동일한 생산 요소의 투입량으로 보다 많은 생산물의 산출을 가능하게 하

8) 경로의존성 : 법률이나 제도, 관습이나 문화 그리고 과학적 지식이나 기술에 이르기까지 인간사회는 한번 형성되어 버리면 그 후 외부로부터의 다양한 쇼크에 의해 형성 시에 존재한 환경이나 여러 조건이 변경되었음에도 불구하고 종래부터의 내용이나 형태가 그대로 존속할 가능성이 있다. 이와 같이 과거의 하나의 선택이 관성(inertia) 때문에 쉽게 변화되지 않는 현상(출처 : 21세기 정치학 대사전)

9) 출처 : 네트워크 경제하에서의 혁신과 경쟁 전략에 대한 기반 연구, 안광준 외, 기술혁신학회지 제11권 2호, 2008.6.

거나, 신종 재화나 서비스를 생산 가능하게 하는 생산 기술의 개량'이라는 결과를 가져오는 현상을 말한다. 기술과 관련된 경영과 경제학적 문제를 다루는 학문인 기술경영경제학의 창시자라 할 수 있는 슘페터(Schumpeter, J. A.)는 미래 성장을 위한 기술 혁신의 중요성을 강조하였는데, "혁신가들은 미래를 보는 눈을 가지며, 변화에 대한 장애를 극복하는 용기와 능력을 지님으로써 혁신을 성취하여 경제 성장의 원동력을 이룬다."고 하였다. 기술혁신은 기술의 발전뿐만 아니라 새로운 시장의 개척, 상품 공급방식의 변경 등 경제에 충격을 주어 변동을 야기시키고, 이것에 의해 끊임없는 이윤 동기를 낳게 한다. 일반적으로 기술혁신은 설비 투자의 확대를 수반하여 호황을 가져오고, 노동 생산성을 향상시키며, 새로운 제품이 보다 질 좋고 값싸게 생산되어지는 새로운 산업의 성립과 기존 산업에 변혁을 일으키게 함으로써 수요 구조와 패턴을 변화시킨다. 그러므로 기술혁신은 자본주의 경제 발전의 원동력이라 할 수 있다.[10)]

2000년대 들어오면서 기업 경영과 기술 혁신과 관련된 수많은 연구 중에서 파괴적 혁신 기술(Disruptive Innovation Technology)이란 개념이 경영학자인 크리스텐센(Clayton M. Christensen) 교수에 의해 1997년에 쓴 저서 "혁신 기업의 딜레마(The Innovator's Dilemma)"를 통해 처음 소개되었는데, 그는 기업이 추구하는 혁신을 크게 존속적 혁신(sustaining innovation)과 파괴적 혁신(disruprive innovation)으로 구분하고, 독창적인 아이디어와 기존에 없던 새로운 개념을 제시할 수 있는 파괴적 혁신의 중요성을 강조한 바 있다. 또 시장을 주도하는 회사일수록 게임을 바꾸는 변화를 끌어낼 수 없다고 주장하였는데, 실제로 컴퓨터 산업(메인프레임에서 PC로), 통신산업(유선에서 무선으로), 사진 산업(필름에서 디지털로) 등에서 발생되어 온 변화와 이러한 산업들에서 기존 산업에서의 주도적 기업들이 몰락한 것은 해당 기업들의 경영의 잘못이나 실수의 문제가 아니라 새로운 고객들과 시장을 통해 커지는 가장 파괴적인 혁신(disruptive innovation)을 외면하였던 것이 패착으로 작용한 것이라 주장하였다.

이러한 의미에서 파괴적 혁신 기술이라 함은 기존 산업 뿐 아니라 다른 산업 심지어 소비자에 이르기 까지 시장 참여자 모두에게 영향을 미치는 파급 효과가 큰 기술이다. 파괴적 혁신 기술을 설명할 때, 첫째, 기존 산업의 경쟁 질서를 변경하거나 생태계의 변화를 유발시키고, 둘째, 타 산업에 영향을 주어 산업 간 경계가 모호해지고 산업 간 융·복합 현상을 발생시켜 새로운 서비스나 산업을 형성시키고, 셋째, 소비자 행동이나 사고를 변화시켜 새로운 시장, 새로운 사업을 창출하여 일반 소비자는 물론 정부나 기업의 정책, 규제, 행태 모두에 변화를 유발시키게 되는 기술적 특성을 갖는 현상을 일으키는 기술을 말한다.

2000년대 들어 가장 큰 변화 중의 하나로 애플에 의한 파괴적 혁신 사례를 들 수 있다. 2007년 애플사의 iPhone이 등장한 이후 본격적으로 시장이 형성된 스마트 폰의 경우,

---

10) 출처 : 네이버 지식백과, Basic 고교생을 위한 정치경제 용어사전, 2002. 9. 25. 신원문화사

2013년 일반 휴대폰 수요를 추월(스마트 폰 9.2억대, 비중 50.1%)하게 되었으며, 이동통신사(Mobile Carrier) 중심의 가두리(Walled Garden) 시장을 형성해 왔던 콘텐츠 서비스 시장을 단말기 제조사(애플) 주도의 개방형 시장을 만듦으로써 시장 개방화, 산업의 패러다임 변화, 새로운 형태의 서비스(앱과 앱 마켓), 정부의 규제 제도 등을 변화시켜 콘텐츠로부터 소비자에 이르는 전체 생태계에 혁신적 변화를 유발하였다.

지배적 사업자의 입장에서는 시장에 새로운 기술로 파괴적 혁신을 이끌어 경쟁구도를 뒤집으려는 후발 사업자의 시도에 맞서, 이미 구축하고 있는 고객 네트워크를 통해 발생되는 직, 간접 네트워크 효과를 최대한 활용하기 위해 파괴적 혁신이 아닌 점진적 혁신을 추구하게 되고, 더불어 보완 자산을 구축하는 것이 중요한 과제로 자리매김하게 된다(Teece, 1986). 다시 말해 네트워크 간의 경쟁이 일어나는 시장 초기에는 네트워크 간의 경쟁이 발생하는 직접 네트워크 효과가 중요하지만, 일단 시장이 형성된 다음에는 네트워크의 지배력을 강화시키는 간접 네트워크 효과가 중요한 영향력을 발휘하게 되는 것이다.[11)]

이처럼 지배적 사업자가 추구하는 존속적 혁신은 기존에 제공하고 있던 제품이나 서비스를 지속적으로 개선해 나가는 것인 반면, 파괴적 혁신은 기존 주류 시장의 제품 및 서비스보다 성능은 떨어지지만 전혀 다른 관점에서 사업을 전개함으로써 기존 시장을 파괴하는 것을 뜻한다. 파괴적 혁신은 단순히 강력한 사업적 역량을 갖추고 힘(자본 등)으로 시장을 공략하는 것이 아니라, 보다 유연한 사고 방식으로 기존 전통 시장이 간과하고 있는 틈새를 공략하는 것이다. 따라서 단순히 우수한 기술력이나 풍부한 자본을 바탕으로 시장에 큰 변화를 야기하는 것을 파괴적 혁신이라 부르지 않는다. 애플이나 구글이 TV 시장에 진출하는 것은 분명 그 시장에 상당한 파급력을 미치는 사건이 되겠지만, 이들이 단순히 기존 제품 및 서비스와 크게 다르지 않은 것을 가지고 나오면 이는 파괴적 혁신이라 할 수 없다. 그러나 비슷한 경우라도 아마존이 킨들(Kindle) 출시와 더불어 기존에 보유하고 있는 양질의 콘텐츠 자원을 최대한 활용하여 단말기는 원가 이하로 제공하고, 콘텐츠를 주요 수익으로 삼는 전략을 통해 기존의 경쟁사들을 제치고 상당한 점유율을 확보한 것은 태블릿 PC 시장에서의 파괴적 혁신이라 할 수 있다.

11) 출처 : 네트워크 경제 하에서 혁신과 경쟁전략에 대한 기반 연구. 안광준, 신동형. 2008.6.

그림 1-2 파괴주기(Disruptive Cycle)[12)]

1. 기존의 사업자들은 혁신을 일련의 점진적 개선으로 취급한다. 그들은 현재의 사업 모델을 유지하기 위해 자신들이 가진 고급상품의 질을 개선하는데 초점을 맞춘다.

2. 파괴자들은 처음에는 그다지 위협적으로 보이지 않는 상품을 출시한다. 이들 상품들은 언뜻 보기에 싸고 조악하다.

3. 시간이 지나면서 파괴자들은 자신의 상품을 개선하는데, 대개는 새로운 기술의 도입을 통해 개선이 이루어진다. 그들 제품의 인화점(引火點 ; flashpoint)은 대부분의 고객들이 그 제품을 '그 정도면 충분히 괜찮다'고 생각하는 순간이다. 이 때부터 이들은 기존 사업자들의 시장 점유율을 빼앗아 오면서 성장하기 시작한다.

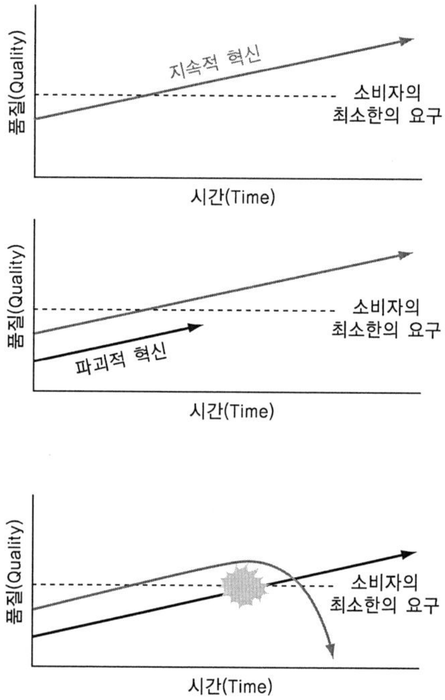

정보통신산업계를 비롯하여 다양한 서비스업 뿐 아니라 심지어 제조업 곳곳에서 포착되는 파괴적 혁신은 어느 정도 예측이 가능한데, 이는 새로운 기술이나 사업 모델이 등장하면 누구보다 빠르게 이를 포용해 혁신을 추구하려는 업체들의 행보가 이어지기 때문이다. 더불어 주요 시장조사기관이나 연구기관 등에서 미래의 혁신 기술을 소개하고 있는데, 이는 최근 트렌드로 부상한 혁신 기술들로서, 이들을 소개하면서 다양한 활용 방안, 도입에 따른 효과나 부작용, 도입 사례 등을 광범위하게 다루고 있는 것도 파괴적 혁신을 예측하는데 일조하고 있다. 이들 중 대표적인 IT 기술의 발전과 대중 시장으로의 보급 양상을 파악할 수 있는 것이 가트너(Gartner)의 'Hype Cycle'이다. 이는 신기술의 등장, 기술에 대한 기대감의 상승과 하락, 실제 기술의 도입 과정 등을 하나의 발전 양상으로 그래프화한 것으로 어떤 기술이 현재 가장 화제가 되는지, 수년 내에 가장 유망할 기술은 무엇인지 파악하는데 유용한 지표로 활용되고 있다.[13)]

12) 출처 : 뉴욕타임즈 혁신보고서. 2014.
13) 출처 : IT 업계 곳곳에서 포착되는 '파괴적 혁신' 사례, 스트라베이스. 2013.10.21.

그림 1-3 Gartner Hyper Curve(2012-2015)[14]

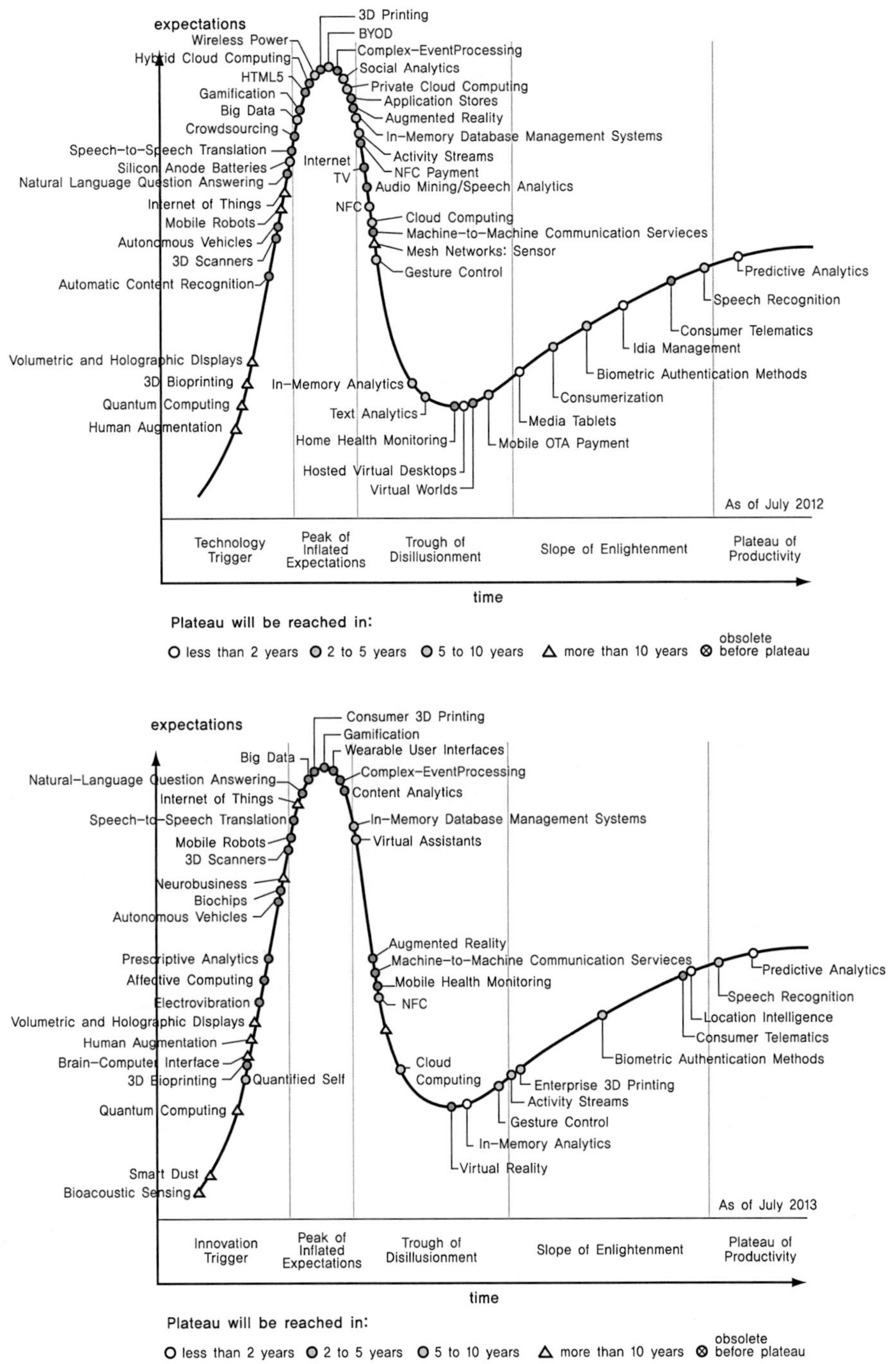

14) 출처 : http://blog.naver.com/sanny0314?Redirect=Log&logNo=220646978476

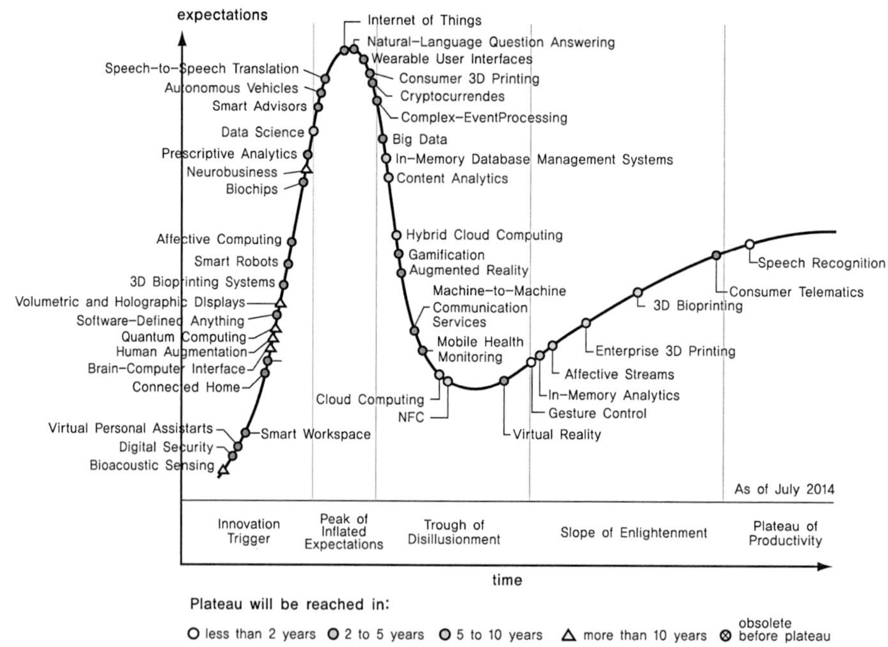
expectations
Internet of Things
Natural-Language Question Answering
Wearable User Interfaces
Consumer 3D Printing
Cryptocurrendes
Complex-EventProcessing
Big Data
In-Memory Database Management Systems
Content Analytics
Hybrid Cloud Computing
Gamification
Augmented Reality
Machine-to-Machine Communication Services
Mobile Health Monitoring
Cloud Computing
NFC
Virtual Reality
Gesture Control
In-Memory Analytics
Affective Streams
Enterprise 3D Printing
3D Bioprinting
Consumer Telematics
Speech Recognition
Speech-to-Speech Translation
Autonomous Vehicles
Smart Advisors
Data Science
Prescriptive Analytics
Neurobusiness
Biochips
Affective Computing
Smart Robots
3D Bioprinting Systems
Volumetric and Holographic Displays
Software-Defined Anything
Quantum Computing
Human Augmentation
Brain-Computer Interface
Connected Home
Virtual Personal Assistarts
Digital Security
Bioacoustic Sensing
Smart Workspace
As of July 2014
Innovation Trigger
Peak of Inflated Expectations
Trough of Disillusionment
Slope of Enlightenment
Plateau of Productivity
time
Plateau will be reached in:
less than 2 years
2 to 5 years
5 to 10 years
more than 10 years
obsolete before plateau

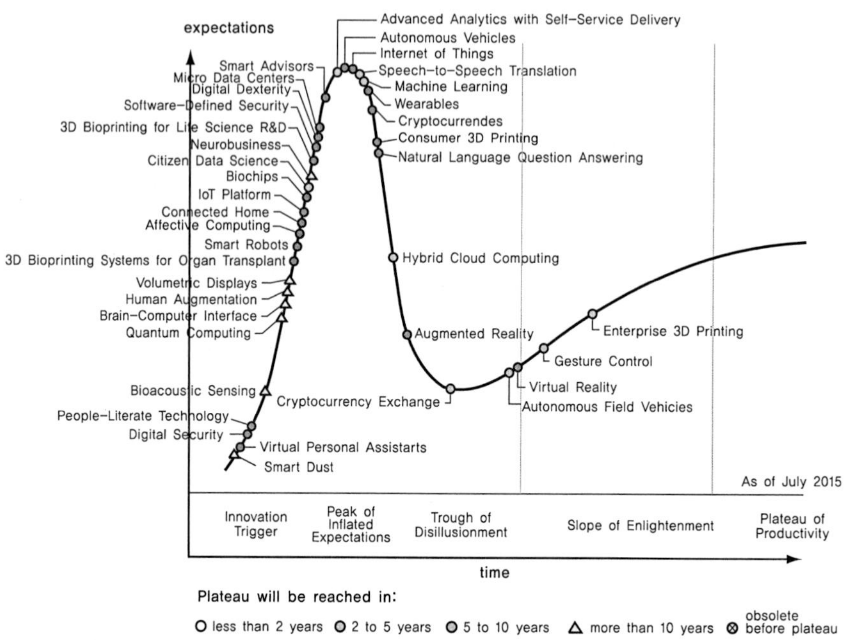
expectations
Advanced Analytics with Self-Service Delivery
Autonomous Vehicles
Internet of Things
Speech-to-Speech Translation
Machine Learning
Wearables
Cryptocurrendes
Consumer 3D Printing
Natural Language Question Answering
Hybrid Cloud Computing
Augmented Reality
Enterprise 3D Printing
Gesture Control
Virtual Reality
Autonomous Field Vehicies
Cryptocurrency Exchange
Smart Advisors
Micro Data Centers
Digital Dexterity
Software-Defined Security
3D Bioprinting for Life Science R&D
Neurobusiness
Citizen Data Science
Biochips
IoT Platform
Connected Home
Affective Computing
Smart Robots
3D Bioprinting Systems for Organ Transplant
Volumetric Displays
Human Augmentation
Brain-Computer Interface
Quantum Computing
Bioacoustic Sensing
People-Literate Technology
Digital Security
Virtual Personal Assistarts
Smart Dust
As of July 2015
Innovation Trigger
Peak of Inflated Expectations
Trough of Disillusionment
Slope of Enlightenment
Plateau of Productivity
time
Plateau will be reached in:
less than 2 years
2 to 5 years
5 to 10 years
more than 10 years
obsolete before plateau

2 가치사슬, 가치네트워크 및 생태계 이론

가 가치사슬(Value Chain)의 개념 및 정의

가치사슬이란 개념은 특정 기업이 수행하는 모든 기업 활동들, 즉 생산, 유통, 영업, 마케팅, 연구 개발 등 기업의 다양한 활동들이 어떻게 상호작용하는지를 조사하기 위한 체계적인 방법으로 마이클 포터(M. Porter) 교수가 저서 "Competitive Advantage : Creating and Sustaining Superior Performance(1985)"에서 처음으로 소개하였다. 그는 가치사슬을 기업의 세분화된 개별 활동의 집합으로 정의하고, 이들 각각의 활동이 경쟁 기업들로부터 해당 기업을 차별화시키는 원천이 된다고 보았다.

예를 들면 기업의 가격경쟁력을 결정짓는 비용우위(cost advantage)는 서로 완전히 다른 원천들, 이를테면 저비용의 배분 시스템, 효율적인 조립 프로세스 또는 우월한 판매시스템, 양질의 재료 조달, 주문접수시스템 또는 제품설계 등 차별화를 결정짓는 다양한 요소들에 의해 결정되어 진다. 따라서 한 기업을 평가할 때에는 기업 전체를 하나의 단위로 보아서는 그 기업의 활동을 이해할 수 없으며, 기업의 부가가치 창출을 위한 활동에 직접 또는 간접적으로 관련된 일련의 활동·기능·프로세스 등 세분화된 다양한 활동들로 나누어 분석해야 하는데, 이때 기업의 개별 활동을 체계화시켜 분석하기 위한 도구로 가치사슬(value chain)이란 개념이 제안된 것이다.

기업의 활동은 주 활동(primary activities) 혹은 1차 활동과 지원 활동(support activities) 혹은 2차 활동으로 나눠볼 수 있다. 주 활동은 제품 혹은 서비스의 생산·운송·마케팅·판매·물류·소비 등과 같은 활동으로 기업의 매출을 통한 부가가치 창출에 직접적으로 관련된 활동들을 의미하며, 원 재료의 매입 및 재고 관리 등 유입(inbound logistics), 서비스나 상품의 제조(operation), 그리고 완제품은 서비스의 제공이나 유출(outbound logistics), 마케팅과 판매(marketing & sales) 등의 활동으로 이루어진다. 지원 활동 혹은 2차 활동은 구매·기술개발·인사·재무·기획 등 주 활동을 통한 부가가치 창출에 간접적으로 지원하는 제반업무를 의미하며, 조달(procurement), 기술 개발(technology development), 인적자원 관리(human resource management) 및 기업 하부구조(firm infrastructure)로 구성된다.

이처럼 기업의 활동을 주 활동과 지원 활동 등 일련의 기능이나 프로세스 등으로, 가치 활동 각 단계에 있어서 부가가치 창출과 관련된 핵심 활동이 무엇인가를 규명할 수 있으며, 각 단계 및 핵심 활동들의 강점이나 약점 및 차별화 요인을 분석하고, 나아가 각 활동 단계별 원가 동인을 분석하여 경쟁 우위 구축을 위한 도구로 활용할 수 있다. 이렇듯 포터의 가치사슬 개념은 정적 특성을 지닌 기업 활동 집합의 개념에 해당된다.

그림 1-4 가치사슬에 의한 기업 활동 분야(Category)[15]

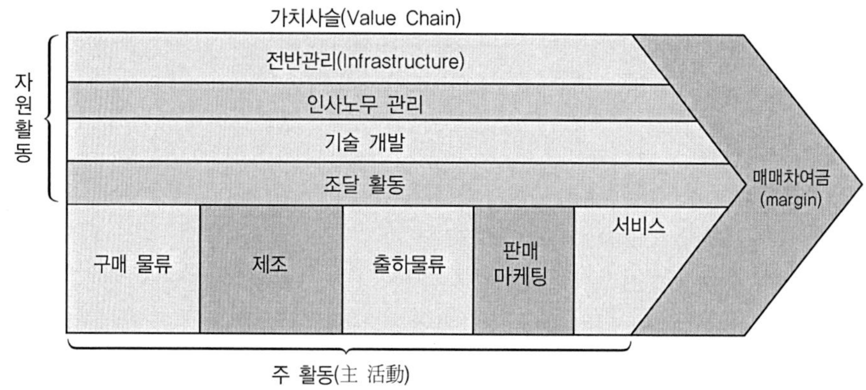

기업의 가치사슬은 경쟁이 발생하는 산업이나 활동 영역의 범위에 따라 다르게 정의될 수 있다. 가치사슬을 결정하는 범위(scope)는 4가지 차원에서 볼 수 있는데, 첫째, 세그먼트(Segment) 범위는 최종 생산물의 종류에 따라 구분되며, 둘째, 통합의 정도(degree of integration)는 개별 기업이 독립적인 대신 다른 부문 또는 기업과 얼마나 통합해서 활동을 수행하느냐에 대한 기준이다. 셋째, 지리적 범위(geographic scope)는 지역, 국가, 대륙 등 한 기업이 전략의 대상으로 삼아 경쟁하는 영역의 크기를 말한다. 넷째, 산업 범위(industry scope)는 기업이 활동하는 데 연관되어 있는 산업의 범위를 말한다. 기업은 이 4가지 차원을 고려하여 기업 활동의 경쟁력을 보장할 수 있는 경쟁 범위를 설정하고, 다른 기업과 협력하는데, 기술 라이선스, 공급 협약, 마케팅 협약 또는 조인트 벤처의 설립 등 수평적인 동맹을 체결하기도 하고, 경우에 따라서는 수직적인 동맹이나 기업 결합 등을 통해 기업 활동의 경쟁력을 확보하기도 한다.

기존의 가치사슬 개념이 개별 기업의 범위 내에서 세분화된 기업 활동의 연결 구조를 설명한 개념인데 반해, 한 기업의 범위를 넘어서는 가치사슬에 해당하는 용어로, 마이클 포터 교수는 가치 체계(value system)라는 개념을 제안하였다. 한 분야의 산업에 종사하는 기업의 경우, 가치 체계는 해당 기업의 가치사슬과 공급자의 가치사슬, 채널의 가치사슬 그리고 구매자의 가치사슬로 구성된다. 여기서 공급자, 채널, 구매자는 복수일 수도 있다. 그러나 여러 산업 군과 연관된 사업을 전개하는 기업의 경우, 기업의 가치사슬을 사업부문(business unit)별 가치사슬로 구분할 수 있다. 여기서 하나의 가치사슬과 또 다른 하나의 가치사슬은 일반적으로 수직적 관계이기 때문에 이를 수직적 연결(vertical linkage)이라 한다.

15) 출처 : Competitive Advantage : Creating and Sustaining Superior Performance, M. Porter(1985)를 재구성

그림 1-5 가치 체계(Value System)

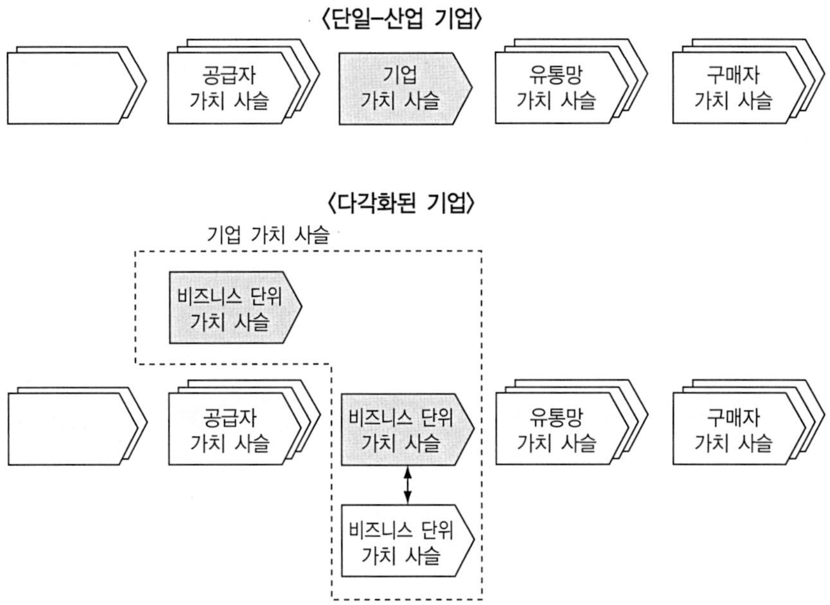

예를 들어 모바일 산업의 가치체계를 살펴보면, 미디어 산업 및 전자상거래, 금융 산업(Banking) 등 다양한 산업이나 서비스들과 융합하는 형태로 발전하고 있음을 알 수 있다. 기존에 모바일 인터넷 가치사슬에 추가되었던 콘텐츠 이외에 부가 서비스 요소가 콘텐츠 다음으로 추가되었고, 다양한 서비스들을 소화해 낼 수 있는 단말기의 발전, 즉 높은 사양의 다양한 기능을 제공하는 모바일 단말기는 기존의 모바일 단말기가 갖는 성능 제약을 상당 부분 극복하였고, 아이폰에 의해 촉발된 시장의 개방화와 더불어 다수의 콘텐츠 및 포털에 대한 접근을 가능케 하여, 기존에 가두리 형태의 사업 모델로 인한 서비스 이용에 있어서의 제약으로 발생한 이동통신사업자의 지배력을 약화시키는 데 기여하였다. 그 결과, 콘텐츠, 플랫폼, 인터페이스가 네트워크 사업자로부터 독립성을 가지게 되었으며, 모바일 데이터에 대한 수요가 증가하고 플랫폼의 영향력이 증가하게 됨에 따라 산업의 가치사슬은 유무선 통합 및 개방형 플랫폼 등의 가치사슬 구조로 진화해 나가고 있다.

그림 1-6 컨버젼스 시대의 가치사슬(IT, 미디어, 전자상거래 등)[16)]

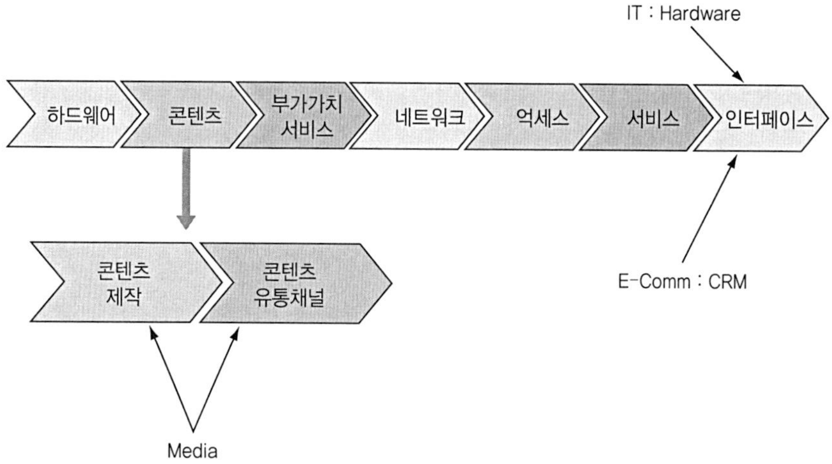

나 가치 네트워크

마이클 포터를 비롯하여 카플린스키(Kaplinsky), 제레피(Gereffi) 등 다양한 학자들에 의해 제기된 가치사슬 개념은 1980년대의 시대적 배경과 미국의 산업구조를 반영한 경영학 이론으로, 지난 20여 년간 효율적 비용구조의 달성이 중요한 경영 과제로 자리매김 했던 전통적인 제조업 분야 기업에 대한 기업 평가 및 전략 수립 방법을 위한 이론으로 폭넓게 활용되어져 왔다.

그러나 2000년대로 접어들면서 유무선 망 등 인터넷을 활용하기 위한 네트워크 환경과 정보기술의 혁신적인 발달로 인터넷의 활용이 본격화되기 시작하게 됨에 따라 산업이나 경제 구조가 네트워크 경제로의 변화가 급격하게 진행되기 시작했다. 이 처럼 기술의 발전과 인터넷 이용의 보편화는 다양한 기업들로 하여금 단일기업의 비용 경쟁력이 더 이상 가치창출에 결정적으로 기여하는 요소가 될 수 없는 상황에 이르게 하였다. 다시 말해 개별 기업은 자사가 종사하는 산업의 생태계 안에서 자사가 갖는 경쟁우위에 기반 한 전략적 포지셔닝(Positioning)을 통해 다양한 기업들과 협력 체제를 구축하는 양상을 보이고, 또한 기술과 산업, 이용자 간 일방적 흐름의 양상으로부터 상호 영향을 미쳐가면서 산업이 변형, 발전되어 가는 현상을 보이면서 가치사슬 개념은 이러한 현상을 설명하는데 있어 한계에 직면하였다.

---

16) 출처 : 통신시장 구조변화에 따른 가치사슬 및 가치네트워크에 관한 동태적 분석, 주재욱/윤두영/이주영/이경현. 2010.12.

이처럼 변화하는 산업이나 시장 상황을 설명하기 위해 더욱 개선된 접근방법의 필요성이 대두되었다. 즉, 시장이 변화하면 이에 따라 기업의 활동도 변화하기 마련이고, 가치사슬에 새로운 요소가 등장하거나, 기존의 요소가 사라지거나 또는 요소들 간의 연결 관계 및 연결순서가 바뀌는 등 가치사슬은 시장의 변화에 따라 함께 변화해 나가는 현상을 보이고 있다.

정적 특성을 가진 고전적 의미의 가치사슬에 동적 특성을 부여하고 가치사슬에 새로운 요소들이 등장하는 과정을 이해하는 작업이 필요하게 된 것이다. 다시 말해 가치사슬 이론의 초기 분석 목적은 상품이나 서비스 생산 및 기업 내의 서비스 등의 활동과 관련된 근본적인 가치창출 과정을 규명하기 위한 것이었으나, 그 개념이 점점 확대되어 전체 산업을 묘사할 때 종종 사용되어지고 있다. 그러나 앞서 서술한 바와 같이 초기의 가치사슬 분석방식은 기업과 다른 기업 간의 관계를 반영하는 수평적인 측면의 중요성을 반영하지 못하며, 제품 생산과 서비스의 발전을 순차적인 과정으로만 보고 있다는 한계를 지닌다. 더불어 현재와 같이 산업 간 혹은 산업 내 상호 융·복합화로 인해 산업이 복잡 다기화 되어 가고, 고도화되어 가는 산업구조의 변화가 진행되는 현상에서 기업 활동을 설명하기에는 일방향성이라는 한계와 상호 영향을 미치면서 공진화해가는 과정을 설명하는데 한계에 봉착하게 된 것이다.

가치 사슬 참여자의 관계가 다양해지고 복잡해짐에 따라 서로의 역할이 모호해지고, 서로 주도권을 확보하려함에 따라 경쟁이 치열해질 뿐만 아니라 가치 사슬을 구성하는 요소들도 변화하게 된다. 이러한 새로운 환경에서 기업들이 살아남기 위해서는 가치 네트워크 내 포지션을 이해하고, 전략과 비즈니스 모델을 재정립해야 할 필요가 생기게 되었다. 따라서 '주주 가치사슬(stakeholder value chain)'[17]과 '가치 망(value net)'[18]이라는 대체 개념이 등장하게 되었다. '가치 네트워크(value network)' 혹은 '가치창출 네트워크(value creating network)'는 한 기업이 제공하는 서비스나 제품을 조달하고, 확장하고, 제공하기 위해 만들어가는 파트너 쉽이나 제휴 시스템 등의 체계로서, 하나 이상의 가치사슬에 동시적으로 관련되어 복잡하게 얽혀져 있는 가치사슬 체계를 일컫는 것이기도 하다.

기술의 발전에 따라 전통적인 가치사슬 구조는 점점 해체되어 가고 있으며, 급격하고 복잡하게 가치 네트워크 형태로 진화되어 가고 있다. 더불어 가치사슬들이 가치네트워크로 발전해 가는 방식은 일정하지 않으며, 새로운 기회는 가치사슬 측면에서 최종 소비자에게 더 가까운 곳으로 가면서 발견되어 진다.

예를 들어 모바일 포털의 가치네트워크를 살펴보면, 전송망인 네트워크를 제공하는 이동통신사업자의 경우 전송망이 점차 고속화되고, LTE를 지나 최대 20Gbps의 전송속도

17) 출처 : Freeman & Liedtka, 1997.
18) 출처 : Kothandaraman & Wilson, 2001.

를 제공할 수 있는 5G(Generation)로 이동통신기술이 진화해감에 따라 전통적인 통신 서비스 제공으로는 더 이상 부가가치를 향유할 수 없다는 판단에 따라 더 많은 수익성과 부가가치가 확보될 수 있는 새로운 영역을 모색하면서 모바일 포털 등 다양한 미디어나 콘텐츠 서비스 산업으로 진출하기 위해 노력하고 있다. 이들은 네트워크 인프라에 대한 소유권이 있어 포털에서 이용 가능한 콘텐츠로의 접근을 용이하게 하는 이점이 있으나, 현실적으로는 법적으로 망 중립성(Network Neutrality)[19]의 의무가 있어 자사 서비스와 다른 사업자들의 서비스를 차별적으로 제공할 수 없다. 따라서 다른 산업 영역에 있던 기존의 유선 포털 강자들도 모바일 포털로의 사업 확장을 꾀하였다. 기존 신문이나 지상파 방송, 잡지 등 미디어 업체들도 모바일 포털 영역으로 진출하여 그들의 강점인 패키징(packaging), 브랜딩(branding), 콘텐츠 판매를 통해 가입자를 끌어들이고 있으며, 금융 서비스 업체들도 모바일을 통해 포털이나 SNS 등의 미디어를 기반으로 편리하고 안전한 모바일 거래를 보장하며 미래 모바일 시대의 지평을 넓혀 가는 등 산업 간의 융합을 통해 다양한 가치사슬 구조 간에 복잡하게 연결되는 가치 네트워크가 형성되어 가고 있다.

그림 1-7 모바일 포털의 가치네트워크 예시[20]

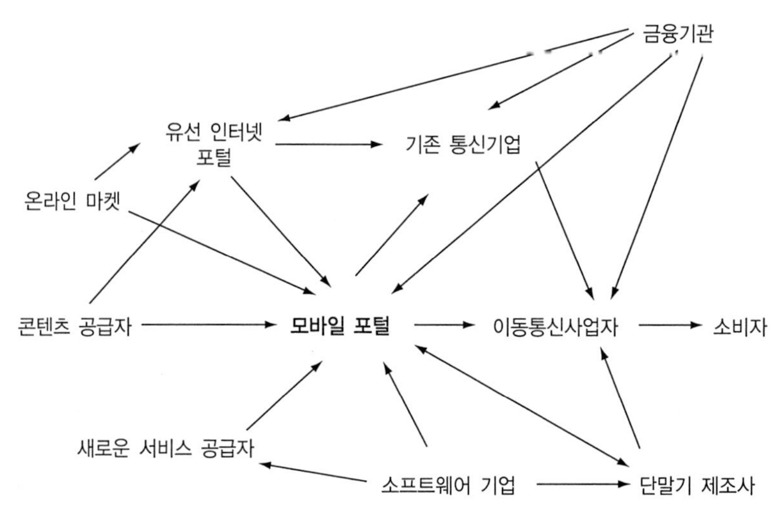

19) 망 중립성 : 인터넷 망을 이용하여 전달되는 인터넷 트래픽에 대해 데이터의 내용이나 유형을 따지지 않고, 이를 생성하거나 소비하는 주체에게 차별 없이 동일하게 취급해야 한다는 것을 의미(시사상식사전, 박문각)

20) 출처 : 통신시장 구조변화에 따른 가치사슬 가치네트워크에 관한 동태적 분석. 주재욱/윤두영/이주영/이경현. 2010.12.

특히 Christensen & Rosenbloom(1995)은 가치네트워크를 '그 범위와 경계가 더 높은 수준의 네트워크에 이용할 수 있는 지배적인 기술 패러다임에 따라 결정되는 상업적 시스템'으로 정의했다. 즉 지배적인 기술 패러다임 변화로 인해 가치네트워크 내에서 새로운 차원(measurement)의 가치 사슬을 구성하게 되며, 새로운 차원의 가치 네트워크로의 진입은 현재의 가치 사슬 내에서 가치를 추가할 수 있는 능력에 기반 한다는 것이다. 가치네트워크는 기술과 같은 내생적인 요소뿐만 아니라, 사회규범, 규칙 등 외생적인 요소들이 네트워크 구조를 형성하는 데 영향을 끼치며, 중요한 결정요소로 작용할 수 있다. 다시 말해 시장이나 산업에서의 복잡성이 증가하면 할수록 성공적인 전략을 실행하기 위해서는 서로 다르지만 보완적인 기술을 가진 기업들과의 네트워크를 구성하고 운영하는 것, 즉 협력, 협업, 연계, 전략적 제휴, 합병 등의 방법을 통해 새로운 가치를 창출해 나가는 것이 필수적인 요소로 등장한 것이다.

가치네트워크의 형성과 관련해서 Kothandaraman과 Wilson(2001)은 잠재적인 파트너들이 상호간에 낮은 위험과 우수한 경영 성과를 보여주면서, 스스로들이 얼마나 크게 시장에 중요한 가치를 부가할 수 있는가 하는 능력에 대해 상호 평가되어지는 것에 기반 하여 네트워크가 형성된다는 것이다. 가치사슬은 참여한 모든 시장 참여자들에게 엄청난 복잡성을 야기 시키면서 산업 차원에서 다수의 진입과 출구를 가진 '가치 네트워크(Value Network)'로 급격하게 진화하게 된다. 즉, 가치네트워크란 지식, 제품, 서비스 등의 형태로 가치를 창출하기 위해 작동되는 사회 및 기술적 자원의 복잡한 구성체를 일컫는 용어로, 구성원 간의 복잡하고 동적인 교류를 통해 유형과 무형의 가치가 창출되며, 기업들에 의해 구성되는 방식은 그들이 산업 내 어느 부분에 위치하느냐에 따라 다르게 나타나고 있다.

다 생태계(Ecosystem) 이론

생태계 이론이란 '동물 · 식물 · 미생물, 그리고 공기 · 물 · 토양이 지니는 유기 · 무기의 요소가 서로 복잡한 조직과 상호 의존관계를 유지하면서 균형과 조화를 이루고 있는 자연의 체계'를 말하는 생물학적 생태계의 특성을 인용하여 만들어진 경제 · 경제학적 용어로, 기존 경제 · 경영학에서는 가치의 창출이 단일 기업의 비용 경쟁력에 의해 발생되며, 기술과 산업, 이용자 간 일방적 흐름을 통해 제품이나 서비스가 양산된다고 설명되어졌으나, 정보통신기술의 발전에 의해 산업간 융 · 복합 현상의 발생됨에 따라 산업 간 구분이 모호해 지고, 가치의 창출이'공진화, 협력적 경쟁, 동반자 관계'라는 새로운 패러다임에 의해 만들어지는 산업 현상을 설명하기 위한 이론으로 등장하였다.

가치사슬 이론은 개별 기업 혹은 개별 산업에서의 부가가치 창출을 위한 다양한 가치네트워크를 분석하는 이론인 반면, '생태계 이론'은 가치사슬 이론이 갖는 한계를 극복하고, 정보통신기술의 발전과 인터넷의 등장과 함께 복잡하고, 세분화되고, 기술, 산업, 서비스, 사업자, 네트워크 간 구분이 모호해지고, 빠르게 전개되는 산업 환경의 변화 등 다양한 산업 현상을 설명하기 위한 이론으로 자리매김하고 있다.

1996년 제임스 무어(James F. Moore)는 그의 저서인 '경쟁의 종말(The Death of Competition : Leadership and Strategy in the Age of Business Ecosystem)'에서 '가치 네트워크(value network), 비즈니스 생태계(business ecosystem)' 개념을 제시하였다. 제임스 무어는 비즈니스 생태계(Ecosystem)를 '비즈니스 세계를 구성하는 유기체 사이의 상호작용 원리에 기본을 두는 경제적 공동체(Community)'로 정의하고, 기업들이 영위할 수 있는 모든 사업이 가능한 공간 혹은 산업 군(群)내에서 혁신적인 아이디어를 통합하여 기업들이 자사의 핵심 사업을 중심으로 이해관계자들과의 강력한 공진화(共進化, Co-Evolution)를 꾀하는 일종의 경제적 공동체 형성이 필요하다고 주장하였다.

기업 생태계에서는 전통적인 경쟁관계보다는 기업 상호 간의 협력을 강조하는 세계로 변화되었으며, 개별 기업 간의 단순한 경쟁관계는 급변하는 환경 하에서는 의미가 없으며, 기업 간 단순한 경쟁 보다는 협력을 통한 공진화가 필요하고, 비즈니스 생태계에서 가장 중요한 구성인자는 선도 기업임을 역설하였다. 이는 2000년대 들어서면서 정보통신기술의 발전과 인터넷의 등장함에 따라 산업 간 경계가 붕괴되면서 유일하게 실행할 수 있는 경쟁방법은 경쟁자보다 우수한 제품을 만드는 것이 아니라, 보다 새로운 생태계를 형성하는 것이 중요하게 되었음을 의미하는 것이다.

예를 들어 미디어 산업에서도 새로운 강자로 등장했던 유선 포털(portal) 이라는 새로운 산업 군에서 상호 경쟁관계에 있던 네이버나 다음 혹은 구글 등도 경쟁 상대와의 차별적 요소로 보다 나은 검색서비스나 뉴스 제공 등 새로운 서비스를 만들어 가치를 제공해 주는 것도 중요하지만, 산업의 흐름이 모바일 생태계로의 변화, 즉 새로운 생태계가 만들어 지고 있는 상황에서는 혁신적인 변화를 가지는 새로운 생태계에서의 가치 네트워크를 형성하고, 공진화해 나가는 것이 더 중요하다는 것이다.

가치 네트워크 모델에서 가치를 창출하기 위한 핵심 가치로 우수한 고객가치, 가치 네트워크에 참여하는 기업들의 핵심 역량 및 기업들 상호 간의 관계라는 세 가지 개념이 중요하다. 즉, 특정 산업에서의 네트워크에 의한 가치 창출은 해당 가치네트워크 상에 참여하는 기업들의 핵심 역량에 의해 영향을 받고, 가치 네트워크에 있는 기업들의 핵심 역량이 함께 결합되어 우수한 고객 가치가 창조된다는 것이다. 더불어 네트워크 상에서 기업이 이러한 가치를 창출하는 방법은 기업들 간 가지고 있는 상호 관계의 본질에 의해 영향을 받으며, 관계의 질은 가치 창출을 용이하게 만든다. 관계는 가치 네트워크 상에서 기업들을 현재의 위치에 있도록 붙잡아주고, 기업들의 핵심 역량을 유지하고 향상시키기 위해 투자하는 것을 도와주게 된다. 따라서 기업들은 기존의 경쟁체계에서 자사의 위치를 찾는 수동적 자세에서 탈피하여 일련의 가치창조 시스템을 이끌어갈 수 있는 능동적 자세를 갖추어야하며, 기업의 전략 분석의 초점은 기업이나 기업이 속한 산업이 아니라 가치가 창조되는 전체 시스템 상에서 생태계를 형성하고 있는 집합체에 맞추어져야 함을 의미한다. 이러한 기업 생태계를 형성하기 위해서는 기업 자체의 핵심역량 확보를 위한 재투자는 물론 기업생태계의 유지, 발전을 위한 재투자를 병행함으로써 지속적인 선순환(virtuous cycle)의 고리를 형성해야 하는 것이다.

무어에 의하면, 기업의 생태계는 혁신적인 아이디어를 가지고 새로운 사업 기회를 마련하는 탄생(개척)단계(pioneering), 기업 생태계가 범위를 확대하고 모든 유형의 자원을 집중하여 규모 및 범위를 확장하는 확장단계(expansion), 기업 생태계의 구조가 안정되고, 생태계 내부에서 리더십과 이익을 둘러싼 경쟁이 치열해지는 성장(권위)단계(authority), 그리고 기업 생태계는 성숙단계를 지나 새로운 산업 생태계 등장 등에 따른 기존 생태계의 쇠퇴와 이를 탈피하기 위한 새로운 생태계에의 적응 등의 단계를 지나 지속적인 혁신이 요구되는 시기인 재탄생 단계(renewal) 등 4단계를 거치면서 끊임없는 도전과 발전을 경험하게 된다고 정의하고 있다. 즉, 산업 생태계는 정체되어 있는 것이 아니라 생물학적 생태계와 마찬가지로 탄생－확장－성장－쇠퇴－적응－혁신에 의한 재탄생 등의 과정을 거치게 되며, 탄생부터 재탄생에 걸쳐 생태계 구성 사업자들은 경쟁과 협력 간의 정도를 지속적으로 조정할 수 있어야 한다는 것이다. 가치가 제품에만 내재된 것이 아니라 전체 네트워크 가치가 중요하며, 환경적 변수를 포괄하고 진화의 개념을 내포하고 있다. 생태계 개념에서는 네트워크/웹(network/web) 형태의 관계를 강조하고, 정적 선형 관점이 아닌 종합적인 동태적 시각(holistic dynamic view)을 제공한다.

그림 1-8 Moore의 비즈니스 생태계 생애주기(Life Cycle)

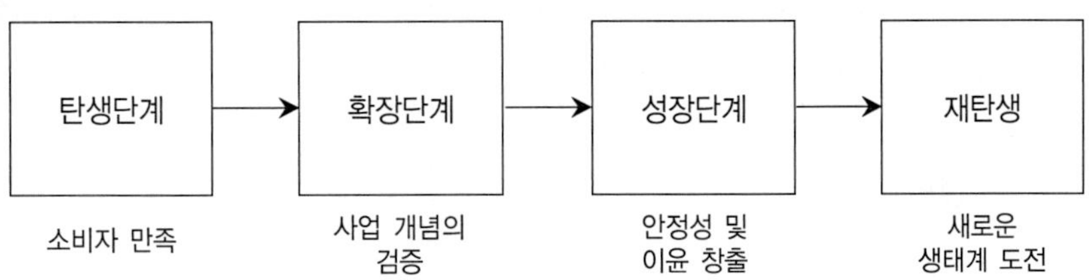

특히 2000년대 들어서면서 산업 생태계는 전통적 경제·경영 이론으로 설명이 불가능한 공진화, 협력적 경쟁과 같은 새로운 현상이 가시화되고 있으며, 이를 반영하기 위한 새로운 이론적 틀로서 디지털 생태계 개념이 주목을 받게 되었다. 디지털 생태계에서는 현재 전개되고 있는 산업의 변화는 전통적인 경제·경영 이론상에서의 기업경쟁과 가치

창출 흐름이 생태계 관점에서 디지털 컨버전스(Digital Convergence) 등의 변화 동인(動因, Driver)에 의해, 기업 생태계에서의 경영 · 경제학적 함의(含意)가 '공진화, 협력적 경쟁, 동반자' 등의 개념으로 변화하고, 기술의 발전 뿐 아니라 산업, 소비자가 일방적인 흐름이 아닌 서로에게 긴밀한 영향을 주고 받으며 진화 발전되어 가는 현상을 보이고 있다. 즉, 과거 기업의 생태 환경하에서는 기술의 발전이 산업의 변화를 견인하고, 소비자는 기술 발전에 의해 제공되어지는 제품이나 서비스를 소비하는 일방적 가치 흐름의 형태로부터 기술의 발전과 산업의 변화 그리고 소비자의 소비행태 변화나 소비자가 생산에 직접적인 영향을 미치는 등 상호 간 밀접한 영향을 주고받으며 공진화해 나가고 있는 것이다.

그림 1-9 생태계 관점의 가치창출 개념 변화[21]

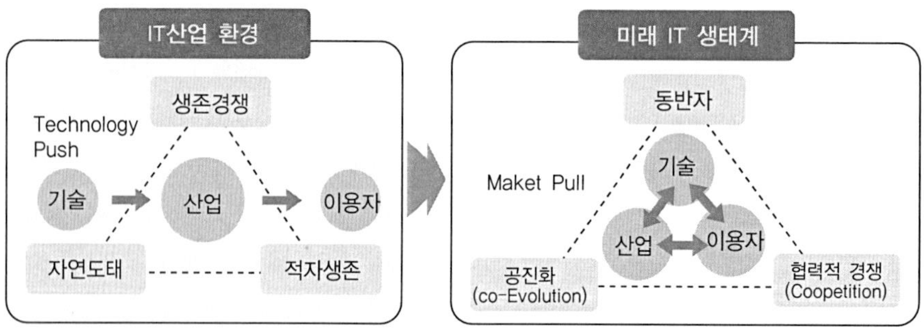

이처럼 디지털 생태계는 가치창출 개념의 변화를 반영하고 있다. 고객은 공동 창조자(co-creator), 프로슈머(prosumer)로, 가치 사슬(value chain)을 가치 네트워크(value network)로, 제품가치(product value)는 네트워크 가치(network value)로, 단순 협력 · 경쟁은 복잡한 협력적 경쟁(coopetition)과 공진화(co-evolution)로, 개별 기업 전략은 전체적인 가치 생태계(value ecology)를 고려한 전략으로의 변화를 요구하게 되었다.

라 정보통신기술과 디지털 융 · 복합(Digital Convergence)

디지털 컨버전스, 즉 디지털 융 · 복합이라 함은 정보통신기술의 발전을 기반으로 기기 간 혹은 기기와 서비스 간에 상호 영향을 주고받고, 융합 · 복합되어 가면서 새로운 형태의 산업과 가치사슬 더 나아가 가치 네트워크가 창출되는 현상을 일컫는 용어로, 미국의 미디어학자인 니콜러스 네그로폰테(Nicholas Negroponte) 가 '디지털 기술과 컴퓨터 산업의 발달을 위하여 커뮤니케이션 산업이 일정 수준까지 함께 접근하여야 한다'고 주장하

21) 출처 : 디지털 컨버젼스 생태계의 특징과 발전 전망. 정보통신정책연구원. 2007.12.

면서 1970년대 후반부터 주목받기 시작하였다. 유선과 무선의 통합, 방송과 통신의 융합, 온라인과 오프라인의 결합 등 기존의 기술·산업·서비스·네트워크 등의 측면에서 새로운 형태의 융합 산업과 서비스가 등장하는 산업 현상을 발생시키고 있다.

이러한 디지털 컨버전스 현상은 정보통신서비스 분야는 물론 경제사회의 모든 분야에 걸쳐 일어나고 있는데, 산업 전반의 디지털 컨버전스(Digital Convergence, 융·복합) 진행은 또 다른 측면에서 기업의 사회적 관계를 확대시키고, 복잡성을 증대시키고 있다. 이는 산업이나 기업 경영에서의 리스크 증가를 가져오고, 경영환경 및 기업의 생존조건에 대한 근본적 재인식을 필요하게 만들고 있다. 따라서 기업들은 소비자들의 니즈를 충족시키고, 기술적 혁신의 가능성을 효과적으로 활용하기 위해 다양한 유형의 컨버전스를 시도해야하며, 궁극적으로 디지털 컨버전스 생태계 속에서는 비용 분배, 위험 분산, 자원 분배, 역할의 분산, 가치의 교환, 가치 창출 등의 개념을 같이 고려해야 한다.

디지털 컨버전스 생태계 구축의 자연발생적 동인으로는 시장견인(market-pull) 동인과 기술주도(technology-push) 동인 등 크게 2가지로 나누어 볼 수 있다. 시장견인 동인은 소비자 니즈(needs)의 다양화 및 고도화, 새로운 제품·서비스에 대한 소비자들의 욕구 증대에 의해 새로운 시장의 필요성이 확대되었음을 들 수 있다. 기술주도 동인은 각 산업에서 이미 검증된 기술이나 서비스들을 재조합하여 혁신적 컨버전스 기술 및 서비스들의 제공이 가능해졌고, 특히 모든 서비스의 유통을 지원하는 네트워크 측면에서 All-IP[22]로의 진화는 디지털 컨버전스를 더욱 가속화시킨 동인이 되었다.

디지털 컨버전스 생태계의 또 다른 특징은 생태계 내에 존재하는 기업들 간의 협력적 관계에 있어 주도적 역할을 하는 기업과 대다수의 구성원으로 이루어지는 틈새시장이나 서비스를 제공하는 기업들 간 상호보완적 협력관계를 형성하고 각각 진화하면서 협력적 경쟁의 관계를 가져가게 된다는 것이다. 다시 말해 주도적 기업은 자신이 속한 생태계의 방향을 이끌어 나가는 핵심종의 역할을 수행하며, 생태계의 나머지 구성원인 니치 플레이어(nitch player)들이 자신만의 특화된 역량을 발휘한다.

디지털 컨버전스로 인해 변화하는 생태계 내에서의 산업간 성장을 위한 중요한 요인은 신규 사업모델을 개발하거나 새로운 시장을 창출하는 것이며, 궁극적으로 다양한 역할 혹은 가치를 제공하는 기업들과의 경쟁과 협력을 통해 동반성장하는 것이다. 동반 성장은 결국 각 산업 혹은 기업들의 경쟁력이 더욱 증대되어지는 결과로 이어지게 된다. 또한 생태계 내에서 실현된 이익은 생태계 자체발전을 위해 재투자되는 것이 바람직하며, 자체

22) ALL-IP : 인터넷 프로토콜(IP)을 기반으로 서로 다른 망이 통합된 구조를 갖는 망. ALL-IP망에서는 일반 전화 교환망(PSTN)과 같은 유선 전화망과 국제 이동 통신-2000(IMT-2000)망, 무선망, 패킷 데이터망과 같은 기존의 통신망 모두가 하나의 IP 기반망으로 통합되어, 음성, 데이터, 멀티미디어 등을 처리하는 패킷망과 인터넷 전화 방식(IP Telephony)을 기반으로 하는 망 구조를 갖게 된다(출처 : IT 용어사전).

발전을 위해 재투자되는 생태계 순환구조를 통해 협력기업들 간에 신뢰를 구축할 수 있고, 이러한 신뢰를 기반으로 건강한 생태계를 지속적으로 유지하는 것이 가능하게 된다. 이러한 선순환의 상생구도를 성공적으로 구축하지 못하는 생태계는 결국 도태되어진다. 따라서 디지털 컨버전스 환경 하에서는 단일 기업 뿐 아니라 생태계를 구성하는 산업 전체는 결국 협력적 경쟁을 통한 동반성장과 공진화를 통한 환경 변화에의 적극적 대응 그리고 창출되는 이익의 생태계 내에서의 재투자 등의 선순환 구조를 가져가는 것이 중요하다 할 것이다.

디지털 컨버전스 생태계에서의 비즈니스 모델 개발을 위해 기업은 다양한 측면에서의 고려가 필요한데, 디지털 컨버전스가 발생하는 영역, 즉, 플랫폼, 제품과 서비스, 그리고 기업 조직 차원 등의 영역별로 서로 다른 특징과 비즈니스 동인을 내포하고 있다. 디지털 컨버전스를 통해 만들어지는 서비스나 제품 혹은 비즈니스 모델을 통해 소비자는 보다 다양한 서비스를 경험하게 된다. 이러한 소비자들의 서비스 경험은 보다 다양한 욕구를 가지게 하는 원동력이 되고, 새로운 욕구를 만들어 내게 된다. 기업은 경쟁우위 확보를 위해 소비자의 다양한 욕구를 만족시킬 수 있는 방법을 찾으려고 노력하게 되는데, 이 과정에서 특정 기업이 가진 자원만으로는 소비자가 충족되기를 원하는 모든 욕구에 반응할 수 없음을 알게 되면서, 타 산업 그리고 타 기업과의 연계나 협업 혹은 전략적 제휴 등 동반성장을 위한 다양한 방안의 협력을 통한 비즈니스 모델 구축을 시도하게 된다.

Peltoniemi(2004)는 비즈니스 생태계(business ecosystem)는 정보통신 기술의 발전에 힘입어 네트워크, 즉 인터넷의 등장 등으로 인하여 지역적 한계가 없고, 경쟁과 협력 메커니즘을 동시에 가지면서 상호 연결되어 운명을 공유하도록 자생적으로 연결된 비즈니스 커뮤니티라 정의하고, 비즈니스 생태계를 규정하는 데 가장 중요한 개념은 분권화된 자율통제 구조이며, 생태계는 복잡성(complexity), 자기조직화(self-organization), 출현(emergence), 공진화(coevolution), 적응(adaptation)의 다섯 가지 특성으로 규정될 수 있다고 주장하였다.

표 1-2 Peltoniemi의 클러스터, 가치네트워크, 비즈니스 생태계 비교[23)]

비 교	클러스터	가치 네트워크	비즈니스 생태계
지역의 중요성	특정 지역에 모여 있어야 함	특정 지역에 한정될 수도 있고, 전 세계로 퍼져 있을 수도 있음	지역적 한계를 전적으로 부정하거나 배제함
경쟁과 협력의 역할	클러스터 내 기업 간 경쟁	기본적으로는 상호 협력적 관계로 구성	경쟁 메커니즘과 협력 메커니즘을 동시에 공유
지식의 창출과 이전	지식공유는 경쟁관계로 인해 잘 안되나 경쟁기업의 동향은 주시	지식공유가 일어나나 주로 운용 관련 정보에 한정	상호 연결되어 있고 운명을 공유하는 관계로 지식공유와 이전이 활발함
지배구조	클러스터 내 기업 간 시장거래상의 관계만 존재	주도적 기업과 부속기업이 존재하며 주도적 기업이 통제력을 행사	분권화된 자율통제 구조이나, 키스톤(keystone)*이 모범적 지위를 가짐

주 : 키스톤(keystone)은 비즈니스 생태계 환경에서 자사가 속한 생태계의 진화방향을 이끌어 나감으로써 종(種) 전체의 성장을 추구하는 핵심 종을 의미

디지털 컨버전스 생태계 성공의 핵심 요인은 디지털 컨버전스 환경 하에서 정보통신기술과 네트워크 사업자 그리고 미디어와 엔터테인먼트(M&E: Media & Entertainment) 산업 간 선순환의 상생구도 구축이 핵심으로 인식되고 있다. 마틴 프란스만(Martin Fransmann) 교수는 2011년 '현재의 경제위기 속 ICT 생태계의 중요성(The Importance of the ICT Ecosystem in the Current Economic Crisis)'이라는 연구를 통해 정보통신기술 생태계 계층 모델[24)]을 발표하였는데, 여기서 '정부 · 금융기관 · 개인의 부채문제 해결을 위해서는 새로운 경제의 성장이 필수적'이라고 지적하면서, 그 해결책으로 '성장은 소비, 투자, 그리고 생산성의 증대에 있으며, 이를 견인할 열쇠는 혁신이고, 이러한 혁신을 위해서는 정보통신기술 생태계가 경제 성장의 가장 큰 동력이자 혁신의 발상지이며 경제성장의 불씨를 지필 중대한 역할을 맡고 있다'고 했다.

그는 ICT 생태계의 기본적인 계층 모델로 6 계층으로 구분된 생태계 계층 모델(Ecosystem Layer Model)을 제시하였다. 이후 그의 저서 'The New ICT Ecosystem Implications for Policy and Regulation(2010)'를 통해 수정한 4개의 계층 모델을 선보였다.

23) 출처 : Poltoniemi(2004), 정석권, 김진기(2010.)

24) 출처 : 'A New Frontier of ICT ecosystem : Cloud Computing & Smart Device', Martin Fransmann, KISDI 글로벌 컨퍼런스(2011.11.18.)

표 1-3 Fransmann의 4계층 생태계 모델

구분	기 능
계층 4	최종 소비
계층 3	콘텐츠, 애플리케이션, 혁신적 플랫폼, 검색, 네비게이션, 미들웨어 등
계층 2	네트워크 운영
계층 1	네트워크 요소 : 통신장비, 컴퓨터 하드웨어 및 소프트웨어 등

Fransmann은 정보통신기술 산업 생태계 계층 모형을 내부적 연관 관계가 여섯 가지의 복잡한 관계로 설정되는데, 첫째, 네트워크 요소(Network Device) 제공자와 네트워크 운영(Operator) 사업자의 내적 관계가 설정되고, 둘째, 네트워크 운영사업자, 즉 통신사업자와 플랫폼 및 콘텐츠 제공자의 관계가 설정되고, 셋째, 최종 사용자와 플랫폼 및 콘텐츠 제공자의 관계가 설정되며, 넷째, 최종 사용자와 네트워크 요소 제공자의 내적 관계가 설정되며, 다섯째, 네트워크 요소 제공자와 플랫폼 및 콘텐츠 제공자 간에 내적 관계가 설정되고, 마지막으로 네트워크 운영사업자와 최종 사용자 간에 관계가 설정된다고 역설하였다. 또한 Fransmann은 ICT 산업생태계의 구성인자 즉, 계층들은 서로 다른 역할을 수행하고 있고, 그 역할이 독립적이라기보다는 상호 연결된 생태계를 구성하고 있으며, 또한 ICT 산업을 수직적 구조 또는 단순한 수평적 구조로 인식하기보다는 네트워크 구조로 인식해야 한다고 주장하였다.

표 1-4 Fransmann의 6계층 생태계 모델

구분	기능	포함 산업
계층 6	최종 소비	-
계층 5	콘텐츠, 애플리케이션, 서비스	음악, 영상 등 콘텐츠 응용 소프트웨어, 기타 서비스
계층 4	미들웨어	인터넷 브라우저, 검색, 보안 솔루션 등 미들웨어
계층 3	연결성	ISP 등 인터넷 접속 산업
계층 2	네트워크 운영	유무선 통신, CATV(HFC), 위성 등 방송산업
계층 1	네트워크 요소	통신장비, 컴퓨터, TV 등 소비자 가전, 반도체 등 부품, 시스템 소프트웨어

이처럼 기존의 정보통신 산업 환경에서의 비즈니스 모델이 각 계층(Layer)별로 분리되어 비즈니스 모델을 구성하였다면, 디지털 컨버전스 환경에서의 비즈니스 모델은 계층

간 구분 없이 서로 간 복잡하게 연계된 형태를 통해 다양한 비즈니스 모델이 만들어 지게 된다. 이러한 환경에서는 많은 기업들이 기존의 산업 영역에서 뿐만 아니라 타 산업 영역을 넘나들면서 새로운 관계를 형성하고 생존과 발전을 위해 경쟁적인 가치 창출 활동을 도모하게 되며, 현재 미디어나 콘텐츠 산업을 둘러 싼 환경의 변화에서 이러한 현상은 다양하게 접할 수 있다.

특히 디지털 컨버전스 생태계는 다른 산업들의 생태계에 비하여 매우 빠르게 변화되면서 보다 복잡하고 다양한 상황에 직면하고 있다. 따라서 디지털 컨버전스 생태계 비즈니스 모델 개발을 통한 전략적 위치 설정 시에 고려해야 할 중요한 항목 중 하나는 해당 기업이 가진 자사의 핵심 능력을 활용할 수 있는 사업자와 생태계를 이루어 해당 기업이 생태계의 중심에 위치하는 기업 혹은 선도하는 기업이 될 것인지, 생태계에 참여한 타 사업자에게 자사의 핵심 능력을 사용하게 하는 지원적 성격을 갖게 할지 등의 전략 방향을 결정할 필요가 있다. 또 한편으로는 자사가 필요한 모든 기술과 기능을 획득 혹은 인수하여 자체 생태계를 형성하는 방법 등에 대해서도 다양한 고려의 필요가 있다.

이 과정에서 자신이 전략적으로 선택한 생태계에서 중심적 역할을 하게 되는 사업자는 자신이 속한 비즈니스 생태계의 지속가능성(생산성, 새로운 시장 창출 능력, 새로운 기술의 등장 등 외부 환경의 변화에 생태계가 적응하는 능력 등)을 어떻게 유지할 것인가를 중요한 문제로 고려하여야 한다. 더불어 디지털 컨버전스 생태계에서 비즈니스 모델 구성 시 사업자들이 고려하여야 할 몇 가지 전략적 이슈들이 있다.

첫 번째로 구성된 생태계의 지속성이다. 생태계의 지속성 여부는 곧 생태계의 건강성과 관련되는데, 생태계의 건강성이란 생태계 구성 사업자들 각자가 속한 산업에서 새로운 기회를 발견할 수 있는 능력을 의미한다. 건강성을 측정하는 지표로는 새로운 기능 혹은 시장의 창출 능력이다. 이러한 능력은 새롭게 등장한 기술이 얼마나 다양한 비즈니스나 제품에 흡수되어 나타날 수 있느냐로 결정된다. 또 다른 지표로는 저항성(robustness)이 있다. 저항성은 생태계 구성 사업자들이 미래 예측력을 가지고 새로운 기술의 출현과 같은 외부 충격에도 생태계 비즈니스 모델을 유지할 수 있는 능력을 의미한다. 또 다른 전략적 이슈로는 특화와 다각화 사이의 문제이다. 생태계 구성에 따라 생태계 구성 사업자들은 자신의 비즈니스 모델을 다각화할 수 있다. 이 과정에서 등장하는 문제 중의 하나가 핵심 경쟁 능력을 무엇으로 할 것인가의 문제이다. 생태계 구성 사업자들이 생태계를 통한 다각화에 집중하고 자신만이 가져야 할 핵심 경쟁 능력을 상실할 경우 전체 생태계의 건강성에 문제가 발생할 수 있기 때문에 이에 대한 고려가 필요하다.

Fansmann이 제시한 ICT 생태계의 계층 모델을 기반으로 우리나라의 산업 발전 역사를 대입해 보면, 지난 1980년대부터 시작된 국내의 산업 진흥 정책의 주요 초점은 ICT 산업에 집중되었고, 따라서 정책적 중요 계층은 통신사업 측면이었고, 이를 위해 정부의 규제 정책을 통한 사업자 인가 정책과 그에 따른 통신 시장에서의 장비 산업 등이 산업 정책의 중심에 있었다. 다시 말해 네트워크 운영 및 연결성을 제공해 온 통신사업자 영역이 과거의 중요한 정책적 규제 영역이었던 것에 반해, 2000년대 들어오면서 국내에서 하나로통신 등에 의한 초고속 인터넷 서비스의 제공으로 ICT 산업 생태계에서 플랫폼과 콘텐츠 계층이 차지하는 중요성과 비중이 빠르게 증가함에 따라서 정책 중심 영역이 플랫폼과 콘텐츠 중심의 정책 영역으로 이동하게 되었다. 즉, 초고속인터넷 서비스의 제공으로 통신서비스의 제공 속도가 기하급수적으로 고속화되고, 이러한 초고속 망을 통해 제공하는 콘텐츠나 응용 서비스들도 변화하게 되었다. 단순 텍스트 형태로 제공되던 온라인 게임이나 포털 등 새로운 서비스들이 당시 멀티미디어라 불리는 그래픽과 텍스트로 구성된 서비스로 변화하게 되었고, 그 이외에도 다양한 응용 서비스들이 개발되게 되었다.

더불어 ICT 산업생태계는 계층과 계층 간의 상호 연관관계로 구성되어 있어, 네트워크 구조로 이루어져 있다는 전제 하에 본서에서는 콘텐츠 산업의 생태계 분석의 구조로서 소비자, 미디어, 네트워크, 단말기, 웹과 플랫폼 등 5계층의 계층 구조로 나누어 각 분야의 변화 양상을 조망하고자 한다. 다시 말해 Fransmann이 주장하는 계층 모델에서 네트워크의 요소부문은 콘텐츠나 미디어 산업의 생태계를 분석함에 있어 다른 계층보다 상대적으로 그 중요성을 고려하기가 크지 않다고 판단되고, 네트워크 운영이나 연결성은 네트워크라는 하나의 요소를 분석하는 대신, 콘텐츠·애플리케이션·서비스 부분을 웹과 플랫폼 계층으로 하여 살펴보고자 한다. 더불어 콘텐츠 산업 자체가 갖는 가치체계나 가치 네트워크 역시 다양한 산업 간에 상호 영향을 미치면서 새로운 산업의 구조를 형성하고 있음을 알 수 있다.

3 비즈니스 모델 개발 방법론

비즈니스 모델은 1990년대 이후 정보통신 기술의 발달에 따라 디지털 컨버전스 생태계가 조성되기 시작하고, 인터넷이 온라인 유통망으로서 등장하고 초고속 화됨에 따라 이를 근간으로 다양한 새로운 사업모형이 탄생되기 시작하면서 산업적, 학문적 측면에서의 개념이 등장하였다.

일반적으로 사업 계획(Business Plan)과 비즈니스 모델은 그 의미나 활용 용도에 따라 다르게 이해되고 있다. 사업계획은 주로 대내외 고객(주주, 투자자, 직원, 고객 등)에게 투자 검토나 자사의 사업 현황 및 미래 전략과 성과에 대한 정보를 제공하기 위해 작성하는 자료다. 사업 계획에는 사업과 관련된 중요 사항, 즉 명확한 사업 목표와 달성 가능성의 근거와 이를 위한 방법을 기획하는 것으로 회사소개, 시장분석, 제품/서비스 경쟁력 분석과 조직과 자산에 대한 확보 방안 등의 조직, 재무, 전략 등 기업활동 전반에 대한 다양한 내용에 대해 각 항목별 분석 프레임을 설명하는 자료이다.

반면, 비즈니스 모델은 주로 사업 초기에 제품/서비스 고객에 대한 명확하고, 짧은 핵심적인 스토리(Narrative)로 구성된 내용물로서, 어떤 제품이나 서비스를 어떻게 소비자에게 제공하고, 어떻게 마케팅하며, 어떻게 돈을 벌 것인가 하는 등의 요소에 대한 계획 또는 사업 아이디어를 말한다. 특히 스타트 업(Start-up) 기업에 있어서는 사업 계획 작성보다는 소위 린 스타트업(Lean Start up)[25] 방식의 사업 추진을 위해 어떻게 기업이 가치를 만들고, 전달하고 수익을 창출하는지 근거를 설명하기 위한 간략한 설명서이다. 따라서 대기업이 아닌 벤처(Venture)나 중소기업의 입장에서는 사업계획을 만드는 것보다는 비즈니스 모델을 만드는 것이 더 효율적인 것으로 이해되고 있다. 이 경우 비즈니스 모델에서 가장 중요한 것은 바로 'Product - Market Fit', 즉, 결국 시장 내 고객이 누구인지 명확하게 규정하고, 이들이 왜 우리 제품을 구매해야 하는지 명확한 이유를 제시해야 한다.

이처럼 정보통신 기술의 발전이 각 부분에 적용됨으로 인해 기존의 사업모형을 채용하고 있는 기업들에게 도전을 주고, 과거에는 상상할 수 없었던 새로운 사업 기회가 창출되는 등의 현상을 만들어 감에 따라 탄생된 개념이 바로 비즈니스 모델이다.

학문적 측면에서도 1998년 티머스(Timmers)가 비즈니스 모델의 정의를 제시한 이래, 마하데반(Mahadevan, 2000), 아미트와 죠트(Amit & Zott, 2001), 체스브로와 로젠브룸(Chesbrough & Rosenbloom, 2001) 등 다양한 학자들에 의해 비즈니스 모델이 정의되고 있다.

Timmers(1998)에 따르면 "비즈니스 모델(또는 사업모형)이란 영리 또는 비영리 조직이 그 조직의 목표를 달성하기 위하여 행하는 사업을 지속, 발전하기 위한 활동 방식에 대한 설명"으로, 다양한 비즈니스 수행자와 그들의 역할을 포함하는 상품, 서비스, 정보 흐름의 구조이고, 이는 다양한 비즈니스 수행자에게 돌아가는 잠재적 혜택(benefits)과 수익원천(profits)에 대한 서술을 포함하는 것이라 정의하고 있다.

Mahadevan(2000)은 사업의 수행에 있어 ① Value Stream(가치의 흐름), 즉 구매자, 판매자, 시장조성자 사이의 가치 전달 흐름, ② Revenue Stream(매출의 흐름)으로 사업에서의 매출 창출을 보장하는 계획 ③ Logistical Stream(유통의 흐름)은 사업을 위한 유통구조의 디자인 등 크리티컬(Critical)한 3가지 요소가 독창적으로 혼합된 것이라 정의하고 있다.

Amit & Zott(2001)이 정의한 바에 따르면, 잠재적 비즈니스 기회의 확대를 통한 새로운 가치(Value)를 창출하기 위해 디자인된 콘텐츠(Content), 구조(Structure), 지배구조(Governance) 간의 거래 관계로 콘텐츠는 목표 고객을 위해 제공되는 모든 상품/서비스 등

---

25) Lean Startup : 아이디어를 빠르게 최소요건제품(시제품)으로 제조한 뒤 시장의 반응을 통해 다음 제품 개선에 반영하는 전략으로, 다시 말해 짧은 시간 동안 제품을 만들고 성과를 측정해 다음 제품 개선에 반영하는 것을 반복해 성공 확률을 높이는 경영 방법론의 일종. 일본 도요타자동차의 린 제조(lean manufacturing) 방식을 본 뜬 것으로, 미국 실리콘밸리의 벤처기업가 에릭 리스(Eric Ries, 1979~)가 개발했다. 린스타트업은 「만들기 ― 측정 ― 학습」의 과정을 반복하면서 꾸준히 혁신해 나가는 것을 주요 내용으로 함(출처 : 네이버 지식백과, 시사상식사전, 박문각).

을 포함하는 의미를 가지며, 구조(Structure)는 유통으로 Mahadevan에 의해 정의된 유통(Logistical)과 동일한 의미를 가지며, 지배구조는 기업구조(Structure)에 참여하는 이해 관계자(주주 : Stakeholder)사이에 합의된 지분 구조나 제휴 관계를 포괄하는 의미로 이해하면 된다. 더불어 Headman과 Kalling(2011)에 따르면, 비즈니스 모델에 관한 학술적인 연구의 대부분은 정보기술(IT)을 활용하는 전자상거래(e-Business)에 관한 것이고, e-Business 모델 연구는 비즈니스 모델의 전체적인 모습과 비즈니스 모델을 구성하는 요소들을 정의하는 것에 초점을 두고 있다고 하였다.

Mahadevan(2000)은 비즈니스 모델은 구매자와 파트너에 대한 가치흐름, 수익흐름, 공급 망의 논리적 흐름 등을 합쳐놓은 것이라 정의했으며, Osterwalder & Yves Pigneu는 조직이 어떻게 가치를 창출하고, 전달하며, 차지하는가에 대한 이유를 설명하는 것이라 정의하였다. 이들의 정의를 정리해 보면, 아래 표와 같다.

표 1-5 비즈니스모델 이론의 주요 키워드(Key Word)

구분	핵심 키워드
Timmers	정보 흐름의 구조, 잠재적혜택(Benefits), 수익원천(Profits)
Mahadevan	가치(Value), 흐름(Flow), 공급망(Supply Chain)
Rappa	수익창출(Profits), 가치창출(Benefits)
Osterwalder	수익창출(Profits), 가치(Value)
Amit, Zott	창의적 가치(Creative Value)

Chesbrough(2002)는 비즈니스 모델이 갖는 어떠한 유용성에 대해 첫째, 고객에 대한 가치제안을 분명히 나타나게 해주며, 둘째, 어떤 고객을 대상으로 하는지에 대한 세분 시장을 발견하게 해 주고, 셋째, 가치사슬 구조를 분명히 하며, 넷째, 비용구조와 잠재적 이익을 추정할 수 있게 하며, 다섯째, 가치 네트워크 내에서의 위치를 알려주는 역할을 하며, 마지막으로 경쟁전략을 나타내 보여주는 등의 측면에서 그 유용성이 있다고 하였다.

Alexander Osterwalder(2005)은 비즈니스 로직에 대한 개념 확립에 도움이 되며, 시각화를 통한 복잡한 정보를 처리하거나 이해하고 소통하는데 유용하게 활용될 수 있으며, 분석, 즉 비즈니스 로직을 측정하고 관찰하고 타 산업 혹은 경쟁자와 비교하는데 도움을 준다고 말한다.

이를 종합해 보면, 결국 비즈니스 모델은 고객과 어떠한 관계를 맺고, 고객에게 제공할 가치를 어떻게 창출할 것이며, 이에 따르는 비용 구조를 이해하고 통제하며, 기업의 생존 원천인 이익을 어디서 어떻게 얻어야 할 것인지를 찾아내기 위한 다양한 방법론을 강구하는 것으로 이해할 수 있을 것이다.

표 1-6 Osterwalder의 9 Building Block

<table>
<tr><td rowspan="2">핵심 파트너
(Key
Partners)</td><td>핵심 활동
(Key
Activities)</td><td rowspan="2">가치 제안
(Value
Proposition)</td><td>고객 관계
(Customer
Relations)</td><td rowspan="2">고객 세분화
(Customer
Segments)</td></tr>
<tr><td>주요 자원
(Key
Resources)</td><td>유통 구조
(Channels)</td></tr>
<tr><td colspan="3">비용 구조(Cost Structure)</td><td colspan="2">매출 전략(Revenue Streams)</td></tr>
</table>

Osterwalder의 9 Building Block에 대해 각 요소들의 의미를 살펴보면, 첫째, 고객 세분화는 비즈니스 모델의 주요 고객 군을 분류하고 정의하는 것으로 매스 마켓인가 아님 니치 마켓인가? 그리고 통상 통계학적으로 활용되는 연령별, 인종별, 소득수준별, 지역별 등등의 다양한 분류체제 하에서 고객을 분류하는 것이다. 이는 대상 시장을 결정하기 위한 아주 중요한 것으로 가장 먼저 그리고 가장 많은 고려 하에 진행되어야 한다. 둘째로, 가치를 정의하는 것으로 고객에게 어떠한 가치를 제공할 것인가를 결정하는 것이다. 기업이 세분화된 고객에게 전달하는 서비스와 제품의 가치(정성적, 정량적)를 정의하고, 정의된 가치에 따라 고객의 움직임을 유인할 수 있어야 한다. 이때 가장 중요하게 고려해야 할 요소로는 규모의 경제성 측면이다.

셋째, 유통구조를 정의하는 것으로 고객 접점으로 고객에게 가치를 제공하기 위해 어떻게 커뮤니케이션하고 어떤 방법으로 제품과 서비스를 제공할 것인가를 정의하는 것인데, 크게 유통 구조의 형태는 직접 유통과 파트너를 통한 간접 유통으로 나누어지며, 직접 유통의 형태로는 영업 사원을 통하거나 웹이나 모바일 앱 등을 통하는 방법이 있고, 간접 유통으로는 자체 상점을 갖거나 파트너의 상점 그리고 도매를 통한 유통 등으로 나누어질 수 있다. 통상의 유통 단계를 살펴보면, 자사의 상품이나 서비스에 대해 인지도를 높여 인지시킨 후 자사가 정의한 가치에 대한 고객들의 평가를 통해 고객에게 특정 제품 구매를 가능하게 해 주고, 제품 등의 구매를 통해 고객에게 가치를 전달하고, 구매 후 다양한 지원 등을 통해 마케팅을 전개하는 것이다.

넷째, 고객 관계는 고객과 관계를 형성하는 방법을 정의하는 것으로, 대인과의 소통, 고객 지정 전담자를 통해 제공하거나, 셀프 서비스나 자동화된 서비스 등 다양한 상호작용의 관계를 어떻게 할 것인지를 결정하는 것이다. 다섯째, 매출전략은 고객에게 비용을 어떻게 받을 것인지를 정의하는 것으로 수익모델과는 전혀 다른 의미를 가지며, 비즈니스 모델 구성 요소 중 가장 중요한 요소이다. 여섯째, 핵심자원을 결정하는 것으로 제공되는 가치를 만들 수 있는 자원으로 시장 진입, 고객관계, 매출 등 기업의 자산 또는 자원(인적,

물적, 특허, 브랜드, 재무적 자원 등) 중 해당 사업에 가장 필요한 것은 무엇이고 어떻게 조달할 것인가를 결정하는 것이다.

일곱 번째, 핵심 활동은 수익 창출을 위한 기업의 주요 활동으로 기업의 업(業)에 대한 이해가 바탕이 되어야 한다. 즉 제공할 가치를 정의하고 시장에 진입하거나 고객 관계 유지 등의 활동을 일컫는다. 예를 들어 MS는 소프트웨어 개발이 핵심활동이 될 것이고, 맥킨지는 문제해결이 핵심 활동이 되는 것과 같이 업(業)을 정확히 정의하는 것이다. 여덟 번째로 누구를 또는 어떤 형태로 핵심 파트너를 결정할 것인가인데, 파트너는 비경쟁자 간의 전략적 제휴나 지분참여, 경쟁자 간의 전략적 파트너 십(Partnership), 새로운 사업 개발을 위한 조인트 벤처(Joint Venture), 안정적 공급을 보장하기 위한 바이어와 제공자(Supplier) 관계 등 4가지 유형이 있을 수 있다. 마지막으로 비용 구조를 결정하는 것으로, 고정비, 변동비, 규모의 경제 및 범위의 경제 등 비용의 성격을 정의하여 사업을 지속하기 위해 발생되는 비용 구조를 명확히 하는 것이다.

그림 1-10 애플의 iPod/iTunes 개발 사례 예시

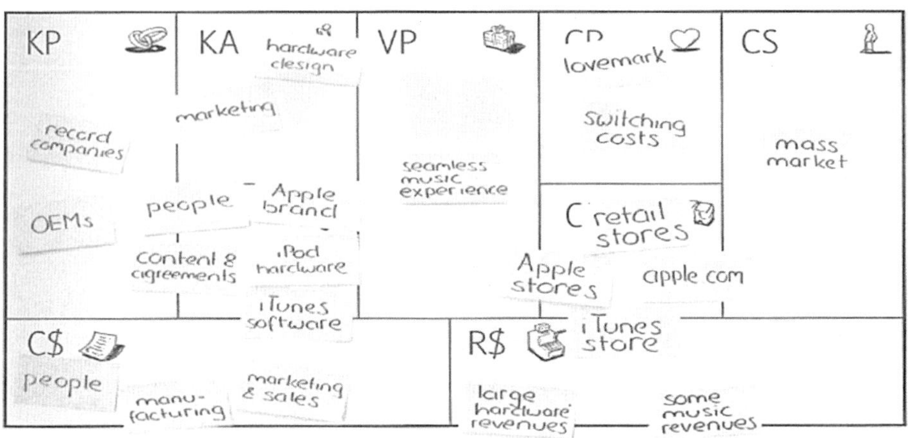

정리하기

1 네트워크 경제란 무엇인지 설명하시오.

2 네트워크 경제 하에서 발생하는 망 외부성(Network Externality)과 메칼프의 법칙(Metcalfe's Law), 수확체증의 법칙(Increasing Returns of Scale)에 대하여 설명하시오.

3 특정 산업에서 네트워크 경제의 특성이 나타나는 경우, 선발 사업자와 후발 사업자가 취해야 할 경쟁 전략에 대해 설명하시오.

4 파괴적 혁신 기술(Disruptive Innovation Technology)이란 무엇이며, 어떤 기술이 파괴적 혁신 기술로 정의되기 위한 3가지 특성을 설명하시오.

5 가치사슬(Value Chain), 가치체계, 가체 네트워크란 무엇인지 설명하시오.

6 가치사슬 이론과 생태계 이론의 차이를 설명하시오.

7 Fransmann이 주장하는 ICT 생태계에서의 6계층 모델에 대해 설명하시오.

8 사업 계획(Business Plan)과 비즈니스 모델은 그 의미나 활용 용도에 따라 다르게 이해되고 있는데, 그 차이점에 대해 설명하시오.

9 Osterwalder의 9 Building Block에서 가치 제안(Value Proposition)이란 무엇인지 설명하시오.

확인하기

1 네트워크 경제(networked economy, economy of network)란 특정 산업이나 서비스 네트워크에 이용자가 추가로 참여할 때, 비용은 추가되지 않으면서도 한계 이익(marginal profit)이 더 커질 수 있는 경제 현상. 즉, 네트워크의 규모가 커질수록, 즉 특정 서비스나 상품을 소비하는 소비자나 이용자의 규모가 커지면 커질수록 네트워크의 가치가 증가하게 되는 네트워크 효과가 나타나는 현상을 보임.

2 '망 외부성' 효과란 특정 제품을 사용하는 소비자가 많아질수록 더 많은 소비자를 유인하게 되고, 이에 따라 해당 상품의 가치가 더욱 높아지는 현상을 말함.
'메칼프의 법칙'은 통신망 사용자 혹은 가입자에 대한 효용성을 나타내는 망의 가치는 사용자(가입자) 수의 제곱에 비례한다는 이론. 즉 사용자는 산술적으로 증가하는데 비해 네트워크의 가치는 기하급수적으로 증가하는 현상을 일컫는 용어임.
'수확체증의 법칙'은 투입된 생산요소가 늘어나면 늘어날수록 산출량이 기하급수적으로 증가하는 현상.

3 선발 사업자 혹은 지배적 사업자의 경우, 기존에 특정 시장이나 산업에서 지배적 지위를 누리고 있기 때문에 기존의 지배적 지위를 가져 오게 한 역량을 강화하고, 그 역량을 활용하여 이미 구축한 자산으로 간접 네트워크 효과를 확대하는 점진적 혁신 전략을 수립하고, 시장 지배력을 가속화시키는 전략으로 나가야 함.
후발 사업자의 경우 특정 시장이나 특정 산업에서 이미 선발 사업자에 의해 지배되고 있는 상황이므로, 기존에 구축되어 있는 시장 지배적 사업자의 간접적인 네트워크의 영향력을 줄이고, 파괴적 혁신을 통해 자신의 직접적인 네트워크 효과를 발현케 함으로써 자신의 영향력을 확대하는 노력을 경주함으로써, 새로운 경쟁적 환경을 조성하고, 시장 혹은 산업에서의 지배력을 확보하고자 하는 전략을 구사해야 함.

4 '파괴적 혁신 기술'이라 함은 기존 산업 뿐 아니라 다른 산업 심지어 소비자에 이르기까지 시장 참여자 모두에게 영향을 미치는 파급 효과가 큰 기술을 의미하는 것으로, 특정 기술이 파괴적 혁신 기술로 정의되기 위해서는,
첫째, 기존 산업의 경쟁 질서를 변경하거나 생태계의 변화를 유발시키고,
둘째, 타 산업에 영향을 주어 산업 간 경계가 모호해지고 산업 간 융・복합 현상을 발생시켜 새로운 서비스나 산업을 형성시키고,

셋째, 소비자 행동이나 사고를 변화시켜 새로운 시장, 새로운 사업을 창출하여 일반 소비자는 물론 정부나 기업의 정책, 규제, 행태 모두에 변화를 유발

5 가치사슬이란 특정 기업을 평가할 때, 기업 전체를 하나의 단위로 하여 평가할 경우 기업의 활동을 비교, 평가할 수 없음. 따라서 기업이 부가가치 창출을 위해 하는 활동들을 체계화 시켜 분석하기 위한 도구로 제안된 개념.

가치체계란 한 기업의 활동 범위를 넘어서는 가치사슬을 설명하는 것으로, 여러 가지의 가치가 상호 의존적 관계를 유지하며, 특정한 유형으로 배열되어 있는 상태의 가치 질서를 의미함.

가치네트워크란 한 기업이 제공하는 서비스나 제품을 조달하고, 제공하고, 확장시키기 위해 만들어지는 체계. 즉, 하나 이상의 가치사슬이나 가치 체계에 동시적으로 관련되어 구성되는 가치창출 네트워크로, 파트너 십, 제휴, 합작, 협약, 합병 등의 방법을 통해 구성되는 것이 일반적임.

6 가치사슬 이론은 개별 기업 개별 산업에서의 부가가치 창출을 위한 다양한 가치네트워크를 분석하는 이론인 반면, 생태계 이론이란 '동물 · 식물 · 미생물, 그리고 공기 · 물 · 토양이 지니는 유기 · 무기의 요소가 서로 복잡한 조직과 상호의존 관계를 유지하면서 균형과 조화를 이루고 있는 자연의 체계'를 말하는 생물학적 생태계의 특성을 인용하여 만들어진 경제·경제학적 용어로, 기존 경제 · 경영학에서는 가치의 창출이 단일 기업의 비용 경쟁력에 의해 발생되며, 기술과 산업, 이용자 간 일방적 흐름을 통해 제품이나 서비스가 양산된다는 이론이 정보통신기술의 발전에 의해 산업간 융복합 현상이 발생됨에 따라 산업 간 구분이 모호해 지고, 가치의 창출이 '공진화, 협력적 경쟁, 동반자 관계'라는 새로운 패러다임에 의해 만들어지는 산업 현상을 설명하기 위한 이론.

7 Fransmann은 정보통신기술 산업 생태계 계층 모형을 내부적 연관 관계가 여섯 가지의 복잡한 관계로 설정되는데, 첫째, 네트워크 요소(Network Device) 제공자와 네트워크 운영(Operator) 사업자의 내적 관계가 설정되고, 둘째, 네트워크 운영사업자, 즉 통신사업자와 플랫폼 및 콘텐츠 제공자의 관계가 설정되고, 셋째, 최종 사용자와 플랫폼 및 콘텐츠 제공자의 관계가 설정되며, 넷째, 최종 사용자와 네트워크 요소 제공자의 내적 관계가 설정되며, 다섯째, 네트워크 요소 제공자와 플랫폼 및 콘텐츠 제공자 간에 내적 관계가 설정되고, 마지막으로, 네트워크 운영사업자와 최종 사용자 간에 관계가 설정된다고 역설함.

구 분	기 능	포함 산업
계층 6	최종 소비	-
계층 5	콘텐츠, 애플리케이션, 서비스	음악, 영상 등 콘텐츠 응용 소프트웨어, 기타 서비스
계층 4	미들웨어	인터넷 브라우저, 검색, 보안 솔루션 등 미들웨어
계층 3	연결성	ISP 등 인터넷 접속 산업
계층 2	네트워크 운영	유무선 통신, CATV(HFC), 위성 등 방송산업
계층 1	네트워크 요소	통신장비, 컴퓨터, TV 등 소비자 가전, 반도체 등 부품, 시스템 소프트웨어

8 사업계획은 주로 대내외 고객(주주, 투자자, 직원, 고객 등)에게 투자검토나 자사의 사업 현황 및 미래 전략과 성과에 대해 정보를 제공하기 위해 작성하는 자료. 사업계획에는 사업과 관련된 중요 사항, 즉 명확한 사업 목표와 달성 가능성의 근거와 이를 위한 방법을 기획하는 것으로 회사소개, 시장분석, 제품/서비스 경쟁력 분석과 조직과 자산에 대한 확보 등의 조직, 재무, 전략 등 기업활동 전반에 대한 다양한 내용에 대해 각 항목별 분석 프레임을 설명하는 자료인 반면,

비즈니스 모델은 사업 초기에 제품/서비스, 고객에 대한 명확하고, 짧은 핵심적인 스토리(Narrative)로 구성된 내용물로, 어떤 제품이나 서비스를 어떻게 소비자에게 제공하고, 어떻게 마케팅하며, 어떻게 돈을 벌 것인가 하는 등의 요소에 대한 계획 또는 사업 아이디어.

9 가치 제안이란 가치를 정의하는 것으로, 고객에게 어떠한 가치를 제공할 것인지를 결정하는 것으로, 제품이나 서비스의 정성적, 정량적 가치를 정의하고, 정의된 가치에 따라 고객의 움직임을 유인할 수 있어야 함.

제2절 사회의 변화

1 인터넷의 등장과 사회의 변화

학자나 저서에 따라 조금씩 다른 견해를 가지나, 일반적으로 산업혁명이라 함은 새로운 기술의 등장이 단순히 기술의 변화에만 그치는 것이 아니라 인류의 사회, 산업 및 경제 체제에 큰 변화가 유발되었던 현상을 일컫는다. 다시 말해 격변적이고, 격렬한 현상이 아니라 그 이전부터 시작하여 온 점진적이고 연속적인 기술혁신의 과정을 산업혁명으로 보는 견해가 지배적이다. 예를 들어 철과 강철이라는 새로운 소재의 활용, 석탄과 증기 기관 같은 새로운 동력원의 사용, 방적기나 역직기 같은 새로운 기계의 발명, 공장제라는 새로운 노동 분업 체계의 발전, 증기 기관차나 증기선과 같은 새로운 운송 및 통신수단의 발전 등 다양한 변화를 동반하며 진행되는 것으로 이해된다.

인류가 탄생된 이후 원시사회가 시작되었고, 이러한 원시사회로부터의 탈피는 바로 농업기술의 등장에 따른 농업혁명이 주도하였다. 즉 농업기술이 발달됨에 따라 유랑(Nomad)의 시대로부터 정착과 풍요의 시대로 변화되었다. 이 후 1784년 유럽과 미국에서의 방적기 발명과 방적기를 증기기관에 연결하여 자동화함으로써, 근대적 공장이 탄생하게 되는 계기가 마련되었다. 이러한 기술 혁신이 인류 최초의 산업 혁명이다. 즉, 증기 엔진의 발명에 따라 인간의 물리적 노동이 본격적으로 기계로 대체되기 시작하면서 가내 수공업의 시대로부터 공장제 기계공업으로 산업화가 시작된 것을 1차 산업혁명이라 한다.

2차 산업 혁명은 1865년부터 1990년까지 화학, 전기, 석유 및 철강 분야에서의 기술 혁신으로 산업의 중심이 경공업에서 중화학 공업으로 전환된 것을 일컫는다. 즉, 산업 구조가 소비재 산업인 경공업 중심에서 부가 가치가 큰 생산재 산업인 중화학 공업으로 변화되었으며, 식료품 및 음료, 의류 등의 제조 기계와 더불어 가공, 운송 수단의 혁신, 심지어 오락 분야에서도 영화, 라디오와 축음기가 개발되는 등 산업의 발전과 그것이 가져온 사회, 경제적 변화가 진행되었다. 그러나 역사가들에 따라서는 최초의 산업혁명이 증기기관의 발명이라는 획기적 기술혁신에 기인된 반면 2차 산업 혁명으로의 구분에 대해서는 뚜렷하게 변화의 계기나 시작점을 찾을 수 없음으로 인하여 쉽게 합의나 동의를 얻지 못하기도 한다. 이후 앞서 언급한 기계의 발명과 동력, 전력을 활용한 공장제 기계 공업도 폭발적 수요의 증가에 따른 공급 부족을 유발하게 되었고, 더불어 대량 생산 대량 소비의 시대로부터 다품종 소량 생산의 시대, 즉 공급자 중심의 시장으로부터 소비자 중심의 시대로 변화하게 되었다. 과거 만들면 팔리던 시대에서 고객은 값싸고 품질 좋고 서비스 좋은 제품을 선택하는 방향으로 진행됨에 따라 최초로 '고객'이라는 용어의 등장을 가져오게 되었다.

이 후 1969년에 알파넷(ARPANET)으로 시작되어 TCP/IP(Transmission Control Protocol/Internet Protocol)[26)]라는 고유한 프로토콜을 기반으로 구축된 세계 최대 규모의 컴퓨터 통신망인 인터넷의 등장과 개인용 컴퓨터가 발전하게 되면서, 기존 산업의 전통적 가치사슬(Value Chain)의 역류나 붕괴를 촉발하여, 사회 및 산업의 정보화를 통한 정보 사회로의 변화를 가져오게 되었다. 인터넷은 통신망과 통신망을 연동해 놓은 망의 집합을 의미하며, 랜(LAN) 등 소규모 통신망을 상호 접속하는 형태에서 점차 발전하여 전 세계를 망라하는 거대한 통신망의 집합체가 되었다. 이 처럼 제3차 산업혁명으로 명명되는 컴퓨터와 통신 기술, 특히 1980년대 이후 인터넷의 확산으로 정보의 생산, 처리에 획기적 발전이 이루어지게 되면서 인류 사회는 가히 혁명적 변화를 경험하기 시작하였다.

정보통신기술(Information & Communication Technology)이라 불리는 기술의 변화는 기존의 다양한 산업들에 영향을 미치고, 정보통신 기술이 다른 산업과 융·복합되면서 모든 산업에서의 디지털 화를 촉발하고, 디지털 화는 산업 가치사슬의 붕괴 및 혁신을 가져오게 되었다. 특히 미디어의 변화는 다양한 콘텐츠 수요의 확산을 요구하게 되었으며, 나아가 사이버 세상을 통해 시간과 공간의 제약을 없애면서 인간의 감성과 창의력이 산업 및 경제의 중심이 되는 창조 경제라는 새로운 패러다임으로 변화되고 있다.

다시 말해 21세기에 들어서면서 경제활동에 필요한 투입과 산출의 주된 요소가 토지나 자본이 아닌 창의적 아이디어가 되고, 새로운 아이디어, 즉 창의력을 통해 제조업, 서비스 업, 유통업 및 엔터테인먼트 산업 등 산업 전반의 활력으로 자리매김하는 창조사회(존 홉킨스, 2001)로의 변화가 진행되고 있다.

나아가 인류 사회에는 또 다시 기술, 제조업, 플랫폼기반 서비스 측면에서의 혁신이라는 새로운 패러다임의 변화가 진행되고 있으며, 이러한 변화는 우리의 미래에 혁신적이고 파괴적인 변화를 가져올 것을 예견하고 있다. 2016년에 다보스 포럼(World Economic Forum, WEF)에서는 '4차 산업혁명'이란 용어로 새로운 변화를 예견하였다.

제4차 산업혁명이란 1784년 영국에서 시작된 증기기관과 기계화로 대표되는 1차 산업혁명, 1870년 전기를 이용한 대량생산이 본격화된 2차 산업혁명, 1969년 인터넷이 이끈 컴퓨터, 정보화 및 자동화 생산시스템이 주도한 3차 산업혁명에 이어 새로운 인류의 혁신 패러다임으로, 인공지능, 로봇기술, 생명과학, 사물 인터넷(IoE), 빅 데이터, 3D 프린팅 등

26) TCP/IP : 인터넷 표준 프로토콜(Protocol, 규약/약속)로 컴퓨터의 데이터 통신을 행하기 위해서 만들어진 프로토콜 체계. 컴퓨터 간의 주고받는 메시지를 전송할 때 에러가 발생하지 않도록 알맞은 크기로 나누어져 전송하고 이를 받아서 다시 원래의 정보로 변환하는 것을 약속해 놓은 것이다. 보통 IP는 데이터를 한 장소에서 다른 장소로 정확하게 옮겨주는 역할을 하며, TCP는 전체 데이터가 잘 전송될 수 있도록 데이터의 흐름을 조절하고 성공적으로 상대편 컴퓨터에 도착할 수 있도록 보장해 주는 역할을 한다(출처 : 네이버 백과사전).

의 기술이 주도하는 산업 구조 재편을 통해 새로운 산업구조와 사회를 만들고자하는 인류의 새로운 도전이며, 차세대 산업혁명이다. 혹자는 4차 산업혁명을 ICBM(사물인터넷 · 클라우드 · 빅 데이터 · 모바일을 통칭하는 약어) 플랫폼을 기반 기술로 해서 발생한 세계적인 트렌드로도 정의하기도 한다. 예를 들어 개별 기기에서 발생한 정보를 사물 인터넷 기술로 클라우드 서버에 모은다. 이렇게 모인 정보를 빅 데이터가 분석하고 모바일 기기로 서비스를 제공하는 등의 형태로 설명된다고 한다. 어떻게 이해되던, 분명한 것은 기술의 발전에 의해 발생된 새로운 산업 구조의 개편으로 인류의 사회, 산업 및 경제 체재에 큰 변화를 유발하고 있다는 것이다.

그림 1-11 산업혁명의 단계[27)]

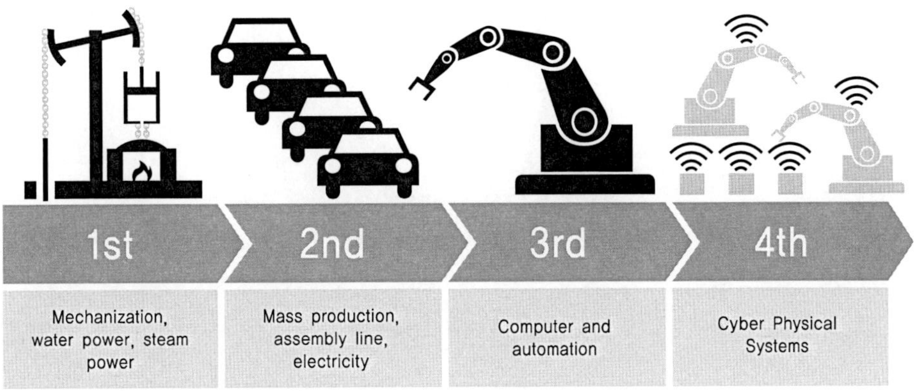

제4차 산업 혁명이 진행되면서, 기계가 지능이 필요한 작업을 수행하고, 인간 신체에 컴퓨팅 기술이 직접 적용되고, 기업/정부 및 수요자간의 소통을 새로운 차원으로 향상시키는 등 '기술이 사회에 자리 잡는(embedded) 방식이 새로워지는 시대'[28)]가 도래하게 된다.

이를 통해 사회 전반의 시스템에 혁신적, 파괴적(Disruptive) 변화 현상이 나타날 것이다. 차세대 산업 혁명을 통해 변화될 현상을 정리해보면, 첫째, 서로 단절되어 있던 분야들이 경계를 넘어 분야 간 융·복합을 통해 발전해 나가는 '기술혁신'의 패러다임이 전개되어 갈 것이다. 둘째, 제조업이 정보통신기술(ICT)과 융합되어 제조업의 경쟁력과 효율성이 제고되고, 셋째, 모든 것이 인터넷으로 연결되는 초 연결 형태인 사물 인터넷(IoE:

27) 출처 L Christoph Roser at AllAboutLean.com
28) 출처 : Nicholas Davis, "What is the fourth industrial revolution?"에서 인용
www.weforum.org/agenda/2016/01/what-is-the-fourth-industrial-revolution/

Internet of Everything)과 소셜 미디어 등으로 인간의 모든 행위와 생각이 클라우드(Cloud)에 빅 데이터(Big Data)의 형태로 수집, 축적, 활용되고, 넷째, 만물 초지능[29], 즉 인공지능이 모든 것과 결합되어, 수집된 빅 데이터가 해석되고, 이를 바탕으로 사물을 자동적, 지능적으로 제어함으로써 맞춤형 예측서비스가 제공되어 질 것이며, 다섯째, 사물인터넷, 소셜 미디어 등에 의해 실재(Reality)와 가상(Cyber)이 통합되는 사이버-물리 시스템(CPS: Cyber-Physical System) 혹은 O2O(Online to Offline)이라 불리는 서비스가 활성화 되는 등 사회 전반의 시스템에 새로운 혁신이 만들어지게 될 것이다.

그림 1-12 제4차 산업혁명의 동인

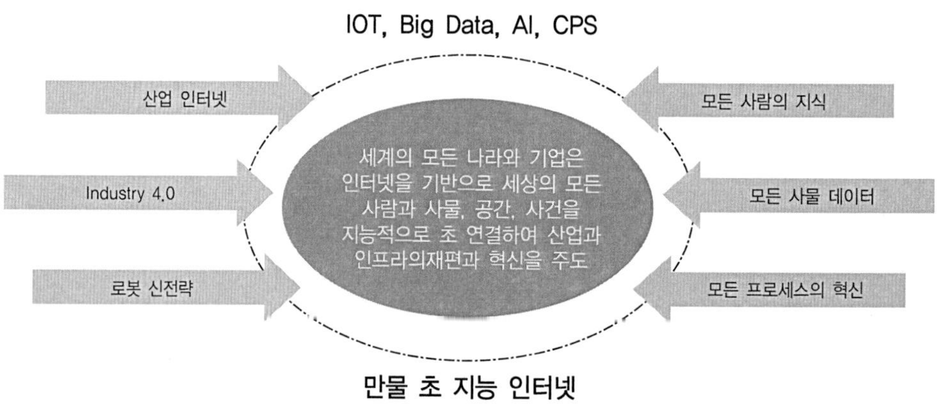

초연결의 통신 혁명, 빅 데이터, 초 지능 등의 혁신적인 기술의 융·복합 트랜드는 궁극적으로 스마트 홈, 스마트 공장, 스마트 농장, 스마트 그리드 또는 스마트 시티 등 스마트 시스템 구축으로 공급 사슬 관리부터 기후 변화에 이르기까지 다양한 문제에 대응할 수 있는 범용적인 기술 트랜드로 자리 잡을 것으로 예상된다. 사물인터넷(IoT)은 상호 연결된 기술과 다양한 플랫폼을 기반으로 사물(제품, 서비스, 장소)과 인간을 연결하는 새로운 패러다임을 창출하고, 이러한 환경 하에서 생성되는 다양한 데이터를 처리하기 위한 클라우드 컴퓨팅 및 빅 데이터 산업이 발달하고, 여기에 인공지능(AI)이 더해지며 삶의 변화를 이끌어낼 것으로 예측하고 있다.[30]

---

29) 초지능 : 자율운전 자동차와 같이 인간과 생물과는 전혀 다른 이질의 존재가 인간 수준에 근접하는 형태로 지능을 갖게 되는 상황

30) 출처 : 4차 산업혁명과 산업구조의 변화, 정보통신정책연구원, 2016.

그림 1-13 제4차 산업혁명과 사회의 변화

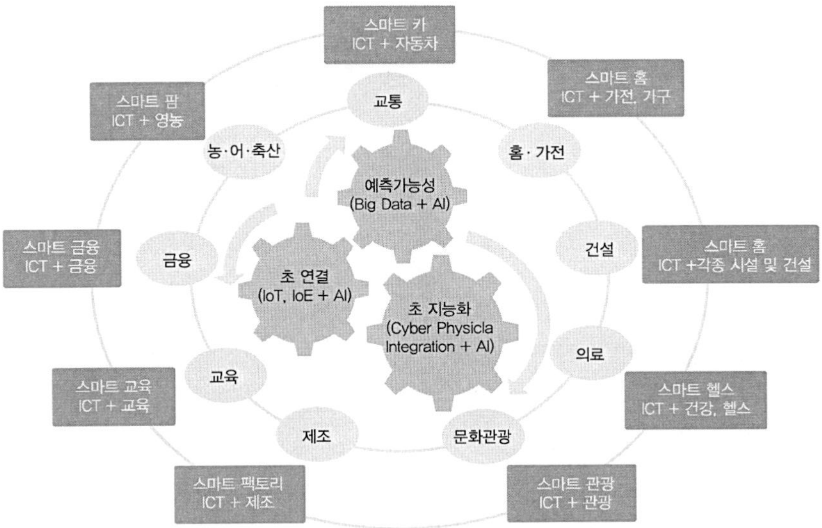

또한 어디서나 접속이 가능한 초 연결 통신 혁명은 스마트 기기들이 상호 연결되고, 클라우드, 빅 데이터와 결합되어 디지털 제조공정이 가능해지게 만들어 짐에 따라 비용절감을 위해 해외에 있던 공장이 국내로 회귀하는 리쇼어링(Reshoring)[31)]을 확산시킬 것이며, 나아가 디지털 제조를 통한 맞춤형 소량생산, 스마트 공장 등 제조공정 측면의 혁신은 기존의 저비용 기반의 대량생산·유통시대로부터 인터넷을 통해 생산, 유통, 소비가 가능한 시대로의 전환을 가능하게 하여, 개인이나 벤처, 중소기업들도 소규모 자본으로 생산이 가능한 공정의 혁신을 야기할 것이다. 다시 말해 누구든지 혁신적인 아이디어를 디지털화하고, 시제품 공유를 통한 피드백을 통해 제품의 완성도를 높일 수 있는 기회가 주어지게 될 것이다.

31) Reshoring : 비용 등을 이유로 해외에 나간 자국 기업이 다시 국내로 돌아오는 현상으로, 기업의 생산기지 해외이전을 뜻하는 오프쇼링(off-shoring)의 반대 개념. 과거 선진국에 위치한 기업들은 인건비 상승 등 고비용의 문제를 해결하기 위해 인건비가 비교적 저렴한 중국·인도 등 개도국으로 생산기지를 이전했는데, 여기서 오프쇼링이라는 개념이 생겨났다. 하지만 이후 신흥시장국의 임금 상승으로 이곳에서도 비용 문제에 직면하고, 2008년 글로벌 금융위기 이후 극심한 경기침체와 실업사태에 직면하고 있는 각국 정부는 국내경제 활성화와 일자리 창출을 위해 대대적인 리쇼링 정책을 추진하고 있다(출처 : 네이버 지식백과).

플랫폼 측면에서는 '자동화', '노동대체 기술의 발전', 그리고 소비자의 주문을 받는 즉시 서비스나 제품을 제공하는 '온디맨드(On-Demand) 플랫폼 비즈니스 확대' 등의 산업 구조적인 패러다임 변화가 빠르게 진행될 것이며, 이로 인해 거래에 당사자들이 제품과 서비스를 소유하지 않고 이용할 수 있어 디지털 플랫폼이 거래의 중개인 역할을 담당하는 등의 변화가 촉진될 것이다. 디지털 플랫폼은 충분히 활용되지 못한 자산들(자동차의 빈 자리, 집의 남는 방, 거래 중개자, 배달이나 집수리를 위한 기술 등)을 효율적으로 사용하도록 만들어, 서비스를 추가로 제공할 때 발생하는 한계비용이 거의 제로에 가깝게 하는 공유경제로의 이행을 촉발시키고 있다

2 체험 경제와 관심 경제

사회가 점차 발전해 나감에 따라 재화와 서비스는 넘쳐나고, 풍요로워져 가는데 반해 이를 향유할 시간이 한정되어 짐에 따라 모든 산업의 재화나 서비스가 단순히 소비되는 차원을 넘어 인상 깊은 체험을 연출하는 방향으로 새롭게 진화해 나가고 있다. 다시 말해 사회의 발전 과정에서 살펴보면, 농업사회의 농업 경제 하에서는 생필품이 가장 중요한 자원이었고, 산업 사회에서는 공업 경제, 즉 공산품의 생산이 주요한 산업의 이슈로 등장하였으며, 인터넷의 등장과 정보통신 기술의 발전은 서비스 경제로의 이행을 촉진[32]하게 된 것처럼, 사회가 발전할수록 고객의 관심이 정보, 자본, 기술, 노동력보다 더 희소한 자원이 되는 경제, 즉 체험 경제의 시대로의 이행이 필연적으로 뒤따를 수밖에 없게 되었다.

사회학자인 허버트 사이먼(Herbert Simon) 교수는 '정보는 점점 흔해지고, 관심은 점점 귀해진다.'고 하였다. 즉, 인터넷의 발달과 정보기술의 발전으로 미디어는 다양해지고, 소비자, 즉 수용자는 정보의 수용자로써만 남아 있지 않고 새로운 정보의 생산자로 등장하게 됨에 따라 생산되는 정보는 기하급수적으로 증가할 수밖에 없는 시대를 맞이하게 된 것이다. 이처럼 정보가 과잉생산 됨에 따라 정보 사회에서의 희소자원이 '정보'였고, 경제 권력이 정보를 제공하는 것이었던 것으로부터 점차 희소자원이 한정된 소비자의 관심(attention)으로 변화되기 시작하고, 경제 권력도 관심을 제공해주는 것, 즉 관심을 얻을 수 있는(getting attention) 경험의 매매로 변화되고 있다는 것이다. 제품이나 서비스의 성능이나 품질 측면에서의 상향평준화는 소비자로 하여금 새로운 차별적 요소를 찾게 만들었고, 이에 따라 상품이나 서비스의 소비 과정에서 얻을 수 있는 즐거움이나 성취감, 즉 체험이 핵심적 차별화 요소로 부상되게 된 것이다. 이에 따라 전통적 기업에게 오감(五感, five sense)으로 상호 작용하는 전방위 디지털 체험을 활용한 마케팅의 중요성이 점증하게 되었다. 인상적인 이벤트 체험은 물론, 지속적인 동기 부여를 통해 소비자 자신을 바람직한

32) 출처 : Pine II & Gilmore, Welcome to the Experience Economy, 1998.

자아로 성장, 발달시키는 체험이 중요한 요소로 등장한 것이다.

파인과 길모어(Pine II & Gilmore)는 이러한 체험을 제공하기 위해 필요한 구성요소, 즉 체험을 통해 차별화를 주기 위해 고려해야 할 요소들로써 4E, 즉 오락(Entertainment), 교육(Education), 현실 도피적 체험(Escapist) 그리고 심미적 요소(Esthetic)가 중요한 요소임을 주장하였다. 이는 체험을 제공하기 위해서 고려해야 할 요소로 즐거움을 주는 오락적 요소와 체험을 통해 얻을 수 있는 교육적 요소 그리고 체험하는 순간이라도 현실로부터 벗어날 수 있게 해주는 도피적 체험, 그리고 미적 감각을 통해 수용자가 행복해 질 수 있게 해 주는 심미적 요소가 중요한 요소라 주장하였다.

그림 1-14 경제적 가치의 진화

재화종류	자원 Commodities	상품 Goods	서비스 Services	체험 Experiences
산업단계	1차산업	2차산업	3차산업	포스트 3차산업
경제적 가치	채굴	제조	맞춤 전달	연출 · 멘토링
공급방법	대량저장	생산 · 재고	요구시 전달	이벤트 · 멤버십

기업이나 산업에서 디지털 체험 경쟁에서 우위를 확보하기 위해서는 고객이 체험을 능동적으로 즐길 수 있도록 하는 몰입도를 증진시키고 나아가 새로운 경험을 제공하기 위한 노력이 필요한데, 이를 위해서는 흥미롭고 의미있는 디지털 체험은 다양한 기술, 운영방식 등 과학적 요소와 스토리텔링, 예술 등 인문적 요소가 함께 어우러진 종합적 요소들이 제공되어져야 한다.

예를 들어 이케아(IKEA)는 쇼핑을 하러오는 고객들의 시각 동선(visual line), 즉 상품을 보면서 구매 고객의 눈이 움직이는 동선과 그 빈도를 연구하여 고객들로 하여금 보다 편리하게 쇼핑의 체험을 할 수 있게 해주기 위한 연구를 진행하여, 제품 진열 시 제품의 가격이나 특성, 나아가 선호하는 색상의 제품 진열 순서 등 소비자를 통해 수집된 빅 데이터(Big Data) 분석을 통한 결과를 중심으로 배치하고 있다. 또한 자전거 메이커 중에는 단순히 진열을 통해 고객이 선택, 구매하게 하는 기존의 방식으로부터 다양한 기술을 이용하여 자사 제품이 눈, 비, 자갈길, 모랫길, 산길 등 다양한 경우에 어떻게 반응하고, 즐길 수 있는지에 대한 다양한 환경을 만들어, 구매하러 매장을 방문하는 고객들에게 직접 시험해 볼 수 있는 공간과 환경을 만들어 제공함으로써, 경쟁사 대비 차별화나 고객의 체험 만족도를 높여주려는 노력을 경주하기도 하였다.

뿐만 아니라 나이키(Nike)의 경우 기존에 단순한 운동화 제조사로부터 ICT 기술을 활용한 다양한 새로운 경험의 제공을 통해 헬스 산업으로의 진출을 도모하고 있는데, 여기에서도 체험 경제의 이론을 접목한 다양한 시도를 진행하고 있다. 즉, 나이키플러스라는 새로운 형태의 밴드를 개발 제공함으로써 단순이 운동화라는 운동용 신발에서 오감으로 즐기는 운동 게임기로의 변환을 시도하였다. 운동화를 착용하고 운동하는 사용자의 정교한 신체 움직임을 포착하여 이를 데이터 화하고, 스마트 폰 등 디지털 기기로 성과를 가시화하여 운동 의욕을 촉진시킴으로써 새로운 시장이나 산업을 창출하고 있다. 웨이트 와쳐스(Weight Watchers)라는 기업에서는 다이어트 경험을 공유하는 지역 동호회 기반의 기업으로부터 모바일 앱을 활용하여 식사, 운동 시 실시간 포인트(벌점) 관리, 바코드 스캔을 통해 포장 식품의 포인트 수치를 확인하여 음식의 포인트 한도 내에서 자율적 식사를 허용하게 하는 등 건강한 생활 습관을 형성하도록 지원하는 서비스를 제공함으로써 소비자들의 관심을 유발시키고자 노력하고 있다.

전통적 장난감 블록을 생산하여 판매하던 레고(Lego)에서는 로봇기술과 디지털 디자인 기술을 접목하여 사업 기회를 확대하는 노력을 경주하고 있는데, MIT와 협력을 통해 자사 홈페이지를 통해 프로그램을 다운로드하면, 모형을 만들 수 있게 해주는 소프트웨어가 제공하는 다양한 팔레트를 활용하여 자신만의 모형을 온라인 상에서 만들어 이를 온라인을 통해 주문하면 배송해 주는 'Mindstorm' 시리즈라는 새로운 형태의 로봇 솔루션을 개발하여 제공하였는데, 1998년 레고 로봇이 출시되자, 이를 해킹하여 변형된 레고 로봇 솔루션이 마구 쏟아져 나오는 부작용이 발생하였다. 레고에서는 이에 대해 소송을 제기하려 했으나, 오히려 소스 프로그램(Source Program)을 개방하고 마음대로 변형할 수 있도록 해 주었는데, 시장 반응이 폭발적으로 나타났다. 레고는 이러한 시장 반응을 기반으로 정기적으로 팬 축제, 경연대회를 개최하고, 여기서 얻은 정보 아이디어를 신상품 개발에 활용하는 피드 포워드(Feed Forward)를 마케팅에 활용하여 새로운 성공 모델을 형성해 나가기도 하였다. 뿐만 아니라 프라다(Prada)도 패션 중심 기업에서 혁신적 체험 매장 중심 기업으로 변모함으로써 새로운 Interactive Dress Room을 업계 최초로 도입하였다. Magic Mirror를 통해 360도 전신 촬영된 피팅(fitting) 모습의 동영상과 전자 태그로 인식한 옷 관련 정보를 표시해 주고, 착용한 제품은 전자 태그 인식을 통해 온라인 고객 카드에 자동 저장하여 고객이 나중에 온라인 몰에서 구매하는 것을 가능하게 해 주었다.

이처럼 고객의 관심을 끌고, 다양한 경험과 체험을 제공함으로써 더 효과적인 마케팅을 전개하거나 산업의 발전을 이끌기 위해 기업들은 다양한 노력을 경주하고 있다. 디지털 기술의 발전에 따라 3D TV, 스마트 폰, 태블릿, PC 등 고정된 스크린의 제약을 벗어나 어디서나 오감으로 상호 작용하는 디지털 체험이 새롭게 부상하게 되며, 증강현실(AR, Augmented Reality), 가상현실(VR, Virtual Reality) 등 다양한 기술을 이용하여 소비자에게 오감 만족을 제공할 수 있는 오감 관련 기술이 미래 유망 기술로 등장하고 있다.

3 공유경제(Sharing Economy)

제4차 산업 혁명이 촉발한 플랫폼 비즈니스의 혁신 사례가 바로 공유경제이다. 공유경제란 2008년 미국 발 경제 위기의 충격이후 새롭게 탄생한 개념으로 로렌스 레시그(Lawlence Lessig) 하버드대 교수가 2008년 그의 저서 '리믹스(Remix)'에서 최초로 사용하였는데, 그는 경제를 상업경제와 공유경제로 나누고, 상업경제는 돈과 노동, 수요와 공급에 따라 작동하는데, 인터넷이 등장하면서 더 활력을 얻게 되었다고 말한다. 즉, 인터넷이 등장하기 이전에는 현실적으로 찾기 어려웠던 틈새시장과 가격차별화 전략이 인터넷의 등장으로 인해 보다 활발하게 발굴되기 시작하였다고 한다. 그 대표적인 예로 아마존을 들고 있는데, 아마존은 이름도 기억 못할 수많은 상품에서 매출을 얻고, 그 매출이 전체 매출에서 무시 못 할 규모를 차지하는 것이 그 대표적인 예로 제시하고 있다. 비슷한 사례로 넷플릭스(Netflix)는 비디오 대여 시장에서 새로운 생태계를 조성함으로 인해 틈새시장을 만들었고, 이것을 주류 시장으로 확산시킴으로써 성공하게 된 것이다. 그는 아마존과 넷플릭스가 인터넷에서 작동하기 때문에 성공했다고 봤다. 공간과 시간, 거리에 제약 없는 서비스를 제공할 수 있기 때문으로 이해했다. 그는 인터넷이 상업경제를 활성화할 뿐 아니라 또 다른 경제도 만들어 낸다고 봤는데, 그것이 바로 공유경제다.

공유 경제는 재화를 생산 및 거래하는 일반적인 경제 모델인 상업 경제(Commercial Economy)와 상반된 개념으로 이미 생산된 재화의 접근권 또는 사용권을 상호 교환, 대여하는 형태의 '협력적 소비(Collaborative Consumption)'를 기본으로 하는 경제를 일컫는 용어로 한 번 생산된 제품을 여럿이 공유해 쓰는 협업 소비를 기본으로 한 경제를 의미한다. 즉, "나눠 쓰기"란 뜻으로 자동차, 빈방, 책 등 활용도가 떨어지는 물건이나 부동산 등을 다른 사람들과 함께 공유함으로써 자원 활용을 극대화하는 경제 활동이다. 소유자 입장에서는 효율을 높이고, 구매자는 싼 값에 이용할 수 있게 하는 소비 형태인 셈이다.[33)]

다시 말해 재화, 서비스, 공간, 지식 등의 잉여분을 공유함으로써 비용을 줄이고, 부가가치를 창출하는 경제활동이 주류를 이루는 경제인 것이다. 공유경제 개념을 두 가지 트렌드로 분류할 수 있다. 첫 번째는 비싼 물건을 '소유'하는 대신 합리적으로 '사용'하자는 '이익 중심'의 공유경제이고, 두 번째 공유경제 트렌드는 비싼 물건을 합리적으로 사용하는 경제적 합리성을 위한 '이익 중심'보다 '가치'를 더 중시하는 것이다.

'이익 중심' 공유 경제에서는 비싼 가전, 자동차, 설비 등을 렌탈료를 받고 사용권을 빌려주는 렌탈 산업과 고가의 자동차나 주택을 공유하는 우버(Uber)나 에어비엔비(Airbnb) 등이 이에 해당된다. 가전, 자동차, 설비 등 고가의 유형 자산들이 거래 품목의 주를 이루며, 제조업체 중심의 B2C 방식이 주를 이룬다고 할 수 있다.

---

33) 한경 경제용어사전을 인용하여 재구성한 것임.

또한, 고가의 자산보다는 일반적인 사회의 유휴 자원을 '가치'라는 의미를 매개로 연결하여, 새로운 비즈니스를 구성하는 가치 중심 공유 경제가 있다. 예를 들어 단순히 '만남'이라는 가치를 위해 남는 부엌과 식탁이 활용되고, 낭비를 막기 위해 옷장 속옷들을 활용하는 등 시간, 재능, 자본 등 유·무형을 넘나들며 종류도 다양해진다. 돈 대신 가치를 추구하여 오히려 돈을 만들어내는 방식의 비즈니스가 만들어지는 공유 경제 모델인 것이다. 이러한 다양성은 온디멘드(On Demand) 서비스나 플랫폼의 성장을 촉발한다.

기존의 렌탈(rental) 서비스와 공유경제의 차이는 한 사업자나 개인이 자원을 다량 보유하고 이것을 다수가 사용하는 것이 렌탈 서비스라면, 공유경제는 개개인의 물건, 역량 등 자원들 하나하나가 모여 다수의 자원을 형성하고, 이렇게 만들어진 자원을 다수의 사용자가 이용함으로써 사용가치를 나눈다는 점에 있다.

타임(TIME)지(誌)는 2011년에 '세상을 바꾸는 10대 아이디어(10 Ideas That Will Change the World)'에 공유 경제를 선정하였으며, 포브스(Forbes)는 '2013년 기업가가 주목해야 할 트랜드'중 하나로 협력적 소비를 선정하였는데, 지난 4년 간 미국에서만 최소 100여 개의 공유경제서비스 제공업체가 탄생하였으며, 샌프란시스코 시 정부는 2012년에 공유 경제와 관련된 경제적 혜택에 대한 분석 및 정책 이슈를 파악하는 등의 활동을 진행하기 위한 전담부서인 'Sharing Economy WG'를 설치한 바 있다. 뿐만 아니라 국내에서도 서울을 비롯한 부산 등 지방자치단체들에 의해 다양한 공유경제 서비스를 제공하는 사례를 볼 수 있는데, 서울시 공유경제 사례로 스페이스 클라우드(Space Cloud)가 있다. 이 서비스는 서울시에 사는 사람이면 누구나 자신의 공간인 집, 작업실 등을 공유할 수 있게 연결해 준다. 부산시의 공유경제 사례로 이코에코라는 서비스가 있는데, 이는 여행과 같은 사정으로 사용할 수 없는 헬스장, 수영장, 독서실 등의 잉여 회원권을 공유하게 해 주는 서비스이다.

뿐만 아니라 구글이나 아마존과 같은 글로벌 미디어 기업들도 공유경제를 이용한 다양한 서비스를 선보이려 하고 있다. 아마존은 일반 소비자가 아마존 포장상품을 배달원 대신 최종목적지에 배달하고 소정의 금액을 받는 '온 마이 웨이(On May Way)'라는 서비스를 제공할 계획으로 있다. 이는 일반 시민이 택시기사처럼 활동하며 돈을 버는 우버나 리프트(lyft)와 유사한 공유경제서비스로, '온 마이 웨이'가 도입될 경우 배송비 절감 효과를 기대하고 있다. 구글도 2017년 무인자동차를 상용화한다는 목표를 세워놓고 있다. 구글 외에도 애플, 소니, 바이두, 우버 등 글로벌 IT 기업들의 무인자동차 개발 움직임도 잇따라 가시화되고 있다. 뿐만 아니라 이런 흐름에 대응하여 독일, 일본, 한국을 비롯한 전통적인 자동차 기업들도 너나없이 반격에 나서고 있다. 그런데 구글 무인자동차의 목표는 공유경제 실현에 있다고 '구글X'로 불리는 구글 미래 프로젝트의 책임자가 이야기한다. 다시 말해 무인자동차 개발이 단순히 운전자의 일을 대체하는 수준이 아니라, 고객들이 차량을 소유하지 않고도 언제 어디서나 편리하게 이동 서비스를 받을 수 있도록 한다는 궁극적인 비전의 실현을 위한 것이라는 설명이다. 이런 측면에서 우버(Uber) 역시 카네기멜론대학교와 함께 자율주행 차량을 개발하는 등 구글의 위협에 적극적으로 대처하고 있다.

반면, 우버와 에어비앤비 등 공유서비스 기업들이 미국 연방거래위원회(FTC)로부터 소비자들이 개인정보 이용과 피해보상 규정 부재 등의 위험에 노출돼 있는지를 조사하였다. 위성 위치확인시스템(GPS)을 이용해 이용객과 가장 가까이 있으며, 운전자를 연결해주고 수수료를 받는 우버는 직원들이 개인 이용자들의 탑승 내역과 이동 경로를 볼 우려가 있음을 지적하였다. 또한 우버는 파리에서 베이징에 이르는 세계 주요 도시에서 기존 운수업체들의 반발을 사면서 마찰을 일으키고 있으며, 공유서비스 업체의 상징이 되고 있다. 에어비앤비의 경우 미국 뉴욕과 캐나다 캘거리에서 부동산을 임대한 이용자들이 건물 내부를 훼손시킨 것이 드러나 이를 보상하는 등의 문제가 발생한 바 있다. 이에 에어비앤비는 사용자들에게 여권이나 운전면허증 등 신분증을 스캔한 것을 미리 받아 확인받고, 기물 파손 시 100만 달러 보상을 받는다는 조항을 추가 하는 등 사용자들에게 이용에 필요한 기본적인 가이드라인을 명확히 하는 등 이용자 관리에 더욱 많은 노력을 기울여야 하는 개선정책을 집중적으로 고려해야 할 필요가 제기되고 있다.

이처럼 공유경제를 이용하는 사례는 스마트 폰과 소셜 네트워크 서비스의 대중화가 진행되면서 공유 경제 서비스의 규모와 범위가 급격히 확대되어 가고 있다. 그동안 플랫폼과 연결(Connectivity), 다양한 단말의 탄생은 무형의 가치를 추구하는 참여자들을 모으고, 연결시켜 규모의 경제를 실현하게 하고 있다. 또한 P2P기술과 인공지능은 '거래 플랫폼'내부에서 수많은 참여자들이 최적의 거래 대상자를 찾을 수 있도록 도와 거래비용을 낮추는데 기여하고 있다. 편리한 애플리케이션과 웹이 전통적 매장을 대신하고, 애플리케이션의 편의기능과 핀테크(fintech) 기술은 비즈니스에서 요구되는 예약부터 결제까지의 제반 사항들을 편리하게 활용할 수 있게 함으로써, 새로운 가치를 추구하는 개인도 과거의 대기업에서나 갖출 수 있었던 편리한 사업 인프라를 구비할 수 있게 만들고 있다.

'가치'를 추구하는 공유경제는 이렇듯 정보통신기술과 함께 새로운 비즈니스로 비상(Soaring)할 수 있게 도와주고 있다.

무엇보다 공유경제가 가장 활성화된 영역은 바로 카 쉐어링(Car Sharing)이다. 미국의 집 카(Zip Car)가 도입한 카 쉐어링은 놀고 있는 '차를 빌려 타는' 개념에서 출발한 공유경제 서비스이다. 원하는 시간에 원하는 만큼 타고, 여러 장소로 반납 가능한 서비스이며, 제공자 입장에서는 주차장에 세워 놓는 차를 사용하지 않을 때 나누어 씀으로써 개인적인 돈 벌이의 수단으로 이용할 수 있어 제공자와 사용자 상호간에 윈-윈(Win-Win)할 수 있는 서비스이다. 유사 서비스로 릴레이라이드(Relayride)와 사이드 카(Side Car) 등이 있으며, 국내에도 그린카, 쏘카가 성행하는 등 가장 시장 진입이 빠르고 큰 사례로 볼 수 있다. 이들 서비스의 문제점은 자동차를 잘못 운행할 경우 감가상각이나 유지보수에 큰 타격을 입을 가능성이 있어 완전히 사용자 화되지는 못하고 있는 부분이 존재한다.

차량 공유에 이어 다양한 의식주 공유모델도 등장하고 있다. 대기업부터 스타트업까지 다양한데, 미국의 쓰레드업(Thredup)은 사용자 간 아동복을 거래할 수 있는 공유 경제 서비스이다. 유아용품은 아이가 쓰는 것이므로 좋은 소재를 사용해야 하고, 금방 맞지 않기 때문에 불가피하게 과잉 소비를 촉진하는 시장인 바, 쓰레드 업에서는 사용자끼리 평판 점수를 매겨 공유경제의 관건인 신뢰성을 확보했다.

해외에서 새로 등장하고 있는 모델은 소유의 개념을 더 급진적으로 내려놓은 것들이다. 파킹 팬더(Parking Panda) 서비스는 주차공간을 검색할 수 있는 서비스이다. 국내에서도 출근 이후 자신의 거주자 우선 주차 구역을 양보하는 경우가 있지만, 중개업체 역할이 줄어 더욱 사용자 화된 것이 특징이다. 의식주 외 생필품을 공유하는 가장 특이한 사례는 '자판기'다. 생필품은 소비재가 아닌 경우 일시적으로 필요해서 살 때가 많다. 시간이 지나서 필요 없어진 물건은 필수품 가치를 잃기 마련이고 버리기 쉽다. 그런데 이를 '물물교환'하는 자판기가 있다. 뉴욕 브루클린의 '스왑-오-매틱(Swap-O-Matic)'은 파슨스 디자인 스쿨의 학생 졸업 작품에서 발전해 2011년부터 운영되고 있다. 사용법은 기부하고 싶은 물건을 넣고 크레딧을 받으면 해당 크레딧(Credit)으로 다른 제품을 가져갈 수 있는 방식이다.

최근에 O2O(Online to Offline)라는 말 그대로 온라인과 오프라인을 연결해 확장하는 비즈니스 모델이 시장에서 주목받고 있다. 오프라인 매장에서 판매되는 제품이나 서비스를 온라인 소비자와 연결해 구매를 유도하는 방식인데, 이는 최근까지 상거래 시장의 빅 트렌드(Big Trend)로 주목받았던 쇼루밍(Showrooming)과는 다르다. 오프라인 매장에서 상품을 확인한 후 온라인 매장에서 구입하는 방식이 쇼루밍인데 반해, O2O는 온라인과 오프라인의 경계가 모호하거나 허물어진 상태를 말한다. 전 세계적으로 반향을 일으키고 있는 우버(Uber)나 에어비앤비 등 공유 경제의 비즈니스 모델들이 대표적인 O2O 비즈니스 모델로 자리 잡고 있다. 공유경제 서비스들은 O2O 비즈니스 모델의 전형이라고 할만하다.

표 1-7 해외 공유경제 서비스 종류[34)]

서비스명	서비스 내용	성과
Airbnb (www.airbnb.com)	개인의 방은 물론 아파트 전체나 보트 비행기 등 공유할 수 있는 모든 공간에 대한 임대 중개 서비스 제공	• 2012년 기준 누적 사용자 400만 명을 기록 중이며 당해 매출액만 1억 5,000만 달러에 달할 것으로 추정 • 2012년 기업가치는 25억 달러로 평가
Wimdu (www.wimdu.com)	'Airbnb'와 유사한 서비스 형태를 보유하고 있으며 유럽을 중심으로 100개국에 서비스 제공 중	• 'Airbnb'의 최대 경쟁 서비스로 2011년 9,000만 달러 규모의 투자 유치 • 2012년 1억 3,200만 달러 매출 확보
Travelmob (www.travelmob.com)	아시아 지역에 특화된 숙박시설 공유 중개 서비스	• 2012년 10월 100만 달러 규모의 투자 유치 성공 • 2013년 기준 확보 객실 수가 전년 대비 526% 증가
Landshare (www.landshare.net)	농지를 보유하고 있는 판매자와 농사를 짓고 싶은 소비자를 중개	• 2013년 6월 기준 영국 내 7만 2,000명의 회원 보유
parkatmyhouse (www.parkatmyhouse.com)	비어있는 주차 공간이나 사용하지 않는 주차장을 공유	• 2013년 5월 기준 25만 명의 사용자 확보
RelayRides (www.relayrides.com)	개인 사용자 간 시간 단위는 물론 주·월 단위의 차량 대여 중개	• Google Ventures로부터 1,000만 달러 규모 투자를 유치 • GM과 전략적 협력 관계 구축 중
Getaround (www.getaround.com)	'RelayRide'와 유사 서비스를 제공하며, iOS에 최적화	• 'TechCrunch Disrupt 2011' 최우수상 수상 • 2012년 1,390만 달러 규모 투자 유치 성공
Blablacar (www.blablacar.com)	유럽에서 제공되고 있는 서비스로 카풀링을 원하는 사용자를 상호 연계	• 2013년 기준, 1,000만 명의 사용자를 확보 중이며 월 평균 60만 명이 사용
Poshmark (www.poshmark.com)	iOS 앱을 통해 중고 의류 및 액세서리의 거래와 교환을 중개해주며 배송 서비스를 대행	• 매주 200달러 상당의 물품이 거래 • 2012년 120만 달러 규모 투자 유치
thredUP (www.thredup.com)	작아진 중고 아동복의 개인 간 거래 및 교환을 중개	• 2011년과 2012년 각각 700만 달러와 1,450만 달러 규모 투자 유치

34) 출처 : IT와 신 소비문화의 만남 '공유경제' 사례로 살펴 본 성공 포인트(스트라베이스, 2013.7.1.) 재구성

표 1-8 국내 공유경제 서비스 사례

분야	회사 명	서비스 내용
공간	홈스테이코리아	외국인 방문객 대상 국내 홈스테이 연결
	코자자	한옥, 템플, 일반 주택, 펜션 및 게스트하우스 공유
	처치플러스	예배 중심의 교회를 이웃 소통 공간으로 공유
	모두의주차장	빈 주차공간 소유자가 운정자에 공유
	한국리보	세계 각국 청소년에 한국가정 소개
	공유독서실	서울 전역 독서실 좌석 공유
	스페이스노아, 코업 등	지식과 사무 공간 및 작업 공간 공유 및 커뮤니티 구성에 협조
교통 수단	그린카	시간단위로 차를 대여해주는 서비스
	위트콤	IT를 통해 무인 자전거 공유
물품	헬로마켓	개인 간 직거래를 도와주는 모바일 중고장터
	공쓰재프로젝트	공연 후 남은 무대소품을 재활용 및 물물교환
	자락당	공동체 안에서 물건 공유하는 문화의 장
	우리울림	쓰지 않는 악기를 빌려주거나 빌림
	풀업, 키플 등	작아져 못입는 아이옷을 이웃과 공유
	열린옷장	청년구직자에게 면접정장 대여
	빌리지	개인 간 중고물품을 모바일로 거래
	타임티켓	공연당일 티켓 할인
	도시광부	무료로 공유돼 함께 입는 공유패션
정보 및 서비스	플레이플래닛	현지 일반인 여행 가이드를 중개
	위시켓	앱 개발, 웹 디자인 등 프로젝트 중개
	쉐어하우스	일상 생활의 다양한 지식을 공유
	일상예술창작센터	작가들의 창작 작품을 공유, 거래
	조인어스코리아	지식에 대한 다수의 의견을 공유
	소셜통	사회적 경제 소식 및 정보 공유
	지엘코리아	글로벌 리더 양성 지식 공유
	레디앤스타트	경영, 영업, IT 등 다양한 분야에서 멘토링 서비스
	비앤비히어로	개인 소유의 집부터 한옥마을, 팜스테이 등 남는 공간을 전 세계 여행자들에게 제공

4 창조 경제(Creative Economy)

창조 경제란 2001년 J존 호킨스(ohn Howkins) 교수의 'The Creative Economy'를 통해 사용된 용어로 경제활동에 필요한 투입과 산출의 주된 요소가 토지나 자본이 아닌 창의적 아이디어에 두는 경제로서, 새로운 아이디어, 즉 창의력으로 제조업, 서비스업 및 유통업, 엔터테인먼트 산업 등에 활력을 불어 넣어 사회의 통합과 문화적 다양성, 인간의 계발(啓發)을 촉진하는 동시에 일자리 창출과 소득증대의 원동력으로 자리매김하게 하는 것으로 정의될 수 있다(UNCTAD, 2008). 또한 개인의 창의력과 아이디어가 생산요소로 투입되어 무형가치(Virtual Value)를 생산하는 기업만이 살아남을 수 있는 새로운 경제를 일컫는 의미로도 이해된다(Coy, 2000).

이러한 창조 경제가 대두되게 된 원인에 대해서는 인간심리학적 측면과 정보통신 기술의 발전 측면 등 2가지 측면에서 설명되고 있다. 즉 매슬로(Maslow A.H.)가 주장한 욕구 계위론 혹은 단계설(Maslow's hierarchy of needs)은 인간의 욕구가 그 중요도 별로 단계를 형성한다는 동기 이론의 일종으로, 하나의 욕구가 충족되면 위계상 다음 단계에 있는 다른 욕구가 나타나서 그 충족을 요구하는 식으로 체계를 이루고 있으며, 가장 먼저 요구되는 욕구는 다음 단계에서 달성하려는 욕구보다 강하고, 그 욕구가 만족되었을 때만 다음 단계의 욕구로 전이된다는 이론이다.

그림 1-15 매슬로의 욕구 계위

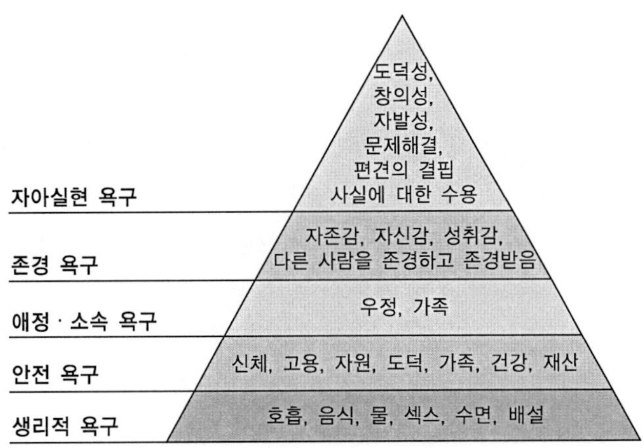

상기 그림에서 보는 바와 같이 욕구의 단계에서 아래로 갈수록 원초적인 욕구를 나타내는 피라미드를 나타내는데. 생리 욕구(Physiological Needs)는 허기를 면하고 생명을 유

지하려는 욕구로서 가장 기본인 의복, 음식, 가택을 향한 욕구에서 성욕까지를 포함한다. 다음 계위인 안전 욕구(Safety Needs)는 생리 욕구가 충족되고서 나타나는 욕구로서 위험, 위협, 박탈에서 자신을 보호하고 불안을 회피하려는 욕구이다. 애정 · 소속 욕구(Love · Belonging Needs)는 가족, 친구, 친척 등과 친교를 맺고 원하는 집단에 귀속되고 싶어 하는 욕구이며, 존경 욕구(Esteem Needs)는 사람들과 친하게 지내고 싶은 인간의 기초가 되는 욕구이다. 자아실현 욕구(Self Actualization Needs)는 자기를 계속 발전하게 하고자 자신의 잠재력을 최대한 발휘하려는 욕구이다. 다른 욕구와 달리 욕구가 충족될수록 더욱 증대되는 경향을 보여 '성장 욕구'라고 하기도 한다. 알고 이해하려는 인지 욕구나 심미 욕구 등이 여기에 포함된다. 참고로 결핍 욕구는 한 번 충족되면 더는 동기로서 작용하지 않는다. 생리 욕구, 안전 욕구, 사회상 욕구, 존경 욕구가 이에 해당하며, 성장 욕구는 충족이 될수록 그 욕구가 더욱 증대되는 욕구를 말하며, 자아실현 욕구가 이에 해당한다.

이처럼 매슬로의 인간 욕구 단계론을 통해 창조경제의 도래 이유를 살펴보면, 한 국가의 경제가 성장하게 되면 개인의 소득이 더불어 증가하게 됨에 따라 개개인의 생리적 욕구를 넘어 안전 욕구, 사랑과 소속감에 관한 애정 · 소속 욕구 , 존경 욕구, 자아실현 욕구로 점차 소비자들의 욕구가 상승하게 되고, 이에 따라 새로이 만들어지는 창조 상품이나 서비스에 대한 추가적인 수요를 유발하게 되고, 이것이 새로운 시장을 만들게 되어 점차 산업의 규모가 커지는 현상을 보이게 된다는 것이다.

정보통신 기술 발전에 따른 창조경제로의 이행 원인을 살펴보면, 20세기에 진입하면서 대량생산 대량 소비의 시대로부터 다품종 소량 생산의 시대로 시장이 변화하면서 폭발적 수요 증가에 따른 공급 부족의 야기로 시작된 공장제 기계 공업이 한계에 봉착하게 되었다. 이에 따라 공급자 중심의 시장으로부터 소비자 중심의 시장으로 변화하게 되고, 만들면 팔리는 시대에서 고객은 값싸고 품질 좋고 서비스 좋은 제품을 선택하는 시장으로 변화하게 되었다. 더불어 인터넷의 등장에 따라 전통적 가치사슬이 붕괴되기 시작하고, 전통적 가치사슬의 역류나 해체가 시작되면서 IT 기반 온라인 커뮤니티를 활용하여 생산자, 소비자, 투자자 등 다양한 주체들이 상호 협력을 통해 새로운 아이디어의 창출부터 상품화 및 이익 분배까지 이루는 시스템인 협력적 생산체제로 전환되었고, 기술의 발전에 따른 미디어의 다양화는 창조산업의 핵심이라 할 수 있는 콘텐츠 산업에서의 수요 증가를 촉발하게 되는 등 창조산업으로의 발전을 견인하게 되었기 때문이다.

1950년대 미국심리학회 회장 길포드(Guilford)는 창의력을 예술적 창의력과 과학적 창의력 등 두 가지로 분류하였다. 예술의 맥락에서 요구되는 창의성의 핵심은 주로 확산적 사고이고, 과학에서 요구되는 창의성은 수렴적 사고로서, 확산적 사고는 폭넓은 생각의 범위를 만들어내고, 수렴적 사고는 가능한 해법 중 가장 유용하고도 적절한 것을 가려내는 데 사용된다고 하였다.

창조계급(Florida, 2002), 창조도시(Jacobs, 1984: Landly, 2000, Franke & Verhangen, 2005), 창조산업(caves, 2002, : Hartley 2005), 창조클러스터(Mommas, 2004), 창조기업 등 창조경제를 이루는 5가지의 구성 요소의 대두와 더불어 창조경제로의 패러다임 변화가 급격히 진행되어 진다. 다시 말해 창조 경제는 창조적 환경, 창조 계층, 창조 지역, 창조 산업 등의 복합체를 일컫는 것으로 이해될 수 있다.[35)]

따라서 창조경제의 발전을 위해서는 문화 다양성에서 비롯되는 창조적 환경(Creative Milieu)과 창조 경제의 성장을 위한 창조 계층(Creative Strata)의 양성이 필요하며, 도시나 농촌의 창조생산지구, 문화소비지구, 창조적 공동체로 구성되는 창조 지역(Creative Region)에서 발전되고, 개인의 창의력이나 재능에 기초해 새로운 부나 직업을 창출하는 산업인 창조 산업이 그 근간이 되어야 한다.

그림 1-16 창조경제를 구성하는 요소

창조경제

창조 계급	창조 기업(가)	창조 산업	창조 도시	창조 클리스터
백남준, 스티븐 스필버그...	구글, 애플 (스티브 잡스)	문화예술, 콘텐츠, 서비스	런던, 도쿄, 파리...	실리콘 밸리...

즉, 창조적 환경은 창조주체인 개인의 일상생활, 사고방식, 삶의 양식을 규정하는 제도, 관습, 법률 등 포함하여 고려해야 하며, 창조 계층은 쾌적한 환경과 문화 소비 등 생활양식을 중시하므로 창조 경제의 구축을 위해서는 소비 부문의 발전이 중요해 진다. 경제발전에 따른 국민소득의 증대는 여가, 관광, 문화소비를 빠르게 증가시킨다. 또한 창조 계층 양성을 위해 창조성에 중점을 둔 교육 시스템 정책과 프로그램 개발 및 운영이 필요하다.

창조지역은 창의적 인재와 리더, 다양성과 관용, 유연하고 신뢰하는 조직 문화, 강력한 지역정체성, 소통의 문화 공간, 공동체 등이 중요하며, 더불어 창조 경제의 근간은 창조적 환경과 인재가 넘치는 창조지역으로 매력적 문화와 쾌적한 환경, 엔터테인먼트가 공존하는 문화의 생산과 소비가 복합적으로 이루어지는 복합지구가 되어야 한다.

마지막으로 창조 산업은 감성, 창의력, 상상력, 느낌과 같은 인간의 우뇌가 지배하는 영역을 산업화 소재로 개발하고, 창의성이 경제발전의 원동력으로서 창조경제의 토대가 되어 지속 가능한 미래 성장 모델의 대안으로 자리매김해야 한다. 창조 산업은 창조적 아

35) 출처 : 영국창조산업의 사례분석 및 벤치마킹 방안, KOCCA, 2009.7.7.

이디어만 있으면 적은 비용을 투입하고도 높은 이익을 창출할 수 있는 고부가가치 산업으로, 문화 산업, 디자인산업 등 Culturenomics 산업, 유통, IT, 바이오 메디컬 등의 녹색산업인 Green Technology, 관광, 패션, 엔터테인먼트산업으로 광고, 건축, 미술, 골동품, 공예, 디자인, 영화, 음반, 공연예술, 출판, 소프트웨어, 방송 등을 포함하는 것으로 이해되고 있다.[36)]

36) 출처 : 지식 창출형 콘텐츠 기반 창조산업 육성 방안(노시춘, 방기천. 2012.3.23.) 및 UNCTAD, 영국 미디어스포츠부 등의 정의를 재구성

정리하기

1 제4차 산업 혁명이란 무엇인지 설명하시오.

2 제4차 산업 혁명을 일으키게 되는 기술적 요인들의 변화에 대해 설명하시오.

3 제4차 산업과 공유 경제와의 관계에 대해 설명하시오.

4 관심 경제에 대해 설명하고, 관심 경제로 이행되게 되는 원인에 대해 설명하시오.

5 매슬로(Maslow A.H.)의 인간 욕구 단계론을 통해 창조경제의 도래 이유를 설명하시오.

확인하기

1 4차 산업혁명이란 1784년 영국에서 시작된 증기기관과 기계화로 대표되는 1차 산업혁명, 1870년 전기를 이용한 대량생산이 본격화된 2차 산업혁명, 1969년 인터넷이 이끈 컴퓨터, 정보화 및 자동화 생산시스템이 주도한 3차 산업혁명에 이은 새로운 인류의 혁신 패러다임으로, 인공지능, 로봇기술, 생명과학, 사물 인터넷(IoE), 빅 데이터, 3D 프린팅 등의 기술이 주도하는 산업 구조 재편을 통해 새로운 산업구조와 사회를 만들고자하는 인류의 새로운 도전이며, 차세대 산업혁명.

2 기술적 진보를 통해 변화될 사회 시스템은 궁극적으로 스마트 홈, 스마트 공장, 스마트 농장, 스마트 그리드 또는 스마트 시티 등 스마트 시스템으로 구축될 것이며, 사물인터넷(IoT)은 상호 연결된 기술과 다양한 플랫폼을 기반으로 사물(제품, 서비스, 장소)과 인간을 연결하는 새로운 패러다임을 창출하고, 이러한 환경 하에서 생성되는 다양한 데이터를 처리하기 위한 클라우드 컴퓨팅 및 빅 데이터 산업이 발달하고, 여기에 인공지능(AI)이 더해지며 삶의 변화를 이끌어낼 것으로 예측.

3 제4차 산입의 주요 특징 중의 하나가 어디서나 접속이 가능한 초 연결 통신 혁명에 힘입어 다양한 스마트 기기들이 상호 연결되고, 클라우드를 통한 서비스의 이용을 위한 플랫폼이 발달하게 되는 것임. 따라서 거래에 당사자들이 제품과 서비스를 소유하지 않고 이용할 수 있게 해주는 플랫폼이 거래의 중개인 역할을 담당하게 되며, 플랫폼은 충분히 활용되지 못한 자산들(자동차의 빈자리, 집의 남는 방, 유휴 농지 등)을 효율적으로 사용하도록 만들어, 서비스를 추가로 제공할 때 발생하는 한계 비용이 거의 제로에 가깝게 하는 공유경제로의 이행을 촉발하게 함.

4 관심 경제란 고객의 관심이 정보, 자본, 기술, 노동력보다 더 희소한 자원이 되는 경제를 말한다. 관심 경제로 이행되어지는 원인은 인터넷의 발달과 정보기술의 발전으로 미디어는 다양해지고, 소비자, 즉 수용자는 정보의 수용자로써만 남아 있지 않고 새로운 정보의 생산자로 등장하게 됨에 따라 생산되는 정보는 기하급수적으로 증가할 수밖에 없는 시대를 맞이하게 되었다. 이처럼 정보가 과잉생산 됨에 따라 정보사회에서의 희소자원이 '정보'였고, 경제 권력이 정보를 제공하는 것이었던 것으로부터 점차 희소자원이 한정된 소비자의 관심(attention)으로 변화되기 시작하고, 경제 권력도 관심을 제공해주는 것, 즉 관심을 얻을 수 있는(getting attention) 경험의 매매로 변화되게 된 것이다.

5 한 국가의 경제가 성장하게 되면 개인의 소득이 더불어 증가하게 됨에 따라 개개인의 생리적 욕구를 넘어 안전 욕구, 사랑과 소속감에 관한 애정 · 소속 욕구 , 존경 욕구, 자아 실현 욕구로 점차 소비자들의 욕구가 상승하게 되고, 이에 따라 새로이 만들어지는 창조 상품이나 서비스에 대한 추가적인 수요를 유발하게 되고, 이것이 새로운 시장을 만들게 되어 점차 산업의 규모가 커지는 현상을 보이게 됨으로써 창조경제가 발생하게 된다.

CHAPTER 02 콘텐츠와 콘텐츠 산업의 이해

제1절 콘텐츠와 문화 콘텐츠

1 콘텐츠의 정의

'콘텐츠(contents)'라는 용어는 1990년대 유럽에서 'Multimedia Content'라는 말을 쓰기 시작한 것이 효시라 한다. 콘텐츠의 사전적 의미는 "유·무선 네트워크를 통하여 전달하기 위하여 문자, 부호, 음성, 음향, 이미지, 영상 등을 디지털 방식으로 제작해 처리 및 유통하는 각종 정보 또는 그 내용물"[37]로 정의되고 있다. 콘텐츠산업진흥법에서는 "부호, 문자, 도형, 색채, 음성, 음향, 이미지 및 영상 등(이들의 복합체를 포함한다)의 자료 또는 정보를 말한다."라고 정의한다. 세계 최대 단행본 출판사 중의 하나인 랜덤 하우스(Random House)에서는 "말이나 문장 또는 여러 종류의 예술 작품과 같이 어떤 매체를 통해서 표현되어지는 내용"이라고 정의하였으며, 일본 산업계에서는 "콘텐츠란 영화, 음악, 연극, 문예, 사진, 만화, 애니메이션, 컴퓨터게임을 비롯하여, 기타 문자, 도형, 음성, 동작 및 영상을 조합한 것 또는 이것들을 전자계산기를 통해 제공하기 위한 프로그램으로써 인간의 창조적 활동에 따라 산출되는 것 중에서 교양 또는 오락 범위에 속하는 것"으로 정의한다. 일본 콘텐츠비즈니스연구소에서는 "문자, 영상, 소리 등의 정보를 제작하고 가공해서 소비자에게 전달하는 정보 상품"이라고 정의하고 있으며, OECD(2007)에서는 "매스 미디어(Mass Media) 및 관련된 미디어 활동을 통해 유포되는 인간을 위해 조직화 된 메시지", 또는 "인간을 위해 구성된 메시지로써 미디어와 결합되어 공중에게 전달되는 상품"이라고 정의하고 있다.

이들의 정의를 종합해 보면, 형태적인 측면에서는 부호, 문자, 도형, 색채, 음성, 음향, 이미지 및 영상 등의 디지털 방식으로 제작된 것으로, 유통 측면에서는 유·무선 네트워크나 매체(미디어) 및 컴퓨터 등의 단말기를 통하여 전달되어지고, 내용적 측면에서는 교

37) 출처 : 네이버 국어사전의 재정리

양 및 오락의 속성을 가지는 프로그램이나 각종 정보 또는 내용물의 상품 혹은 서비스라 정의된다. 따라서 콘텐츠는 부호, 문자, 형태, 색채, 음성, 음향, 이미지 및 영상 등의 디지털 방식으로 제작되어 네트워크나 미디어를 통해 전달되어지는 각종 정보 혹은 내용물이 포함된 상품 혹은 서비스라 정의할 수 있다.

2 콘텐츠 산업의 정의

콘텐츠 산업이란 무엇인가? 관련법에서 정의한 바에 따르면, 콘텐츠 산업은 "경제적 부가가치를 창출하는 콘텐츠 또는 이를 제공하는 서비스(이들의 복합체를 포함한다)의 제작, 유통, 이용 등과 관련한 산업"[38]으로 정의하고 있는 바, 콘텐츠의 수집, 가공, 제작, 저장, 검색, 송신 등과 관련된 서비스를 행하는 생산 단위들의 집합을 콘텐츠 산업으로 정의할 수 있다.

다만, 이해되는 목적 혹은 논자, 학자들에 따라 서로 다른 정의를 하고 있는 것이 현실이다. 인간의 메시지, 창의적 활동, 미디어 활동, 지적재산권, 문화적·교육적·정보적 가치 등 다차원적 속성과 추구하는 방향에 따라, 그리고 각 나라마다 자국의 문화적 특성이나 산업적 특성에 따라 콘텐츠 산업을 이해하는 범주와 내용을 달리하고 있는 것이 현실이다.

특히 학문적 측면에서는 다(多) 학제적 융합학문으로서의 성격을 가지고 있음으로 인해, 경제, 경영, 예술, 소프트웨어, 정보통신기술, 문학 등 다양한 학문적 배경에 의해 산업이 이해되고 설명되어지고 있다. 산타꾸준치로의 저서 "게임 산업의 경제성 분석"(2008)에서 주장한 바를 해석해보면, 콘텐츠 산업은 기존에 게임, 애니메이션, 만화, 출판, 음악, 영화, 방송, 캐릭터 등의 개별적 산업이 존재해 왔으나, IT 기술의 발전에 따라 제작 단계에서부터 디지털 화가 진행되고, 디지털 파일로 제작됨에 따라 유통이 과거 개별적 유통 채널에 의해 움직이던 산업들이 네트워크, 즉 유선이나 무선망 그리고 통신망, 방송망 등을 통해 유통되어지게 되고, 특히 개별적 네트워크로 분리되어 제공되어 지던 것이 기술의 발전에 따라 통합되고, 사용자 측면에서는 네트워크의 종류나 용도에 무관하게 끊임없이(Seamless) 활용될 수 있게 변화되었다. 소비 측면에서도 각종 단말기, 즉 TV, 모바일 폰 등의 모바일 단말기 및 웨어러블(Wearable)에 이르기까지 전자기기화 된 단말기를 통해 소비할 수 있게 되는 등 생산, 유통, 소비 단계에서 유사성을 띠기 시작함에 따라 2000년대 들어 앞서 언급한 다양한 산업들을 일컬어 콘텐츠 산업이라 불리기 시작한 것이다.

따라서 엄밀한 의미에서 기존에 존재해 오던 엔터테인먼트나 정보서비스 등의 산업들이 정보통신기술(ICT : Information and Communiation Technology)의 영향으로 디지털 화

---

38) 출처 : 콘텐츠산업진흥법 제2조(정의)

되면서 가치사슬 측면에서 유사성을 띠기 시작하면서 새로이 탄생된 산업이 바로 콘텐츠 산업이라 할 수 있다.

3 문화와 문화 콘텐츠

가 문화의 정의

문화란 '사전적인 의미로는 자연 상태에서 벗어나 일정한 목적 또는 생활 이상을 실현하고자 사회 구성원에 의하여 습득, 공유, 전달되는 행동 양식이나 생활양식의 과정 및 그 과정에서 이룩해 낸 물질적, 정신적 소득을 통틀어 이르는 말로서 의식주를 비롯하여 언어, 풍습, 종교, 학문, 예술, 제도 따위를 모두 포함'하는 것으로 정의될 수 있다.[39]

'문화'란 용어는 독일어 'Kultur'나 영어와 프랑스어의 'culture'를 번역한 용어이다. 독일어 'Kultur'나 'culture'는 라틴어(Latin) 동사 'colo'(경작하다, 가동하다, 완성하다)에서 유래된 용어로서, '경작', '재배', '배양', '교양', '수양' 등 다양한 뜻을 가지고 있다. 따라서 '문화'란 단어를 어원적으로 풀이하면, 인간의 기술과 노동(경작과 가공)에 의해 토지의 자연 상태를 인위적으로 변화시키고, 후천적으로 진화하고, 창조적으로 이루어지게 함으로써 더욱 좋은 열매(농작물)를 얻게 하고, 인간생활을 풍족하게 한다는 어의(語義)가 담겨져 있다.[40] 또한 문화를 문명, 예술, 정신 등의 동의어로 생각하는 등 학자들마다 나름의 서로 다른 정의를 하고 있다. 그러나 문화를 정의하는 문제는 문화인류학의 핵심 분야로서 일찍부터 미국의 두 인류학자 크로버(Alfred Kroeber, 1876~1960)와 클럭혼(Clyde Kluckhohn, 1905~1960) 등을 포함하여 수많은 문화인류학자들이 문화의 개념을 정립하고자 노력해 오고 있으나, 현재까지 합의된 명확한 결론에 이르지 못한 것으로 판단된다.

인류 문화학자인 테일러(Edward B. Tylor)는 원시문화(Primitive Culture)에서 인간이 사회의 일원으로서 습득한 지식, 믿음, 예술, 도덕, 법률, 풍습 그리고 다른 능력들과 습관을 포괄하는 복합체를 문화라 하였고, 미국의 인류문화학자인 미드(Mead)는 사회나 소집단의 학습된 행위라고 정의했다.

사회학자인 윌리엄(Raymond Williams)은 생산구조, 가족구성, 사회관계를 표현하거나 통제하는 제도의 구조이며, 사회 구성원들의 특징적 커뮤니케이션 행태를 포괄하는 것이라 하였고, 러시아 인류학자인 시로코고로프(Shirokogoroff, S.M.)는 문화를 이해하는 보다 통합적인 방법을 제시하였는데, 문화를 사회조직 · 물질문화 · 심리정신복합체 등 세 갈래로 크게 나누어 정의하고 있다. 먼저 사회조직은 가족을 위시하여 인간이 제반 관계에서 사회적으로 구성하는 모든 조직형태를 일컬으며, 둘째, 물질문화는 한 사회가 소유하는 온

39) 출처 : 네이버 지식백과
40) 출처 : 실크로드 사전, 2013. 10. 31. 창비

갖 물질적 형태의 문화를 포괄하는 개념이며, 마지막으로 심리정신복합체는 종교나 주술, 언어·예술적 표현 등 인간의 심리정신 활동과 문화를 포함한다고 정의하고 있다.

나 문화의 특징

문화는 공유(共有, shared)되고, 학습(learned)되며, 축적(accumulated)되고, 하나의 유기적인 전체(whole)를 이루는 통합적 성격을 가진다. 또한 문화는 정체적인 것이 아니라 끊임없이 변화(variableness)하는 변동성을 가지며, 같은 환경이나 여건 하에서는 물론, 다른 환경이나 여건 속에서도 시간과 공간을 초월하여 내용과 형식에서 유사한 문화가 창조된다는 보편성(universality)을 가진다. 개개 문화가 자기의 고유한 개성을 가지고 타문화와 구별되는 개별성(individuality)을 가지며, 한 사회의 문화요소들이 다른 사회로 전해져서 그 사회의 문화과정에 통합되어 정착하는 현상인 전파성(diffusion)을 갖는다.[41]

문화의 공유성 측면은 개인이 아닌 대부분의 사람이 공유하는 것이라는 특징을 의미하는 것으로, 사회 구성원은 태어나 생활하면서 자연스럽게 그 사회의 문화를 공유하게 되어 있다. 즉, 어떤 식으로 사고하고 어떻게 행동할 것인가는 그 사회의 문화에 의해 결정된다. 이러한 문화의 공유성을 가장 잘 대변하는 것이 사회제도, 규범, 풍속 등이다. 다만, 공유한다고 해서 모두 문화가 될 수는 없다. 동물적 본능에 의한 인간의 행동은 문화가 아니다. 즉, 생리적 욕구 등은 문화라 할 수 없다. 다시 말해 문화는 사회 작용을 통해 학습하는 방식을 필요로 하는 것이다.

문화란 태어날 때부터 알고 있는 것이 아니라 후천적 학습을 통해 배우는 것이다. 주변으로부터 듣고, 스스로 경험을 통해 취득하는 것이라는 학습성이란 특징을 갖는다. 오랜 세월 동안 쌓인 인류의 생활양식의 축적된 결과라는 축적성의 특성을 갖는다. 인간의 사고와 행동은 언어와 문자를 통해 축적되고, 이러한 축적 과정을 통해 문화는 세대 간 전승된다. 또한 다음 세대로 축적될 때마다 예전의 문화가 아닌 새로운 문화로 재창조되는 것이다.

문화의 각 영역은 상호 밀접한 관련을 갖고 유기적인 전체를 이루고 있다. 즉, 생활양식의 총체로 복합적인 요소를 가지며, 통합성은 문화를 성립시키는 요소의 결합으로, 기술, 가치, 사회관계, 언어, 물질의 5대 요소로 구성되어 독자적인 기능과 작용을 하면서 서로 관련을 맺고 구조적으로 통합되어 전체를 이루기도 한다. 예를 들어 결혼이란 사회관계는 직업을 위한 기술과 사랑이라는 가치와 관련되고, 가정과 가족을 돌봐야 한다는 법칙을 가지고 있는 것처럼 5가지 요소가 어떤 형태로든 통합적으로 구성되어 있는 것이다.

개별 문화의 결합으로 이루어진 문화는 개별적인 독자성으로 인해 장기간에 걸쳐 그 통합성을 유지하며, 좀처럼 변화되지 않는 특성을 가지나, 여러 문화요소 가운데 하나가

41) 출처 : 문화연구와 문화정책(정철현, 서울경제경영. 2005.) 및 실크로드 사전(2013.10.31.)을 재구성

변하면 그 상관적 관련성 때문에 다른 문화요소가 영향을 받고, 통합성이 무너지며 변화하게 되는 특성을 갖는다. 이처럼 문화는 끝없는 변화생성의 과정을 겪게 되고, 외부로부터 한 사회로 유입된 문화는 그 사회의 배경과 문화접변(文化接變)을 통하여 변화하게 된다. 또한 도입되었거나 개발된 새로운 지식이 유용한 것으로 판명되면 전체 사회에 확산되어 문화의 혁신이 발생하는 과정에서 기능을 상실한 낡은 문화요소들은 사멸하게 된다. 예를 들어 대학생 문화가 1970년대 통기타 문화, 1980년대 운동권 문화, 1990년대 신세대 문화, 2000년대 사이버 문화로 변화되는 것은 기술이나 사회관계 등의 요소에서의 변화로부터 유발되는 것이다.

문화는 모든 사람이 공유하는 것으로 객관성을 지니는 특징을 갖는다. 이는 인간관계에 있어 집단 활동을 추구하며, 협동적이며, 친구가 많고, 친절하고 명랑하여남과 잘 지내는 것과 같은 문화의 사회성과 같은 의미로 인간이 사회적 상황에 적응하는 능력을 말하는 것으로, 예를 들어 식당에서 코를 푸는 행위, 트림을 하는 행위 등과 같이 상이한 문화를 갖는 사회에서 받아들이는 방법이 달라지는 것처럼 사회제도, 규범, 도덕, 풍속, 관습 등이 개인을 구속하는 것은 문화에 객관성이 있기 때문이다.

문화는 일상생활과 밀접한 관련을 가진다. 이는 인간의 삶속에서 축적되는 것이기 때문인데, 인간 개인의 사고와 행동은 다양한 문화적 틀 속에서 결정되며, 직, 간접적으로 영향을 받게 된다. 예를 들어 인도에서 소를 신성시하는 이유는 그들의 농경 생활과 관련된 것인데, 인구는 많고 농업이 차지하는 비중이 높으며, 이들이 생존하기 위해서는 농사가 필수적이다. 그리고 농사를 위해서는 소가 필요하다. 따라서 농사에 활용되는 것은 대부분이 숫소일 수밖에 없었고, 따라서 길거리에서 보는 것은 암소로 출산을 위해 필수적으로 존재해야 하는 개체임에 따라 생긴 문화인 것이다.

다 문화 산업과 문화 콘텐츠 산업의 등장

우리나라에서 문화가 산업으로 등장한 것은 2000년대 들어서면서부터이다. 2000년에 처음으로 문화산업진흥기본법이 제정되면서부터 문화를 산업으로 보는 시각이 생기기 시작했다는 것이 일반적 견해이다.

전 세계적으로 문화가 산업으로 인식되기 시작한 배경은 2차 대전 이후 사회의 급격한 변화에 따라 문화정책의 필요성이 대두되게 되었는데, 시민사회라는 인식이 성장하기 시작하였고, 경제가 발전되고, 교육수준이 향상됨에 따라 문화와 기술의 융합을 통해 새로운 산업으로서 위치를 점하기 시작하고 이것이 새로운 국가 경제의 중요한 요소로 인식되기 시작하면서 문화를 산업으로 나아가 경제의 주요 요소로 보는 문화 경제학에 대한 관심이 높아지게 되었다. 문화산업은 기술의 발전에 따라 그리고 인터넷 등 새로운 형태의 산업이 등장하고 그에 따라 사회의 정보화가 진전되는 등 새로운 변화가 진행됨에 따라 문화에 대한 관심과 욕구가 증대되면서 자연스럽게 탄생하게 되었다.

문화는 과거 일부 상위 계층의 전유물로 인식되어 왔으나, 봉건제가 붕괴되고, 시민 계급이 대두되면서 중산층도 그동안 상류 계층에서만 향유되어오던 다양한 문화 예술에 대해 관심을 갖기 시작하고, 문화생활을 향유하기 시작하게 됨에 따라 문화 수요가 확대되었다. 더불어 경제가 성장함에 따라 일반인들의 생활이 안정되기 시작하였고, 그에 따라 문화에 대한 욕구가 상류 계층뿐 아니라 전체 사회 구성원으로 확대되기 시작하였다. 또한 국민들의 대중 교육 확대로 교육 수준이 향상되고 교육을 통해 문화에 대한 이해와 관심을 증가시켰고, 대중 예술 뿐 아니라 고급 예술을 이해하고 즐길 수 있는 소양이 길러지게 됨에 따라 문화가 새로이 산업으로 인식되기 시작한 것이다.

문화 경제학의 출발은 기존의 경제학으로 예술 활동의 경제성을 설명할 수 없다는 전제에서 문화의 경제적 접근이 시작되었다. 과학기술의 발전은 기술혁신과 신제품 개발로 생산성을 향상시키고, 그 결과 높은 소득을 창출되게 한다. 하지만 예술 창작과 공연 등 다양한 문화 활동은 과학기술의 발전에도 불구하고 생산성을 크게 향상시키지 못하는데, 이처럼 문화부문이 타 산업 분야에 비해 경쟁력이 떨어지는 특수성을 갖고 있다. 이로 인해 문화를 산업화하기 위해서는 정부의 지원노력이 필요하게 되고, 문화 산업 정책이 요구되게 된다.

이처럼 문화가 산업화 되어 감에 따라 정보통신 기술과 엔터테인먼트 및 문화적 형태가 융합하면서 등장하게 된 것이 바로 문화 콘텐츠로 정의될 수 있다. 문화 콘텐츠는

인터넷의 등장과 디지털 기술의 발전으로 수용자, 즉 문화를 소비하는 소비 계층의 변화가 진행되고, 다양한 새로운 미디어들이 탄생하게 되면서 새로이 문화 수요를 창출하기 시작하였고, 게임, 영화, 음악, 출판 등 기존에 존재해 오던 다양한 문화 혹은 엔터테인먼트적 내용적 특성을 지닌 산업들이 정보통신 기술의 융합에 의해 형태적 측면에서 디지털 화가 진행되고, 유통 측면에서는 네트워크를 통한 온라인 유통이 대세로 자리 잡기 시작하면서 새로운 가치사슬 구조가 형성되기 시작하였다. 이처럼 기존의 오락(entertainment)적 특성을 갖던 산업, 즉 문화 산업 중 오프라인(Off Line) 특성을 갖는 디자인, 도서관, 사적지, 공예품 및 한복, 테마파크나 유원지 등의 산업을 제외하고, 온라인 유통 및 디지털 화라는 새로운 패러다임의 특성을 갖게 되는 새로이 만들어지는 산업들을 일컬어 문화 콘텐츠 산업이라 명명하게 되었다.

정리하기

1 콘텐츠란 무엇인가?

2 콘텐츠 산업이란 무엇인가? 특히 '게임 산업의 경제성 분석'에서 정의하고 있는 바를 중심으로 전통적 게임, 만화, 출판, 음악 등의 산업 등이 콘텐츠 산업의 범주로 포함되게 된 이유에 대해 설명하시오.

3 문화에 대해서는 다양한 정의가 존재한다. 이들 각각에 대해 설명하고, 사전적 의미의 정의를 설명하시오.

4 문화의 특징에 대하여 설명하시오.

5 문화가 산업화 되고 문화 콘텐츠에 이르기까지의 과정을 설명한다면?

확인하기

1 콘텐츠에 대한 정의는 다차원적 속성과 추구하는 방향에 따라, 그리고 각 나라마다 자국의 문화적 특성이나 산업적 특성에 따라 콘텐츠 산업을 이해하는 범주와 내용을 달리하고 있는 것이 현실이다.
콘텐츠의 사전적 의미로는 "유·무선 네트워크를 통하여 전달하기 위하여 문자, 부호, 음성, 음향, 이미지, 영상 등을 디지털 방식으로 제작해 처리 및 유통하는 각종 정보 또는 그 내용물"로 정의.
법적 정의는 콘텐츠산업진흥법에서 나타나고 있는데, "부호, 문자, 도형, 색채, 음성, 음향, 이미지 및 영상" 등(이들의 복합체를 포함한다)의 자료 또는 정보로 정의됨.
다양한 정의들을 종합해 보면, 형태적인 측면에서는 부호, 문자, 도형, 색채, 음성, 음향, 이미지 및 영상 등의 디지털 방식으로 제작된 것으로, 유통 측면에서는 유·무선 네트워크나 매체(미디어) 및 컴퓨터를 통하여 전달되어지고, 내용적 측면에서는 교양 및 오락의 속성을 가지는 프로그램이나 각종 정보 또는 내용물의 상품 혹은 서비스라 정의됨.
결론적으로 콘텐츠란 부로, 문자, 형, 색채, 음성, 음향, 이미지 및 영상 등의 디지털 방식으로 제작되어, 네트워크나 미디어를 통해 전달되어지는 각종 정보 혹은 내용물이 포함된 상품 혹은 서비스임.

2 콘텐츠 산업은 "경제적 부가가치를 창출하는 콘텐츠 또는 이를 제공하는 서비스(이들의 복합체를 포함한다)의 제작, 유통, 이용 등과 관련한 산업"으로 정의하고 있는 바, 콘텐츠의 수집, 가공, 제작, 저장, 검색, 송신 등과 관련된 서비스를 행하는 생산단위들의 집합으로 정의하고 있는데, 이는 콘텐츠를 생산하고, 유통하며, 소비하는 가치사슬 전반에 걸쳐 존재하는 모든 산업을 통 털어 콘텐츠 산업의 범주로 이해될 수 있다. 더불어 산타꾸 준치로 등이 출간한 '게임 산업의 경제성 분석'에서는 콘텐츠 산업은 기존에 게임, 애니메이션, 만화, 출판, 음악, 영화, 방송, 캐릭터 등의 개별적 산업이 존재해 왔으나, IT 기술의 발전에 따라 제작 단계에서부터 디지털 화가 진행되고, 디지털 파일로 제작됨에 따라 유통이 과거 개별적 유통 채널에 의해 움직이던 산업들이 네트워크, 즉 유선이나 무선망 그리고 통신망, 방송망 등으로 분리되어 제공되어 지던 네트워크가 기술의 발전에 따라 통합되고, 사용자 측면에서는 네트워크의 종류나 용도에 무관하게 끊임없이(Seamless) 활용될 수 있게 됨으로써 네트워크를 통해 유통되며, 소비 측면에서도 각종 단말기, 즉 PC, TV, 모바일 폰 등의 모바일 단말기 및 웨어러블(Wearable) 등의 단말기를 통해 소비할 수 있게 되는 등 생산, 유통, 소비 단계에서 유사성을 띠기 시작함에 따라 2000년대 들어 새로이 탄생된 산업군들을 일컬어 콘텐츠 산업이라 함.

3 문화의 사전적 의미는 자연 상태에서 벗어나 일정한 목적 또는 생활 이상을 실현하고자 사회 구성원에 의하여 습득, 공유, 전달되는 행동 양식이나 생활양식의 과정 및 그 과정에서 이룩해 낸 물질적, 정신적 소득을 통틀어 이르는 말로서 의식주를 비롯하여 언어, 풍습, 종교, 학문, 예술, 제도 따위를 모두 포함한다. 인류문화학자 타일러는 원시문화에서 인간이 사회의 일원으로서 습득한 지식, 믿음, 예술, 도덕, 법률, 풍습 그리고 다른 능력과 습관을 포괄하는 복합체라 정의하였고, 미드(Mead)는 사회나 소집단의 학습된 행위라 정의하였으며, 사회학자인 윌리암스는 생산구조, 가족구성, 사회관계를 표현하거나 통제하는 제도의 구조이며, 사회 구성원들의 특징적 커뮤니케이션 형태를 포괄하는 것이라 하였다. 이들의 정의를 종합해보면, 문화는 생활방식의 모든 것을 포함하는 의미로 정의될 수 있으나, 이렇게 정의할 경우 그 범위가 너무 포괄적이고 넓어 실제적으로 분석하기가 어렵다는 한계를 가짐. 따라서 생활방식 중 상징적 의사소통이 주 목적인 활동의 경우로 한정하는 윌리암스의 정의에 근거하여 문화를 이해하는 것이 타당하다 할 것임.

4 문화는 공유(共有, shared)되고, 학습(learned)되며, 축적(accumulated)되고, 하나의 유기적인 전체(whole)를 이루는 통합적 성격을 가진다. 또한 문화는 정체적인 것이 아니라 끊임없이 변화(variableness)하는 변동성을 가지며, 같은 환경이나 여건 하에서는 물론, 다른 환경이나 여건 속에서도 시간과 공간을 초월하여 내용과 형식에서 유사한 문화가 창조된다는 보편성(universality)을 가진다. 개개 문화가 자기의 고유한 개성을 가지고 타문화와 구별되는 개별성(individuality)을 가지며, 한 사회의 문화요소들이 다른 사회로 전해져서 그 사회의 문화과정에 통합되어 정착하는 현상인 전파성(diffusion)을 갖는다.

5 문화가 산업화 되어 감에 따라 기존의 음악, 게임, 출판, 만화, 영화, 방송 등의 문화적 속성을 내포한 엔터테인먼트 산업이 정보통신 기술과 융합하면서 등장하게 된 것이 바로 문화 콘텐츠인 것이다. 문화 콘텐츠는 인터넷의 등장과 디지털 기술의 발전으로 수용자, 즉 문화를 소비하는 소비 계층의 변화가 진행되고, 다양한 새로운 미디어들이 탄생하게 되면서 새로이 문화 수요를 창출하기 시작하였고, 게임, 영화, 음악, 출판 등 기존에 존재해 오던 다양한 문화 혹은 엔터테인먼트적 내용적 특성을 지닌 산업들이 정보통신 기술의 융합에 의해 형태적 측면에서 디지털 화가 진행되고, 유통 측면에서는 네트워크를 통한 온라인 유통이 대세로 자리잡기 시작하면서 새로운 가치사슬 구조가 형성되기 시작하였다. 이처럼 기존의 오락(entertainment)적 특성을 갖던 산업, 즉 문화 산업 중 오프라인(Off Line) 특성을 갖는 디자인, 도서관, 사적지, 공예품 및 한복, 테마파크나 유원지 등의 산업을 제외하고, 온라인 유통 및 디지털 화라는 새로운 패러다임의 특성을 갖게 되는 새로이 만들어지는 산업들을 일컬어 문화 콘텐츠 산업이라 명명하게 되었다.

제2절 콘텐츠 산업의 특징

2000년대 들어서면서 인터넷 경제와 디지털 융・복합으로 인해 과거 존재하던 많은 산업에서의 패러다임은 급격한 변화 양상을 보이고 있다. 특히 2000년대 말부터 시작된 참여, 공유, 개방이라는 새로운 패러다임으로 대변되는 일명 웹 2.0의 변화 양상은 인터넷 및 콘텐츠 서비스 패러다임의 변화뿐만 아니라 소비자들에게 공유와 참여의 기회를 제공하면서 새로운 산업의 패러다임을 형성해 왔다. 이처럼 콘텐츠 산업도 과거 문화산업으로 인식되던 산업의 일부를 포함하면서 이들 산업과 정보통신기술이 융합된 형태가 2000년대 들어서면서 새로이 탄생되게 되었다. 이처럼 정보통신 기술과의 융합을 통해 새로이 탄생된 콘텐츠 산업이 갖는 특징들에 대해 살펴보자.

1 전후방 산업 연관효과와 창구효과가 큰 산업

콘텐츠 산업은 기술의 진보와 함께 콘텐츠의 디지털 화가 진행되면서 미디어 플랫폼이나 네트워크, 단말기의 수요를 좌우하는 중요한 요소 중의 하나로 자리 잡기 시작하였다. 혹자는 이런 측면을 강조하여, 콘텐츠는 이제 소비재가 아닌 중간재로서 자리매김해야한다고 주장할 정도로 제반 산업에 있어서의 콘텐츠의 위상이 달라지기 시작했다. 즉, 콘텐츠의 성장은 이를 제작하는데 소요되는 소프트웨어와 이를 전달하기 위한 유무선 네트워크, 그리고 단말기의 생산 및 보급 확대를 을 유발하고, 소비를 진작시키며, 나아가 이들에 종사하는 고용인을 증가시키는 고용효과 등을 창출할 수 있다. 예를 들어 2010년 제임스 카메론(James Cameron) 감독에 의해 '아바타(Avartar)'란 3D입체영화가 제작된 이후 전 세계 영화관의 3D입체화가 촉발되었고, 나아가 TV나 심지어 스마트 폰의 3D입체화가 촉발되어, 관련 장비 시장을 비롯한 관련 산업의 다양한 발전과 고도화가 진행되고 있음을 고려할 때 콘텐츠 산업은 가치사슬의 상류 부분(제작 부문) 뿐 아니라 하류 부분(유통과 소비 부문)에 이르기 까지 광범위한 산업 성장 견인 효과를 갖는 것으로 이해될 수 있다.

또한 저작권을 매개로 원소스멀티유즈(OSMU)를 통해 다양한 부가 서비스 및 제조업과의 연계를 통해 동반성장이 가능하다는 특성을 가지며, 해외진출이 용이하고, 전자・자동차・IT 등 소비재 수출을 견인하는 등 파급효과가 큰 산업이다.

표 2-1 콘텐츠 산업의 부가가치 및 파급효과 사례

이처럼 기술의 발전과 인터넷의 확산으로 인하여 제조 공정, 유통 구조 등, 가치사슬 전반에 걸쳐 디지털 화가 급속히 진전되고 있다. 이에 따른 하드웨어와 콘텐츠의 결합이 촉진되는 등, 소위 디지털 컨버전스(Digital Convergence) 현상을 통해 다양한 형태의 서비스가 출현할 뿐 아니라 통합된 네트워크(Network)를 통해 여러 종류의 단말기로 전달되어 시장이 점차 확대되어가고 있다. 따라서 콘텐츠는 인적자원이나 단말기 제조회사, 지식자원의 선순환 구조를 갖춤으로써, 관련 전후방 산업의 성장을 견인하고 있다.

한류현상의 국내 경제적 효과를 소비재 수출, 외국인 관광객 방문 및 외국인직접투자 유치 부문으로 구분하여 한류 현상이 유발하는 부문별 경제효과를 1995~2012년 196개국의 연간 패널 데이터를 통해 분석한 결과, 음악·출판이 소비재 수출에 미치는 효과가 유의하다는 결론이 도출 되었으며, 즉, 한류 현상이 한국에 대한 인지도를 즉시 제고시켜 당해 연도 한국 제품의 소비를 촉진시키기 때문으로 분석되었고, 특히 음악, 출판과 같이 다수의 사람들에게 반복적으로 노출되는 콘텐츠 일수록 홍보 효과가 높아 한국 제품의 인지도 제고를 견인하여 콘텐츠 수출 1% 증가는 당해 연도 소비재 수출을 0.038% 견인한다는 결론이 도출되었다.

관광부문에서 관광 수요는 재화 소비와 달리 즉각적으로 반응하기 어렵기 때문에 시차를 두고 다음 연도의 관광 수요에 영향을 미치는 것으로 분석되었으며, 특히 영상과 같이 한국의 모습을 직접 보여주는 콘텐츠 일수록 한국 방문 및 관광 수요 견인 효과가 높고 그 효과도 즉시 나타나는 것으로 추정되었다. 결론적으로 한류로 인한 콘텐츠 수출 1% 증가는 다음 연도 방한 관광객 수 0.019% 증가를 견인하며 특히 영상이 관광객 유치에 미치는 효과가 유의하게 분석되었다.

한류로 인한 콘텐츠 수출 1% 증가는 서비스업 외국인직접투자(FDI)를 약 0.08~0.09% 견인하는 것으로 나타났는데, 한류 현상으로 인한 방한 관광객 증가로 관광 등 국내 서비스업 활성화 효과가 지속적으로 해외 자본 유치 효과를 발생시키는 것으로 분석되었다.[42]

관련 산업에의 창구효과뿐 아니라 콘텐츠 산업은 전방산업인 단말기 및 플랫폼 측면에서나 네트워크 측면 그리고 콘텐츠 제작에 소요되는 다양한 소프트웨어의 수요를 촉발 시키는 등 생태계 관점에서의 전후방 산업에 대한 연관효과를 갖는 것으로 인식되고 있다.

표 2-2 한류를 이용한 기업 마케팅 사례

제품	기업	한류활동	효과
마시는 홍초	(주)대상	카라	일본 매출증대 (2010년 14억 → 2011년 500억)
산토리 서울막걸리	서울탁주 /롯데주류	장근석	주간지 '닛케이트렌디'의 '2011년 히트 상품 베스트 30'에서 7위로 선정
기스면	오뚜기	박유천	시장확대(일본, 중국, 뉴질랜드, 러시아)
한류스타의 콘서트 및 팬미팅 연계 관광상품	체스투어즈	장근석, 윤계상, 제국의 아이들 등	2011년 대비 관광객 32% 증가(16만 1000명)
라네즈/마몽드	아모레 퍼시픽	송혜교(라네즈) /소녀시대 유리(마몽드)	중국내 브랜드 인지도 상승(매출 1위)
오휘/후	LG생활건강	손예진(오휘)/이영애(후)	베트남 시장 점유율 1위(16%)

42) 출처 : 한류의 경제적 파급효과 분석과 시사점, 현대경제연구소, 2014.8.22.

2 표준화의 중요성이 큰 반면, 비표준적 속성을 보유한 산업

2011년, 애플에 의해 제기된 각종 지적재산권 소송에서도 볼 수 있듯이, 콘텐츠 산업은 관련 기기나 미디어플랫폼 등의 표준화를 통한 개방적 시장 확대가 가능하다. 그러나 개방화 및 표준화에 뒤떨어질 경우, 시장의 주도권을 잃음으로써 곤란을 가져올 수도 있다. 더불어 콘텐츠 산업은 미적, 감성적 욕구를 만족시키는 효용성을 가짐에 따라 물리적 표준화의 어려움이 동시에 존재하는 특성을 갖는다.

재미의 속성은 사용자가 갖는 다양한 경험, 생활환경, 언어 등의 요소에 의해 백인천색(白人千色)의 욕구로 나타난다. 그러나 이처럼 사용자가 만족할 수 있는 욕구들을 표준화시킨다는 것은 불가능한 일이다. 그러한 반면에 콘텐츠 제작에 소요되는 제반 기술들은 시장성 등의 이유로 인하여, 표준화가 더욱 중요해지고, 절실해지는 특성을 갖는다.

3 서비스의 라이프 사이클(Life Cycle)이 짧으며, 반복구매가 어려운 산업

콘텐츠 산업은 소비자의 소비욕구의 변화에 따라, 지속적으로 변화를 추구해 나가야 하는 산업의 특성을 지니고 있다. 그렇기 때문에 출시된 콘텐츠나 관련 서비스는 변함없이 지속적인 소비가 보장될 수 없으며, 나아가 소비자에 의해 소비되거나 판매된 콘텐츠의 경우, 반복적으로 재구매하거나 재소비하는 것이 극히 드물다. 물론 영상물을 녹화 및 재방송하여 반복적으로 노출할 수는 있으나, 이를 통해 새로운 매출을 기대하는 것은 극히 어려운 것이 현실이다. 일례로, 한편의 영화가 만들어지면, 우선 극장에서 약 25%의 매출을 올린 다음, 비행기, 호텔 등을 통해 배포되는데, 이때는 약 1% 정도의 매출이 기대된다고 한다. 그 이후에는 케이블이나, IPTV 등 미디어나 VOD(Video On Demand) 혹은 Netflix와 같은 온라인 판매 등으로 이어지는데, 이를 통해 약 70%이상의 매출이 발생하게 된다. 아래 표에서 보는 것은 결국 시간의 문제이지 반복구매를 의미하는 것은 아니다. 여기서 주목해야 할 사항은 기술의 발전에 의해 미디어가 다양화됨에 따라 소비자들의 콘텐츠 소비가 주로 가정에서 일어난다는 사실이다. 더불어 라이프사이클 측면에서 한편의 영화가 만들어지면, 최대 15개월 이내에 전체 매출의 95%가 발생하게 된다.

표 2-3 영화의 라이프 사이클 예시

	Theatrical Release	Airline / Hotel	Home Video / Rental	PPV / VOD inDemand, DirecTV	Pay TV HBO, Showtime	Networks / Cable TV	Syndication
Time Frame	0 months	2-4 months	4-6 months (ongoing)	6-9 months (only for 30-45 days)	12-15 months	24-30 months	36-42 months
Typical / Approximate Revenues ($10M+ box-office movie)	25%	1%	56%	2.5%	10%	3%	2.5%

더불어 한번 구매한 콘텐츠의 재 구매는 특별한 경우를 제외하고는 발생되지 않는다. 아바타의 경우는 특이하게 약 60%의 관람자가 2D로 관람한 것을 3D로 다시 재 관람하는 현상을 보였으나, 이는 아주 예외적인 경우라고 할 수 있으며, 당시의 3D에 대한 관객들의 호기심과 산업적 현상이 중첩되면서 발생한 것이다. 이처럼 다수의 관람객들이 2D와 3D를 중복적으로 소비하였으나, 이 영화가 가정 비디오 시장 혹은 주문형 비디오 시장(VOD)으로 넘어 오기까지 채 1년도 소요되지 않았으며, 더불어 재 구매를 통해 시청하는 경우는 극히 소수일 것으로 추정된다.

4 고 위험 고수익(High Risk, High Return) 산업

콘텐츠 산업은 초기에 많은 자본을 필요로 하지 않는다. 즉, 창작형 개발이 그 중요한 핵심이 되므로 우수한 창의적 인력만을 보유하면 된다. 하지만 실제 제작 혹은 서비스를 행하고자 할 때는 제작에 필요한 대규모 자본의 투입이 필요해 지고, 그에 따라 위험도도 상승하게 된다. 하지만 일단 성공하게 되면 높은 수익과 진입 장벽 구축이 가능하게 된다. 높은 자본비용과 마케팅비용 등이 소요되는 반면, 일단 히트상품을 만들게 되면 대부분의 손실을 상쇄할 수 있게 된다. 예를 들어, 〈슈렉(Shrek)〉이란 애니메이션의 경우. 약 60억 달러를 들여 제작한 후, 1년 만에 약 831.7억 달러의 매출을 올려 약 13배의 투자회수율을 기록하기도 했다.

짧은 수명주기, 소비자 관심의 중요성 등과 같은 콘텐츠 산업이 갖는 엔터테인먼트적인 특징에 근거하여, 전체 영업비용이나 제작비용에서 차지하는 단위당 마케팅 비용은 상당히 높아지게 된다. 하지만, 일단 초기단계를 벗어나게 되면 자본 비용과 영업비용이 높은 진입장벽을 형성할 수 있게 된다. 이러한 현상은 음반, 영화, 케이블 방송, 비디오 게임 등에서 더욱 두드러지게 나타나고 있다. 또한 콘텐츠 산업은 타 산업에 비해 부가가치율, 부가가치유발계수[43] 및 매출액 대비 영업이익률 측면에서도 높은 현상을 보인다.

---

43) 부가가치유발계수[附加價値誘發計數, Value Added Inducement Coefficients] : 소비, 투자, 수출 등 최종수요의 발생이 국내생산을 유발하고 생산 활동에 의해서 부가가치가 창출되므로 최종수요의 발생은 부가가치창출의 원천이 된다. 따라서 최종수요가 한 단위 발생할 경우 국민경제 전체에서 직간접으로 유발되는 부가가치단위를 보여주는 계수를 말함(출처 : NEW 경제용어사전).

그림 2-1 콘텐츠 vs. 타 산업의 부가가치 관련 비교

2012년 기준	전산업	제조업	서비스업	콘텐츠 산업
부가가치율(%)	25.0	20.2	36.1	40.3
부가가치 유발계수*	0.67	0.57	0.82	0.84
매출액 영업이익률(%)	4.5	5.6	3.8	8.4

• 통신 및 방송(부가통신, 정보서비스, 방송), 사회 및 기타서비스(신문, 출판, 문화서비스, 영화, 연극, 음악, 기타 문화오락 서비스)
• 부가가치 유발계수는 2011년 기준
※ 자료: 한국은행, 〈산업연관표〉, 〈기업경영분석〉에서 재구성

그렇기 때문에 콘텐츠 업계에서는 몇몇의 인기 콘텐츠를 통해 대부분의 일반적인 콘텐츠에서 발생된 손실을 상쇄시키고 있다.[44] 이처럼 고위험 고수익 사업의 경우에는 투자에 앞서 철저한 분석이 요구된다. 하지만 소비자의 소비욕구를 계량화하여 이를 판단하는 것이 어렵다는 문제점도 있다. 이러한 특성으로 인하여 콘텐츠 산업을 전형적인 벤처형 산업으로 인식하기도 한다.

또한 세계경제의 산업이나 고용구조가 제조업으로부터 서비스업으로 이동하고 있으며, 우리나라 산업의 고용구조도 서비스업(70%), 제조업(23.8%), 농・어업(6.2%)으로 구성되어 있다. 그러나, 서비스업은 낮은 노동생산성, 높은 진입규제로 좋은 일자리 창출에 한계가 있는 반면, 문화서비스(콘텐츠)는 반도체, 자동차보다 2배 이상의 높은 고용유발효과를 창출하는 고용친화적 산업이기도 하다.

그림 2-2 문화서비스 vs. 타 산업의 고용유발계수 비교[명/10억원당]

제조업			서비스업			전산업
반도체	자동차	선박	문화서비스	금융	방송	
4.2	6.0	5.6	12.4	6.2	7.9	7.8

• 문화서비스 : 통신, 방송, 광고, 출판을 제외한 문화산업
※ 한국은행(2011), 산업연관표 재구성

44) 출처 : 엔터테인먼트 산업의 특징, 삼성경제연구소, 2011.

5 망 외부성(Network Externality) 효과가 큰 산업

콘텐츠 산업은 단말기 보급 확대나 네트워크의 커버리지 확대 및 속도향상 등을 통해 순환적으로 확대되어 수요가 급증하며, 더불어 소비자들은 그들과 관계된 사람들이 보거나, 이용하는 서비스로 더 많이 몰려드는 현상을 가지고 있다. 예를 들어, 학생들 사이에서 특정 게임을 해보지 않았을 경우, 그들만의 대화에 참여할 수 없게 되어 배척당할 수 있기 때문에, 친구들이 보거나 이용한 콘텐츠를 이용하려는 적극성이 높아지게 된다. 무료 메신저서비스인 카카오 톡의 경우도 망 외부성 효과를 극명하게 보여주는 사례다.

국내 모바일 메신저 시장에서 카카오 톡이 시장을 장악하고 있는데, 이는 무료 모바일 메신져 시장을 장악한 후 가입자 수가 크리티컬 매스(critical mass)에 도달한 후, 가입자를 기반으로 금융, 음악, 사진 등 다양한 콘텐츠 및 응용서비스로의 시장 확대를 위한 망 외부성 효과를 전략으로 활용한 대표적 사례이다. 카카오 톡은 내 친구나 지인들과 함께 사용하게 되면 그간 유료로 이용했던 단문전송서비스(SMS)를 무료로 대체할 수 있으며, 자연스레 나의 지인들에게 버즈 마케팅(Buzz Marketing)이 가능해지는 시스템이다. 모바일 콘텐츠 시장에서 단숨에 1억 이상의 가입자를 확보한다는 것은 매우 획기적인 사업모델이라고 아니 할 수 없다. 그러나 후발적으로 시장에 참여한 사업자들은 생존을 위협받고 있는 실정이다. 후발 사업자는 모바일 메신저 사용자를 늘리는 것 뿐만 아니라 활성화를 위해 더 많은 마케팅 비용을 투입할 수밖에 없으며, 망 외부성 효과로 인하여 사용자가 많을수록 사용이 늘어나는 메신저 특성상, 가입자 수 대비 사용 빈도가 떨어지기 때문이다.

이러다 보니, 소비자들의 호응을 얻는 콘텐츠나 초기 시장진입을 통한 선점효과를 갖는 콘텐츠 서비스는 고부가가치를 누리게 되지만, 그렇지 않은 대다수의 콘텐츠들은 투자회수를 할 수 없게 됨으로써 고위험에 노출될 수밖에 없는 특성을 가지게 된다. 이런 측면에서 초기에 일정규모 이상(critical mass)의 소비를 유발시키기 위해 일정 소비 지점(tipping point)[45]까지 소비자들을 끌어들이기 위해 막대한 마케팅 비용이 투입될 수밖에 없다. 1994년에 출시된 32비트 게임기기인 SONY의 PS(Play Station)와 SEGA의 새턴(Saturn)의 경쟁 결과를 보면, SEGA는 닌텐도(Nintendo)와 10년 이상 경쟁한 회사였으나, 1년 동안은 PS와 소프트웨어 판매량 등, 모든 면에서 대등한 경쟁을 하다가 일정 시점에 PS가 우세한 양상을 보인 후부터, 확연한 판매량 차이를 보이게 된 것도 이러한 망 외부성 효과를 극명하게 보여주는 사례라고 할 수 있다.

---

45) 네트워크의 외부성이 작용하는 경우 일정 규모의 네트워크에 도달하기 전까지는 보급률이 저조하다가 일정 수준을 넘어 서면 그 상승세가 폭발적으로 증가하게 되는데, 상승세의 폭발적 증가를 가져오는 수준을 Tipping Point라 한다.

표 2-4 단말기 보급율과 콘텐츠 이용률

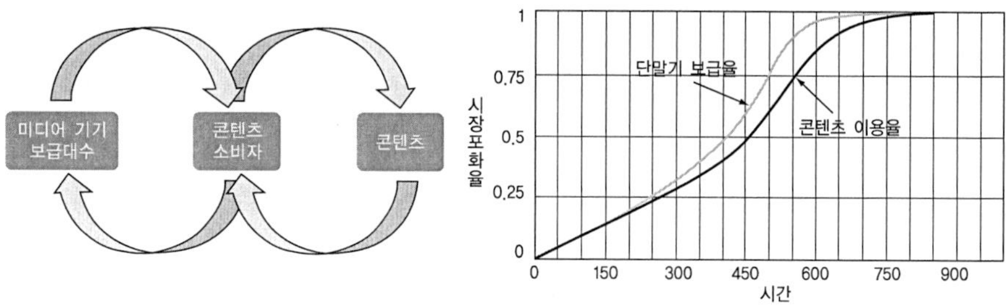

6 규모의 경제와 다양성의 경제가 작용하는 산업

콘텐츠 산업은 창의성과 다양성을 통해 콘텐츠를 기획하게 되므로, 다수의 개발자들이 상호 경쟁과 협력을 통해 창의적 생산자로서 성장하게 된다. 이때 개발자 간의 상호작용에 의해 상승 작용을 일으키게 됨으로써 다양성의 경제가 작용하게 된다. 이러한 다양성의 경제를 배가시키기 위해 각국 정부와 산업계에서는 소위 클러스터라고 불리는 산업단지를 형성시키기 위해 노력한다. 그리고 콘텐츠를 유통하고 판매하는 유통단계에서는 유통망의 구축과 시장 수요의 확보라는 측면에서 규모의 경제 특성이 강하게 나타나 자본 여력이 큰 기업이 상대적으로 유리해지는 특성을 갖는다. 즉, 콘텐츠 산업의 가치사슬에서 상위부문에 해당되는 스토리텔링과 원천콘텐츠 제작 등에서는 다양성의 경제가, 하위부문인 유통과 소비단계에서는 규모의 경제가 작용하게 된다.

표 2-5 생산단위와 부가가치 원천

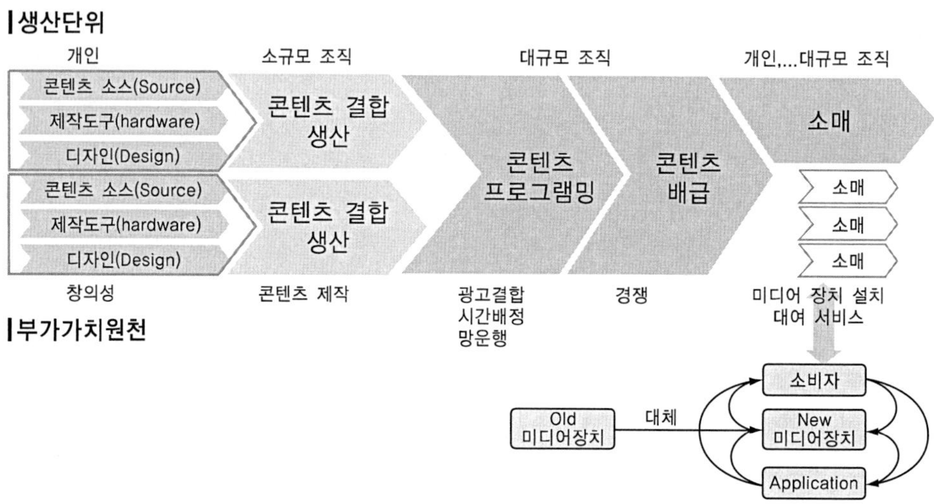

7 문화적 할인(Cultural Discount)이 작용하는 산업

언어, 인종, 종교 등이 같거나 관습, 정서, 문화적 성향이 유사하여 문화권 간의 거리가 크지 않을 경우, 자신의 문화적 경험을 크게 할인하지 않아도 다른 문화권의 내용을 쉽게 이해하고 즐길 수 있다. 예를 들어, 한국의 드라마를 방영했을 때 문화적, 정서적 성향이 비슷한 일본과 중국 등지에서는 비교적 수용되기 쉽지만, 한국과 문화적인 토양이 전혀 다른 유럽이나 아프리카 등지에서는 수용되기 어렵다. 이런 수용 격차를 설명하는 용어가 문화할인율이다.[46)]

문화할인율이 높다는 것은 한 나라의 문화상품이 다른 나라에서 수용되기 어렵다는 의미이고, 문화할인율이 낮다는 것은 수용되기 쉽다는 의미이다. 문화할인율은 문화권 간 대중문화의 교류 가능성을 평가하는 지표로 사용된다.

문화상품의 특성상, 스포츠, 자연다큐멘터리, 애니메이션, 게임 등은 유사한 문화 요소로 인식함으로써 문화할인율이 낮은 반면, 영화, 드라마, 예능 프로그램, 연극 등은 문화적 관점의 상이성이 발생할 경우, 문화할인율은 높게 나타난다. 즉, 자국의 생활 습관을 반영하고 자국의 언어와 이미지를 바탕으로 한 문화 산물을 국민들은 선호할 수밖에 없기 때문이라고 한다.

일본, 중국, 대만, 홍콩 등과 같은 동아시아와 태국, 베트남 등과 같은 동남아시아에 한국의 대중문화(드라마, 영화, 대중음악 등)가 진출하여 한류열풍을 조성할 수 있었던 이유 중의 하나는 바로 문화적인 친근함에서 기인한 낮은 문화할인율 때문이었다. 문화산업이 세계시장을 염두에 두고 문화상품을 제작할 때, 시장전략의 하나로 고심하는 것이 바로 문화할인율을 낮추는 전술이다.

8 경험재(Experience Goods)적 특성을 갖는 산업

대부분의 서비스 산업처럼, 콘텐츠 산업은 전형적 경험재적 특성을 갖는다. 즉, 콘텐츠를 소비하거나 경험하지 않은 사람들의 경우는 콘텐츠에 대한 논의나 의견을 제시할 수 없게 된다는 것이다. 경험재는 생산자와 소비자 사이에 비대칭적 정보(Asymetric Information)를 갖게 됨으로 인하여, 소비자는 많은 정보를 얻기 위해 정보비용(Information Cost)을 지불해야만 한다. 이런 측면에서 영화의 예고편을 제공하거나 콘텐츠를 무료로 제공하고, 광고 등을 통해 제 3자로 하여금 요금을 지불하게 하는 트라이앵글비즈니스(Triangle Business)와 같은 사업 모델이 탄생하게 되는 것이다.

경험재적 특성으로 인하여 발생되는 현상 중의 하나가 바로 망 외부성 효과다. 즉, 사

46) 출처 : 네이버 백과사전

용 경험을 갖는 지인들로부터 얻어진 정보를 통해 소비의사 결정을 하게 되기 때문이다. 음반판매량이나 영화관객의 동원 수, 인기가요, 방송시청률 등은 이러한 경험재적 특성과 망외부성 효과를 극대화하기 위한 버즈(Buzz)마케팅[47] 수단의 일환이다.

9 한계 이익(Marginal Prefits)이 점점 커지는 특성을 보이는 산업

처음 콘텐츠를 생산할 때, 일정 비용을 투입하고 나면 아무리 소비자가 많이 늘어난다고 하더라도 추가적인 비용이 거의 들지 않는 특성을 갖는다. 즉, 초기 투입비용이 많이 들어가는 다중접속온라인역할수행게임(Massively Multi-play Online Role Play Game)의 경우, 한번 개발하고 나면 가입자의 증가에 의한 추가적인 투자가 거의 필요하지 않게 된다.

이는 디지털 기술의 발전과 무관하지 않은데, 영화를 디지털 시네마(Digital Cinema)화 하는 이유 중의 하나가 바로 이러한 비용을 최소화시키기 위한 노력의 일환이다.

또한 최근 미디어 단말기의 다양화에 따라 개발된 콘텐츠가 PC, TV, PMP, 스마트 폰, 태블릿(Tablet) 등과 같은 다양한 단말기에 제공되는 경우에도 추가적인 비용이 거의 발생하지 않기 때문에 가능한 것이다. 따라서 매출액 대비 영업이익률이 타 산업에 비해 상당히 높게 나타남을 앎 수 있다.

그림 2-3 매출액 대비 영업이익률 비교

해외		
2012년	도요타	월트디즈니
매출총액	213조원	47조원
영업이익	4.9조원	10조원
영업이익률	2.3%	21.3%

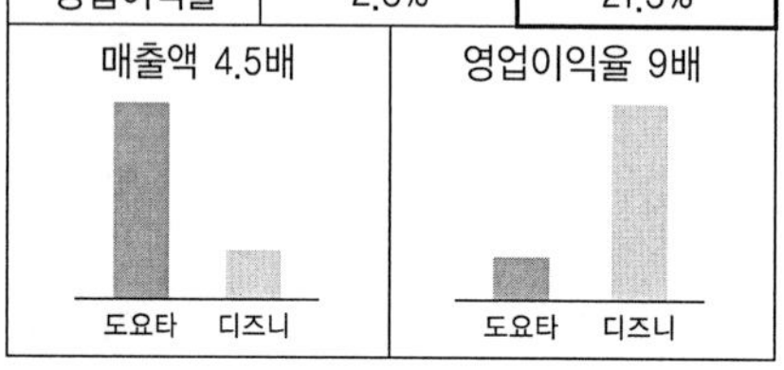

* 도요타, 디즈니 : Annual Report(2012)

국내		
2012년	현대자동차	NHN
매출총액	43조원	2.4조원
영업이익	4.3조원	0.7조원
영업이익률	10%	29.4%

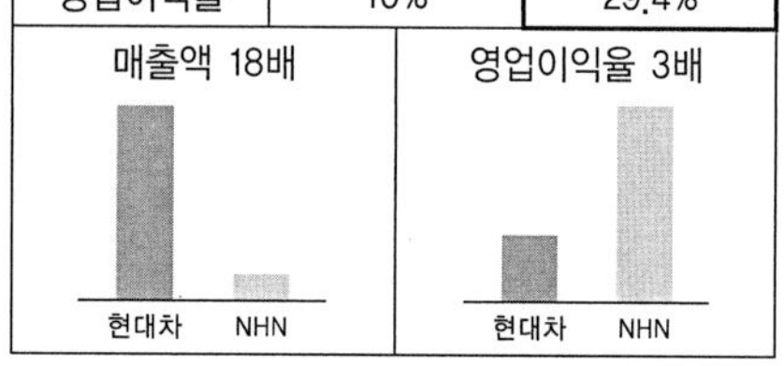

* 현대자동차, NHN : AnnualReport(2012)

47) 소비자들이 자발적으로 메시지를 전달하게 하여 상품에 대한 긍정적인 입소문을 내게 하는 마케팅 기법이다. 꿀벌이 윙윙거리는(buzz) 것처럼 소비자들이 상품에 대해 말하는 것을 마케팅으로 삼는 것으로, 입소문 마케팅 또는 구전 마케팅(word of mouth)이라고도 한다(출처 : 네이버 백과사전).

10 불공정 거래 가능성이 높은 산업

콘텐츠 산업은 독점(monopoly) 또는 과점(oligopoly)화 가능성이 높은 산업이며, 가치사슬에서 독점력을 보유한 유통 사업자들에 의해 불공정 사례가 빈번히 발생하는 산업이다. 그리고 극장, 음반 유통사, 인터넷 미디어 사업자, 통신사업자, 방송사 등과 같은 사업자들이 최종 소비자와 접하는 지점에서 병목 역할을 하며, 소수의 기업이 시장을 지배할 수 있는 가능성이 높은 산업이다. 따라서 정보의 비대칭성을 통한 수직 계열화, 망 외부성 효과, 규모 및 다양성의 경제 효과, 유통 의존성 등을 야기할 경우, 독점 또는 과점화 가능성이 높아지게 된다. 뿐만 아니라 중소 규모의 온라인, 모바일 콘텐츠 제작사 혹은 제공업자(CP)와 통신사업자, 포털사업자, 방송사업자 간 불공정 수익배분 문제, 애플리케이션 개발자에 대한 플랫폼 사업자의 자의적이고 모호한 앱 스토어 등록 심사기준 문제, 방송사와 독립제작사 간 불공정 계약(제작비 산정, 저작권 및 수익분배, 계약 파기 등) 문제, 지상파방송사와 유료방송 플랫폼 사업자 간 지상파 방송 실시간 채널 재송신 댓가 분쟁 등이 대표적인 불공정 거래의 사례들이라 할 수 있다.[48]

영화나 게임, 애니메이션, 드라마 등과 같은 콘텐츠를 제작하는 기업의 경우, 제작된 콘텐츠를 유통하기 위해서는 유통사업자를 통해야만 소비자에게 제공이 가능하게 된다, 이 때 유통 사업자는 자사가 보유한 유통망을 이용하여 약탈적 가격을 제시하거나 콘텐츠 제공을 원천적으로 거부하는 등의 문제를 발생시킬 가능성이 있다. 최근, 기술의 발전에 따라 미디어가 다양화됨에 따라 콘텐츠를 제작하는 상위부문의 사업자들이 직접 유통 채널을 만드는 것도 이러한 불공정한 거래 가능성을 대비하기 위한 노력의 일환으로 볼 수 있다. 즉, 게임을 개발하였을 경우, 소위 퍼블리셔(Publisher)라고 불리는 유통 사업자들에게 최소의 개발비를 보전 받고, 수익배분의 형태로 국내나 세계 시장에 서비스를 제공하게 되는데, 이때 유통 사업자들이 개발비의 보전이나 수익배분에 힘의 불균형성을 이용하여 약탈적 행태를 보이기도 하고, 나아가 가입자 정보를 독점함으로써 추가적인 개발을 방해하는 경우도 있다. 게임이 갖는 특성 중의 하나로 사용자와의 지속적인 피드백(Feedback)을 통해 차기 콘텐츠의 기획을 하거나 현재 서비스되고 있는 콘텐츠의 수정이나 보완을 추진하는 것은 필수적이기 때문이다.

48) 출처 : 콘텐츠 산업의 생태계 진단과 향후 정책과제, 정보통신정책연구원. 2012.

11 긴 꼬리 사업(Long Tail Business) 및 블록버스트(Blockbuster) 법칙의 특성을 갖는 산업

콘텐츠의 디지털 화가 진전됨에 따라, 한번 제작된 콘텐츠는 거의 영구적으로 보존 및 재사용이 가능해졌다. 따라서 제품 수명주기가 짧은 대신 영속적인 매출 가능성을 특성으로 갖게 되었다. 이는 인터넷 기반의 서점인 아마존닷컴의 책 목록에서 잘 팔리는 20%의 책보다, 1~2권씩 적게 팔리는 80%의 책 매출이 훨씬 높다는 것에서 착안된 특성이다. 예를 들어, 애플(Apple)사가 가치사슬을 이용하여 개발한 사업모델인 아이포드(iPOD)와 아이튠스(iTunes)의 경우, 아이튠스의 음원 목록에서 100만곡 이상의 음악을 소비자들이 한 번씩은 모두 구매한다는 사실과 검색 엔진(Engine)에 입력하는 키워드(Keyword)도 상위 10위의 검색 키워드는 검색 수의 3%에 지나지 않으며, 97%는 천만 개 이상의 검색 키워드로 구성되고 있음을 감안 할 때, 콘텐츠 산업의 특성을 잘 보여주고 있는 현상으로 받아들이기에 무리가 없다.

이러한 특성으로 인해, 20%의 인기 상품이 매출의 80%를 차지한다는 과거 산업의 매출 특성이 무너졌다고 할 수 있다. 즉, 전체 결과의 80%가 전체 원인의 20%에서 일어난다고 주장하던 파레토 법칙(Pareto's Law)의 특성이 접목되지 않는 산업적 특성을 띠게 된 것이다. 파레토 법칙은 소득분포에 관한 통계적 법칙으로서, 파레토가 유럽 여러 나라의 조사에서 얻은 경험적 법칙으로 상위 20% 사람들이 전체 부(富)의 80%를 가지고 있다거나, 상위 20% 고객이 매출의 80%를 창출한다든가 하는 의미로 쓰이지만, 80과 20은 숫자 자체를 반드시 의미하는 것은 아니다. 전체 성과의 대부분(80)이 몇 가지 소수의 요소(20)에 의존한다는 의미이다. 그러나 이 이론은 웹2.0 시대를 맞아 퇴장하고 틈새상품이 시장을 주도하는 '롱 테일(Longtail) 경제'가 자리 잡고 있다.

더불어 미디어의 다양화, 다원화되어 짐에 따라 콘텐츠 서비스 측면에서는 '진열공간'이 무한정 넓어지게 되었고, 숨어 있던 보석 같은 콘텐츠들이 소비될 가능성이 더욱 커지고 있다. 크리스 앤더슨(Chris Anderson) 교수는 이를 개념화하여 롱테일 이론을 제시하였다. 그런데 실제 시장의 데이터를 분석한 하버드대의 애니터 엘버스(Anita Elberse)는 롱테일 현상보다 'Blockbuseter 법칙'을 제시하였다.

표 2-6 긴꼬리 사업(Longtail Business) 도표

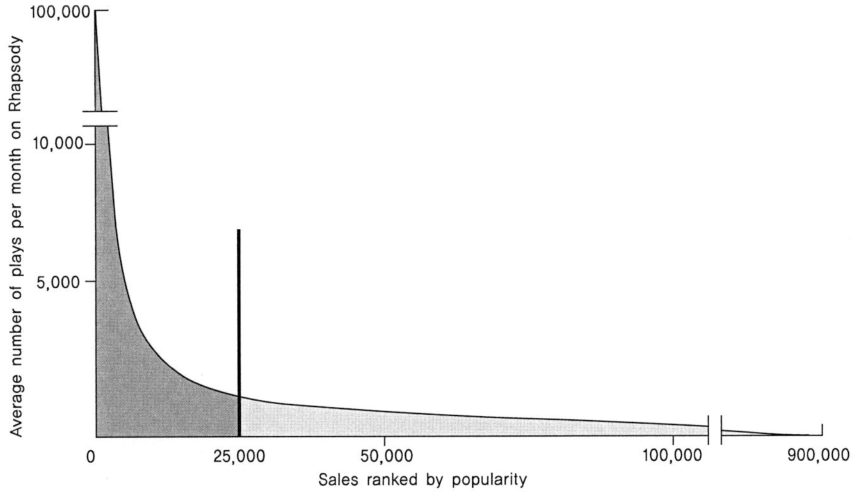

블록버스트란 용어는 2차 세계대전 당시 영국 공군이 보유하고 있던 4.5톤 규모의 대형 폭탄으로 한 구역을 부숴버릴 수 있는 폭탄을 일컫는 용어였으나, 영화 업계에서 이를 '엄청난 물량(자본)을 들여 만든 대형 작품'이라는 의미로 사용되었다. 블록버스트 법칙이란 '블록버스트'란 단어의 뜻을 인용하여 만든 용어로, '소수의 고품질 콘텐츠로의 소비가 집중되는 현상'을 일컫는 것으로, 실제 헐리우드(Hollywood)의 영화뿐 아니라 음악 시장을 분석한 결과, 공통적으로 이러한 현상이 발견된 것이다. 엘버스 교수는 iTunes 매출 기록을 분석한 결과, 2011년 1번 이상 판매된 총 800만 개의 곡 중 상위 1.1%에 해당되는 약 9만 곡이 전체 판매의 86%를 차지하는 결과를 보였다. 영화에서도 비슷한 결과를 보였다. 워너브러더스의 2011년 매출을 분석한 결과 제작비 투자 상위 10% 영화에서 전체 매출의 42%, 이윤의 46%가 발생했다. 투자 규모가 큰 영화가 상대적으로 훨씬 더 좋은 시장성과를 달성한 것이다.

이렇게 블록버스터 법칙이 디지털 미디어 시장을 지배하는 근본적 원인은 미디어 사용시간은 제한되어 있는데 경쟁의 범위가 확대되며 소비자에게 제공되는 콘텐츠 수가 가파르게 상승하기 때문이다. 이러한 현상은 사진 콘텐츠에서도 찾아 볼 수 있는데, 그 동안 수많은 사진 잡지가 시장에서 사라졌지만 대규모 투자로 고품질 사진을 만들어 내는 National Geographic은 아직도 성장하고 있음을 통해 확인할 수 있고, 이는 글로벌 경쟁시대에 콘텐츠 전략의 한 축에는 '고품질'이 있어야만 한다는 사실을 말해주는 것이다.

그림 2-4 콘텐츠 산업에서의 블록버스터 법칙[49)]

iTunes 음원 수 판매 기록 분석(2011년)

- ✓ 2011년 1번 이상 판매된 디지털 음원 : 총 800만 개
- ✓ 총 다운로드 횟수 : 12.7억 건
- ✓ 상위 102곡 다운로드 : 1.9억 건
- ✓ 상위 1,500곡(0.018%) 다운로드 비중 : 40%
- ✓ 상위 90,000곡(1.1%) 다운로드 비중 : 86%

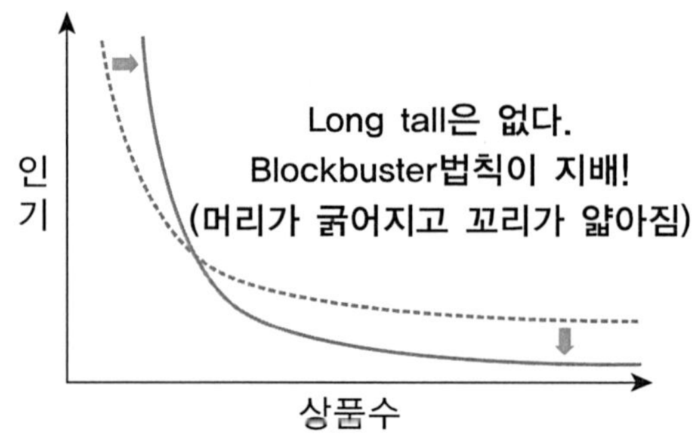

49) 출처 : 디지털미디어를 통해 본 비디오산업의 미래, KT경제경영연구소, 2015.8.19.

정리하기

1 콘텐츠 산업의 특징을 설명하시오.

2 콘텐츠 산업의 특징 중 전후방 산업 연관효과와 창구효과가 큰 산업이란 어떤 의미로 설명될 수 있는가?

3 콘텐츠 산업은 서비스의 라이프사이클이 짧으며, 반복구매가 어려운 특징이 있다. 이를 영화 〈아바타〉를 통해 구체적인 사례로 설명하시오.

4 콘텐츠 산업을 고용 친화적 산업이라고도 한다. 그 이유는 무엇인가?

5 콘텐츠 산업의 특징 중 경험재(Experience Goods)적 특성은 어떤 의미로 설명될 수 있으며, 사례로 영화 아바타를 중심으로 설명해 보시오.

확인하기

1 콘텐츠 산업의 특징은 다음과 같다.
- 전후방 산업 연관효과와 창구효과가 큰 산업
- 표준화의 중요성이 큰 반면, 비표준적 속성을 보유한 산업
- 서비스의 라이프사이클이 짧으며, 반복구매가 어려운 산업
- 고 위험 고수익(High Risk, High Return) 산업
- 망 외부성(Network Externality) 효과가 큰 산업
- 규모의 경제와 다양성의 경제가 작용하는 산업
- 문화적 할인(Cultural Discount)이 작용하는 산업
- 경험재(Experience Goods)적 특성을 갖는 산업
- 한계비용(Marginal Cost)이 거의 발생하지 않는 산업
- 불공정 거래 가능성이 높은 산업
- 긴꼬리 사업 및 블록버스터 법칙 등의 특성을 갖는 산업

2 콘텐츠를 제작하는데 소요되는 소프트웨어와 이를 전달하기 위한 유무선 네트워크, 그리고 단말기의 생산 및 보급 확대를 을 유발하고, 소비를 진작시키며, 나아가 이들에 종사하는 고용인을 증가시키는 고용효과 등을 창출할 수 있으며 가치사슬의 상류 부분(제작 부문) 뿐 아니라 하류 부분(유통과 소비 부문)에 이르기 까지 광범위한 산업 성장 견인 효과를 갖는 것으로 이해될 수 있다. 또한 저작권을 매개로 원소스멀티유즈(OSMU)를 통해 다양한 부가 서비스 및 제조업과의 연계를 통해 동반성장이 가능하다는 특성을 가지며, 해외진출이 용이하고, 전자・자동차・IT 등 소비재 수출을 견인하는 등 파급효과가 큰 산업이다.

3 〈아바타〉의 경우는 특이하게 약 60%의 관람자가 2D로 관람한 것을 3D로 다시 재 관람하는 현상을 보였으나, 이는 아주 예외적인 경우라고 할 수 있으며, 당시의 3D에 대한 관객들의 호기심과 산업적 현상이 중첩되면서 발생한 것이다. 이처럼 다수의 관람객들이 2D와 3D를 중복적으로 소비하였으나, 이 영화가 가정비디오 시장 혹은 주문형 비디오 시장으로 넘어 오기까지 채 1년도 소요되지 않았으며, 더불어 재 구매를 통해 시청하는 경우는 극히 소수일 것으로 추정된다.

4 세계경제의 산업이나 고용구조가 제조업으로부터 서비스업으로 이동하고 있으며, 우리나라 산업의 고용구조도 서비스업, 제조업, 농·어업으로 구성되어 있다. 그러나, 서비스업은 낮은 노동생산성, 높은 진입규제로 좋은 일자리 창출에 한계가 있는 반면, 문화 서비스(콘텐츠)는 반도체, 자동차보다 2배 이상의 높은 고용유발효과를 창출하는 고용 친화적 산업이라고 할 수 있다.

5 대부분의 서비스 산업처럼, 콘텐츠 산업은 전형적 경험재적 특성을 갖는다. 즉, 콘텐츠를 소비하거나 경험하지 않은 사람들의 경우는 콘텐츠에 대한 논의나 의견을 제시할 수 없게 된다는 것이다. 경험재는 생산자와 소비자 사이에 비대칭적 정보(Asymetric Information)를 갖게 됨으로 인하여, 소비자는 많은 정보를 얻기 위해 정보비용(Information Cost)을 지불해야만 한다. 이런 측면에서 영화의 예고편을 제공하거나 콘텐츠를 무료로 제공하고, 광고 등을 통해 제 3자로 하여금 요금을 지불하게 하는 트라이앵글비즈니스(Triangle Business)와 같은 사업 모델이 탄생하게 되는 것이다.

경험재적 특성의 예로 아바타라는 영화를 보지 않은 사람은 관람한 사람들 간에 아바타의 나비(Navi) 족이나 '나비(Na'vi)'의 여전사 '네이티리(조 샐다나)'와의 사랑이나 나비족이 사는 세상에 대한 VFX(Visual Effects) 등의 기술적 효과 등에 대해 의견을 교환할 때 의견 교환에 참여할 수 없게 되는데, 이것이 바로 경험재적 특성을 잘 나타내는 사례라 할 것이다.

제3절 콘텐츠 산업의 범주

1 산업의 분류

개개 산업의 종류는 사업장에서 행해지는 경제활동의 종류에 따라서 구분되며, 산업은 인간의 생활을 경제적으로 풍요롭게 하기 위하여 재화나 서비스를 생산하는 활동이며, 경제 활동 조직이다. 생산하는 재화의 종류나 행해지는 경제활동의 종류에 따라 산업의 종류를 분류할 수 있다. 이들 각각의 업종에는 업종별 특성이 있다. 동일 기업 내에서도 업종이 틀리면 그 자체에 여러 가지 다른 점이 있다. 그래서 업종이 어떤 것이냐에 따라 기업경영체로서의 특성이 있게 되고, 경영관리나 연구 방법, 또는 관리 방법의 종류나 이용 방법에 있어서도 업종 간에 여러 가지 특색이 있게 된다.

일반적으로는 산업 종류를 체계적으로 구분한 것을 산업분류라고 한다. 산업을 분류하는 방법은 목적에 따라서 여러 가지로 존재하지만, 산업의 분류를 통해서 상호 비교할 수 있도록 체계를 갖춘 것이 표준산업분류이다. 이 분류는 주로 통계조사의 대상에 있어서 산업의 범위를 확정하거나, 통계조사의 결과를 표시하기 위해 사용되는 것이 일반적이다.

더불어 산업 구조라 함은 한 나라의 국민경제를 구성하고 있는 각 산업의 상대적 중요성을 일컫는 것으로, 좁은 의미로 산업구조를 해석할 때에는 산업의 생산력 구조를 뜻하게 되나, 넓은 의미로서는 산업의 존재양식 내지 그 상태를 의미하기도 한다. 따라서 넓은 의미의 산업구조는 문제의식에 따라 산업의 국제적인 구조, 생산력구조, 경영적 구조, 국가 방위적 구조 등의 개념으로 파악할 수 있다. 이러한 개념에 따라 산업은 국내 산업군과 무역 산업군, 생산재 산업군과 소비재 산업군, 평화 업군과 군사 산업군 등으로 분류한다. 산업구조는 경제진보에 따라 그 변화해 가는 관계를 역사적 또는 국제적 비교를 통해 실증적으로 고찰할 때 보다 더 큰 의의를 갖는다.

각 산업에 관한 다른 분류방법으로 고전적 학자 중에서 호프만(W. G. Hoffmann)[50]은 산업을 소비재 생산과 생산재 생산으로 나누어 2분법적으로 정의하고 있다. 또한 영국의 경제학자 클라크(C. Clark)는 토지와 자연환경 등을 직접 이용하여 필요한 물자를 생산하

---

50) 출처 : W.G. Hoffmann, 근대산업발전단계론, 1931.
(참고) 호프만의 근대산업발전론에 따르면, 공업부문을 소비재산업과 투자재 산업으로 나누고, 소비재 산업 순 산출량(부가가치액)의 투자재 산업 순 산출량에 대한 비율인 <호프만 비율>의 크기에 의해서 한 나라의 공업단계를 4단계로 구분할 수 있다고 역설. 즉, 제1단계 호프만 비율이 5±1의 경우로 소비재생산이 지배적이며 투자재 부문은 미발달한 상태, 제2단계 2.5±1의 경우로 소비재 부문이 아직도 우세하나 투자재 부문의 발달도 상당한 상태, 제3단계 1±0.5로 양 부문의 규모가 우열이 없는 단계, 제4단계 투자재 산업 부문이 단연 우세한 단계로 나눔.

는 1차 산업, 1차 산업에서 얻은 생산물이나 천연 자원을 가공하는 2차 산업, 그리고 1,2차 산업에서 만들어진 물건을 운송 및 판매, 서비스를 제공하는 3차 산업으로 나누어 설명하고 있다. 클라크는 이를 가지고 산업발전과의 관계를 분석했는데, 제1차 산업은 원시산업, 제2차 산업은 공업과 광업이 주가 되고 있으며, 제3차 산업은 서비스업이다. 그는 이러한 산업분류에 의해서 각국의 통계를 세밀히 분석함으로써 경제가 발전함에 따라 노동인구가 제1차 산업 중심으로부터 제2차 산업 중심으로, 다시 제2차 산업 중심에서 제3차 산업 중심으로 옮겨간다는 사실을 확인했다.

시대가 바뀔수록 산업구조에도 변화가 일어난다. 생산력이 낮았던 시기에는 1차 산업이 주된 사업이었으며, 가내수공업 단계에 머물러 있었다. 과학기술이 발전되기 시작한 근대 사회에 이르러서야 공업을 중심으로 한 2차 산업이 발달하였으며, 18세기 후반 영국의 산업혁명이 일어나면서 공업의 생산성을 높이는 계기가 되었다. 이는 결국 3차 산업의 기반이 되었다. 이렇게 18세기 이후부터 1차 산업보다 2차 산업의 평균생산성이 높고, 2차 산업보다 3차 산업의 평균 생산성이 높아지는 것을 '산업구조의 고도화'라고 한다. 우리나라 또한 1960년대에는 1차 산업이 중심이었으나 경제가 발전함에 따라 2, 3차 산업의 비중이 증가하였고, 최근에는 정보산업의 비중이 급성장하게 되었다.

또한, 최근에 3차 산업 중 정보 관련 산업을 4차 산업으로 분류하기도 한다. 산업이 더욱 고도화되고 있는 현재는 3차 산업을 세분화하고 있는데, 개인 서비스업, 사무업, 미용업 등을 3차 산업으로, 통신, 정보, 금융, 의료, 연예, 교육 등을 4차 산업으로, 전문 연구 개발직을 5차 산업으로 분류하기도 한다. 이러한 추세는 정보화의 속도가 빠르게 진행되어 소위 '정보의 홍수'시대, 즉 빅 데이터(Big Data)[51] 시대를 맞이하여, 보다 차별화되고 보다 효율적으로 필요한 정보를 제공하고자하는 노력의 일환으로 다양한 기술 개발과 동시에 혁신적 비즈니스 모델이 등장하고 있다. 앞서 기술한대로 허버트 사이먼(Herbert Simon) 교수는 현재를 '관심경제(Attention Economy)'의 시대라 이야기 한다. 즉, 정보는 점점 흔해지는데 반하여 소비자들의 관심은 점점 희귀해지고 있어, 소비자의 관심을 누가 더 많이 끄느냐가 향후 산업의 승패를 가름할 것이라고 주장하고 있다.

이러다 보니 소비자의 관심을 유발하기 위한 필수적 요소로 인간의 창의성을 중요하게 생각하고, 창의성에 기반 한 산업, 즉 창조산업이 부각됨에 따라 '탈공업화 사회가 도래'되고 있다고 한다. 이에 따라 미래 사회를 창조 사회라 하고 창조사회의 근간인 창조산업이 미래의 핵심 산업으로 등장하고 있다. 미국, 일본, 영국 등과 같은 선진국에서는 제조업 부문이 쇠퇴하고 있는 반면, 서비스업 부문은 급속하게 성장하였으며, 20세기 후반에는 과학기술의 발달에 따른 이론적 지식을 바탕으로 하는 산업이 크게 늘어나고 있다. 제

---

51) 빅 데이터(Big Data) : 과거 아날로그 환경에서 생성되던 데이터에 비해 규모가 방대하고, 생성 주기도 짧고, 형태도 수치 데이터뿐 아니라 문자와 영상 데이터를 포함하는 대규모 데이터를 일컫는다.

조업에서도 지식과 창의성에 기반을 둔 반도체, 광학, 전자 관련 제품들이 선진국들의 핵심 산업으로 등장하게 되었다.

특히, 1990년대에 들어 새로운 산업분류의 주요한 흐름은 인터넷 혁명 등에 힘입어 기존의 산업질서를 깨뜨리고 전통적인 출판, 음악, 영상 산업 등의 산업을 정보통신기술(ICT: Information and Communication Technology) 산업과 접목시키게 된다. 결국 ICT산업과 여기서 정의하고 있는 콘텐츠 산업이 연결되는 새로운 형태의 산업체계 즉, 정보통신섹터(Information and Communication Sector)의 신설은 기술과 경제의 진화에 따라 자연스럽게 나타나고 있다. 여러 경제 선진국들을 보면 이러한 산업의 구조조정을 통해 관련 산업들의 경제적인 파급력을 높이고 국가의 새로운 성장 동력으로 삼으려는 정책적 의지를 강하게 보이고 있음을 쉽게 알 수 있다.

이러한 경향을 "농업보다는 제조업에 의한 것이, 또한 제조업에 의한 것보다는 상업에 의한 것이 이익이 훨씬 많다"라고 한 페티(Sir William Petty)의 말을 인용, 이것을 페티의 법칙(Petty's law)이라고 하고 있다. 이 법칙은 일반적인 경향에 불과하며 각국이 갖는 자연적 조건 또는 역사적 특수성에 의해 차이를 이루게 되었으며 일반적으로 선진국의 경우는 제2차 산업의 비중이 점차 낮아지고, 제3차 산업의 비중이 높아지는 특수성을 지니고 있다.[52] 경제학 등의 학문에서는 클라크의 분류를 산업 분류의 기준으로 삼고 있다.[53] 또 같은 형식의 분류방법이지만, 표현방법을 달리하여 원시사업(또는 채취산업), 제조업(또는 가공산업), 서비스 산업으로 나누는 방법도 있다. 경영관리상의 특성이라는 관점에서 흔히 경제학적으로 사용되는 분류로, 자본적 제약 산업(資本的 制約 産業)과 인적 제약 산업(人的 制約 産業)이라는 관점에 분류방법을 가미할 수도 있다. 여러 나라의 정부는 산업 관련 정책을 위해 보다 세밀하게 산업을 분류하고 있는데, 우리나라의 경우 20개의 카테고리로 묶어 산업을 분류하고 있다. 산업자원통상부의 산업분류를 보면 대분류 · 중분류 · 소분류로 나뉘어 있는데, 우리가 일반적으로 업종별(業種別)이라고 하는 것은 중분류를 가리키는 것으로, 이것은 수십 종에 달하고 있다.[54]

52) 출처 : 글로벌 세계 대백과사전
53) 출처 : 후타쓰키 고조, 김윤희 역, 직장인을 위한 공부 기술, 청년정신, 295쪽
54) 출처 : 네이버 지식백과 및 위키 백과를 기초로 재정리

그림 2-5 산업 분류체계 기준

2 산업의 범주 획정 방법 및 이유

통계청 등에서 사용되는 산업 분류 및 범주의 획정 원칙을 살펴보면, 먼저 생산단위는 산출물뿐만 아니라 투입물과 생산, 공정 등을 함께 고려하여 그들의 활동을 가장 정확하게 설명된 항목에 분류하며, 둘째, 복합적인 활동단위는 우선적으로 최상급 분류단계(대분류)를 정확히 결정하고, 순차적으로 중, 소, 세, 세세분류 단계 항목을 결정한다. 셋째, 산업 활동이 결합되어 있는 경우에는 그 활동단위의 주된 활동에 따라서 분류하고, 넷째, 수수료 또는 계약에 의하여 활동을 수행하는 단위는 자기계정과 자기책임 하에서 생산하는 단위와 동일항목에 분류되어야 한다.

다섯째, 자기가 직접 실질적인 생산 활동은 하지 않고, 다른 계약업자에 의뢰하여 재화 또는 서비스를 자기 계정으로 생산케 하고, 이를 자기명의로, 자기 책임 하에서 판매하는 단위는 이들 재화나 서비스 자체를 직접 생산하는 단위와 동일한 산업으로 분류하며, 제조업의 경우에는 그 제품의 고안에 중요한 역할을 하고 자기 계정으로 재료를 제공하여야 한다. 마지막으로 동일단위에서 제조한 재화의 소매활동은 별개 활동으로 파악되지 않고 제조활동으로 분류되어야 한다. 그러나 자기가 생산한 재화와 구입한 재화를 함께 판매한다면 그 주된 활동에 따라 분류한다.

이러한 원칙에 의거하여 통상적으로 전 세계적인 산업분류는 UN에 의해 매 5년 마다 개정되어 공포된다. 각 국에서는 UN에 의해 공포된 산업 분류(ISIC: International Standard of Industries Classification)에 준거하여 각 국의 표준산업분류를 갖게 된다. 하지만 이는 각 국 산업의 변화의 다양성과 혁신성 등에 의한 변화를 적절히 반영하여 즉시적으로 변화되지 못한다는 문제가 있다. 그러므로 앞서 언급한 바와 같이 산업 통계의 비교 가능성을 전제로 제시되는 표준산업분류와는 별개로 각 국별로 자국(自國) 산업의 특수성을 반영하여 별도의 산업 분류 체계를 가지기도 하는 바, 우리나라의 경우도 표준산업분류외에 산업의 특수 분류 체계를 가진다.

콘텐츠 산업의 분류체계는 2010년부터 통계청의 문화산업 특수 분류와 다르게 운용되고 있는데, 이는 통계를 산출하기 위해 문화체육관광부가 구성하고 있으며, 단, 통계만은 통계청의 승인을 얻어 시행해 오고 있다. 문화산업 통계를 위한 분류체계를 보면 부문(콘텐츠 산업) ⇒ 역무(대분류, 장르) ⇒ 수단 및 기능(중분류) ⇒ 형태 및 품목(소분류) 등으로 구분되어 있는데, 이러한 구조는 한국 표준산업 분류체계와 동일한 구조라 할 수 있다. 하지만 여전히 과거 방송과 통신, 게임과 영상 등 서로 다른 시장으로 구분해왔던 미디어, 서비스가 하나로 합쳐지면서 새로운 디지털 생태계가 형성되고 산업의 디지털 화, 융복합화 등이 가속화 되는 상황 속에서 산업의 구조적 변화를 충분히 읽을 수 있는 분류체계로서는 부족한 것이 사실이다.

일반적으로 산업 범주를 획정하고자 하는 이유는 통계학적인 관점에서는 시계열적인 정보를 비교 분석함으로써 산업의 변화 양태를 확인할 수 있고, 더불어 다른 나라의 산업 혹은 다른 범주의 산업과의 비교 가능성을 확보하기 위함이며, 산업 정책적 측면에서는 한 국가의 정책적 대상이 되는 산업을 획정(劃定)함으로써 진흥, 규제해야 할 산업의 내용적 범위를 확정하기 위함일 것이다. 이런 의미에서 각 국의 산업적, 문화적 특성에 따라 산업의 범주 획정이 서로 상이할 수밖에 없는 것이 현실이다. 더불어 앞서 살펴본 창조산업 등 새로이 등장하는 개념 하의 산업군을 획정하는 것은 각 기관이나 개별 국가 혹은 학자마다 서로 상이할 수밖에 없으므로 실질적인 비교를 행한다는 것이 어렵다는 한계를 갖게 된다.

3 표준산업 분류체계 기본 개념 및 각 국별 표준산업 분류 현황

3.1 표준산업분류의 의의

콘텐츠 및 관련 산업 정의의 다양성을 고려하여 산업의 범주에 대해 보다 객관화하기 위해, 앞서 언급한 통계청의 특수 산업 분류 이외에 산업 범위의 책정에 가장 널리 활용되고 있는 세계표준산업분류체계와 우리나라 통계청에서 정의하는 특수 분류체계 등의 검토를 통해 이를 이해해 볼 필요가 있다.

한국표준산업분류는 생산단위(사업체단위, 기업체단위 등)가 주로 수행하는 산업 활동을 그 유사성에 따라 체계적으로 유형화한 것이다. 이러한 한국표준산업분류는 산업 활동에 의한 통계 자료의 수집, 제표(除標), 분석 등을 위해 활동 카테고리를 제공하기 위한 것이다. 따라서 통계법에서는 산업통계 자료의 정확성, 비교성을 위하여 모든 통계작성기관이 이를 의무적으로 사용하도록 규정하고 있다. 한국표준산업분류는 통계목적 이외에도 일반 행정 및 산업정책관련 법령에서 적용대상 산업영역을 한정하는 기준으로 준용되고 있다.

표준산업분류체계는 통상 5년을 주기로 개편되고 있는데, UN산하에서 전 세계의 표준산업분류 체계인 ISIC(International Standard Industry Classification(of All Economic Activities))가 만들어 지고 있으며, 각 국에서는 이를 기초로 자국의 산업 특성을 반영한 표준산업분류체계를 만들어 사용하고 있다. 산업분류는 생산단위가 주로 수행하고 있는 산업 활동을 그 유사성에 따라 유형화한 것이다.

이는 첫째, 산출물(생산된 재화 또는 제공된 서비스)의 특성, 즉 산출물의 물리적 구성 및 가공단계, 그리고 산출물의 수요처, 산출물의 기능 및 용도 등에 따라 유형화되며, 둘째 투입물의 특성, 즉 원재료, 생산 공정, 생산기술 및 시설 등 그리고 마지막으로 생산 활동의 일반적인 결합 형태에 따라 분류된다.

3.2 산업 단위 결정 방법

일반적으로 산업 단위를 결정하는 방법은 다음과 같다. 먼저 생산단위의 산업 활동은 그 생산단위가 수행하는 주된 산업 활동(판매 또는 제공되는 재화 및 서비스)의 종류에 따라 결정되며, 이러한 주된 산업 활동은 산출물(재화 또는 서비스)에 대한 부가가치(액)의 크기에 따라 결정되어야 하나, 부가가치(액)의 측정이 어려운 경우에는 산출액에 의하여 결정한다.

둘째로, 주된 산업 활동의 종류에 결정되는 원칙에 따라 결정하는 것이 적합하지 않을 경우에는 그 해당 활동의 종업원 수 및 노동시간, 임금 및 급여액 또는 설비셋째, 계절에 따라 정기적으로 산업을 달리하는 사업체의 경우에는 조사시점에서 경영하는 사업과는 관계없이 조사대상 기간 중 산출액이 많았던 활동에 의하여 분류한다.

넷째, 휴업 중 또는 자산을 청산중인 사업체의 산업은 영업 중 또는 청산을 시작하기 전의 산업 활동에 의하여 결정하고, 설립중인 사업체는 개시하는 산업 활동에 따라 결정한다.

마지막으로 단일사업체의 보조단위는 그 사업체의 일개 부서로 포함하며, 여러 사업체를 관리하는 중앙보조단위(본부)는 별도의 사업체로 처리하는 것이 통계청에서 사용하는 산업 단위의 결정 및 통계 산출의 기본 원칙이다.

4 각 국의 표준산업분류체계 현황

가 북미의 표준산업분류와 콘텐츠 산업

1) 배 경

미국과 캐나다 그리고 멕시코 3국이 북미산업분류체계(North American Industry Classification System, 이하 NAICS)를 사용하고 있다. 미국은 1930년부터 미국표준산업분류(Standard Industrial Classification, 이하 SIC)를 사용해 왔다. 그러나 SIC는 제조업이 중심산업이었던 1930년대에 만들어진 것이기 때문에 산업 환경의 변화에 따른 문제점이 많이 제기 되었다. 실제 급성장한 서비스 산업이나 신산업들은 SIC에 적게 표시되어 있거나 분류 항목에 포함되어 있지 않다. 이에 따라 미국산업분류체계(SIC)는 1997년에 북미산업분류체계(NAICS)로 대체되었다.

미국, 캐나다, 맥시코가 참여한 NAICS는 경제적 개념에서 개발되었으며, 제품이나 서비스의 생산과정을 기초로 하는 산업이 포함된다. 일관된 경제원칙을 기반으로 한 NAICS의 개발은 세 나라의 일관된 통계치를 만들며, 경제분야의 생산 관련성 분석에 유의미하게 사용되었다. 세 나라의 통계 당국들은 NAICS의 목적은 첫째, 경제 개념에 기초하며, 둘째, 새롭게 출현한 산업과 첨단 기술, 서비스 산업의 생산과 관련된 산업에 중점을 두고, 셋째, 유엔 통계국에 의해 개발되고 유지되는 국제표준산업분류시스템(ISIC)과 비교될 만한 진보된 시스템을 개발하는 것에 초점을 맞추고 있다.

NAICS의 제정에는 다음과 같은 네 가지 원칙을 적용하였다. 첫째, NAICS는 생산 지향(production-oriented), 혹은 공급 기반(Supply-based)의 개념적 틀을 근간으로 하였다. 곧, 동일 혹은 유사한 생산 공정을 사용하는 생산단위는 NAICS에서 동일 군에 속한다는 것을 의미한다. 둘째, 신산업, 서비스 산업, 신기술 생성과 관련된 산업에 대해서 특별한 관심을 지속적으로 갖기로 하였다. 셋째, 최대한 데이터의 시계열 연속성을 유지한다. 그리고 마지막으로, UN의 국제표준산업분류체계인 ISIC와 양립성을 갖도록 하는 것 등이다.

2) 초기 NAICS와 정보산업(Information Sector)

미국의 기존 산업분류체계인 SIC에서 NAICS로 변경됨에 있어서 가장 큰 변화는 정보산업(Information sector)의 신설을 들 수 있다. 이 새로운 항목에는 정보에 접근하기 위한 수단을 만들어, 분배하고, 제공하는 일들이 포함된다. 또한 급속도로 성장하고 있는 첨단기술산업을 반영함과 동시에, 정보통신서비스업과 소프트웨어 및 컴퓨터관련 서비스업, 콘텐츠 산업을 포괄적으로 포함하고 있다.

1997년에 신설 분류된 정보산업의 세부 분류항목을 살펴보면, 기존 제조업으로 분류되었던 출판업(511), 서비스업으로 분류되었던 소프트웨어 출판업(5112), 영화와 음반산업

(512), 통신산업과 방송산업(513), 데이터처리서비스(5142). 그리고 온라인정보서비스, 뉴스 제공업 및 도서관업 등의 정보 제공 서비스(5141)가 포함되어 있다.

5년 뒤, NAICS는 새로운 개정안을 선보이게 되는데, 2002년 개정안의 가장 큰 특징은 인터넷의 급속한 확산에 따라 이를 반영한 산업을 독립적으로 분류하고 있다. 1997년의 NAICS에는 기타 정보 서비스 항목으로 분류 되어 있던 ISP, 웹검색포털 항목 등이 정보산업 내의 독립적인 분류 항목으로 신설되고 있다.

NAICS 2002 개정안에는 정보산업의 신설에 따른 여러 가지 혼란에 대한 후속적 조처들이 담겨있는데, 특히 기존 산업과의 차이점을 다음과 같이 제시하고 있다.

첫째, 전통적 상품과 달리 정보 및 문화 상품은 실체적인 유형이 존재 하지 않는다. 둘째, 전통적인 서비스와는 달리, 상품의 유통에 있어 공급자와 소비자가 직접 접촉할 필요가 없으며, 기존 상품 및 서비스와 구별되는 생산과 유통과정을 가지고 있다. 셋째, 정보 및 문화 상품의 가치는 콘텐츠 자체의 가치(정보성, 교육성, 오락성, 문화성 등)에 달려 있다. 넷째, 정보 및 문화 상품의 가치는 유통 과정을 통해 상품 가치를 더 높일 수 있다. 즉, 정보 산업은 무형의 가치를 생산하고, 이를 비대면의 차별적 유통 및 배급 과정을 통해 경제적 가치를 제고시키는 특성이 있다는 의미이다.

이를 상세히 살펴보면 아래 [표]와 같이, 2002 NAICS 개정안의 정보산업은 크게 (1) 511- 출판 산업(인터넷 제외), (2) 512- 영화 및 음향 산업, (3) 515- 방송(인터넷 제외), (4) 516- 인터넷 출판 및 방송, (5) 517- 통신 산업, (6) 518- ISPs(Internet Service Providers), 웹검색 포털, 데이터처리 서비스 등, (7) 519 기타 정보서비스 등, 7개의 하위 산업들로 구성되어 있다.

표 2-7 NAICS 정보산업(2002년 개정안)

CODE	산업
511	출판 산업(인터넷 제외)
512	모션 픽쳐 & 사운드레코딩 사업
515	방송(인터넷 제외)
516	온라인 출판 & 방송
517	전자통신
518	인터넷 서비스 제공자, 웹 서치 포털 & 데이터 프로세싱 서비스
519	기타 정보서비스

기존 NAICS의 Information Sector와 2002 NAICS 수정안을 간단하게 살펴보면, 511(출판), 512(영화, 음반산업), 그리고 519(기타 정보 서비스)가 1997 NAICS 대분류 항목과 동일

하다. 그러나 수정안의 세부 항목을 살펴보면, 511분류에 포함되어 있는 인터넷 관련 산업이 제외되어 있다. 515(방송산업)과 517(통신산업)은 기존 513(방송과 통신산업)을 두 개의 산업으로 나누어 구분하고 있다. 516과 518섹터는 신설된 항목인데, 인터넷 관련 산업의 비중이 높아짐에 따라 기존에 여러 항목 안에 흩어져 있던 인터넷 관련 산업을 하나의 항목으로 신설하고 있다.

3) NAICS의 지속적인 진화

산업분류체계는 산업의 변화를 지속적으로 반영한다. 2006년 미국은 기술융합과 서비스분야의 성장을 반영하여 통신서비스업과 ISPs, 그리고 웹서치 포털 등을 조정하게 된다(김정언, 2006). 아래 [표]에서 보는 바와 같이 2007년 NAICS 개정안의 확정된 내용을 살펴보면, 앞서 언급한 516(인터넷 출판과 방송)을 519(기타 정보 서비스)에 통합시키고, 또한, 518에 속해있던 51811(웹 포털)도 519로 불러들여 인터넷 출판과 방송 그리고 웹 포털(Internet Publishing and Broadcasting and Web Search Portals: 51913)이란 세 분류로 통합시켰다.

2007년 개정안의 또 다른 변화는 전통적인 전화사업자와 케이블 사업자간의 구분이 어려워짐에 따라 중분류 517(통신) 분야를 유선, 무선, 위성, 기타 통신 서비스로 재편한 것이다. 이와 관련해서 웹 포털과 함께 518에 속해있던 ISPs가 자연스럽게 517 통신 분야로 녹아들었다는 점도 주목할 점이다(OMB, 2006).

2007년 개정안은 변화하는 관련 산업들의 융합에 따른 진화와 소비자들의 이용행태의 변화 등을 잘 반영한 결과로 보여 진다. 515(방송)와 517(통신)에 준하는 플랫폼 지위를 부여했던 '516(인터넷 출판과 방송)'을 정보서비스로 분류하여 이용자 중심으로 재편한 것은 시장을 제대로 반영한 조치이다. 또한, 초기에 통신회사와 별개로 움직여왔던 ISPs들이 이제는 합병과 인수를 통해 통신 산업의 일원이 된 점을 반영하여 별도의 세 분류를 없앤 점, 케이블망과 기존의 통신망의 차이가 없어진 점을 반영하여 통신산업에서 케이블 세 분류를 없앤 점 등은 매우 적절한 조정으로 보인다.

표 2-8 미국의 정보통신산업분류(NAICS 2007)

<table>
<tr><th colspan="2">Major group</th><th colspan="2">Group</th><th colspan="2">Industries</th></tr>
<tr><td rowspan="6">511</td><td rowspan="6">출판 산업
(인터넷 제외)</td><td rowspan="5">5111</td><td rowspan="5">신문, 정기간행물,
책과 디렉토리 출판</td><td>51111</td><td>신문출판</td></tr>
<tr><td>51112</td><td>정기간행물 출판</td></tr>
<tr><td>51113</td><td>책 출판</td></tr>
<tr><td>51114</td><td>디렉토리와 메일리 리스트 출판</td></tr>
<tr><td>51119</td><td>기타 출판</td></tr>
<tr><td>5112</td><td>소프트웨어 출판</td><td>51121</td><td>소프트웨어 출판</td></tr>
<tr><td rowspan="9">512</td><td rowspan="9">영화·음반 산업</td><td rowspan="4">5121</td><td rowspan="4">영화·비디오 산업</td><td>51211</td><td>영화·비디오 제작</td></tr>
<tr><td>51212</td><td>영화·비디오 배급</td></tr>
<tr><td>51213</td><td>영화·비디오 상영</td></tr>
<tr><td>51219</td><td>포스트 프로덕션 서비스와 기타 영화, 비디오 산업</td></tr>
<tr><td rowspan="5">5122</td><td rowspan="5">음반 산업</td><td>51221</td><td>음반 제작</td></tr>
<tr><td>51222</td><td>통합 음반 제작/배급</td></tr>
<tr><td>51223</td><td>음악 출판</td></tr>
<tr><td>51224</td><td>사운드 레코딩 스튜디오</td></tr>
<tr><td>51229</td><td>기타 사운드 레코딩 산업</td></tr>
<tr><td rowspan="3">515</td><td rowspan="3">방송
(인터넷 제외)</td><td rowspan="2">5151</td><td rowspan="2">라디오·TV 방송</td><td>51511</td><td>라디오 방송</td></tr>
<tr><td>51512</td><td>TV방송</td></tr>
<tr><td>5152</td><td>케이블과 기타
유료방송 편성</td><td>51521</td><td>케이블과 기타 유료방송 편성</td></tr>
<tr><td rowspan="4">517</td><td rowspan="4">통신</td><td>5171</td><td>유선 통신</td><td>51711</td><td>유선 통신</td></tr>
<tr><td>5172</td><td>무선 통신
(위성제외)</td><td>51721</td><td>무선 통신(위성제외)</td></tr>
<tr><td>5174</td><td>위성 통신</td><td>51741</td><td>위성 통신</td></tr>
<tr><td>5179</td><td>기타 통신</td><td>51791</td><td>기타 통신</td></tr>
<tr><td>518</td><td>데이터 처리,
호스팅,
기타 관련 서비스</td><td>5182</td><td>데이터 처리,
호스팅,
기타 관련 서비스</td><td>51821</td><td>데이터 처리, 호스팅, 기타 관련 서비스</td></tr>
<tr><td rowspan="4">519</td><td rowspan="4">기타 정보서비스</td><td rowspan="4">5191</td><td rowspan="4">기타 정보서비스</td><td>51911</td><td>뉴스 신디케이트</td></tr>
<tr><td>51912</td><td>도서관과 아카이브</td></tr>
<tr><td>51913</td><td>인터넷 출판과 방송, 웹 서치 포털</td></tr>
<tr><td>51919</td><td>기타 모든 정보서비스</td></tr>
</table>

나 일본의 표준산업분류와 콘텐츠 산업

1) 일본표준산업분류(JSIC) 개정의 목적

일본 표준 산업 분류체계(JSIC)는 상품과 서비스의 생산을 포함한 모든 경제적 활동을 분류하고 있다. 또한 이렇게 분류된 산업을 통계적으로 조사하여, 그 결과를 나타내도록 하고 있다. 이 분류체계는 1949년 10월에 만들어졌으며, 통계의 정확도와 객관성을 보장하고, 통계의 비교를 통하여, 최대 이익을 얻는 것을 목적으로 하고 있다.

이러한 일본 표준 산업 분류체계의 11번째 개정판(2002년 3월 개정)은 1993년 10월의 10번째 개정이후, 산업에서 일어난 구조적 변화를 분류체계에 적용하려는 시도로 이루어진 재조사의 산물이다. 여기에서 말하는 구조적 변화는 통신의 발달, 소프트웨어와 서비스 중심의 경제 활동의 성장, 출산율 저하 등과 같은 일본 사회의 특별한 변화를 일컫는다.

2002년에 개정된 일본표준산업분류(JSIC) Rev.11은 대분류(Division) 19개, 중분류(Major group) 97개, 소분류(Group) 420개, 세분류(Industries) 1,269개로 구성되어 있다. 이는 기존의 분류체계에서 대분류가 5개 증가, 중분류가 2개 감소, 소분류가 43개 감소, 세분류가 53개 감소된 것이다.

JSIC Rev.11의 2002년 개정의 기본 목적은 (1) 통신 산업의 발달과 서비스 경제화 등의 발전에 따른 산업구조의 변화에 부응하고, (2) 통계의 연속성을 유지하면서 명백한 개념과 정의를 가지도록 적절한 분류 항목을 설정하고, (3) International Standard Industrial Classification(ISIC)과 같은 국제적 산업 분류체계와의 비교 가능성을 향상시키는 것이다.

2) JSIC의 정보커뮤니케이션 산업의 신설과 특징

JSIC Rev.11에서 가장 주목할 점은 '정보커뮤니케이션(Information & Communication) 산업'의 신설이다. 이것은 NAICS의 정보산업 신설과 ISIC Rev3.1의 특수 분류체계로 편재되어 있던 정보산업과 ICT 산업의 개정이 함께 이루어 진 것으로써, 정보사회 변화에 대한 일본의 빠른 대응을 엿볼 수 있기 때문이다.

JSIC의 정보커뮤니케이션 산업은 'Division H'로 정해져 있으며, 아래 [표]와 같이 37~41번까지의 코드를 가지는 '커뮤니케이션', '정보 서비스', '인터넷 기반 서비스'를 포함하는 5개 대분류로 구성되어 있다. 또한 그 아래 15개의 중분류, 29개의 소분류로 구성되어 있다. 좀 더 구체적으로 살펴보면, 대분류 5개 부문은 37(통신), 38(방송), 39(정보서비스), 40(인터넷에 기반 서비스), 41(영상 및 음성 정보, 문자 정보 제작과 분배)로 이루어져 있다. JSIC의 정보커뮤니케이션 산업은 크게 영상, 음성, 문자 등의 정보를 제작하는 산업과 이를 전달하는 산업들로 나누어지는데, 41은 제작산업에 37, 38, 39, 그리고 40은 전달 및 지원 산업에 속한다. 특징적인 점은 '인터넷 기반 서비스'를 별도의 대분류로 두고 있다는 점이다.

표 2-9 JSIC Rev.11의 정보 커뮤니케이션 산업의 하위분류

Major group		Group		Industries	
37	커뮤니케이션	371	통신문 전송	3711	통신문 전송
		372	유선 통신	3721	유선 방송 전화를 제외한 지역 통신
				3722	원거리 통신
				3723	유선 방송 전화
				3729	다양한 유선 통신
		373	모바일 통신	3731	모바일 통신
		374	통신에 따른 서비스	3741	통신에 따른 서비스
38	방송	381	케이블방송을 제외한 공중 방송	3811	공중 방송
		382	케이블방송을 제외한 사적-분야 방송	3821	위성방송을 제외한 TV방송
				3822	위성방송을 제외한 라디오 방송
				3823	위성방송
				3829	다양한 사적-분야 방송
		383	케이블 방송	3831	케이블 TV방송
				3832	케이블 라디오 방송
39	정보서비스	391	컴퓨터 프로그래밍과 다른 소프트웨어 서비스	3911	주문 소프트웨어 서비스
				3912	패키지 소프트웨어 서비스
		392	데이터 처리와 정보 서비스	3921	데이터 처리 서비스
				3922	마케팅이나 의견 리서치 서비스를 제외한 리서치와 정보서비스
				3929	다양한 데이터 처리와 정보서비스
40	인터넷 기반 서비스	401	인터넷 기반 서비스	4011	인터넷 기반 서비스
41	비디오, 사운드 정보, 문자 정보 제작과 배급	411	비디오 정보 제작과 배급	4111	텔레비전 프로그램 제작을 제외한 영상과 비디오 제작
				4112	텔레비전 프로그램 제작
				4113	영상, 비디오, TV 프로그램 배급
		412	사운드 정보 제작	4121	레코딩과 디스크 제작
				4122	라디오 프로그램 제작
		413	신문 발행자	4131	신문업자
		414	신문을 제외한 출판업자	4141	신문을 제외한 출판업자
		415	비디오, 음성 정보, 문자 정보 제작과 배급에 따른 서비스	4151	뉴스 연합(뉴스 공급자)
				4159	비디오, 음성 정보, 문자 정보 제작과 배급에 따른 다양한 서비스

다 UN의 표준산업분류체계(ISIC) 내용

2007년 개정이 확정된 국제표준산업분류체계인 ISIC(International Standard Industrial Classification) Rev. 4.0[55)]에서 가장 달라진 부분은 "정보와 커뮤니케이션(Information and Communication)"을 "J 섹션"으로 대분류에 포함시켰다는 점이다. J 섹션의 "정보와 커뮤니케이션"은 정보와 문화상품의 제작과 분배, 이들 생산품들을 전송하고 분배하는 수단의 설비, 데이터나 커뮤니케이션, 정보 기술 활동, 그리고 데이터와 기타 정보 서비스 활동의 처리를 포함하고 있다. 이 섹션의 주요 구성은 'ISIC표준산업분류체계 - J센터 세부분류'에서 보는 바와 같이 소프트웨어 출판을 포함한 출판활동(division 58), 영상과 음향 기록 활동(division 59), 라디오와 TV의 방송과 편성 활동(division 60), 통신 활동(division 61) 그리고 정보기술 활동(division 62)과 정보 서비스 활동(division 63)으로 되어있다. 출판(Publishing)은 콘텐츠에 대한 저작권의 획득을 포함하며, 이 콘텐츠는 다양한 형태로 재생산되거나 배포되어 일반대중들이 이용 가능하도록 만드는 것을 말한다. 모든 출판이 가능한 형태(인쇄물이나 전자, 오디오형태, 웹상, 멀티미디어 생산품 등)는 이 섹션에 포함되어 있다. 정보와 커뮤니케이션 섹션의 세부 분류체계는 ISIC Rev. 3.1에서 임시로 편성되었던 특수 분류체계로서의 정보섹터와 크게 다르지 않으나, 콘텐츠의 종류 및 제작과 유통이 좀 더 세분화되었음을 알 수 있다.

55) http://unstats.un.org/unsd/cr/registry/regcst.asp?Cl=27

표 2-10 ISIC표준산업분류체계

Section	산업 내용
A	농업, 임업, 어업(1차 산업)
B	광업, 채석업
C	제조업
D	전기, 가스, 증기(steam), 공기조절 공급
E	물 공급 하수설비, 폐물관리, 개선 활동
F	건설
G	도매, 소매업; 자동차와 오토바이의 수리
H	운송과 보관
I	숙박과 외식업(food service) 활동
J	정보와 커뮤니케이션
K	재정과 보험 활동
L	부동산 활동
M	전문적, 과학적, 기술적 활동
N	관리와 지원 서비스 활동
O	공공 행정과 보호(defence); 필수의(compulsory) 사회 보장
P	교육
Q	인간 건강과 사회(복지)사업(social work) 활동
R	예술, 오락, 레크리에이션
S	다른 서비스 활동
T	고용주로서의 가족의 활동; 특성 없는 상품과 서비스 : 가족의 사용을 목적으로 생산하는 활동
U	외교 조직과 단체

표 2-11 ISIC표준산업분류체계 - J센터 세부분류

Division		Group		Class	
58	출판	581	책, 정기간행물, 기타 출판	5811	책 출판
				5812	디렉토리와 메일링 리스트 출판
				5813	신문, 저널, 정기간행물의 출판
				5819	기타 출판
		582	소프트 웨어 출판	5820	소프트 웨어 출판
59	영화, 비디오와 TV 프로그램 제작, 사운드 녹음, 음악 출판	591	영화, 비디오와 TV프로그램	5911	영화,비디오와 TV프로그램 제작
				5912	영화,비디오와 TV프로그램 포스트 프로덕션
				5913	영화,비디오와 TV프로그램 배급
				5914	영화 상영
		592	사운드 녹음과 음악 출판	5920	사운드 녹음과 음악 출판
60	방송과 편성	601	라디오 방송	6010	라디오 방송
		602	텔레비전 방송과 유료편성	6021	텔레비전 방송
				6022	케이블, 위성과 기타 유료편성
61	텔레커뮤니케이션	611	유선 통신	6110	유선 통신
		612	무선 통신	6120	무선 통신
		613	위성 통신	6130	위성 통신
		619	기타 통신 서비스	6190	기타 통신 서비스
62	컴퓨터 프로그래밍, 자문 및 유관 서비스	620	컴퓨터 프로그래밍, 자문 및 유관 서비스	6201	컴퓨터 프로그래밍
				6202	정보기술 컨설턴트 활동과 컴퓨터 시설 관리
				6209	기타 정보 기술 서비스
63	정보서비스	631	웹 포털, 데이터 처리, 호스팅, 관련 서비스	6311	데이터처리, 호스팅, 관련 서비스
				6312	웹 포털
		632	기타 정보서비스	6321	통신사(news agency)
				6329	기타 정보서비스

라 NAICS, JSIC, 그리고 ISIC 표준산업분류 비교

앞서 살펴본 NAICS, ISIC, JSIC를 간략히 비교정리하면 아래 [표]와 같다.

표 2-12 NAICS, ISIC, JSIC의 비교

	NAICS (정보 산업)	ISIC Rev. 4.0 (정보와 커뮤니케이션 산업)	JSIC (정보 커뮤니케이션 산업)
분류항목의 수	중분류 7개, 소분류 16개, 세분류 30개	중분류 6개, 소분류 13개, 세분류 24개	중분류 5개, 소분류 15개, 세분류 29개
대분류 항목	제작(Production)		
	511. 출판산업 (인터넷제외) 512. 영화 및 음반산업	58. 출판 산업 59. 그래픽, 비디오&TV 프로그램 제작, 사운드 녹음, 음반 산업	41. 비디오 영상, 음악정보, 캐릭터 정보 제작 및 유통 산업
	네트워크/플랫폼(Network/ Platform)		
	515. 방송(인터넷 제외) 517. 통신 산업	60. 방송과 편성 61. 텔레커뮤니케이션	37. 커뮤니케이션 38. 방송
	정보서비스(Software & Solution)		
	518. 데이터처리, 호스팅 서비스 519. 기타 정보서비스	62. 컴퓨터프로그래밍, 자문 관련 활동 63. 정보서비스 활동	39. 정보서비스 40. 인터넷 기반 서비스

위에서 살펴보았듯이 해외의 주요 분류체계는 통칭 '정보산업'을 별도의 산업군으로 가져가려는 국제적 흐름을 반영하고 있다. NAICS, ISIC, 그리고 JSIC의 공통적인 특징은 정보산업이라는 큰 틀에서 콘텐츠 제작, 네트워크 및 플랫폼, 정보 서비스 등, 이 세 가지로 산업으로 구분하고 있다. 더 크게 나눠보면 '콘텐츠 제작'과 '유통 및 지원 서비스'로 이원화해서 볼 수 있는 구조다. 이러한 구분으로 이루어진 각각의 분류체계는 몇 가지 다른 특징을 나타내고 있는데, 이는 분류체계가 각 국의 정책적 의지와 비전을 반영하고 있는 데서 비롯한 것이라고 할 수 있다.

우선적으로 국제표준산업분류체계인 ISIC와 일본의 JSIC를 비교해보면, ISIC와 NAICS는 출판 산업과 영화음반 산업을 이원화된 구조로 보고 있으나, 일본의 JSIC는 중분류 41에 모든 제작활동을 다 포함하는 것으로 정의하고 있음이 특징이다. 또한 JSIC에서는 인터넷에 기반한 서비스를 중분류 39(정보서비스)에서 분리하여 중분류 40(인터넷 기반 서비스)으로 별도 규정함으로써, 산업적 트랜드를 적극적으로 반영하려는 의지를 보이고 있다.

반면, 국제표준산업분류체계인 ISIC의 흥미로운 점은 중분류 62(컴퓨터프로그래밍 자문 및 유관활동)를 정보서비스 활동과 별도의 항목으로 가져감으로써, "소프트웨어 및 솔루션” 분야를 정보섹터에 집어넣는 확장적 개념으로 정보산업을 나타내고 있다. 또한 NAICS의 경우, 인터넷 출판과 인터넷 방송을 별도로 구분하여, 웹 서치 포털과 함께 기타 정보 서비스(519)로 분류하고 있는 것은 콘텐츠에 대한 디지털 이용환경의 진화를 적극적으로 반영한 결과라고 할 수 있다.

마 한국표준산업분류체계(KSIC) 내용

한국표준산업분류는 산업관련 통계 자료의 정확성, 비교성을 확보하기 위하여 작성된 것으로서 1963년 3월에 경제활동 부문 중에서 우선 광업과 제조업 부문에 대한 산업분류를 제정하였고, 1964년 4월에 제조업 이외 부문에 대한 산업분류를 추가로 제정함으로써 우리나라의 표준산업분류 체계를 완성하였다. 이후에는 유엔의 국제표준산업분류 2·3·4차 개정(1968, 1989, 2007)과 국내 산업구조 및 기술변화를 반영하기 위하여 추가적으로 일곱 차례에 걸친 개정작업을 수행하여 왔다(1970, 1975, 1984, 1991, 1998, 2000, 2007). 2007년에 개정 고시한 9차 개정 분류는 국제표준산업분류 4차 개정결과와 한국표준산업분류 8차 개정 이후 진행된 국내 사회, 경제 변화상을 반영하여 대폭적인 개정작업이 있었다. 2011년 국제표준산업분류체계의 개정에 맞추어 새로이 9차 개정이 되었다. 9차 개정의 주요 특징으로는 서비스 산업의 전문화와 정보통신기술에 의한 방송통신과 문화 콘텐츠의 융합, 환경관련 산업의 확대 등 급격하게 변화하는 산업구조의 반영과 새롭게 등장한 신산업 등을 반영함과 아울러 국제 비교성을 동시에 고려하였다는 점에 있다[56]. 2000년 개정 당시, 전기통신산업(전기통신회선설비 임대업, 무선호출업, 별정통신업), 영화 및 방송산업(만화영화제작업, 통합유선방송업), 통신판매업(전자상거래업) 등과 같은 산업이 새롭게 신설되었고, 통신업도 대분류로 상향 조정되었다.

한국표준산업분류 9차 개정 이후 8년이 경과하면서 2017년에 이르렀는데, 그간 새롭게 등장하고 있는 산업 영역들의 통계작성 및 정책지원에 필요한 분류체계 신설, 변경 요청 등이 급증함에 따라, 제10차 개정 분류를 확정·고시하고, 2017년 7월 1일부터 시행하게 되었다. 10차 개정에서 콘텐츠 산업 관련 변경 사항은 대분류에서 출판, 영상, 방송통신 및 정보서비스업으로 명명되었던 ‘J분류’의 명칭을 정보통신업으로 변경하였으며, 온라인·모바일 게임 소프트웨어 개발 및 공급업을 유선 온라인 게임과 모바일 게임 소프트웨어 개발 및 공급업으로 세분하였고, 무선통신업과 위성통신업은 통합하였다. 더불어 미래 성장 산업 관련하여, C 섹터(제조업)에 바이오연료, 탄소섬유, 자동차 구조 및 장치 변경, 무인항공기 및 무인 비행장치(드론) 제조업을 추가하였고, D 섹터(전기, 가스, 증기 및 공기조절공급업)에 태양력 발전업, 그리고 J섹터 중 소프트웨어 개발 및 공급에 유선 온라인게임 및 모바일 게임 소프트웨어 개발 공급업을 추가하였다.

56) 출처 : https://kssc.kostat.go.kr:8443/ksscNew_web/index.jsp#

표 2-13 한국표준산업분류체계(KSIC)상의 콘텐츠 산업 범주

코드	LEVEL	분류항목명(9차 개정 최종)	본 연구의 분류
A	대	농업, 임업, 어업(01~03)	농림수산 및 광산품
B	대	광업(05~08)	
C	대	제조업(10~33)	제조업
D	대	전기, 가스, 증기 및 수도사업(35~36)	전력 가스 및 건설업
E	대	하수·폐기물 처리, 원료재생 및 환경복원업(37~39)	
F	대	건설업(41~42)	
G	대	도매, 소매업(45~47)	서비스업
H	대	운수업(49~52)	
I	대	숙박과 음식업점(55~56)	
J	대	출판, 영상, 방송통신 및 정보서비스업(58~63)	
58	중	출판업	출판산업
581	소	서적, 잡지 및 기타 인쇄물 출판업	
5811	세	서적 출판업	
58111	세세	교과서 및 학습서적 출판업	
58112	세세	만화 출판업	
58119	세세	기타 서적 출판업	
5812	세	신문, 잡지 및 정기간행물 출판업	
58121	세세	신문 발행업	
58122	세세	잡지 및 정기간행물 발행업	
58123	세세	정기 광고간행물 발행업	
5819	세	기타 인쇄물 출판업	
58190	세세	기타 인쇄물 출판업	
582	소	소프트웨어 개발 및 공급업	게임산업
5821	세	게임 소프트웨어 개발 및 공급업	
58211	세세	온라인·모바일 게임 소프트웨어 개발 및 공급업	➡ 10차 개정시 유선 온라인(58211) 모바일(58212)로 분리되었음
58219	세세	기타 게임 소프트웨어 개발 및 공급업	
5822	세	시스템·응용 소프트웨어 개발 및 공급업	
58221	세세	시스템 소프트웨어 개발 및 공급업	
58222	세세	응용소프트웨어 개발 및 공급업	

<table>
<tr><th>코드</th><th>LEVEL</th><th>분류항목명(9차 개정 최종)</th><th>본 연구의 분류</th></tr>
<tr><td>59</td><td>중</td><td>영상·오디오 기록물 제작 및 배급업</td><td rowspan="6">영화산업</td></tr>
<tr><td>591</td><td>소</td><td>영화, 비디오물, 방송프로그램 제작 및 배급업</td></tr>
<tr><td>5911</td><td>세</td><td>영화, 비디오물 및 방송프로그램 제작업</td></tr>
<tr><td>59111</td><td>세세</td><td>일반 영화 및 비디오물 제작업</td></tr>
<tr><td>59112</td><td>세세</td><td>애니메이션 영화 및 비디오물 제작업</td></tr>
<tr><td>59113</td><td>세세</td><td>광고 영화 및 비디오물 제작업</td></tr>
<tr><td>59114</td><td>세세</td><td>방송 프로그램 제작업</td><td rowspan="8"></td></tr>
<tr><td>5912</td><td>세</td><td>영화, 비디오물 및 방송프로그램 제작 관련 서비스업</td></tr>
<tr><td>59120</td><td>세세</td><td>영화, 비디오물 및 방송프로그램 제작 관련 서비스업</td></tr>
<tr><td>5913</td><td>세</td><td>영화, 비디오물 및 방송프로그램 배급업</td></tr>
<tr><td>59130</td><td>세세</td><td>영화, 비디오물 및 방송프로그램 배급업</td></tr>
<tr><td>5914</td><td>세</td><td>영화 및 비디오물 상영업</td></tr>
<tr><td>59141</td><td>세세</td><td>영화관 운영업</td></tr>
<tr><td>59142</td><td>세세</td><td>비디오물 감상실 운영업</td></tr>
<tr><td>592</td><td>소</td><td>오디오물 출판 및 원판 녹음업</td><td rowspan="3">음악산업</td></tr>
<tr><td>5920</td><td>세</td><td>오디오물 출판 및 원판 녹음업</td></tr>
<tr><td>59201</td><td>세세</td><td>음악 및 기타 오디오물 출판업</td></tr>
<tr><td>59202</td><td>세세</td><td>녹음시설 운영업</td><td rowspan="13">방송산업</td></tr>
<tr><td>60</td><td>중</td><td>방송업</td></tr>
<tr><td>601</td><td>소</td><td>라디오 방송업</td></tr>
<tr><td>6010</td><td>세</td><td>라디오 방송업</td></tr>
<tr><td>60100</td><td>세세</td><td>라디오 방송업</td></tr>
<tr><td>602</td><td>소</td><td>텔레비전 방송업</td></tr>
<tr><td>6021</td><td>세</td><td>지상파 방송업</td></tr>
<tr><td>60210</td><td>세세</td><td>지상파 방송업</td></tr>
<tr><td>6022</td><td>세</td><td>유선, 위성 및 기타 방송업</td></tr>
<tr><td>60221</td><td>세세</td><td>프로그램 공급업</td></tr>
<tr><td>60222</td><td>세세</td><td>유선방송업</td></tr>
<tr><td>60229</td><td>세세</td><td>위성 및 기타 방송업</td></tr>
</table>

코드	LEVEL	분류항목명(9차 개정 최종)	본 연구의 분류
K	대	금융 및 보험업(64~66)	서비스업
L	대	부동산업 및 임대업(68~69)	
M	대	부동산업 및 임대업(68~69)	
71	중	전문, 과학 및 기술 서비스업(70~73)	
713	소	전문 서비스업	광고산업
7131	세	광고업	
71310	세세	광고 대행업	
7139	세	기타 광고업	
71391	세세	옥외 및 전시 광고업	
71392	세세	광고 매체 판매업	
71393	세세	광고물 작성업	
71399	세세	그 외 기타 광고업	
N	대	사업시설관리 및 사업지원 서비스업(74~75)	서비스업
O	대	공공행정, 국방 및 사회보장 행정(84)	
P	대	교육 서비스업(85)	
Q	대	보건업 및 사회복지 서비스업(86~87)	
R	대	예술, 스포츠 및 여가관련 서비스업(90~91)	
90	중	창작, 예술 및 여가관련 서비스업	문화서비스
911	중	스포츠 및 오락관련 서비스업	오락서비스
S	대	협회 및 단체, 수리 및 기타 개인 서비스업(94~96)	서비스업
T	대	가구내 고용활동 및 달리 분류되지 않은 자가소비 생산활동(97~98)	
U	대	국제 및 외국기관(99)	

5 각 국별 콘텐츠 산업 분류 및 산업 정책

가 각국별 콘텐츠 산업 분류

콘텐츠 산업에 대한 정의와 분류체계는 해당 국가의 산업구조, 발전경로 및 구조적 특성, 정책추진 방향과 밀접한 상관성을 지니게 된다는 것은 앞서 논의한 바와 같다. 주요국들은 자국 상황에 맞추어 주요 산업을 중심으로 분류 기준을 제시하고 진흥정책을 추진하고 있다. 따라서 하나의 산업에 대해 산업 범주를 획정하고, 그에 따른 통계를 작성하는 것은 진행 방식과 주무 부처, 통계조사 담당기관에 따라 각기 다르기 때문에 일률적인 기준으로 종합하기에는 어려움이 따른다.

일반적으로 콘텐츠 산업의 범주는 콘텐츠와 관련된 생산단위(사업체 단위, 기업체 단위 등)가 주로 수행하는 산업 활동을 그 유사성에 따라 체계적으로 유형화함으로써 산업의 범주를 결정함이 타당할 것이다. 이런 측면에서 콘텐츠 산업의 범주는 산업의 가치사슬을 구성하고 있는 구성 요소를 포함한다고 할 수 있다. 콘텐츠 산업의 가치사슬 구성 요소로는 영상(애니메이션, 방송 등 포함), 게임, 음악, 교육, 의료, 출판 등 다양한 형식 및 내용 측면에서 제작되어지는 콘텐츠를 생산하는 산업들과 이러한 산업에서의 소비를 행하는 소비자, 소비를 위한 필요한 단말기, 그리고 콘텐츠를 서비스 화하여 이용자에게 전달하기 위한 네트워크와 플랫폼 그리고 서비스 제공에 필요한 다양한 소프트웨어 솔루션 등으로 나누어 볼 수 있다.

표 2-14 콘텐츠 산업 생태계 구성요소

구성요소	내 용
이용자	이용자(서비스, 단말, 플랫폼, 네트워크 등의 사용자 혹은 가입자 등)
단말기	PDA, PC, 노트북, 스마트 폰, 스마트TV, HMD등
네트워크	유선통신망, CATV망, 이동통신망(5G/LTE 등), 위성통신망, 기타 유・무선통신망 등
플랫폼	포털, 카카오/라인 등 메신저, MCN, Youtube 등 동영상포털 등
솔루션	과금, 인증, QoS제어, 보안, 웹호스팅, 콘텐츠 제작 솔루션,전자서명 등
콘텐츠	영상, 게임, 만화, 음악, 출판, 영화, 애니메이션, 방송, 광고 캐릭터, 지식정보 등

이처럼 콘텐츠 산업의 범주는 콘텐츠를 제작, 유통, 소비와 관련된 제반 산업을 포함하여 이해하는 것이 바람직하다. 이를 구체적으로 살펴보면, 첫째, 부호, 문자, 도형, 색채, 음성, 음향, 이미지 및 영상 등의 자료 또는 정보 등의 내용과 형태로 만들어져 부가가치를 창출하는 산업, 둘째, 콘텐츠를 유통하는데 직접적으로 관계하는 산업, 미디어플랫폼

제공 산업, 유무선 통신망 혹은 방송망 등과 같은 물리적 네트워크(Network) 제공 산업, 콘텐츠서비스를 위한 다양한 형태의 플랫폼 산업, 셋째, 콘텐츠를 소비하는데 소요되는 단말기를 제조하거나, 단말기를 통해 콘텐츠 서비스가 가능하게 하는 소프트웨어를 제조, 배포, 판매하는 것과 관련된 제반 산업을 포함하는 것으로 정의된다.

표 2-15 콘텐츠 산업 가치사슬

콘텐츠 산업 범주	내용	관련 산업
제작	콘텐츠를 통한 모든 부가가치를 제작하는 과정	콘텐츠를 기획하고, 제작함으로써 부가가치를 만드는데 관련된 산업
유통	콘텐츠를 유통하면서 발생되는 부가가치를 포함하는 과정(유통에 관여하는 산업 모두를 의미하는 것은 아님)	미디어 플랫폼 제공 산업, 네트워크 제공 산업, 소매업 등
소비	콘텐츠를 소비자에게 최종 전달하는 과정	단말기 제조, 콘텐츠서비스와 연계된 소프트웨어 제작, 배포, 판매업 등

콘텐츠 산업과 관련한 통계의 작성은 뒤에서 다시 서술하겠지만, 각국의 산업구조, 발전경로 및 구조적 특성, 정책 등 해당 국가의 현실에 맞는 산업 분류로 인하여 서로 비교가능성을 담보할 수 없는 것이 현실이다. 그러나 세계 각국 혹은 조사 기관들에 의한 글로벌 통계조사는 게임, 방송, 음악, 광고, 영화 등 각 산업별로 전문성을 지닌 조사기관 및 리서치회사에 의해 이뤄지는 것이 일반적인 상황이고, 이들 기관 역시 통계조사를 직접 실시하기보다는 세계 각국의 정보원을 통해 통계자료를 확보하여 규모를 추정하고 있는 것이 현실이다.

세계 주요국의 콘텐츠 산업 분류체계와 통계조사 현황을 살펴보면, 영국은 국가차원에서 '창조산업'이란 이름으로 산업을 분류하고, 이들 산업의 융성을 위해 노력하고 있다. 창조산업의 정의로 사용되는 표준적인 개념은 없지만, 1998년 DCMS[57]가 제안한 '개인의 창조성, 기술, 재능에 기원을 두는 산업들과 지적재산권의 형성과 이용을 통해 부와 일자리를 창출할 가능성을 지닌 산업들'이라는 개념으로 그 산업의 범주를 초기 표준산업 분류코드(SIC code)[58]를 기반으로 획정하려 하였으나, 창조활동과 비창조 활동의 구분을 효과적으로 할 수 없음을 감안하여 주요 보조수단으로는 NESTA[59]가 2006년 발표한 '창조산업 모델 프레임워크'를 기준으로 산업의 범주를 획정하였다. 이에 따라 초기에는 창조산업

57) DCMS: The Department for Culture, Media & Sport
58) SIC Code: Standard Industrial Classification Code
59) NESTA : National Endowment for Science, Technology and the Arts(영국국립과학기술예술재단)

SIC 코드를 11개 분야로 구성하였으나, DCMS는 이를 개량하여 창조산업을 13개 분야로 분류하고 있는데, 광고, 건축, 미술품 및 고미술 시장, 공예, 디자인, 디자이너 패션, 영화, 인터랙티브 여가 소프트웨어(비디오 게임 등), 음악, 공연예술, 출판, 소프트웨어, TV와 라디오 등을 포함하고 있다.

미국은 정부가 직접 콘텐츠 산업 진흥에 관여하지 않으며, 민간 중심으로 산업 진흥 및 통계조사가 이뤄지고 있으며, 영화, 비디오, 애니메이션, 음악, 게임, 방송, 지식정보 콘텐츠 관련 산업을 엔터테인먼트 및 미디어 산업(Entertainment & Media Industry)으로 분류하고 있다. 미국의 '엔터테인먼트 산업'은 한국의 콘텐츠 산업과 유사한 개념이며, 한국과는 달리 미국에서는 법적으로 엔터테인먼트 산업의 정의와 범위를 규정하고 있지는 않다. 다만 창조산업을 엔터테인먼트 산업으로 표현하고, 광고, 건축, 미술, 골동품, 공예, 디자인, 디자이너 패션, 영화, 음반, 공연예술, 출판, 소프트웨어, 방송 등의 영역을 포함시키고 있다. 더불어 헐리우드를 근간으로 영화, 방송, 음악 등 상업적 대중 엔터테인먼트 산업이 발달하고 있으며, 북미산업분류체계(NAICS)에 '정보산업', '예술, 엔터테인먼트, 레크리에이션 산업'을 독립된 대분류로 설정하고 있고, 우리나라와 같이 특수 분류로 작성하고 있지는 않고 있다. 다만 엔터테인먼트산업의 상당 부분이 정보산업 섹터에 포함되어 있으며, 이는 콘텐츠 제작, 네트워크·플랫폼, 정보 서비스의 3가지로 산업영역으로 구분해 볼 수 있다.

그림 2-6 NAICS 정보산업

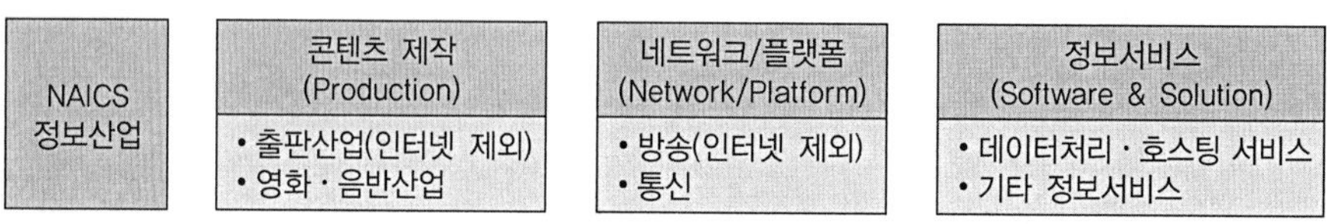

중국은 문화산업을 주력산업으로 육성하기 위해 정부 차원에서 다양한 지원정책을 시행하고 있으며, 2020년까지 문화산업을 중국의 주력산업으로 육성하겠다는 방침을 세웠다. 중국의 문화산업이 우리의 콘텐츠 산업과 유사하나 여기에는 신문, 라디오, TV 등의 유통부문까지를 포함하고 있고, 박물관 등 우리의 문화산업 범주에 포함되는 산업의 내용이 포함되어 있다. 더불어 문화산업 중 문화 창작, 영화제작, 출판, 인쇄, 엔터테인먼트, 디지털콘텐츠, 애니메이션 산업을 7대 중점 문화산업으로 지정하고, 해당 산업에 대한 다양한 지원정책을 출시하면서 문화산업의 발전을 이끌고 있다. 중국에서는 국가통계국에 의해 문화산업을 핵심 층, 외곽 층, 관련 층으로 분류하고, 핵심층에는 신문, 음반, 전자출판,

라디오, TV, 영화 외에도 박물관, 도서관, 문화보호 등의 분류가 포함되어 있다. 국가신문출판광전총국과 문화부가 중국 문화산업을 관장하고 있으며, '문화 및 관련 산업 통계연감', '청서' 등을 통해 관련 통계를 생산하고 있다.

그림 2-7 중국 문화산업 분류[60]

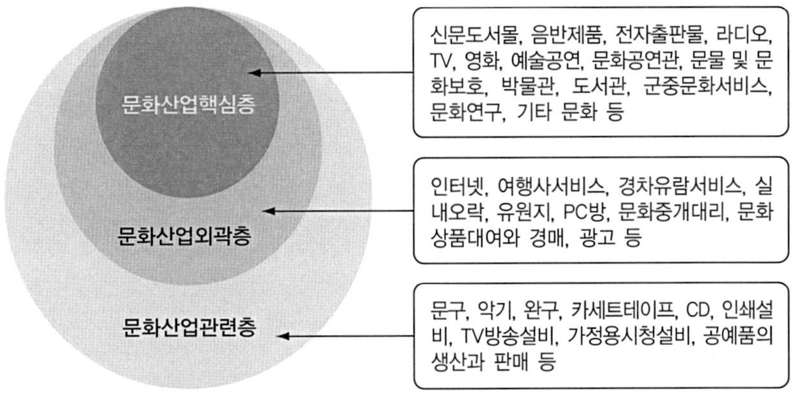

일본은 경제 산업성, 총무성과 같은 정부기관 뿐만 아니라 사단법인, 재단법인, 협회 등의 기관에서도 콘텐츠 산업을 지원하고 있는데, 일본의 '정보통신업'은 한국의 콘텐츠 산업과 가장 가까운 산업분류로 일본 정부의 표준산업분류에서 정하고 있는데, 정보통신업이란 정보의 전달 및 처리/가공/제공에 관계되는 서비스를 행하는 업종 또는 직업을 일컫는다. 일본에서 정보통신업의 범위를 크게 통신업, 방송업, 정보서비스업, 인터넷부수서비스업, 영상·음성·문자정보제작업으로 구분하고 있으며, 통신업에는 고정전기통신업, 이동전기통신업, 전기통신에 부대하는 서비스업을 포함하고 있으며, 방송업에는 공공방송업, 민간방송업, 유선방송업을 포함하고 있다. 정보서비스업에는 소프트웨어업, 정보처리·제공서비스업을 포함하고 있으며, 인터넷부수서비스업은 인터넷부수서비스업 하나로 단일 구분하고 있으며, 영상·음성·문자정보제작업에는 영상정보제작·배급업[61], 음성정보제작업[62], 신문업, 출판업, 광고제작업, 영상·음성·문자정보제작에 부대하는 서비스업[63]을 포함하고 있다.

60) 출처 : 중투고문산업연구센터(中投顾问产业研究中心)
61) 영상정보제작·배급업에는 영화·비디오제작업, 텔레비전 프로그램제작업, 애니메이션제작업, 영화·비디오·텔레비전프로그램 배급업이 포함
62) 음성정보제작업에는 레코드제작업, 라디오프로그램제작업이 포함
63) 영상·음성·문자정보제작에 부대하는 서비스업에는 뉴스공급업, 기타 영상·음성·문자정보제작에 부대하는 서비스업이 포함

우리나라의 경우는 주무부처인 문화체육관광부에서 콘텐츠 산업을 특수 산업 분류로 작성하고 있는데, 2008년까지 '문화산업통계'와 '디지털콘텐츠산업통계'로 구분하여 조사를 진행하였으며, 정부조직개편으로 콘텐츠산업 진흥정책이 일원화되며 2009년부터는 '콘텐츠 산업 통계조사'를 수행하고 있다. 콘텐츠 산업 통계조사는 표준산업분류를 기반으로 국내 콘텐츠 산업 특성 및 분야별 현황을 반영한 콘텐츠 산업 특수 분류를 제정하고, 통계청으로부터 승인받아 매년 실태조사를 실시하고 있다.

그 동안 문화산업으로 획정한 산업의 범주에 출판, 음악·영화·비디오·애니메이션, 방송, 게임, 공연, 공예품 및 한복, 광고, 전문디자인, 도서관·사적지·오락(유원지 및 테마파크) 등, 9가지를 포함하고 있었다. 문화산업진흥기본법 상의 문화산업은 "영화·비디오물, 음악·게임, 출판·인쇄·정기간행물, 방송영상물, 문화재, 만화·캐릭터·애니메이션·에듀테인먼트(Edutainment)[64]·모바일콘텐츠·디자인(산업디자인은 제외한다)·광고·공연·미술품·공예품, 디지털콘텐츠, 사용자제작콘텐츠 및 멀티미디어콘텐츠의 수집, 가공, 개발, 제작, 생산, 저장, 검색, 유통 등과 이에 관련된 서비스를 하는 산업, 전통적인 소재와 기법을 활용하여 상품의 생산과 유통이 이루어지는 산업으로서, 의상, 조형물, 장식용품, 소품 및 생활용품 등과 관련된 산업, 문화상품을 대상으로 하는 전시회·박람회·견본시장 및 축제 등과 관련된 산업"이라 그 범주를 정하고 있다. 그러나 2010년부터 문화산업을 대신하여 콘텐츠 산업을 특수 분류로 포함시키고 있는데, 출판, 만화, 음악, 게임, 영화 및 비디오, 애니메이션, 방송, 캐릭터, 광고, 지식정보, 공연 및 관련 솔루션 등 총 12개의 산업 군을 콘텐츠 산업의 범주로 획정[65]하고, 이에 대한 산업 통계를 생산하고 있다. 다만, 공연과 관련하여서는 격 년 단위로 통계를 생산하고 있다. 이처럼 11개 대분류 하에 43개의 중분류, 98개의 소분류로 구성된 산업군을 포함하고 있다.

---

64) Edutainment : 콘텐츠를 유기적으로 복합시켜 기획 및 제작된 것으로 교육적으로 활용될 수 있는 것 (출처 : 문화산업진흥기본법 제2조(정의))

65) 출처 : 통계청(https://kssc.kostat.go.kr:8443/ksscNew_web/index.jsp#), 다만, 현재까지 출판, 음악, 영화·비디오, 애니메이션 산업, 방송, 게임, 공연, 광고, 캐릭터, 정보서비스 등 총 8가지 산업 분류를 포함하고 있음.

그림 2-8 콘텐츠 산업 분류체계[66)]

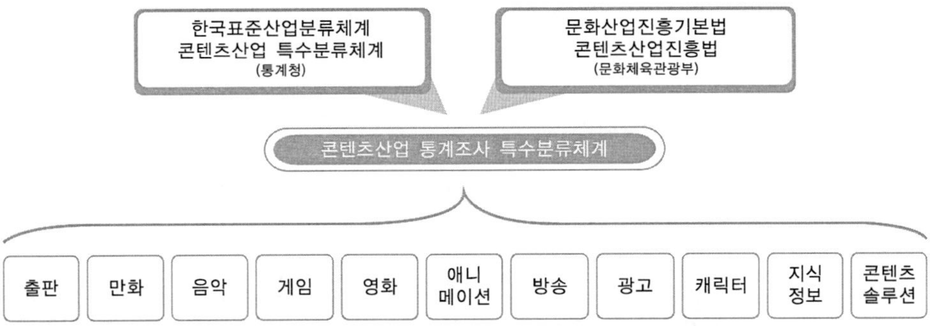

대분류	출판	만화	음악	게임	영화	애니메이션	방송	광고	캐릭터	지식정보	콘텐츠솔루션
중분류	5개	4개	7개	2개	2개	3개	6개	6개	2개	4개	2개
소분류	13개	9개	14개	3개	8개	5개	9개	16개	4개	9개	8개

나 주요 국가의 문화 산업 정책 시사점[67)]

1) 미국의 엔터테인먼트산업 정책의 시사점

미국은 산업적 측면에서의 문화예술 영역(Fine Art)과 비즈니스 관점에서의 미디어·엔터테인먼트 영역(Entertainment)으로 분류하고 있으며, 산업과 예술의 명확한 분리를 통해 상업적 관점에 초점을 둔 미디어·엔터테인먼트 산업의 집중 육성이 가능하게 하고 있으며, 엔터테인먼트 산업을 전 세계적으로 가장 시장성 있는 콘텐츠 생산과 배급을 제공함으로써 진흥코자 하는 목표로 정책을 추진하고 있음. 다시 말해 어떤 문화권에서도 '미국의 엔터테인먼트 콘텐츠'라는 문화적 이질감을 느끼지 않고, 물 흐르듯이 자연스럽게 받아들일 수 있는 범문화적인 메시지와 포맷을 담은 콘텐츠 생산에 집중하고 있다.

더불어 정부역할 최소화를 통한 시장의 자율성 확보에 중점을 두고 있는데, 콘텐츠 산업 영역은 민간의 자율적인 시장원리에 맡기고 정부는 간접적으로 세제혜택 및 보조금 지원, 관리와 규제, 검열보다는 자유로운 환경과 개입이 최소화된 기금지원을 통해 인프라를 구축하고 도와주는 등의 정책을 통해 산업적 이득을 얻을 수 있도록 하며, 제작에 용이한 환경조성이 가능하도록 추진되고 있다. 이처럼 미국 정부는 체계적으로 콘텐츠 산업을 진흥하기 위해서 전면적으로 나서지 않는 대신, 실제 산업적인 측면에서 문제가 될 수 있는 법·제도의 정비, 콘텐츠 생산자의 해외진출 독려, 장애요인 해결에는 매우 적극적인

66) 출처 : 2015 콘텐츠산업통계, 한국콘텐츠진흥원, 2016.12.
67) 출처 : 주요 국가 문화산업 정책 연구(한국문화관광연구원. 2015.)를 중심으로 재정리

지원을 아끼지 않고 있다. 특히 미국 미디어·엔터테인먼트 산업을 위한 정부조직은 대부분 지적재산권에 관련된 조직으로 각 영역의 콘텐츠 보호 및 국제적 대응에 민감하게 반응하며 국제지적재산권연맹 등 민간조직과 연계를 통해 지적재산권 침해 대처 및 산업 육성을 위한 정책을 수행하고 있다.

2) 영국의 창조산업 정책의 시사점

영국은 일찍부터 '혁신'과 '창조성'을 중요한 개념으로서 강조하면서 창조 산업을 국가 경제의 새로운 성장 동력으로 인식하고, 관련 산업 영역을 설정 및 재정립함으로써, 경제성장률 제고, 일자리 창출, 지역 발전, 수출 증진, 지적재산권 보호 등 국가의 산업과 도시 경쟁력 증진을 추진하고 있다.

특히 디지털·IT 기술과 문화예술의 융·복합을 통한 '기술로써 구현된 콘텐츠'를 지향하는 창조적 기술이 강조되고, 창조산업 자체보다는 과학·기술·엔지니어링 분야에 정책적 관심을 집중하고 있다. 기존의 '팔길이 원칙(arm's length principle)'에서 탈피하여, 최근 산업 발전이나 일자리 창출을 위해 국가가 시장개입 해야 한다는 '산업적 능동주의(industrial activism)' 관점에서 창조산업 육성을 적극적으로 추진하고 있다.

그림 2-9 영국 창조산업 개념 모델[68]

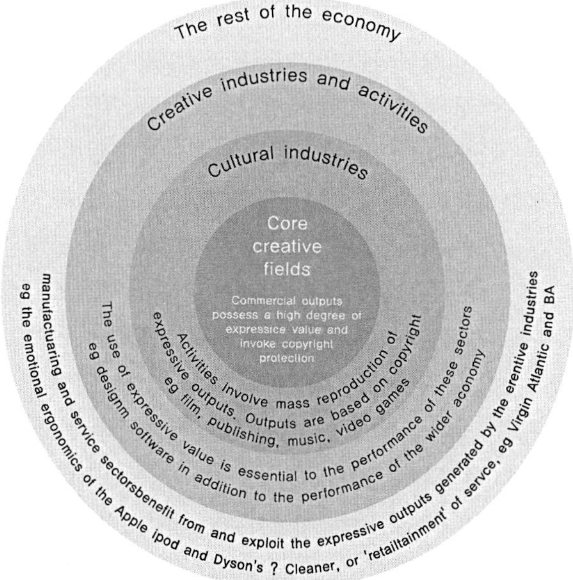

68) 출처 : Work foundation(2007), 「Defining the creative industries」

3) 일본의 콘텐츠 산업 정책의 시사점

일본은 주변국보다 늦은 콘텐츠 산업 진흥 정책을 국가적으로 부각시키고 있다. 즉, 2004년에서야 「콘텐츠진흥법」을 제정하며, 1994년 「문화산업진흥기본법」을 설립한 우리에 비해 정부의 정책적 개입이 늦었다. 일본 정부는 콘텐츠가 갖고 있는 부가가치성에 대해 그다지 주목하지 않았고, 정부의 시장개입을 최소화하는 입장이었지만, 주변국의 성공에 자극을 받은 일본정부는 그 동안의 시장 자유주의적 입장을 바꿔 콘텐츠 시장에 대한 정책적 개입을 보이기 시작하였으며, 정부주도의 콘텐츠 산업 육성 정책을 적극적으로 추진하기 시작하였다. 한국, 중국의 강력한 콘텐츠 산업 진흥 드라이브 정책은 일본 정부를 자극하였으며 특히, 한국이 아시아권을 중심으로 대중문화 트렌드를 선도하기 시작하면서 위기감을 느낀 것이다.

일본은 방송, 영화, 음악, 애니메이션 등을 산업의 한 축으로 보고 경제산업성이 중심이 되어 지원 정책을 추진하고 있으며, 일본정부의 중심 정책인 '지적재산전략'은 콘텐츠가 갖고 있는 다양한 지적재산, 즉 부가가치성에 주목하고 사업화를 지원하는 것으로, 지적재산이란 접근과 콘텐츠 산업 진흥 차원에서 제작, 유통, 해외진출 등을 지원하고 있다. 특히 일본은 산업적 관점을 중시한 지원 정책인 만큼, 중장기적인 관점보다 단기적 효과를 의식한 듯 매년 계획을 수립·점검하고 있으며, 상대적으로 '문화'나 '다양성'의 가치는 고려되어 있지 않은 것으로 판단된다.

대표적으로 '쿨재팬(Cool Japan)'전략은 광의의 개념에서 콘텐츠와 제품, 지역, 예술문화를 결합해 해외에서 일본 붐 창출을 도모하는 것으로, 콘텐츠의 활용 및 콘텐츠와 타 산업과의 연계에 초점을 맞추고 있다. 이러한 '쿨재팬' 전략의 추진으로 '지적재산전략'에서 소홀했던 해외 현지화(Localize) 및 프로모션 사업을 강화하는 등 해외 진출의 '출구'를 콘텐츠에서 적극적으로 찾으려는 정책 의지의 보이고 있으며, 이러한 '출구 효과'를 통해 제조업 및 서비스업과의 동반 진출을 촉진하겠다는 의도로 산업 진흥 정책을 추진하고 있다.

4) 중국의 문화산업 정책의 시사점

중국은 2010년부터 문화산업이 국가경제와 국위선양에 미치는 영향력을 중시하면서 지원 정책을 다양화, 구체화하기 시작하였다. 문화산업에 공익적 성격이 강한 문화예술이나 문화상품과 관련 있는 제조업을 포함하고, '창의'를 추가해 문화창의산업으로 확대하는 등 문화 산업의 영역을 포괄적으로 파악하여 관련 산업의 동반성장을 도모하는 정책을 추진하고 있다. 특히 2014년부터는 영세기업이 많은 문화산업의 특성을 고려해 문화산업과 금융업의 연계방안 마련에 고심하고, 전통문화와 선진기술을 접목한 문화산업의 업그레이드를 추진하고 있으며, 문화산업 육성을 위한 규제와 장려를 병행하는 전략을 취하고 있다.

다시 말해 타국 문화나 콘텐츠를 수용하는데 적극적인 편이나, 국가차원에서 외국 콘텐츠에 대한 의존도가 높아 자국 문화산업 발전에 부정적일 수 있다고 판단될 경우에는 일련의 조치를 통해 유입속도를 조절해 나가고 있다. 외국 영화, 드라마, 애니메이션의 방송 비율이나 시간대를 규정하고, '외국인투자산업지도목록' 등을 통해 뉴스, 방송, 영화 등 영역의 외국 기업 진입을 제한 또는 금지해 오고 있다. 특히 문화산업을 자국의 민족 산업으로 규정하여 다양한 보호 및 규제 정책을 시행하고 있다. 2017년 들어 보여주고 있는 '한한령(限韓令)', 즉 한류(韓流)를 제한(制限)하는 명령(命令), '금한령(禁韓令), 한류(韓流)를 금지(禁止)하는 명령(命令)) 등 한국 관련 광고, 프로그램, 연예인 출연을 제한하는 등 한국의 콘텐츠 산업의 중국 진출에 대한 비관세 장벽을 높이고 있으며, 이는 자국의 문화산업 보호 측면 뿐 만아니라 정치적 필요에 따라 다양한 규제와 보호 정책을 시행하고 있음을 알 수 있다.

표 2-16 중국 문화산업 분류[69)]

대분류	주요 내용
언론출판 · 발행서비스	• 뉴스산업 • 도서 · 신문 · 정기간행물 · 음반 · 비디오 · 전자출판물 출판 • 도서 · 정기간행물 · 음반 · 비디오 · 전자출판물의 도소매
방송 · 영화서비스	• 라디오 TV 서비스 • 영화 · 동영상 프로그램 제작, 발행 • 영화상영, 녹음제작
문화예술서비스	• 문예창작 · 공연, 예술공연장 • 도서관, 기록보관소 • 문화유산보호, 박물관, 기념관 • 군중문화활동 • 문화연구, 단체 서비스 • 문화예술교육훈련서비스
문화정보전송서비스	• 인터넷 정보서비스 • 텔레콤 부가서비스(문화부문) • 유무선 라디오 · TV 전송서비스, 위성방송 전송 서비스
문화창의 · 설계서비스	• 광고 • 멀티미디어 · 애니메이션 · 게임 소프트웨어 개발 • 디지털 콘텐츠 서비스 : 디지털 애니메이션 · 게임 설계제작 • 건축설계, 전문설계
문화레저 · 오락서비스	• 공원 · 관광지 관리, 야생 동물식 보호 • 노래방 · 무도장 · 전자오락실 · PC방 · 기타 실내오락활동과 놀이동산 • 촬영, 인화서비스
공예미술품 생산	• 조각 · 금속 · 칠기 · 천연식물섬유 편제 등 공예품 제조 • 전시예술, 기타 도자기 제품 제조 • 공예미술품의 도소매

69) 출처 : 统计局(2012). 文化及相关产业分类(2012).
http://www.stats.gov.cn/tjsj/tjbz/201207/t20120731_8672.html

정리하기

1 산업분류란 무엇이며, 표준산업분류가 개편되는 주기는 몇 년이고, 국제표준산업분류에 대해 설명하고, 콘텐츠 산업에 표준산업분류체계가 필요한 이유는 무엇인지를 설명하시오.

2 북미산업분류체계(NAICS)와 일본표준산업분류체계(JSIC)의 차이점을 간략하게 설명하시오.

3 NAICS, ISIC, JSIC의 공통적인 특징은?

4 콘텐츠 산업 가치사슬을 바탕으로 한 산업의 범주 세 가지는 무엇인지 간략하게 설명하시오.

5 우리나라 정부에서 분류하고 있는 콘텐츠 산업에 포함되는 12개의 산업들은 각각 무엇인가?

확인하기

1 표준산업분류체계는 통상 5년을 주기로 개편되고 있는데, UN산하에서 전 세계의 표준산업분류 체계인 ISIC(International Standard Industry Classification(of All Economic Activities))가 만들어 지고 있으며, 각 국에서는 이를 기초로 자국의 산업 특성을 반영한 표준산업분류체계를 만들어 사용하고 있다. 산업분류는 생산단위가 주로 수행하고 있는 산업 활동을 그 유사성에 따라 유형화한 것이다.
콘텐츠 산업의 표준 분류체계가 필요한 이유는 콘텐츠 및 관련 산업 정의의 다양성을 고려하여 산업의 범주에 대해 보다 객관화하고, 통계를 작성함에 있어 각 국가 간의 비교 가능성과 시계열적 통계 작성 시의 객관성과 연속성을 유지하기 위해 표준산업분류가 필요하다.

2 NAICS는 경제적 개념에서 개발되었으며, 제품이나 서비스의 생산과정을 기초로 하는 산업이 포함된다. 일관된 경제원칙을 기반으로 한 NAICS의 개발은 세 나라(미국, 캐나다, 멕시코)의 일관된 통계치를 만들며, 경제 분야의 생산 관련성 분석에 유의미하게 사용되었다. 일본 표준 산업 분류체계(JSIC)는 상품과 서비스의 생산을 포함한 모든 경제적 활동을 분류하고 있다.

3 주요국들은 자국 상황에 맞추어 주요 산업을 중심으로 분류기준을 제시하고 진흥정책을 추진하고 있다. 따라서 하나의 산업에 대해 산업 범주를 획정하고, 그에 따른 통계를 작성하는 것은 진행방식과 주무부처, 통계조사 담당기관에 따라 각기 다르기 때문에 일률적인 기준으로 종합하기에는 어려움이 따른다. 그러나 NAICS, ISIC, 그리고 JSIC의 공통적인 특징은 ISIC에 분류된 'J 섹터'를 기준으로 정보산업이라는 큰 틀에서 콘텐츠 제작, 네트워크 및 플랫폼, 정보 서비스 등 세 가지 분야로 콘텐츠 관련 산업을 종합화하여 분류할 수 있게 하고 있다는 점이다.

<table>
<tr><th></th><th>NAICS
(정보 산업)</th><th>ISIC Rev. 4.0
(정보와 커뮤니케이션 산업)</th><th>JSIC
(정보 커뮤니케이션 산업)</th></tr>
<tr><td>분류항목의 수</td><td>중분류 7개, 소분류 16개, 세분류 30개</td><td>중분류 6개, 소분류 13개, 세분류 24개</td><td>중분류 5개, 소분류 15개, 세분류 29개</td></tr>
<tr><td rowspan="6">대분류 항목</td><td colspan="3">제작(Production)</td></tr>
<tr><td>511. 출판산업
(인터넷제외)
512. 영화 및 음반산업</td><td>58. 출판 산업
59. 그래픽, 비디오&TV 프로그램 제작, 사운드 녹음, 음반 산업</td><td>41. 비디오 영상, 음악정보, 캐릭터 정보 제작 및 유통 산업</td></tr>
<tr><td colspan="3">네트워크/플랫폼(Network/ Platform)</td></tr>
<tr><td>515. 방송(인터넷 제외)
517. 통신 산업</td><td>60. 방송과 편성
61. 텔레커뮤니케이션</td><td>37. 커뮤니케이션
38. 방송</td></tr>
<tr><td colspan="3">정보서비스(Software & Solution)</td></tr>
<tr><td>518. 데이터처리, 호스팅 서비스
519. 기타 정보서비스</td><td>62. 컴퓨터프로그래밍, 자문 관련 활동
63. 정보서비스 활동</td><td>39. 정보서비스
40. 인터넷 기반 서비스</td></tr>
</table>

4 콘텐츠 산업 가치사슬을 바탕으로 한 산업의 범주와 각각의 내용은 다음과 같다.

콘텐츠 산업 범주	내용
제작	콘텐츠를 통한 모든 부가가치를 제작하는 과정
유통	콘텐츠를 유통하면서 발생되는 부가가치를 포함하는 과정(유통에 관여하는 산업 모두를 의미하는 것은 아님)
소비	콘텐츠를 소비자에게 최종 전달하는 과정

5 출판, 만화, 음악, 게임, 영화 및 비디오, 애니메이션, 방송, 캐릭터, 광고, 지식정보, 공연 및 관련 솔루션, 다만 공연 산업 관련 통계는 격년 단위로 생산되어 통상 11개 산업의 범주 하에 통계가 생산되고 있다.

CHAPTER 03

콘텐츠 산업 가치사슬 영역별 주요 동향

트렌드란 우리 사회에서 발생하는 여러 사회·문화적 현상들이 일정한 방향성을 가지며, 대중적인 포괄성과 시간적 지속성을 가져 개인 및 사회의 변화를 촉발하는 현상이다. 트렌드를 전망함으로써, 우리 사회와 그 구성원인 개인의 변화를 읽을 수 있고, 미래의 변화 요소를 파악 할 수 있게 된다. 빠르게 변화하는 사회에서 소비자의 라이프 스타일과 요구를 미리 파악하고 그에 대비 할 수 있는 기회를 갖는다는 것은 미래의 시간 점유율을 선점한다는 점에서 매우 중요하다고 할 것이다.

일반적으로 산업의 미래를 예측하는 방법론은 학자에 따라 수 백 가지 기법과 도구가 존재한다. 학문적으로 합의를 갖는 개념은 아니지만, 미래를 나타내는 용어는 일반적으로 전략적 미래예측방법론 상 변화가 일어나게 되는 시간적 차이, 즉 얼마나 긴 기간에 걸쳐 일어날 것 인가하는 시간의 문제와 각 변화가 가지는 영향력, 즉 공간에 대한 점유율 등의 변화의 크기에 따라 8가지 정도로 나누어 정의되기도 한다.

국제미래학회에서 정의한 바에 따르면, 먼저, 유행, 패드(Fashin, Fad)라고 하는 것은 시간적으로 짧은 주기를 가지며, 공간적으로 어느 분야라는 영역에 한정되어지는 경우를 일컫는다. 둘째로 트랜드(Trend)라 하는 것은 변화의 공간적 범위는 유행에 비해 크며, 시간상으로도 보통 10여 년에 걸친 주기를 가지는 경우에 사용한다. 페이스 팝콘(Faith Popcorn)은 저서 '클릭! 미래 속으로'에서 트랜드와 일시적 유행의 구분을 '일시적 유행(Fad)이란 시작은 화려하지만 곧 사라져버리는 것으로, 순식간에 돈을 벌고 도망가기 위한 민첩한 속임수와 같은 것이다. 일시적 유행이란 인기 있는 힙합 패션같이 특정 제품에 한정되는 말이지만, 트랜드(Trend)는 소비자들이 물건을 사도록 이끄는 원동력에 관한 것으로, 보다 크고 광범위' 한 것으로 설명하고 있다.

셋째로 메가트랜드(Megatrend)는 변화의 주기는 수 십 년에 걸쳐 있으며, 그 기간 동안 변화의 공간은 삶의 거의 모든 영역에 걸쳐 나타나는 경우를 일컫는다. 넷째, 불확실성(Uncertainty)이라 함은 트랜드와 비슷한 시간에 걸쳐 변화하며, 공간적 범주도 유사한 경우를 의미한다. 다섯째, 빅 체인지(Big Change)는 시간적으로 훨씬 긴 변화의 주기를 가지며, 공간적으로도 큰 영역을 차지하는 경우에 사용하는 의미이며, 여섯째, 불변성(Invariability)은 트랜드와 비슷한 시간과 공간 속에서 좀처럼 변하지 않는 것을 의미할 때 사용하는 말이다. 일곱째, 법칙, 패턴(Law, Pattern)이라는 것은 변화의 구성 요소들 간의 상호작용에서 생기는 규칙이 작동되는 것으로, 불변성이 확장되어 긴 시간 동안 특징이 유지되며, 적용 영역도 크게 변하지 않는 경우를 의미한다. 마지막으로 패러다임(Paradigm)이라 함은 가장 시간적으로 긴 변화이며, 공간적으로 거의 모든 영역에 영향을 미치는 현상을 일컫는 것으로 정의하고 있다. 패러다임이라는 개념을 처음으로 설명한 철학자 토마스 쿤(Thomas Kuhn)은 자신의 저서 '과학혁명의 구조'에서 과학 발전에 대한 자신의 연구를 통해 '패러다임은 매우 완고하며, 하나의 패러다임이 다른 패러다임을 대체하는 과정은 점진적이 아니라 급작스럽게 일어난다.'고 주장하였다.

표 3-1 전략적 미래예측 방법론 Category 분류[70)]

	사회미래 예측	기술미래 예측	산업미래 예측	환경미래 예측	청색미래 예측	동양미래 예측
유형		Text Mining	Big Data 기법	Emerging Issue 기법	패널기법	
트렌드	Futures Wheel	계층화 분석법	Realtime Delphi법	환경 스케닝법	형태학적 분석방법	
메가트렌드		Read Map	Delphi기법	트렌드 생태계 예측법	표준 예측기법	
불확실성	Scenario 기법	계량정보 분석법	질적추세 분석법	Visioning Workshop	팬시나리오 기법	
빅 체인지			교차 영향력 분석법		시나리오 기획의 툴박스 기법	
불변성	의사결정 나무		미래지수 기법		게임이론	관찰에 의한 예측방법
법칙	Agent Modeling 기법	기술발전 단계 예측방법	통계학적 모델링방법	다층적 시스템 시나리오 기법		규칙에 의한 예측방법
패러다임	천재적 예측기법	STEEP 분석법	세차주기 미래예측법	생태학적 사회 구조 분석기법		직관에 의한 예측방법

이처럼 미래를 연구하는 활동에 대해서는 학자들마다 혹은 구체적인 연구 사례마다

70) 출처 : 전략적 미래예측방법론, 국제미래학회 공저, 두남. 2014.8.1.

다양한 활동들을 포함하게 되는데, 여기서는 산업을 이해하고, 미래의 변화 방향을 예측하기 위한 방법으로 산업의 주요 변화 양상을 이해하고, 주요 이슈를 도출하며, 산업 생태계를 구성하는 요소별 변화의 내용을 추정코자 한다.

콘텐츠 산업은 전후방의 산업 연관 효과를 갖는 특성이 있다. 따라서 콘텐츠 산업을 이해하기 위해서는 이를 둘러 싼 전후방 산업 및 관련 산업의 변화가 어떻게 진행되고 있으며, 이들 간의 상호 연관 관계는 어떻게 이루어지고 있는지 등을 살펴보는 것, 즉 생태계적 분석 방법론을 활용하는 것이 필요하다. 이는 기술의 발전에 따른 단말기의 다양화 및 고도화, 플랫폼의 다원화, 미디어의 변형, 네트워크의 광대역화·모바일 화·초고속화 등 관련 산업 구성 요소들의 변화는 콘텐츠나 미디어 산업의 생태계 측면에서 산업 간의 영역과 경계를 허물고, 상호 영향을 미치며 새로운 사업 기회를 찾는 혁신적 변화가 지속되고 있기 때문이다.

이전에는 이들 산업에 속한 각 사업자는 해당 산업의 독립된 가치사슬 구조를 가지고, 해당 산업의 구조 내부에서 변화하며 성장했지만, 인터넷의 등장과 정보통신 기술의 발전, 모바일 화의 진전에 따른 서비스 환경의 유비쿼터스(Ubiquitous)화와 앱 서비스 환경으로의 변화, 단말기 산업의 급속한 고도화 등 산업 생태계의 변화로 대변되는 새로운 산업 트랜드는 이들 산업 간의 경계를 허물고, 산업 내에서 혹은 산업 간 융·복합화 현상을 유발시킴에 따라 산업의 구분이 모호해 지고, 독립적으로 존재했던 다양한 산업 분야에서 상호 넘나들면서 서로 간 첨예한 경쟁을 펼치면서 새로운 서비스들을 만들어 내고 있다. 이러한 경쟁은 관련 사업자들에게 위기이자 기회로 작용하며 새로운 경쟁무대를 제공하고 있다. 이런 측면에서 산업 참여자들의 합종연횡에 따른 새로운 동향들을 특성별로 정리해 이해해 보는 것도 중요하다 할 것이다.

앞서 생태계 이론에서 살펴본 바와 같이, 프렌스만(Fransmann)은 ICT 생태계를 6계층 구조(최종 소비, 콘텐츠/애플리케이션/서비스, 미들웨어, 연결성, 네트워크 운영, 네트워크 요소) 및 4계층 구조(최종 소비, 콘텐츠/애플리케이션/혁신적 플랫폼/검색/네비게이션/미들웨어, 네트워크 운영, 네트워크 요소)로 설명한 바 있다. 본서에서는 프랜스만의 계층 구조를 원용하되, 최종 소비 계층은 소비자, 콘텐츠/애플리케이션/플랫폼 등은 미디어와 콘텐츠 분야로, 미들웨어는 플랫폼(Platform)과 앱 스토어(App. Store), 그리고 네트워크 운영 및 요소 계층은 단말기, 네트워크(Network)로 나누어 산업의 주요 동향(Trends)을 분석해 보고자 한다. 더불어 각 생태계 구성 요소별 동향은 일초신우일초신(一秒新又一秒新: 매 초마다 새롭게 변화한다는 의미)하는 산업 환경의 변화를 지속적으로 추적하면서 개별 요소들의 변화 양상과 더불어 상호 연계되면서 탄생되는 새로운 형태의 사업 혹은 산업 행태들을 살펴보는 것이 산업의 생태계를 이해하고 관련 산업의 미래를 예측하기 위한 트랜드 분석을 통한 산업의 나아가는 방향을 예측하는데 중요하다 할 것이다.

이는 콘텐츠 산업을 둘러싼 생태계의 가치 체계가 상호 연결되면서 산업 간 다양한 연결 및 영향을 미치면서 변화하고 있고, 이들 영역에서 각각의 산업 내 경쟁 무대에서 혹은 개별 산업 및 경쟁 무대를 넘나들며 더 많은 소비자를 확보하기 위한 노력을 통해 시장을 재편하고, 새로운 사업 모델(Model)들을 만들고, 산업의 발전을 가속화 시키고 있음을 감안하여 분석 및 이해의 편의를 제공하기 위해 6가지 영역으로 구분하여 설명하고자 한다.

그림 3-1 Fransmann의 4계층 모델과 콘텐츠 산업 분석 계층

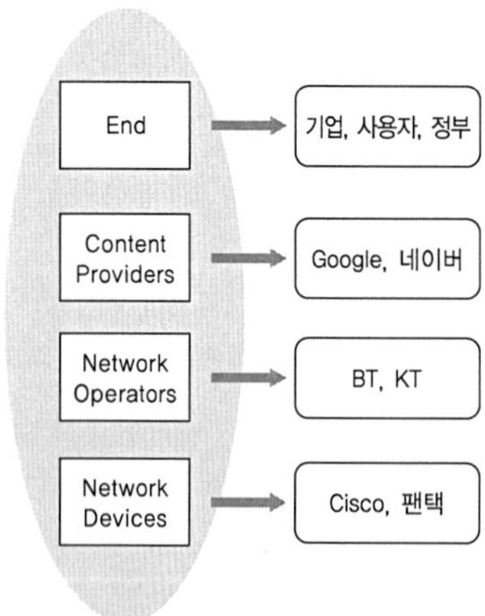

구분	기능	포함 산업	
계층 6	최종 소비	-	소비자
계층 5	콘텐츠, 애플리케이션, 서비스	음악, 영상 등 콘텐츠 응용 소프트웨어, 기타 서비스	미디어 & 콘텐츠 & 앱, 앱 스토어
계층 4	미들 웨어	인터넷 브라우저, 검색, 보안 솔루션 등 미들웨어	단말기 & 플랫폼, 웹
계층 3	연결성	ISP 등 인터넷 접속 산업	네트워크
계층 2	네트워크 운영	유무선 통신, CATV(HEC), 위성 등, 방송산업	
계층 1	네트워크 요소	통신장비, 컴퓨터, TV 등 소비자 가전, 반도체 등 부품, 시스템 소프트웨어	

기존의 정보통신 환경에서의 비즈니스 모델이 산업의 계층별로 분리되어 비즈니스 모델을 구성하였다면, 디지털 컨버전스 환경에서의 비즈니스 모델은 산업 계층 간 구분 없이 서로 간 복잡하게 연계된 형태의 비즈니스 모델이 구성되어 지고 있다. 이러한 환경에서 많은 기업들이 기존의 산업 영역에서 뿐만 아니라 타 산업 영역을 넘나들면서 새로운 관계를 형성하고, 생존과 발전을 위해 경쟁적인 가치 창출 활동을 도모해 나가고 있는 것이 현실이다. 특히 디지털 컨버전스 생태계는 다른 생태계에 비하여 매우 빠르게 변화되면서 보다 복잡하고 다양한 상황에 직면하고 있으며, 이러한 상황에서 올바른 전략 수립과 위치 선점이 기업의 흥망을 좌우할 것으로 보인다.

그림 3-2 콘텐츠 산업의 가치체계도[71]

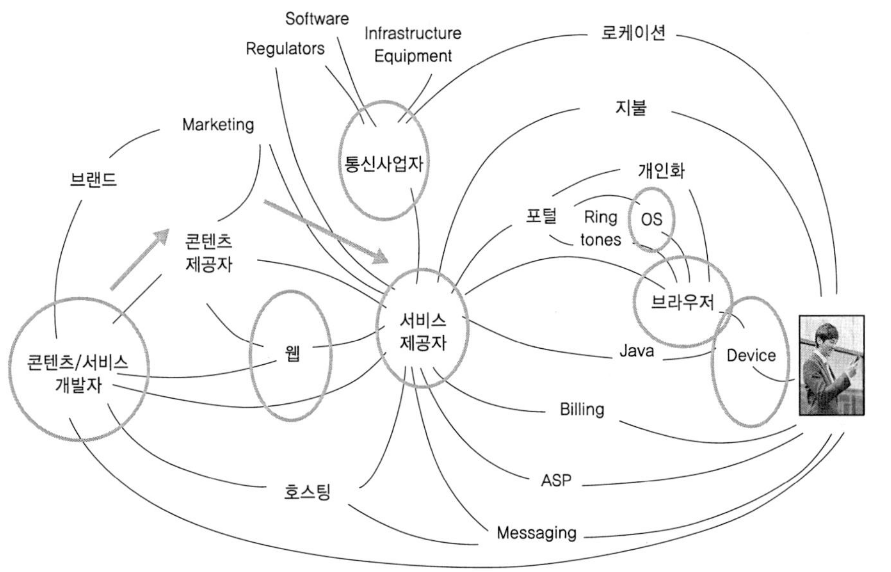

제1절 소비자 변화

소비자 행동 이론에서 이야기하는 소비자 행동(consumer's behavior)이란 '인간의 다양한 행동영역에 있어서 소비와 관련한 형태의 인간행동'을 의미하는 것으로서 인간이 소비생활을 함에 있어서 행하는 심리적·물리적 행동 등을 포함하는 개념으로 이해되고 있다. 더불어 소비자 행동 분석이란 소비자가 소비와 관련한 일련의 행동들에 대한 분석을 의미하는 것으로, 분석의 범주는 문제를 인식하는 단계에서 출발하여 문제해결을 위한 정보를 탐색하는 과정, 여러 가지 대안들을 놓고 평가하는 과정, 실제 구매과정, 구매한 상품 및 서비스를 사용 및 이용하는 과정, 사용 후 평가과정에 이르기까지 소비자의 소비행동 전 과정에 걸쳐 다양한 각도에서 분석하는 것을 말한다. 소비자 행동의 변화는 기업활동 전체에 커다란 영향을 미친다. 다시 말해 기업 경영은 소비자 행동의 변화를 예측하는 것으로부터 수행된다고 말할 수 있을 정도로 어떠한 환경 변화보다도 더 많은 영향을 미치는 요인임이 분명하다. 이는 현재 및 미래의 소비자 행동을 정확히 파악하고, 예측하여 경영에 적용하는 것이 곧 기업 경영 전략의 유효성을 결정짓는 기초가 될 수 있음을 말

71) 출처 : 통신시장 구조변화에 따른 가치사슬 및 가치네트워크에 관한 동태적 분석. 주재욱/윤두영/이주영/이경현. 2010. 12.

하는 것이다.

소비자의 소비 행동은 다양한 분야에서 영향을 받게 되는데, 문화적(Cultural) · 사회적(Social) · 개인적(Personal) · 심리적(Psychological)인 요인 등 뿐 아니라 기술 발전으로 인하여 디지털 컨버전스 환경이 만들어지면서 정보통신 기술 또한 소비자의 소비행동에 영향을 미치기도 한다. 소비자 행동에서 메가트랜드적 변화는 소비자 트랜드의 구조적인 변화를 야기할 것이고, 새로운 소비자 트랜드의 등장은 기업들에게 새로운 경쟁 혹은 새로운 생태계로의 변화를 요구할 가능성이 높다. 기업 경영에서 소비자들의 빠른 변화를 읽고 선제적 대응을 하지 못하는 기업은 순식간에 경쟁에서 밀려 시장에서 퇴출될 수 있다.

따라서 기업이 소비자의 트랜드 변화에 상응하는 효과적인 대응 전략을 수립하기 위해서는 무엇보다 소비자행동에 대한 연구를 통해 소비자를 이해하는 것이 중요하다 할 것이다.

디지털 컨버전스 생태 환경에서 언급한 바와 같이, 정보통신기술이나 디지털 기술의 발달은 고객들의 새로운 잠재 욕구를 이끌어내고, 고객들의 욕구 충족을 위해서는 새로운 서비스의 개발, 제공이 필요하게 되며, 이를 위해서는 새로운 기술의 개발이 요구되고, 기술의 발전은 서비스에도 새로운 혁명을 일으키는 등 소비자를 정점으로 하는 산업의 생태계는 혁신적 변화를 겪고 있다.

2014년 Chubbybrain 에서 32개 스타트 업 기업에 대해 분석한 것을 기초로 발표한 스타트 업(Start-up)이 망하는 20 가지 이유라는 자료에 따르면, 20 가지 주요 사유 중 가장 높은 순위를 차지하는 것이 고객에 대한 무지(Ignorance)로 나타났다. 1위에서 5위에 나타난 사유를 살펴보면, 시장 니즈 파악실패(No Market Needs), 허술한 팀 구성(Not the right team), 허술하고 빈틈 많은 마케팅(Poor MKT), 운전자금 부족(Run out of Cash) 등으로 나타났는데, 운전 자금 부족이라는 사유를 제외하고는 궁극적으로 소비자의 소비행태 변화나 소비자의 욕구에 대한 잘 못된 이해로부터 비롯된 것임을 알 수 있다.

표 3-2 스타트 업이 망하는 20가지 이유[72)]

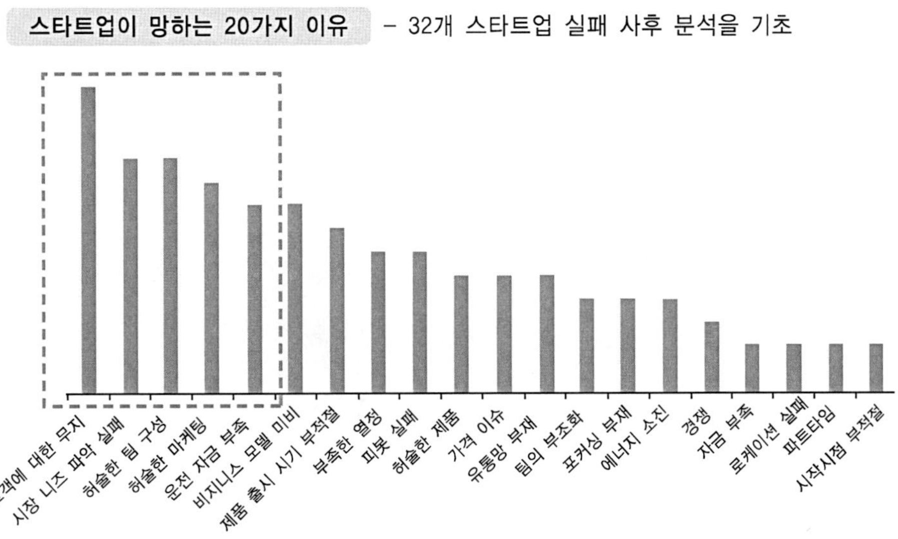

이런 측면에서 디지털 컨버전스 생태계로의 변화가 가져온 소비자들의 변화를 파악하는 것은 무엇보다 중요한 요인임은 말할 나위가 없다. 2000년대 들어서면서 국내 뿐 아니라 전 세계 시장에서 고객의 소비 행태 변화는 급격하게 진행되고 있는데, 이를 살펴보자.

고객들은 빠르고 쉬우면서도 독특하고, 또 자신의 구미에 꼭 맞아떨어지는 서비스를 원한다. 간편화, 단순화, 세분화, 차별화는 앞으로 방송과 통신, 인터넷, 미디어 및 콘텐츠 산업 등에 종사하는 기업들이 추구해야 할 서비스가 어떤 형태가 되어야 하는지를 알려주는 중요한 키워드(Key Word)다. 10년 전과 비교해보더라도 고객들의 살아가는 환경은 매우 달라졌다. 인구학적으로는 사이버 세대가 확대되고 독신과 같은 1인 가정이나 부부 가정이 확대되고 있으며, 실질소득이 정체되고 있음에도 통신비용은 갈수록 늘어나고 소비 패턴 역시 다양해지고 있다.[73)] 또 '바쁘다. 바빠'를 입에 달고 살아야 할 정도로 현대인의 일상은 바빠지고 있다. 그렇지만 바쁜 와중에서도 개인들은 각자의 개성에 따라 다양한 삶의 모습과 소비 패턴을 보여주고 있다. 소비자들의 힘은 고객 중심의 시대가 되면서 기업의 사업전략을 좌우할 만큼 중요해지고 있다.

결국, 이러한 변화들은 크게 다섯 가지의 요구사항으로 귀결되고 있다. 바로 복잡한 것보다는 간편한 '원스톱(One Stop)'의 요구, 바쁜 일상을 반영한 빠르고 간단하며 편리함을 추구하는 요구, 합리적인 소비를 추구하는 것에서 비롯된 최소 비용과 최고 효율의 요구, 언제 어디서나 끊김 없는, 그리고 자신의 욕구에 꼭 맞는 서비스를 받을 수 있는 유비

72) 출처 : Chubbybrain, 2014.
73) 출처 : 정완진, 1인 미디어, 라이트북닷컴, 2010.

쿼터스와 컨버전스(Ubiquitous & Convergence)의 요구, 개인화되고 차별화된 서비스를 받고자 하는 요구 등이 그것이다.

그림 3-3 고객의 5가지 핵심 요구

1. 원 스톱 서비스를 요구한다.
2. 빠르고 간단하며 편리한 것을 추구한다.
3. 최소비용으로 최대효과를 노린다.
4. 단말기 하나로 언제 어디서든 즐긴다.
5. 개인화되고 차별화된 서비스를 원한다.

이러한 소비자의 욕구변화는 2010년을 넘어서면서 무분별한 소비를 자제하는 합리주의적 추세가 산업의 흐름으로 나타나고 있다. 본질에 충실하기 위해 핵심 기능만을 살리고 제품의 가격을 낮춘 제품, 사용자의 이용 편이성을 고려한 디자인의 제품들이 강세를 이룰 것으로 보인다. 물론 상품의 종류에 따라 다를 수 있으나 제품의 홍수 속에서 누구나 쉽고 편리한 제품을 찾게 될 것으로 보인다.

또한, 고객은 더는 대중화, 획일화된 정보와 서비스를 원하지 않는다. 자신의 개성과 생활방식, 구매패턴에 따라 세분되고 차별화된 서비스를 받길 원한다. 즉 생활의 개인화와 소득 격차, 소비 행태의 다양화, 개인가치와 개성 추구 등의 변화로 소비자의 소비 욕구 구분 역시 다양하게 분화하고 있으며, 개인별로 선호하는 미디어 채널 역시 다변화하고 있다.[74]

소비자의 콘텐츠 소비행태의 변화를 5가지로 요약해보면, 멀티태스킹(Multi-tasking), 즉 TV를 시청하면서 메일을 보내고, 전자상거래를 통해 상품을 구입하고, 커뮤니티(Community)서비스를 통해 친구들과 대화하며, 커뮤니케이션 기능을 이용해 서로 교류하며, 자신의 경험을 통해 다양한 콘텐츠 서비스를 직접 추천하기도 하며, 나아가 자신의 경험을 나눠주는 등 콘텐츠의 바다로 이루어진 클라우드(Cloud)를 통해 다양한 네트워크

74) 출처 : 권택민, 정완진, 미디어빅뱅 스마트 혁명, 이노탱크, 2011.

(유·무선망, 방송·통신망, NFC, DLNA[75] Bluetooth 등)를 이용하여 단말기의 종류에 무관하게 콘텐츠 소비, 전자상거래, 지인과의 교류, 지인과의 소통, 자신의 경험 전달 등의 일을 동시에 행하고 있는 것이 현재 소비자들의 소비 행태에서 대표적인 현상으로 나타나고 있다.

그림 3-4 소비자의 소비행태 변화[76]

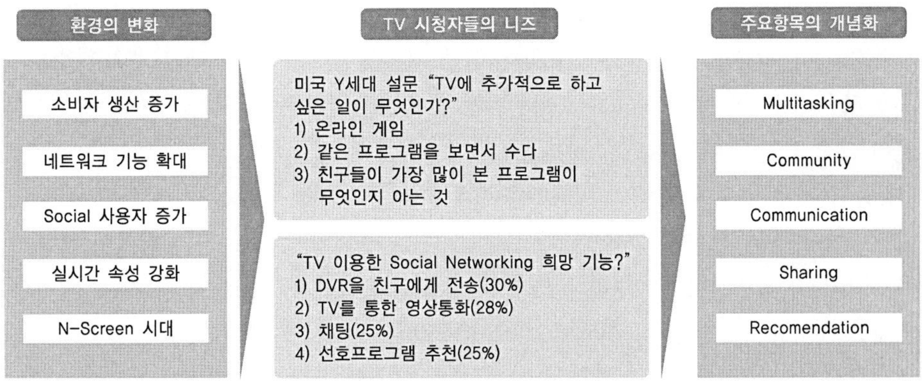

이러한 소비자들의 욕구 및 생활 방식 등 다양한 변화를 반영하는 소비자 용어들이 다양하게 등장하고 있다. 디지털 네이티브(Digital Natives), 디지털 유목민(Digital Nomad), 글로벌 D 세대, 게임세대, 유티즌(Utizen) 등이 그것이다. 이는 소비자들의 소비 행동에서의 변화가 그만큼 광속(光速)적 변화를 나타내고 있음을 반증하는 것이라 할 것이다.

---

75) DLNA(Digital Living Network Alliance) : 세계 홈 네트워크 상용화를 선도를 목적으로 만들어진 공식적 협력체. 2003년 6월 출범한 DHWG(Digital Home Working Group) 의 명칭을 변경, 새롭게 출범 이미 구축되어 있는 공개 업계 표준에 기반 하여 상호 호환이 가능한 플랫폼을 구축하여 업계 간 컨버전스를 실현하는 것을 목표로 가전 제품, 개인용 컴퓨터(PC), 무선 기기 제조업체 들에서 널리 사용되고 있는 IP, HTTP, UPnP, Wi-Fi 등 업계 표준을 기반으로 업체의 가이드라인 도입을 통해, DLNA 가이드 라인에 따라 설계된 제품들은 음악, 사진, 비디오 등의 미디어 콘텐츠를 홈 네트워크를 통해 서로 자유롭게 공유할 수 있게 하는 망을 구축하는 것이 목표. 삼성전자, 후지쓰, 게이트웨이, HP, 인텔, IBM, 켄우드, 레노보, 마이크로소프트, NEC, 노키아, 파나소닉, 마쓰시타, 필립스, 샤프, 소니, ST마이크로, 톰슨 등 DHWG 창립 17개사가 주도하고 있으며, 140개사로 확대 예정(출처 : 네이버 백과사전)

76) 출처 : LG경제연구소, KT경제연구소, TV 2.0 The consumer Perspective

1 소비자 구매 행동의 변화

앞서 기술한 바와 같이, 소비자들은 구매행동을 함에 있어 문화적, 사회적, 개인적, 심리적인 요인들에 의해 영향을 받는다. 특히 개인적 변수인 소비자의 정보처리과정(CIP: Consumer Information Processing), 개성(Personality), 생활스타일(Lifestyle) 등의 요인 등이 구매 행동의 변화에 직접적 영향을 미칠 수 있다.[77] 여기서 소비자 정보처리과정이란 일반적으로 소비자가 기업의 제품 및 광고 등의 정보에 노출되고, 노출에 의하여 해당 정보에 주의, 즉 인지하게 되고, 인지된 해당 정보를 해석하고, 이들 정보를 활용 및 저장하게 되는 과정을 말하는데, 일반적으로 소비자 행동 이론에 따르면, 소비자 정보처리과정은 자극 ⇒ 노출(exposure) ⇒ 주의(attention) ⇒ 인지, 반응 ⇒ 활용 및 저장의 순으로 진행된다는 것이 기존의 이론이었다.

제일 먼저 소비자가 구매의 필요성을 인식하는 단계인데, 특정 사안에 대하여 소비자 스스로가 어떠한 문제를 해결해야 할 욕구가 있다는 것을 인식하게 되는 단계인 문제 인식 단계를 거쳐, 인식된 문제에 대한 종합적인 상황(금전적 여유, 문제의 중요도 등)이 여러 가지 제약적인 요소들이 구매 행동에 제약이 되지 않는다는 판단이 되면 소비자는 자신의 욕구를 합리적으로 해결하기 위해 필요한 정보를 탐색하는 과정을 갖게 된다. 여기서 고려해야 할 것은 최근의 소비자를 '컨슈니어'라고 표현하고 있는데, 이는 consumer(소비자)와 engineer(기술자)가 합쳐진 말로서 소비자들이 기술자 못지않게 제품에 대한 지식수준과 이해도가 높으며, 수동적인 입장에서 벗어나, 어떤 측면에서는 기업이 갖는 자사 제품이나 서비스에 대한 정보보다 더 많은 정보를 가지고 능동적으로 탐색하고 판단하고 있다.

다음으로 소비자에게 유발된 욕구를 충족시키기 위하여 수집된 정보를 기반으로 대안을 선정하고, 선정한 대안을 평가하고 선택하는 과정인 대안 평가의 과정을 거쳐, 구매 행동에 옮기게 된다. 구매 후에는 평가과정을 거치게 되는데, 소비자가 상위단계를 거쳐 실제 상품을 구매하게 되고, 구매한 상품을 사용한 후 자신의 구매결정을 재평가하게 되는 단계를 갖는데, 이 과정에서 소비자는 구매 후에 자신이 구매한 상품을 사용하면서 구매한 상품에 대한 만족 또는 불만족을 경험하게 되며, 당해 제품의 재 구매 여부까지 평가하게 된다. 스탠포드 대학의 이타마르 시몬슨(Itamar Simonson) 교수는 '절대가치(Absolute Value)'라는 저서에서 소비자들이 구매의사결정 시 브랜드 인지도, 과거 의 특정 브랜드 사용 경험 등을 감안하던 습관에서 벗어나, 다양한 제품 리뷰, 다른 사람들의 사용후기 등을 통해 제품 가치를 객관적으로 평가한 '절대가치'를 기반으로 구매의사결정을 내린다고 주장하기도 하였다.

77) 출처 : 소비자행동 및 소비자 의사결정(고객상담전문가과정 교재), 삼성경제연구소

이러한 소비자의 구매행동을 미국의 경제학자인 롤랜드 홀(Roland Hall)은 AIDMA라는 용어로 설명하였다. 이는 소비자가 상품이나 서비스에 대한 정보나 광고를 접한 후 어떤 단계를 거쳐 상품을 구매하는 가를 설명한 이론이다. 다시 말해 AIDMA란 소비자의 행동 방식이 Attention(주의) - Interest(관심) - Desire(욕구) - Memory(기억) - Action(행동) 순으로 이뤄진다는 이론인데, 최근 인터넷의 등장과 스마트 폰 등 디지털 기기의 확산은 소비자로 하여금 서비스나 상품의 선택 폭을 넓히게 되었고, 더불어 기업에서 일방적으로 전달하는 정보에 의존하지 않고, 광고를 통해 접한 상품이나 서비스에 대해 흥미를 느낀 후 상품에 대해 SNS 등의 미디어를 통해 지인이나 다른 사람들로부터 정보를 수집한 후 평가하여 구매하고, 구매 후 자신의 사용 후기나 평가를 블로그나 SNS 등을 통해 공유하는 과정을 가진다하여 기존의 AIDMA로부터 Search(검색) Action(행동) Share(공유) 이 추가되게 되었다. 이 모델은 2005년 일본의 최대 종합광고대행회사인 덴쓰(Dentsu)가 발표하였는데, 소비자가 구매 전에 검색을 하고, 구매 후에는 타인과 정보를 공유하는 트랜드에 따라 새롭게 등장한 소비자의 구매행동으로, 수동적이었던 소비자는 시간과 장소의 제약을 받지 않는 검색과 공유 덕분에 능동적인 소비자로 변화하였고, 이에 따라 마케팅 소비자 패러다임이 변화한 것이다. 또한 AIDMA가 1인의 소비에 국한되었다면, AISAS, 즉 Attention(주의) - Interest(관심) - Search(검색) - Action(행동) - Share(공유)는 검색과 공유를 통해 소비자간 관계의 확장이 이뤄졌다는 것을 의미한다.

그림 3-5 소비자 구매 행동의 변화[78)]

78) 출처 : 다나카 아유미, Web 2.0 Marketing book, 길벗, 2007.

미디어 산업에서 보면 고객의 시선을 끌어 미디어 이용의 욕망을 획득하고 미디어 이용의 행위로 옮겨지는 것에서 그치는 것이 아니라 다양한 커뮤니티나 소셜 미디어를 통해 다른 이용자의 의견, 소감 등을 조사 분석하는 등의 행동으로 이어지도록 하는 경쟁이 그것이다. 이러한 과정을 통해 고객들은 다양한 정보를 획득, 비교 분석한 후 실제로 구매나 이용 단계로 넘어가며, 나아가 이용한 후 자신의 평가를 자신이 이용하는 미디어에 남겨 입소문(버즈, buzz) 정보를 생성하는 역할까지도 하고 있다. 이처럼 다원화된 미디어 경쟁 환경 속에서 고객을 확보하기 위해서는 상당한 관심과 산업의 변화에 선제로 대응해 나가는 것이 매우 중요하다.

2 소비자 변화를 나타내는 새로운 용어의 등장

가 디지털 네이티브(Digital Native) 및 모바일 네이티브

디지털 네이티브라는 용어는 미국의 교육학자인 마크 프렌스키(Marc Prensky)가 2001년 그의 논문 'Digital Native, Digital Immigrants'를 통해 처음 사용한 용어인데, 1980년대 들어서면서 컴퓨터의 대중화로 인한 개인용 컴퓨터 보급의 확대와 1990년대 휴대전화 및 초고속 인터넷 서비스의 보급으로 인터넷 이용이 보편화되면서 정보의 접근성이 높아지고, 다양한 멀티미디어 환경을 통한 콘텐츠 서비스를 즐길 수 있는 등 디지털 컨버전스 혁명기에 성장기를 보낸 세대를 지칭하고 있다. 디지털 네이티브라는 용어에서 알 수 있듯이 이들 소비자는 태어나면서부터 컴퓨터, 휴대전화, MP3 등의 다양한 디지털 기기와 인터넷을 통해 혁신적 변화를 거듭하고 있는 미디어와 콘텐츠 서비스들을 이용하면서 성장하고 있다.

기술의 발전과 디지털 혁명으로 인해 소비자의 일상에서 시간과 공간의 제약이 없어지고, 미디어가 다양화됨에 따라 정보에 대한 접근성이 증대되면서, 소비 선택성이 확대되고, 다양한 욕구 충족이 가능하게 될 뿐 아니라 고객들은 똑똑한 소비자로 변모하고 있다. 과거, 기업 등에서 제공하는 일방의 정보에 의존하던 모습에서 탈피해 어떤 기업의 제품이나 서비스에 대해 소셜 네트워킹을 통해 상호 정보를 교환하는 등의 활동을 통해 그 기업보다 더 많은 정보를 보유하고 있으며, 소비자 간의 연합으로 그들만의 파워도 엄청나다. 일상생활에서도 집단적 소비, 커뮤니티(Community) 및 소셜 미디어(Social Media)를 통한 사회 교류활동이 활발해지고, 다양성을 겸비한 이들은 시장의 흐름을 고객 주권에 맞춰 좌지우지한다.

미디어의 이용행태에서도 다양한 변화를 보인다. 과거 LP(Long Player)나 CD(Compact Disc) 등의 매체를 이용한 음악 콘텐츠 소비로부터 MP3 파일을 이용한 음악 감상, 커뮤니티를 이용한 정보획득이나 집단구매, 1인 미디어를 통한 상호 교류, RSS(Really Simple

Syndication)[79] 소프트웨어를 이용해 특정 단어나 내용이 들어간 뉴스만을 찾아 읽는 뉴스 검색 등 인터넷을 이용해 만들어진 다양한 형태의 미디어를 활용하게 됨에 따라 기존의 미디어들은 고객의 변화에 둔감할 수 없게 되었으며, 기존의 미디어들도 소비자의 변화에 맞춰 새로운 혁신을 추구하는 등의 변형을 위한 노력을 경주할 수밖에 없는 상황이 도래한 것이다.

최근 소비자는 멀티태스킹(Multi-tasking)의 욕구가 강하다. 즉 TV를 보면서 스마트 단말기로 모바일 메시징(Messaging)을 하고, TV의 소리를 통해 전달되는 워터마킹(Water Making)[80]기술로 프로그램을 인식한 스마트 단말기에서 같은 프로그램을 시청하고 있는 친구들과 해당 프로그램에 대한 정보를 교환하고, 온라인 쇼핑을 통해 프로그램과 관련된 물품에 대해 공동 구매 등의 다양한 구매 활동을 하는 등 주어진 시간의 범위 내에서 최대한 많은 활동을 동시적으로 하고자 하는데 익숙해지고 있다.

마크 프렌스키(Marc Prensky)가 젊은 세대를 디지털 네이티브(Digital Native)로 정의한 이래로(Prensky, 2001) 이전 세대와 확연히 구분되는 디지털 네이티브 세대의 특징과 미디어 이용 실태를 조사한 연구가 쏟아졌다. 프렌스키 이후 약 16년이 지난 현재 20대 디지털 네이티브의 일상은 스마트 폰으로 귀결되는 모습이다. 1990년대 이후 출생한 현재 20대는 유년시절 이미 스마트 폰의 사용법을 터득하고, 스마트 폰과 주변 기기로 대표되는 IT의 눈부신 발전을 목격하면서 자라온 세대이다. 특히 휴대전화가 없으면 불안감을 느끼는 이른바 노모포비아(No-Mobile-Phobia)[81] 증상까지 경험하는 이들을 가리켜 모바일 네이티브(Mobile Native) 세대라고 칭한다. 이들은 절대적인 모바일 이용량이 많고, 몰입도가 깊은 헤비 유저(Heavy User)의 특성을 지니며, 모바일 서비스 및 콘텐츠를 목적에 따라 구분해서 사용하는 선택적, 능동적 이용 특성을 보이고 있다.[82]

나 게임세대(Game Generation) 및 스낵 컬쳐(Snack Culture)

컴퓨터나 게임, 인터넷에서 활용되는 언어를 마치 모국어처럼 사용하고, 현실 세계보다는 가상 세계를 더 중시하는 세대라는 의미에서 최근의 젊은 세대의 소비자를 게임

---

79) RSS : 이메일 목록처럼 헤드라인만 볼 수 있도록 하고, 원할 경우 클릭을 통해 해당 페이지로 들어갈 수 있게 해 주는 서비스. 온라인상에 콘텐츠를 배열하는 HTML과 이를 전송해주는 이메일의 장점을 하나로 묶은 기술로, 언론사 홈페이지나 블로그 등의 업데이트 정보를 한꺼번에 모아서 보내거나 받아 볼 수 있는 서비스 기술

80) 디지털 저작물에 시각적으로 식별이 불가능한 저작권자의 로고나 상표, 인감 등 디지털 마크를 입력하여 타인이 저작권자의 허락 없이 무단으로 복사하거나 배포하는 행위를 추적하는데 활용되는 기술로 각종 영상물이 불법으로 복제되거나 유통되는 것을 막기 위해 활용되나 최근에는 이를 영상물의 내용을 인식하기 위한 용도로도 활용하고자 하는 움직임이 있음.

81) 노모포비아(No-Mobile-Phobia) : 2010년 영국 우편국이 자국 내 휴대전화 중독증 실태를 조사하기 위해 리서치기관 YouGov에 의뢰한 보고서에서 등장한 용어

82) 출처 : 모바일 네이티브, 20대의 미디어 이용실태, KISDI, 2016.1.16.

세대[83)]라 일컫는다. 이들은 유무선 망을 통해 서로 연결되어 다양한 네트워킹(Networking)을 하고 이를 통해 정보를 획득하고, 특정인을 역할 모델로 정하고 그들의 생활방식을 모방하기를 좋아하며, 자신이 하고 있는 생각들을 즉시 현실 세계에서 적용하고 그 결과를 확인하는 등 자신의 아이디어의 타당성을 검증하기 위한 실험적 학습을 즐기는 세대이다.

단편적인 정보를 연결해 새로운 관계망을 생성하고 이를 토대로 새로운 지식을 창출하며, 기존의 관행이나 일상의 틀을 벗어나 새로운 것을 추구하는 일탈을 즐기며, 일과 놀이를 동일한 개념으로 생각하고 다양한 실행을 통해 경험을 축적해 가는 특성을 보여주고 있다. 더불어 그리스 신화에 나오는 반인반마(半人半馬)의 형상을 가진 켄타우로스와 같이 복합적인 미디어를 활용하여 시간에 상관없이 발생하는 소비욕구와 온라인 미디어를 활용[84)]하는 행위를 잘 조합하는 등 다양한 실행적 미디어 활용을 통해 경험을 축적해 나가는 성향이 짙다고 한다.

또한 즉시성을 선호하여 5분 이상 되는 콘텐츠에 대해서는 그 내용이 아무리 효용가치가 있다하더라도 이를 이용하는 것을 꺼려하며, 5분 이하의 짧은 콘텐츠(Micro chunk)를 선호하고, 유튜브(YouTube)나 트위터(twitter), 카톡 등의 성장과 글로벌 화 등에서 볼 수 있듯이 단편적 내용들을 선호하는 문화, 즉 스넥 컬쳐(Snack Culture)와 같은 새로운 문화가 자리매김하고 있다. 지난 2006년에 데일리모션(DailyMotion)에서 이용률 상위 200개의 콘텐츠를 대상으로 소비자의 소비 성향을 조사한 자료에 따르면, 5분 이하의 콘텐츠에 대한 선호가 66%, 5분에서 10분미만의 콘텐츠는 17% 등으로 나타난 반면 25분 이상 되는 콘텐츠는 겨우 3%만이 선호한다는 결과를 발표한 적이 있다. 이러한 현상은 최근 들어 웨비소드(Webisode), 즉 웹 드라마라는 형식을 통해 새로운 형태의 드라마 장르가 관심의 대상이 되고 있음을 통해서도 확인해 볼 수 있다.

특히 소셜 웹에서 인기 방송의 내용을 패러디해서 약 4~5분 가량의 온라인용 영상을 만들어 배포하고 이를 짧게 줄여 공중파 광고로 방영하는 방식(동원 F&B 양반김 http://youtu.be/aAJp93P3BIs), 기업의 브랜딩을 주제로 연재하는 방식(현대카드 Inspiration Talk http://youtu.be/jvN1TlWGS_A), 그리고 웹 드라마 방식(삼성 최고의 미래 http://bit.ly/1z3EbhX) 등 다양한 영상이 등장하는 등 동영상 콘텐츠의 중요도의 성장과 더불어 스낵 컬쳐라는 소비문화에 맞춘 새로운 형태의 콘텐츠 소비 행태를 보이고 있다.

KT 경제경영연구소의 '한국인의 스마트 라이프'에 따르면, 모바일 시대 사람들은 동영상을 대중교통을 이용할 때 가장 많이 본다고 한다. 따라서 짧은 시간 내 즐길 수 있는 개그 프로, 스포츠, 코믹 영상과 같은 콘텐츠를 선호하고, 페이스 북, 카카오 스토리, 트위터 등의 소셜 미디어를 통해 주로 소비한다. 자투리 같은 짧은 여유 시간을 채워주는, 한

83) 출처 : 기능성 게임의 이해와 활용, 한국교육학술정보원, 2010.10.
84) 출처 : 넛지 마케팅, 김영한, 한국경제신문, 2010.2.

입에 쉽게 먹는 스낵처럼 간편하게 즐길 수 있는 스낵 컬처의 한 단면이다.

최근 "'야동'도 1분이 넘으면 끝까지 보지 않고 종료한다." 라는 우스겟 소리가 있다. 동영상 콘텐츠를 만드는 담당자들이 흔히 하는 농담이다. 그러나 최근 들어 눈 깜짝하면 지나갈 6초 안에 다양한 이야기를 담는 새로운 형태의 동영상 서비스가 나타나고 있다. 6초 영상의 특징은 기존 영상과 가장 다른 점은 바로 반복, 즉 루프(loop)이다. 반복을 통해 6초란 짧은 시간에 효과적으로 이야기를 담고 집중하게 만든다. 오레오(Oreo) 쿠키를 즐기는 방법(http://bit.ly/1INwIh5)과 베스트바이의 노하우가 담긴 영상(http://bit.ly/1KFwNRm)을 통해 이러한 현상을 살펴볼 수 있다. 인스타그램(Instagram)은 이보다는 좀 긴 15초의 영상을 공유할 수 있다. 이 밖에 새롭게 등장한 동영상 서비스들도 차이는 있지만 대부분 30초를 넘지 않는다. 이러한 소비 특성은 결국 모바일 화에 의해 스마트 폰 등 모바일 단말기 통해 언제, 어디서든지 내가 원하는 콘텐츠를 소비하고자하는 소비자들의 콘텐츠 소비 성향의 변화로 인하여 나타나는 현상이다.

다 글로벌 D 세대(Global D Generation), 글로벌 유스(Global Youth)[85] 및 디지털 컨버젼스(Digital Convergence)형 신인류

삼성경제연구소에서 발표한 자료 등에 따르면, 최근의 젊은 세대들은 4가지의 소비 트랜드(Trends) 특성을 보여주고 있다. 즉, 대표 아이콘을 추종하고, 패션 유목민(Nomad)적 특성을 가지며, 현실에 대한 반항심을 표출하고, 사이버 네트워킹(Cyber Networking)을 통한 관계 형성에 익숙하며, 이로 인해 소위 햄릿 증후군을 가진 소비자가 늘어나고 있다.

최근 새로이 나오는 다양한 정보기기, 즉, 스마트 폰(Smart Phone), 태블릿(Tablet), 비디오 게임기 등의 유무에 따라 자신의 지위나 위상이 결정된다는 인식을 갖는다. 즉 대표적으로 현상에서 유행하는 정보기기에 대해 초기 수용자(Early Adapter)적 특성에 매우 민감하다. 반면, 무엇이든 새로운 것에 대해 실증을 잘 내고 끊임없이 새로운 유행을 추구하며, 사회적 풍자나 일탈 등 반항적 코드가 담긴 콘텐츠에 열광한다. 예로 평범한 가족 모습을 코믹하게 보여주고, 이를 통해 사회적 모순을 풍자하는 미드인 미국의 심슨(Simpson)가족과 같은 드라마를 선호하는 것도 이러한 반항심의 표출 특성을 보여주는 것이다. 또한 셀카와 소셜 네트워크 서비스의 활용하여 누구나, 그리고 언제나 은근하게 자신을 자랑하는 것에 익숙하다. 예를 들어 사진의 한구석에 우연인 듯, 무심한 듯 명품 지갑을 놓아두는 등 자신의 위상 등을 은근히 자랑하는 것이다. 또한 소비에 있어 normal과 hardcore가 합성어인 'Normcore'라는 현상을 보이고 있는데, 이는 평범함 속에 하드코어함이 숨어있다는 뜻이다. 즉, '남과 다름'을 드러내고자 하는 욕구를 보인다.

또한 누에고치처럼 가상현실 공간에서 자신만의 안락함을 추구하는 특성을 가졌다는

---

85) 출처 : 글로벌 D세대(디지털 네이티브)의 소비 트랜드, 삼성경제연구소, 2009.9.

의미에서 코쿤(Cocoon)족이라 불리기도 하며, 휴대폰, 노트북, 디지털카메라 등과 같은 첨단 디지털 장비를 갖추고 장소에 구애 받지 않은 채 일하는 특성을 지닌 세대라는 의미에서 디지털 유목민, 유비쿼터스(Ubiquitous)환경에 적응된 신인류로 현실과 가상세계의 공간을 결합하는 새로운 패러다임을 만들어 가는 특성을 고려하여 유티즌(Utizen)이라 부르기도 한다. 더불어 디지털 화가 촉발한 융・복합 추세가 서로 다른 분야 속에서 융합 교차할 수 있는 공통점을 찾아내고, 다양한 기기들을 넘나들면서 이용하는 습성을 고려하여 크로스오버(Crossover) 족이라고도 부른다. 이외에도 정보의 소비만을 하는 것이 아니라 직접 생산에도 참여하고, 문화, 정보, 예술, 오락 등 인간이 향유하는 모든 것에 있어 생산자가 곧 소비자이며, 생산자로서 전문가적인 콘텐츠의 생산에 참여하고 있는 현실 특성을 반영하여 소비자를 소비적 생산자(Prosumer 혹은 Proteur)라고 부르기도 한다.

햄릿증후군[86]은 세익스피어의 작품 햄릿(Hamlet)에서 나오는 'To be, or not to be : that is the question'이라는 말에서 나타난 것처럼 어떤 의사 결정을 쉽게 하지 못한 채 우유부단한 모습을 보이는 현상을 나타내는 용어이다. 심하게 이야기하면 일종의 결정 장애, 또는 선택 장애라고 볼 수 있는데, 대다수 소비자들은 소위 정보의 홍수 속에서 스스로 마음을 정하지 못하고, 타인에게 결정권을 넘겨버리는 특성을 빗대어 이야기하는 것이다.

더불어 인터넷의 발달로 국가 간 거리나 문화의 장벽이 사라짐에 따라 이젠 자국 내에서의 경쟁이나 소비에 국한하지 않고 전 세계 시장이나 또래들과 경쟁하는 글로벌 세대이며, 더불어 디지털 화된 다양한 서비스나 단말기 등의 환경을 이용한다고 하여 글로벌 D세대, 혹은 글로벌 유스(Youth)라 부르기도 한다.

더불어 최근 소비자들은 소비에 있어 오감 중시되는 소비행태를 보인다. 오감 자극받으면 소비자들은 아낌없이 투자한다는 현상을 보이는데, 메뉴를 예쁘게 플레이팅(Plating, 음식을 담아내는 모양새)하는 디저트 카페가 인기를 누린다든지, 피규어(figure)[87]・레고 수집이 보편화되어가는 현상 등은 시각과 관련된 소비 트랜드를 보여주는 현상이고, 더불어 음악 감상이 대중적인 취미가 되면서 사운드 기기를 구매해서 거실에 배치하거나, 또는 고가의 헤드셋을 구매하는 소비자가 증가하는 추세 등은 청각 중시 소비 트랜드를 보여주는 사례이다. 이처럼 소비자를 설득하거나 유혹하기 위해서는 오감(Five Sense)을 통한 서비스 혹은 제품을 제공하는 것을 고민해야 하는 이유가 여기에 있는 것이다.

86) 출처 : 2015 대한민국 소비 트랜드. 서울대학교

87) 피규어(figure) : 관절이 움직일 수 있도록 만들어 다양한 동작을 표현할 수 있는 인간 · 동물 형상의 모형 장난감

라 얼리 힐링(Early Healing)족, 위너(Winner) 소비자, 스트리밍 쇼퍼(Streaming Shopper) 및 네비게이션(Navigation) 소비자[88]

'얼리 힐링족'이란 취업, 승진, 결혼, 출산 등 사회, 경제적으로 높은 현실 벽에 부딪히며, 다양한 어려움에 봉착한 그러나 사회의 중심인 30대 소비자들이 지친 일상을 벗어나 여행, 캠핑, 영화, 공연 등 다양한 문화생활을 '나홀로' 만들어 가고 있는 소비자를 일컫는 용어이다. 이러한 소비자의 변화에 맞춰 간편하게 숙박 등의 예약이 가능한 모바일 앱의 등장, 혼술을 즐기는 혼술족을 위한 하프 와인, 미니 맥주 등 다양한 제품이 등장하고, 이를 위한 O2O(Online to Offline) 서비스 등이 등장하고 있다.

'위너 소비자'란 소비를 일종의 게임으로 인식하여 특정 대상에 대한 소비를 통해 성취감을 느끼고, 차별화된 1%의 승리로서의 승리의 기쁨을 즐기는 소비자를 일컫는 용어로, 이들은 SNS를 통해 일반 소비자들과 자연스럽게 덕후(오타꾸)로 대변되는 취향 소비 행태를 확산시킨다. 다시 말해 다원화되어 서로의 다름을 인정하고 존중하는 사회적 분위기 속에서 행복과 가치 판단의 기준이 다양해지고 있으며, 빠르고 복잡하게 변화하는 사회 속에서 소비를 통하여 자신의 정체성(Self-identity)을 찾고자하는 소비자를 일컫는 말이다. 이로 인해 자신이 관심 있는 분야에 열정과 에너지를 쏟아 붓는 '덕후' 문화가 긍정적으로 부상하고, 이에 따라 다양한 자신의 취향에 최적화 되어 있는 상품 정보, 이벤트 일정 등을 빠르게 얻고자 하는 니즈가 강하여, O2O 플랫폼은 '맞춤형', '관심사'의 형태로 진화하면서 극히 세분화되고 개인 취향에 맞추어 전문화되고 있다. 단순한 나열식 쇼핑에서 벗어나 '빅 데이터를 활용한 개인 맞춤형 정보 제공 및 추천' 또는 '관심사 기반의 공유 및 커뮤니케이션 플랫폼'이 성장하고 있다.

'스트리밍 쇼퍼(Streaming Shopper)'는 스마트 폰, 즉 모바일 환경과 함께 성장한 세대들이 항상 온라인으로 연결되어 있고, 특히 동영상 플랫폼을 통해 자유롭게 자신만의 정체성을 표현하는 특성을 지닌 소비자로서, 주로 T-Commerce 혹은 V-Commerce(Video Commerce로 스마트 폰, 태블릿 PC 등의 단말기를 통해 영상을 시청하고 제품을 구매하는 행태)를 통해 제품이나 서비스를 구매하는 소비자를 일컫는다. 이러한 소비자의 특성을 반영하여 1인 미디어 및 MCN(Multi Channel Network) 등의 서비스가 빠르게 성장하고, 동영상을 통한 소통 문화가 확산되고 있다.

'네비게이션(Navigation) 소비자'란 모바일 앱을 통해 자신이 원하는 키워드나 가격대를 설정해 놓고, 온라인상에서 설정에 맞는 정보가 등록되어, 알림을 통해 쇼핑 안내가 제공되면, 소비자는 자신에 최적화된 맞춤형 서비스를 통해 소비의 방향을 안내해 주는 '네비게이션 서비스'를 통해 소비하는 소비자를 일컫는다. 즉 위치기반서비스(LBS, Location-Based Service), 인공지능(AI, Artificial Intelligence), 사물인터넷(IoT, Internet of Things), 빅데이터

---

88) 출처 : 2017년 주목해야할 5가지 소비트랜드, BC카드, 2017.1.5.

(Big Data) 분석 등 ICT 기술을 모바일에 최적화하는 방식으로 서비스를 제공함으로써 소비자들은 간편함과 편리함이라는 가치를 통해 자신의 동선을 통해 제공되는 할인 정보, 최저가 제공, 개별 맞춤 상품 추천서비스 등을 통해 소비를 할 수 있게 다양한 서비스가 개발 제공되고 있다.

3 소비자의 동영상 콘텐츠 소비 행태의 변화

단말기의 스마트 화와 스마트 단말기의 이용 확산 및 보편화는 미디어 이용 행태에 많은 변화를 유발하고 있다. ComScore의 자료에 따르면, 전 세계 이용자들은 평균적으로 한 달에 13억 명의 소비자들이 약 162개의 온라인 동영상을 시청하는 것으로 나타났는데[89], 동영상 콘텐츠는 콘텐츠 소비에 있어 게임과 함께 가장 많은 소비를 유발시키는 콘텐츠이다.

시장 분석 자료들을 보면, 기존 TV를 통해 이용해 오던 지상파나, IPTV, 케이블TV 등 전통적인 미디어 단말이나 서비스를 통한 동영상 서비스 시장이 포화 상태에 이르고 있다. TV 프로그램, 즉 기존의 TV 단말기를 통해 소비되던 동영상 콘텐츠의 소비가 전통적 미디어 혹은 단말기로부터 점차 온라인, 즉 유무선 인터넷을 전송망으로 이용하고, TV 이외에 PC나 스마트 폰 등 다양한 단말기를 통해 제공 되어지는 미디어로 전환되어 가고 있다. 전통적 TV 단말기를 이용한 동영상 콘텐츠 소비 행태가 매년 0.9% 씩 하락할 것으로 전망[90]되는 반면, 인터넷과 연결되는 콘솔 혹은 셋탑박스(Settop Box)와 TV를 단말기로 하는 동영상 콘텐츠를 이용하는 소비나, 모바일 단말기를 이용한 TV 시청 등 새로운 시청행태가 점차 증가하고 있으며, 앞으로 이러한 추세는 계속 될 것으로 전망하고 있다. 이는 기존에 지상파나 케이블 TV(HFC: Hybrid Fiber & Coaxial) 등의 망을 이용하여 전송되던 동영상 콘텐츠의 유통 방식으로부터 인터넷이 등장하고, 단말기가 다양화됨에 따라 소비자들의 동영상 콘텐츠 이용행태도 혁신적 변화를 보이게 된 것이다.

특히 소셜 미디어의 확산은 전통적 미디어 단말인 TV를 단말기로 하여 소비되는 콘텐츠 서비스 측면에서도 시청 여부, 언제 시청할지, 어떤 이유로 누구로부터 추천을 받아 시청할지 등 콘텐츠 소비 의사를 결정하는 등 소비자의 동영상 콘텐츠 소비 행태의 변화도 유발하고 있다. 지상파나 케이블 TV와 같은 기존의 미디어나 유통 채널과 플랫폼을 탈피, 새로운 방식의 다변화된 콘텐츠 소비행태가 나타나고 있는 것이다.

스트리밍(Streaming), 몰아보기, 추천, 광고회피 등의 소비 행태 측면에서의 변화 뿐 아니라 콘텐츠 소비 단말기 측면에서도 TV 중심에서 PC, 태블릿, 스마트 폰 등으로의 확

89) 출처 : comScore, 2013d.

90) 출처 : IBIS World Business Environment Report, 2012.

장 및 전이도 중요한 변화의 하나로 나타나고 있다. 이처럼 TV라는 단말기를 통한 동영상 콘텐츠의 소비행태는 비선형적, 몰아보기, 동시 시청 및 소셜(Social) 시청 등으로 변화되고 있고, 심지어 TV라는 단말기를 보유하지 않는 소위 'TV가 없는 TV Zero' 가구가 급증하는 현상도 보이고 있다. 국내의 경우 특히 20대와 40대의 경우는 TV 미보유가구가 월등히 많은 현상을 보이고 있다.

그림 3-6 TV보유가구와 TV미보유가구의 가구원 연령 분포(2015 조사 기준)[91)]

(단위 : %)

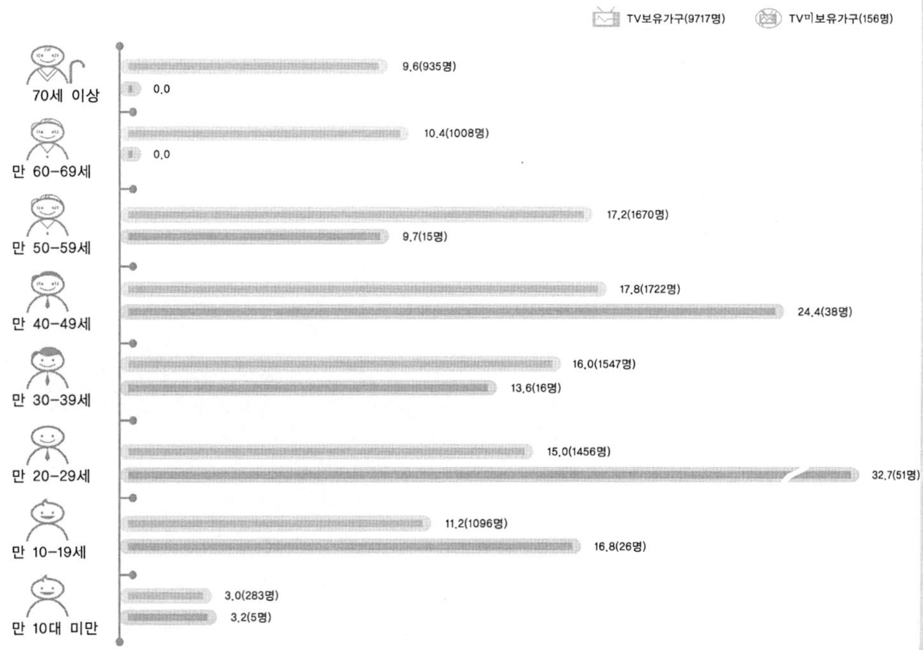

가 시공을 초월한 비선형적 동영상 콘텐츠 소비: Time-Shifting, Space-Shifting

과거에는 지상파 방송사들이 제공하는 방송 콘텐츠 편성 스케줄에 맞춰 정해진 시간에 지상파 방송 프로그램을 시청하는 수동적 시청이 방송 콘텐츠 소비의 주된 방식이었다. 소비자에게는 시청하거나 시청하지 않는, 즉 다시 말해 본방을 보거나 재방을 보는 정도의 옵션이 있었을 뿐이다. 그러나 이제는 시간과 장소, 방송 콘텐츠를 소비하는 단말기의 종류 등에 구애를 받지 않고 시청자들이 직접 선택해서 이용하는 등 방송 콘텐츠의 시

91) 출처 : TV 보유 여부에 따른 미디어 이용행태 분석, 정보통신정책연구원, 2016.9.30.

청형태, 특히 TV를 단말기로 하여 방송 콘텐츠를 시청하는 등 방송 콘텐츠 나아가 동영상 콘텐츠의 소비 행태가 비선형적(Nonlinear)[92] 으로 변화되어 지고 있다. 또한 시청 패턴 역시 주문형 비디오(Video On Demand)로 빠르게 움직이고 있다.

2013년에 조사한 '유료 방송 시청자들의 VOD 서비스 이용 행태 조사'를 인용하면, 시청 패턴이 VOD로 변화되는 주요 이유로 '원하는 프로그램의 본방송을 놓쳤기 때문에', '원하는 시간대에 언제든지 시청할 수 있기 때문에', '한꺼번에 원하는 프로그램을 몰아서 볼 수 있기 때문에' 순으로 나타나는 등 시청패턴 변화 양상을 엿볼 수 있다. 이러한 트랜드는 본방 사수 감소, 시청률 감소, 콘텐츠는 소비하되 광고는 소비하지 않는 시청자 증가 등으로 이어져, 광고 수익을 주요 매출로 삼는 지상파 방송사들이나, CATV, IPTV 등에 방송 콘텐츠를 제공하는 프로그램제공업자(Program Providers)에게는 위기로 작용할 수 있다.

그림 3-7 주문형 비디오(VoD) 서비스의 주이용 이유[93]

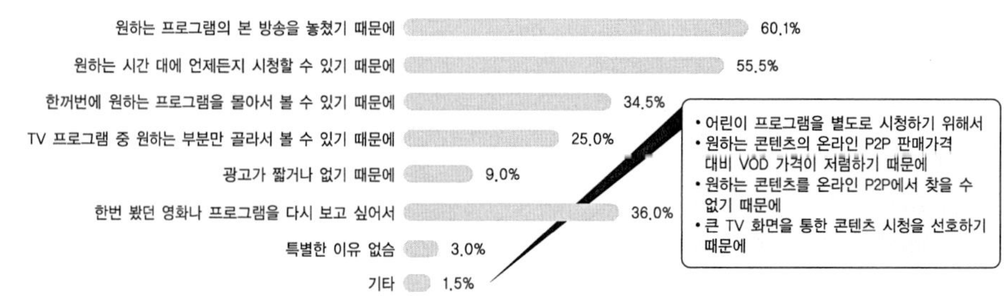

비선형적 영상 콘텐츠 소비 행태가 급속히 전개됨에 따라 동영상 콘텐츠에 대한 소비는 소비자들의 주문형 및 이동 중 시청이 증가하는 결과로 나타나고 있다. 뿐 만 아니라 다양한 플랫폼을 통해 소비되는 멀티 플랫폼 현상이 나타나고 있으며, 또한 온라인 비디오 시청의 많은 부분이 데스크톱 PC를 통해 이루어지지만, 스마트 폰의 확산에 따라 모바일을 통한 시청도 증가하는 추세를 보이고 있다. 특히 최근에는 모바일 단말기의 변화로 인하여 모바일 기기를 통한 동영상 콘텐츠 이용이 보편화되어 가고 있는데, 2015년도 들어서면서 '휴대 전화(mobile phone)'와 '태블릿 컴퓨터(tablet computer)'의 합성어로'대(大)화면 휴대전화를 지칭하는 패블릿(phablet)이라 불리는 단말기가 기존의 태블릿이나 스마트

92) 비선형적 : 결과를 예측할 수 없는 상태를 일컫는 말로, 수학에서 1차 함수는 직선의 형태로 나타나지만, 2차 함수부터는 X 값을 알아도 Y 값을 알 수 없는 불확실한 상황을 의미
93) 출처 : 유료 방송 시청자들의 VOD 서비스 이용 행태 조사. 동향과 전망 : 방송, 통신, 전파 통권. 제64호. 2013.7.

폰 시장을 장악해 가고 있는 양상을 보이는 것은 모바일 기기를 이용한 동영상 콘텐츠 이용 행태 변화도 한 몫한 것으로 판단된다.

모바일을 통한 편리한 접속은 콘텐츠 제작자의 입장에서는 소셜 미디어를 새로운 유통 채널의 하나로 이용할 수 있음을 의미한다. 동영상 시청자의 1/3이 댓글을 달고, 2/5는 동영상을 소셜 미디어를 통해 게시(Up Load)한다. 절반의 시청자들은 동영상을 주기적으로 공유하며 다른 사람들과 함께 비디오를 시청하고 있는 것으로 나타났다.[94]

나 TV 기기를 전혀 이용 혹은 보유하지 않는 세대(Zero TV 가구)의 증가

소비자들의 동영상 콘텐츠 소비 행태나 이용 미디어들의 변화는 결국 젊은 세대들을 중심으로 TV라는 단말기로 부터의 이탈이 본격화되고 있다. TV를 보유하지 않고, 나아가 동영상 콘텐츠 소비 시 TV이외의 다른 단말기를 이용하는 가구가 증가한다는 의미이다. 이들 가구는 TV 수상기가 없거나 있더라도 전통적인 유료방송 서비스에 가입하지도 않고, 직접 수신을 통해 지상파 방송도 이용하지 않는 가구들로서 일명 'Zero TV 가구'라고 부른다.

제로TV 가구는 2013년 3.1%에서 2016년 6.6%로 증가하였으며, 2015년 기준 1인 가구는 70.4%가, 3인 이상 가구는 27.6%가 TV 단말을 보유하지 않은 것으로 나타났다. 특히 10에서 40대의 90% 이상이 스마트 폰을 보유함에 따라 미디어 이용의 개인화가 급속히 이뤄지고 있고, 1인 가구가 늘어나면서 이 같은 현상은 더 심화될 것으로 분석된다. 1인 가구가 가장 많은 20대에서 30대 중 TV를 주 5일 이상 보는 사람은 평균 68.3%로 나타나고 있으며, 이에 비해 스마트 폰으로 주 5일 이상 모바일 콘텐츠를 즐기는 사람은 91.3%에 달하는 것으로 나타났다. 이들은 주로 1인 가구, 20대, 도시거주, 학생, 독신남성이라는 인구사회학적 특성을 갖고 있는 것으로 조사되었다.

표 3-3 TV 보유 가구와 미보유 가구의 형태 분포(2015년 기준)[95]

	1인가구	2인가구	3인 이상 가구
TV 보유가구(4207가구)	25.0%(1,049가구)	27.4%(1,150가구)	47.8%(2,008가구)
TV 미보유가구(98가구)	70.4%(69가구)	2.0%(2가구)	27.6%(27가구)

*괄호 안의 숫자는 해당하는 가구의 수를 나타냄

미국의 경우, 제로 TV 가구는 2007년 2백만에서 2013년에는 5백만 가구로 증가했다. TV가 없다고 해서 지상파나 전통적인 유로 콘텐츠를 비롯한 동영상 콘텐츠를 이용하지 않는다는 것은 아니다(Nielsen, 2013). 스마트 폰, 태블릿 PC 등의 스마트 기기를 통해서 재생

94) 출처 : comScore Custom Marketing Solutions Study(US 2011) and Social Essentials(September 2011, UK)
95) 출처 : TV 보유 여부에 따른 미디어 이용행태 분석, 정보통신정책연구원, 2016.9.30.

되는 엔 스크린(N-Screen 혹은 Multi Screen) 서비스 이용이 새로운 유형의 TV시청 행태로 자리 잡기 시작했다. 집에 TV가 없는 가구의 67%가 다른 단말기를 이용해 콘텐츠를 이용하고, 이들 중 37%는 PC로, 16%는 인터넷으로, 8%는 스마트 폰으로, 6%는 태블릿으로 이용하고 있는 것으로 나타났다.

특히 최근 들어 앞서 언급한 바와 같이 스마트 폰의 화면이 확대되는 패블릿(Pablet)[96] 단말기 보급이 확대됨에 따라 소비자들의 TV를 통한 동영상 콘텐츠 소비가 상당부분 감소하는 현상이 두드러지게 나타나고 있다. 소비자들이 화면이 큰 휴대전화를 원하는 현상이 증가하는 것은 소비자들의 스마트 폰으로 하는 행동, 즉 소비자의 스마트 폰이라는 단말기 이용 행태가 달라진 데서 그 이유를 찾을 수 있다.

실제로 소셜 데이터를 통해 최근 3년 6개월간 사람들이 '휴대전화로 한 일'의 변화상을 들여다보면 사진이나 동영상을 업로드하고 감상하는 행위 비중이 빠르게 증가하고 있음을 알 수 있다. 특히 국내에서는 스마트 폰 등 모바일 단말기로 유튜브를 시청하는 비율이 전 세계에서 가장 높은 국가이며, 약 70% 가량의 시청이 모바일 단말기를 통해 동영상 콘텐츠 소비가 발생하는 등 동영상 시청 행태의 변화 속도가 상당히 급속히 전개되고 있다.[97]

그림 3-8 국내 TV보유가구와 TV미보유가구의 주요매체 보유율 추이[98]

(2015년 기준)

		2011		2015	
		TV 보유가구	TV 미보유가구	TV 보유가구	TV 미보유가구
TV		100%	0.0%	100.0%	0.0%
PC	데스크탑	69.35	66.5%	63.3%	50.0%
	노트북	23.2%	42.6%	25.7%	60.2%
	태블릿PC			5.9%	7.7%
일반 휴대폰		67.8%	52.1%	15.6%	3.8%
스마트폰		20.9%	38.6%	77.5%	89.1%

*TV는 가정용TV, 휴대용TV, 주방용/빌트인TV을 포함
*2011년도에는 노트북컴퓨터에 태블릿PC가 포함됨
*TV, 데스크탑 컴퓨터, 노트북 컴퓨터, 태블릿PC는 가구 기준 비율이며, 일반휴대폰과 스마트폰은 가구원 기준 비율임

96) 패블릿 : 폰(phone)과 태블릿(tablet)의 합성어로 태블릿 기능이 포함된 스마트폰을 일컫는 신조어. 스마트폰 사용자들이 문자, 전화와 같은 단순한 기능 이외에 데이터 서비스를 이용한 각종 서비스를 사용하게 됨에 따라 큰 화면을 선호하게 되면서 생겨났다(출처 : 네이버 시사상식사전).
97) 출처 : 패블릿? 그게 왜 필요하지?, 송길영, 2015.6.30.
98) 출처 : TV 보유 여부에 따른 미디어 이용행태 분석, 정보통신정책연구원, 2016.9.30.

다 몰아보기

몰아보기(Binge Viewing 혹은 Watching)는 폭식(binge eating)이나 폭음(binge drinking)을 하듯, TV를 통해 동영상 콘텐츠, 특히 지상파에서 제공하는 프로그램을 몰아서 한꺼번에 이용하는 행태를 말한다. 위키피디아(Wikipedia)에서는 '한 자리에 앉아 여러 편의 콘텐츠를 보는 것(The viewing of numerous episodes of a TV show in one sitting.)'이라 설명하고 있다. 월스트리트 저널(Wall Street Journal)은 'DVR(Digital Video Recorder), VOD(Video On Demand), OTT(Over The Top) 서비스가 'Binge Viewing'을 유발하고 있으며, 이러한 변화로 인하여 전통적인 방송사업자들은 본방 사수를 유도할 수 있는 매력적인 실시간 콘텐츠 제공 뿐 아니라 비선형 TV 시청행태에 대응하기 위한 다양한 전략을 고민해야 하는 상황이라고 했다.

몰아보기는 미국뿐 아니라 국내에서도 이미 나타나고 있는 동영상 콘텐츠 소비 행태이다. 몇몇 케이블 방송은 현재 인기 중에 방영되고 있거나 이미 종영된 인기 드라마를 하루 종일 편성하거나 며칠에 걸쳐 집중 편성함으로서 시청자들에게 몰아보기가 가능한 환경을 만들어주고 있다. 혹은 VOD 서비스를 이용해 이용자 스스로가 일정 비용을 지불하고 드라마 전편을 몰아보기로 이용할 수도 있다.

대표적 사례가 바로 넷플릭스의 〈하우스 오브 카드(House of Cards)〉라는 자사 오리지널 드라마의 제공 행태를 통해 이러한 현상을 알 수 있다. 넷플릭스가 〈하우스 오브 카드〉를 순차적으로 개봉하지 않고, 시즌1 13화 전편을 2013년 2월1일 동시에 공개했다. 통상 3개월 정도에 걸쳐 방송되는 기존 드라마의 편성 공식을 파괴한 것이다. 블록버스터 시리즈 드라마는 몇 주 혹은 몇 달 간에 걸쳐 순차적으로 한 편, 한 편씩 제공하는 것이 일반적 서비스 형태인데, 이는 시청자들의 기대 심리를 이용하여 최대한 많은 광고를 팔기 위해서였다. 하지만 넷플릭스의 입장에서는 광고를 매출의 주요 기반으로 하지 않기 때문에, 시간을 두고 콘텐츠를 개봉할 필요가 없었고, 소비자들이 재미난 드라마를 한꺼번에 몰아서 보고 싶어 하는 기대를 채워주는 전략을 택한 것이다. 평일에는 일상적으로 바쁘게 보내다가 여가 시간이 많은 주말에 한꺼번에 몰아서 드라마를 즐길 수 있게 하였는데, 이러한 전략은 현대를 살아가는 시청자들의 몰아보기(binge viewing) 습성을 겨냥한 것으로 소비자들의 큰 호응을 이끌어냈다. 소비자의 니즈(needs)에 따른 시청 방식의 변화를 넷플릭스가 바로 서비스에 반영한 것이다.

또한 넷플릭스는 '시리즈를 한꺼번에 개봉하기'라는 VOD 시대의 콘텐츠 개봉 방식을 주도했고, 또 큰 성공을 거두었다. 뿐만 아니라 넷플릭스는 N 스크린 전략에 집중 투자했는데, 소비자들이 장소나 단말기에 얽매이지 않고 넷플릭스의 서비스를 제공받을 수 있게 하기 위해서다. 더불어 운영체계 측면에서도 윈도(Window)나 Mac OS, iOS, 리눅스(Lynux), 안드로이드(Android), 크롬(Chrome) 등의 다양한 운영체계를 지원하고, 단말기 측면에서도 주요 비디오 콘솔 게임기기, 스마트 폰, 태블릿, 스마트 TV 등 거의 모든 기기에서 넷플릭스의 위젯(Widget)과 앱(Application)을 통해 서비스를 제공하고 있다. 넷플릭스의 이러한 N 스크린 전략은 소비자들의 폭발적인 호응을 받으며 시장에서 입지를 강화시켜 주었다.

뿐만 아니라 넷플릭스는 이 드라마에 1억 달러를 투자했고 독점권을 확보했다. 총 2 시즌 26화로 구성된 이 드라마는 정치스릴러로 편당 40억 원의 제작비가 투자된 것이었다. 이후에도 'Mad Man', 'I Love Lucy', 'Orange is the New Black' 등 오리지널 드라마의 시즌 전편을 동시에 공개했다. 닐슨(Nilson)의 2013년 9월 조사에 따르면, 넷플릭스 이용자의 88%, 훌루 플러스(Hulu Plus) 이용자의 70%가 보통 10편 이상의 에피소드로 구성된 드라마 한 개 시즌의 에피소드 3편 이상을 하루에 몰아 시청하는 것으로 집계됐다.

이처럼 OTT 사업자들의 공격적인 편성과 이용자들 사이에서 몰아보기 시청의 증가는 전통적인 유료방송사의 서비스에도 변화를 가져왔다. 대표적으로 컴 캐스트(ComCast)는 2013년 3월에 'Watchton(Watch + Marathon) Week' 이벤트를 열어 HBO의 '왕좌의 게임(Game of Thrones)', 쇼타임(Showtime)의 '덱스터(Dexter)'와 같은 유명 드라마 전편을 VOD 서비스로 제공했다. 그 결과 VOD 이용자가 전년 동기 대비 25%나 증가했다.[99)]

몰아보기는 본방시청률 감소, 광고회피, 제살깎기 등의 위험요인을 내재하고 있어, VOD 서비스를 제공하는 전통적인 방송사업자들에게는 새로운 수익원인 동시에 부담으로 작용하고 있다.

라 동시 소비와 소셜(Social) 시청

스마트 폰과 태블릿, 최근에는 패블릿 등 모바일 단말기 보급의 증가, 콘텐츠 디지털화를 통한 확산은 세컨드 스크린(second screen), 멀티스크린(multi screen) 이슈를 만들어 가고 있다. 이와 더불어 소셜 TV, 즉 TV를 보면서 다양한 소셜 네트워크를 통한 소셜 관련 활동을 하는 소셜 시청 및 단순히 TV 콘텐츠만 소비하는 것이 아니라 음악 감상을 하거나 정보 검색을 하거나 하는 등의 다른 활동을 동시에 진행하는 동시 소비 등 새로운 콘텐츠 소비 행태가 증가하고 있다. 스마트 폰, 태블릿, 랩톱, 패블릿 등의 단말기는 소비자들이 TV를 시청하면서 소셜 활동에 참여하기 쉽게 만들어 주고 있다. 닐슨(Nielsen) 조사에 따르면, 미국 스마트 폰과 태블릿 보유자의 85%는 적어도 월 1회 TV를 보면서 스마트 폰이나 태블릿 PC를 세컨드 스크린으로 이용하고, 41%는 매일 이용하는 것으로 나타났다.[100)] 국내 조사결과도 77%의 응답자들은 스마트 폰을 이용하는 동안 다양한 활동을 동시에 수행하는 것으로 나타났는데, 47%는 스마트 폰을 사용하는 동안 TV를 시청하며, 음악 감상

99) 출처 : 몰아보기(Binge Viewing) 시청 트랜드 확산에 따른 유료 TV와 OTT 사업자 진영의 대응 양상, Strabase, 2013.9.30.

100) 출처 : Techcrunch, 2012.12.5. 발표 중

(35%), 인터넷 사용(31%), 영화 감상(18%) 등의 활동을 하는 것으로 나타났다.

이처럼 모바일 디바이스를 이용하면서 다른 기기들을 활용하여 다른 활동을 동시에 하는 멀티태스커(Multi-tasker)가 증가하고 있는데, 이는 전 세계적인 트랜드로 자리잡아 가고 있다. 문제는 세컨드 스크린을 활용한 동시소비가 TV를 통해 제공되는 지상파의 콘텐츠 내용과 연관된 행위가 아닌 이메일 확인이나 검색, 일상적 채팅인 경우, 시청몰입도가 떨어지거나 광고회피라는 문제가 발생한다는 점이다. 이러한 소비 행태는 방송사나 광고주 입장에서는 반갑지 않은 현상이다. 따라서 방송사들은 동시 소비나 소셜 시청을 이용하는 소비자들을 잡기 위해 추가적인 노력을 경주해야 하는 문제를 안게 되었다. 세컨드 스크린의 이용이 TV와 연관되어 이루어질 때 소셜 시청과 연결된다.

물리적으로는 혼자 TV를 보지만, 세컨드 스크린을 통해 온라인으로 연결된 누군가와 프로그램과 관련된 대화를 하고 의견을 공유하면서 TV를 시청하는 소셜 시청행태가 나타나고 있다. 이러한 소비자의 소비문화 변화에 대응하기 위해 다양한 모바일 단말기를 통해 서비스하기에 적합하게 제작된 앱(App)을 제공하거나 TV 프로그램과 연관된 다양한 정보나 상거래 서비스를 제공함으로써 새로운 부가가치를 만들어 가고, 동시에 광고 회피 등을 통해 나타나는 문제에 대해 새로운 부가가치 서비스를 제공하고, 나아가 세컨드 스크린을 통해 다른 일을 하는 시청자들을 실시간 방송에 붙들어 놓기 위한 노력을 경주해야 하는 딜레마가 존재하고 있다.

그러나 소셜 시청은 TV 시청경험을 확장한다는 측면도 있는데, 지상파 방송 등 전통적 방송 콘텐츠 제공 사업자 입장에서 세컨드 스크린과 소셜 TV의 결합은, 다시 말해 TV로 본방을 사수하면서 세컨드 스크린으로 프로그램 관련 대화를 나누는 소셜 시청은 시청률도 유지하고 시청자들의 몰입도와 충성도도 확보할 수 있는 좋은 전략이 될 수 있다.[101] 다만, 소셜 TV 이용이 본방 시청률을 얼마나 올려주고 실제 광고 수익에도 긍정적인 역할을 해 줄 수 있는지, 소셜 TV를 통해 방송사가 시청자를 정확하게 이해하게 되고, 이들 정보를 활용한 새로운 비즈니스 창출 기회를 마련할 수 있을지 앞으로 관찰해 보아야 할 것이다.

동시소비가 일상화되면서 TV가 세컨드 스크린으로 물러나는 상황을 가정할 수 있다. TV가 여전히 퍼스트 스크린의 자리를 차지하고 있는 경우라면, 방송사업자는 세컨드 스크린을 TV와 연동한 서비스를 제공하거나 그러한 서비스 이용을 활성화시킴으로써 시청의

---

101) 미국의 콤 캐스트는 소셜TV 서비스인 Zeebox에 투자했는데, 프로그램 시청 중에 Zeebox를 이용하여 콘텐츠 정보를 확인하거나 방송 내용으로 SNS로 연결하거나 쇼핑하는 기능을 제공. Zeebox는 전국으로 흩어져 있지만 동 시간대에 TV 프로그램을 시청하고 있는 수백만 명의 시청자들을 실시간 소셜TV로 끌어들이고자 다양한 시도를 하고 있으며, 이러한 시도들은 TV 시청 도중 게임이나 쇼핑 등 TV를 벗어난 행동을 'TV 연관 소비'로 바꾸어 TV의 분산된 몰입 수준을 한 곳으로 모으려는 시도로 해석된다(제레미, 2013).

몰입도 저해나 광고 회피 문제를 해결해 갈 수 있다. 그런데 만약 TV가 세컨드 스크린(Second Screen)이 되는 상황, 예를 들어 TV를 보면서(주 행위) 다른 매체나 디바이스를 이용하는 것이 아니라, 스마트 폰으로 다른 서비스를 이용하면서 켜져 있는 TV를 흘끔거리며 보는 보조적 행위가 된다면, 문제는 달라진다. 사업자들의 고민이 TV자체를 퍼스트 스크린으로 만드는 전략이 되어야 하기 때문이다.

정리하기

1 미래를 나타내는 용어는 일반적으로 전략적 미래예측 방법론 상 변화가 일어나게 되는 시간적 차이, 즉 얼마나 긴 기간에 걸쳐 일어날 것 인가하는 시간의 문제와 각 변화가 가지는 영향력, 즉 공간에 대한 점유율 등의 변화의 크기에 따라 8가지 정도로 나누어 정의될 수 있는데, 국제미래학회에서 정의하는 미래를 나타내는 용어에 대해 설명하시오.

2 소비자행동(Consumer's Behavior)란 무엇인가?

3 소비자 구매행동과 관련하여 미국의 경제학자 롤랜드 홀(Roland Hall)의 AIDMA이론에 대하여 설명하시오

4 디지털 네이티브(Digital Native)란?

5 스낵 컬쳐(Snack Culture)란?

6 삼성경제연구소에서 발표한 최근 젊은 세대들의 4가지 소비 트랜드는 무엇인가?

7 동영상 소비의 변화 중 비선형적 동영상 콘텐츠 소비에 대해 설명하시오.

8 Zero TV 가구란 무엇인가?

9 네비게이션(Navigation) 소비자란 무엇인가?

확인하기

1 유행, 패드(Fashin, Fad) : 시간적으로 짧은 주기를 가지며, 공간적으로 어느 분야라는 영역에 한정되어지는 경우 트랜드(Trend) : 변화의 공간적 범위는 유행에 비해 크며, 시간상으로도 보통 10여 년에 걸친 주기를 가지는 경우 메가트랜드(Megatrend) : 변화의 주기는 수 십 년에 걸쳐 있으며, 그 기간 동안 변화의 공간은 삶의 거의 모든 영역에 걸쳐 나타나는 경우 불확실성(Uncertainty) : 트랜드와 비슷한 시간에 걸쳐 변화하며, 공간적 범주도 유사한 경우 빅 체인지(Big Change) : 시간적으로 훨씬 긴 변화의 주기를 가지며, 공간적으로도 큰 영역을 차지하는 경우 불변성(Invariability) : 트랜드와 비슷한 시간과 공간 속에서 좀처럼 변하지 않는 것을 의미 법칙, 패턴(Law, Pattern) : 변화의 구성 요소들 간의 상호작용에서 생기는 규칙이 작동되는 것으로, 불변성이 확장되어 긴 시간 동안 특징이 유지되며, 적용영역도 크게 변하지 않는 경우 패러다임(Paradigm) : 가장 시간적으로 긴 변화이며, 공간적으로 거의 모든 영역에 영향을 미치는 현상을 일컫는 것

2 소비자 행동(consumer's behavior)이란 '인간의 다양한 행동영역에 있어서 소비와 관련한 형태의 인간행동'을 의미하는 것으로서 인간이 소비생활을 함에 있어서 행하는 심리적·물리적 행동 등을 포함하는 개념으로 이해되고 있다.

3 소비자가 상품이나 서비스에 대한 정보나 광고를 접한 후 어떤 단계를 거쳐 상품을 구매하는가를 설명한 이론이다. 다시 말해 AIDMA란 소비자의 행동 방식이 Attention(주의) - Interest(관심) - Desire(욕구) - Memory(기억) - Action(행동) 순으로 이뤄진다는 이론

4 1980년대 들어서면서 컴퓨터의 대중화로 인한 개인용 컴퓨터 보급의 확대와 1990년대 휴대전화 및 초고속 인터넷 서비스의 보급으로 인터넷 이용이 보편화되면서 정보의 접근성이 높아지고, 다양한 멀티미디어 환경을 통한 콘텐츠 서비스를 즐길 수 있는 등 디지털 컨버전스 혁명기에 성장기를 보낸 세대를 지칭한다.

5 즉시성을 선호하여 5분 이상 되는 콘텐츠에 대해서는 그 내용이 아무리 효용가치가 있다하더라도 이를 이용하는 것을 꺼려하며, 5분 이하의 짧은 콘텐츠(Micro chunk)를 선호하고, 유튜브(YouTube)나 트위터(twitter), 카카오 톡등의 성장과 글로벌화 혹은 웨비소드(Webisode)라는 새로운 형식의 드라마가 등장하는 등의 현상 등에서 볼 수 있듯이 단편적 내용들을 선호하는 문화를 일컬어 스넥 컬쳐(Snack Culture)라 한다.

6 대표 아이콘을 추종하고, 패션 유목민(Nomad)적 특성을 가지며, 현실에 대한 반항심을 표출하고, 사이버 네트워킹(Cyber Networking)을 통한 관계 형성에 익숙하다.

7 과거에는 지상파 방송사들이 제공하는 방송 콘텐츠 편성 스케줄에 맞춰 정해진 시간에 지상파 방송 프로그램을 시청하는 수동적 시청이 방송 콘텐츠 소비의 주된 방식이었다. 소비자에게는 시청하거나 시청하지 않는, 즉 다시 말해 본방을 보거나 재방을 보는 정도의 옵션이 있었을 뿐이다. 그러나 이제는 시간과 장소, 방송 콘텐츠를 소비하는 단말기의 종류 등에 구애를 받지 않고 시청자들이 직접 선택해서 이용하는 등 방송콘텐츠의 시청형태, 특히 TV를 단말기로 하여 방송 콘텐츠를 시청하는 등 방송 콘텐츠 나아가 동영상 콘텐츠의 소비 행태가 비선형적(Nonlinear)으로 변화되어 지고 있다. 또한 시청 패턴 역시 주문형 비디오(Video On Demand)로 빠르게 움직이고 있다.

8 소비자들의 동영상 콘텐츠 소비 행태나 이용 미디어들의 변화는 결국 젊은 세대들을 중심으로 TV라는 단말기로 부터의 이탈이 본격화되고 있는데, 이처럼 동영상 콘텐츠 소비 시 TV를 보유하지 않고, 나아가 TV이외의 다른 단말기를 이용하는 가구, 즉 TV 수상기가 없거나 있더라도 전통적인 유료방송 서비스에 가입하지도 않고, 직접 수신을 통해 지상파 방송도 이용하지 않는 가구들을 일컬어 일명 'Zero TV 가구'라고 부른다. 이는 소비자들의 동영상 콘텐츠 소비에 있어서의 이용 단말기의 변화를 보여줌과 동시에 동시소비, 소셜시청, 비선형적 이용 및 멀티스크린 소비라는 소비자들의 소비 행태의 변화를 대표하는 특징 중의 하나이다.

9 네비게이션(Navigation) 소비자란 모바일 앱을 통해 자신이 원하는 키워드나 가격대를 설정해 놓고, 온라인 상에서 설정에 맞는 정보가 등록되어, 알림을 통해 쇼핑 안내가 제공되면, 소비자는 자신에 최적화된 맞춤형 서비스를 통해 소비의 방향을 안내해 주는 '네비게이션 서비스'를 통해 소비하는 소비자

제2절 미디어의 변화

미디어란 “정보나 내용물, 즉 콘텐츠를 저장하고, 전달하기 위해 사용되는 매체[102)]”, 다시 말해 정보와 가치를 전달하는 모든 수단 혹은 불특정 다수의 수용자에게 배포할 목적으로 내용물(정보, 메시지 등)을 생산·배포하는 체계화된 물리적, 비 물리적 체계를 일컫는다. 대중 매체는 상업적·비상업적 목적으로 불특정 다수의 수용자에게 내용물을 대량생산·편성·배포·이용 등의 전반적 과정이 포괄적으로 담겨진다. 전통적으로 최근까지의 미디어는 대중 매체(Mass Media)와 동의적 개념에서 이해되어 왔으나, 정보통신 기술의 발달과 인터넷의 보편화로 인해 미디어의 다변화와 다양화가 급속히 진전되고, 다양한 뉴미디어가 등장하고 있다.

이처럼 인터넷의 등장과 더불어 탄생되어지는 인터넷 미디어는 인터넷이란 네트워크 위에서 이루어지는 내용물의 생산·배포·이용 체계를 포괄적으로 지칭하는 개념이라고 할 수 있다. 또한 뉴미디어(New Media)란 말 그대로 ‘새로운 매체’를 의미한다. ‘정보나 내용, 즉 콘텐츠를 저장하고, 전달하기 위해 사용되는 매체’가 새롭게 재탄생된 것을 일컫는 말이다. 따라서 뉴미디어의 해석에서 우리가 특히 주목해야 할 것은 ‘새롭다.’라는 의미다. 우선 ‘새롭다.’라는 말의 사전적 의미는 ‘지금까지 있었던 적이 없으며, 과거와 달리 생생하고 산뜻하게 느껴지는 맛이 있어 매우 절실히 필요하거나 아쉬운 것’이다. 이를 다시 미디어 측면에서 해석해본다면, 뉴미디어란 ‘시대와 사회의 발전에 따라 상대적이며, 절실한 필요에 따라 만들어지는 것’으로 ‘콘텐츠를 전달하는데 기존의 것보다 새로운 기술이나 서비스에 의해 다른 전달 방법을 보이는 매체’라 풀어볼 수 있다.

기술의 미래를 예측할 때 기술의 발전이 선형적으로 이뤄질 거라 막연하게 인식할 수도 있다. 그래서 빠르게 진화하고 있는 기술의 본질적인 변화를 제대로 알아차리지 못하는 경우가 많다. 하지만 기술이 발전해온 과거를 돌이켜보면, 새로운 기술은 다분히 불규칙적으로 등장하거나 불연속적으로 보일 만큼 큰 폭으로 도약하곤 한다. 특히 혁신적인 기술일 때는 그 정도가 더욱 심하다. 기술은 유기체와 같이 생태계를 이루며 생존경쟁에서 도태와 성장을 반복한다.

이런 의미에서 인터넷의 등장과 정보·통신 기술의 파괴적 발전(disruptive enhancement)은 다른 분야보다도 미디어 산업 분야의 혁명적 변화를 야기시키고 있다. 인터넷을 미디어와 동의어적으로 사용하는 경우가 있는데, 그 자체를 미디어로 이해하기보다는 콘텐츠를 전달하기 위한 물리적, 기술적 네트워크로 인식하는 것이 타당할 것이다. 물리적·논리적 측면에서 네트워크를 통해 다양한 서비스들이 만들어지고 서비스되고 있으며, 그러다보니

102) 출처 : 네이버 국어사전

서비스를 제공하는 플랫폼 역시 다양하게 등장하고 있다. 한편으로 서비스를 제공하는 플랫폼이 미디어로 새로이 인식되어지기도 하고, 새로이 등장하는 미디어들은 하루가 다르게 변모하고 또 다른 새로운 미디어, 즉 뉴미디어를 만들어 가고 있다. 한마디로 스마트 혁명이라는 기술적, 산업적 트랜드가 미디어 산업에서의 빅뱅(Big Bang) 시대를 만들어가고 있는 것이다.

예컨대, 우리가 음악을 즐기는 데 사용하는 미디어를 보자. 최초의 미디어는 1857년 프랑스의 L.스콧이 메가폰에 막을 붙여 사용한 것이 계기가 되어 축음기의 개발로 이어지게 된다. 이 축음기를 통해 음악을 듣기 위해 A.G.벨(Bell)이 1885년 녹음 기술을 발명, 1948년 컬럼비아 사가 LP판을 만들기 시작하면서 탄생했다. 그러나 이 LP판은 1976년 필립스와 소니에 의해 CD라는 새로운 매체가 대체되기 시작함에 따라 올드 미디어가 되었다. 이후, MP3[103)]파일로 음원이 바뀌게 되고 음악 포털이 등장하면서 온라인으로 음악을 전달할 수 있게 된 후, CD는 다시 올드 미디어가 되었다. 이처럼 음악의 문화를 만들기 위한 수단으로서 음원을 보관하고 재생하는 방법은 기술의 발전과 함께 다양한 모습으로 변화했고, 이제는 음악을 검색하고 구매하며, 즐긴 후에는 삭제하는 "검색과 삭제의 문화(Search and Delete)"로 변화되어 가고 있다. 이제는 음원을 LP나 CD로 사는 것은 매우 오래전 역사처럼 여겨질 정도이니 그만큼 기술의 발전 속도가 매우 빠르다는 의미로도 해석할 수 있다.

그림 3-9 미디어의 변화

◆ : 1970년대, ○ : 2000년대

플랫폼 형태 / 콘텐츠 형태	지상파 TV	IPTV CATV	스마트폰	PC	포털	비디오 게임기	유선 전화	라디오	극장	DMB	e-Book	테블릿 PC
음성			○	○			◆					○
문자		○	○	○	○	○	○				○	○
드라마	◆	○	○	○	○	○		◆		○		○
게임	○	○	○	○	○	◆						○
웹서비스	○	○	○	○	○	○					○	○
음악	○	○	○	○	○	○		◆		○		○
뉴스.정보	◆	○	○	○	○	○		◆	◆	○	○	○
영화(영상)	◆	○	○	○	○	○			◆	○		○
만화(웹 툰)		○	○	○	○	○						○

103) MP3(MPEG Audio Layer-3) : 음악 등 각종 오디오용 데이터를 저장한 컴퓨터 파일. 여기서 MPEG (Moving Picture Experts Group)이란 국제 표준화 기구(ISO, International Organization for Standardization) 산하의 동영상 연구모임.

이처럼 뉴미디어는 정형화된 모습을 갖는 것이 아니라 늘 혁신적 기술의 발전과 그에 따른 소비자의 소비문화의 변화 속에서 새로이 등장하고 진화하는 상대적 개체로서 항상 변화(variableness)하는 변동성을 가진다. 기존 미디어의 정보처리나 전달 방식에 수정이 가해지거나 새로운 기능이 부가됨으로써 기존 미디어와는 다른 별개의 특성을 갖게 되는 것이다.

1 미디어의 변형 및 선택 관련 이론

가 미디어 모포시스(Media Morphosis)와 상대적 불변 이론(principle of relative constancy)

미디어의 발전 과정을 이해하기 위해서는 로져 피들러(Roger Fidler)에 의해 주창된 '미디어 모포시스 이론(Media Morphosis theory)', 즉 미디어가 변화해 가는데 있어 발생되는 다양한 특성에 대해 고려해 볼 필요가 있다. media morphosis는 매체를 뜻하는 'media'와 변형을 뜻하는 'metamorphosis'의 합성어로, '미디어의 변형'이라는 의미를 갖는다.

미디어 모포시스 이론은 기술의 변화와 새로운 기술의 도입으로 인한 미디어의 사회적 의미와 영향 등에 대해 미디어의 생태학적 접근을 위한 이론적 기반을 제공한 이론이다. 미디어 모포시스 이론에서 주장하는 핵심은 뉴 미디어가 등장하면 뉴미디어가 올드 미디어를 대체하여 올드 미디어가 완전히 사라질 것으로 이해하고 있지만, 실상은 전통적 미디어, 즉 올드 미디어는 사라지거나 소멸하지 않고, 전통적 미디어 상호 간 혹은 새로운 미디어와 전통적 미디어 간 서로 영향을 주고받으며, 장점을 취해 진화해 나가는데, 이는 인간의 욕구와 필요, 시장과 정치의 영향, 사회와 기술발전 등 여러 요인들이 복합적으로 상호작용하여, 미디어 변형을 가져오게 하는 현상을 보이게 된다고 주장하고 있다. 미디어 모포시스 이론은 미디어의 미래를 예측하는데 활용되어질 수 있으며, 공진화와 공존(coevolution & coexistence), 변형(metamorphosis), 전파(propagation), 생존(survival), 기회와 필요(opportunity & need), 확산의 지연(delayed adoption) 등을 미디어가 변형되어지는 미래를 예측하는 원리로 제시하고 있다.

먼저 공진화와 공존은 미디어가 복잡한 시스템 내부에서 확장, 적응하기 위해 공존하면서 서로가 서로에게 영향을 주고받으며, 진화해 나가면서 존재한다는 의미이다.

변형은 새로운 미디어가 어느 날 갑자기 나타나는 것이 아니라 기존의 미디어가 점진적으로 변형한 결과에 의해 나타난다는 의미로, 새로운 형태의 미디어가 나타나면, 기존의 미디어나 미디어의 형태는 사라지는 것이 아니라 스스로 진화하거나 변화에 적응하려는 현상을 보이게 된다는 것이다. 변형의 원리는 미디어 진화나 미디어의 미래 변화를 예측하기 위한 토대가 되는 개념으로 받아들여진다. 예를 들어 텔레비전이 등장하면서 라디오라는 전통적 미디어는 매 시간 정각에 뉴스를 내보내는 기능을 대신하여 음악 콘텐츠나 시사토크 등을 주요 방송 콘텐츠로 송출하면서 스스로 체질을 바꿔 살아남았고, 텔레비전 역시 디지털 시대가 도래(到來)하고, 인터넷의 영향에 따라 다양하게 새로운 미디어가 탄생하게 됨에 따라 그들과의 차별적 서비스 제공을 위해 기존에 강점을 두었던 뉴스와 시사, 교양보다는 엔터테인먼트 쪽으로 체질을 개선해 나가는 등 새로운 변형을 만들어 가고 있다. 최근 텔레비전 프로그램이 오감을 중시하는 소비자들의 트랜드 변화에 맞춰 소위 '먹방' 혹은 '백선생의 집 밥'이라는 미각을 자극하는 프로그램 등 지상파나 케이블TV, 종합편성채널 할 것 없이 인기 셰프(Chef)를 앞세운 요리 TV 프로그램 제작에 열을 올리는 등 다양한 엔터테인먼트 위주의 프로그램으로 편성하는 것도 이러한 변형을 통한 진화의 방향으로 판단된다.

전파는 미디어가 널리 전파되고 확산되는 것을 의미하는 것으로, 뉴미디어는 전통적 미디어의 특성을 유전적으로 물려받게 되며, 구어, 문어, 디지털 언어가 커뮤니케이션 코드가 되어 전통적 미디어가 갖는 특성을 확산시키게 된다는 것이다. 생존은 미디어 기업뿐 아니라 해당 미디어 자체도 변화하는 환경 속에서 적응하도록 강제되며, 그렇지 못할 경우 역사에서 사라지는 미디어가 된다는 것을 의미한다.

기회와 필요는 새로운 미디어가 만들어 지면, 새로이 만들어진 뉴미디어가 단순히 혁신적인 기술을 활용하여 만들어졌다는 이유만으로 소비자에 의해 선택되고, 소비되어지는 것이 아니라, 그 기술을 필요로 하는 사회, 정치, 경제적 동기가 존재해야만 즉, 그러한 동기에 의해 소비자가 필요를 느낄 때만이 확산이 가능하다는 뜻이다. 전파나 확산의 지연 현상은 새로운 미디어와 그 기술의 상업적 성공이 단시간에 이루어지기보다는 최소한의 시간, 일반적으로 약 20년에서 30년 정도의 시간, 다시 말해 한 세대에 걸친 시간이 필요함을 강조한다. 따라서 뉴미디어를 올드미디어와 구분하는 이분법적 시각으로 보는 것을 지양하고, 미디어의 전체적인 역사 시스템 안에서 결과물로 인식한다면 현재의 뉴미디어를 통해 미래의 뉴미디어에 대한 성찰이 가능할 것이라고 주장하고 있다.

결론적으로 정보통신 기술의 발전과 인터넷의 등장으로 혁신적 변화를 보이고 있는 미디어 산업 환경에서도 다양한 미디어가 공존하면서 상호 밀접한 관계를 맺으며, 미디어 산업을 둘러싼 생태 환경의 변화에 능동적으로 대처하면서 살아남기 위해 변형을 거듭하는 등 전통적 미디어(Old Media)의 사회적, 기술적 변형을 통해 새로운 미디어가 만들어지고, 새로운 미디어와 전통적 미디어 등 모든 미디어는 같이 진화하고, 변형되어지면서 존재하게 된다는 것을 강조하고 있다.

사용자가 새로운 미디어를 채택하게 되는 요인에 대한 분석 이론으로서 가장 많이 사용되는 것으로, 로저스(Everett M. Rogers)의 개혁확산이론(Innovation Diffusion Theory)과 기술수용모델 이론(TAM: Technology acceptance model)을 들 수 있다.

개혁 확산 이론은 뉴미디어가 소비자에 의해 채택되어지고 소비되어지는데 소요되는 시간과 속도에 관해 혁신확산곡선으로 설명한 것으로, 미디어의 채택이 확산되어 나가는 과정에 초점을 맞추고 있다. 여기에 대해서는 미디어선택의 영향에 대한 이론 중 혁신확산모델(Diffusion of Innovation)을 통해 자세히 설명코자 한다.

반면, 기술수용모델은 조직의 업무 성과를 개선하기 위해 정보기술을 도입하는데, 조직 구성원들이 새로이 도입되는 정보 기술을 수용하는데 영향을 미치는 요인들이 무엇인지 밝히기 위한 이론적 틀로서 개발되었다(Davis, 1989; Davis, Bagozzi, & Warshaw, 1989). 이는 조직에서 어떤 혁신을 하기 위해 정보기술을 도입하는 것에 대해 조직 구성원이 가지고 있는 믿음(beliefs)과 긍정적 또는 부정적 평가인 태도(attitudes), 이용 의사(intention to use)와 실제 이용(actual use)으로 이어지는 현상 간에 어떤 인과관계가 있는지, 그리고 조직 구성원이 정보기술을 수용하는 과정에 영향을 미치는 외부 요인들은 어떠한 것이 있는지를 발견하는 데 초점을 맞춘 이론인데, 이를 새로운 미디어를 수용하는데 있어 이용자들이 새로운 기술을 적용하여 만들어지는 뉴 미디어를 수용하는 이유에 대한 연구로 확대, 적용된 것이다. 이 이론에 따르면 기술수용모델은 정보기술 시스템에 대한 조직 구성원의 이용 의사를 예측할 수 있는 핵심적인 결정요인으로 태도를 제시하고, 합리적 행위 이론에서는 구체화되지 않은 태도의 결정요인들로 '인지된 유용성(perceived usefulness)'과 '인지된 이용 용이성(perceived ease of use)'을 도출하였는데, 이는 미디어 이용 의사에 영향을 미치는 핵심 변인으로 제시될 수도 있다. 다시 말해 사용자(수용자)가 새로운 기술이나 시스템의 도입을 통해 만들어지는 미디어가 개인의 생산성과 효율성의 증대에 기여할 것이라는 인지된 유용성과 그것을 이용함으로써 정신적, 신체적 노력이 많이 요구되지 않을 것이라는 주관적 믿음에 따른 인지된 이용 용이성의 정도에 따라 채택될 수 있을 것이라 설명하고 있다.

맥콤(McCombs)은 미디어 소비에서의 '상대적 불변 이론(principle of relative constancy)'을 제시하였는데, 이는 '시간이 지날수록 미디어의 수는 늘어나지만 실제로 개인이 미디어 소비에 투입할 수 있는 경제력은 제한되어 있어 전체 소득 중 미디어에 소비하는 지출 비용이 일정하게 유지'된다고 주장하였다. 상대적 불변 이론은 미디어 산업에서의 관심경제(attention economy)의 중요성으로 설명되어 질 수 있는데, 결과적으로 거시적 차원에서 미디어 소비에 일정한 한계점이 존재한다고 보고, 궁극적으로 사용자 개인의 미디어 소비를 위한 지출의 규모나 수준을 결정하는 것은 국가 경제 전반과 밀접한 관련이 있다고 주장하고 있다. 따라서 미디어 모포시스 이론에 의해 변형되어 탄생되는 뉴미디어로의 미디어 변형과 확산은 결국 무한대의 경쟁과 경쟁 상황에서의 적자생존의 형태로 나아갈 수밖에 없다는 사실로 귀결된다.

다만, 1975년 소니(Sony)에 의해 가정용 VCR(Video Cassette Recorder)이 출시되었을 때, 미국 가정의 미디어에 대한 소비 지출이 소비 증가율 보다 높은 것으로 나타난 바 있는데, 이는 새로운 미디어에 대한 지출 욕구가 강해져서 전체 가계 지출 수준보다 높은 비중으로 미디어 소비 지출을 한 현상으로 맥콤의 상대적 불변 이론과 다른 패턴이 나타난 것이다(Owen & Wildman, 1992). 이러한 예외적 현상은 미디어 모포시스 측면에서도 단순한 진화적 변형이 아닌 혁신적 변화, 즉 파괴적 기술에 의한 혁신적 미디어의 등장은 단기적으로는 새로운 미디어 소비를 창출할 수 있으나, 장기적으로는 상대적 불변이론으로 수렴해 갈 수 밖에 없다는 것으로 설명될 수 있다.

나 미디어 선택의 영향에 대한 이론

미디어의 변화 현상에서 살펴본 바와 같이, 인터넷의 등장과 정보통신 기술의 발전에 따라 다양한 형태의 새로운 미디어들이 등장하고, 미디어 산업에서도 무한대의 경쟁적 환경이 도래됨에 따라 소비자들이 왜 그 미디어를 선택 하는가 ? 하는 선택의 문제를 설명하는 이론으로 사회인지이론(Social Cognitive Theory), 혁신확산모델(Diffusion of Innovation), 이용과 충족(Use and Gratification), 계획된 행동 이론(The Theory of Planned Behavior) 등 4가지 이론으로 설명되어지고 있다.

사회인지이론은 알버트 밴두라(Albert Bandura)[104]에 의해 제안된 것인데, 개인들의 학습에 영향을 미치는 것은 환경과 개인 변인(變因, factor) 그리고 행동 등 세 가지이며, 이들 간의 상호 작용에 의해 학습이 이루어지게 된다고 주장한다. 다시 말해 개인들은 다른 사람의 행동이나 주어진 환경과 그에 따른 상황을 관찰하고 이에 대한 모방을 통해 스스로 학습하게 된다는 것이다. 학습에서 중요한 것은 모델링, 즉, 개인(모델)이 다른 개인(관찰자)의 사고, 태도, 또는 외형적 행동에 대한 모방으로, 개인은 자신이 모델링한 것을 행동으로 나타내게 된다.

따라서 자신도 노력하면 성공할 수 있다는 학습자의 신념, 그리고 자신의 능력에 대한 믿음인 자기 효능감(self-efficacy)[105] 이 두 가지가 개인의 학습에 중요한 요인으로 작용하게 되며, 그에 따라 소비자가 새로이 만들어지거나 변형되어 탄생되는 미디어를 선택하고 소비하는데 있어서, 소비자가 해당 미디어를 소비함으로써 다른 사람에 비해 더 효율성 등을 높일 수 있다는 신념이나 자신도 새로운 기술에 의해 만들어진 뉴 미디어를 활용할 수 있는 능력을 가지고 있다고 믿는 자기 효능감, 그리고 자신이 모델로 삼는 다른 개인이 그 미디어를 선택하고 있는가와 같은 모델링 등의 개인적 요인들이 미디어 산업의 구조적 요인과 결합되어 개인들의 미디어 선택 행위에 영향을 미치게 된다는 것이다.

자기 효능감이 높은 사람은 새로운 미디어의 사용에 대해 긍정적이나, 반대로 낮은 사람은 부정적으로 파악하는 것으로 관찰되었다. 자기 효능감을 높임으로써 새로운 미디어를 받아들이는 확률이 높아지게 되는데, 자기 효능감을 높이기 위해서는 다양한 요소들

104) 밴두라(Albert Bandura) : 1977년 출간한 ≪사회학습이론≫을 통해 사회학습이론의 학문적 발판을 마련한 심리학자로, 초기에는 행동주의 학습이론에서 출발해 나중에는 인지적 측면을 중시하는 사회학습이론을 발전시킴.

105) 출처 : Eastin & LaRose, 2006.

이 작용하거나 영향을 미치는데, 그 중 성취 경험을 쌓아가거나, 기술의 숙련도를 높이거나, 다른 사람을 관찰하고 이들의 행동을 모델링하거나, 소셜 미디어 등 새로운 미디어의 양방향성 특성을 통해 다른 사람들로부터 긍정적 피드백을 받거나, 스스로 감정적인 상태를 긍정적으로 만드는 등의 요소들이 작용하게 된다. 또한 이들 요소들을 통해 새로이 만들어지는 미디어를 능숙하게 활용하고, 사회적 학습을 활발히 수행함으로써 개인의 자기효능감을 높이게 된다.

에버렛 로저스(Everett M. Rogers)가 1962년에 제시한 혁신확산이론(Innovation Diffusion Theory)은 소비자가 '새로운 것으로 인식하는 아이디어, 관행, 또는 사물'등 혁신이 받아들여지는 원인들과 혁신의 확산 속도와 채택 시점의 차이를 가져오게 하는 원인 등을 파악하는 데 초점이 맞추어져 있다. 이 이론에서는 혁신 성향을 기준으로 사회 구성원들을 범주화해 혁신가(innovators), 초기 채택자(early adopters), 초기 대다수(early majority), 후기 대다수(late majority), 혁신 지체자(laggards) 등 5가지 범주로 구분하고, 각 집단의 구성 분포가 각각 2.5%, 13.5%, 34%, 34%, 16% 등으로 구성되고 있는데, 초기 대다수에 해당하는 34%, 즉 초기 대다수의 소비자(수용자)에 의해 뉴미디어가 수용될 때 해당 미디어는 대중화되었다고 하며, 이 지점을 절대적 다수(critical mass)라고 표현하기도 한다.

혁신확산이론에 근거해 진행되어진 다양한 연구결과들에 따르면, 새로운 미디어의 확산이 이루어지는 속도 측면에서 영향을 미치는 요인으로는 상대적 이점, 적합성, 시험가능성, 관찰가능성, 복잡성 등 5가지를 제시하고 있으며, 상대적 이점이나 적합성, 시험 가능성, 관찰 가능성이 높고, 복잡성이 낮을수록 새로운 미디어를 채택하거나 미디어가 확산되는 속도가 빠르다고 한다. 상대적 이점(relative advantage)은 새로운 미디어 서비스가 기존 미디어보다 수용자(이용자)에게 더 좋은 가치와 혜택을 제공하기 위해 만들어내는 혁신이 얼마나 더 많은 이점을 갖는가하는 점이고, 적합성(compatibility)이란 뉴미디어가 수용자가 갖고 있는 기존의 가치관, 경험, 필요 등에 부합한다고 인식하는 정도를 의미한다. 시험가능성(trialability)이란 새로운 미디어의 구매나 미디어 서비스에의 가입 등 새로운 서비스를 채택하기 이전에 수용자가 직접 경험해 볼 수 있는 정도를 나타내며, 관찰가능성(observability)은 새로이 혁신에 의해 만들어진 서비스나 제품을 채택한 결과 다른 수용자들이 얼마나 효율적으로 변화되었고, 이용에 따라 변화된 현상을 직접 확인해 볼 수 있는 가능성을 의미한다. 복잡성(complexity)은 혁신을 통해 만들어진 서비스나 제품을 이해하거나 사용하는데 있어 어렵다고 느껴지는 정도를 의미한다.

다시 말해 새로운 미디어가 탄생할 때 제공하고자 하는 공급자 입장에서 미디어 수용자에게 제공해야할 상대적 가치, 수용자들의 기대에 부합하는 기능이나 품질, 쉽게 접근할 수 있는 접근의 용이성, 체험을 통한 경험의 매매가 가능하게 해 주는 것 등이 확산에 있어 중요한 요인이라는 것으로 이해된다.

그림 3-10 혁신 확산 곡선[106)]

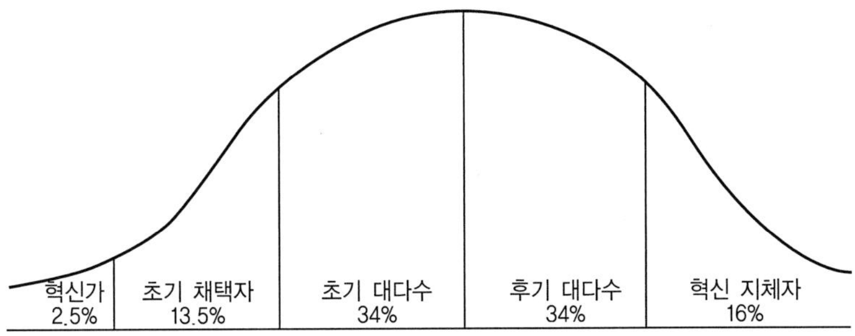

이용과 충족 이론(Uses and Gratifications Theory)[107)]은 첫째, 사람들이 미디어를 이용하도록 하는 이유는 무엇이며, 둘째, 미디어 이용을 하도록 사람들에게 동기 부여하는 것은 무엇이고, 셋째, 그로 인해 충족되는 것은 무엇인가, 즉 미디어를 이용하는 이유, 동인과 욕구의 충족 원리를 설명하는 이론이다.

이 이론은 첫째, 수용자는 능동적이고, 그들의 미디어 이용은 목적 지향적이며, 둘째, 미디어는 욕구 충족 면에서 다른 미디어와 경쟁하고, 셋째, 사람들은 자신의 미디어 이용, 관심, 동기에 대해 충분히 인식하고 있고, 넷째, 특정 미디어나 내용을 욕구와 연결시키는 가치판단은 사람마다 다르다는 기본 전제 하에 출발하고 있다.

미국 커뮤니케이션 학자인 엘리후 카츠(Elihu Katz)는 '미디어가 수용자에게 무엇을 하는가(what the media do to people?)'가 아니라, '수용자가 미디어를 이용해서 무엇을 하는가(what people do with media?)'에 관심을 두어야 한다고 주장했는데, 이는 기본적으로 과거의 수동적 수용자에 대한 관점을 능동적 수용자로 전환한 것이다. 따라서 인터넷의 등장에 따라 탄생되는 다양한 미디어 중에서 이용자가 선택을 할 때는 그 미디어를 이용할 동기가 부여되고, 미디어 이용에 따라 충족되는 욕구는 무엇이며, 이용자가 자신의 욕구가 충족된다는 것을 인식하고 있어야 한다는 것으로 이해할 수 있다.

계획된 행동 이론은 기존에 있던 합리적 행위 이론이 확장된 것이다. 따라서 계획된 행동이론을 설명하기 전에 먼저 합리적 행위 이론을 살펴보자. 합리적 행위 이론(theory of

---

106) 출처 : 뉴미디어 뉴커뮤니케이션, 조수선 외, 이화출판, 2014.10.31.

107) 1973년 카츠(Elihu Katz), 블럼러(Blumler), 구레비치(Gurevitch) 등이 주장한 이 이론.
이용(uses) : 행동이 일반적인 미디어 선택 행위라면 이용은 '특정' 미디어(신문, 방송, 인터넷 등)나 '특정' 채널을 선택하는 행위. 충족(gratification) : 미디어 이용을 통해 원래 가졌던 욕구가 얼마나 충족되었는가의 정도. 이는 충족 기대(gratification expectations)나 이후의 미디어 이용 동기에 영향을 미침. 흔히 TV와 영화는 오락 충족, 도서는 내면 자아 배양 충족을 가져오게 된다고 하나, 매체별로 단정하기는 어렵고, 장르별로 차이가 있어 뉴스는 정보 동기의 충족을, 드라마는 오락 동기의 충족을 가져올 수 있음(출처 : 네이버 지식백과).

reasoned action)은 1975년에 피시바인(Fishbein)과 아젠(Ajzen)이 주장한 이론으로, 사람들이 특정 행동에 대해 긍정적인 태도를 가지고 있고, 자신에게 중요한 주변 사람들에게 그 행동이 용인될 수 있을 때(주관적 규범), 행동 의향(동기)이 높아지게 된다고 설명한다. 이를 수식으로 나타내면,

$$BI=(AB)\alpha 1+(SN)\alpha 2$$

- BI : 행위 의향(Behavior Intention)
- AB : 행동에 대한 태도(Attitude toward Behavior)
- SN : 주관적 규범(Subjective Norm)
- $\alpha 1$, $\alpha 2$: 각각 개인이 태도와 주관적 규범에 대해 부여하는 가중치

이에 근거해 수용자가 미디어를 선택할 때의 요인들을 판단해 보면, 특정한 미디어에 긍정적 태도를 가지고 있고, 주변의 지인들과 공유하고, 수용자가 해당 미디어를 이용하는 것이 다른 지인, 특히 수용자에게 영향력을 미칠 수 있는 지인들에게 미디어 이용이 받아들여지고, 이해될 수 있을 때 해당 미디어를 선택할 의도가 높아지고 미디어를 선택하는 데 따른 효익도 극대화될 수 있다는 것이다.

그림 3-11 합리적 행위 이론

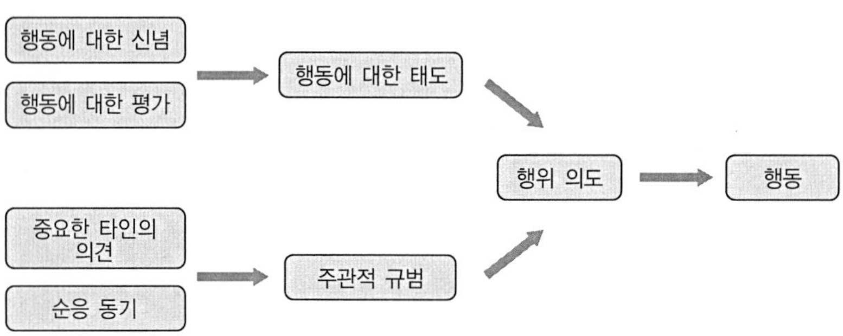

상기 그림에서 '행동에 대한 태도'는 행동에 대한 신념과 그 행동에 대한 평가를 통해 결정되데, 특정 행동을 수행했을 때, 그 행동으로 인하여 발생되는 결과가 긍정적으로 예상된다면, 그 결과에 대한 평가가 높아지게 되며, 그로 인해 행동에 대한 긍정적인 태도가 형성된다는 것이다. 주관적 규범은 사회적 영향력, 또는 사회적 압력이란 의미를 말하는 것으로 행동에 대한 행위자 주변 사람들의 평가를 의미하는 것으로, 행위자에게 중요한 의미를 가지는 준거 집단의 의견에 대해 행위자가 지각하는 정도를 나타낸다. 그러나 합

리적 행위 이론은, 태도와 주관적 규범 간의 관계를 명확하게 설명하지 못한다는 측면에서 한계를 가진다. 즉, 행동에 영향을 미치는 두 가지 요인인 행동에 대한 태도와 주관적 규범이 상호 배타적인 개념이 아니라, 태도가 규범에 의해 구성되거나, 혹은 규범이 태도에 의해 구성될 수 있다는 것이다. 나아가 합리적 행위 이론에서는 행위 의도가 형성되면, 다른 요인의 영향 없이 행위 의도가 곧 행동으로 연결된다고 본다.[108)]

하지만 행동 의향을 행동으로 전환시키기 위해서는 태도나 규범 이외에도 여러 상황으로부터 발생되는 문제를 해결해야 한다는 측면 있음을 간과한 것이란 한계를 가진다고 할 수 있다. 따라서 이러한 한계를 수정하고 보완한 대표적인 이론 중 하나로 '계획된 행동이론'이 등장하게 되었다. 아젠(Ajzen, 1985)은 행위 의도(의향)를 행동과 주관적 규범으로 설명했던 기존의 합리적 행위 이론에 '행동에 대해 지각된 통제감'이라는 제3의 변수를 추가해 태도와 행동의 관계를 조금 더 정교하게 예측하고자 했다. 다시 말해 아래의 방정식과 같이 행동을 예측하는 행위 의도는 행동에 대한 태도와 주관적 규범에다가 자신이 실제로 그 행동을 수행하거나 통제할 수 있는지? 하는 주관적 지각을 의미하는 지각된 통제감(PBC: Perceived Behavior Control) 간의 함수로 나타낼 수 있다.

$$BI = f\,[\alpha AB + \alpha SN + \alpha PBC]$$

- BI : 행위 의향(의도)(Behavior Intention)
- AB : 행동에 대한 태도(Attitude toward Behavior)
- SN : 주관적 규범(Subjective Norm)
- PBC : 지각된 통제감(Perceived Behavior Control)
- α : 가중치

그림 3-12 계획된 행동이론[109)]

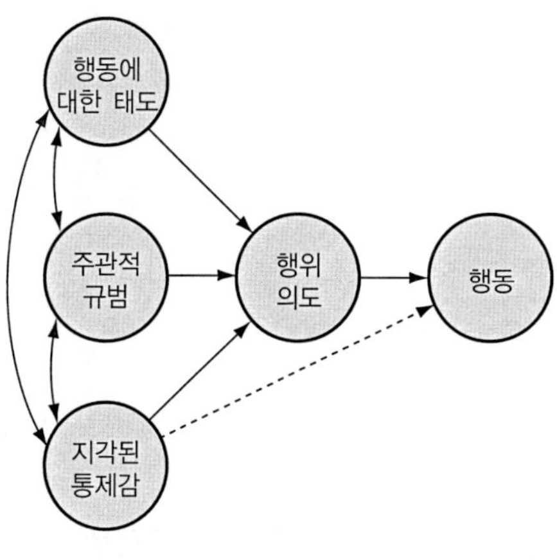

108) 출처 : 설득 심리 이론, 커뮤니케이션북스, 2013.2.25.

2 인터넷의 등장과 미디어의 변화

미디어 시장의 파괴적 혁신을 가져온 것은 인터넷의 등장이다. 인터넷은 미디어나 콘텐츠 소비 행태에서의 혁신적 변화를 유발하고 있다. 흔히 미디어라 하면 신문, 라디오, 잡지, 방송이라는 4대 매체를 의미했던 것이 2000년대까지의 대중적 인식이었다. 하지만 인터넷의 등장은 일(단)방향, 일대다식의 기존 미디어 특성을 다대다(many to many)로 변화시켰다. 더불어 시공간, 동시적, 비동시적 커뮤니케이션을 가능하게 하고 있다. 둘째, 제공자 중심의 미디어에서 사용자 중심의 미디어로 변화를 유발한 것이다. 셋째, 유통 측면에서 개별적 유통 채널을 통해 전달되어지던 기존 미디어에 비해 인터넷을 통한 새로운 미디어는 가공, 전달, 소비가 인터넷이라는 포괄적 개념의 유통망을 통해 확산되어 진다는 통합성의 특성을 가지게 되었다.

넷째, 미디어의 가치사슬 측면에서 혁명적 변화를 가져왔고, 기존 미디어와 인터넷의 결합을 통한 다양한 뉴미디어를 창출하는 새로운 혁신을 만들어 가고 있다. 다섯째, 양방향성의 제공이란 특성으로 인하여 다양한 비즈니스 모델의 창출을 가능하게 하였으며, 롱테일(Longtail) 비즈니스라는 현상을 가능하게 하였고, 개인 대 개인 간의 다양한 콘텐츠 비즈니스를 가능하게 하였으며, 흔히 CPS(Cyber Physical System) 현상을 유발하여 현실과 사이버 공간을 넘나들며 다양한 활동 및 비즈니스가 가능하게 되었다.

그림 3-13 시시각각 변화하는 인터넷 이용 현황[110]

109) 출처 : 설득 심리 이론, 커뮤니케이션북스, 2013.2.25.
110) www.internetlivestats.com에서 현재 변화하는 인터넷 이용 현황을 실시간으로 확인할 수 있음.

이처럼 인터넷이 미디어 산업의 가치 사슬에 미친 영향은 가히 혁명적이라 할 수 있으며, 이를 통해 미디어, 네트워크, 단말, 플랫폼 등 다양한 융·복합적 산업 및 가치사슬상의 변화를 유발시키고 있다. 한마디로 미디어의 스마트 화가 촉발되고 있는 것이다. 2017년 1월 현재 인터넷이 만들어진 지 28년 만에 전 세계 웹 사이트의 수가 11억 개를 넘어섰다. 전 세계 인터넷 이용자수는 35억 명을 넘어서고 있다. 하루에 오간 e메일의 수는 1,047억 개에 달하며, 하루 동안 이뤄지는 구글 검색은 23억 건이 넘는 것으로 나타났다. 이처럼 인터넷의 등장은 다양한 뉴미디어의 탄생을 가져왔고, 지속적으로 혁신을 통해 새로운 미디어 생태계를 구성해 가고 있다.

표 3-4 전 세계 20대 인터넷 이용자 국가 현황 111)

Rank	Country	Internet Users (2016)	Penetration (% of Pop)	Penetration (2016)	Non-Users (internetless)	Users 1 Year Change (%)	Internet Users 1 Year Change	Population 1 Y Change
1	China	721,434,547	52.2%	1,382,323,332	660,888,785	2.2%	15,520,515	0.46
2	India	462,124,989	34.8%	1,326,801,576	864,676,587	30.5%	108,010,242	1.2%
3	U.S.	286,942,362	88.5%	324,118,787	37,176,425	1.1%	3,229,955	0.73%
4	Brazil	139,111,185	66.4%	209,323,715	70,456,735	5.1%	6,753,879	0.83%
5	Japan	115,111,595	91.1%	126,323,715	11,212,120	0.1%	117,385	-0.2%
6	Russia	102,258,256	71.3%	143,439,832	41,181,576	0.5%	330,067	-0.01%
7	Nigeria	86,219,965	46.1%	186,987,563	100,767,598	5%	4,124,967	2.63%
8	Germany	71,012,605	88%	80,682,351	9,665,746	0.6%	447,557	-0.01%
9	U.K.	60,273,385	92.6%	65,111,143	4,837,758	0.9%	555,411	0.91%
10	Mexico	58,860,330	45.1%	128,632,004	70,615,007	2.1%	1,182,988	1.27%
11	Francs	55,860,330	86.4%	64,668,129	8,807,799	1.4%	758,852	0.42%
12	Indonesia	53,236,719	20.4%	260,581,110	207,344,381	6.5%	3,232,544	1.17%
13	Viet Nam	49,063,762	52%	94,444,200	45,380,438	3.3%	1,564,346	1.07%
14	Turkey	46,196,720	58%	79,622,062	33,425,342	5.1%	2,242,750	1.22%
15	Philippines	44,478,808	43.5%	102,250,133	57,771,325	4.4%	1,855,574	1.54%
16	**South Korea**	**43,274,132**	**85.7**	**50,503,933**	**7,229,801**	**1.2%**	**522,375**	**0.42%**
17	Italy	39,211,3.18	65.6	59,001,004	20,509,486	1.7%	666,922	0.01%
18	Iran	39,149,103	48.9	80,043,146	40,894,043	7.7%	2,784,831	1.18%
19	Spain	37,865,104	82.2	46,064,604	8,199,500	2.2%	805,002	-0.12%
20	Paristan	34,342,400	17.8	192,826,502	158,484,102	9.7%	3,024,054	2.07%

우리나라의 경우 인터넷의 이용자 수가 2016년 현재 4,300만 명에 달하고 있으며, 총인구 대비 85.7%가 인터넷을 이용하고 있는 것으로 집계되었다. 이에 따라 주요 미디어의 접속 및 이용시간에도 상당한 변화를 가져오고 있다. 특히 모바일 기술의 발전에 따라 더 많은 새로운 미디어가 등장하고, 이를 이용하여 소비자의 취향에 맞게 또 소비자가 원하는 시간과 장소, 단말기의 특성에 맞게 콘텐츠를 소비하는 것이 보편화되고 있다.

111) 출처 : http://www.internetlivestats.com/internet-users-by-country/

한국인터넷진흥원의 자료에 의하면, 2014년 7월 현재 만 3세 이상 인구의 인터넷 이용률(최근 1개월 이내 인터넷 이용자의 비율)은 83.6%로 나타났으며, 인터넷 이용자 수는 41,118천명에 이르고 있다. 인터넷 이용자 대부분(98.2%)이 주 1회 이상('하루에 1회 이상' 89.8%, '일주일에 1회 이상' 8.4%) 인터넷을 이용하는 것으로 나타났으며, 주 평균 인터넷 이용시간은 13.6시간(일평균 약 2시간)이며, 주 평균 14시간 이상('14-21시간' 16.1%, '21-35시간' 17.0%, '35시간 이상' 5.6%) 인터넷을 이용하는 경우도 38.7%인 것으로 나타났다.112)

표 3-5 국내 인터넷 이용률 및 이용자 수 변화 추이

(단위 : %, 천명)

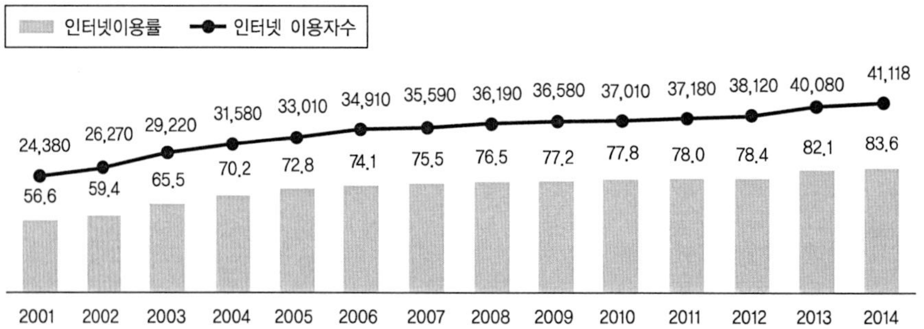

※ 1) 2004년 조사부터 인터넷에 모바일 인터넷을 포함시켰으며, 인터넷 이용자 정의도 '월 평균 1회 이상 인터넷 이용자'에서 '최근 1개월 이내 인터넷 이용자'로 변경함
2) 2006년부터 조사대상을 만 3세 이상 인구로 확대함(2000년~2001년 : 만 7세 이상 인구, 2002~2005년 : 만 6세 이상 인구)

인터넷을 이용하는 용도로는 상품 및 서비스 정보, 일반 웹서핑 등 '자료 및 정보접근/검색'이 91.1%로 가장 높았고, 다음으로 이메일, SNS 등 '커뮤니케이션(89.8%)'이 뒤를 이었으며, 연령별로 '자료 및 정보접근/검색'과 '커뮤니케이션'을 위한 인터넷 이용은 10대에서 50대까지 90% 내외로 고르게 나타난 반면, '거래활동'은 20대(86.2%), 30대(86.5%), 40대(72.8%) 등 주요 경제활동 연령층에서, '콘텐츠 생성'은 20대(25.5%)에서 타 연령층 대비 높은 수준을 보이고 있다.

112) 국내 인터넷 이용 현황과 관련된 내용은 '2014 인터넷이용실태조사, 한국인터넷진흥원'에서 인용한 것임.

그림 3-14 인터넷 이용용도(복수 응답, %) - 만3세 이상 이용자 대상

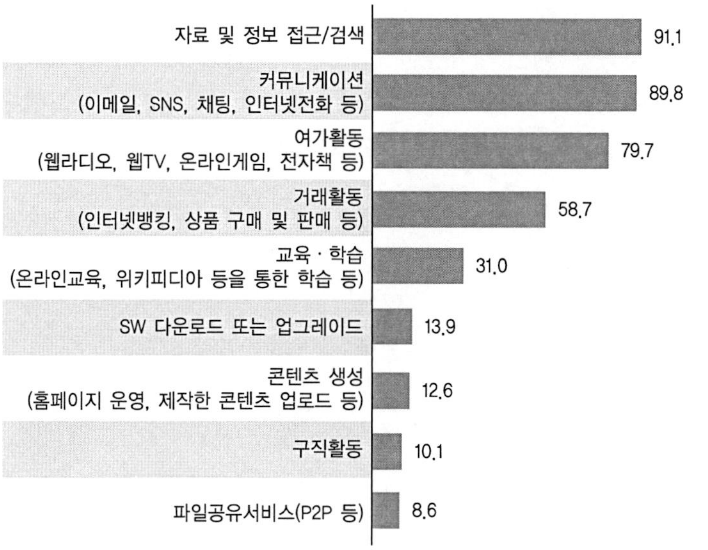

또한 만 6세 이상 인터넷 이용자의 89.2%가 최근 1년 이내 인스턴트 메신저(Instant Messenger)를 이용한 '인스턴트 메신저 이용자'인 것으로 나타났으며, 이는 전년 대비 6.5%p 증가한 것으로 대부분의 이용자들은 인스턴트 메신저를 새로운 플랫폼으로 이용하고 있는 것으로 판단된다. 특히 60세 이상(55.1%) 고 연령층의 이용률이 큰 폭(각각 18.2%p, 20.5%p)으로 상승한 것은 연령층에 무관한 사용 현상을 보여주는 것이다. 인스턴트 메신저 이용자의 20.2%는 '데스크 탑 컴퓨터'를 통해 이용하고 있는 것으로 조사되어 전년 대비 감소(2.9%p)한 반면, '스마트 폰'을 통해 인스턴트 메신저를 이용하는 경우는 97.2%로 전년 대비 증가(0.8%p)한 것으로 나타나 모바일 메신저의 보편적 이용 현상을 볼 수 있다.

그림 3-15 인스턴트 메신저 이용기기(복수응답, %)

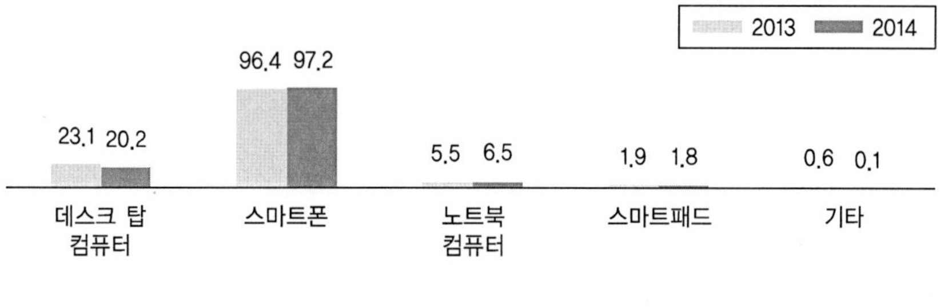

특히 미디어 이용과 멀티태스킹과 관련된 통계를 보면, TV를 시청하면서 프로그램과 관련하여 소셜 미디어로 대화를 나누는 동시 소비를 즐기는 소셜 미디어 이용자는 41%로 나타났다. 특정 프로그램을 시청하는 도중에 해당 프로그램에 대해 얘기한 경험은 13%, 시청 후 해당 프로그램에 대한 대화를 나눠보았다는 응답은 14%에 이르고 있다. 대화소재는 주로 등장인물이나 프로그램 내용이며, 응답자 3명 중 1명은 프로그램에 등장한 제품에 대해서도 이야기를 나누는 것으로 나타났다.[113]

그림 3-16 TV 시청과 소셜(Social) 미디어의 이용 행태

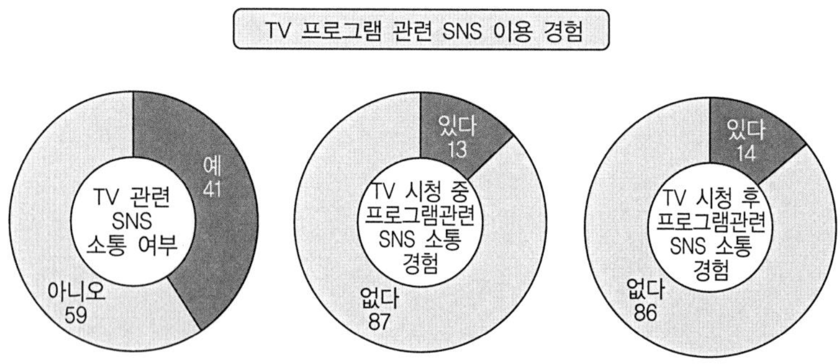

3 미디어 이용행태의 변화

인터넷이 등장하기 전에는 대부분의 정보는 매스 미디어(Mass Media)를 통해 일부 전문가들에 의해 해석되고 만들어진 내용이 일방적으로 전달되어지고, 이를 통해 정보를 얻는 것이 일반적이었다. 하지만 현재의 소비자들은 인터넷이라는 새로운 매체를 통해 탄생되는 새롭고 다양한 미디어를 활용하여 정보를 얻거나, 음악, 동영상, 웹 툰 등 다양한 엔터테인먼트 콘텐츠를 소비하거나, 다양한 응용서비스나 소셜 미디어를 이용하는 등 필요 활동들을 전개해 나가고 있다. 국내에서도 2000년대 들어서면서, 초고속 인터넷 서비스가 확산되기 시작하였고, 더불어 정보기기의 발달, 유무선 네트워크의 고속화와 보편화, 다양한 미디어 서비스의 융합화가 진전되어 감에 따라 소비자들의 미디어 이용행태에도 엄청난 변화의 물결이 나타나고 있는 것이다.

변화 현상의 일단을 살펴보면, 필요한 정보는 커뮤니티(Community)를 통해 질문하고 확인하는 집단지성의 활용 및 교류가 보편화되었고, 유사한 관심사를 갖는 사람들과 블로그(Blog)나 소셜 미디어(Social Media) 등을 통해 다양한 지식을 교류하거나, 관계나 친분

113) 출처 : 2014 MCR 연례보고서, 한국방송광고공사

중심의 양방향 소통을 하는 등의 사회 활동을 전개하는 것이 보편화되고 있다. 심지어 이러한 새로운 미디어들을 업무나 학업 등에 활용하는 등의 경제 활동도 영위하고 있다. 특히 주목할 만한 변화 중 하나는 모든 콘텐츠의 소비는 매스 미디어가 아닌 개인화된 단말기를 통해 콘텐츠의 특성에 맞게 특화된 다양한 미디어들을 통해 소비하는 것이 보편화되어가고 있다는 점이다.

전통적으로 원하는 정보를 얻기 위해 해당 사이트를 직접 방문하거나 매스 미디어를 통해 전달되는 정보를 일방적으로 받아들이는 것에 그쳐야 했으나, RSS(Really Simple Syndication)[114] 기술의 발전으로, RSS 피드(feed) 기능을 이용하여 원하는 정보나 뉴스들을 자동으로 수집하는 것이 가능해짐에 따라 이용자는 필요한 정보를 찾기 위해 각각의 사이트 방문할 필요 없이 RSS 피드가 긁어오는 다양한 정보들만 골라 한 자리에서 보는 등의 소비 행태 변화도 일어나고 있다. 집필자도 이미 10여 년 전부터 모 포털에서 제공하는 RSS 피드 서비스를 이용하여, 콘텐츠, 창조경제, 온라인 게임 등의 단어가 들어있는 자료들을 매일 아침이면 전 세계에서 제공 되어지는 정보(언론, 블로그, SNS 등을 통해 제공되는)를 사무실에 앉아서 메일로 받아보고 있다. 따라서 구태여 기존의 뉴스페이퍼(종이신문)이나 포털을 통해 필요한 뉴스 등을 검색할 필요가 없게 되었다.

또한 서로 다른 곡을 조합하여 새로운 곡을 만들어 내는 것을 의미하는 음악 용어인 매시업(Mashup)[115]이 웹상에서 웹서비스 업체들이 제공하는 다양한 정보(콘텐츠)와 서비스를 혼합하여 새로운 서비스를 개발하는데 활용되어 지게 되었고, 이러한 기술을 이용하여 다양한 구인 활동을 모두 한 번에 확인하여 구직활동을 하는 등 인터넷을 이용하여 만들어지는 다양한 미디어 활용이라는 변화가 보편화되어 가고 있다.

---

114) RSS : Really Simple Syndication 또는 Rich Site Summary의 약자로, 매우 간단한 배급 또는 풍부한 사이트 요약으로 그 자체로 풀 텍스트가 아니라, 이메일 목록처럼 헤드라인만 볼 수 있도록 하고, 원할 경우 클릭을 통해 해당 페이지로 들어갈 수 있게 해 주는 서비스. 온라인상에 콘텐츠를 배열하는 HTML과 이를 전송해주는 이메일의 장점을 하나로 묶은 기술로, 언론사 홈페이지나 블로그(blog) 등의 업데이트 정보를 한꺼번에 모아서 보내거나 받아 볼 수 있는 서비스(출처 : 네이버 지식백과)

115) 매시업(Mashup) : 웹서비스 업체들이 제공하는 각종 콘텐츠와 서비스를 융합하여 새로운 웹서비스를 만들어내는 것을 의미하는 말. 원래 서로 다른 곡을 조합하여 새로운 곡을 만들어 내는 것을 의미하는 음악 용어이지만 정보기술 분야에서는 웹상에서 웹서비스 업체들이 제공하는 다양한 정보(콘텐츠)와 서비스를 혼합하여 새로운 서비스를 개발하는 것을 의미. 즉 서로 다른 웹사이트의 콘텐츠를 조합하여 새로운 차원의 콘텐츠와 서비스를 창출하는 것을 말함(출처 : 네이버 지식백과).

그림 3-17 소비자의 미디어 이용행태 변화

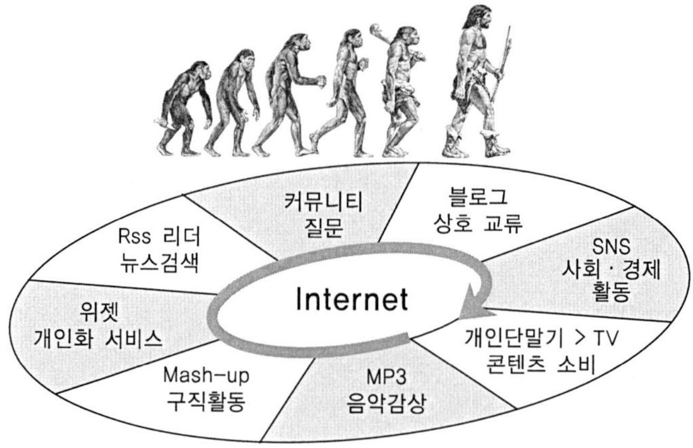

4 스마트 미디어 생태계의 등장

인터넷이라는 매체의 등장으로 인해 미디어 산업 측면에서 발생된 변화 중 가장 큰 변화의 하나는 바로 미디어의 스마트 하이다. 일반적으로 스마트란 똑똑하다는 뜻인데, 똑똑해진다는 것은 과거에 없었던 다양한 기능과 인공지능을 이용하여 이용자가 원하는 것을 자동적으로 설정할 수 있게 해 준다든지 혹은 이러한 환경을 제공해주는 것을 의미한다. 소비자는 항상 좀 더 똑똑한 기기나 환경을 원하는 것이 일반적이다. 이러한 스마트의 현상은 2007년 아이폰(iPhone)의 등장에 따른 모바일 폰의 스마트 화가 촉매제가 되었다는 것은 틀림없는 사실이다.

그러나 중요한 것은 이러한 기술적 변화로 인한 기능이나 환경의 변화를 스마트 화라 할 수는 없다는 것이다. 스마트 화를 이끄는 변화는 기술적이라기보다는 인식의 변화이며, 방향성의 변화이다. 기술적 측면에서 볼 때 그 기술은 누구를 위해 존재하며, 좋은 기술이란 과연 무엇인가와 같은 질문과 함께 스마트 시대가 열리게 된다. 또한 개발되어 지는 기술이 한 가지 목표만을 향해 나아가던 것이 고객이나 사용자들의 다양성에 눈뜨면서 진행방향이 다양해지게 되었다. 이처럼 인식과 방향성의 변화는 궁극적으로 소비자가 저마다의 방식으로 기술을 쓸 수 있고, 원할 때 원하는 기능과 환경을 제공해 줄 수 있게 되는 것을 스마트한 것이라 할 것이다. 다시 말해 이용자(고객)의 판단에 의해 스마트의 여부가 결정되어지게 된다는 것이다. 사용자가 쓰기에 안성맞춤이어야 스마트 한 것이며, 객관적인 개념이 아닌 소비자 주관적 인식에 의해 결정되어지는 것이다. 다시 말해 소비자가 자신이 쓸 제품을 직접 정의하는 데에서 스마트 화가 시작되는 것이다.

미디어의 스마트 화, 즉 스마트 미디어는 이용자의 필요에 따라 언제 어디서나 움직이면서 이용하는 이동성과 바로 그 시간에 필요한 서비스를 즉시 받을 수 있다는 실시간 즉시성, 일방적 정보의 전달이 아닌 서로 대화하고, 소통할 수 있게 되는 양 방향성, 그리고 서로의 의견이나 생각, 경험, 관점들을 공유하는 인맥 구축 등의 특성을 갖는 새로운 개념의 미디어로 정의되거나 TV, 라디오, 스마트 폰이나 패블릿, 태블릿 등 모바일 기기, MP3 플레이어 등 수용자가 이용할 수 있는 모든 미디어 기능을 하나의 단말기로 활용할 수 있게 만든 가장 이상적인 미디어[116]를 의미하기도 한다.

이처럼 미디어의 스마트 화로 인해 탄생된 스마트 미디어란 용어의 개념이나 정의에 대해서는 아직 학문적 합의를 갖고 있지는 못한 것이 현실이다. 사전적 의미로는 스마트 미디어란 스마트미디어카드(Smart Media Card)를 일컫는 것으로, 일본 도시바사에서 발표한 플래시 메모리 카드의 규격을 의미하는 용어였다. 현재 산업 생태계 측면에서 나타나고 있는 현상을 감안하여 스마트 미디어를 정의해 보면, 미디어가 스마트 화 된다는 것은 미디어를 통해 일상생활에 도움이 되는 다양한 애플리케이션의 활용이 가능하게 되어 인간 삶의 질적 향상을 가능하게 한다는 것을 의미하는 새로운 미디어로 정의해 볼 수 있을 것이다. 물론 앞서 이야기 한 이동성, 즉시성, 양방향성, 인맥 구축 등의 특징을 제공하는 미디어 특성은 말할 나위도 없다.

서비스 측면에서는 미디어가 스마트 화됨으로써, 소셜 미디어를 통한 커뮤니케이션, 게임, 동영상 등의 멀티미디어 콘텐츠 이용, 그리고 생활 및 업무생산성 등과 관련된 다양한 애플리케이션을 이용하고, 위치 정보 및 교통편 검색, 음식점 찾기, 필요한 정보검색, 금융서비스, 마케팅 및 게임서비스 플랫폼 기능에 이르기까지 필요한 다양한 콘텐츠나 서비스를 이용할 수 있게 된다는 것이며, 단말기 측면에서는 동영상, 음악, 사진 등 다양한 형태의 콘텐츠 특성에 맞는 단말기, 즉 스마트 폰, 패블릿, TV, MP 3 플레이어 등 이용자가 이용할 수 있는 모든 미디어 기능을 하나의 단말기로 활용할 수 있게 만든 가장 이상적인 단말기 혹은 이들 중 필요로 하는 기능들의 조합을 통해 만들어지는 단말기 들을 스마트 미디어라는 개념으로 이해하기도 한다.

이러한 미디어의 스마트 화에 따라 기존 콘텐츠 기업들도 당연히 서비스를 제공하는 데 있어서 미디어 이용의 다원화 현상을 보이고 있다. 기존 미디어 권력을 장악하던 대중매체의 변신 노력이나 기술의 변화에 따른 콘텐츠 소비문화의 변화를 통해 더욱 극명하게 확인해 볼 수 있다.

스마트 미디어의 등장에 따라 미디어 생태계 측면에서도 기존 미디어 사업자들에게 다양한 변신이 요구되고 있는데, 방송 사업자의 경우는 IPTV, 케이블 TV 뿐 아니라 인터넷을 활용한 새로운 미디어인 유듀브, 페이스 북 등 다양한 동영상 미디어 서비스 등 2차 유

116) 출처 : 스마트미디어 서비스 이용실태조사, 방송통신위원회, 2011.12.

통 채널을 개발하거나, 계열사를 통한 서비스 등 온라인 유통 사업으로의 변화 등 다양한 노력들을 경주하고 있다. 국내에서는 지상파 방송사들이 지분을 출자해 만든 콘텐츠연합 플랫폼을 통해 'pooq'이라는 브랜드로 새로운 서비스를 선보였다. 이들은 KBS, MBC, SBS, EBS 그리고 계열 케이블TV 채널의 실시간 방송과 VOD(주문형 비디오) 다시보기 서비스도 pooq을 통해 제공하기도 한다.

영화 산업의 경우는 인터넷을 통한 영화 및 관련 서비스인 넷플릭스를 비롯하여 다양한 형태 혹은 미디어에 의한 유통 채널 다양화가 진행되어 가고, 소비자들의 영화 콘텐츠 이용행태가 변화되어 감에 따라 온라인, 즉 인터넷 미디어를 통한 유통에도 심혈을 기울이고 있으며, 새로운 미디어 유통채널 측면에서 시장을 선점하기 위해 여러 기업들이 경쟁을 벌이고 있다. 특히 IPTV(Internet Protocol Television) 등을 통한 주문형 비디오(VOD: Video on Demand) 서비스가 영화나 드라마 등 동영상 콘텐츠의 주요한 소비 방식으로 자리매김하고 있다.

이처럼 새로운 미디어 생태계의 등장은 기존 산업에는 거대한 쓰나미로 닥쳐오고 있는데, 이러한 현상은 지난 1985년부터 미국 텍사스 주에서 시작해 2000년대 초반 영화 대여시장을 장악하며, 전 세계 25개국 8,000여개의 대여점을 보유했던 세계 최대 비디오 오프라인 콘텐츠 유통 기업인 블록버스터(Blockbuster)사가 2010년 9월 23일에 파산하는 결과를 가져오기도 하였다.

반면, 소비자들의 미디어 이용 행태 변화와 미디어의 변화에 적극적으로 대응한 넷플릭스(Netflix)사는 초기에 온라인으로 DVD 주문서비스를 시작하여 유선 기반의 스트리밍(Streaming) 서비스로 확장하였고, 이후 다양한 단말기들을 통해 서비스를 받아 볼 수 있는 엔스크린(N-Screen) 기반의 서비스를 제공하는 등 새로운 동영상 서비스 미디어로서 시장을 장악해 나갔다. 넷플릭스는 스트리밍 서비스를 제공한 후 6개월 만에 500만 편의 영화 및 TV 프로그램을 판매하기도 하는 등 세계에서 가장 성공한 영상 콘텐츠 제공 기업으로 자리매김하고 있다. 특히 그간 영화나 드라마 등의 콘텐츠에 대한 이용자들의 사용 이력, 목록, 이용자들이 매긴 평가 점수 등을 데이터에 기반 한 빅 데이터 분석을 활용하여, 선제적으로 소비자에게 각자의 취향에 맞는 개인별 맞춤 콘텐츠 추천 서비스인 시네마 매치(Cinema Match) 서비스를 제공하였는데, 약 80%의 소비자 요구 정확도를 보이는 등 새로운 미디어 서비스 생태계에서 선두적 위치를 점하기 위해 노력하고 있다.

음악의 경우도 Napster와 같은 온라인 공유 사이트(Site)를 통한 불법 유통으로 기존의 음악 시장에서의 매출액 감소를 경험하였으나, 불법 유통을 저지하려는 음반 업계의 노력으로 불법 음악공유 사이트(Site)들이 폐쇄되고, 대신 합법적인 온라인 음악 유통 회사들이 등장하면서 2005년을 기점으로 디지털 화 된 음원의 매출이 아날로그(Analog)[117]의 음원

117) 아날로그 음악은 MP3 파일로 만들어지기 이전 단계에서 LP, CD 등을 통해 유통되는 형식을 의미

매출을 넘어서게 되었다. 더불어 2001년 3월에 출시된 애플(Apple)사의 아이포드(iPod)와 아이튠스(iTunes)라는 음원 포탈 간의 가치사슬을 연계한 사업 전략의 성공에 힘입어 온라인 음악 유통의 새로운 장을 열어가기 시작했다. 아이튠스의 성공에 힘입어 eMusic, RealNetworks, SanDisk, Yahoo를 비롯하여 국내에서는 도시락(Dosirak), 멜론(Melon) 등 이동통신 사업자에 의한 음원 포털이 등장하게 되고, 음악 소비를 위한 미디어로서 그 역할을 담당하게 되었다. 이렇듯 음악 콘텐츠를 전달하는 미디어도 검색과 삭제(Search and Delete)라는 새로운 미디어 이용행태에 따라 음원 포털이라는 새로운 미디어 생태계를 탄생키시게 된 것이다.

특히 대중 매체 중 하나인 종이 신문을 발행하는 기업(신문사)의 입장에서는 새로운 미디어와의 융합을 통해 새로운 생존 방안을 강구해 나가지 않으면 안 되는 상황이 전개되었다. 따라서 신문사의 경우는 인터넷을 통한 뉴스 포털화 사업을 비롯하여, 디지털 방송, IPTV, DMB[118] 등 다양한 미디어를 활용하는 종합 미디어 기업으로의 변신을 통해 수익을 확대하고, 기존의 미디어 권력을 유지하기 위해 노력하고 있다. 미국 월스트리트 저널(Walstreet Journal)의 모 기업인 다우존스(Dow Jones)가 온라인 미디어를 만들어 경제 정보를 제공하고, 워싱턴 포스트(Washington Post)는 인터넷상의 더불유피 저널리즘(WP Journalism)을 위해 종이 신문에 한정한 승부에 집착하지 않고, 온라인, 오프라인 모두에서 최고의 콘텐츠를 생산하겠다는 10계명을 발표하였다.

뉴스를 전달하는 미디어 측면에서의 변화를 가장 적나라하게 보여주는 일이 바로 2014년 미디어 업계를 통틀어 최대 화제가 된 '뉴욕타임스 혁신보고서'이다. 세계적으로 가장 명성이 높은 신문사 중의 하나인 뉴욕타임스가 "디지털 퍼스트(Digital First) 혁신"을 선언했는데, '혁신보고서'의 핵심은 뉴욕타임스가 세계 정상급 수준을 유지하는 콘텐츠의 품질을 유지하고 있지만, 독자를 찾아내고 유지하는데 있어서는 경쟁자, 즉 다른 미디어들에 비해 뒤쳐졌다는 것이다. 따라서 앞으로 수용자를 확대시킬 방안이 무엇인가에 대한 고민을 엿볼 수 있는데, 혁신보고서에서는 수용자의 확대를 위해 시간을 두고 오래 읽히는 기사들의 라이브러리 기능을 강화한다든지, 개인 맞춤형 기사를 전달한다든지, 소셜 미디어를 이용해 기사를 프로모션하고, 디지털 미디어 이용자들이 제작한 이용자제작콘텐츠(UCC)를 활용하는 등의 방안을 제시하고 있다. 이 방안들이 완전히 새로운 아이디어는 아

---

118) DMB : 아날로그 라디오를 대체하기 위해 유럽에서 만든 디지털 오디오 방송인 DAB(Digital Audio Broadcasting)에 바탕을 두고 있음. 아날로그 방식인 FM/AM 라디오는 애초에 고정된 장소에서 수신하기 위해 개발됐기 때문에, 이동 중에 수신할 경우 음질이 떨어지고 넓은 주파수 대역이 필요하다는 단점이 있었던 반면, DAB는 빠르게 움직이는 차량에도 고품질의 음성을 제공하며 문자, 이미지 등의 부가 정보를 함께 전송할 수 있는 기술적 장점을 가짐. DAB를 우리나라에 도입하는 과정에서 동영상 서비스라는 새로운 가능성을 발견하게 됐고, 방송위원회는 DAB에 '멀티미디어 방송'의 의미를 추가한 DMB라는 용어를 만들어냄. 이후 우리나라는 2005년 세계 최초로 DMB 방송을 시작하였으며, 전송 수단에 따라 위성 DMB와 지상파 DMB로 나뉨.

니지만, 유사한 다른 언론사들에게는 스마트 미디어 환경에서 생존하기 위해 신중하게 고려해야 할 제안으로 받아들여지고 있다.[119)]

잡지 산업 측면에서는 2005년에 당시 기자이던 애리아나 러핑턴(Arianna Huffington)이 허핑턴 포스트(Huffington Post)라는 정치 관련 뉴스를 제공하는 온라인 잡지를 만들었는데, 바로 집단지성을 이용하되, 전문지식을 가진 블로거(Bloger)들이 자발적으로 기사를 작성하는데 참여하게 만들고, 소셜 미디어를 통해 소비자들이 연계 이용할 수 있게 함으로써 새로운 미디어 잡지를 선보이게 되었다. 특히 2007년 미국 대선을 맞아 최초로 대선주자들 간에 온라인 토론회를 주관하고, 버락 오바마(Barack Obama) 미국 대통령을 비롯하여, 영화감독 마이클 무어((Michael Moore), 가수 마돈나(Madonna Louise Veronica Ciccone) 등 유명인을 비롯한 6,000명 이상의 전문 블로거가 활동하고, 페이스 북을 통해 소비자 자신과 연결된 친구들의 관심 기사나 해당 기사에 대한 의견을 확인할 수 있게 제공하는 등 소셜 미디어와의 연계로 당시 워싱턴 포스터(Washington Post)의 월간 순 방문자 920만 명보다 훨씬 많은 940만 명의 월간 순 방문자를 기록하는 등 2010년 10대 글로벌 미디어 기업으로 성장하였다. 이듬해인 2011년에는 AOL(American OnLine)에 3억 1500만 불에 인수되어 당시 2011년 매출의 5배에 달하는 매각 대금을 받기도 하였다. 미국 판 외에 캐나다, 영국, 프랑스, 스페인, 이탈리아, 마그레브, 독일판 등을 운영하고 있다. 미국과 영국 그리고 마그레브, 캐나다 판의 경우 직접 진출하여 운영하고 있으나, 이외의 국가들에서는 현지 언론사들과 제휴를 통해 진출하고 있다. 2013년 5월 7일부터 아사히신문과 손을 잡고 일본어판 서비스 '허핑턴포스트 재팬'을 시작했다. 국내에서는 2014년 초에 한겨레와 합작법인 '허핑턴포스트 코리아'를 설립하여 한국어 서비스를 시작하였다.

또한 플립보드닷컴(Flipboard.com)이라는 잡지는 이용자가 가입한 소셜 미디어에 게재된 글을 참고해 관심을 가질만한 콘텐츠를 엮어 잡지형태로 보여주는 새로운 미디어 서비스를 제공하고 있다. 플립보드는 콘텐츠를 자체 제작하는 것이 아니라 온라인 세상에 널려 있는 수많은 콘텐츠 중에서 이용자가 관심을 가질 만한 것을 엄선해 새로운 편집 형태로 제공하고, 단순한 텍스트(Text)기반의 나열이 아니라 잡지 본문을 보듯 세련되고 이미지나 영상을 동시에 제공해 주는 개인화된 온라인 매거진의 형태로 서비스를 제공하고 있다.

119) 출처 : 스마트미디어 뉴스 생태계의 혁신전략. 한국언론진흥재단, 2014.10.

표 3-6 뉴욕타임즈와 허핑턴 포스트 비교

	뉴욕타임즈	허핑턴포스트
특징(비교)	전통 고집-인쇄 가능한 매체	미디어 환경변화 → 클릭하기 쉬운 뉴스 생산, 소비, 유통 → 온라인 저널리즘 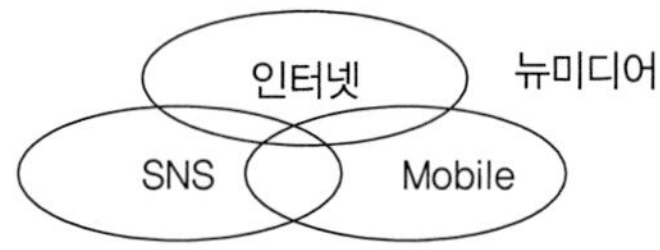
콘텐츠 확보	소속 인력풀	품질 관리된 시민 저널리즘(유명인 /블로그) 노출 최적화 : 소셜추천 + 검색엔진 애그리게이션 : 다른 주요 언론기사들을 재빨리 요점만 '요약공개' → 재기발랄한 기자(칼럼니스트)공격적 영업
콘텐츠	자체편집	하이브리드 저널리즘 독자에게 수정 피드백 다양한 영상정보, 그래픽 활용 편집없는 동영상 + 분석(설명)

	⇩	⇩
	폐쇄, 검열	공정, 객관, 정확, 심층

이처럼 각 산업의 특성에 맞춰 개별적으로 콘텐츠 유통 채널을 운영해 오던 미디어와 콘텐츠 기업들은 미디어의 스마트 화에 따라 기존의 미디어 권력을 유지하고, 새로운 미디어 생태계에서 살아남기 위해 산업 및 소비자들의 미디어나 콘텐츠 이용 행태의 변화에 맞춰 새로운 변신을 추진하고 있다.

반면 ICT 기술과 인터넷의 등장에 따라 새로이 강자로 떠오른 글로벌 ICT 기업들은 새로운 형태의 미디어 생태계를 조성하고, 선점함으로써 네트워크 경제하에서 최대한의 망외부성 효과를 통한 시장 확대 및 유지를 위해 치열하게 경쟁하고 있다.

인터넷의 등장과 미디어의 스마트 화에 의해 촉발된 글로벌 미디어 시장의 트랜드 변화는 크게 디지털 화, 모바일 화, 스트리밍 서비스라는 3대 키워드로 정의할 수 있다. 시장 규모나 성장성 측면에서 보면 향후 2018년까지 출판 및 잡지, 신문 등의 성장은 정체되면서 미디어 시장에서의 시장 점유율이 지속적으로 축소될 것으로 예측되는 반면 인터넷이나 특히 모바일 분야는 높은 성장을 보일 것으로 예상된다. 이러한 변화는 바로 인터넷의 등장이 기존 미디어인 신문, 출판, 방송, 잡지 등의 기존 매체 전반의 구도 변화를 가져온 주요 동인으로 작용하고 있음을 알려주는 현상이기도 하다. 더불어 새로이 등장하고 있는 대표적인 분야가 인터넷 메신저 및 모바일 메신저 등 메신저 서비스가 콘텐츠 및 응용 서비스 등 모든 서비스를 위한 플랫폼으로 자리매김 하고 있다. 동영상 측면에서는 OTT 서비스로 대변되는 새로운 미디어 생태계 및 모바일 광고 플랫폼 시장 그리고 소셜 미디어 등으로 글로벌 IT 기업들과 기존 미디어 기업들 간의 경쟁이 치열하게 전개되고 있다.

가 소셜 미디어(Social Media)의 확산

인터넷의 등장과 디지털 기술의 발전은 미디어의 스마트 화라는 필연적 변화를 유발하게 되었고, 과거 콘텐츠와 미디어의 결합(Coupling)의 시대에서 사업을 진행해 오던 기업의 입장에서도 그 변화에 더 이상 수동적이 될 수 없게 되었다. 이것은 소비자들의 미디어 이용행태나 미디어를 통해 제공되는 콘텐츠 서비스의 이용행태에 있어 혁명적 변화가 진행되고 있기 때문이다. 이러한 미디어의 스마트 화와 종합적으로 콘텐츠 서비스를 제공하는 새로운 미디어의 등장 등 미디어 변화의 와중에 가장 활발한 변화의 중간에 미디어 플랫폼인 소셜 미디어 서비스가 새로이 자리매김하고 있다.

소셜 미디어라는 용어는 가이드 와이어 그룹(Guidewire Group)의 공동창업자인 크리스 시플리(Chris Shipley)가 2004년에 'The BogOn Conference'에서 최초로 사용하였다는 것이 일반적 정설로 알려지고 있다. 소셜 미디어가 무엇인가에 대한 정의를 살펴보면, '일반인이 주도하는 양 방향 소통이 가능한 개방적 매체'[120] 혹은 '사람들이 자신의 생각과 의견, 경험, 관점 등을 서로 공유하고 다수의 타인이 참여하기 위해 사용하는 개방화된 온라인 툴과 미디어 플랫폼, 그 자체가 일종의 유기체처럼 성장하기 때문에 소비와 생산의 일반적인 매커니즘(Mechanism)이 동작하지 않으며, 양방향성을 활용하여 사람들이 참여하고 정보를 공유하며 사용자들이 만들어 나가는 미디어'[121], 그리고 '이용자들이 콘텐츠를 생산하고 서로 간에 교환할 수 있는 웹2.0 환경을 구현하는 웹에 기반 한 애플리케이션으로, 사람들로 구성된 커뮤니티가 온라인상에서 애플리케이션을 사용하여 정보, 지식, 의견을 교환하고 공유하는 활동, 관행, 행위를 통칭하는 개념' 등 다양한 개념의 정의가 존재한다.[122] 그러나 학문적으로 동의된 정의는 존재하지 않으나, 다양한 기관 혹은 학자 등에 의해 정의되고 있는 소셜 미디어의 개념을 종합해 보면, '양 방향성, 이용자 간의 의견, 정보 등의 교환 및 생성, 개방화, 온라인 플랫폼 혹은 툴(Tool)' 등의 의미를 갖는 개념으로 이해할 수 있다.

소셜 미디어를 규정하는 다양한 개념들은 결국 소셜 미디어가 갖는 미디어로서의 특징들로부터 추론될 수 있는데, 현재 시장에서 서비스되고 있는 소셜 미디어가 갖는 특징을 살펴보면, 첫째, 시사적 문제에 대한 보도나 논평 활동 등 고도의 지식과 기능(技能)을 갖춘 저널리즘(Journalism)에 종사하는 전문인에 의해 만들어지는 정보나 자료를 전달하는 기존 미디어와 달리, 프로슈머(Prosumer) 혹은 프로튜어(Proteur)라는 용어로 대변되는 일반인들에 의해 콘텐츠가 만들어진다는 것이다. 둘째, 기존 대중 매체(Mass Media)가 갖는 일방적인, 그리고 배포 대상의 한정 없이 해당 시점에, 해당 매체를 접하는 소비자를 대상

---

120) 출처 : 삼성경제연구소, 소셜미디어 시대의 기업소통 전략, 2010.9.
121) 출처 : 위키피디어
122) 출처 : 소셜미디어 서비스 현황 및 활용. 삼성경제연구소. 2013.5.21.

으로 단순히 널리 배포한다는 의미, 즉 브로드 캐스트(Broad Cast)적인 특성과 달리 소셜 미디어는 양 방향적 소통, 즉 배포자와 수용자가 상호 교류하면서 정보 또는 자료를 교환하거나, 더 나아가 참여자들이 상호 동일 시 되는 현상을 보이면서, 한정된 몇몇이 아닌 참여자 모두가 이용하고, 생산하고, 정보를 배포할 수 있다는 개방적 특성을 갖는다. 셋째, 기존 대중 매체는 뉴스나 정보, 엔터테인먼트 등의 콘텐츠를 전문가인 소수의 저널리스트(Journalists)나 작가들에 의해 독점적으로 생산되어지고, 불특정하고 수동적인 독자층에게 공적, 일방적, 간접적으로 전달되어지는 것에 비해 소셜 미디어는 누구나, 참여자 모두인 다수가, 경쟁적이지 않고, 관계나 친분 중심의 양 방향적으로 생산되고, 피라미드식으로 전달, 유통되어진다는 차이점을 갖는다는 것이다.

일반적으로 소셜 미디어(Social Media)의 범주에는 소셜네트워크서비스(SNS), 블로그, 위키스(Wikies), 팟캐스트(PodCast), 콘텐츠 커뮤니티, 마이크로 블로깅(Micro Blogging) 등 다양한 형태의 서비스가 포함된다. 위키피디아에서는 소셜 미디어의 종류를 블로그(Blog), 소셜 네트워크 서비스(SNS), 위키스(Wikies), 사용자제작콘텐츠(UCC), 마이크로 블로그(Micro-Blog)의 5가지로 구분하고 있으며, 일반적으로 사람과 사람, 또는 사람과 정보를 연결하고 상호작용할 수 있는 서비스를 제공하는 웹 기반의 플랫폼을 소셜 미디어의 범주에 포함시키고 있다.[123)]

표 3-7 소셜 미디어의 종류

123) 출처 : 위키피디아

일반적으로 소셜 네트워크 서비스(SNS)는 페이스 북 등과 같이 특정 온라인 사이트를 구축하여 친구관계를 맺고 이용자의 콘텐츠와 커뮤니케이션을 공유하는 서비스를 말하며, 블로그는 개인, 정치, 기업, 유사 미디어, 주요 미디어 블로그 등으로 종류가 다양하게 나타나고 있으며, Web(웹)과 Log(일기)의 합성어로 기존의 개인 홈페이지보다 관리가 용이하다는 등의 이점을 지니고 있어, 전 세계적으로 1,700만 개에 달하는 블로그가 생성되어 이용되고 있다.

온라인 백과사전인 위키피디아로 대표되는 위키스(Wikies)는 이용자가 직접 편집 가능한 웹페이지로 구성되어 웹상에 콘텐츠를 직접 추가하거나 정보 편집이 가능한 서비스를 의미한다. 방송(Broadcast)과 아이팟(iPod)의 합성어인 '팟 캐스트(Pod Cast)'는 웹을 통해 사용자들이 새로운 오디오 파일을 구독할 수 있도록 하여 인터넷 라디오 방송을 하는 것, 또는 그 방법을 의미하며 2004년 말부터 활성화 되고 있는 서비스이다. 이 외에도 YouTube, Flicker 등으로 대표되는 '콘텐츠 커뮤니티'는 특정 종류의 콘텐츠를 제작하고 공유하는 콘텐츠 공유 서비스이다.

그러나 사실상 소셜 미디어의 정의와 범주는 전문가별로 다양하게 나타나고 있다. 왜냐하면 소셜 미디어가 포함하고 있는 서비스의 형태와 소셜 미디어를 통해 유통되고 있는 콘텐츠들이 다양한데다, 유기적인 특성을 갖고 있어 보편적으로 규정하기에는 한계가 있기 때문이다. '소셜 미디어 바이블(The Social Media Bible)'을 저술한 론 샤코프((Lon Safko)는 소셜 미디어를 개별 사이트가 다루는 콘텐츠의 내용과 형태 및 주요 기능을 중심으로 아래 표와 같이 구분하고 있다.

표 3-8 소셜 미디어의 범주 및 종류

범주	특징	사례
소셜네트워킹	소셜미디어의 한 범주인 소셜네트워킹은 사용자가 프로필을 작성한 다음 콘텐츠나 관심 영역 또는 전문 지식에 해당하는 내용에 링크를 게시하여 공유	마이스페이스, 링크드인, 페이스북
게시	업종에 관계없이 웹 기반 응용 프로그램을 사용하여 직원, 고객, 잠재고객과 교류하는 수단	블로거닷컴, 위키피디아
사진공유	사진 보관 및 공유	플러커, 인스타그램
오디오	노래, 팟캐스트, 기타 프로그램을 휴대용 장치에 다운로드하여 사용	아이튠즈, 팟캐스트넷
비디오	뉴스, 스포츠, 오락, 정보 등 비디오 콘텐츠를 휴대폰에서 볼 수 있고, 타인과 공유	유튜브, 훌루
마이크로블로깅	140자 이내의 중요하고 의미있는 정보 전달	트위터
라이브캐스팅	인터넷 라디오와 라이브 방송을 청중이나 소셜네트워크에서 스트리밍할 수 있도록 하는 애플리케이션	저스틴 티비, 라이브365
가상세계	가상 커뮤니티에 있는 타인과 상호작용하는 것으로 가상세계에서의 상거래 등	세컨드라이프, 액디프월즈
게임	가상세계와 많은 공통점이 있으나, 구분기준은 협력(가상세계)과 경쟁(게임)	팜빌, 드래곤시티
생산성 애플리케이션	업무생산성을 향상시키기 위한 업무용 애플리케이션	Gmail, 구글, Docs, AOL
집계기	정보를 수집하고 업데이트하고 저장하여 간편하게 수용하는 데 도움이 되는 도구	Reddit, Yelp
RSS	Rich Site Summary의 약어로 사용자의 비즈니스 수요에 가장 중요한 웹사이트의 최신 콘텐츠(업계 블로그, 경쟁업체 사이트에 게시된 통계, 정부기관 웹사이트 정보 등)	Atom, RSS 2.0
검색	인터넷에서 필요한 인물, 장소, 관심사항 등을 검색하는 도구	구글 서치, 야후 서치
모바일	소셜 미디어의 다른 범주의 도구들 대부분이 휴대폰에서 액세스 할 수 있는데, 휴대폰이 더 강력한 비즈니스 동반자가 되게 해 주는 특정 도구들	AOL 모바일, SMS.ac
대인관계	대인관계 커뮤니케이션과 협업을 촉진하는 도구	스카이프, iChat

1) 소셜 미디어의 등장 배경

소셜 미디어의 등장은 첫째, 첨단 정보 통신과 멀티미디어 기술의 발전으로 인한 소위 웹 2.0으로 대변되는 참여, 공유, 개방이라는 사회와 문화 측면에서의 새로운 패러다임의 등장과, 둘째, 커뮤니티 문화의 진화로 개인화와 네트워크화로 대표되는 사회의 분화와 재통합이 나타남에 따라 미디어의 개인화와 소셜 네트워킹 서비스가 확산되게 된데 기인하며, 셋째, 사람들의 친화욕구와 자기표현욕구가 증대되고 있다는 점을 들 수 있다.

다시 말해 인터넷의 대중화, 디지털 카메라 및 스마트 폰 등 다양한 스마트 단말기의 보급 등으로 오디오, 비디오 등을 활용한 사이버 상의 대인 커뮤니케이션이 발전함에 따라 사용자들이 콘텐츠를 소비하는 동시에 생산도 하는 Prosumer(프로슈머)의 활동이 가속화되었고, 자료나 정보 전달 혹은 개인 간 교류의 수단 역시 대중 매체로부터 미디어의 개인화가 진행되었고, 그에 따라 문화적 측면에서도 개인주의가 증가하게 되었다. 또한 인터넷의 확산으로 누구나 손쉽게 커뮤니케이션하고 표현할 수 있는 욕구가 증가하게 되었으며, 멀티미디어 화와 양방향성 소통으로 인한 참여와 숙의라는 사회적 합의 체계를 갖게 되었다.

더불어 인간 본연의 욕구인 자기표현과 친화 및 소속 및 애정 욕구·자존 욕구를 표출하고 싶어 하는 것 등 인터넷, 모바일, 스마트한 단말기 기능, 멀티미디어 화 등의 기술적 발달과 잠재된 인간의 욕구, 즉 소속감, 자기를 표현하고 남으로부터 존경 받고자 하는 욕구 등 매슬로우(Abraham H. Maslow)의 5단계 욕구 중 상위 단계의 욕구 발현 등이 결합되면서 새로운 미디어를 만들어 내었고, 결과적으로 소셜 미디어라는 새로운 미디어가 나타나고, 확산되게 되었다고 볼 수 있다.

2) 소셜 미디어의 핵심 가치와 특성

소셜 미디어가 갖는 핵심적 가치 혹은 소셜 미디어가 갖는 특성이란 지속성 혹은 영속성, 다수성 혹은 접근성, 친근성, 경제성, 신뢰성, 신속성, 다양성, 효과성, 유용성 등으로 나누어 볼 수 있다.[124] 신속성 혹은 즉시성이란 실시간으로 모든 콘텐츠나 뉴스, 정보가 전달된다는 의미다. 전통적 매스 미디어의 경우 기자나 전문가 등에 의해 작성되고, 편집되고, 정리되어, 전달되어야 하기 때문에 주기성을 갖게 되지만, 소셜 미디어의 경우는 일반인인 프로슈머 등에 의해 만들어진 콘텐츠가 재전송되어지며, 이렇게 재전송되어지는데 통상 35%는 10분 이내, 55%는 1시간 이내에 참여자들에게 전달되는 거의 실시간적 배포, 소비가 이루어지는 특성을 말한다.

지속성이란 웹 2.0의 특성으로 인해 만들어진 현상 중의 하나로 한번 만들어진 콘텐츠는 반복적 노출을 통해 롱테일(Longtail)한 시간적 특성을 갖는 것을 의미한다. 광고의

124) 출처 : 소셜미디어 시대의 기업소통 전략, 삼성경제연구소, 2010.9.

예를 들면, 일반적으로 대중 매체 특히 TV를 통해 지상파 등에 노출되는 광고는 몇 초 분량, 통상 15초 내외의 길이로 제작되어, 반복적으로 노출시킨다. 이는 마케팅적 측면에서 반복적 노출을 통해 인지, 이해, 구매 욕구 발생, 구매의 단계로 이어질 수 있게 하기 위함이다. 하지만 지속적 노출을 위해서는 추가적인 비용을 지속적으로 투입해야 되므로, 마케팅 비용 대비 효과의 문제를 고민해야 한다. 하지만 소셜 미디어는 참여자들에 의해 지속적으로 재 배포되거나 심지어 모방이나 패러디 등으로 재생산되는 등의 형태적 변화를 거치면서 제작된 콘텐츠의 영향력이 지속되고, 재배포, 재생산으로 지속적 노출이 된다하더라도 추가적 비용이 발생하지 않게 된다.

다수성은 얼마나 많은 소비자에게 전달되는가 하는 것으로, 대중매체는 배포되어지는 또는 같은 시간대에 해당 대중 매체를 접하는 소비자들에 한정적으로 전달되어지며, 그 노출되어지는 소비자 수를 정확히 측정할 수 없다는 문제를 갖는다. 이러한 문제를 해결하기 위해 마케팅 측면에서 그간 많은 학자들에 의해 목표로 하는 고객층에게 정확하게 또 더 많은 목표 소비자 층에 전달할 수 있는 전달성을 높이기 위해 다양한 연구와 고민이 거듭되어 왔다. 하지만 소셜 미디어의 경우는 일반적으로 6단계 혹은 트위터와 같은 매체는 4단계만 거치면 해당 콘텐츠를 필요로 하는 사람들에게 다 전달될 수 있으며, 나아가 유명인이나 소위 사회의 저명한 고위층 혹은 해외의 소비자들과도 교류할 수 있다는 특징을 갖는다.

친근성 혹은 접근성은 소셜 미디어를 이용하는 소비자의 경우는 소소한 자신의 일상이야기를 진솔하게 전달하고, 브랜드의 개성과 인간미를 효과적으로 표출함으로써 인간적 관계를 형성하는 측면에서 친근성을 갖는다는 특성이 있으며, 대중 매체를 생산코자 하는 경우에는 전문화된 기술과 훈련이 요구되지만, 소셜 미디어는 누구나 제한 없이 생산하거나 사용가능하다는 접근성 등이 소셜 미디어의 핵심 가치 중의 하나이기도 하다.

경제성은 앞서 설명한 지속성을 유지하기 위해 필요한 매체 비용 측면에서 일반 매체에 비해 제작 및 배포 비용이 저렴한 특성을 일컫는 것이며, 효과성 측면에서는 대중 매체보다는 목표 집단을 개발하고, 접근하기가 용이하다는 특성을 갖는 것을 의미한다. 즉, 라이프스타일(Life Style), 인구통계학적 특성, 소비 행태 등에서 동질적인 사용자가 소셜 네트워크 등을 통해 관계망을 형성하는 특성을 갖게 됨에 따라 대중 매체보다는 효과적인 전달 수단이 될 수 있다.

소셜 네트워크의 경제성을 보여주는 사례로, 2011년도에 자동차 회사 포드(Ford)사는 신차인 익스프롤러(Explorer)를 출시하면서 많은 비용이 소요되는 자동차 쇼(Auto Show)를 열지 않고 페이스 북을 이용하여 출시에 따른 프로모션(Promotion)을 진행하였다. 페이스 북에 Ford Explorer 페이지를 만들고, Reveal 이라는 공간(탭,Tab)을 통해 '온라인 오토쇼'를 실행하였으며, 오토 쇼(Auto Show)의 특성상 시각적 즐거움이 필수적인 만큼 동영상 등 멀티미디어 중계와 콘텐츠 공유를 매우 활발히 진행하였다. 이처럼 진행된 2011 Ford Explorer Reveal 캠페인은 하루 동안 그 페이지에 대한 30,000명의 페이스 북 팬들을 모으고, 5천 만 명에게 도달되게 하는 것을 목표로 실행되었다. Auto-show에 대한 후기가 기업의 대표이사 및 경영진과의 인터뷰를 포함하여 더 많은 일련의 동영상 및 이벤트로 만들어지도록 계획되었다. 또한 페이스 북의 사진 갤러리, live Q & A를 포함해 실시간 채팅과 담벼락으로 Auto-show 에 대한 자세한 투어가 진행되게 했다. 페이스 북에서의 가상 Auto-show는 실제 제품 구입이 6개월 후에 가능하도록 진행되었다. 결과적으로 구글의 검색 순위에서 2번째를 기록하고, 페이스 북에서는 '좋아요(like)'가 5만개가 넘게 나타났으며, 트위터에서 새로운 토픽(Topic)으로 선정되는 등 상당한 성공을 거두었다. 포드 익스플로러는 페이스 북에서 프로모션을 시작(launching)해서 슈퍼볼 광고보다 더 많은 트래픽을 유발했으며, 이것은 소셜 미디어의 효과성을 입증해 준 사례로 기록되고 있다.

신뢰성은 일반적으로 소셜 미디어에서 갖는 아주 중요한 핵심가치 중의 하나로 대부분의 소셜 미디어 사용자들은 소셜 미디어를 통해 자신의 지인으로부터 얻는 정보에 대한 신뢰가 더 높다는 연구결과를 보이기도 한다. 특히 자신과의 관계있거나, 연계성을 갖는 사람들 간에 군집을 이루어 서로 소통하기 때문에 대중 매체를 통해 전달되는 정보보다도 소셜 미디어를 통해 얻게 되는 정보에 대한 신뢰성이 더 높다는 것이 일반적 연구 결과이다. 사례로 소셜 미디어 참여에 따른 태도변화 조사결과 에 따르면, 기업에서 활용하는 기업용 트위터 팔로어(Twitter Follower)로 연결되면 48.6%가 제품 구매의향을 갖고, 46.1%는 제품 추천(의도)을 하는 것으로 나타났으며, 팬 페이지(Pan Page) 친구의 경우 구매의향과 추천에서 각각 43.2%, 39.9%라는 높은 신뢰를 보인 것으로 발표되었다. 이는 소셜 미디어에의 고객(공중) 참여가 분명 태도에 영향을 미친다는 방증이기 때문에 고객 참여의 의미를 끊임없이 분석하고, 이를 바탕으로 기업-고객 간 관계를 세분화할 필요성을 역설하였다.[125]

이외에도 소셜 미디어가 매스 미디어와 구분지어지는 특징으로 누구나 쉽게 사용할 수 있도록 제공된다는 유용성, 정보의 전달이 실시간으로 이루어진다는 즉시성, 만들어진 정보의 수정, 편집이 자유롭다는 영속성 등이 있다.

인간은 스스로 옳다고 판단하는 생각이 있더라도 압력이 있는 사회적 규범이나 대다수의 의견 등에 나의 행동을 동화시키는 경향을 가지고 있다. 그리고 소셜 미디어는 풀 미디어(pull media)로서 자기가 원하는 정보만을 보게 되며, 원치 않는 메시지는 배제하게 된다. 이처럼 선택권이 다양해진다 할지라도 결국 자신과 유사 의견을 지닌 사람들(like-minded people)끼리만 함께 모이게 만듦으로 인해 지인의 정보에 대한 신뢰가 커지는 결과를 가져오게 된다. 반면 소셜 미디어의 특성상 자기 주변의 정보가 무조건 옳다고 생각하는 무오류성의 함정에 빠질 수 있는데, 특히 메시지 내용에 정치적 목적이 담보될 때 정보의 왜곡 및 집단 동조에 의한 집단 사고(group think)가 나타날 우려가 크다.[126]

---

125) 출처 : 제 2회 PR 마이크로트랜드 세미나, 강함수, 2011.3.9.
126) 출처 : 집단지성 플랫폼으로서의 소셜미디어 : 커뮤니케이션 유형별 실험 분석, 김태원, 충북대학교. 2013.

그림 3-18 소셜 미디어의 핵심 가치[127)]

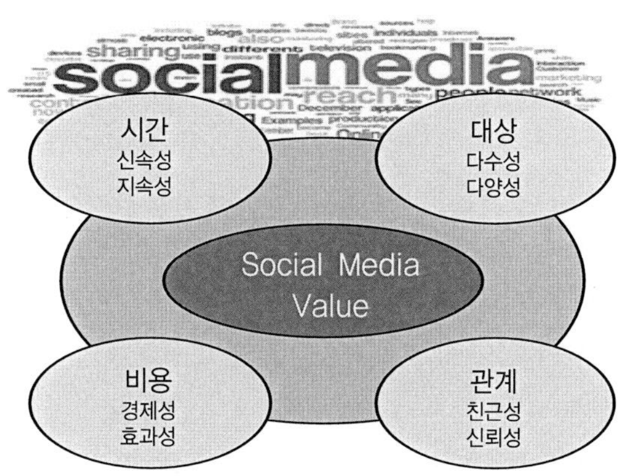

또한 방송통신위원회가 발표한 '2010년 인터넷 이용실태조사' 결과에 의하면, 소셜 미디어를 이용하는 목적 중 약 78%가 최신 정보를 가장 빠르게 얻을 수 있기 때문이라는 의견을 보였으나, 2016년에 발표된 소셜 미디어 이용행태 조사 결과에 따르면, 소셜 미디어를 이용하는 이유로 친구 혹은 지인과의 연락이나 커뮤니케이션을 위해서라는 응답이 72.9%로 가장 높게 나타났고, 이어서 뉴스/이슈 등의 정보획득, 가족/친척과의 연락/교류, 취미/관심사 공유 등의 이유로 소셜 미디어를 이용하는 것으로 나타났다.

그림 3-19 SNS 이용행동 및 인식 조사 결과[128)]

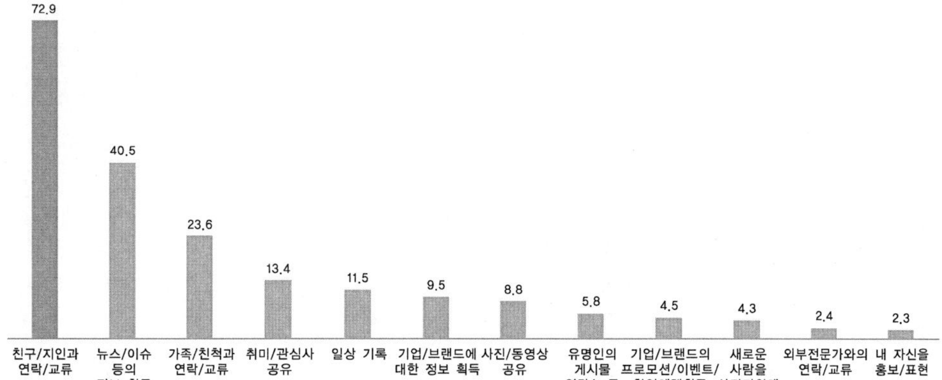

127) 출처 : 소셜미디어 시대의 기업소통 전략, SERI, 2010.9.

128) 출처 : 2016. 소셜미디어 이용행태 및 소셜 미디어 광고 접촉 태도 분석 보고서, KT경제경영연구소 2016.6.30.

이러한 소셜 미디어의 특성들로 인해 기업들은 소셜 미디어를 이용한 마케팅에 상당한 관심을 가지고 전략을 추진해 가고 있다. 버슨 마스텔러(Burson Masteller)사가 2010년에 조사한 결과에 따르면 포춘(Fortune) 지 선정 글로벌(Global) 100대 기업 중 79개 사가 소셜 네트워크 서비스(Social Network Service)를 사용하고 있으며, 이중 65%는 트위터 계정을 보유하고 있다고 한다. 또한 노스 웨스턴대(Neorth Western University)가 2010년 9월에 발표한 자료에 따르면 소셜 미디어의 하나인 트위터의 영향력이 팔로어(Follower) 수와 일치하지 않으며, 수천만 개의 트윗(twitt)을 분석한 결과 인지도는 낮지만 특정 분야의 전문 지식을 가진 이들의 트윗이 많은 사람들에게 리트위(retwitt)되고, 언급되고, 확산되어진다고 한다.[129)]

반면 소셜 미디어가 갖는 신뢰성, 친근성 등의 특성으로 인하여 기업들의 광고 매체로 많이 활용되고 있는데, 너무 많은 광고들이 이용자들의 의사나 소셜 미디어 상의 친분 관계에있는 사람들의 의사와 무관하게, 심지어는 그들의 계정 등을 이용하는 듯한 스팸(Spam)의 형태를 띠면서 강제적으로 노출됨으로 인하여, 오히려 불신하고 귀찮아하게 되는 역현상도 나타나고 있는 실정이다. 실례로 이용자가 작성하지 않은 내용이 페이스 북 메신저를 통해 '친구'에게 무차별 전송되는 일이 발생하기도 하였다. 다수의 페이스 북 이용자들은 '친구'로부터 이상한 내용의 메시지를 받았는데, 페이스 북 메신저에는 받는 사람의 이름과 함께 'Watch Urgent, because it is your video'라는 메시지가 뜨며 동영상 링크를 보내는 형태를 보이거나, 심지어는 페이스 북 창에 음란한 내용의 콘텐츠 등을 게시하여 링크를 열 경우 스팸 코드를 심는다든지 하는 문제도 발생시키고 있다. 이러한 문제가 지속되면 최악의 경우 소셜 미디어 서비스가 범죄의 도구로 활용될 여지도 생긴다는 문제 의식도 만들어지고 있는 상황이다.

3) 소비자들은 왜 소셜 미디어를 이용하나 ?

소비자들이 소셜 미디어를 이용하는 이유를 크게 4가지 측면에서 요약해 살펴볼 수 있다. 첫 번째가 나 자신을 남에게 보여주고자 하는 욕구 때문이다. 나르시즘(narcissism), 즉 자기를 표현하고자 하는 욕구를 충족시키고, 자신의 표현을 통해 타인으로부터 스스로가 인정받고자 하는 욕구 때문이다. 소셜 미디어를 통해 자신의 지인이나 자기와 연결된 타인들에게 자기의 재능을 보여 줌으로써 타인이 자신의 재능을 인정하고, 이를 통해 자신이 작가나 배우, 기자가 된 것처럼 자아실현 혹은 존경의 욕구를 충족시킬 수 있기 때문이다.

일례로 과거에는 일반적으로 고가 브랜드 제품의 소비 등을 통해 자기 취향의 과시가 이루어졌다. 즉, 고가의 럭셔리(Luxery) 제품이나 프리미엄 브랜드 제품을 소유함으로써 그렇지 않은 사람보다 높은 지위에 있음을 보여줌으로써, 자신을 타인과 차별화시키고 타

---

129) 출처 : Telegraph(인터넷 판), 2010.9.25.

인으로부터 주목받고 심지어 존경을 받을 수 있다는 욕구를 충족시켜주는 수단으로 활용되었다. 그러나 최근에는 제품의 가격이 브랜드의 희소성을 담보하지는 않게 되고, 오히려 가격보다는 우월한 정보력과 취향을 상징하는 '덜 알려진 매니아(Mania) 제품'에 대한 선호가 높아지고 있는데, 이는 상대적으로 '희소한 정보와 경험'을 주변의 지인, 소위 Closed User Group 들과 제한적으로 공유함으로써 오히려 관심과 부러움을 얻을 수 있기 때문에 소비자 입장에서는 사회적 소비로서의 동기부여가 높아지기 때문으로 이해된다.

이러한 변화는 지난 수년 간 브랜딩(Branding)[130] 환경의 근본적인 변화 과정에서 발생하였는데, 이는 TV, 신문, 라디오, 잡지로 대표되는 전통적 미디어의 소비가 감소한 반면 블로그, 소셜 미디어 등으로 대표되는 양 방향 미디어의 소비가 크게 증가하게 됨으로 인하여, 이를 통해 소위 오타꾸(otaku, 御宅)[131] 라 할 수 있는 일부 취향 선도자들이 열광하는 검증된 '작은 브랜드'들이 소셜 미디어 등을 이용함으로써 미디어 노출이 과거에 비해 용이해졌다. 따라서 소셜 미디어 등을 통해 차별화를 원하는 일반 소비자들의 '사회적 소비' 욕구에 부합하기 때문으로 이해된다.[132]

둘째는 인간의 근본적 속성인 남의 생활에 대한 엿보기 본능 때문이다. 내가 관심 있는 연예인이나 지인들의 생활을 관찰함으로써 지인들이나 가수, 배우, 정치인 등 유명인 등의 생활을 모방하고, 또 유명인들과 친분을 가지고 있는 것처럼 스스로 느끼고 싶은 욕구 때문이다.

셋째, 늘 똑같은 일상의 다람쥐 쳇바퀴를 탈출하고자 하는 욕구 때문이다. 자기 스스로 끊임없는 변화에 대한 욕구를 만족시키고, 자기 스스로에게 자극을 주기 위해 타인의 삶의 흔적을 따라 감으로써 일상의 지루함을 탈피하고자 하는 욕구 때문이다. 마지막으로 친근성과 신뢰성 측면인데, 지인으로부터 얻는 정보에 대한 신뢰성과 지인에 대한 스스로의 친밀감 때문이다. 나를 잘 아는 지인으로부터 전해지는 뉴스나 정보가 전문가나 언론인 등으로부터 생성되는 정보보다 더 자신에게 적합하고 자신의 관심을 잘 대변해주는 것이기 때문이다.

이는 관계 기반, 그리고 즉시성을 가진 정보가 더 많은 가치를 제공해주기 때문인데, 이렇게 전해지는 정보를 받아보는 것을 소셜 리딩(Social Reading)이라 부르기도 한다. 소셜 리딩은 이미 미국 및 유럽에서는 아마존을 통해 활발히 이뤄지고 있다. 아마존이 2013

130) Branding : 자사 브랜드가 소비자들에게 혜택과 감흥을 줌으로써 높은 인지도를 얻게 되고, 그렇게 얻은 브랜드 인지도는 소비자들에게 제품을 사용해 보고 싶게 만들거나 또는 높은 판매율로 연결됨으로, 소비자로 하여금 자사 브랜드를 경험하게 하고 브랜드를 보고 물리적 속성이나 디자인을 식별할 수 있게 함으로써 브랜드 정체성(brand identity)을 형성시키기 위해 하는 제반 활동을 의미 (출처 : 디자인기획과 전략(커뮤니케이션북스, 2014.4.15.)를 재구성)

131) 오타꾸 : 일본어로 한 분야에 열중하는 사람을 일컫는 용어로 우리말로는 한 가지 일에 광적(狂的)으로 몰두하는 사람이란 의미를 갖는다.

132) 출처 : 취향과 체험' 전염성 있는 브랜드를 만든다(LG경제연구원. 2015.7.22.)을 재구성함.

년 3월 '굿리즈(Goodreads)'를 1억5000만 달러에 인수해 화제가 되기도 했는데, 당시 굿리즈는 사용자 1600만 명에 북 클럽이 3만개에 달하던 소셜 리딩 서비스였다. 국내에서도 최근 소셜 네트워크 서비스를 통해 책에 관한 글을 공유하고 함께 읽는 '소셜 리딩'이 활발하게 전개되고 있다. 거의 모든 국민이 개인화된 단말기인 스마트 폰을 쓰는 시대가 되면서 소셜 리딩을 위한 맞춤형 소셜네트워크서비스(SNS)인 북플 알라딘(www.aladin.co.kr), 썸리스트(www.somelist.com), 책속의 한줄(www.bookhz.com) 등 다양한 소셜 리딩 SNS가 국내에서 활발하게 이용되고 있다. 이로 인해 혼자 읽는 독서에서 벗어나 사람들과 함께 읽고 공유하는 적극적 독서 문화가 만들어지고 있는 것이다.

썸리스트는 매달 색다른 주제로 책을 골라주는 큐레이션 서비스가 돋보이는 SNS인데, 썸리스트에 실린 독서 고수들의 짤막한 책 서평들은 페이스 북에서 공유되며 화제를 모으고 있다. 래디벅이 출시한 책속의 한줄은 책 속에서 발견한 한 줄의 글귀를 공유하는데 집중한 SNS로 취향이 같은 사람들이 소모임을 만들 수 있도록 하고, 추천자가 많은 인기 도서 순위를 노출시키는 등의 차별화 측면이 있고, 웹 소설도 연재하고 있다. 북플은 특정 분야, 작가에 대한 책을 많이 읽으면 그 분야의 마니아에 등극할 수 있게 하는 게미피케이션(gamification)을 활용함으로써 사용자가 특색 있는 서평을 자발적으로 꾸준히 올릴 수 있는 기반을 만들어 주었다. 그러나 협소한 국내 독서 인구로 인해 이들 소셜 리딩 서비스가 사용자를 폭발적으로 늘리는 것은 쉽지 않아 보인다.

넷째, 기업 측면에서는 기업과 직원 간의 커뮤니케이션 활성화를 위한 미디어로 활용되는 사례가 증가하고 있으며, 직원들의 아이디어와 노하우(Knowhow)를 용이하게 활용하기 위해 기업들 측면에서 활용하고 있다. 특히 기업의 수익 창출에도 이바지 할 수 있다는 측면에서 소셜 미디어를 이용하는 기업이 늘어나고 있다. 포드(Ford)사는 2006년에 내부적인 인트라넷(Intranet)이나 블로그 등을 활용하여 'Bold Moves'라는 캠페인을 진행하였으나 직원들의 공감을 얻는데 실패하고, 스콧 몽티(Scott Monty)라는 전문가를 영입하여 전담팀을 구성하고 공격적으로 진행하여 직원들의 신뢰를 얻게 되었다.

또한 기업의 특징에 적합한 소셜 미디어를 선택하는 것도 매우 중요하다. 현재 상존하는 모든 소셜 미디어를 도입하는 것은 소모적일 수 있으므로, 활용 목적, 구성원들의 특성, 기업 규모 등에 따라 인트라넷 형, 블로그 형, 트위터 형으로 구분하여 직원들이 가장 접근하기 쉽고 활용도가 높은 소셜 미디어 유형을 도입하는 것을 고려해야 한다. 이외에도 소셜 미디어를 통해 제공되는 정보가 객관적이고 정확하게 전달되어 정보의 신뢰성을 확보하는 것이 중요할 것이다.

그림 3-20 소셜 미디어를 찾는 이유[133)]

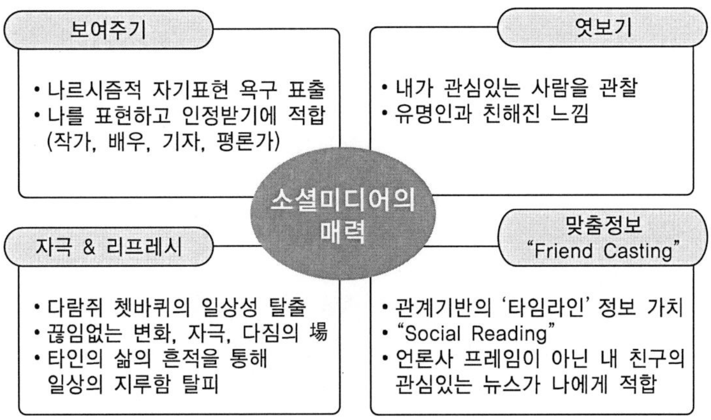

4) 소셜 미디어는 어떻게 활용되어지고 있나?

최근 소셜 미디어(social media) 시장은 메시지나 사진·영상 피드 서비스 중심에서 실시간 동영상 스트리밍 서비스를 확대하고, Instagram, Snapchat 등 후발 주자들의 이용률이 증가하면서 경쟁이 활발해졌다. 2016년 현재 전 세계 소셜 미디어 이용자 수는 23억 4,000만 명에 달하고 있다. 이는 전년대비 약 9.3% 증가한 수치이며, 증가 추세는 다소 둔화되어 갈 것으로 예측하고 있다. 이처럼 소셜 미디어 시장의 성숙으로, 소셜 미디어 이용자 증가율은 둔화세를 나타내지만, 소셜 미디어 이용자 수는 지속적으로 증가해 오는 2020년에는 약 29억 5,000만 명에 달할 것으로 전망하고 있다. 전 세계 국가별 소셜 미디어 이용률을 살펴보면, 우리나라가 76%로 가장 높으며, 이는 전 세계 평균이용률(31%)의 약 2.5배에 달하고 있다.

---

133) 출처 : 삼성경제연구소, 소셜 미디어 시대의 기업 소통 전략, 2010.9.

표 3-9 전 세계 소셜 미디어 이용자 규모 및 성장 추이[134)]

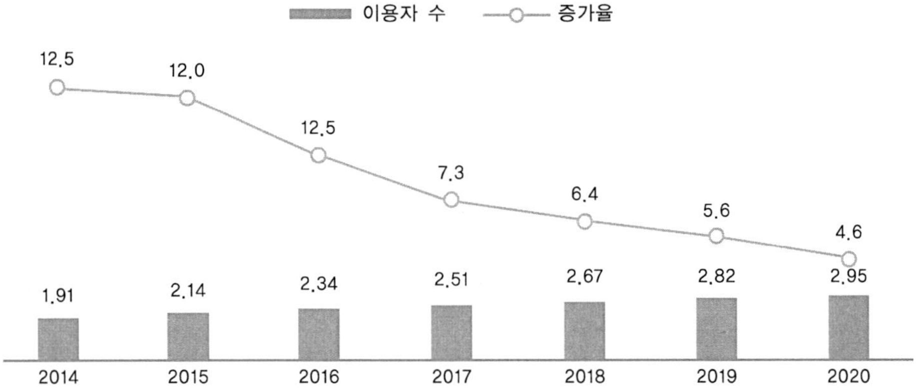

소셜 미디어의 주요 트랜드를 살펴보면, 이미지 중심의 공유 콘텐츠에 대한 중요성이 대두되고 있으며, 소비자의변화 측면에서 언급한 바와 같이 소위 스넥 컬쳐의 특성에 맞게 15초 이내의 짧은 영상을 통한 스토리텔링 콘텐츠의 소비가 확산되고, 위치기반서비스가 증가하고 있으며, 특히 온오프라인의 결합을 통한 하이브리드(Hybrid) 형 마케팅이 중요한 트랜드로 자리매김하고 있다. 이는 소위 쇼루밍이라는 트랜드와 더불어 오프라인 매장에 온라인의 편리성과 디지털 체험을 결합한 공간으로의 진화를 촉진시킴에 따른 것으로 분석된다.[135)] 이처럼 소셜 미디어는 산업의 패러다임을 새로운 만들어 가면서, 다른 산업 분야와의 융복합을 통해 더욱 활발히 활용되어 지고 있는데, 특히 소셜 미디어 광고, 소셜 TV, 소셜 게임 등의 분야에서 가장 활발히 활용되어지고 있음을 알 수 있다.

① 소셜 미디어 광고

소셜 미디어 시장매출액에서 가장 큰 부분을 차지하고 있는 것이 광고이다. 소셜 미디어 광고는 소셜 미디어를 매개로 소비자가 광고 내용을 직접 올리고 공유하는 온라인 광고를 의미한다. 소셜 미디어 광고는 항상 접속되어지는(Always on) 상태에 있기 때문에 시간과 공간의 제약 없이 광고를 노출 시킬 수 있으며, 다양한 멀티미디어 요소를 활용해 주목도를 높이고, 소비자의 참여를 유도할 수 있는 양방향성 광고가 가능한 것이 특징이다.

특히 개인들의 이름, 선호 등을 나타내는 정보, 즉 프로파일 데이터와, 개인 간의 명확한 연결망과 관련된 정보인 소셜 데이터, 그리고 소셜 미디어를 통해 상호 연결되는 지인들과의 상호 작용과 관련된 데이터인 상호작용 데이터 등 소셜 미디어를 통해 수집되는 빅 데이터를 분석, 활용함으로써 기존 대중 매체와 달리 광고의 타겟팅(Targeting)이 가능

134) 출처 : 소셜 동영상 시장의 현황과 전망, KT경제경영연구소, 2016.9.9.
135) 출처 : 소셜 미디어 서비스 현황 및 활용(삼성경제연구소. 2013.5.21.)을 재 구성함.

하다는 잇 점을 가지고 있다. 뿐만 아니라 게시된 광고가 사회적 연결, 즉 지인들과 상호 공유가 가능하며, 소셜 네트워크 서비스의 대표적인 활용 예라 할 수 있다.

표 3-10 소셜 미디어 광고 구성요소[136)]

구성요소	특징
광고 콘텐츠	개인적 데이터나 소셜 데이터를 활용한 맞춤화된 메시지
타겟팅(Targeting)	프로파일 데이터를 활용한 광고 타겟팅 및 개인이 선택한 광고를 친구들에게 전달하는 것
기능성	광고 내에서 사회적 연결(친구와의 공유)

대표적인 소셜 미디어 광고로 페이스 북이 제공하는 광고상품을 들 수 있다. 페이스 북의 광고는 페이스 북 사이트의 우측 화면에 노출되는 광고로 광고주가 직접 작성한 광고 메시지를 중심으로 설정된 타겟(Target)들에 노출되게 만든 '페이스 북 광고(Sponsor)'와 자사 상품이나 브랜드 페이지에 올린 글에 대해 이용자가 댓글이나 좋아요를 누른 반응을 보여주는, 즉 화면 우측에 '000님이 좋아합니다'라는 문구와 함께 노출되는 광고인 '스폰서 스토리(Sponsored Story)', 뉴스 피드 영역에 노출되는 광고로 'featured'라고 표시하여 특정 브랜드나 기업 광고를 노출하는 방식으로 이용자와 양방향 소통 및 입소문에 효과적인 '추천소식(featured storids)' 등이 있다. 또한 광고 포스팅 상품을 제시하였는데, 페이지에 글을 쓰면 페이지를 좋아하는 팬의 뉴스 피드에 노출되고, 옵션에 따라 팬들의 친구에게도 추가로 노출되어 보다 많은 사람들이 해당 페이지를 볼 수 있게 고안한 광고와 모바일 앱을 위한 광고(Ads for Apps) 등 새로운 광고 상품들도 선보이고 있다.

이를 광고 형태별로 구분해 보면, 스탠다드(Standard), 팬 페이지(pan Page), 애플리케이션(Application), 이벤트(Event) 등 총 4가지로 나누어 볼 수 있다. 첫째, 스탠다드 광고는 배너를 클릭하면 브랜드 홈페이지로 이동하는 방식으로 광고주는 고객을 브랜드 홈페이지로 유입시킴으로서 트래픽 상승효과를 일으킬 수 있다. 다만 좋아요(Like)가 없다. 둘째, 팬 페이지 광고는 URL을 발행하여 많은 팬을 확보하여 마케팅에 활용하는 방식으로 향후 다수 팬의 활동을 다각적으로 분석할 수 있고, 이를 마케팅에 활용할 수 있어 브랜드 페이지의 영향력 측정이 가능하다, 셋째, 애플리케이션 고아고는 배너를 클릭하면 피이스 북 내 해당 페이지로 이동하여 앱(App) 다운로드를 유도시키는 것으로 참여율을 높일 수 있으며, 마지막으로 이벤트 광고는 특정 이벤트에 초대하는 방식으로 참여할 경우 참석 여부가 사용자 페이지에 공유되어 사용자의 지인들에게 노출되고, 이벤트 공유를 통해 지인들의 참여를 유도할 수 있다는 특징이 있다.

136) 출처 : 김미경 외(2012)의 "소셜미디어 광고" 부분을 참고(pp.240~270)

표 3-11 소셜 미디어 광고와 포털 배너 광고의 비교

구분	소셜 미디어 광고	배너 광고
표적 유연성	소셜미디어 광고는 소비자들이 항상 가지고 다니는 스마트 기기가 주요 매체가 되므로 누구에게나 광고를 노출시킬 수 있다.	광고를 노출 시킬 대상을 타켓팅 할 수 있다. 즉, 웹사이트를 방문한 모든 사람에게 광고를 노출시킬 수도 있고 특정 내용에 흥미를 가진 사람들에게만 광고를 노출시킬 수 있다.
시간 유연성	시간과 공간의 제약없이 언제나 광고를 노출할 수 있다.	광고 게재 시간의 설정이 자유롭다.
표현 유연성	텍스트, 이미지, 사운드, 동영상 등 다양한 멀티미디어 요소를 사용할 수 있다.	배너 상에서 다양한 멀티미디어를 사용한 광고 표현이 가능하다.
측정 용이성	댓글, 덧글, 좋아요 수 등을 통한 소비자의 반응을 실시간으로 확인할 수 있다.	어떤 상품의 배너광고가 사용자로부터 더 많은 반응을 불러 일으켰는지, 광고 표현을 달리 했을 때 어떤 배너 광고에 대한 반응이 가장 많았는지를측정/비교할 수 있다.

소셜 미디어 광고는 뉴스나 상품 등에 대한 개인들의 견해나 아이디어를 '선별된 사람들'과 사적으로 공유하는 방식을 취하고 있어 소셜 네트워크 서비스 이용자들에 의해 더욱 확산될 것으로 예상된다. 특히 각 기업들이 소셜 네트워크 사이트를 통해 제품 관련 메시지를 보내고, 소비자들은 자신들의 의견을 기업에 보내는 상호소통방식을 따르므로, 그동안 기업에 의해 일방적으로 보여 지던 광고가 아닌, 기업과 소비자가 통합된 광고모델로 발전하고 있다.

② 소셜 TV

소셜 네트워크를 활용한 또 다른 예로는 '소셜TV(Social TV)'를 꼽을 수 있다. 이는 제3장 소비자 변화 부분 - 소비자의 동영상 콘텐츠 소비 행태의 변화 부분에서 설명한 '동시시청 과 소셜 시청'이라는 소비자의 소비 행태를 나타내는 서비스의 일종으로, 단순히 TV를 보면서 소셜 네트워크 서비스를 이용할 수 있다는 개념을 뛰어넘어 TV 프로그램에 대한 정보와 의견을 '소셜(Social)' 네트워크상에서 공유하는 서비스를 뜻한다.

소셜 미디어 마케팅 전문가 데이빗 웨손(David Wetson)은 소셜TV가 성공하기 위한 요소로 다섯 가지를 주장한 바 있다. 첫째, TV와 스마트 폰, 태블릿 컴퓨터 또는 스마트 리모콘 등을 연계하는 멀티 플랫폼 전략이 필요하다. 둘째, 사람들을 끌어 모아 수다를 떨게 만들어야 한다. 정수기 앞에 사람들이 모이는 이른바 워터 쿨러 효과(Water Cooler Effect)[137]를 만들어내야 한다는 이야기다. 셋째, 같은 프로그램을 같은 시간에 공유하고 있다는

유대감을 만들어내야 한다. TV를 끄고 컴퓨터 앞에 앉을 때는 이미 늦다는 이야기다. 이런 리얼타임 커뮤니케이션이 가능하려면 멀티스크린(Multi Screen)을 지원하는 콘텐츠 전략이 필요하다. 넷째, 포스퀘어처럼 뱃지를 주거나 등급을 부여하는 것도 참여 동기가 된다. 다섯째, TV는 기본적으로 개인 소유가 아니라 가족 소유지만 그렇기 때문에 더더욱 개인화 서비스가 필요하다.

이처럼 변화의 최 전단에서 있는 소셜 TV는 2009년 미국에서 상용화한 겟그루(GetGlue)가 최초이며 이후 미소(miso), INTO-Now, Tunerfish, yap.TV, Vuall 등 다양한 미디어 서비스가 탄생되고 있다. 국내에서도 SBS가 제공하는 SOTY(쏘티), Tving Talk, 애브리온, 텔레톡비, KTH가 TV 코러스(Chorus), ImOnTV, Talkypool 등의 서비스가 출현하고 있다.

이러한 소셜 TV는 2010년대 초반에 소셜 미디어의 급성장과 맞물려 TV 시청자들이 세컨드 스크린(Second Screen)에서 트위트 등을 통해 텍스트 기반의 시청 소감을 공유하는 등의 현상이 확산되면서, TV 시청 형태가 소셜 시청 형태로 급격히 변화될 것으로 전망하였다. 그러나 2017년 현재의 소셜 TV는 실시간 스트리밍(Streaming) 동영상 공유 서비스 및 신규 동영상 유통 플랫폼의 성장, 동영상 클리핑(Clipping)과 같은 새로운 툴(tool)을 기반으로 새로운 관점에서 주목받고 있다. 특히 동영상 시청 시간을 포함한 스마트 폰 사용 시간이 늘어나면서 TV 단말이 아닌 스마트 폰이 퍼스트 스크린(first screen)으로 자리매김하고, 동영상이 페이스 북 등 기존 소셜 미디어는 물론 스냅챗 등 새로운 모바일 메신저에서도 막대한 트래픽을 유발하며 중추적인 지위를 차지하게 되는 등 소셜 TV서비스는 과거의 개념으로부터 확대되어 새로운 시기를 맞이하고 있다.

그 간의 사례를 살펴보면, SOTY는 2012 런던올림픽 시즌에 방송사 최초 소셜 TV 서비스를 선보였는데, 독자적으로 개발한 방송 정보 콘텐츠 큐레이션 시스템을 통해, 인기 드라마 및 예능프로그램의 하이라이트 장면, 태그로 구분된 맛 집, 패션 화보 등 최신 콘텐츠를 선별하여 볼 수 있는 기능을 제공하고 있다. 또 자신의 관심 스타를 등록해 놓은 경우 지정된 스타의 최신 동향과 정보가 자동 업데이트되는 개인 맞춤화 시스템도 제공하고 있다.

텔레톡비라는 회사는 TV를 시청하는 중에 일어나는 소비자 행동에 관한 서비스로, 동일한 프로그램을 시청하고 있다면 시청자끼리 해당 프로그램에 대한 SNS가 형성되어 의견을 나누고 정보도 얻을 수 있는 방식의 서비스를 제공하고 있다. 티빙은 TV시청 중에 채팅을 하거나 트위터, 페이스 북에 의견을 나눌 수 있는 '티빙톡' 기능을 제공하고 있다. 그러나 소셜 기능을 정확히 이해하지 못한 국내 사업자들은 아직도 그 프로그램 측면에서

137) Water Cooler Effect : 정수기와 같은 음료를 마실 수 있는 휴식 공간이 있으면 직원들의 소통이 활발해지는 효과. 미국 MIT 펜트랜드(Alex Sandy Pentland) 교수에 의해 콜센터 직원들을 대상으로 성과의 차이 원인을 분석한 연구에서 능력이나 교육수준이 비슷한데 성과가 차이가 나는 사유를 연구한 결과, '무엇을 소통하느냐?'보다 '어떻게 소통하느냐?'가 성과에 가장 큰 영향을 미치는 요소로 밝혀졌다. 더불어 성과가 좋은 팀의 팀원들은 회의실 밖에서 더 많은 소통을 한다는 사실도 드러났다.

다양성을 갖지 못하고 있으며, 저작권 문제로 인하여 콘텐츠도 미흡하고, 기능도 초보적 단계에 머물러 있다.

현재까지 나타난 소셜 TV의 비즈니스 모델은 플랫폼의 제공을 통한 매출이 일반적이다. 가입비나 서비스 이용료, 광고 등을 통한 매출 발생은 없고, 무상으로 광고나 커머스(Commerce), 다양한 기타 서비스를 제공하여 이용자 가치를 높이고, 제3자들의 콘텐츠와 애플리케이션 및 서비스를 최종 이용자에게 판매할 수 있게 하는 등 플랫폼을 제공하는 것이 주된 비즈니스 모델이다. 특히 스마트 폰 및 태블릿 PC 등 모바일 단말기의 확산은 세컨드 스크린 이용 확대를 야기 시키며, 소셜 TV 서비스 이용자 수를 확대시키고 있다.

이러한 흐름에 따라 2012년 현재 미국에서는 소셜 TV 시장에서 10개 이상의 신생 서비스가 경합을 이루고 있는 것으로 알려졌는데, Yahoo가 소셜 TV 서비스의 선두주자인 GetGlue의 경쟁사 IntoNow를 인수하였고, 영국의 소셜 TV 서비스인 Zeebox는 Comcast와의 제휴를 통해 미국에 진출하고 있다.

대표적인 소셜 TV 애플리케이션인 GetGlue는 시청하는 TV 프로그램에 체크인하여 친구들과 교류할 수 있도록 하는 서비스로 TV를 시청하면서 데스크탑 PC, 스마트 폰, 태블릿PC 등을 통해 소셜 TV 애플리케이션에 체크인하여 다른 시청자들과 채팅을 하거나 SNS 계정 등을 통해 현재 시청 중인 TV 프로그램에 대한 의견을 교환하는 서비스이다. 2010년 6월에 론칭된 GetGlue는 서비스 시작 10여 개월 만에 400만 가입자를 확보하였다. 사용자의 활동량(data points)이 10억 개, 발행된 스티커의 수도 400만 개에 달하는 등 그 사용률이 급증하고 있다. TV 프로그램뿐만 아니라 영화, 음악, 도서 등 다양한 미디어 서비스를 제공하며 급성장하였다.

Getglue 외에도 Miso, IntoNow가 현재 시청중인 프로그램에 '체크인'하는 형식의 소셜 TV 서비스를 제공하고 있다. Miso는 약 10만 명의 가입자를 확보하고 있으며, 특정 TV 프로그램에 체크인하여 의견을 공유하고, 퀴즈와 평점을 남길 수 있다. 또한 활동이 왕성한 사용자에게는 포인트와 디지털 뱃지(badge)를 수여하고 있다. 현재 위성방송사업자인 DirecTV와 IPTV 사업자인 AT&T, 셋톱박스 사업자인 Boxee와 제휴 중이다. 미국 드라마 부문에서 활용되고 있는 소셜 TV 앱 서비스인 IntoNow는 미국드라마의 대사소리를 인식하여 자동적으로 그 미국 드라마가 무엇인지 알려주고, 이를 기반으로 해당 드라마의 시청자들과 소통할 수 있게 해 준다. 특히 2010년 미국 1위 케이블 회사인 Comcast가 출시한 소셜 TV 플랫폼인 Tunerfish는 개방형 플랫폼으로 트위터와 페이스 북과 연동되어 있고 TV 콘텐츠를 한곳에 모아 소통할 수 있게 해 준다.

표 3-12 주요 소셜 TV 애플리케이션

	GetGlue	Miso TV	IntoNow
개시일	2010년 6월	2010년 3월	2011년 1월
가입자 규모	300만 명	10만 명	-
제공 콘텐츠	680여 개 프로그램	-	130개 채널
제휴사	CNN, Fox, MTV 등 75개 방송사, 10개 영화사, DirecTV	OWN(Oprah Winfray Network), DirecTV, AT&T, Box(셋톱박스)	2011년 4월 Yahoo에 2,000~3,000달러에 인수됨.
서비스 제공	체크인 서비스, TV 프로그램 외의 영화, 음악, 도서 등에서도 제공	체크인 서비스, 스포츠 경기 중 좋아하는 팀을 선택해 설문에 참여, 의견 공유 가능	사운드 인식 서비스 제공

미디어 시청 환경이 인터넷, 모바일, 태블릿 등 멀티태스킹이 TV 시청 중에 일상적인 행동으로 받아들여짐에 따라 SNS, 위젯 TV, 스마트 TV, 소셜 TV 등의 확산은 이제 거스를 수 없는 대세로 받아들여지고 있다. 더불어 유무선 인터넷 서비스의 빠른 통합 환경으로의 진화는 이용자들에게 보다 양방향적인 방식으로 미디어를 소비하게 만들면서 새로운 형태의 서비스로 확산되는 환경을 만들어 가고 있다.

동영상을 소비하는 채널로 소셜 미디어인 소셜 동영상 서비스가 급부상하고 있다. 소셜 동영상이란, '소셜 플랫폼을 통해 공유되는 디지털 동영상'으로 정의 내릴 수 있으며, 이는 소비자들의 콘텐츠 소비 행태의 변화와 무관치 않다. 단말 측면에서 스마트 폰의 이용이 확대되고, 스넥 컬쳐(Snack Culture) 특성으로 인해 간단하고, 간편한 동영상 콘텐츠의 소비가 확대되고 있는 것이다. 소셜 미디어 주 이용 단말로는 스마트 폰이 78.5%로 가장 많은 비중을 차지하며, 다음으로 데스크탑 PC, 노트북, 태블릿PC 순으로 나타나고 있는데, 특히 모바일(스마트폰/태블릿PC)의 비중이 79.4%로 PC(데스크탑PC/노트북) 이용(20.6%)보다 4배가량 많은 것으로 나타나고 있다. 이러한 추세로 인하여 전체 웹 트래픽에서 모바일이 차지하는 비중 역시 가파르게 증가하고 있으며, 2016년 현재 웹 트래픽 내 모바일 비중이 38.6%로 나타나고 있다. 모바일 단말을 활용해 동영상을 시청하는 모바일 영상 족이 급증함에 따라, 전체 모바일 트래픽 중 동영상이 차지하는 비중이 압도적으로 나타나고 있는 것이다.[138)]

138) 출처 : DMC미디어(2016.06), 2016 소셜미디어이용행태및광고접촉태도분석보고서_요약본

표 3-13 미국 동영상 시청자 수 Top 10 플랫폼[139)]

(단위 : 천명)

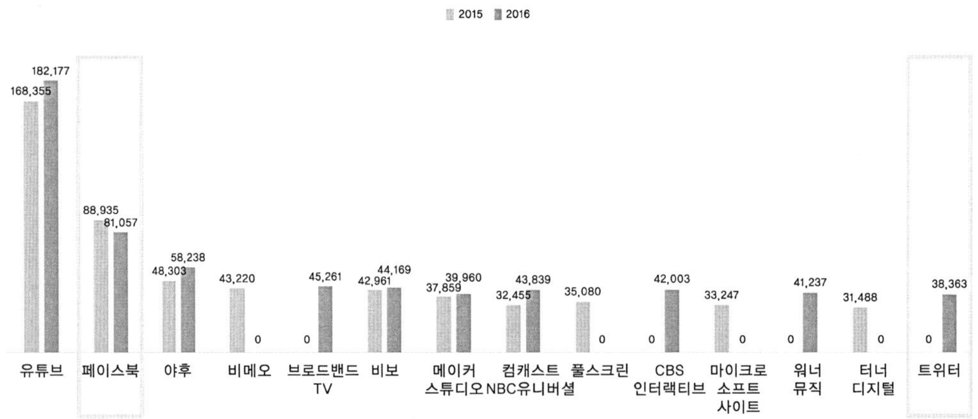

유튜브의 독주였던 동영상 플랫폼 시장은 역시 페이스 북과 트위터 등의 소셜 플랫폼에서 다양한 동영상 서비스를 도입하면서 새로운 국면을 맞이하고 있다. 오늘날 대부분의 소셜 미디어가 동영상 서비스를 제공하고 있지만, 현재까지 소셜 미디어 별로 동영상 콘텐츠를 구현하는 방법과 기능이 상이하기 때문에, 브랜드나 광고주 입장에서는 각 제품과 동영상 콘텐츠에 적합한 소셜 미디어를 선택하여야 하는 불편함이 있다.

표 3-14 유튜브 및 주요 소셜 미디어별 동영상 서비스 기능 및 특징[140)]

	유튜브	페이스북	인스타그램	트위터	바인	스냅챗
동영상 시청 기준	30초	3초	3초	1회 클릭	전체 재생	1회 클릭
자동 재생 가능	부분적	○	○	○	○	
동영상 시작 부분 소리 켜짐	○	음소거	음소거	○	○	○
동영상 최대 길이	무제한	2시간/ 4GB	60초	140초	6초	10초/스토리 큐레이션
타 플랫폼 노출 가능 여부	○	○	○	○	○	○

139) 출처 : 소셜 동영상 시장의 현황과 전망, KT경제경영연구소, 2016.9.9.

140) 출처 : Marketing Land(206.05), Guide to Social Video 재구성

이처럼 모바일 동영상 서비스가 큰 인기를 끌기 시작하자, 다양한 소셜 네트워크 서비스 사업자들도 앞 다퉈 모바일 동영상 서비스 시장에 뛰어들고 있는데, 과거 유튜브 링크를 통해 동영상 콘텐츠를 제공하던 페이스 북은 다양한 동영상 서비스를 도입하며, 동영상 콘텐츠 제공에 있어 효과적인 플랫폼으로 거듭나고 있다. 페이스 북의 하루 동영상 조회 수는 2015년 10억 뷰(View)에서 2016년 80억 뷰로 폭발적인 증가세를 보였으며, 이는 페이스 북의 대표적인 동영상 서비스인 '오토 플레이(Auto-play)', '라이브 스트리밍(Facebook Live)', '360도 동영상', '인스턴트 메시지' 등의 다양한 서비스 제공과 무관치 않은 것이다. 특히 10대 청소년들을 위한 앱 '라이프스 테이지'를 통해 10대들의 미디어 이용 환경과 행태를 고려한 모바일 동영상 서비스를 제공하는 것도 페이스 북이 동영상 콘텐츠의 플랫폼으로 굳건히 자리매김하는데 일조를 하고 있다.

인스타그램(Instgram)도 2016년에 '스토리(Stories)'서비스와 '회원님이 좋아할 만한 동영상'이라는 피드 섹션(feed section)을 추가함으로써, 동영상 콘텐츠가 더욱 활발하게 공유될 수 있는 환경을 마련하였다. 특히, 미국에서는 '이벤트' 채널을 추가해 스포츠 경기나 콘서트 영상을 실시간으로 시청 할 수 있는 서비스를 제공 중에 있으며, 모회사인 페이스 북을 통해 축적된 이용자 관심사 정보를 기반으로 동영상 콘텐츠를 추천하는 알고리즘을 설정하여, 이용자들이 관심을 가지고 지속적으로 클릭 할 수 있도록 콘텐츠를 선별해 보여주는 개별 맞춤형 콘텐츠 제공서비스도 제공하는 등의 강점을 적극적으로 활용함으로써 동영상 시청 시간을 지속적으로 증가시켜 나가고 있으며, 더 많은 이용자들이 방문하거나 오래 머물도록 유도하는 전략을 펼쳐 가고 있다.

트위터는 이용자 성장률 둔화와 광고 수입 감소로 난항을 겪고 있는 상황에서, 다양한 동영상 서비스를 제공하며 돌파구를 찾고 있는데, 크리에이터 생성과 창의적인 동영상 콘텐츠 장려를 위해 업로드 동영상 길이를 기존 30초에서 140초로 늘릴 뿐만 아니라, 트윗된 영상 시청시 연관 동영상이나 좋아할 만한 동영상 콘텐츠를 추천해주는 기능 등 동영상 서비스에 부가적인 기능을 추가하는 노력을 경주하고 있다.

스냅 챗(Snap Chat)은 원래 사진이나 동영상을 간단히 올리면서 소통하는 소셜 미디어인데, 스냅챗 이용자가 공유하는 동영상 조회수가 일 100억 뷰를 돌파 했는데, 이는 2015년 말 페이스 북이 공개한 일 영상 조회 수 80억 뷰를 뛰어 넘는 수치이다. 2015년 상반기 스냅 챗 출시와 더불어 10대들 사이에서 페이스 북 보다 높은 관심을 받으며, 10대들 사이에서 인스타그램이나 트위터보다 더 중요하게 여겨지는 소셜 미디어로 자리 잡기 시작하였다.

③ 소셜 게임

소셜 미디어 매출액 중 광고부문 다음으로 크게 기여하고 있는 부문이 게임영역이다. 소셜 네트워크를 활용한 게임인 소셜 네트워크 게임(Social Network Game)은 사람들이 서로 같이 플레이하는 게임을 의미 하였으나, 최근에는 소셜네트워크 상에서 급성장하고 있는 게임으로 트위터, 블로그, 페이스북, 카카오 톡과 같은 소셜 네트워크 서비스 (SNS)의 장점과 게임의 재미를 융합한 서비스(소셜 기능과 결합한 게임)를 뜻한다.

소셜 네트워크 게임의 첫 번째 특징이자 가장 큰 장점은 소셜 네트워크 서비스를 플랫폼으로 하고 있다는 것이다. 이는 사용자 확보를 위한 시간과 비용을 절감하는 것이 가능하다는 것을 의미한다. 국내의 경우 모바일 메신져인 카카오 톡을 플랫폼으로 한 게임들이 단 기간 내에 엄청난 규모의 유저를 확보한 사례는 이러한 소셜 네트워크 서비스의 잠재력을 증명하는 것이라 할 수 있다.

두 번째 특징은 기존의 게임은 개인적 성취와 보상에 집중되어있는 반면 소셜 네트워크 게임은 게임 내의 소셜 활동과 플레이어 간의 상호작용이 게임 플레이의 중요한 요소가 된다는 것이다. 기존의 게임들이 게임 자체를 즐기기 위해 모인 형태라 한다면, 소셜 게임은 게임 자체의 목적보다는 사람과 사람 사이의 유대관계와 친목 도모가 더 중요하다는 것이다. 다시 말해 게임 플레이어의 자체 능력보다는 얼마나 이웃과의 교류가 많은가, 얼마나 많은 이웃과 관계를 맺고 있는가가 더 중요한 게임이다. 소셜 네트워크에 구축되어 있는 사회적 관계를 활용하고, 대개 광고와 가상의 상품으로 수익을 거둔다는 측면도 있다. 또한 소셜 네트워크 게임은 게임공간이 사회적 공간으로 확장될 수 있다는 가능성을 보여주며, 소셜네트워크서비스(SNS)의 장점과 게임의 재미를 융합하는 형태로, 게임을 즐기면서 인맥을 구축할 수 있는 새로운 커뮤니케이션 수단으로 발전해 나아가고 있다.

세 번째 특징으로는 누구나 즐길 수 있는 간단한 인터페이스를 갖고 있다는 것이다. 게임 초보자에게 상당한 부담이 될 수 있는 유저 인턴페이스를 손쉽게 구성하여 접근성을 높힌 것이다.

네 번째 특징으로는 기존의 게임들이 실시간이며, 동시 접속한 플레이어간의 교류만 가능한 동시 접속을 기반으로 한 게임인데 반해, 소셜 게임은 동시접속이 아니더라도 자신의 흔적을 이웃의 농장 등에 남겨 놓음으로써 관계를 형성해 가는 비동기 방식이다. 마지막으로 모바일기와의 결합이 용이하다는 점인데, 손쉬운 인터페이스를 가진 소셜 게임의 특성상 모바일 기기에서의 플레이도 보다 용이하게 해 줄 수 있다.

나 스마트 미디어 시대의 대중적 미디어 플랫폼 – 모바일 메신저

스마트 미디어의 대표적 플랫폼으로 스마트 폰의 대중화와 함께 탄생한 것이 모바일 메신저(Mobile Messenger) 서비스다. 모바일 메신저는 기존의 웹 환경 하에서 서비스되던 인스턴트 메신저(Instant Messenger)가 모바일 환경으로 변화되면서 새로운 미디어 플랫폼으로 인식되어지고 있다. 특히 모바일 메신저는 이제 글로벌 대형 IT기업들이 갖춰야 할 필수 서비스 포트폴리오(Portfolio)로 자리매김하고 있다. 애플에 의해 탄생한 아이폰(iPhone)으로 촉발된 스마트 단말기가 보급되기 시작하면서 본격적으로 모바일 메신저 서비스가 제공되기 시작하였는데, 2009년 5월 와츠앱(What'sApp)이 미국에서 서비스를 시작한 이래 국내외에 걸쳐 새로운 미디어 기업들에 의해 카카오 톡(Kakao Talk), 바이버(Viber), 라인(Line), 위챗(WeChat) 등의 서비스가 잇달아 출시되며, 각기 선점한 국가와 지역을 중심으로 세력을 확장하고 있다. 뿐만 아니라 전 세계 IT업계에서 모바일 메신저가 M&A의 화두로 떠오르고, 종합적 서비스 플랫폼으로서 모바일 메신저 서비스가 떠오르기 시작하면서 시장에서 관심이 집중되고 있다.

2014년 상반기 현재 글로벌 사용자들에 의해 약 25억 개(중복 포함)에 이르는 계정이 만들어져 있으며, 그 중 와츠앱, 위챗, 라인이 빅3 를 형성하고 있다. 2014년에는 페이스북이 와츠앱을 20조 원에 인수한 직후 일본의 오픈마켓 라쿠텐(Lakuten)이 모바일 메신저 바이버(Viber)를 9,600억 원에 인수하였고, 2014년 3월에는 중국 최대 전자상거래 기업 알리바바(Alibaba)가 탱고에 2억 1,500만 달러를 투자하는 등 모바일 메신저 시장을 놓고 인수 합병이 본격화되고 있다.

표 3-15 전 세계 주요 모바일 메신저서비스 현황141)

구분	Whatsapp	Wechal	Line	Kakaotalk	Viber	Tango
모회사	페이스 북	텐센트	네이버	카카오	라쿠텐	알리바바
국가	미국	중국	한국	한국	미국	미국
서비스 출시	2009년 5월	2011년 1월	2011년 6월	2010년 3월	2010년 12월	2010년 9월
매출액 (2013년)	20	71	4,545[1)]	2,108	1.5	-
영업이익 (2013년)	9	-	-76[2)]	614	-22.5	-
임직원수(명)	55	-	1,050	550	50	160
누적가입자수 (억명)	7[3)]	6[4)]	4+	1.3	3	2
MAU(억명)	5[5)]	3.55[6)]	1.75[7)]	0.64[3)]	1.05[3)]	0.7
주요진출국	미국, 남미, 중남미, 유럽 등	중국, 동남아	일본, 대만, 태국, 한국, 스테인 등	한국, 일본, 등	브라질, 러시아 등	미국, 중동 등
기업가치 (억달러)	190	475[8)]~600[2)]	187[2)]~207[9)]	40[2)]	9	15
주요 이슈	2014년 2월 페이스북이 인수 (190억달러)				2014년 2월 라쿠텐이 인수 (9억달러)	2014년 3월 알리바바 지분 투자 확대 (2억 1,500만 달러)

주 : 매출액, 영업이익 단위는 카카오톡은 억원, 나머지 회사는 백만불 기준
1) 순매출 기준, 총매출액 5,776억원임.
2) 메리츠 종금증권 추정(2014년 4월 4일)
3) Macquarie Equities Research(2015년 4월 21일)
4) 2013년 10월 기준
5) 2014년 4월 22일 기준
6) 2014년 4Q 기준
7) Wall Sheet Journal(2014년 4월 21일)
8) Goldman Sachs(2014년 4월 22일)
9) Nomura(2014년 4월 11일)
자료 : 각사 IR 자료, Bloomberg, Goldman Sachs, Macquarie Equities Research, Wall Sheet Journal, Canalys Research, The Bell, 현대증권, 메리츠 종금증권, 리서츠 등

141) 출처 : M&A 트렌드로 본 모바일 메신저의 잠재력, LG경제연구원, 2014.5.7.

미디어 시장에서는 현재 모바일 메신저가 새로운 마케팅 플랫폼으로 떠오르며, 모바일 서비스 포털로 진화될 것으로 전망하고 있다. 카카오 톡, 라인, 위챗이 모바일 게임으로 수익 창출하면서 모바일 메신저의 산업적 가치가 증대되고 있고, 통합 커뮤니케이션 플랫폼, 마케팅과 게임 플랫폼, 소액 금융결제수단으로서의 강점을 중심으로 모바일 메신저의 영향력은 점점 더 확대되어 가고 있다. 이처럼 모바일 메신저 서비스는 메시지 전달, 모바일 게임 유통, 전자상거래, 모바일 결제, 금융 등으로 빠르게 진화하고 있는데, 푸시(Push)기능을 통해 지인과 실시간 소통이 가능하고, 광고 도달률에 대한 모니터링이 가능하여 모바일 메신저의 마케팅 지원 역할이 새로이 주목받고 있다.

2015년을 기점으로 메신저 앱(Messenger App) 시장이 소셜 네트워크서비스(SNS) 시장을 추월했다. 모바일 메신저 앱은 단순히 채팅 메시지를 주고받는 플랫폼 역할에서 더욱 진화해 상품을 검색해 쇼핑을 하며 웹툰, 영화, 드라마 등의 콘텐츠를 소비할 수 있는 광대한 생태계 플랫폼으로 진화하고 있다. 위챗이 광동성 주변 지역의 공공서비스 플랫폼으로 활용 되어지는 것을 통해 위챗 자체가 앱 유통의 새로운 미디어로서의 가능성을 보여주고 있듯이, 뉴스, 지도, 검색, 쇼핑, 게임 등 수 많은 앱들이 메신저 안으로 흡수되는 앱의 포털 화가 가속화 될 전망이다. 메시지 전달 방식도 더욱 진화해 사진, 이모티콘, 동영상, GIF 등 다양한 파일로 소통을 할 수 있다.

그림 3-21 모바일 메신저와 SNS 가입자 현황[142)]

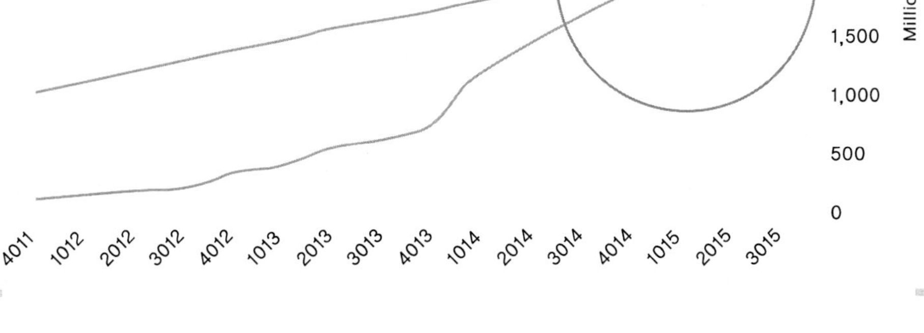

142) 출처 : BI Intelligence Report, Business Inside

전 세계적으로 많은 사용자를 확보하고 있는 모바일 메신저 서비스는 왓츠앱, 페이스북 메신저, QQ모바일, 위챗 등이다. 모바일 메신저는 이제 단순히 가입자 상호간에 메시지를 주고받는 기능에서 다양한 서비스를 위한 새로운 플랫폼으로서 위상을 점하고 있다. 일예로 위챗을 보유하고 있는 텐센트(Tencent)에 따르면, 모바일 메신저 플랫폼 '위챗(微信,웨이신, WeChat)'을 기반으로 광동 지역의 주요 도시(심천, 광저우, 포샨)의 스마트 도시 서비스(城市服务, Smart City Service)를 제공하고 있다. 이 프로젝트는 사용자와 지방 공공 서비스(Local Service)를 위챗을 통해 연결하고, 위챗 사용자는 심천, 광저우, 포샨 지역의 공공 서비스를 이용할 수 있는 플랫폼으로서의 서비스를 제공하고 있다. 웨이신 서비스에 교통국(DMV)과 시청의 민원 기능, 예를 들어 세금과 범칙금 납부부터 교통수단 티켓 예약, 주식 관리, 영화표 예약, 전자상거래 구입, 의료서비스 이용, 공공민원서비스 기능 등 사용자의 일상에서 일어나는 모든 일을 제공함으로써, 기존에 시민들이 직접 방문하여 처리해야하는 불편함을 해소해 주는 것이다. 이처럼 모바일 메신저의 사용자가 늘어남에 따라 플랫폼으로서의 역할이 확대되어 스마트 시티 등 다양한 서비스의 플랫폼으로도 활용되고 있다.

뿐만 아니라 인공지능과 메신저를 결합하여, 인공지능을 기반으로 사람과 자동으로 대화를 나누는 소프트웨어인 '챗봇(Chatbot)'이 등장하여 메신저 시장에 새로운 바람을 일으키고 있다. 챗봇이란 채팅하는 로봇인데, 정해진 응답 규칙에 따라 사용자 질문에 응답할 수 있도록 만들어진 시스템이다. 전자게시판이나 통신망에서 여러 사용자가 다양한 주제를 가지고 실시간 모니터링 화면을 통해 대화를 나누는 채팅과, 자동으로 사람이 하던 일을 수행하는 기계인 로봇을 합성한 용어라고 보면 된다. 사용자가 메신저 대화창에 특정한 메시지를 입력하면, 메신저 사업자의 챗봇 API 서버는 해당 메시지에 적합한 응답을 해달라고 해당 서버에 자동 응답을 요청한다. 그러면 사용자가 보낸 메시지 규칙에 따라 서버에서 규정된 메시지를 챗봇 API 서버 보내는 방식으로, 단순 텍스트만 전달하는 방식 외에도 영상, 이미지, 웹주소(URL) 등을 결합해서 보낼 수 있다.

구글, 페이스 북, 마이크로소프트, 텔레그램을 비롯해 국내 네이버, 카카오 등 다양한 인터넷 서비스 기업들이 챗봇을 기반으로 한 메신저 플랫폼을 선보이고 있다. 카카오도 '카카오톡 플러스친구'에 챗봇을 도입하여, 채팅창에서 상담부터 예약, 구매, 결제까지 한 번에 이뤄질 수 있도록 하고 있다. 예를 들면 이용자가 항공권 프로모션 메시지를 받은 다음, 채팅방에서 원하는 메뉴를 선택해서 항공권을 조회하고, 카카오페이로 결제까지 할 수 있다.

네이버는 '라온'이라는 대화형 인공지능 시스템으로 챗봇 시장에 진입했다. 라온은 채팅 형태의 인터페이스를 활용해 사람들이 네이버의 서비스를 좀 더 즐겁고 편리하게 쓸 수 있는 환경을 제공하고 있다. 특히 국내에서는 챗봇을 활용한 쇼핑 기능이 유통업계에서 확산되고 있는데, 카카오 톡의 챗봇 앱 프로그램 인터페이스(API)를 활용한 주문, 상담 자동화 서비스가 대표적이다. 2015년 11월 TV 홈 쇼핑 회사 GS Shop을 시작으로, CJ오쇼핑, 그리고 화장품 브랜드인 이니스프리(innisfree)까지 카카오 톡을 이용한 '톡 주문' 서비스를 운영하고 있다. 모바일 메신저에서 번호만 누르면 주문이 바로 이뤄지고, 스마트 폰 마이크에 대고 사람과 대화하듯 주문 사항을 말하면 원하는 서비스를 이용할 수 있는 등 쇼핑이 더 간편해지고 더 똑똑해지고 있다.

그림 3-22 이니스프리의 챗봇을 활용한 주문 화면[143)]

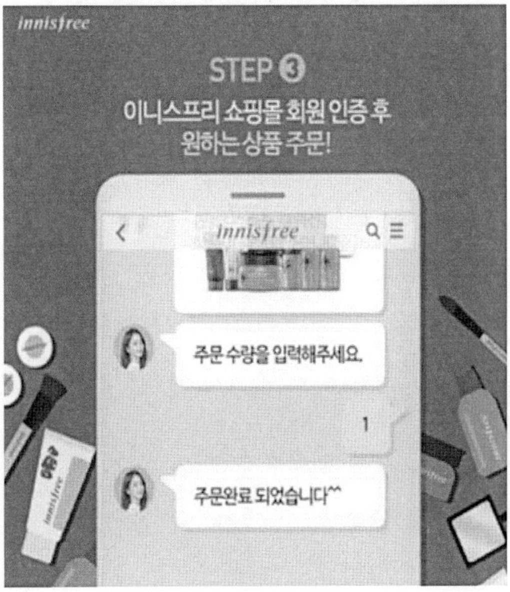

페이스 북은 '챗봇'을 개발할 수 있는 도구를 공개했는데, 2017년 1월 현재까지 페이스 북 메신저에 34,000여 개의 챗봇이 구축돼 있고, 이를 통해 항공권 예약부터 날씨 정보를 주고받거나, 상품 구매・결제도 가능하게 되어 있다. 구글도 2016년에 출시한 모바일 메신저 '알로(Allo)'에 구글 어시스턴트(assistant) 기반의 챗봇을 적용했다. '@google'이라는 대화명의 챗봇에게 영화 상영 시간을 묻거나, 근처 식당을 추천받을 수 있다. 라인은 글로벌 메신저 서비스 지배력을 높이기 위해 인공지능(AI)과 챗봇에 투자하고 있다. 라인 플랫폼에는 향후 300여개 업체들이 만든 7000여개 챗봇이 적용될 계획이다. 마이크로소프트도 2015년, 중국에서 챗봇 '샤오이스(Xiaoice, 샤오빙(小氷))'를 선보였다. 대화창에 따뜻한 국

143) 출처 : "가방 새로 살건데 보여줄래?" 온라인몰판 '시리' 확산, 디지털타임스, 2017.2.13.

물이 담긴 그릇 사진을 전송하면 주변 맛 집을 추천하고, 예약 전화를 걸 수 있는 기능을 제공하는 등 인간이 평상시 사용하는 언어에 가깝게 대화를 구성하는 게 특징이다. 2016년엔 대화형 인공지능 '챗봇 테이((Tay)'도 선보였다.[144]

그림 3-23 글로벌 주요 소셜 미디어 가입자 수 현황(2016.8. 현재)[145]

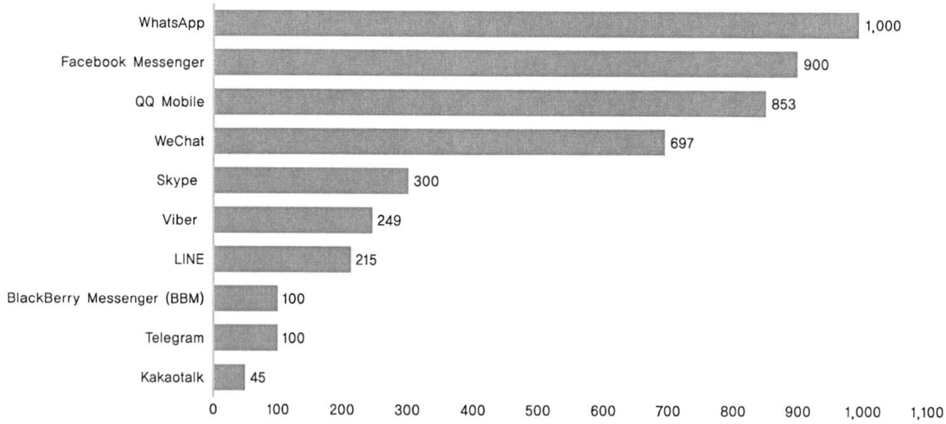

다 다중채널네트워크(MCN: Multi Chanel Network)

1) 1인 미디어와 MCN의 등장 배경

1인 미디어는 개인 혼자서 콘텐츠를 기획해 제작하고 유통시키는 미디어를 말한다. 인터넷의 등장과 디지털 기술의 발전으로 인해 다양한 콘텐츠 창작 및 유통 환경이 손쉽게 구현되어 짐에 따라 인간의 소통 욕구와 표현 욕구를 충족시키는 방법의 일환으로 등장한 새로운 미디어다. 1인 미디어는 개인화된 서비스인 미니 홈피나 블로그와 같은 정보 기반의 서비스와 트위터, 페이스 북 등과 같은 소셜 미디어, 웹캠(Web Cam)을 통한 동영상 방송과 오디오 만을 제공하는 팟 캐스트(pod cast) 방식 등으로 등장하였으나, 2005년 2월 "Broadcast Yourself(스스로를 방송하라)"라는 슬로건을 기치로 설립된 유튜브가 등장으로 1인 미디어 시장에서 파괴적 혁신이 나타나게 되었다.

개인 이용자가 제작한 동영상(UCC 혹은 UGC)[146]을 인터넷에 공개하고, 공유하는 플랫폼인 유튜브가 서비스를 개시하면서 유튜브 자체 플랫폼을 통해 동영상을 제작하고, 공

144) 출처 : 네이버캐스트

145) 출처 : https://www.statista.com/statistics/258749/most-popular-global-mobile-messenger-apps/, 2016.8. 현재

146) UCC : User Created Contents, UGC : User Generated Contents.

급하는 파트너들을 적극적으로 발굴함과 동시에 유튜브 플랫폼에 적합한 콘텐츠 제작을 지원하기 위한 전략의 일환으로 유명한 동영상 창작자들에게 장비 구입 등 제작비로 미래 광고 수익을 사전에 지불하는 '파트너 보조금 지원 프로그램(Partners Grants Program)'등을 시작하는 등 다양한 콘텐츠 확보를 위한 전략을 전개하기 시작하였다. 특히 파트너 보조금 지원 프로그램이 궁극적으로 MCN이 탄생할 수 있는 필요 조건을 만들어 내게 된 것이었다. 이로 인해 소위 서드 파티(3rd Party)라 할 수 있는 1인 동영상 창작자들이 모여들고, 다양한 콘텐츠가 제공되어 짐에 따라 시청 소비자들에게 볼만한 거리를 제공해 주며, 볼거리는 자연스럽게 또 다른 소비자의 유입을 만들어 내는 선순환 구조를 형성하게 되었다.

다시 말해 유튜브에서는 제작자들이 만드는 동영상의 질적 수준을 관리하고, 그들의 콘텐츠 제작을 고무하고 격려하는 시스템을 제공해 주고, 1인 창작자들은 유튜브 파트너스 프로그램을 통해 자신이 제공하는 콘텐츠의 시청자 수나 클릭 수에 따라 광고의 노출 수와 클릭 수를 근거로 수익을 배분받게 되었다. 이처럼 1인 미디어 크리에이터가 실제로 수익을 창출 할 수 있도록 광고매출을 공유함으로써 보다 많은 크리에이터들이 참여하여 다양한 장르의 1인 미디어의 등장을 위한 발판이 마련된 것이다. 나아가 채널의 1인 창작자와 광고주를 연결해 주는 에이전시가 등장하게 되고, 이것이 MCN이라는 새로운 1인 미디어가 자리 잡게 만든 동력을 제공하게 된 것이다.

유튜브에서는 MCN은 여러 개의 유튜브 채널과 제휴한 조직으로서 일반적으로 제품, 프로그램 기획, 결제, 교차 프로모션, 파트너 관리, 디지털 저작권 관리, 수익 창출·판매, 잠재고객 확보와 같은 다양한 분야에서 콘텐츠 제작자에게 도움을 제공[147]하는 미디어로 정의하고 있으며, MCN 외에도 OVS(Online Video Studio), ITC(Internet Television Company)라는 용어 등으로 불리기도 한다.

그림 3-24 MCN 생태계의 구성 요소

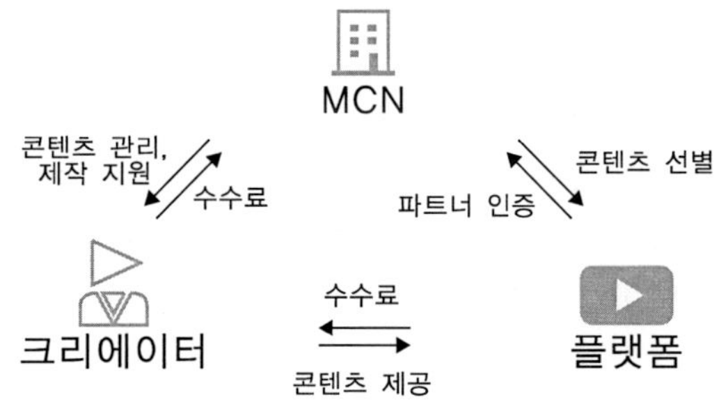

147) 출처 : 유튜브 홈페이지

2) MCN 시장의 현황[148)]

2014년경부터는 소위 덕후(오다꾸)들에 의해 유튜브나 아프리카TV 등 기존 동영상 채널을 이용한 다양한 1인 방송의 시대가 개막되기 시작하였다. 이에 따라 시장에서 기존 미디어 기업들에 의한 MCN의 인수가 진행되어지고 있다. 이는 기존 미디어 기업에게 있어서 MCN이 새로운 기회를 제공할 것이라는 긍정적 전망을 갖기 시작했다는 것을 의미한다.

그림 3-25 MCN 서비스의 진화 방향[149)]

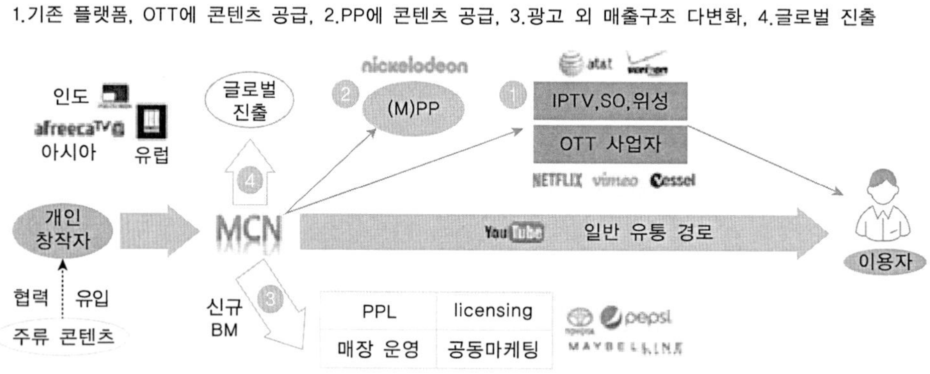

미국의 경우, 소셜 미디어 중심으로 성장하고 있는 유튜브나 페이스 북, 드림웍스 등의 기존 미디어 기업이 MCN 기업들을 인수하거나, MCN 콘텐츠를 확보하기 위해 다양한 전략을 펼치고 있다. 미국 애니메이션 제작사인 드림웍스 애니메이션은 2017년 1월 MCN 기업 '어섬니스 TV'(https://awesomenesstv.com/)를 3,300만 달러에 인수하였다. 어섬니스 TV는 2008년 미국 유명PD가 설립한 MCN으로, 10대와 20대를 겨냥한 코미디 · 리얼리티 · 음악 · 드라마 등의 콘텐츠를 제공하며, 2016년 말 현재 9만 개 이상의 크리에이터 채널을 보유하고 있고, 자체 유튜브 채널의 구독자 수가 340만에 달하는 미국의 대표적인 MCN 기업이다.

2014년에는 월트 디즈니 컴퍼니((Walt Disney)가 '메이커 스튜디오'를 9억5,000만 달러에 인수하였다. 메이커 스튜디오는 2007년 설립된 MCN으로, 게임 · 스포츠 · 음악 · 패션 · 뷰티 등의 동영상 콘텐츠를 제공 중 이다. 평균 65억 회의 동영상 재생 횟수를 기록하며, 유튜브 전체 트래픽의 약 5%를 차지하고 있기도 하다.

148) 출처 : 커뮤니케이션북스(2016.4.25.) 및 1인 미디어 산업의 현황과 전망(KT경제경영연구소. 2016.12.6.)를 중심으로 재구성

149) 출처 : 디지털미디어를 통해 본 비디오 산업의 미래, KT경제경영연구소, 2015.8.19.

2017년 현재 풀스크린(Fullscreen), 스타일홀(StyleHaul), 베보(VEVO), 버즈피드(Buzzfeed), 무비클립(Movie Clip) 등 다양한 분야의 전문화된 MCN 채널을 운영하는 기업들이 활동 중이다. 풀스크린(Fullscreen)은 유튜브의 파트너스 프로그램을 공동으로 만들었던 조지 스트롬폴로스(Geroge Strompolos)가 창립한 MCN 기업으로, 10~20대를 대상으로 코미디, 게임, 음악 콘텐츠를 제공하고 있다. 스타일홀(StyleHaul)은 2011년에 설립된 패션 전문 MCN 기업으로, 여성 시청자들을 주 타깃으로 패션, 쇼핑, 뷰티 분야의 전문 온라인 네트워크로서, 패션 관련 인물을 다루거나 유명 패션쇼 현장 중계 등으로 유튜브 내에서 가장 경쟁력 있는 뷰티 전문 MCN 기업으로 자리 잡고 있다.

베보(VEVO)는 2009년 유니버설뮤직, 소니뮤직, EMI의 모회사인 아부다비미디어 등 미국의 대형 음반사가 세운 합작기업(Joint Venture)이다. 뮤직 비디오 웹사이트를 운영하며, 음악 콘텐츠 관련 수익사업을 진행하고 있다. 아울러 유명 뮤지션의 콘텐츠를 실시간 생중계하거나 스폰서십 계약을 맺어 콘서트를 여는 등 다양한 공연 사업을 벌이고 있다. 베보는 대표적인 뮤직비디오 케이블 채널 엠넷(Mnet)의 강력한 경쟁자로 여겨질 만큼 영향력이 크고 브랜드 가치가 높다. 그래서 유튜브 베보 브랜드(VEVO-branded) 채널 내의 광고 CPM(Cost Per Mile, 1000회 노출 당 비용)이 다른 MCN에 비해 높은 것으로 알려져 있다.

버즈피드(Buzzfeed)는 2006년 조나 페레티(Jonah Peretti)가 설립한 회사로, 뉴스와 엔터테인먼트 콘텐츠를 가공하는 웹사이트다. '당신이 꼭 해야 할 10가지', '꼭 먹어 보아야 할 7가지 음식' 등 리스트 형 콘텐츠 제작에 강하다. 소셜 미디어를 통한 바이럴(입소문) 전략으로 콘텐츠를 유통시키고 영향력을 높이고 있다. 버즈피드는 여러 1인 미디어를 관리하는 다른 MCN과는 달리 자체적으로 콘텐츠를 생산해 여러 유튜브 채널로 내보내는 방식을 취하고 있다. 뉴스전문 케이블 TV인 CNN과 제휴를 맺어 '시엔엔버즈피드(CNNBuzzfeed)'라는 채널을 운영하고 있다.

디파이 미디어(Defy Media)는 2011년에 설립된 MCN 기업으로, 13~34세 연령층을 대상으로 뉴스, 게임, 패션, 라이프스타일, 엔터테인먼트 동영상 채널을 제공한다. 유튜브를 기반으로 시작했지만 유튜브에만 머물지 않고 다양한 모바일 SNS에 동영상을 제공하며 플랫폼을 확장하고 있다. 다른 MCN과 다르게 디파이 미디어 자체 채널이 없으며, 브랜드별 독립 채널 형태로 운영한다. 무비클립(Movie Clip)은 2009년에 설립된 영화 클립 전문 MCN이다. 20세기폭스, 소니, 유니버설, 워너브라더스 등 메이저 영화사들의 영화 클립을 모아서 제공한다. 미국 최대의 케이블방송사 콤캐스트(ComCast)에서 자회사인 판당고(Fandango)를 통해 투자했다.

이처럼 미국에서는 수많은 MCN 기업들이 등장해 이미 시장에서 자리 잡고 있으며, 미래 가치를 인정받아 메이저 미디어 그룹에 인수되거나 혹은 수백 억 원의 투자를 유치하고 있다. MCN 비즈니스에 대자본이 참여하면서 콘텐츠의 질적, 양적 수준은 꾸준히 제고되고 있으며, 날이 갈수록 많은 사용자들을 불러 모으고 있다.

미국과 달리 한국에서는 아예 기존 미디어 기업에서 MCN 서비스를 시작하고 있다는 점이 출발에서의 차이를 보이고 있다. 물론 국내에서도 유튜브, 아프리카TV, 판도라TV, 곰TV 등 동영상 서비스 제공 플랫폼 기업들에 의해 다양한 1인 창작자(Creator)가 성장하고, 기업화되고 있다. 더불어 MCN 등 1인 미디어 시장의 선점을 위해 기존의 유튜브(YouTube)와 네이버, 카카오 톡 등의 경쟁이 본격화되고, 기존 지상파 방송사들까지 앞 다투어 MCN 영역에 자리를 잡고, 온라인 동영상 콘텐츠를 확보하기 위한 경쟁에 나서고 있다. KBS는 2015년 5월에 '예띠 스튜디오'를 출범시켜 크리에이터들을 교육하고 스튜디오를 제공하고 있다. 또한 '예띠 TV'라고 이름 붙인 프로그램을 통해 성장 가능성이 있는 크리에이터들을 소개하고, 한 주간 인터넷에서 화제를 모았던 영상들을 모아 지상파로 방송하는 등 MCN 사업에 직접 나서고 있지는 않으나 새로운 다양한 시도를 진행하고 있다. MBC는 2015년 10월에 MBC플러스 '코코넛'을 통해 1인 방송이 아닌 웹 드라마, 웹 예능과 같은 웹 콘텐츠를 전문으로 하는 MCN을 론칭해 '연애전과', '호모루덴스', '일장춘몽' 등과 같은 프로그램을 서비스했다. SBS도 계열사 PP를 통해 아프리카TV와 협력해 슈퍼모델들이 진행하는 '모델하우스'를 방송하는 등 지상파 방송사들도 경쟁을 벌이고 있다.

통신 3사는 '옥수수'(SK브로드밴드), '올레TV모바일'(KT), 'U+비디오포털'(LG유플러스)과 같은 온라인 동영상 서비스를 강화하고 있으며, 네이버 · 카카오도 동영상 콘텐츠 확보와 유통에 본격적으로 나서고 있다. 또 세계 최대 온라인 동영상 서비스 업체 넷플릭스에 이어 미국 최대 인터넷 기업인 구글과 전자상거래 기업 아마존도 각각 유료 동영상 서비스인 '유튜브 레드'와 '아마존 프라임 비디오'를 앞세워 국내 시장 공략을 가속화하고 있다.

뿐만 아니라 CJ E&M, 아프리카TV, 트레져 헌터(Treasure Hunter) 등이 가장 대표적인 MCN기업으로 자리 잡고 있다. CJ E&M은 2013년 7월 '크리에이터그룹(Creator Group)'이라는 MCN을 만들어 본격적으로 MCN 시장에 뛰어든 2015년 5월 다이아(DIA: 'Digital Influencer & Artist) TV를 설립하고, 게임 중계로 유명한 '대도서관TV'와 '겨울왕국 엘사 메이크업', '말레피센트 메이크업' 등 이색 화장법으로 인기를 끌고 있는 '씬님' 등 1,000여 팀을 확보하고 사업을 진행하고 있으며, 2017년 말까지 2,000여 팀으로 확대할 계획이다.

국내 MCN 2위기업인 트레져 헌터의 경우, 양띵을 비롯해 악어, 김이브를 통해 게임 · 뷰티 · 라이프 스타일(Life Style) 중심의 콘텐츠를 생산하고 있다. 트레져 헌터는 방송에 필요한 전문 교육과 스튜디오 제공, 콘텐츠 홍보, 저작권 관리 등을 통해 창작자들의 편의를 제공하며, 1인 미디어 지원 사업에 공을 들이고 있다. 아프리카, 트위치, 아주부, 다음티비팟, 네이버, 유튜브 등 채널을 통해서도 생방송을 제공하고 있다.

표 3-16 국내외 주요 MCN 사업자 현황(2016. 12. 현재)[150]

구분	MCN	설립연도	보유채널	월 방문자	투자 유치
해외	메이커스튜디오	2009년	6만개	73억명	9억 5000만 달러
	풀스크린	2011년	150개	48억명	3억 러
	머시니마	2007년	1만 2,000개	35억명	4,200만 달러
	어섬니스TV	2012년	8만 5,000개	23억명	1억 1,700만 달러
	스타일홀	2011년	1만 5000개	15억명	1억 700만 달러
국내	다이아TV	2013년	650개	8억 2000만명	-
	트레져헌터	2015년	150개	1억 9000만명	157억원

아프리카TV는 실시간 영상 플랫폼으로 자리매김하고 있으며, 동영상 스트리밍 서비스 전문기업 판도라TV도 주요 인기 게임 생중계 등을 통해 차별화를 꾀하고 있지만 1인 미디어 지원에도 나서면서 콘텐츠 적용 범위를 넓히고 있다. 네이버는 글로벌 시장을 겨냥해 라이브 스트리밍 동영상 서비스 'V'(브이)를 출시하고, 빅뱅, 2PM 등 한류스타 연예인의 개인 방송 생중계를 기본으로 하는 것으로 별도의 모바일 앱을 통해 서비스를 제공하고 있다.

국내 MCN 기업들은 CJ E&M과 아프리카TV라는 양대 산맥 속에서 판도라TV, KBS, MBC, 네이버, KT, 오리콤, 트레져헌터, 메이크어스 등이 뛰어들며 급격한 팽창세를 맞이하고 있으며, 2015년 말 기준으로 100 여개를 넘어서는 등 급속한 팽창기에 접어들고 있다. 메이크어스는 벤처캐피탈 업체인 DSC인베스트먼트, KTB네트워크, 보스톤파트너스 등에서 202억 원의 투자를 받았고, 트레져헌터는 SK텔레콤, SC 인베스트먼트로 부터 90억 원, 국내 외 벤처캐피탈로부터 67억 원의 투자를 받는 등 국내 뿐 아니라 해외의 경우도 주요 MCN은 주로 미디어 스타트 업의 형태로 사업을 시작한 후, 글로벌 미디어 그룹의 투자나 인수를 통해 사업의 규모를 키우고 있다.

150) 출처 : KT경제경영연구소. 2016.12.6.

표 3-17 주요 글로벌 MCN 구독 현황[151)]

	순위	MCN	채널수 (개)	월 가입자수 (천명)	월 조회수 (백만건)
글로벌 MCN Top 10	1	BroadbandTV	187,623	58,360	13,520
	2	vevo	8,090	27,209	16,469
	3	Fullscreen	50,228	25,503	5,094
	4	Maker Studios	26,188	20,800	5,299
	5	Studio71	10,864	15,300	4,358
	6	YourPartnerVSP	35,248	15,120	2,674
	7	StyleHaul	4,601	11,595	1,975
	8	Freedom!	103,695	10,766	2,512
	9	Machinima	9,682	10,626	3,078
	10	AIR	20,682	10,202	3,005
국내 MCN 랭킹	29	CJ E&M	623	2,163	636
	87	Treasurehunter	114	764	250
	106	MNet	853	612	376
	131	JYPentertainment	944	505	187
	213	afreecaTV	93	305	121

그러나 MCN은 여전히 크리에이터(Creator)가 유튜브의 광고에 의존하고 있다 보니, 몇몇 인기 크리에이터를 제외하곤 수익이 적은 경우가 대부분이다. MCN 탄생 자체가 유튜브였고, 아직은 이 한계를 벗어나지 못 한 상태다. 이러한 한계를 극복하기 위해 MCN 사업자들은 다양한 노력을 진행하고 있는데, 플랫폼과 수익을 공유해야 하는 광고 수익 이외에 독점 콘텐츠 제작 및 콘텐츠 관련된 부가 사업을 추진하거나, 유료 방송사나 통신사 등에 콘텐츠를 제공해서 콘텐츠 판매 수익을 확보하기도 한다. 일부는 오프라인 팝업 스토어(offline pop-up store)나 스튜디오 운영, MCN 브랜드와 캐릭터를 활용한 부가상품으로도 수익을 창출하려는 시도를 하고 있는 중이다.

MCN의 비즈니스 모델을 운영, 보상, 유통 측면에서 살펴볼 수 있는데, 운영모델은 매니지먼트(Management) 형태의 계약을 통해 MCN 사업자와 크리에이터가 전속, 프리랜서(Freelancer) 등의 형태로 형성하여 대행 수수료나 광고 수익 배분 등을 통해 매출을 올리는 비즈니스 모델이다. 보상모델은 MCN 기업에 소속된 크리에이터나 인플루언스

151) 출처 : SOCIALBLADE.COM(2016. 11)의 "Top 250 YouTube Networks by Most Subscribed" 자료 재구성 (월 가입자 수 기준)

(Influencer)152)들을 활용하여 마케팅 프로모션을 진행하고, 수익을 배분하거나 인센티브 혹은 정액제 방식으로 보상하는 형태로 일반적으로 수익 배분, 월급, 보너스, 정액 보상 등의 형태로 사업자와 크리에이터의 관계가 이루어진다.

유통 모델은 다양한 미디어 채널에 콘텐트 신디케이트(content syndicate)153) 기능을 제공하고 수익을 배분하는 형태이다. 이처럼 대부분의 MCN 사업자들은 운영, 보상, 유통 모델의 비즈니스 모델을 통합적으로 운영하고 있는 것이 현실이다.

하지만 광고 수익 자체나 국내 뿐 아니라 해외 시장도 같은 상황이지만, 단순한콘텐츠 공급만으로는 시장의 규모 측면이나 광고 매출 측면에서는 이미 레드 오션(Red Ocean)으로 수익성을 담보할 수 없고, 수익성이 담보되지 않는한 지속적인 사업의 진행, 확대가 어려움으로 궁극적으로는 글로벌 시장, 즉 유튜브, 페이스 북, 트위터, OTT 사업자 등 다양한 글로벌 미디어 채널로의 진출을 통한 수익성 확보를 위해 고민해야하는 과제를 안고 있다.

5 기존 미디어 권력의 약화

정보와 정보의 전달을 통해 새로운 가치를 전달하는 모든 매체나 수단을 미디어라고 정의 할 때, 종래의 미디어는 소수의 매스 미디어(Mass Media)가 미디어 플랫폼과 콘텐츠와의 결합, 즉 특정 미디어 플랫폼 기업에서 생산한 콘텐츠는 해당 미디어만을 통해 전달되는 형태를 가짐으로 인해 콘텐츠나 미디어 서비스 측면에서 독과점 지위를 가졌다.

또한 전통적 미디어는 대중을 향해 일방적으로 대량의 메시지(콘텐츠)를 전달하는 형태를 띠었다. 때문에 미디어에 대한 접근은 곧 권력에 대한 접근을 의미했다.

그러나 정보통신 기술의 발전으로 미디어의 디지털 화가 가속화 되고, 스마트 화, 다양화됨으로 인하여 기존 미디어 권력은 약화되는 현상을 보이고 있는데, 그 동인(動因, Driver)은 첫째, 인터넷의 등장으로 인해서이다. 방송·신문·잡지·라디오 등 이른바 전통적인 4대 미디어가 각기 독자적인 채널을 통해 제공하는 독점적 전용 콘텐츠를 인터넷을 통해 만들어지고 있는 다양한 뉴미디어라는 새로운 수단을 통해서도 소비 및 접근할 수 있게 되었다. 소비자들은 더 이상 TV, 신문, 잡지, 라디오라는 전통적 매체를 통하지 않고서도 이들 미디어가 제공하는 콘텐츠에 대한 접근권을 확보하게 된 것이다.

둘째, 새로운 미디어의 등장이다. 기존 미디어가 제공하는 콘텐츠를 우회해서 접근하는 방식의 출현과 함께, 기존에 존재하지 않았던 새로운 형태의 미디어가 속속 등장하고

152) 인플루언스(Influence) : SNS상에서 영향력이 있거나 양질의 콘텐츠 생성이 가능한 유저를 일컫는 용어

153) 콘텐츠 신디케이트 : 콘텐츠 수집 사업자가 개별 콘텐츠 공급자(CP)의 콘텐츠를 모아 개인이나 신문·방송, 동영상 플랫폼 사업자, 포털 등 다양한 미디어나 웹 사이트 등에 판매하는 사업

있다. 자신의 주장과 생각을 전파할 수 있는 블로그, 미니홈피를 비롯하여 최근에는 유튜브나 판도라TV, 아프리카TV 등 인터넷 방송을 통한 개인 방송국 등은 누구나 미디어의 주체가 될 수 있음을 보여주는 대표적인 사례다. 더불어 모바일 메신저 서비스 등의 소셜 미디어의 등장은 미디어 권력이 소수에서 대중으로 전이되고 있음을 단적으로 상징하는 사례이기도 하다.

셋째, 미디어와 콘텐츠의 분리(Decouping)이다. 특정 콘텐츠가 특정 미디어에 결합(종속)되어 있는 구조 하에서는 전달되는 콘텐츠의 편성권이 소수의 미디어 소유자에게 있었지만, 기존 미디어의 파워가 약해지고, 수많은 대체 미디어가 등장함에 따라 콘텐츠의 편성권 역시 소비자 개인들에게 이전되고 있다. 아프리카 TV나 판도라 TV, 유튜브 등의 인터넷 방송 시스템에서 대도서관, 양띵, 멜츠 등으로 대변되는 소위 인터넷 BJ(Business Jockey)[154] 등의 사례에서 볼 수 있듯이 인터넷 TV 방송채널을 구성하거나 포털 사이트에서 자신만의 뉴스 페이지를 편성하는 등의 사례가 그 예라 할 수 있다.

미국에서 타임워너(Time Warner), 월트 디즈니(Walt Disney), 바이어 컴(Viacom)/ CBS, 뉴스코퍼레이션/21세기폭스, 콤 캐스트(ComCast)는 글로벌 미디어 산업을 지배해온 5대 복합 미디어 기업들이다. 미국의 4대 지상파와 군소 지상파 방송사, 주요 케이블 채널, 주요 할리우드 스튜디오가 모두 이들 소유 아래 운영되고 있다. 이들은 수직적 통합을 통해 방송의 유통망까지 장악하고, 인수합병과 사업 다각화를 통해 인쇄출판, 지상파와 케이블방송, 음악, 영화, 게임, 인터넷 등을 아우르는 글로벌 복합 미디어 기업으로 성장했다. 광고 수익, 콘텐츠 재전송료(re-transmission fee), 프로그램 사용료(affiliate fee)를 안정적 매출로 삼아 미디어 산업을 지배해 왔다.

그러나 모바일 단말기의 보급 확대 및 스마트 미디어의 보편화로 콘텐츠 제작과 유통의 진입 장벽이 무너지면서 글로벌 복합 미디어 기업의 권력은 점점 약화되어 가고 있다. 5대 복합 미디어 기업뿐만 아니라 신문 산업을 이끌어 온 뉴욕 타임즈와 워싱턴 포스트도 발행부수가 줄고, 광고 수입이 격감하면서 사업의 지속성 여부마저 불투명할 만큼 위기에 처해있다. 트러스트 펀딩(trust funding)으로 운영되는 영국의 가디언(Guardian)과 수신료에 의해 운영되는 영국의 공영방송 BBC 역시 변화하는 환경에서 새로운 도전에 직면해 있다. 뿐만 아니라 전통적 잡지나 신문 등의 미디어를 발행해 온 타임워너, 뉴스 코퍼레이션, 뉴욕 타임즈, 워싱턴 포스트, 가디언 등 모든 기존 미디어들은 지난 2008년부터 5년간 매출, 이익, 고용 인력 측면에서 두드러지는 감소세를 나타내 보이고 있다.

반면, 2012년까지 5년간 구글, 페이스 북, 애플 등 뉴미디어 기업군은 극적으로 성장했다. 매출을 보면, 구글이 2.3배, 아마존이 3.2배, 애플은 4.8배, 페이스 북은 19배까지 증

154) 인터넷 BJ(internet broadcasting jockey) : 집, 사무실 등의 장소에서 컴퓨터에 내장된 카메라 혹은 소형 캠코더 등으로 콘텐츠를 촬영, 인터넷 방송 사이트에 게재하는 사람을 일컫는 용어

가했다. 단순히 비율만 높은 것이 아니라 실제 총 매출액도 페이스 북을 제외한 나머지 세 개 기업은 기존 글로벌 미디어 기업들을 모두 앞서고 있다. 순이익 역시 두 배에서 몇 백 배까지 증가했다. 박리다매를 전략으로 추진하고 있는 아마존의 경우 순이익이 증가하지는 않았지만 전통미디어 기업의 순이익보다 높은 수치를 보이고 있다. 고용 인력 역시 두 배에서 다섯 배까지 늘어났고, 전통 미디어 기업의 고용 인력 수를 능가한다. 시장에서의 기업 가치 평가와 주가 총액 역시 전통 미디어 기업들을 몇 배 이상 차이로 앞서고 있다. 심지어 페이스 북이 21세기 폭스나 타임워너보다 앞서고 단지 2013년 NBC유니버설과 통합을 마친 콤 캐스트(ComCast)에만 뒤진 상황이다.

인터브랜드(www.interbrand.com)에서는 2000년부터 매년 전 세계를 대표하는 세계 100대 브랜드의 가치를 평가하여 순위를 발표하는 베스트 글로벌 브랜드를 발표하는데, 2016년에 발표한 'Best Global Brands 2016 Rankings'을 살펴보면, 여전히 애플과 구글이 1, 2위를 차지하고 있다. 아마존이 15위(2014년)에서 8위로 상승하였으며, 페이스 북은 2013년 52위에서 2014년 29위, 2016년에는 15위로 올라 Amazon과 함께 Top Growing Brand 1,2위로 선정되었다.

그림 3-26 Best Global Brand Ranking[155)]

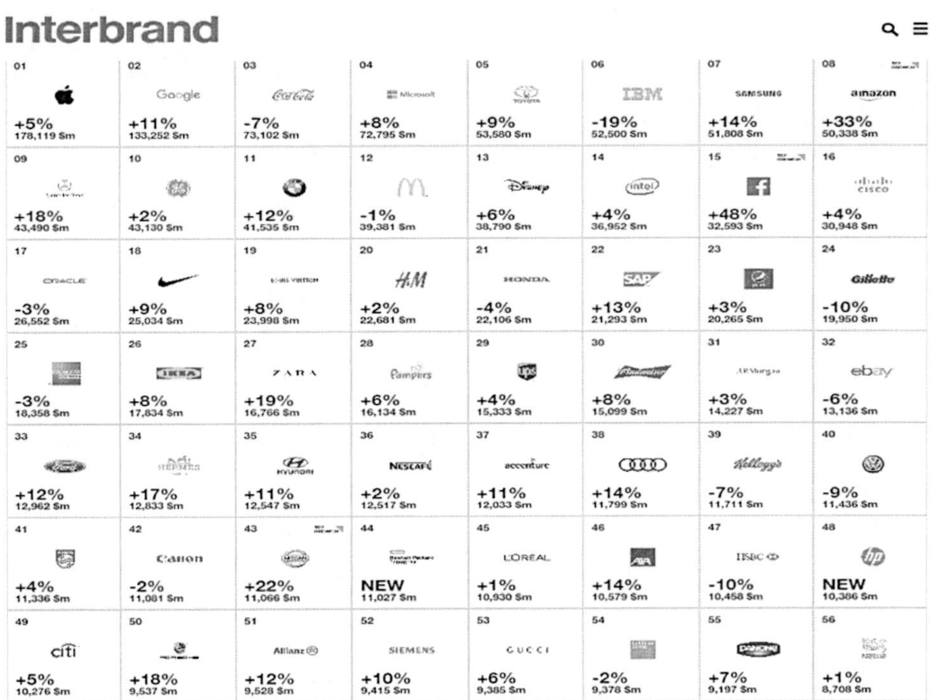

155) 출처 : http://interbrand.com/best-brands/best-global-brands/2016/ranking/

그림 3-27 Top Growing Brand[156)]

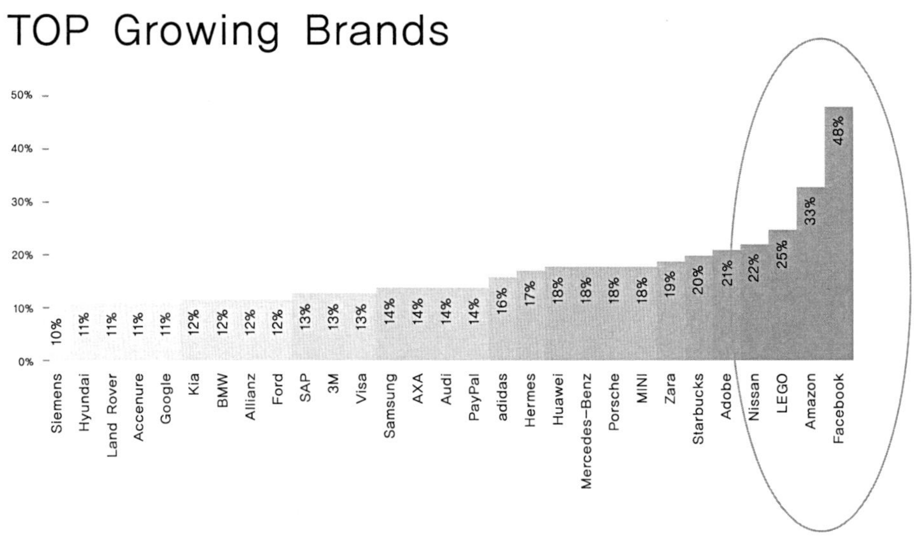

6 새로운 미디어 생태계 조성 경쟁

미디어 모포시스(Media Morphosis)와 같은 변형을 통해서든지 혹은 파괴적 기술에 의한 혁신을 통해서든지, 뉴미디어는 정형화된 모습을 갖춘 것이 아니라 늘 발전 속에서 등장하고 진화하는 상대적 개체로 나타나고 있다.

기존 미디어의 정보 처리나 전달 방식에 수정이 가해지거나 새로운 기능이 부가되는 등 기존 미디어와는 다른 별개의 특성을 갖게 함으로써 뉴미디어가 등장하게 되고, 새로운 미디어의 등장으로 미디어 간의 경쟁 역시 동적(動的) 변화를 거듭하고 있다. 미디어 산업은 지속적인 신기술의 등장과 발전을 통해 그리고 사용자들의 욕구 변화에 맞추어 끊임없이 뉴미디어를 잉태하며 새로운 모습을 보여 왔다. 물론 새로운 발전은 산업의 종류를 막론하고 어디에서나 벌어지는 일이다. 그러나 미디어 산업에서의 큰 특징은 불과 최근 몇 년 전까지만 해도 한정적인 형태의 발전으로 이어지다가, 2000년대 들어서면서 혁신적 변혁을 겪고 있다는 점이다. 실제로 과거에는 전통적 대중매체인 신문이나 방송 등이 오랫동안 미디어 산업의 대표로서 자리를 지켜왔으며, 새로운 서비스와 새로운 콘텐츠를 제공하는 형태의 발전에 국한되어 있을 뿐 산업의 중심축을 바꿔놓는 지각변동은 벌어지지 않았었다.

그러나 인터넷이 등장하면서 미디어 산업에는 짐작도 할 수 없는 변화가 벌어졌다.

156) 출처 : http://interbrand.com/best-brands/best-global-brands/2016/

신문이나 방송을 대신해 생산자 측면에서는 소셜 미디어로 대변되는 1인 창조형 미디어와 다양한 형태의 포털, 모바일 인스턴트 메신저 서비스 등과 같이 전문화된 미디어 플랫폼 등이 등장하였고, 전달 매체 측면에서는 유무선 형태로 인터넷 기술을 이용하는 양 방향성 등 다양한 기술이 활용되는 뉴 미디어가 등장했다. 뿐만 아니라 모바일 단말기의 대중화 및 스마트 화로 인하여 기존에 PC 등을 통해 제공되어 지던 서비스들을 다양한 형태의 새로운 미디어로 변화시키고 있다.

미디어 산업의 중심축도 전통 미디어 중심에서 뉴 미디어를 향하기 시작했다. 이러한 변화는 과거, 신문이나 방송이 정보 공급의 독점적 지위를 누리던 시대와 전혀 다른 정반대의 양상을 불러일으켰다. 즉, 예전에는 우리가 정보를 얻을 수 있는 통로가 대중 매체인 신문이나 방송, 잡지 라디오 등 4대 매체에 한정되어 있었다. 이는 특정 소수가 다수를 대신해 사회 현상을 알려주고 해석해주는 대중 매체의 전형적인 모습이었다. 그러다 보니 전통 미디어가 가진 정보력은 하나의 권력처럼 존재했다. 그리고 전문가들에 의해 사회 현상이 이해되어지고, 그들의 의견에 따라 전달되어지는 것을 일방적으로 받아들일 수밖에 없는 상황이었다.

인터넷이 등장하고 뉴 미디어가 발달하면서 우리는 누구나 정보를 공급하는 뉴스의 생산자가 되는 시대를 맞게 되었다. 정보 공급의 독점적 지위에 있던 신문이나 방송이 오히려 다수 대중을 통해 정보를 얻고, 이를 전달하는 등 대중 매체의 권위도 상대적으로 낮아지기 시작했다. 이것은 전통 미디어 산업에 매우 큰 지각 변동을 불러일으키고 있다. 더불어 미디어 산업을 구성하는 가치 사슬에 큰 변화를 가져왔다. 제작, 편성, 유통, 배급, 소비에 이르는 산업별로 특화된 가치 사슬의 구조도 더는 의미 없는 시대가 되었다.

새로운 미디어 생태계의 등장을 특징짓는 특성은 시간성, 연결성, 공유성, 참여성, 경험성, 탈 매개화(disintermediation) 등으로 나타나고 있다.[157] 즉, 시간성 측면에서 기존 미디어는 미디어 기업이 편성하는 시간에 맞춰 콘텐츠를 이용해야 하는 한계를 가졌다면, 새로운 미디어는 이용자 중심, 개인화 성향에 맞게 이용자 스스로의 통제 하에 미디어를 이용하는 형태로 변화되고 있다. 시간통제권이 이용자의 편의성을 극대화하는 형태로 변화 되어 가고 있는 것이다.

둘째, 연결성 측면에서는 기존 미디어는 미디어와 이용자와의 1:1의 관계를 형성했다면, 새로운 미디어는 이용자 간의 네트워크를 형성케 함으로써 소위 RMC(Ready Made Contents)[158] 혹은 UCC(User Create Contents)라는 새로운 콘텐츠 제작 및 서비스 트랜드를 만들고, 이용자 스스로 제작한 콘텐츠에 대해 이용자 간 콘텐츠 유통의 네트워크를 형성함으로써 거대한 콘텐츠 소비 집단을 형성하기도 한다. 즉, 생산과 소비라는 경계가 모호

157) 출처 : 인터넷 미디어의 미래(이동훈, 2010.1.8.)를 기반으로 재구성
158) RMC(Ready Made Content) : 기성 제작물에 소스를 가감, 변형하여 만든 UCC의 일종

해지고, 소비자로 하여금 능동적 생산자로의 변신을 가속화 시키고 있다. 유튜브, 페이스북 등 소셜 미디어가 이러한 특성을 통해 활성화된 새로운 미디어의 사례일 것이다. 연결성은 공유성을 만드는 토대를 제공하는데, 이용자의 고립화, 개인화 경향을 완화시켜 집단화를 유발하고, 이용 패턴을 집단화 함으로써 콘텐츠의 공유를 가능하게 하는 특성을 갖는다. 또한 이용자 스스로가 공유성과 연결성을 기반으로 콘텐츠를 생산하고, 공유함으로써 자발적 콘텐츠 생산동기를 유발시킨다. 따라서 UCC나 RMC 등과 같은 콘텐츠 생산 현상의 발생을 가능하게 하는 것이다.

셋째, 공유성 측면인데, 뉴미디어 이용자의 고립화, 개인화 경향을 완화시켜 집단화함으로써, 새로운 마케팅 도구로 작용하고 있는 특성을 의미한다. 다시 말해 연결성을 통해 구현되는 이용자 간의 공유성은 뉴 미디어 이용 패턴을 집단화하여 정교한 마케팅 도구 역할이 가능하게 하고 있다. 또한 기존 미디어의 노출은 일회성, 고립적, 개인 수준에 그치는 특성을 가짐으로 특정 미디어 채널에 대한 이용자의 충성도를 높이는 것이 어려울 수 있으나, 새로운 미디어는 네트워크를 통해 경험을 공유하게 되고, 공유된 경험은 개인의 노출 가치를 축적하고 집단화 함으로써 특정 미디어 채널에 대한 충성도를 높일 수 있다. 이러한 특성을 이용하여 탄생된 것이 MCN, 즉 1인 방송국이라는 새로운 미디어의 출현이 가능하게 된 것일 수도 있다. 인터넷과 웹의 발달과 보급은 기존 미디어에서의 중간 매개자, 즉 언론사 등의 중간자 없이, 컨텐츠 생산자와 소비자를 있는 그대로 연결시켜 콘텐츠를 직접 생산, 소비할 수 있게 되었다.

넷째 참여성은 이용자를 콘텐츠 생산 기지화 하는 동력으로 작용하는데, 연결성과 공유성을 토대로 형성된 이용자 집단은 콘텐츠 노출도를 높여주어 이용자 누구나 타인들에게 자신의 제작물을 공개할 수 있다는 의식을 형성함으로써 자발적 콘텐츠 생산 동기를 유발하게 된다. 따라서 뉴 미디어는 이를 다수의 이용자들에게 무료로 공급하고 노출도를 광고와 연결시키는 일종의 무료기반 수익화 모델을 극대화시킨다.

다섯째 경험성은 이용자의 단순 정보 노출을 적극적 경험으로 전화시켜 충성도를 높이는 역할을 하게 되는데, 이를 위해 동원된 요인들이 바로 연결성과 공유성이다, 다수의 이용자들의 네트워크를 통해 공유된 경험은 이용자들이 노출된 콘텐츠의 가치를 높이는 역할을 하게 되며, 이로 인해 해당 뉴 미디어에 대한 이용자들의 충성도가 높아지는 효과를 가져 오게 된다.

이처럼 다양한 형태의 뉴미디어의 등장은 기존에 콘텐츠의 형태별, 예를 들어 활자, 그림, 동영상, 음성 등 개별적 형태별로 독자적으로 존재하던 미디어 유통 경로의 융합현상, 즉 디지털 컨버전스(Digital Convergence) 현상을 심화시키고 있다. 또한 온라인 유통의 확대는 다양한 형태의 콘텐츠를 통합적으로 제공하는 새로운 트랜드로 자리매김하게 되었다. 콘텐츠 기업의 입장에서는 다양한 유통 경로를 확보할 수 있게 됨에 따라 시장의 확대를 추구할 수 있게 되었고, 특히 모바일로 미디어 유통 경로가 확대됨에 따라 앱 스토어(App Store) 혹은 플레이 스토어(play Store) 등으로 대변되는 콘텐츠의 거래 장터 역할을 하는 미디어뿐만 아니라 카카오 톡, 라인, 위챗(WeChat) 등 모바일을 기반으로 하는 인스턴트 메신저 서비스 등 소셜 미디어와 같은 새로운 형태의 플랫폼 서비스들이 등장하는 등 혁신적인 변화의 시기가 도래한 것이다. 이에 따라 미디어 사업자 간 혹은 타 부문의 사업자 간 경쟁의 벽이 허물어지고, 완전 경쟁의 시대로 접어들고 있다.

그림 3-28 디지털 융합(convergence)에 따른 가치사슬의 수평적 변화[159)]

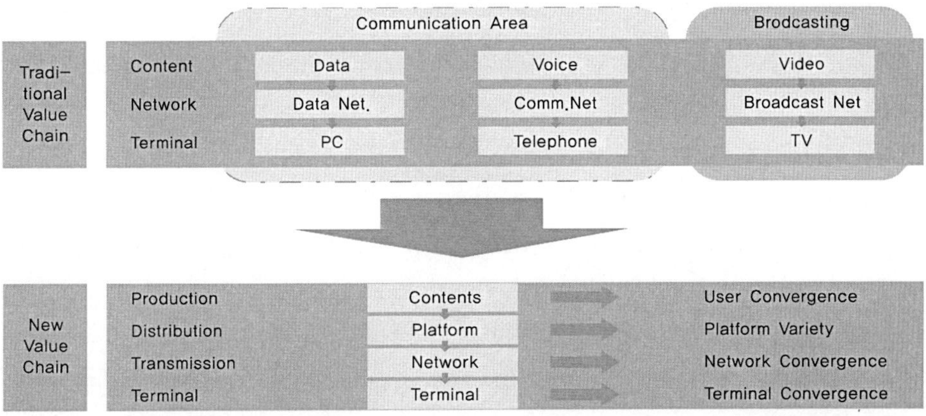

이러한 변화는 국내외를 막론하고 구글, 애플, 아마존, 페이스 북, 야후, 마이크로소프트와 같은 IT기업들에 의해 미디어 산업의 지형이 뒤흔들리는 결과가 만들어지고 있다. 골리앗 혹은 미디어 재벌로 지칭되던 올드미디어 기업들과 이제는 거인의 어깨 위에서 미디어 산업을 진두지휘하게 된 IT기반 뉴 미디어 기업들 간의 경쟁과 협력을 중심으로 미디어 산업은 새로운 미디어 생태계가 조성되어가고 있다. 출발이 서로 달랐던 구글, 애플, 아마존 등 주요 뉴미디어 기업들은 콘텐츠와 서비스, 이용자, 개발자들을 위한 새로운 생태계를 조성하고 있다. 애플은 하드웨어 단말기, 구글은 온라인 검색, 아마존은 전자상거래, 페이스 북은 소셜 네트워크 서비스로 시작했다. 그러나 현재는 각자의 출발점이었던 핵심역량(core competency)을 강화하고 서로의 사업 영역으로 침투해서 경쟁할 뿐만 아니라 전통 미디어 산업의 지각을 흔들고 있다.

159) 출처 : 디지털미디어 스마트혁명, 이상호, 김선진, 미래를 소유한 사람들

7 새로운 미디어 강자들의 전쟁 - 동영상 서비스(OTT 및 스트리밍)[160)]

시장 전반에 걸쳐 플랫폼 사업자들의 영향력이 점점 확대되고 있는 것과 더불어 콘텐츠의 소비행태 측면에서도 많은 변화가 나타나고 있는데, 음악과 영화, 드라마 등 소비자들의 콘텐츠 소비행태가 과거에 내려 받아 소유하거나 실시간 방송을 통해 콘텐츠를 소비해 오던 것에서 한번 쓰고 버리는 방식이라 할 수 있는 스트리밍(Streaming)이 주요 콘텐츠 소비 방법으로 자리 잡고 있다.

이는 동영상 서비스를 제공하던 네트워크 측면에서도 변화를 가져왔는데, 기존의 지상파, CATV, DMB 등 전용망을 통해 영상 콘텐츠를 제공하는 서비스와 달리 인터넷 망을 통해 동영상 콘텐츠를 제공함으로써, 다양한 단말기(TV, PC, STB, Mobile 등)를 통해 동영상 서비스를 이용 가능하게 해 주는 서비스 등이 새로운 미디어 시장의 지평을 열어가고 있다.

소위 OTT 서비스로 대표되는 새로운 동영상 콘텐츠 서비스가 그것이다. OTT(Over The Top) 서비스란 인터넷을 통해 볼 수 있는 TV 서비스를 일컫는다. OTT는 전파나 케이블이 아닌 범용 인턴넷 망(Public internet)으로 영상 콘텐츠를 제공한다. 'Top'은 TV에 연결되는 셋톱박스를 의미하지만, 넓게는 셋톱박스가 있고 없음을 떠나 인터넷 기반의 동영상 서비스 모두를 포괄하는 의미로 쓰인다. OTT 서비스가 등장한 배경에는 초고속 인터넷의 발달과 보급이 자리 잡고 있다. 인터넷 속도가 보장돼야 동영상 서비스를 불편함 없이 즐길 수 있기 때문이다. 그래서 대부분의 OTT 서비스들은 2000년대 중・후반부터 나오기 시작했다. 구글은 2005년 '구글 비디오'를 출시했으며, 2006년에는 유튜브를 인수했다. 넷플릭스는 2007년 인터넷 스트리밍 서비스를 시작했고, 애플은 2007년부터 '애플TV'를 선보였다.

글로벌 시장에서의 동영상 서비스의 이용행태를 살펴보면, 대표적 특징으로 온라인 이용과 모바일 이용이 증가하여 관련 매출이 빠르게 증가하고 있다. 특히 온라인 동영상 서비스가 가장 활기를 띠고 있는 국가가 미국인데, 넷플릭스나 유튜브와 같은 성공적인 글로벌 OTT 사업자를 배출한 만큼, 미국에서 나타나는 전통적인 TV 시청보다 온라인/모바일 기기를 통한 방송 서비스 이용이 증가하는 경향이 전 세계적으로 확산되어 나가고 있는 것이다. 글로벌 시장에서 OTT 시장규모가 가장 큰 국가는 미국이며, 미국 다음으로는 영국－일본－프랑스－중국－독일 순으로 나타나고 있다.[161)] 유료방송이 강한 미국과 영국에서 OTT 성장세가 두드러지며, 유료방송 대비 OTT 매출액 비율은 일본이 다른 주요 국가들에 비해 높은 것으로 나타나고 있다.

---

160) 출처 : 미디어 산업의 지형변화 2013: 성장과 미래(김영주, 정재민)를 인용 재구성함.
161) 출처 : 2015 방송시장경쟁상황평가, 방송통신위원회, 2015.12.

그림 3-29 세계 주요 6개국 OTT 매출액 비교

(단위 : 백만 달러)

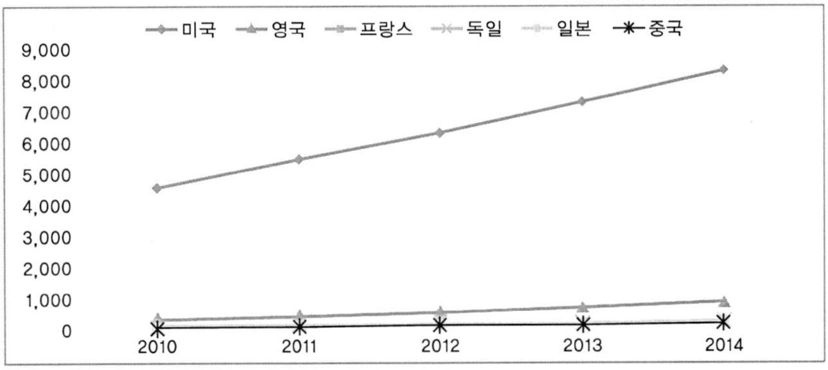

더불어 모바일 단말을 통한 유튜브 동영상 시청 시간이 급증하는 등 온라인 동영상을 모바일 단말에서 시청하는 행태가 보편화되면서 온라인 동영상 시장 전반에서 모바일 플랫폼의 입지가 부각되고 있다. 동영상 중심의 소셜 플랫폼의 인기에 힘입어 모바일 인터넷 사용량이 데스크 탑을 능가하는 추세를 보이고 있다.

이러한 시장의 변화에 발맞춰 아마존과 같은 전자상거래 사업자도 미디어 영역으로 진입하였고, 넷플릭스(Netflix)와 같은 대표적 OTT 사업자들이 전통적인 방송 사업자들을 위협하기 시작했다. 다시 말해 전통적 방송사업자 이외에 통신사업자, TV 제조사, 플랫폼 사업자, 전자상거래 사업자 등 다른 산업 분야에 있던 기업들이 인터넷을 통한 스트리밍 기반의 새로운 방송 시장으로의 진출을 가속화해 나가면서 새로운 산업 생태계로 변모시켜 나가고 있는 것이다.

이처럼 새로운 동영상 서비스의 등장에 따라 기존의 방송콘텐츠 서비스를 제공하는 사업자들에 대한 분류도 달라지고 있는데, 미국 FCC[162]는 동영상 시장의 주요 플레이어들을 전통적인 케이블방송과 위성방송, IPTV사업자를 포함하는 다채널 동영상 배급사(MVPD, Multichannel Video Programming Distributor), 지상파 방송을 포함하는 방송사업자(Broadcast Television Station) 그리고 OTT 사업자를 포함하는 온라인 동영상 배급사(OVD,

162) FCC(Federal Communication Commission, 미국 연방통신위원회) : 1934년 통신법에 따라 설치된 연방정부의 독립행정위원회로 상원의 조언과 승인을 얻어 대통령이 임명하는 7명의 위원으로 구성되며 산하에 많은 국과 부를 두고 있다. 주로 주파수의 할당, 송신국의 허가, 무선주파수 취급자의 허가, 기기의 인증업무 등을 취급한다. 미국의 유선・무선에 의한 주제통신이나 국제통신을 규제하는 권한을 갖고 라디오, TV방송의 질서 있는 발달과 운영을 확보하기 위하여 방송 사업을 감독하는 한편 미 국민이 해외 어디에서나 신속하고도 효율적인 전신・전화서비스를 적당한 시설과 타당한 요금으로 이용할 수 있도록 공중통신사업을 규제한다(매일경제사전).

Online Video Distributor) 세 그룹으로 구분하고 있다.

기술 발달에 따라 등장한 신규 OTT 사업자는 기존 미디어 사업자와 경쟁 관계에 놓이게 되었으며, 사업자들 간의 경쟁은 사업 모델 혁신과 서비스 발전의 원동력으로 작용하는데, 그 지향점이 OTT 사업자의 입장에서는 오리지널 콘텐츠의 확보이고, 기존 미디어 사업자에게는 OTT의 출시로 나타나고 있다. 이처럼 기존 방송사업자 뿐 아니라 방송 제도권 밖에서 등장한 뉴 미디어 사업자들의 참여가 활발한 OTT서비스는 서비스의 혁신이나 확장을 통해 새로이 등장하는 영상 콘텐츠 전문 서비스로 새로운 가치사슬 구조를 형성하며 전 세계 동영상 시장을 장악해 나가고 있다.

표 3-18 OTT 서비스의 내용[163)]

<table>
<tr><th colspan="2">협의의 OTT 서비스(OTT/Streaming)
- Over thevTop Service Provider</th><th>TV 가입형 서비스
(Through-TV-subscription)
-TV subscription provider</th></tr>
<tr><td colspan="2">• 독립형 사업자(넷플릭스, 훌루, MTG의 비아플레이, SKY의 나우 등)에 의한 서비스
• TV 가입을 요구하지 않는 서비스
• 브로드밴드, 무선 인터넷을 통한 PC, TV, 태블릿, 스마트폰 등을 통한 서비스</td><td rowspan="3">• TV 방송사에 의해 제공된 TV 가입형 패키지 서비스의 일부분
• TV 프로그램의 부가 서비스
• TV Everywhere 패키지 서비스</td></tr>
<tr><td>TVOD(Transactional VOD)</td><td>SVOD(Subscription VOD)</td></tr>
<tr><td>• iTunes와 같은 오픈 인터넷을 통한 콘텐츠 전달
• Subscription 요구하지 않음. 편당 과금</td><td>• 넷플릭스와 같이 오픈 인터넷을 통한 콘텐츠 전달
• Subscription 요구, 월정액</td></tr>
</table>

이용자의 소비행태 변화와 인터넷, 그리고 관련 기술의 혁신적 변화에 따라 유발된 동영상 콘텐츠 시장의 변화는 사업자 측면에서도 자연스럽게 사업자들의 합종연횡을 통한 시장의 재편으로 이어지고 있고, 나아가 구글, 애플, 아마존, 페이스 북, 야후, MS 등 IT 기업들이 미디어 산업으로의 진입을 가능하게 하는 등 미디어 산업에서의 파괴적 혁신을 통해 새로운 미디어 강자들의 등장으로 이어지고 있다.

미국 OTT 사업자의 부상으로 전통적인 케이블이나 위성TV의 가입은 줄어들고, OTT를 통한 동영상 콘텐츠의 소비가 증가하고 있다. The Companies and Leichtman research group inc.에서 발표한 자료를 보면, 콤 캐스트(Comcast), 타임워너케이블(Time-Warner Cable)과 같은 대형 케이블사업자를 제외하면 DirecTV, Dish Network, Verizon, AT&T 같은

163) 출처 : 방송영상 콘텐츠 해외 유통 플랫폼 해외 사례 연구, 한국콘텐츠진흥원, 2015.10.

위성, IPTV 사업자들이 유료방송 사업의 상위권을 차지하고 있다. 특히 넷플릭스, 훌루 같은 OTT 사업자들의 성장은 기존 케이블 TV사업자들의 위치를 위협하고 있는 상황이다. 구글 TV, 애플 TV, 삼성전자 등 스마트 TV 사업자, 인텔(Intel)을 중심으로 한 가상 케이블 방송사업자, 전송 기술의 차별화를 통해 지상파 방송을 안테나로 받아 인터넷으로 전송해 주는 에어리오(Aereo)164) 등 유료방송을 위협하는 새로운 사업자들의 등장 역시 유료방송 사업자에게 위협적인 존재로 등장하였다.

전통적인 케이블사업자들도 변하지 않을 수 없는 상황이 되었다. 지금까지 인터넷을 통한 방송 이용은 실시간 방송보다는 VOD나 동영상 클립의 형태가 대부분이었다. 실시간 방송은 QoS165)가 보장되는 케이블 방송 혹은 IPTV로 시청하는 것이 더 나았기 때문이다. 그러나 유료방송사들은 집안에서만 시청자들을 잡아두는 전략에서 나아가 언제 어디서든지 TV를 이용할 수 있는 N스크린 서비스인 'TV Everywhere' 전략을 펴고 있다.

TV Everywhere는 방송사업자들이 TV 외에 PC나 스마트 폰/태블릿PC 에서 실시간 TV와 VOD 서비스를 제공해 주는 멀티스크린 서비스로 인터넷을 통해 동영상을 보여 주는 OTT에 대응하기 위한 유료방송의 전략적 선택으로 시작되었다. 또한 유료방송사업자들은 경쟁에서 살아남기 위해 차별화된 UI와 멀티미디어 서비스를 보유한 OTT 셋톱박스 업체와 제휴를 모색 중이다. 유료방송사업자들이 제공하는 TV everywhere는 사업 확장이 부진했으나, 관련 콘텐츠 진영과 제휴를 강화하고 나섰다. OTT의 도전과 스마트 디바이스를 중심으로 전개되는 구글, 애플, 아마존 등의 위협에 더 이상 소극적으로 대응할 수 없다는 위기감이 반영된 것으로 볼 수 있다.

새로운 미디어 강자로 등장한 뉴미디어 기업들은 거실을 점령하고 있는 TV에 새로이 도전하고 있다. 미국의 경우, 기존 Youtube, Amazon을 비롯하여 Hulu, Netflix, Direct TV, ComCast X1 등 다양한 OTT서비스가 등장하고 있으며, 이들은 주문형 비디오(VoD) 서비스에 이어 실시간 방송 채널을 추가하는 등 기존의 방송 시장에서 새로운 돌풍을 일으키고 있다. 뿐만 아니라 OTT 사업자들이 자체 콘텐츠 제작에도 열을 올리고 있다.

---

164) 2014년 11월 24일 파산. 동년 6월 25일 미 대법원이 저작권을 위반 혐의로 판결. Aereo는 원격 안테나를 제공하고 이를 인터넷과 연결하여 가입자들이 지상파 방송을 시청하고 녹화할 수 있는 기능을 제공하는 서비스를 제공하였음. Windows, Mac, Linux 등 다양한 PC 운영체계는 물론 iOS를 이용하는 iPad, iPhone, iPod Touch, Apple TV등 다양한 운영체계하의 단말기에서 서비스를 이용할 수 있게 하였음. 2012년 6월경부터는 28개 채널을 제공하였고, 하루에 1 달러에 서비스를 이용할 수 있게 하였으며, 한 달에 8달러로 20시간 분량의 DVR 저장 용량도 제공(출처 : Wikipedia)

165) QoS(Quality of Service) : 통신서비스 품질. 네트워크상에서 일정 정도 이하의 지연 시간이나 데이터 손실률 등의 보장을 일컫는 말로, 사전에 합의 또는 정의된 통신 서비스 수준을 뜻한다. 즉 데이터를 목적지까지 빠르게, 일정한 속도로, 신뢰성 있게 보내기 위해 대역폭, 우선순위 등 네트워크 자원을 할당해 주어진 네트워크 자원에 각종 응용프로그램의 송신 수요를 지능적으로 맞춰주는 여러 가지 기술을 총칭하는 용어(출처 : 한경경제용어사전)

주요 동영상 서비스를 제공하는 새로운 미디어 기업들인 넷플릭스(Netflix), 훌루(Hulu), 유투브(Youtube) 등 주요 인터넷 동영상 서비스들은 이용 가능시간 및 공간의 편리함(Time shift, Device Shift), 그리고 높은 가격 경쟁력을 기반으로 전통적인 TV 중심이었던 전 세계 미디어 지형을 점차 변화시키고 있다. 이러한 미디어 시장에서의 변화로 인해 DVD, Blu-ray 등 실물 비디오 이용의 감소, 지상파 방송의 광고수입 감소, 유료TV의 가입자 수입 감소 등의 현상이 뚜렷하게 나타나고 있다.

인터넷 동영상 서비스 시장에 가장 먼저 진입한 넷플릭스와 훌루는 가입자들로부터 월 이용료를 받고 콘텐츠 사업자와의 계약을 통해 서비스 이용자들에게 콘텐츠를 제공하는'유통채널사업자(Aggregator)'의 전략을 추진해왔다. 이들은 초기에 저렴한 가격으로 원하는 단말기를 통해 다양한 동영상 콘텐츠를 제공하는 방식으로 소비자들에게 어필하는데 성공했으나, 점차 콘텐츠 사업자들이 직접 시장에 뛰어드는 등 경쟁자가 증가하며, 가입자를 유지하는 것과 양질의 콘텐츠를 확보하는 것에 어려움을 겪기 시작하였다. 이러한 배경에서 이들은 자신들의 전략을 유통채널사업자(aggregator)에서 직접 콘텐츠를 제작하거나 배타적으로 제공하는 미디어 사업자로써 사업 범위를 확대하고 있다.[166)]

넷플릭스(Netflix)의 경우 2016년에만 자체 콘텐츠 제작에 50억 달러를 투자하고, 2017년에는 이 보다 많은 60억 달러를 투자하여 넷플릭스 콘텐츠의 50%를 자체 콘텐츠로 확보할 계획이다. 넷플릭스는 세계 최대 규모의 가입자를 확보하고 있는 인터넷 동영상 서비스 사업자로 2016년 말 현재 190개국에서 서비스를 제공하고 있으며, 전 세계 가입자 수는 9,380만 명으로 집계됐다. 이미 미국 최대 케이블TV업체 콤 캐스트 가입자 수 2천200만 명을 추월한 상태이다. 2015년 2분기 기준 인터넷 사용량이 가장 높은 피크타임(오후 8~11시)에 미국 인터넷 트래픽의 36.5%를 차지하며, 2위인 유튜브의 15.5%를 크게 앞서고 있다. 2008년부터 N Screen을 지원하고 월 7.99달러에 무제한 스트리밍 서비스를 제공하였으며, 이용자들의 빅 데이터 분석을 통해 자동추천서비스를 제공하는 등 경쟁력 확보에 주력한 결과 가장 경쟁력 있는 동영상 서비스 기업으로 자리매김 하였다.

그러나 프리미엄 콘텐츠 확보를 위해 전통 미디어 기업들에게 높은 저작권료를 지불해야 하거나 콘텐츠 공급을 거부받기도 하고, 가격협상에 진통을 겪는 등 상당한 고통을 받아오고 있었다. 따라서 이를 탈피하려는 노력의 일환으로 자체 제작 오리지널 콘텐츠 서비스에 많은 노력을 경주하고 있다. 넷플릭스의 오리지널 콘텐츠 제공현황을 살펴보면, 2012년 2월 첫 오리지널 드라마 Lilyhammer를 방영한 이후, 유료TV 프리미엄 채널 HBO와의 경합 끝에 영국 BBC에서 인기리에 방영되었던'House of Cards'의 리메이크(remake)판의 독점 방영권을 확보하는데 성공하여 미국에서 2013년 2월부터 독점방영하고 있다.[167)]

---

166) 출처 : 주요 인터넷 동영상 서비스의 최근 동향. 이은민. 2013.4.16.
167) 출처 : http://en.wikipedia.org/wiki/House_of_Cards_(U.S._TV_series)

넷플릭스의 경우, 현지에서의 콘텐츠를 확보하는데 크게 두 가지 방법으로 나누어 볼 수 있는데, 현지 사업자와의 제휴를 통해 현지 콘텐츠를 수급하는 방법과 직접 해당 지역에 맞는 콘텐츠를 제작하는 방법(콘텐츠 현지화)으로 나누어 볼 수 있다. 훌루(Hulu)가 영국 방송사업자들과의 원활한 제휴를 성사시키지 못해 고전한 사례를 거울삼아 넷플릭스는 BBC, Disney England & Ireland, Channel4, ITV, Virgin Media 등 주요 콘텐츠 사업자와의 계약을 적극적으로 진행한 바 있으며, 프랑스에서는 지역 미디어 사업자와의 갈등, 문화정책 등을 고려해 전편을 프랑스에 촬영한 프랑스어 오리지널 드라마 시리즈 'Marseille'를 2015년 넷플릭스에서 독점 제공하기도 하였다. 이처럼 개별 국가에서 직접 OTT 서비스를 제공하는 것보다는 각 국가의 기존 유료방송플랫폼 사업자와의 협력을 통해 자사의 콘텐츠 서비스를 제공하는 것을 시작으로 다양한 협력 혹은 진출 범위를 확대해 나가는 전략을 펼치고 있다. 이렇게 함으로써 기존 유로방송사업자가 구축한 가입자 기반과 송출망을 활용할 수 있고, 송출망을 구축하기 위한 초기 비용의 부담 없이 글로벌 시장으로 진출이 가능하기 때문인 것으로 생각된다.

그림 3-30 넷플릭스의 글로벌 시장 진출 전략[168]

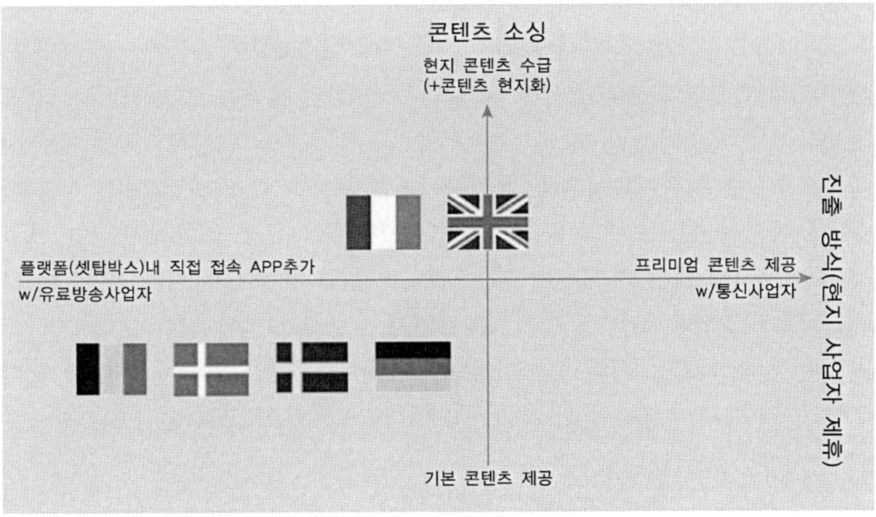

국내에서도 넷플릭스는 한국의 지상파 콘텐츠를 확보하기 위해서 지상파 방송사와 협상을 하였으나, 국내 지상파 방송사는 한국 내 자사 콘텐츠의 제공을 거부함에 따라 국내에서 한국의 지상파 방송사 콘텐츠를 제공하기는 어려울 것으로 예상된다. 2015년 4월

168) 출처 : 네이버 레터("넷플릭스의 글로벌 진출 현황"), 2015.6.19.

들어서는 국내의 다양한 유료 방송 사업자들과의 협력을 추진하고 있으며, 2016년부터는 딜라이브(D'Live, 전 C&M, 유선방송사업자)를 통해 월 12,000원으로 OTT 서비스를 제공하고 있다.

유튜브의 경우도 YouTube Red용으로 유튜브 스타 중심의 자체 콘텐츠를 제작하고, 다큐(A Trip to Unicorn Island)와 뮤지컬 영화(Dance Camp) 등을 제작해 흥행을 하기도 하였다. 아마존의 경우 Amazon Prime Video 서비스를 독립형 앱으로 출시하고, 자체 콘텐츠 확대와 함께 실시간 스포츠 경기 콘텐츠도 추가해 나가고 있으며, 장기적으로 넷플릭스에 가장 위협적인 서비스로 성장할 수도 있을 것으로 예상되고 있다. 구글은 유튜브의 인수를 시작으로 동영상 시장에 진출했고, 이를 강화하기 위해 다양한 관련 기술을 보유한 기업들을 인수해오고 있다. 구글 TV를 통한 시도는 지상파 콘텐츠 확보로 문제로 어려움을 겪었지만 크롬캐스트(Chromecast)[169] 등의 실험은 계속되고 있다. 애플은 OTT 형태의 애플 TV를 출시하고 에어플레이(AirPlay)[170]를 통한 동영상 서비스 확대를 위해 메이저 방송사들과 제휴를 늘려가고 있다. 아마존 역시 동영상 플랫폼 '프라임 인스턴트 비디오' 서비스를 시작하고, 콘텐츠 기업들과의 제휴를 강화하고 있다. 페이스 북은 넷플릭스와 파트너십을 맺고 친구들이 본 동영상을 추천해주는 시스템을 통해 영향력을 확대하고 있다. 2011년에는 워너 브라더스(Warner Bros)와 손잡고 〈다크 나이트〉를 3달러씩 받고 페이스북에서 상영하기도 했다.

폭스TV, NBC유니버설, 디즈니-ABC 등 미국 3대 방송그룹이 유튜브의 대항마를 키우기 위해 2007년 합작한 고품질 동영상 스트리밍 서비스인 훌루는 방송사들로부터 공급받는 일반 콘텐츠(Producers and distributors) 이외에도 직접 제작하는 오리지널 콘텐츠(Hulu Original Series)와 훌루 사이트에서만 방영하는 독점 콘텐츠(Hulu Exclusive)를 다량 확보하고 있다. 훌루는 2013년 1월부터 프랑스 경찰 스릴러 '브라큐'을 포함해 머더업, 프람페이스, 프레시 미트, 이스라엘 시리즈물 '전쟁포로', 리얼리티 드라마 '더온리 웨이 이즈 익섹스' 등을 독점 방영했다. IT매체 더넥스트웹은 훌루가 2012년에 전년 보다 65% 증가한 6억 9천5백만 달러 매출을 올렸고, 가입자도 지난해보다 2배 증가하여 300만명에 이른다고 발표했다.[171] 그러나 훌루의 가입자는 경쟁사업자인 넷플릭스(가입자 3,300만명)에 비

169) 크롬캐스트(Chromecast)는 2013년 7월 24일 발표된 구글에서 만든 멀티미디어 스트리밍 어댑터. 동글(Dongle) 형태로 HDTV의 HDMI 포트에 꽂아 오디오나 비디오를 와이파이를 통해 수신해 TV에서 스트리밍 재생. 사용자는 PC나 모바일 장치에서 구글 크롬 인터넷 브라우저를 이용하거나, 모바일 장치에서 크롬캐스트를 지원하는 모바일 애플리케이션을 이용할 경우 그 콘텐츠들을 크롬캐스트가 장착된 TV로도 즐길 수 있게 된다. 크롬캐스트를 지원하게 될 앱은 유튜브, 넷플릭스, 구글 플레이 뮤직, 구글 플레이 무비&TV이다. 추후에 판도라 음악 서비스 등도 추가로 지원하게 될 예정. 크롬캐스트는 다수의 플랫폼과 안드로이드, iOS, 크롬 OS 상에서 동작. 윈도나 OS X(애플의 매킨토시용 OS) 상에서는 구글 크롬을 통해 동작. 우리나라에는 2014년 5월 14일 출시(출처 : 위키 백과)

170) 2011년 애플에 의해 개발된 새로운 서비스로 기기 간 음향, 비디오, 사진 등을 무선으로 스트리밍을 통해 활용할 수 있게 해줌.

해 크게 밀리는 수준이며, 제한된 가입자를 기반으로 무료 혹은 월 8달러에 지속적으로 프리미엄 콘텐츠를 제공하는 비즈니스에 어려움이 있는 상황이다. 이러한 상황 때문에 점차 플랫폼 사업자들도 자체 오리지널 콘텐츠 제작에 나서고 있다.

아마존 역시 아마존 스튜디오를 설립해서 영화와 방송 프로그램을 제작하고 있다. 흥미로운 점은 최근 이슈가 되고 있는 빅 데이터(Big Data)분석을 통해 이용자의 시청 이력을 분석해서 관심가질 영화나 프로그램을 추천할 뿐만 아니라 데이터에 기반 해 어떤 콘텐츠를 제작하면 좋을지도 결정하는 등의 노력을 경주하고 있다.

그림 3-31 미국 내 OTT 서비스의 경쟁 현황[172)]

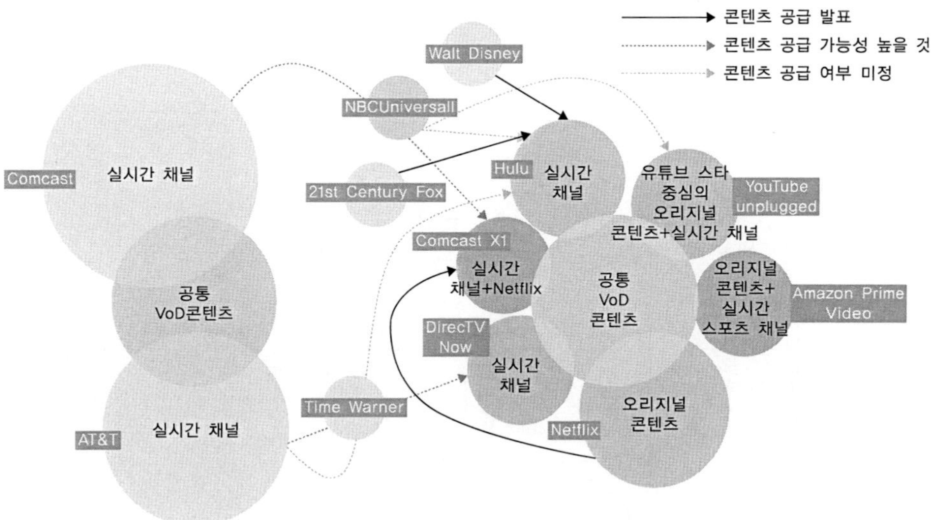

171) 출처 : 한국경제. 2013.5.27.

172) 출처 : Digieco 동향보고서, 2016.11.8.

표 3-19 넷플릭스, 아마존, 훌루의 경쟁력 비교

구분	Netflix Watch Instantly	NetFlix	Hulu	Hulu Plus	Amazon Prime	Amazon Instant Video
가격	7.99달러/월	7.99달러/월 (1개 대여) 12달러/월 (2개 대여)	무료	8달러/월	79달러/연 (+Amazon Instant Video 무제한 제공)	스트리밍 (3달러 이내) 다운로드 (15달러 이내)
콘텐츠 공급자	Paramount, MGM, Lionsgate, Sony, Disney, Overture, Fox, Disney-ABC	Warner, Universal, 20th Fox	260개 이상 방송 네트워크, ABC, A&E, Fox, MGM, MTVMNBC등	ABC, BET, Comedy, Fox, MTV, NBC, VH-1 등	ABC, NBCU, Niacom, Sony, Warner, Vivendi등	ABC, Fox, NBCU, Viacom, HBO, BBC, Sony, Discovery등
보유 타이틀	20,000개 이상	100,000개 이상	TV타이틀, 1,720개 영화타이틀 1,470RO	15,000시간 이상 (TV 2,180개, 영화 1,450개)	6,000개 이상	90,000개 이상
광고	없음	없음	있음	있음	없음	없음
대여/소유	대여	대여	대여	대여	대여/소유	대여/소유
지원단말	PC, 셋톱박스, 콘솔 게임, DVR, 스마트폰	DVD 및 Blu-ray 플레이어	PC, Mac	PC, 콘솔게임기, Blu-ray, 셋톱박스, HDTV, DVD	PC, Mac, 인터넷 TV	PC, Mac, 인터넷 TV

국내 시장의 경우, 방송법 상 방송은 텔레비전방송, 라디오방송, 데이터방송, 이동멀티미디어방송으로 나누고 있으며, 방송 사업에는 지상파방송사업, 종합유선방송사업, 위성방송사업, 방송채널사용사업으로 구분하고 있다. 또한 방송사업자는 상위의 방송 사업을 운영하는 지상파방송사업자, 종합유선방송사업자, 위성방송사업자, 방송채널사용사업자, 공동체라디오방송사업자로 구분하고 있다.

통신과 융합한 방송환경에 맞춰 2015년 12월 말에 개정된 방송법(법령 제 13341호)에 의해 케이블TV(SO) · 위성방송 · 인터넷멀티미디어방송(이하 'IPTV')가 동일 시장에서 경쟁하는 "유료방송사업"으로 정의하고 있다. 국내에서는 동영상서비스인 방송서비스를 규제한 법률이 방송법과 인터넷멀티미디어방송법으로 이원화되어 있어 유사 서비스에 대한 규제와 진흥을 위해 이들 법의 통합을 추진하기 위한 노력이 지속되고 있다.

표 3-20 국내 방송 산업 분류와 표준산업분류체계 비교

대분류	중분류	소분류	세부구분	한국표준산업분류 9차 개정
방송산업				
	지상파방송업			6021(지상파방송업)
		라디오방송	공영, 민영, 교통, 종교 등	601(라디오방송업)
		텔레비전방송	공영, 민영	602(텔레비전방송업)
		지상파이동멀티미디어방송		602(텔레비전방송업)
	유성방송업			60222(유선방송업)
		종합유선방송	MSO, 개별SO	
		중계유선방송		
		음악유선방송		
	위성방송업			60229(위성 및 기타방송업)
		위성방송		
		위성이동멀티미디어방송		
	프로그램제작·공급업		일반PP	60221(프로그램공급업)
		방송채널사용사업	홈쇼핑PP	47919(기타 통신판매업)
			데이터PP	60221(프로그램공급업)
		프로그램제작업		59114(방송프로그램제작업)
	IPTV			60229(위성 및 기타방송업)
	IPTV콘텐츠제공사업			59114(방송프로그램제작업)
	전광판방송업			7139(기타광고업)
관련산업				
	방송전송업			
		방송전송업(유무선)		61299(그외 기타전기통신업)
		방송배분업(유무선)		
	광고업			713(광고업)

인터넷의 등장과 함께 새로이 등장한 OTT 서비스는 인터넷멀티미디어방송법의 적용을 받고 있으며, 인터넷멀티미디어방송제공사업과 인터넷멀티미디어콘텐츠제공사업으로 구분되고 있다. 국내에서 제공되는 OTT서비스 중에서 넷플릭스와 거의 동일한 서비스는 없다. 오히려 넷플릭스와 가장 유사한 형태의 서비스는 유료방송사가 제공하는 VOD서비스라고 할 수 있다.

그림 3-32 방송법과 인터넷멀티미디어방송법의 범위

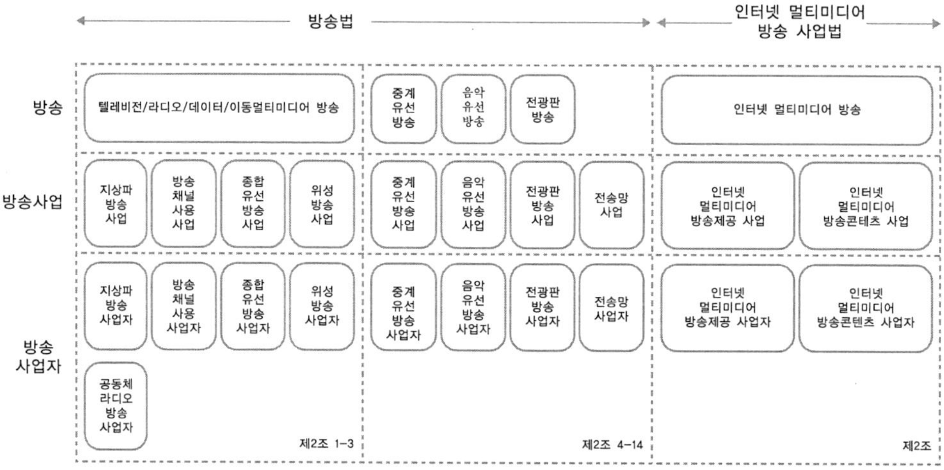

그림 3-33 국내 방송 산업의 주요 가치사슬 구조 흐름도[173)]

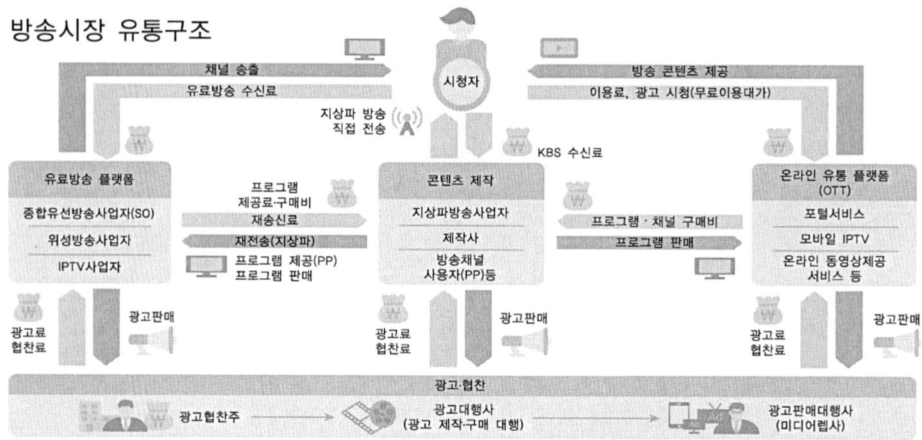

2013년 국내 OTT 시장은 이동통신사업자의 모바일 OTT를 중심으로 성장하기 시작한 이후, 2015년 중반까지 가입자 수는 2,500만 이상의 가입자가 이용하고 있는 것으로 나타나고 있다. 국내에서는 인터넷 사업자, 포털사업자, 케이블TV 사업자, 통신사업자 및 지상파 방송사 등에 의해 OTT 서비스가 제공되고 있다. 이중 지상파 콘텐츠연합플랫폼의 푹

173) 출처 : 2016 방송산업실태조사보고서, 정보통신정책연구원, 2016.12.

(Pooq), CJ헬로비전의 '티빙(Tving)', 현대HCN의 '에브리온TV', 이동통신 3사가 제공하는 'OTT(올레TV모바일, B tv 모바일, U+ HDTV)' 등 실시간 방송 중심의 주요 6개 OTT가 시장을 주도하고 있는 것으로 나타나고 있다.

표 3-21 미국과 한국의 유료방송과 OTT 서비스 특성[174)]

구분	미국	한국
유료방송보급률	90%	144%
방송시장 특성	고가, 프리미엄 콘텐츠 선호	저가, 지상파방송에 대한 높은 선호
주요 사업자	넷플릭스, 훌루, 애플	유료방송, 통신사 OTT
가격	월 $7.99 ~ 29.98	무료 ~ 5,000원
특징	제3사업자 중심으로 OTT 시장이 형성된 이후 통신사, 케이블 사업자, 지상파 사업자도 OTT 상품 출시	통신사, 케이블 사업자 등 유료 방송 사업자 중심으로 시장이 발달한 이후 제3사업자도 OTT 서비스를 시작함

국내에서는 인터넷 사업자와 포털 사업자가 2000년대 중반에 동영상 서비스를 시작하였으며, 인터넷 사업자인 판도라TV는 2004년 10월에 한국에서 최초로 동영상 공유 사이트를 만들어 UCC시장을 선도하였다. 2006년에는 인터넷 개인 방송을 위주로 하는 아프리카TV가 시작되었고, 같은 해 온라인 VOD형 서비스인 곰TV 서비스가 제공되었다. 국내 OTT 동영상 서비스는 상위 13개 서비스, 즉 통신3사의 모바일 TV(옥수수, 올레TV모바일, 비디오포털), 네이버TV캐스트, 다음TV팟, 유튜브, 아프리카TV, 곰TV, 판도라TV, 에브리온TV, 티빙, 푹, 팝콘TV 등이 전체 매출 OTT 서비스 매출의 97% 이상을 차지하고 있는 것으로 나타났으며, 이들 중 이용 경험률 기준으로는 유튜브와 네이버TV캐스트의 비중이 가장 높은 것으로 나타나고 있다.[175)]

174) 출처 : 방송영상콘텐츠 유통플랫폼 해외사례연구, 정보통신정책연구원, 2015.12.
175) 출처 : 2016년 방송매체이용행태조사, 방송통신위원회, 2016.12.

표 3-22 동영상 특화서비스 사업자 현황

사업자	판도라TV	그래텍	아프리카 TV	구글
서비스명	Pandora TV	곰 TV	아프리카 TV	You Tuve
출시	2004. 10	2006. 7	2006. 3	2005. 2
콘텐츠	각종 채널, 800만개 동영상	30만 편의 VOD	인터넷 개인 방송	각종 채널, 매분 300시간 분량의 동영상 업로드
방식	VOD	실시간, VOD		실시간, VOD
이용가능기기	PC, 스마트폰, 태블릿PC	PC, 스마트폰, 태블릿 PC	PC, 스마트폰, 태블릿 PC	PC, 스마트폰, 태블릿 PC, TV
이용료	무료	유료(편당 500~3,500원)	무료	무료 (일부 유료 제공)
월 평균 UV	296만 명	*	726만 명	2,650만 명

포털인 카카오는 2007년에 동영상 서비스를 시작하였고, 2017년 2월 '다음tv팟'과 '카카오TV'를 통합하고, 브랜드를 카카오TV로 일원화하여 서비스를 제공하고 있다. 따라서 카카오 이용자는 원하는 영상을 포털과 팟 플레이어(Pod Player), 카카오 TV 등 다양한 방법을 통해 서비스를 이용할 수 있으며, 동영상 콘텐츠 창작자도 유통창구가 단일화 됐기 때문에 따로 동영상을 제작해 올리는 번거로움으로부터 자유롭게 되었다.

NHN은 방송 등 각종 콘텐츠 클립을 제공하는 네이버TV캐스트와 미디어플레이어 애플리케이션 브랜드를 '네이버TV'로 통합하고, 모바일 사용성을 대폭 개선하여 서비스하고 있다. 네이버TV는 이용자의 관심사에 맞는 콘텐츠를 미리 예측하는 방식을 도입했고, 인물과 상황, 장소, 카메라 각도 등에 따라 여러 버전으로 제작된 동영상을 간편하게 감상할 수 있는 '멀티트랙(Multitrack)'서비스를 제공하고 있다. 네이버TV는 UHD(초고화질) 영상, 360가상현실(VR) 영상도 지원하고 있으며, 이외 생방송을 초단위로 최대 2시간 이전까지 되돌려볼 수 있는 '라이브 타임머신(Live Time Machine)' 기능도 제공하고 있다.

표 3-23 포털 사업자의 동영상 서비스 현황

사업자	다음	NHN	페이스북
서비스명	다음TV 팟	네이버 TV 캐스트	페이스북
출시	2007. 1	2012. 6	
콘텐츠	UCC, 방송클립, 개인방송	UCC, 방송클립, 개인방송	동영상 클립
방식	VOD, 스트리밍	VOD, 스트리밍	스트리밍
이용가능기기	PC, 스마트폰, 태블릿PC		
이용료	무료		
월 평균 UV	500만 명	600만 명	800만 명

케이블TV 회사 중에서 CJ헬로비전은 2010년에 TVing라는 이름으로 유료 동영상 서비스를 시작하였으며, 현대 HCN은 실시간 채널 위주의 동영상 서비스를 2011년 말에 시작하였다. 통신사업자들은 2006년에 IPTV의 도입을 두고 QoS가 보장되는 인터넷망을 이용하여 VOD형 동영상 서비스를 먼저 시작하였고, 이후 2008년에 실시간 채널 서비스를 시작하였다.

표 3-24 케이블 사업자의 OTT 서비스 현황

사업자	CJ 헬로비전	현대 HCN
서비스명	Tving	에브리온 TV
출시	2010. 7	2011. 10
콘텐츠	140여개 실시간 채널, 10만여편 VOD	250여개의 PP채널
방식	실시간, VOD(스트리밍)	실시간
이용가능기기	PC, 스마트폰, 태블릿PC, 삼성스마트 TV	PC, 스마트폰, 태블릿PC
이용료	월 5,000(편당 500~3,500원)	무료
이용자	약 700만(2015년 8월 기준), 이중 유료 이용자는 약 70만	약 450만(2015년 3월 기준)

통신회사들은 2011년에 IPTV를 스마트폰 앱의 형태로 서비스하기 시작하였다. KT와 SKT는 해외에서 IPTV가 시작되던 2004년경부터 TV서비스 시장으로 진입하기 위해서 다양한 노력을 하였다. 하나로미디어(현재 SK브로드밴드에 흡수)가 2006년 여름에 먼저 VOD형 IPTV서비스인 '하나TV'를 시작하였다. 이에 KT도 VOD형 서비스를 준비하여 2007년 여름에 VOD형 IPTV서비스(쿡TV)를 시작하였다. SK텔레콤은 모바일IPTV와는 별개로 2011년에 동영상 N-스크린서비스인 호핀(Hoppin)을 시작하였다.

표 3-25 통신사업자의 OTT 서비스 현황

사업자	KT	SKB	SK 텔레콤	LGU+
서비스명	올레TV, 올레TV 모바일	BTV, BTV 모바일	네이트 Hoppin	U+LTE ME, U+비디오 포털
출시	2008.11, 2011.4	2008.11, 2012.10	2011. 1	2008.11, 2014.7
콘텐츠	60여개 실시간 채널(지상파 제외), 8만 여편의 동영상, 1만 여 편의 클립영상	80여개 실시간 채널(지상파 제외), 7만편 동영상, 클립영상	약 6.8만 여편의 VOD	90여개 실시간채널, 영상 8만편, 지식/생활정보 콘텐츠 3만편
방식	실시간, VOD	실시간, VOD	VOD	실시간, VOD
이용가능 기기	TV, PC, 스마트폰, 태블릿PC	TV, PC, 스마트폰, 태블릿PC	PC, 스마트폰, 태블릿PC	TV, PC, 스마트폰, 태블릿PC
이용료	유료 (무료 콘텐츠 제공)	유료 (무료 콘텐츠 제공)	유료 (무료 콘텐츠 제공)	유료 (무료 콘텐츠 제공)
가입자	600만	684만	약 450만(2015년 7월 기준)	-

지상파 방송사는 2000년대 초에 자사의 홈페이지를 통해서 VOD서비스를 제공하기 시작하였고, 스마트 폰이 확산되기 시작한 2010년 이후 앱 형태로 동영상 서비스를 제공하기 시작하였다. 초기에는 무료로 제공하다가 유료화하였으며, 2009년 8월에 지상파 방송 3사의 방송콘텐츠를 한꺼번에 볼 수 있는 '콘팅'이라는 사이트를 열었다. 이후 스마트 폰이 널리 보급되면서 방송3사는 앱인 고릴라3.0을 개발하여, 자사의 동영상을 시청할 수 있도록 하였다. SBS는 TV용 앱인 고릴라3.0 앱을 제공하여 N-스크린 서비스를 시작하여 커버리지를 확대할 수 있었고, TV서비스를 온라인 사이트와 앱으로 제공하기 시작하였다. 이후 MBC가 POOQ, KBS가 플레이어K를 시작하였다. 방송3사가 온라인 사이트처럼 개별 채널만 제공해서는 곤란하다는 것을 깨달았고, 콘텐츠연합플랫폼(주)은 MBC, SBS, KBS, EBS 등 지상파 방송 4사의 앱을 통합한 POOQ 서비스를 2011월 9월부터 유료화하여 제공하고 있다.

표 3-26 지상파 방송사업자의 OTT 서비스 제공 현황

사업자	SBS	KBS	콘텐츠연합플랫폼	SBS, MBC, KBS
서비스명	고릴라	my K	푹(POOQ)	콘팅
출시	2011. 3	2011. 9	2011. 10	2009. 8
콘텐츠	SBS TV, 라디오	KBS TV, 라디오	SBS, MBC, KBS, EBS, 각종 케이블채널 콘텐츠	지상파 약 30만편, 영화 100여편
방식	실시간,	실시간,VOD (스트리밍)	실시간,VOD (스트리밍)	VOD(다운로드)
이용가능기기	PC, 스마트폰 (Android, ios)	PC (Android)	PC, 스마트폰, 태블릿pc	PC, PMP
이용료	무료	무료	유료	유료
이용자	-	-	유료회원 37만	-

국내외를 막론하고 OTT서비스를 PC를 통해서 이용하기 보다는 모바일 기기로 이용하는 경우가 늘어나면서, 미디어 기업들은 모바일에 최적화된 콘텐츠는 어떠한 것이지 고민하고 있다. 콘텐츠 기업들은 이용자들이 어떻게 모바일에서 자신의 콘텐츠를 더 보게 만들지 고민하며, 플랫폼 사업자들은 고객의 모바일 이용 행태에 적합하게 사용자인터페이스(UI: User Interface)를 만들고, 또 경쟁자들과 차별화할 수 있을지 여러 가지 시도들이 전개되고 있다.

국내에서는 이미 2005년에 DMB라는 모바일 방송 서비스를 출시했었고, 이를 통해 얻었던 경험에 비추어 모바일 방송에 딱 맞는 콘텐츠는 1시간 이상의 재생 시간을 가진 기존 TV 프로그램보다 재생 시간이 짧아야 한다는 사실을 인지하고 있다. 그러나 모바일 최적화 콘텐츠를 만들기 위한 핵심은 포맷이나 재생시간 같은 변수가 아니라, 그 콘텐츠가 계속 재생산될 수 있게 지지해주는 비즈니스 모델이 더 중요한 것일 것이다. 따라서 모바일에 최적화된 콘텐츠는 무엇일까 하는 고민은 오히려 모바일 시대, 어떻게 우리의 콘텐츠와 서비스를 지속 가능하게 해 줄 비즈니스 모델이 무엇인지에 대한 고민으로 환치될 필요가 있다.[176)]

국내에서 OTT 서비스를 이용하는 이용자의 경우 주이용 목적이 오락 및 연예(49.1%), 드라마(19.9%), 영화(17.4%), 스포츠(14.0%) 등의 순으로 콘텐츠를 시청했으며, 국내 OTT 시장 매출 규모 역시 2015년 3,178억 원에서 2016년 4,884억 원을 기록하며 53.7%의 증가를 보이고 있다. 국내 OTT 업계 전체 매출의 54.4%가 광고매출(2,657억 원)로 가장 큰 비중을

176) 출처 : 미디어토핑("모바일 최적화 비디오 콘텐츠란 과연 무엇일까?, 2014.12.1.)을 인용함.

차지하고 있는 반면, 월정액 매출(776억원)이나 유료 콘텐츠 구매 매출(499억원)은 각각 15.8%, 10.2%를 기록해 상대적으로 유료 결제 매출 비중이 낮은 편으로 아직은 유료 가입 매출이 10%에 불과한 상황이다.[177]

영상을 시청하는 주요 기기 역시 TV에서 스마트 폰으로 변화하는 경향이 뚜렷했다. 2013년 61.9%에 달했던 TV를 통한 영상 시청비중은 2015년에 49.9%로 급락했지만, 스마트폰을 통한 영상시청 비중은 2013년 20.5%에서 2015년에 24.8%로 4.3%포인트나 증가했다. 같은 기간 태블릿 PC를 통한 영상시청 비중 역시 1%에서 4.5%로 늘어난 것을 감안하면, 10명 중 3명(29.3%)에 달하는 인구가 TV 대신 모바일 기기를 통해 TV를 보는 셈이다.

그림 3-34 영상시청기기 비중과 스크린 별 이용 시간(주중)[178]

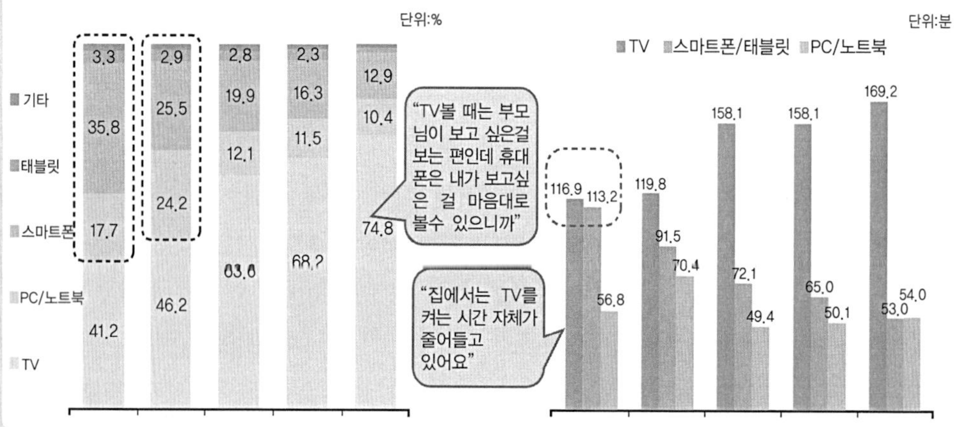

특히 모바일에서 가장 많이 시청하는 장르는 예능이고, 그 다음이 한국 드라마, 영화, 뉴스/사회 관련 이슈, 스포츠 등이었다. KT 경제경영연구소에서 동영상 이용 추세를 세 가지로 정리하였는데, 첫째로, 영상 프로그램 시청에 있어 능동적으로 시간을 활용할 수 있는 VOD의 이용이 보편화되고 있고, 둘째로, 모바일 IPTV, OTT 등 다양한 채널을 통한 모바일 영상 이용이 증가하고 있으며, 셋째로, 케이블/종편, 1인 방송, 다양한 소재와 포맷의 웹 드라마/애니메이션 등 콘텐츠가 다변화되고 있다고 한다.

리드 헤스팅즈 넷플릭스 CEO는 "TV는 말과 같다. 말은 우리가 자동차를 만들 때까지 유용했다. TV 방송 시대는 아마 2030년까지만 지속될 것이다."라며, 스트리밍 서비스를 자동차, TV를 말에 비유했다. TV의 종말을 우회적으로 암시한 것이다. 지나친 비약이라는

177) 출처 : 방송매체이용행태조사보고서, 방송통신위원회, 2016.12.
178) 출처 : "영상시청 패러다임 변화," 디지에코 보고서, 유지은, 2015.7.30.

의견도 있지만 그만큼 콘텐츠 시장에서 스트리밍이 갖고 있는 위력은 거세다. 이처럼 스트리밍 서비스가 각광받는 이유는 무엇보다 사용자 입장에서 접근이 쉽고 편리하다는 점이다. 돈을 내고 내려 받는 것보다 가격이 싸다. 인터넷만 연결돼 있으면 누구든지 언제, 어디서나 콘텐츠를 접할 수 있다는 점도 장점이다. 스트리밍은 공급자 입장에서도 다운로드에 비해 저작권 문제에서 보다 자유롭다. 스마트 폰 성능이 상향 평준화 되면서 웬만한 콘텐츠는 스마트 폰만 갖고 소화할 수 있게 됐다. 네트워크도 3G에서 4G, 5G로 넘어오면서 인터넷 접속 환경이 이전 대비 훨씬 좋아졌다. 스트리밍이 활성화되기 위한 여러 요건이 잘 맞아떨어진 셈이다. 콘텐츠 품질이 좋아지면서 파일 크기가 커진 것도 한 몫 한다. 몇 년 전만 해도 음악 파일 한 곡은 3~4MB면 충분했다. 요즘엔 10MB 넘는 파일도 많다. 스마트 폰 용량은 한정돼 있다. 스마트 폰 저장 공간이 꽉 차면 업무 처리 속도가 떨어진다. 스트리밍을 이용하면 굳이 큰 용량의 파일을 내려 받을 필요가 없다. 이 뿐 아니라 소유와 소비에 대한 소비자들의 인식이 변화하고 있다.

이 처럼 동영상 스트리밍과 TV 방송 간 경계가 무너지는 것은 세계적인 추세다. 방송사는 물론 통신사, 포털, 모바일 메신저 업체까지 가세하면서 스트리밍 서비스에 열을 올리고 있다. 콘텐츠 제작자 또한 케이블방송을 거치지 않고 직접 스트리밍 서비스에 나서는 경우도 많아졌다. 고유 영역은 사라지고 업종 간 구분도 모호해졌다. 누구에게나 기회는 있다. 누가 가입자 수를 많이 끌어들이느냐가 중요하다.

8 새로운 미디어 강자들의 전쟁터 - 모바일 및 광고 플랫폼

웹 검색 시장을 정복한 구글은 모바일 검색에서도 우위를 점하기 위해 애드몹(모바일 광고 서비스), 모토롤라의 인수, Google+ 등의 인수를 통해 모바일 시장을 점령하기 위해 노력하고 있다. 또한 망 외부성 효과를 통한 주도권 확보를 위한 전략의 일환으로 지도 서비스에도 심혈을 기울이고 있다. 2004년 10월에 키홀(Keyhole)을 인수한 구글은 3D 입체영상으로 지구의 모습을 볼 수 있도록 하는 구글 어스(Google Earth) 서비스를 시작하는 등 지도 서비스 개발에 투자를 집중해 독보적으로 시장을 선점하고 있다. 2013년에는 크라우드 소싱(Cloud Sourcing) 기반의 이스라엘 네비게이션 기업인 웨이즈(Waze)를 인수해서 지도 서비스 혁신에 박차를 가했다. 구글이 웨이즈에 관심을 보인 것은 원칙적으로 페이스 북의 성장을 견제하기 위한 것으로, 구글이 이미 대대적인 투자와 스트리트 뷰(Street View) 등을 통해 이와 유사한 서비스를 하고 있지만 페이스 북이 웨이즈의 기술을 이용해 이 분야에 뛰어드는 것을 원하지 않기 때문으로 분석된다.

애플은 2013년 한 해 동안 인수한 지도 및 LBS 업체만도 와이파이슬램(WifiSLAM) 등 4개이다. 애플은 또한 음성인식 검색프로그램 시리(Siri)를 내놓았고, 지문 센서 기술업체를 인수해 지문인식 기능을 아이폰에 추가했다. 애플은 지도와 위치기반서비스(LBS, Location-based Service) 앱 기업도 인수하였는데, 이 역시 iOS 기반의 디바이스의 기능을 향상시켜 모바일 시장에서의 입지를 공고하게 하기 위함이다.

페이스 북은 인스타그램(Instagram)[179]등 모바일 기업을 인수하고, 모바일 이용자를 위해 인터페이스와 기능을 향상시키면서 플랫폼 가치를 증대시키고 있다. 또한 광고 플랫폼으로서의 기능을 강화하기 위해 모바일 광고 서비스 기업들을 인수하는 노력도 경주하고 있다. 2016년 현재 페이스 북의 광고 매출이 2015년에 비해 53% 급증하였는데, 특히 모바일 동영상 광고 매출이 전체 광고 매출의 84%를 차지하고 있다. 이는 페이스북이 광고주들을 위해 지속적으로 정교한 타깃팅 광고 효과 측정 다양한 광고포맷 등의 서비스를 제공함에 따라 활성광고주가 400만에 달하는 등 전 세계에서 가장 중요한 동영상 광고 플랫폼 중 하나로 자리잡고 있기 때문으로 판단된다. 특히 전 세계 월간 이용자수(MAU) 10억 명이 넘는 메신저플랫폼에 광고가 도입되면 매출도 크게 성장할 것으로 예상된다. 이처럼 페이스 북은 동영상광고를 성장 동력으로 삼고 광고 시장에서의 세 확장에 노력을 기울이고 있다.

아마존은 킨들 파이어(Kindle Fire) 확산을 위해 노력하고 있다. 모바일 단말기를 이윤을 보려는 상품으로 취급하지 않고, 콘텐츠 판매를 위한 플랫폼으로 활용한다는 전략으로, 사용자들의 경로의존성을 이용하여 플랫폼을 장악하려 하고 있다. 또한 이들 기업들은 음성/지문/동작 인식 및 지도 서비스 혁신 등 웹 텍스트 검색을 넘어서 새로운 서비스 혁신에 집중 투자하는 공통점도 가지고 있다.

이처럼 주력 사업이 다른 IT뉴미디어 기업들의 전략에 공통점이 있다. 출발은 달랐지만 결국 최고의 플랫폼이라는 같은 목표를 향해 달리면서 서로 충돌하고 있다. 소프트웨어 기업인 구글과 아마존은 하드웨어로 진출했다. 소비자 충성도를 높이고 자사의 소프트웨어 서비스에 대한 통제력을 확대하려는 의도다. 애플은 자사의 단말기에서 효율적인 소프트웨어를 개발하고, 구글의 검색에 음성검색, 지문 및 동작인식 서비스로 도전한다. 페이스북도 친구들로부터의 추천을 통한 검색 서비스를 개발한다. 전자상거래와 온라인 광고, 모바일 광고에서도 충돌하고 있다. 구글은 무료로 제공해 오던 쇼핑 검색 서비스 구글 쇼핑을 유료로 전환했다. 또한 구글은 30여 개 국가에서 온라인 쇼핑 비즈니스를 하는 Channel Intelligence와 일일 거래 사이트 딜맵(Dealmap)을 인수했다. 뿐만 아니라 당일에 배송하는 구글 쇼핑 익스프레스 서비스를 확대하는 등 아마존의 아성인 전자상거래 영역

179) 인스타그램 : 사진을 공유할 수 있는 소셜 네트워킹 서비스(SNS)로 캐빈 시스트롬(Kevin Systrom)과 마이크 크리거(Mike Krieger)가 개발해 2010년 10월 발표. 페이스 북(Facebook)이나 트위터(Twitter) 처럼 이용자들이 다른 이용자들과 사진을 공유할 수 있음. 사진에는 다양한 필터 효과를 적용할 수 있으며, 모바일 기기에서 사용하는 사진의 비율과 달리 폴라로이드 모양(정사각형)의 사진 크기를 사용하는 것이 특징. 영어뿐 아니라 한국어, 독일어, 프랑스어, 이탈리아어, 스페인어, 중국어, 일본어 등을 지원

에 도전하고 있다. 구글은 페이스 북을 견제하기 위해 소비자들이 구글 검색엔진, 지메일 혹은 다른 구글 서비스를 이용할 때 구글 플러스 가입을 유도하고 있다.

페이스 북 역시 2012년 기업 상장 후 모바일이 미래라는 선언을 했다. 핸드폰 제조사들과 협력을 모색하고, 모바일 검색을 통해 친구와 지인이 알려주는 근처 식당이나 가게를 찾는다. 페이스북도 선물(Gifts) 사업을 시작하며 전자상거래(e-commerce)에 나섰다. IT 거인 4인방은 미디어 산업을 지배하던 전통 미디어 기업에 도전하는 새로운 플랫폼의 시대를 열었지만 결국 최고의 플랫폼이 되기 위해 각 기업의 핵심 영역에 서로가 침투해서 경쟁하고 있는 것이다.

표 3-27 주요 뉴미디어 4사의 사업 참여 현황

	구글	애플	아마존	페이스북
검색	◎	○	△	△
쇼핑	△	○	◎	△
단말	△	◎	◎	×
SNS	△	×	×	◎
음악	△	◎	○	○
동영상	◎	◎	◎	○
게임	△	○	△	◎
이북	○	○	◎	×
광고	◎	○	△	◎
결재	○	○	◎	○
지도	◎	○	△	△
클라우드	○	○	◎	○

◎ 선도 ○ 적극 △ 신규 × 불참

국내에서도 2015년 들어서면서 미디어 플랫폼 강자들 간의 상호 영역으로의 사업 확장 등을 통한 많은 수의 이용자 확보로 시장 주도권을 잡고, 망 외부성 효과를 통한 시장 선점을 위해 새로운 날개를 달고 더 큰 도약을 시도하고 있다. 그 사례가 네이버와 카카오 등 국내 검색 포털 사업자들의 경쟁으로 나타나고 있다.

네이버는 모바일 검색 고도화를, 카카오는 검색 플랫폼 확장으로 서로 간의 강점에 도전을 통해 새로운 경쟁 상황을 만들어 가고 있다. 네이버는 모바일서 '지역 검색', '태그 검색'을 선보인데 이어, 실시간으로 올라오는 댓글을 추출해 검색 결과에 반영하는 등의 변화를 시도하고 있는데, 이는 모바일에서 실시간성 정보 검색이 중요해지는 소비자 변화 트랜드에 맞춰 검색의 고도화를 위한 기능 확대를 추구하는 것이다. 또한 이용자들의 댓글이 많이 생성되는 연예 및 스포츠 관련 뉴스 댓글을 시작으로, TV캐스트 댓글도 추가하는 등 다양한 분야의 뉴스 및 블로그, 카페 등으로 실시간 검색에 반영할 댓글의 추출 범위를 확장해 나가고 있다. 뿐만 아니라 간편 결제 서비스인 네이버 페이(Naver Pay)를 통해 쇼핑검색을 더욱 정교하게 강화시킴으로써 쇼핑 검색부터 구매 및 결제까지 원스톱서비스(one Stop Service)를 제공하도록 변화를 가하였다.

반면 카카오는 과거 주력이던 검색 서비스를 카카오 톡으로 확장하는 전략을 취했다. 2015년 현재 약 3천800만 명의 국내 가입자를 보유한 카카오톡 에 '# 검색'과 '카카오 검색'을 추가하며 국내 검색 시장에 출사표를 던졌다. 대화하면서 궁금한 내용이 떠오르면 별도의 검색 앱을 띄우지 않고 대화창에 있는 '#' 버튼을 눌러 검색을 하고, 이를 친구와 공유할 수 있게 하였다. 또한 보다 다양하고 상세한 정보를 검색하고 싶은 이용자들을 위해 카카오 톡 세 번째 탭인 '채널'에 카카오 검색을 도입하여 다음 검색과 같은 수준의 검색 결과들을 제공하고 있다. 뿐만 아니라 동영상 서비스인 '카카오TV', 영상 통화 '페이스톡', 뉴스 등 콘텐츠 서비스 '채널' 등을 선보이며 다음-카카오 합병 시너지에 속도를 내고 경쟁사업자인 네이버와의 경쟁을 본격화하고 있다.

이러한 미디어들의 경쟁은 결국 네트워크 경제, 즉 망 외부성 효과를 통해 시장을 장악하고 그를 통해 광고 플랫폼으로서의 위상을 확보함으로써 시장의 주도권을 확보하고자 하는 노력의 일환들이다. 결국 운영체계를 기반으로 하는 다양한 서비스 및 단말기 들을 생산, 제공하거나, 새로운 서비스나 고도화된 서비스를 이용자들의 요구에 맞게 제공함으로써 이용자들을 모으고, 군집된 이용자들을 대상으로 광고 플랫폼으로써의 역할을 확대하면서 국내 시장 혹은 글로벌 미디어 시장을 장악하고자 하는 이들의 전략인 것이다. 특히 네이버 등의 경우는 모바일 시대를 맞아 유선 시장에서의 주도권을 모바일 시장에까지 확대하려는 노력이다.

표 3-28 복합 미디어 기업과 뉴미디어 기업 간 주요 이슈 비교

	복합 미디어 기업	IT 뉴미디어 기업
매출/이익/인력	최근 5년간 정체 혹은 감소	최근 5년간 급속 성장
시장 평가	주가/브랜드가치 감소 및 약화	주가/브랜드가치 리더로 부상
사업 방향	다각화에서 사업분리로 선회	단일사업에서 다각화로 확장
협력 및 제휴	연합 플랫폼 구축 및 상호 협력	사업확장으로 핵심영역 충돌
방송시장 위상	코드커팅(케이블사업자 위기)	온라인 플랫폼 부상
콘텐츠 가치	Content is Still King	Platform is Queen controlling King
인수합병	온라인, 방송, 출판, 영화 사업	온라인과 모바일서비스 초집중
리더십	아날로그 세대	디지털 세대
비즈니스 모델	광고/콘텐츠판매	광고/콘텐츠판매/단말기판매/수수료

정리하기

1 미디어와 뉴미디어란 무엇인가를 정의하고, 미디어의 변화에 대해 간략히 설명하고, 뉴미디어의 변동성에 대해 설명하시오.

2 미디어 모포시스(media morphosis) 란 무엇이며, 미디어 모포시스 이론에서 주장하는 미디어의 변형에 대해 간략히 설명하시오.

3 인터넷의 등장과 정보통신 기술의 발전에 따라 다양한 형태의 새로운 미디어들이 등장하고, 미디어 산업에서도 무한대의 경쟁적 환경이 도래됨에 따라 소비자들이 왜 그 미디어를 선택하는가 ? 하는 선택의 문제를 설명하는 4가지 이론은 무엇인가?

4 미디어의 스마트 화에 대하여 설명하고, 스마트 미디어란 무엇인가를 정의하시오.

5 소셜미디어(Social Media)의 특징에 대하여 설명하시오?

6 전통적 미디어가 쇠퇴하고, 새로운 미디어의 생태계가 조성되게 되는 동인에 대해 설명하시오.

7 OTT(Over The Top) 서비스란 무엇인가 설명하시오.

8 소셜 동영상 서비스란 무엇인가?

9 챗봇(Chatbot)이란 무엇인가?

10 1인 미디어란 무엇이며, 등장하게 된 배경에 대해 설명하시오.

11 MCN이란 무엇이며, 등장하게 된 배경에 대해 설명하시오.

확인하기

1 정보나 내용물, 즉 콘텐츠를 저장하고, 전달하기 위해 사용되는 매체, 다시 말해 정보와 가치를 전달하는 모든 수단을 일컫는다. 전통적으로 최근까지의 미디어는 대중 매체(Mass Media)와 동의적 개념에서 이해되어 왔으나, 정보통신 기술의 발달과 인터넷의 보편화로 인해 미디어의 다변화와 다양화가 급속히 진전되고, 다양한 뉴미디어가 등장하고 있다.
뉴미디어(New Media)란 말 그대로 '새로운 매체'를 의미한다. '정보나 내용, 즉 콘텐츠를 저장하고, 전달하기 위해 사용되는 매체'가 새롭게 재탄생된 것을 일컫는 말이다. 뉴미디어는 정형화된 모습을 갖는 것이 아니라 늘 혁신적 기술의 발전과 그에 따른 소비자의 소비문화의 변화 속에서 새로이 등장하고 진화하는 상대적 개체로서 항상 변화(variableness)하는 변동성을 가진다. 기존 미디어의 정보처리나 전달 방식에 수정이 가해지거나 새로운 기능이 부가됨으로써 기존 미디어와는 다른 별개의 특성을 갖게 되는 것이다.

2 media morphosis는 매체를 뜻하는 'media'와 변형을 뜻하는 'metamorphosis'의 합성어로, '미디어의 변형'이라는 의미를 갖는다. 미디어 모포시스 이론에서 주장하는 핵심은 뉴 미디어가 등장하면 뉴미디어가 올드 미디어를 대체하여 올드 미디어가 완전히 사라질 것으로 이해하고 있지만, 실상은 전통적 미디어, 즉 올드 미디어는 사라지거나 소멸하지 않고, 전통적 미디어 상호 간 혹은 새로운 미디어와 전통적 미디어 간 서로 영향을 주고받으며, 장점을 취해 진화해 나가는데, 이는 인간의 욕구와 필요, 시장과 정치의 영향, 사회와 기술발전 등 여러 요인들이 복합적으로 상호작용하여, 미디어 변형을 가져오게 하는 현상을 보이게 된다고 주장
결론적으로 정보통신 기술의 발전과 인터넷의 등장으로 혁신적 변화를 보이고 있는 미디어 산업 환경에서도 다양한 미디어가 공존하면서 상호 밀접한 관계를 맺으며, 미디어 산업을 둘러싼 생태 환경의 변화에 능동적으로 대처하면서 살아남기 위해 변형을 거듭하는 등 전통적 미디어(Old Media)의 사회적, 기술적 변형을 통해 새로운 미디어가 만들어지고, 새로운 미디어와 전통적 미디어 등 모든 미디어는 같이 진화하고, 변형되어지면서 존재하게 된다는 것을 강조

3 사회인지이론(Social Cognitive Theory), 혁신확산모델(Diffusion of Innovation), 이용과 충족(Use and Gratification), 계획된 행동 이론(The Theory of Planned Behavior)

4 언제 어디서나 움직이면서 이용하는 이동성과 바로 그 시간에 필요한 서비스를 즉시 받을 수 있다는 실시간 즉시성, 일방적 정보의 전달이 아닌 서로 대화하고, 소통할 수 있게 되는

양 방향성, 그리고 서로의 의견이나 생각, 경험, 관점들을 공유하는 인맥 구축 등의 특성을 갖는 새로운 개념의 미디어로 정의되거나 TV, 라디오, 스마트 폰이나 태블릿 등 모바일 기기, MP3 플레이어 등 수용자가 이용할 수 있는 모든 미디어 기능을 하나의 단말기로 활용할 수 있게 만든 가장 이상적인 미디어를 의미하기도 한다.
스마트 미디어는 언제 어디서나 움직이면서 이용하는 이동성과 바로 그 시간에 필요한 서비스를 즉시 받을 수 있다는 실시간 즉시성, 일방적 정보의 전달이 아닌 서로 대화하고, 소통할 수 있게 되는 양 방향성, 그리고 서로의 의견이나 생각, 경험, 관점들을 공유하는 인맥 구축 등의 특성을 갖는 새로운 개념의 미디어로 정의되거나 TV, 라디오, 스마트 폰이나 패블릿, 태블릿 등 모바일 기기, MP3 플레이어 등 수용자가 이용할 수 있는 모든 미디어 기능을 하나의 단말기로 활용할 수 있게 만든 가장 이상적인 미디어로 정의될 수 있다.

5 첫째, 시사적 문제에 대한 보도나 논평 활동 등 고도의 지식과 기능(技能)을 갖춘 저널리즘(Journalism)에 종사하는 전문인에 의해 만들어지는 정보나 자료를 전달하는 기존 미디어와 달리, 프로슈머(Prosumer) 혹은 프로튜어(Proteur)라는 용어로 대변되는 일반인들에 의해 콘텐츠가 만들어짐.
둘째, 기존 대중 매체(Mass Media)가 갖는 일방적인, 그리고 배포 대상의 한정 없이 해당 시점에, 해당 매체를 접하는 소비자를 대상으로 단순히 널리 배포한다는 의미, 즉 브로드 캐스트(Broad Cast)적인 특성과 달리 소셜 미디어는 양 방향적 소통, 즉 배포자와 수용자가 상호 교류하면서 정보 또는 자료를 교환하거나, 더 나아가 참여자들이 상호 동일 시 되는 현상을 보이면서, 한정된 몇몇이 아닌 참여자 모두가 이용하고, 생산하고, 정보를 배포할 수 있다는 개방적 특성을 가짐.
셋째, 기존 대중 매체는 뉴스나 정보, 엔터테인먼트 등의 콘텐츠를 전문가인 소수의 저널리스트(Journalists)나 작가들에 의해 독점적으로 생산되어지고, 불특정하고 수동적인 독자층에게 공적, 일방적, 간접적으로 전달되어지는 것에 비해 소셜 미디어는 누구나, 참여자 모두인 다수가, 경쟁적이지 않고, 관계나 친분 중심의 양 방향적으로 생산되고, 피라미드식으로 전달, 유통되어짐.

6 정보통신 기술의 발전으로 미디어의 디지털 화가 가속화 되고, 스마트 화, 다양화됨으로 인하여 기존 미디어 권력은 약화되는 현상을 보이고 있는데, 그 동인(動因, Driver)으로는
첫째, 인터넷의 등장. 방송·신문·잡지·라디오 등 이른바 전통적인 4대 미디어가 각기 독자적인 채널을 통해 제공하는 독점적 전용 콘텐츠를 인터넷을 통해 만들어지고 있는 다양한 뉴미디어라는 새로운 수단을 통해서도 소비 및 접근할 수 있게 소비자들은 더 이상 TV, 신문, 잡지, 라디오라는 전통적 매체를 통하지 않고서도 이들 미디어가 제공하는 콘텐츠에 대한 접근권을 확보하게 된 것이다.

둘째, 새로운 미디어의 등장. 기존 미디어가 제공하는 콘텐츠를 우회해서 접근하는 방식의 출현과 함께, 기존에 존재하지 않았던 새로운 형태의 미디어가 속속 등장. 자신의 주장과 생각을 전파할 수 있는 블로그, 미니홈피를 비롯하여 최근에는 유튜브나 판도라, 아프리카TV 등 인터넷 방송을 통한 개인 방송국의 등장, 모바일 메신저서비스 등의 소셜 미디어의 등장
셋째, 미디어와 콘텐츠의 분리(Decouping). 특정 콘텐츠가 특정 미디어에 결합(종속) 되어 있는 구조 하에서는 전달되는 콘텐츠의 편성권이 소수의 미디어 소유자에게 있었지만, 기존 미디어의 파워가 약해지고, 수많은 대체 미디어가 등장함에 따라 콘텐츠의 편성권 역시 소비자 개인들에게 이전됨. 아프리카 TV나 판도라 TV, 유튜브 등의 인터넷 방송 시스템에서 대도서관, 양띵, 멜츠 등으로 대변되는 소위 인터넷 BJ(Business Jockey) 등의 사례에서 볼 수 있듯이 인터넷 TV 방송채널을 구성하거나 포털 사이트에서 자신만의 뉴스 페이지를 편성하는 등의 사례가 그 예라 할 수 있음.

7 TV 셋톱박스와 같은 단말기를 통한 인터넷 기반의 동영상 서비스를 의미. 광의적 개념으로 셋톱박스(Set-top Box)의 유무를 떠나 PC, 스마트 폰 등의 단말기뿐만 아니라 기존의 통신사나 방송사가 추가적으로 제공하는 인터넷 기반의 동영상 서비스(예: Smart TV, Connected TV 등)를 모두 포괄한 의미로 사용되고 있으며, 또한 기존의 지상파, CATV, DMB 등 전용망을 통해 영상 콘텐츠를 제공하는 서비스와 달리 인터넷 망을 통해 동영상 콘텐츠를 제공함으로써, 다양한 단말기(TV , PC , STB, Mobile 등)을 통해 동영상 서비스를 이용가능하게 해 주는 서비스를 총칭하는 개념으로 사용됨.

8 소셜 동영상이란 소셜 플랫폼을 통해 공유되는 디지털 동영상'으로 정의 내릴 수 있으며, 이는 소비자들의 콘텐츠 소비 행태의 변화와 무관치 않다. 단말 측면에서 스마트 폰의 이용이 확대되고, 스넥 컬쳐(Snack Culture) 특성으로 인해 간단하고, 간편한 동영상 콘텐츠의 소비가 확대되고 있는 것이다.

9 챗봇이란 인공지능과 메신저를 결합하여, 인공지능을 기반으로 사람과 자동으로 대화를 나누는 소프트웨어인 채팅하는 로봇으로 정해진 응답 규칙에 따라 사용자 질문에 응답할 수 있도록 만들어진 시스템임.

10 1인 미디어란 개인 혼자서 콘텐츠를 기획해 제작하고 유통시키는 미디어를 말한다.
1인 미디어가 등장하게 된 배경은 인터넷의 등장과 디지털 기술의 발전으로 인해 다양한 콘텐츠 창작 및 유통 환경이 손쉽게 구현되어 짐에 따라 인간의 소통 욕구와 표현 욕구를 충족시키는 방법의 일환으로 등장하였음.

11 MCN이란 여러 개의 유튜브 채널과 제휴한 조직으로서 일반적으로 제품, 프로그램 기획, 결제, 교차 프로모션, 파트너 관리, 디지털 저작권 관리, 수익 창출·판매, 잠재고객 확보와 같은 다양한 분야에서 콘텐츠 제작자에게 도움을 제공하는 미디어로, MCN 외에도 OVS(Online Video Studio), ITC(Internet Television Company)라는 용어 등으로 불리기도 함.

등장배경은 유튜브에 의해 1인 미디어 크리에이터가 실제로 수익을 창출 할 수 있도록 광고 매출을 공유하는 '파트너 보조금 지원 프로그램(Partners Grants Program)'에 등장함으로써 보다 많은 크리에이터들이 참여하여 다양한 장르의 1인 미디어의 등장을 위한 발판이 마련되었고, 채널의 1인 창작자와 광고주를 연결해 주는 에이전시가 등장하게 되고, 이것이 MCN이라는 새로운 1인 미디어가 자리 잡게 만든 등력을 제공하게 된 것이다.

제3절 콘텐츠의 변화

1 콘텐츠 서비스의 변화

미디어의 역할은 결국 콘텐츠를 전달하는 것이기 때문에 콘텐츠는 뉴미디어 시대에도 여전히 중요하다. 방송사인 CBS와 영화사 파라마운트 등을 가지고 있는 바이어컴(Viacom) 그룹의 섬 너 레드스톤(Sumner Redstone) 회장은 "콘텐츠는 과거나 미래나 항상 왕이다."라며 미디어 환경이 급변하더라도 콘텐츠의 중요성을 간과해서는 안 된다고 강조했다.

단말기의 스마트 화와 네트워크의 고도화, 사용자의 소비행태의 변화에 대응하여 콘텐츠 서비스에서도 새로운 변화의 필요성이 대두되고 있다. 과거 장르적 특성 하에서 개별적으로 생산되어지던 콘텐츠들이 미디어의 스마트 화에 맞춰 이들 플랫폼이나 단말기, 소비자의 이용행태의 특성 변화에 맞춰 제작, 유통, 소비되어지는 스마트 콘텐츠로의 변화가 필연적으로 대두되고 있다. 즉, '스마트 폰, 태블릿, 스마트 TV 등 단말기와 인터넷의 연결'로 촉발되어진 새로운 형태의 콘텐츠 소비 욕구를 충족시켜주기 위해 만들어지는 콘텐츠를 일명 스마트 콘텐츠, 즉 콘텐츠의 스마트 화로의 변화가 필연적인 현상으로 다가오고 있다.

스마트 콘텐츠는 소비자의 콘텐츠 소비 행태의 변화, 즉 소비에 5분 이상 소요되는 콘텐츠에 대해서는 아무리 그 내용이 필요하고, 좋은 내용이라 하더라도 그 콘텐츠에 대해서는 관심을 거두어 들여 버리는 스넥 컬쳐(Snack Culture), 그리고 소비의 이동성(mobility), 필요할 때 언제, 어디서든지, 어떤 형태의 콘텐츠라도, 어떤 단말기를 통해서든지 콘텐츠 서비스를 받고자하는 종합화된 서비스와 N Screen 소비의 욕구, 각각의 Screen의 특성에 맞게 자동 변환 등을 통한 사용자인터페이스(UI)의 편의성 추구, 소셜 네트워크를 통한 유통 및 공유, 개방화된 서비스, 사용자 참여 및 양방향성 등 소비자 변화, 기술의 발전 등에 따른 단말기, 플랫폼 등의 변화 등에 적절히 대응할 수 있는 특성을 갖는 콘텐츠 서비스로서 그 필요성이 대두되어지고 있다.

그 간 콘텐츠 산업에서의 변화는 가히 혁명적이라 할 것이다. 일예로 뉴스 시장에서는 전통적인 사업자 상당수가 시장에서 퇴출되었으며, 음악은 완전히 다른 형태의 성장경로를 보여 주고 있다. 웹 툰, 웹 드라마, 웹 소설 등 웹 콘텐츠 서비스는 기존에 없었던 시장을 만들어 냈고, 게임은 유・무선 초고속 네트워크와 모바일 시장에 빠르게 적응하며 기존에 없었던 비즈니스 모델을 만들어 내고 있다. 이처럼 신문, 음악, 만화, 게임 등의 콘텐츠 산업은 혁신적 변화의 중심에 서 있다. 특히 무선망 측면에서 5G 시대가 도래 하면서 동영상 콘텐츠 시장도 디지털이 만들어 내는 변화의 조류에 휩쓸려 엄청난 변화의 중간에 놓이게 될 것이다.

더불어 기존 콘텐츠 서비스의 파편화와 전문화가 동시에 진행되고 있다. 신문의 경우 속보성은 트위터, 의제 설정(agenda setting)기능은 사용자, 양방향성과 사실 확인(fact check) 기능은 블로그와 댓글, 새로운 형식의 뉴스 포맷은 페이스 북 타임라인과 같은 부분으로 파편화와 기능의 전이가 이뤄지고 있다. 광고는 그레이그리스트(Craigslist)[180]와 같은 새로운 콘텐츠 서비스가 가져갔다. 동영상 시장에서도 유사한 현상들이 나타나고 있다. MCN(Multi- Channel Network)이라는 새로운 제작·유통 방식이 부상하고 있다.

이처럼 기존의 콘텐츠가 갖는 장르적 특성 간의 융·복합화를 비롯하여, 새로운 형태, 새로운 내용, 새로운 소비자 이용행태에 맞게 콘텐츠 서비스 역시 변모해 나가고 있다.

또한 인쇄매체, 전파매체, 그리고 웹과 모바일 시대를 지나면서 콘텐츠는 소비자들의 관심을 차지하기 위해 그 형태와 제공 양식을 변형시켜 오고 있으며, 궁극적으로는 네트워크나 단말, 플랫폼 등의 고도화에 따라 실시간 실감형 콘텐츠로의 변화가 진행되고 있다.

2 차별적 콘텐츠 서비스

가 독점적 콘텐츠와 틈새 콘텐츠

앞서 글로벌 시장에서 OTT 사업자들의 전략에서 살펴 본 바와 같이, 동영상 서비스를 제공하는 플랫폼 사업자들의 경우 자사만이 갖는 강점으로 독점적 콘텐츠 제공을 위해 노력하고 있다. 이는 자사 서비스의 가입자 확보뿐만 아니라 가입자의 유지를 위해서도 필연적으로 차별화 전략이 필요한데, 동영상 서비스의 경쟁력은 콘텐츠의 질과 서비스의 가격에 의해서 주로 결정되는 것이 일반적이고, 이용의 편의성, 화질, 추천 기능, N-Screen 서비스 제공 등이 경쟁력에 영향을 주는 요소로 나타나고 있다. 따라서 서비스 차별화 전략과 더불어 가장 심혈을 기울이는 것이 바로 콘텐츠의 독점적 제공을 통한 차별화 전략이다. 일예로 넷플릭스는 지난 2012년부터 콘텐츠를 제작사에서 구매해 제공하는 것을 넘어 자체적으로 콘텐츠를 만들기 시작했는데, 처음 대박이 난 작품은 '하우스 오브 카드(House of Card)'다. '하우스 오브 카드'는 시즌 1부터 높은 시청률을 기록했으며, 에미상 3관왕의 영예를 안았을 만큼 대중성과 작품성 모두 인정받았다. 이후 넷플릭스는 '오렌지 이즈 더 뉴 블랙(Orange is the new black)', '마르코 폴로(Marco Polo)', '지정생존자(Designated Survivor)'등의 콘텐츠 제작, 즉 드라마로 시작하여 애니메이션과 TV쇼 등으로 장르를 넓히고 있으며, 영화 제작에도 진출하고 있다. 아마존도 영상 콘텐츠 사업을 확대

180) 그레이그리스트(Craigslist) : 주택에서부터 잡동사니까지 모든 물건과 구인·구직, 즉석 만남까지도 거래되는 미국 최대의 온라인 생활정보 사이트

하고 있으며, 지난 2010년 사내 제작사인 아마존스튜디오를 창립, 2015년부터 극장용 자체 제작 영화를 만드는 등 독점적 콘텐츠 제공을 위해 노력하고 있다.

표 3-29 글로벌 OTT 플랫폼의 오리지널 콘텐츠 제작 및 독점 공급현황(2015 현재)[181]

업체	대상	주요내용
넷플릭스	드라마 (프리미엄)	〈House of Cards〉, 〈Arrested Development〉 등 제작 및 독점 〈젤다의 전설〉(게임/애니메이션) 실사 드라마 제작 〈Marvel Super Herose〉 드라마 제작 및 영화 방영권 독점
	어린이	어린이 타깃의 드라마와 영화 전용포털 〈Just for Kids〉구성 애니메이션 시리즈 〈Turbo FAST〉 제작 및 독점
	토크쇼	빌 코스비와 계약, 토크쇼, TV 프로그램 제작 추진
	여성/코미디	〈Deres〉, 〈Orange is the New Black〉등 제작 및 독점 공급
아마존	드라마 (프리미엄)	〈Amazon Studio〉, 〈Peopld's Production Company〉 출범 경찰드라마 〈Bosch〉, SF 드라마 〈The After〉 제작
	어린이	TV 시리즈 〈Tumble Leaf〉, 〈Creative Galaxy〉, 〈Annedroids〉
	코미디	〈Alpha House〉, 〈Transparent〉등 6편의 코미디/시트콤 제작
훌루	드라마 (프리미엄)	〈Spy〉, 〈Misfits〉, 〈White〉등 25편의 오리지널 시리즈 독점 공급 〈Battleground〉, 〈Spoilers〉등 제작 및 독점 공급
	다큐멘터리	〈A day in life〉 제작 및 독점 공급
	엔테테인먼트 뉴스	〈The Morning After〉 제작 및 독점 공급
유튜브 (구글)	드라마 (프리미엄)	스트셀러 〈Maximum Ride〉를 Collective Digital Studio를 통해 동영상 콘텐츠로 제작 미국, 유럽 등 유명 CP와 오리지널 콘텐츠 제작 지원 추진 (시리즈 당 100~300만 달러 지원, 30분 이내의 동영상 중심)
	개인채널	다양한 유명스타(Justin Lin, Anthony Zuiker)들의 개인채널 런칭

페이스 북도 스포츠, 과학, 대중 문화, 라이프 스타일, 게임, 청소년 등 6가지 장르의 콘텐츠 제공을 목표로 자체 프로그램 서비스를 제공하고 있다. 1회 상영 시간이 최대 30분짜리이며, 매주 업데이트 되는 시리즈를 중심으로 동영상 서비스를 독점적으로 제공하기 위해 준비하고 있다. 페이스 북에서는 프로그램 제작자에게 광고 수익의 일부를 할당하고, 새로 도입된 모바일 버전의 동영상 탭에서 눈에 띄는 위치에 작품을 노출하고 있다. 이는

181) 출처 : '유통 플랫폼이 이끄는 방송 콘텐츠의 진화와 혁신', 2015, 방송트렌드&인사이트, 한국콘텐츠진흥원, p.50, 재편집

사용자들의 플랫폼 사용 방식이 바뀌면서 기업들이 TV를 중심으로 진행하던 광고를 유인하고자하는 페이스 북의 광범위한 노력의 일환으로 받아들여지고 있다.

국내의 경우도 예외는 아니다. 한국의 OTT 플랫폼 사업자들도 2014년부터 콘텐츠를 확보하고 나서고 있다. 네이버는 자회사 라인(Line)을 통해서 배우 소지섭이 출연하는 9부작 웹 드라마 '좋은 날'을 자체 제작했다. 또한 16부작 웹 드라마 '우리 옆집에 EXO가 산다.'도 자회사 라인이 투자·제작했다. 오아시스픽쳐스가 제작한 웹 드라마 '후유증' 역시 네이버가 기획사로 참여했다. 또한 스타의 실시간 개인 방송 플랫폼인 '브이' 베타판을 공개하며 케이블 방송 '엠 넷'과 비슷한 방송 콘텐츠도 제작하고 있는데, '브이'는 빅뱅과 SM TOWN, 미스에이, 에이핑크, 위너, 에릭 남, 비스트, 방탄소년단, 원더걸스, AOA 등이 각자의 채널을 가지고 개인 방송을 하는 콘셉트로 하루 2~6개의 생방송을 진행하기도 하였다.

표 3-30 국내 웹 드라마 제작 및 배급 현황[182)]

구분	기획사	명칭	수량	제작사/투자사	플랫폼/배급
포털	네이버	좋은날 후유증(시즌1,2) 우리 옆집에 EXO가 산다	9부작 5/6부작 16부작	네이버 라인 오아이스 픽쳐스 네이버라인	TV 캐스트] 라인 TV, 드라마피버 KBS 독립영화관
	다음 카카오	미생 프리퀄	단편영화	기린제작	스토리볼/TV팟
		썸남썸녀	12부작	도레미엔터테인먼트	TV팟 유투브 KBS 독립영화관

다른 형태의 독점적 콘텐츠 제공의 사례로, 홍콩의 최대 IPTV 사업자인 PCCW의 사례가 있다. 출범 초기부터 홍콩에서 축구의 인기도가 매우 높다는 것에 착안, 영국 프리미어리그를 독점 중계하며 시청자를 끌어 모았다. 지상파 방송에 목매지 않고 140여개의 채널을 확보했고, 시청자가 원하는 채널만 골라 볼 수 있는 '알 라 카르테' 요금제도 선보였다. 그 결과 시청자들은 수많은 콘텐츠 가운데 자신이 원하는 방송만 골라보며 시청료를 줄일 수 있었고, 이는 PCCW의 가격 경쟁력으로 이어졌다.[183)]

이러한 사례는 여러 곳에서 찾아 볼 수 있다. 류현진 경기의 독점 공급을 통해 성공한 MBC, '나는 가수다', 1박2일, 수퍼스타 K, 꽃보다 할배 등 다양한 포맷과 특색 있는 내용을 통해 새로이 등장하는 각종 프로그램 등을 보면 내용이든, 포맷이든 방송프로그램의 성과를 높이기 위해서는 결국 시청 점유율를 확보하는 것이 중요함을 알 수 있다. 특히 광

182) 출처 : 유통 플랫폼이 이끄는 방송 콘텐츠의 진화와 혁신. 방송트렌드&인사이트, 최세경, 2015.
183) 출처 : 한국경제신문, 2008.8.31.자 참조

고를 수입원으로 삼는 방송사에게 시청점유율은 광고수입과 정(正)의 상관관계를 갖게 된다. 따라서 방송사는 시청점유율을 극대화하는 걸 목표로 편성전략을 수립한다. 만약 복수의 방송사가 경쟁할 경우 각각의 방송사의 편성전략은 타 방송사의 편성전략의 의해 영향을 받기도 하고, 반대의 경우도 성립한다.

일예로 국내에 방송사가 단 세 개만 존재하고 각각의 방송국은 단 하나의 채널만 갖고 있다고 가정해 보자. 월드컵이란 세계 최대의 스포츠 이벤트의 중계권과 관련해서 일반적으로 시청점유율이 최대치를 기록하게 될 것임을 가정하여 이 프로그램의 독점적 제공을 위해 노력할 것이다. 하지만 다양한 시청자들 중에는 월드컵을 좋아하는 정도나 강도에서 차이가 있을 것이다. 따라서 어느 정도 수준까지 축구를 좋아하는 사람들은 이 중계방송을 볼 것이고, 그 범위 밖에 있는 사람들은 다른 프로그램을 볼 것이다.

한 방송사가 중계권을 독점할 경우 이 방송사는 일정량의 시청점유율을 기록하게 될 것이다. 반면 중계권을 갖지 못한 제2의 방송국은 상대적으로 고급취향의 시청자들이 선호하는 프로그램에 해당하는 대체 프로그램을 방송하려 할 것이다. 이는 고급취향을 가진 시청자들이 아무래도 광고주에게 매력적이기 때문이다. 또한 제3의 방송사는 저급한(lowbrow) 프로그램을 공급함으로써 차별화를 통해 일정 시청점유율을 커버하려 노력하게 된다. 이 경우 프로그램의 다양성(spread) 측면에서 만약 독점중계가 없어서 모든 방송국이 월드컵을 중계한다면 시청자복지는 감소하게 될 것이다. 결국 시청자들의 만족도 측면에서 시청자 복지를 평가해 보면, 다양성이 증가할 때 총 만족도도 함께 늘어날 가능성이 높아지는 것이 일반적이다.

또한 다른 대체 프로그램은 존재하지 않고, 오직 월드컵 중계만이 가능하다고 해도 비슷한 결과가 도출된다. 독점권이 존재하지 않는다면 방송3사는 이를테면 국민의 관심이 집중되는 한국 경기만을 중계할 것이고, 동 시간대에 벌어지는 다른 경기는 무시할 것이다. 한 방송국이 세 개의 채널을 갖고 있고 월드컵 중계권을 독점하고 있다면 시청률을 극대화하기 위해서 세 개의 다른 경기를 커버하려 할 것이다. 이런 효과를 복수의 경쟁 방송사가 가져 오려면 서로 합의해서 순차 중계방송을 해야만 한다. 이를테면 한국팀의 세 경기를 하나씩 커버하기로 하고 다른 방송국이 한국경기를 중계하는 동안에는 타 경기를 중계하거나 아니면 드라마나 예능을 방영하는 식으로 프로그램 다양성과 시청자 만족을 극대화할 수 있게 될 것이다.

틈새 콘텐츠를 발굴하고 제공하는 노력도 필요하다. 넷플릭스(Netflix), 훌루(Hulu), 유투브(Youtube) 등 주요 인터넷 동영상 서비스들이 이용 가능시간 및 공간의 편리함(Time shift, Device Shift), 그리고 높은 가격 경쟁력을 기반으로 전통적인 TV 중심이었던 전 세계 미디어 지형을 점차 변화시키고 있다. 특히 남이 미처 알지 못하는 시장이나 콘텐츠, 남이 알고 있더라도 아직 공략이 제대로 이뤄지지 않은 시장이나 새로운 미디어를 통한 콘텐츠의 제공으로 새로운 시장을 만들어 나가는 노력도 필요하다.

미디어의 개인화에 따라 본인이 직접 제작하여, SNS나 블로그, 유튜브 등 동영상 채널을 통해 서비스를 제공하는 새로운 형태의 개인화된 콘텐츠 제공 서비스의 등장을 통해 틈새콘텐츠 서비스의 가능성을 엿볼 수 있다. 대표적인 경우가 바로 국내외를 불구하고 실시간 인터넷 방송과 함께 인터넷방송 진행자(BJ) 혼자 진행하는 1인 방송국 혹은 MCN 서비스이다. MCN에서 유통하는 콘텐츠는 '다양하고 쉽고 빠르다.' 먹방을 비롯해 간단한 요리법, 메이크업 방법, 뷰티팁, 패션 제안을 비롯해 사회적 이슈에 대한 토크 등 다양한 주제 등 기존 방송 시장에서 접할 수 없었던 차별적 콘텐츠가 대부분이다. 유머를 담은 콘텐츠부터 메이크업이나 요리법을 직접 시연해 보이는 콘텐츠, 실시간 게임 중계에 이르기까지 MCN의 영역은 다양하다.

나 고도화된 콘텐츠 서비스의 제공

기존의 콘텐츠를 내용적 측면이나 기술적 측면에서 한 차원 높게 재가공한 고도화 콘텐츠 서비스는 단말기, 기술 등의 변화에 따라 새로이 나타나는 소비행태의 차이를 만족시켜주기 위해서 기존 콘텐츠의 디자인이나 Layout, 소재 측면에서도 차이를 보여야 할 필요성에 대응하여 만들어지는 콘텐츠 서비스를 말한다. 나아가 작가의 특성화 및 차별화로 소비자의 소비행태에 맞게 재가공한 콘텐츠 서비스의 필요성도 대두되고 있는데, 이처럼 새로운 기술이나 내용의 변화를 통해 변화되는 콘텐츠를 '고도화된 콘텐츠 서비스'라 부른다.

1) 3D 콘텐츠

2009년 12월 전 세계에서 동시 개봉한 제임스 카메론 감독의 블록버스터 할리우드 3D(Dimension) 영화는 콘텐츠의 새로운 장을 열게 하였다. SF・모험・액션 장르의 할리우드 블록버스터 영화로, 실사촬영과 CG가 혼합된 3D 영화이며, 상영시간은 162분인 이 영화는 2154년, 지구로부터 4.4광년 떨어진 행성(Pandora) 판도라를 무대로 대체자원을 찾기 위하여 행성 파괴 하려는 지구인과 판도라를 지키려는 원주민 나비(Na'vi)족과의 갈등과 전쟁을 중심으로 자신의 아바타를 원격조종하며, 나비족에 침투한 지구인 남자 제이크 설리(Jake Sully)와 나비족(Na'vi) 여인 네이티리(Neytiri)의 사랑 등을 그린 새로운 기술적 가능성을 보여준 콘텐츠다.

이모션 캡처(Emotion Capture) 기술과 가상 카메라(Virtual Camera)를 통하여 CG 캐릭터의 생생한 피부와 표정, 근육의 움직임뿐 아니라 동공 크기의 변화, 눈썹의 미세한 떨림까지 세밀하게 표현하는 등 새로운 기술의 가능성을 보여 주었으며, 아날로그적 정서와 신화적 상상력, 디지털 기술이 완벽하게 결합된 작품이라는 평가를 받으며 흥행에 성공했다. 이는"아바타의 3D 스크린 비율은 40%에 불과했지만 매출 28억불의 80%가 3D 상영관을 통해 만들어졌다."고 말한 카메론 감독의 말을 통해서도 확인할 수 있다.

2010년 당시 문화체육관광부에 의해 발표된 '3D 콘텐츠 산업 육성 계획'에 따르면, 산업의 핵심 요소는 3D 영상 생성 기술 및 재생 기술이며, 생성기술로는 3D 영상 직접제작 방식과 2D에서 3D 영상으로 변환하는 방식이 상존하고, 3D 영상 제작은 실사 촬영과 CGI(Computer Generated Image)로 가능하고, 변환은 수작업과 자동변환이 있으나, 실사촬영과 CGI가 궁극적으로 시장을 지배할 것으로 전망하고 있다. 재생기술은 두 눈의 시차를 이용해 2D 디스플레이 기기에서 가상적으로 입체감을 느끼게 하는 스테레오스코픽 디스플레이(Stereoscopic Display) 기술로 일반적으로 HMD(Head Mounted Display) 방식과 안경식, 무안경식 및 홀로그램 식으로 구분하고 있다. 더불어 2020년경까지 안경식과 무안경식이, 궁극적으로는 홀로그래피 방식이 시장을 주도할 것으로 전망하고 있다.

그림 3-35 3D 산업의 범위[184)]

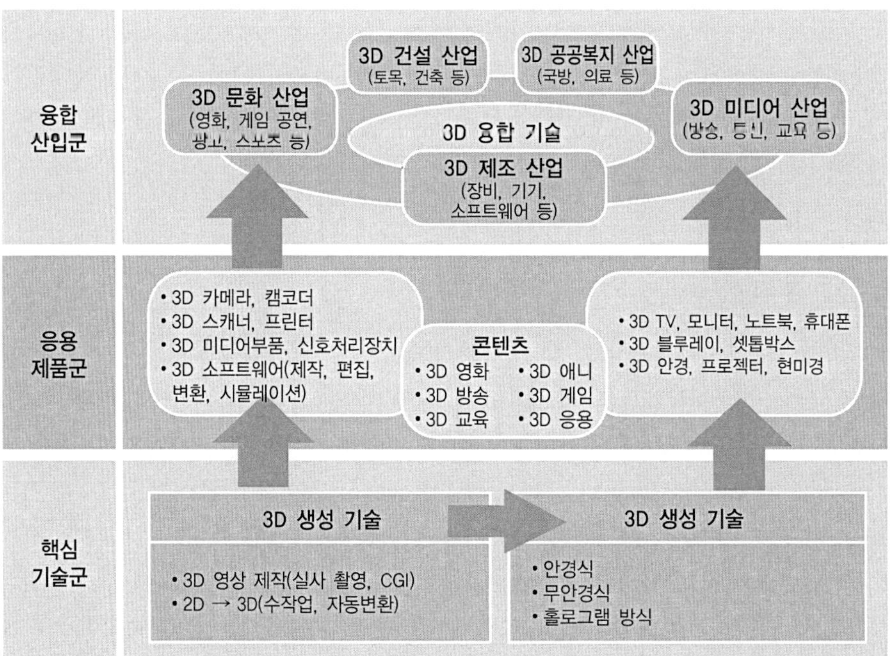

3D 콘텐츠 산업은 할리우드를 중심으로 영화용 콘텐츠가 주도하였으나, 디스플레이 보급 확대에 따라 홈 엔터테인먼트 콘텐츠 제작 시장도 크게 확대될 가능성이 있었다.

---

184) 출처 : 3D 콘텐츠 산업 육성 계획, 문화체육관광부, 2010.5.

극장용 콘텐츠 시장의 경우, 3D 영화의 성공 및 높은 수익성으로 할리우드의 주요 영화사를 중심으로 3D 영화 제작이 급증하였으며, 전 세계 3D 상영관도 2010년 3만 여개에 달하고 있으며, 북미지역의 3D 스크린은 2010 당시 4,000여개에 달하였고, 일본은 3,000개 이상의 3D 스크린을 보유하고 있었다.

방송용 콘텐츠 측면에서는 3D TV 및 디스플레이 장비의 보급 증가와 함께 방송용 3D 콘텐츠의 폭발적 수요증가를 예상하였다. 3D 방송 전문채널 ESPN은 2010년 남아공월드컵 및 대학 미식축구리그 등 2010년에 개최되는 총 85개 대회를 3D로 방송하였으며, 미국 NBC, 일본 BS11가 드라마・광고를 3D로 방송하였으며, 영국의 BskyB는 3D로 프리미어리그를 라이브로 중계하였다.

게임 산업의 경우 소니사가 PlayStation3를 통해 3D 게임콘텐츠를 지원하였고, 미국의 NVIDIA가 PC용 입체전용 그래픽 카드를 출시함에 따라 다양한 게임의 출시를 지원하였다. 특히 영화 아바타를 게임화 한 '아바타 더 게임(Avatar the Game)', '배트맨 아캄 어사일럼(Batman: Arkham Asylum)', '니드 포 스피드 시프트(Need for speed shift)' 등 3D 효과가 극대화 된 게임이 출시되었다.

이외에도 응용 콘텐츠 측면에서 3D 기술을 활용한 모바일 용 콘텐츠나 공연・전시 콘텐츠의 증가와 더불어 지속적인 테마파크용 입체 콘텐츠에 대한 수요도 확대되었다. 영화와 같은 전통적인 극장용 콘텐츠가 아닌 콘서트와 같은 공연물 등을 극장에서 볼 수 있도록 만든 대안 콘텐츠(alternative content)도 성장할 것으로 추정하였으며, 아이돌 가수 마일리 사이러스(Miley Cyrus)의 투어 콘서트(Tour Concert)를 입체로 제작한 콘서트 무비(Concert Movie)인 '한나 몬타나(hannah montana)'는 북미 1,000개미만 상영관 개봉영화 중 최고의 흥행 성적을 기록하기도 하였다.

제4차 산업혁명의 한 축으로 등장하는 3D 프린팅(Printing)과 3D Scanning, 3D Modelling 기술을 이용하여 피규어(figure)를 제작한다거나, 3D Modeling 기술과 패션을 접목하여 매장에서 직접 옷을 입어보지 않고, 거울을 통해 여러 가지 상품의 옷을 직접 입은 것과 같이 비춰보는 등의 응용 서비스를 통해 패션업체 입장에서는 사전적으로 고객의 욕구를 파악할 수 있고, 고객은 직접 입어봐야 하는 불편을 해소할 수 있는 등 모두가 만족하는 서비스를 제공할 뿐 아니라, 3D 프린터를 보조재로 활용하여 기존 사업 내 콘텐츠와 융합을 통해 개인 카페와 공동 작업하여 초콜릿이나 얼음 틀을 제작한다거나, 방송용 소품 미니어처(Miniature) 제작하는 등의 새로운 사업 모델들이 등장하고 있다. 이처럼 3D 기술은 건축, 의료 교육 등 다양한 분야에서 활용될 수 있는 기반을 제공하고 있다.

그러나 3D 콘텐츠를 제작하는 것은 높은 투자 리스크(Risk)에 비해 비즈니스 모델이 없고, 제작비용도 높아 3D 콘텐츠에 대한 투자 유인을 만들 수 없었고, 콘텐츠 제작이 주춤하다보니 TV나 극장 스크린 등 유통 측면에서도 적극적인 투자 회피 현상이 발생하는 등 더 이상의 확산이 되지 않았다. 결국 2015년 들면서 부터는 가상·증강 현실 콘텐츠 등 실감형 콘텐츠로 산업의 중심축이 변화되었다.

2) 가상현실(VR), 증강현실(AR), 혼합현실(MR) 콘텐츠

콘텐츠 산업의 중심축이 점차 가상현실, 증강 현실, 혼합현실 산업으로 변화되어 가고 있다. 이들 콘텐츠 산업 역시 고도화 된 콘텐츠 서비스의 일환이다. 가상현실(VR: Virtual Reality)이란 실제와 유사하지만 실제가 아닌 어떤 특정한 환경이나 상황 또는 기술 자체를 의미하는 용어인데, 현실 세계를 인공적인 기술을 활용하여 실제에서 경험하기 힘든 환경을 제공해 오감을 자극함으로써 실제와 같이 체험하게 하는 기술을 말한다. 증강현실은 현실세계가 컴퓨터 그래픽과 같은 가상의 수단에 의해 증강된 것이라는 점에서 가상현실과 차이가 있다. 증강현실(AR: Augmented Reality)은 실제 환경에서 가상 사물이나 정보를 합성해 실재(Real) 환경에 존재하는 사물처럼 보이도록 하는 컴퓨터그래픽(CG: Computer Graphic) 기법을 말하는데, 사용자가 눈으로 보는 현실 세계에 가상의 물체를 겹쳐 보여주는 기술이다.

가상과 증강현실은 뚜렷이 구분되는 개념이라기보다는 현실과 가상의 연속성 상에 놓여있으며, 어느 쪽에 가까이 위치해 있는지에 따라 증강과 가상의 속성 비중이 달라 지게 된다. 이런 관점에서 실제현실과 가상현실의 연속성 상에 있는 것을 통칭하여 혼합현실(MR: Mixed Reality)이라 부르기도 한다.

혼합현실은 완전 가상 세계(가상현실, Virtual Reality)가 아닌 현실과 가상이 자연스럽게 연결된 스마트 환경을 사용자에게 제공하여, 풍부한 체험을 제공한다. 일기 예보나 뉴스 전달을 위한 방송국 가상 스튜디오, 스마트 폰이나 스마트 안경(스마트 글래스)에서 촬영한 영상을 바탕으로 보여주는 지도 정보, 항공기 가상훈련, 가상으로 옷을 입어볼 수 있는 거울 등 다양한 분야에서 사용된다.[185)]

그림 3-36 가상 · 증강 · 혼합 현실

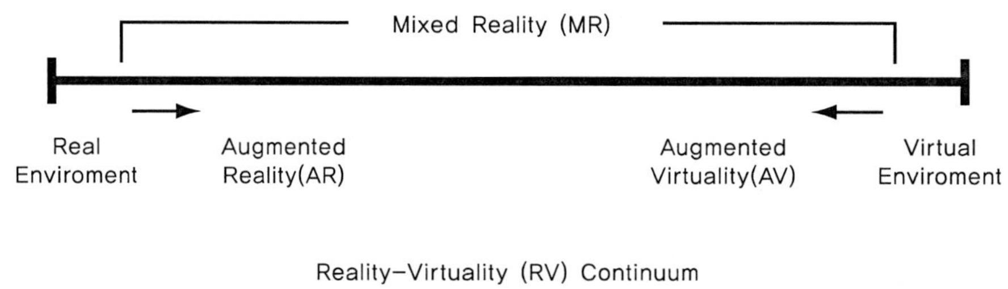

185) 출처 : IT용어사전(네이버 백과사전 중)

가상현실 콘텐츠가 대중화되기 시작한 것은 2012년부터 페이스 북에 의해 인수된 Oculus사가 VR HMD(Head Mounted Display)인 리프트(Rift)를 출시하면서부터이다. 2015년 현재 전 세계 137개국에 판매된 이후, 소니(Morpheus), 구글(Cardboard), 삼성(Gear VR) 등 다양한 단말기 제공 사업자들이 출현하고 있다. 가상현실 콘텐츠의 경우, 주로 엔터테인먼트나 영화, 교육과 전문 훈련, 스포츠, 건축, 테마 파크(Theme Park) 등 다양한 분야에서 활용되고 있는데, 특히 단말 측면에서 360도 카메라 및 디바이스 콘트롤러(Device Controller)가 대중화되기 시작하면서, 개인이 제작한 수많은 콘텐츠가 등장하고 있다. 이중 가장 활발하게 시장이 성장하고 있는 영역은 게임이다. 대형 게임 개발사들이 가상현실 게임 개발 참여가 활발하게 진행되고 있다.

그림 3-37 가상현실 생태계[186)]

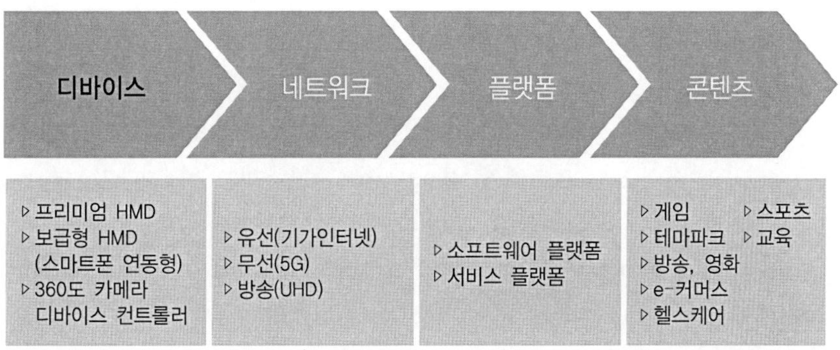

뿐만 아니라 포털이나 통신사, 단말기 제조업체를 중심으로 가상현실 콘텐츠 서비스를 위한 플랫폼이 등장하고 있다. 구글은 구글 플레이에서 VR용 앱을 제공하고, 유튜브를 통해 콘텐츠를 제공하고, 카드 보드에 장착된 카메라를 통해 촬영한 가상현실 사진 등도 제공하고 있다. 더불어 가상현실 플랫폼인 '프로젝트 탱고(Project Tango)'를 통해 가상현실 확산에 주력하고 있는데, 탱고를 지원하는 최초의 스마트 폰인 레노버 팹2 프로가 출시되었다. 페이스 북도 페이스 북과 오큘러스 앱스토어(Oculus Appstore)를 통해 액션, 음악, 스포츠, 라이프 스타일 등 주제별 채널에서 다양한 가상현실 콘텐츠를 제공하고 있다. 삼성전자도 '밀크 VR' 서비스를 출시하였으며, 오큘러스 스토어를 통해 다운로드(Download) 서비스를 제공하고 있다. 소니는 게임 콘솔 기반의 플레이스테이션 VR(Playstation VR)을 통해 50종 이상의 게임 타이틀을 제공하고, 230여개 이상의 개발사들과 더불어 플레이스테이션 VR용 게

186) 출처 : 가상현실 생태계 현황 및 전망, 정보통신정책연구원, 2016.4.16.

임 콘텐츠 개발을 진행하고 있다. 이외에도 소니픽쳐스, 소니뮤직 등의 관계사와 더불어 미디어 콘텐츠를 가상현실 콘텐츠로 제작, 유통하는 것도 추진하고 있다.

표 3-31 가상현실 관련 사업 다각화하는 기업 현황[187)]

회사	기기·서비스명	특징
페이스북	오큘러스리프트	가상현실 전문업체인 오큘러스VR을 인수해 관련 사업 확대
구글	데이드림	VR전용 플랫폼 데이드림 통해 글로벌 스마트폰 제조사들과 협업
삼성전자	기어VR	오큘러스와 협력, 새로운 기어VR등 출시하며 가상현실 시장 확대
LG전자	360VR	360캠 등 VR 카메라 출시, 개발자 사이트 구축해 생태계 확장
인텔	프로젝트 얼로이	VR과 AR을 뒤섞은 융합현실(MR)분야 개척
소니	플레이스테이션VR	플레이스테이션 게임기와 연동해 콘텐츠 확대, VR게임 등 출시
HTC	바이브	게임에 특화한 VR기기 바이브 출시, 글로벌VR 편도 조성

증강 현실 콘텐츠는 산업의 특성상 어플리케이션(Application), 하드웨어 플랫폼(Hardware Platform), 서비스 소프트웨어, 뷰어(Viewer) 기능의 스마트 단말, 영상 추적 및 정합 기술, 데이터 전송 서비 등 다양한 기술 분야와 유기적인 연계가 필요하나. 증상 현실 콘텐츠는 교육, 광고 쪽의 비중이 높으며, 특히 다양한 산업 분야에서 활용되어 산업 전반의 새로운 변화를 유발하는 촉매 역할을 하고 있다. 일예로 자동차에서 증강현실 개념을 활용한 HUD(Head Up Display)를 이용하여 추돌경고, 차선이탈, 주행차로변경, 나이트 비젼(Night Vision) 등의 다양한 서비스를 제공하고 있다. 또한 웨어러블(Wearable) 단말, 즉 구글 글래스(Glass) 등 다양한 단말을 활용한 서비스 시장이 활발하게 개척되고 있다.

표 3-32 증강 현실 콘텐츠 산업의 구조

후방 산업	증강 현실 콘텐츠	전방 산업
인식, 가속, 방향, 중력 등 센서, 정보처리장치, AR 출력 및 데이터 전송 서버, 뷰어 단말 등 증강현실 콘텐츠 부품소재 및 장비 산업	e-Learning 교육 콘텐츠, 게임, 학습용 체험, 색칠하기, 온·오프라인 융합 등 콘텐츠 산업	교육콘텐츠 서비스, 관광 콘텐츠 서비스, 학습용 앱, 구글 스토어 및 앱스토어 콘텐츠 거래

187) 출처 : 경계 무너지는 '가상'과 '현실'… VR, AR 이어 MR까지 170조 시장 열린다. 한국경제신문, 2016.08.23.

3) 홀로그래피 콘텐츠

홀로그래피(Holography)라는 용어는 그리스어로 '전체(Whole)'을 뜻하는 'holos'와 '기록하다(to write)'를 뜻하는 'graphein'이라는 용어의 복합어로 '전체를 기록하다'라는 의미를 갖는 것으로, 빛의 간섭[188]이라는 성질을 이용해 입체적인 정보를 광학적으로 기록, 재생, 처리하여 3차원 위치를 나타내는 입체 영상으로 나타내주는 기술이다. 적당한 장소에 필름을 놓고 빛에 노출시키면 필름 면에 간섭무늬가 기록되고, 이때 기록된 사진을 홀로그램이라 한다. 홀로그램은 '완전하다'는 'holos'와 '그림'이라는 'gram'의 합성어로 '완전한 그림'이라는 뜻을 지닌 용어이다. 다시 말해 홀로그램 기술의 원리는 바닥에서 쏜 영상이 필름에 반사 되어 보이는 것으로, 스타 워즈(Star Wars)나 아이언 맨(Iron Man) 등의 SF 영화를 보면, 사람이나 물체의 이미지가 공간 위에 떠 있는 장면이 홀로그램 기술이 완벽하게 구현되었을 때의 모습이라 생각하면 된다.

홀로그래피 콘텐츠는 재생방식에 따라 투과형(transmission)과 반사형(reflection)으로 구분되는데, 이용자들이 안경을 쓰지 않고도 실제 공간에서 자연스러운 입체 영상을 즐길 수 있어 콘텐츠 산업 전반에 걸친 패러다임 전환을 가져올 기술로 인식되고 있다. 특히 일본의 경우 2022년 자국에서 개최되는 월드컵 경기 전체를 3D 홀로그램 방식으로 전 세계 회원국에 실시간으로 전송하겠다고 공언하고 있다.

이렇듯 홀로그램 기술은 방송, 광고, 전시, 공연, 테마파크, 화상회의, 게임, 영화, 의료(외과 수술)분야 등 다양한 산업 영역에 적용될 것으로 예상하고 있다. 특히 마이크로소프트(MS) 사는 2012년에 이미 360도에서 볼 수 있는 형태의 3D 홀로그램을 구현하면서 손으로 만져 콘트롤할 수 있는 기술의 프로토타입(Prototype)으로 소위 '프로젝트 베르메르(Project Vermeer)라 명명한 결과물을 공개하기도 하였다. 뿐만아니라 PC나 스마트 폰에 연결할 필요가 없는 최초의 무선 홀로그래픽 컴퓨터인 홀로렌즈(Hololens)를 선보였는데, 이는 머리에 쓰는 HMD인 홀로렌즈를 착용하면 사용자의 눈앞에 3차원 홀로그램으로 투사된 이미지가 펼쳐지며, 특히 여러 사람이 홀로렌즈를 착용할 경우 이미지를 공유하며 함께 작업할 수 있다. 홀로렌즈가 적용될 수 있는 분야는 게임뿐 아니라 산업, 교육, 의료 등 다양할 것으로 예상된다. 특히 MS는 적극적으로 홀로렌즈가 활용될 수 있는 사례들을 홍보하고 있는데, 건축가가 홀로렌즈를 이용해서 테이블 위에 가상으로 건물 구조를 그려내는 모습을 시연해 보이기도 했다. 또 의과 대학생이 시신을 해부하는 작업 없이 인체 내부에 대해 공부할 수 있는 방안도 소개했다.

---

188) 둘 이상의 광파(光波)를 동시에 받을 경우, 빛의 진동 폭이 각각의 광파 진동이 합성되어 세지거나 약해지는 현상(출처 : 훤히 보이는 3D 기술, ETRI, 2010.12.30.)

그림 3-38 투과형과 반사형 홀로그램 비교[189)]

구분	투과형 홀로그램	반사형 홀로그램
재생방식	홀로그램의 뒤에서 빛을 비추어 투과하여 나온 상을 홀로그램의 앞에서 관찰하도록 제작된 것	홀로그램의 앞에서 빛을 비추어 투과하여 나온 상을 홀로그램의 앞에서 관찰하도록 제작된 것
생성원리	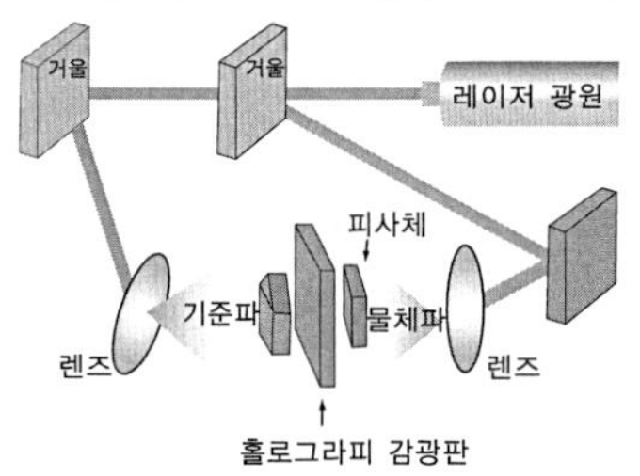	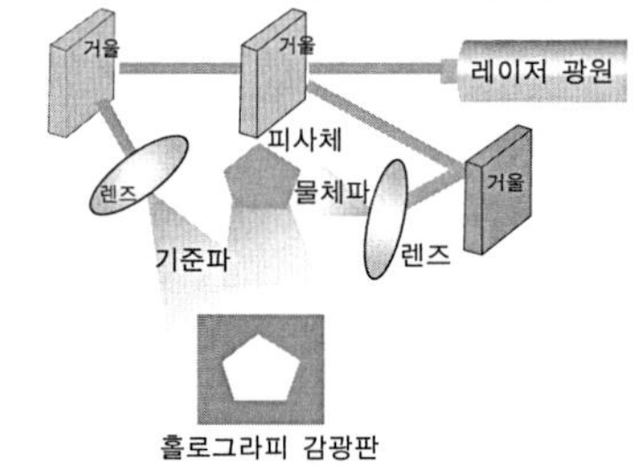
노출방법	제작 시에 물체파와 기준파를 같은 방향으로 사진 필름에 노출	제작 시에 물체파와 기준파와 방향을 감광 재료에서 반대방향에서 입사
결과	색이 선명하고 밝음	입체감이 뛰어남

4) 네트워크의 진화와 실감형 콘텐츠

① 실감형 콘텐츠

모바일 산업에 있어 통신망의 급속한 발전은 콘텐츠 산업 측면에서 또 다른 변화를 요구하고 있다. 즉, '직접 보고, 듣고, 느끼는' 실감형 콘텐츠의 가능성이 재조명 받고 있는 것이다. 실감형 콘텐츠는 게임, 영화를 비롯하여 교육, 의료, 자동차 등 다양한 분야에서 혁신을 가져올 것으로 예측되고 있다. 4G가 다양한 모바일 미디어의 확산이라는 산업의 혁신을 가져왔다면, 5G에는 실감형 콘텐츠의 대중화를 가능하게 할 것이다.

그림 3-39 통신망 진화에 따른 콘텐츠 변화[190)]

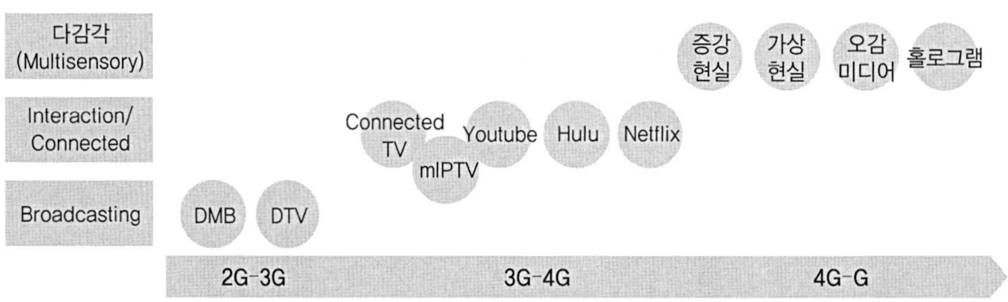

189) 출처 : 문화와 기술의 만남, 한국콘텐츠진흥원, 2015.3.30.

시각 정보뿐 아니라 오감 정보를 모두 전달하는 실감형 콘텐츠는 그만큼 대용량 트래픽을 발생시킬 수밖에 없다. 한 예로, 홀로그램 급 모바일 실감 미디어에 대한 소요 트래픽은 3D 컬러영상 및 입체 음향 기준으로 약 500M bps 수준이 될 것으로 추산된다. 따라서 소위 5세대 통신망이라 불리는 IMT 2020(International Mobile Telecommunication 2020)으로 통신망이 진화하게 되면, 증강현실, 가상현실, 홀로그램 등과 같은 다양한 실시간(real-time) 인터랙티브(interactive) 멀티미디어 콘텐츠 서비스가 제공될 수 있는 기술적 토대가 만들어지게 될 것이다. 5세대 통신망은 기존 4세대 망인 LTE(Long Term Evolution) 대비 망 대비 속도는 300M bps에서 100G bps로 30배 빨라지고, 지연시간은 20ms에서 1ms로 짧아지며, 망에서 수용할 수 있는 용량도 1㎢ 범위 내에서 1,000만 개의 개체를 동시에 연결 수용할 수 있게 된다. 5세대 통신망과 관련해서는 '단말기의 변화' 부문에서 좀 더 자세히 설명하고 있다.

5G시대 실감형 콘텐츠의 가장 큰 특징은 소비자가 콘텐츠를 단순히 관람하는 것이 아니라 오감으로 체험(Multisensory)한다는 점이다. 또, 가상현실 영상물을 보는 소비자가 고개를 위로 들면 영상의 시야가 따라 움직이는 것처럼 소비자와 콘텐츠가 능동적으로 상호작용(Interaction)하는 새로운 경험을 제공한다. 더욱 큰 변화는 이러한 서비스가 현재와 같이 현 위치(Stand Alone)에서 뿐 아니라 움직이면서 콘텐츠를 이용할 수 있는 '이동성(Mobility)'을 제공할 수 있게 된다는 것이다. 5G시대에 고도화된 무선 네트워크 덕분에 소비자들은 스마트 폰과 특정 앱만 있으면 이동 중에도 실감형 콘텐츠를 즐길 수 있게 된다.

그림 3-40 실감형 콘텐츠의 주요 특징[191]

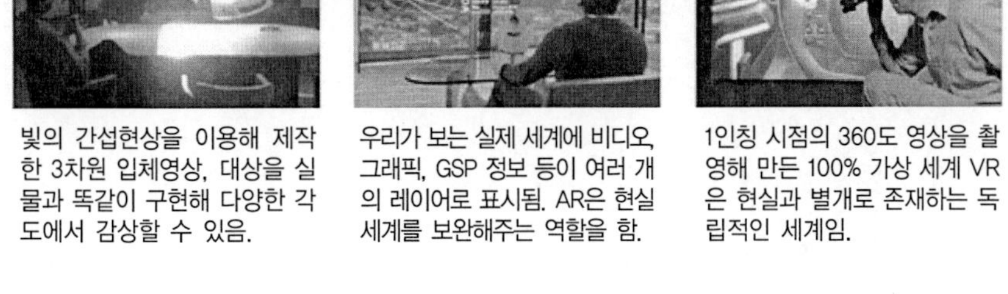

빛의 간섭현상을 이용해 제작한 3차원 입체영상, 대상을 실물과 똑같이 구현해 다양한 각도에서 감상할 수 있음.	우리가 보는 실제 세계에 비디오, 그래픽, GSP 정보 등이 여러 개의 레이어로 표시됨. AR은 현실 세계를 보완해주는 역할을 함.	1인칭 시점의 360도 영상을 촬영해 만든 100% 가상 세계 VR은 현실과 별개로 존재하는 독립적인 세계임.

190) 출처 : 5G 시대에 주목받는 실감형 콘텐츠, KT경제경영연구소, 2015.6.3.
191) 출처 : 5G 시대에 주목받는 실감형 콘텐츠, KT경제경영연구소, 2015.6.3.

② 웨어러블 등을 활용한 콘텐츠 고도화 사례

구글 글래스(Google Glass)와 같은 웨어러블 기기가 등장하면서 이를 활용해 제작된 영상 콘텐츠가 주목을 받고 있는데, 이외에도 고프로(GoPro), 소니 액션캠(Action Cam)과 같이 바다, 산악지대 등의 아웃도어(Outdoor) 활동과 익스트림 스포츠(Extreme Sports), 경비행기, 패러글라이딩 등 비행 중에도 사용 가능한 액션캠의 등장으로 새로운 형태의 영상 콘텐츠 촬영도 가능해짐에 따라 웨어러블 기기와 액션캠을 활용하여 다양한 영상 콘텐츠가 제작되어 서비스 되고 있다. 이는 기존의 일반적인 영상 제작 기법을 뛰어넘어 새로운 형식과 내용의 콘텐츠를 제작할 수 있는 가능성을 제시하고 있다는 점에서 주목할 필요가 있다.

구글 글래스와 같은 안경 착용형 단말을 이용하여 손으로 기기를 조작하거나 사용자의 눈에 보이는 그대로를 1인칭 시점에서 촬영하여 콘텐츠를 제작하는 등 소위 사용자 제작콘텐츠(UCC)를 통해 MCN 등의 서비스를 제공하는 것도 고려해 볼만한 응용 사례이다. 예를 들어 비행기에서의 낙하 장면을 실시간으로 촬영해 중계한다거나 부모가 아이와 놀아주면서 해당 장면을 바로 찍는 등의 새로운 영상 콘텐츠 제작을 통해 새로운 비즈니스 모델을 개척할 수도 있을 것이다. 뿐만 아니라 등산, 자전거, 스노보드, 스카이다이빙 등 레저 스포츠나 익스트림 스포츠를 즐기는 동시에 영상을 촬영할 수 있게 만든 캠코더인 액션캠(Action Cam), 즉 액셔 카메라(Action Camera)를 헬멧이나 팔, 자전거 등에 부착해 1인칭 시점으로 촬영한 콘텐츠도 새로운 재미를 제공해 줄 수 있다.

뿐만 아니라 액션 캠과 VR 비디오 소프트웨어를 이용해 여러 시점에서 촬영한 영상을 조합해 360도 파노라마 VR 영상으로 제작하는 사례도 등장하고 있다. 특수 촬영용 거치대인 리그(Rig)에 3대에서 6대까지 다수의 액션 캠을 장착한 후 360도에서 촬영한 후 VR 비디오 제작 소프트웨어를 사용해 천 조각을 이어 붙이듯 여러 시점의 영상을 조합해 파노라마 VR 영상으로 만들어내는 방식을 이용하는 것인데, 2015년 2월에 삼성전자가 NBA와 함께 제작한 기어 VR(Gear VR)용 콘텐츠에도 고프로의 카메라를 사용하여 다양한 콘텐츠를 제작하기도 하였으며, 2015년 4월에는 고프로가 '랜드에어앤씨(Land, Air and Sea)'라는 제목의 가상현실 경험을 체험할 수 있는 파노라마 VR 영상을 유투브에 업 로드(Up Load)하여 제공하기도 하였다.

표 3-33 웨어러블 기기로 제작한 콘텐츠의 활용 사례[192)]

분야	활용 사례
일상의 기록 (라이프 로깅)	• 친지, 친구들과의 생일 파티에 직접 참여하면서 촬영도 가능 • 아이들과 함께 놀아주는 장면을 자연스럽게 촬영 가능
스포츠 영상 촬영	• 야구, 농구, 미식축구 등 각종 경기 종목의 선수 시점에서의 촬영 • 공중그네 서커스, 발레, 콘서트 등 공연에서도 독특한 시점의 촬영 가능
레저 활동	• 스키, 스노보드, 윈드서핑, 산악자전거 등 아웃도어 스포츠나 익스트림 스포츠의 체험 현장을 기록
여행 기록	• 운전이나 트레킹, 산책과 같이 여행의 세세한 부분을 현장감 있게 촬영
실시간 이벤트 중계	• 제품 발표회, 컨퍼런스 중계, 마케팅 목적의 실시간 이벤트 중계

다 새로운 형태의 콘텐츠 – 웹 콘텐츠

스마트 기기 보급으로 콘텐츠 플랫폼이 온라인에서 모바일로 이동함으로써 소비자들은 짧은 시간 내에 간편하게 콘텐츠를 즐기고자 하는 수요가 늘어나고 있다. 이로 인해 국내에서도 인터넷 업계가 소비자들의 콘텐츠 소비 행태의 변화와 산업 생태계 변화에 발맞춰 웹툰·웹 소설·웹 드라마 등 소위 웹 콘텐츠(Web Contents)라 불리는 새로운 형태의 콘텐츠 서비스에 박차를 가하기 시작하였으며, 웹 콘텐츠는 자연스럽게 차세대 킬러 콘텐츠로 떠오르고 있다.[193)]

이처럼 산업의 생태계가 스마트 화되어 감에 따라 다양한 형태의 새로운 콘텐츠 서비스가 탄생하고 있음은 자연스러운 현상으로 받아들여질 것이다. 웹 콘텐츠는 국내에서만 통용되는 용어로, PC, 모바일 등 인터넷 접속이 가능한 모든 단말을 통해 소비되는 콘텐츠를 의미하나, 해외에서는 웹 콘텐츠에 대한 정의가 별도로 정립되어 있지 않다. 일반적으로 빠르고 간편한 소비 트렌드를 반영한 스낵컬처 문화현상에 기반 하여 10분 내외 짧은 시간동안 즐길 수 있고 인터넷 연결을 통해 공간의 제약 없이 이용 가능한 디지털 형태의 텍스트, 이미지, 소리, 동영상 등으로 제작된 모든 콘텐츠를 웹 콘텐츠라 정의할 수 있다.

1) 만화의 웹툰(Webtoon) 화

웹툰의 사례도 이러한 현상을 잘 대변해 주고 있다. 국내 만화 산업의변화를 살펴보면, 1919년 6월 2일 '대한민보' 창간호에 게재된 이도영의 '삽화'를 최초의 만화로 기록하고 있다. 개화기에 접어들면서 근대 만화는 신문을 매체로 하여 그 형식을 만들어 갔으며, 일

192) 출처 : CT 문화와 기술의 만남(KOCCA, 2015.5.)를 재구성
193) 출처 : 이데일리('웹툰에서 웹소설·웹드라마로, 인터넷 업계 콘텐츠 전쟁 본격화' 2015.2.25.) 기사를 중심으로 재구성

제 강점기에는 잡지와 단행본이라는 형식과 매체를 통해 내용을 확장했다. 즉, 잡지만화, 단행본 만화라는 새로운 형식을 갖췄다. 이후 영사기와 텔레비전이 보급되던 시기에는 인쇄 매체의 범주에 머무르지 않고 영상 매체와의 융합을 통해 '만화 영화'라는 새로운 형태를 만들어 가기도 했다. 이처럼 만화는 20세기에 발견되어 신문, 잡지, 단행본 매체를 중심으로 대중화됐고, 1세기가 넘는 기간 동안 신문, 잡지, TV라는 3대 대중 매체와 함께 변형, 발전되어 왔다.

만화가 출판물에서 인터넷으로 무대를 옮긴 건 1998년부터 2002년경부터인데, 웹 툰이 문헌상으로 처음 등장한 것은 2000년 4월 28일이다. 당시 조선일보가 '동영상 만화 웹툰 새 장르 펼친다'라는 제목의 기사에서 '영상에 등장 인물의 대사, 배경, 음악 등을 곁들일 수 있어 종이 만화를 그대로 인터넷에 올린 기존 인터넷 만화보다 실감나게 만화를 즐길 수 있다.'며 클럽와우(www.clubwow.com), 애니비에스(www.anibs.co.kr) 등의 서비스를 소개했다. 같은 해 8월 16일 '한겨레신문'은 '교육 취업 게임 만화 성인-5대 콘텐츠 내 품안에'라는 제목의 기사에서 데이콤의 천리안(www.chol.com)이 사이트 개편과 함께 만화 채널 명칭을 '웹툰'이라 명하고 서비스를 개시했다고 했다고 소개했다.[194] 당시 인터넷 환경이 구축되며 개인 홈페이지 제작이 유행했고, 작가들이 개인 홈페이지에 만화를 연재하기 시작하면서부터 웹 툰이 새로운 콘텐츠 서비스로 자리매김하기 시작했다. 이 후 본격적으로 웹 툰 시장이 형성되기 시작한 건 인터넷 포털 서비스들이 웹툰 서비스를 만들고 투자하기 시작한 2003년부터로 이해된다.

다음은 '미디어다음'을 시작하며, 미디어다음 속 코너로 '만화 속 세상' 서비스를 시작했으며, 야후나 네이트, 파란 등 다른 포털 사이트도 웹툰 서비스를 제공하기 시작하면서 만화 산업에 새로운 형태의 서비스가 대세로 자리매김하기 시작하였다.[195] 국내 인터넷 업계의 양대 산맥인 네이버와 카카오(다음 웹툰)도 출・퇴근이나 등・하굣길에 간편하고 쉽게 콘텐츠를 즐기는 소비 트랜드인 '스낵 컬처(Snack Culture)' 시장을 잡겠다는 의도에서 PC 기반 웹 툰 서비스를 모바일로 이식했다. 더불어 웹툰 및 웹 소설 작가 등 창작자들의 지원을 통해 콘텐츠 산업의 새로운 생태계를 조성하고 선순환 구조를 만들어나가고 있다.

194) 출처 : 만화산업백서, KOCCA, 2017.2.
195) 출처 : 네이버캐스트를 재구성하여 작성함.

그림 3-41 만화 산업에서 웹툰의 범위[196)]

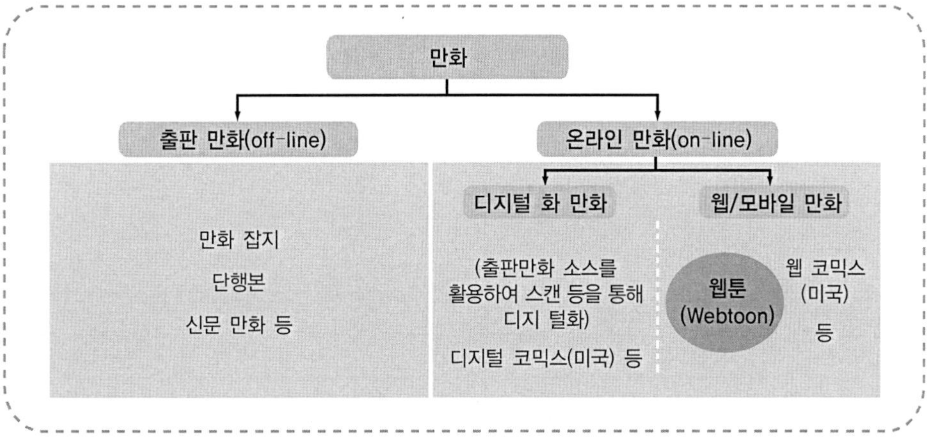

웹툰은 점차 기존 소비층인 10대뿐 아니라 40대 이상 장년층 소비자에게도 주목받으며 이용자 범위가 넓어지고 있다. 웹툰 시장이 성장하며, 웹툰 플랫폼도 늘고 있는데, 1990년대 후반 인터넷의 활성화와 함께 시작된 웹툰은 2003년 강풀의 〈순정만화〉를 기반으로 콘텐츠 가치를 인정받기 시작하여 2015년 말 현재 포털 3개, 통신사 플랫폼 2개, 해외 플랫폼 2개, 신문사 플랫폼 7개, 웹툰 전문 플랫폼 11개, 모바일/SNS전용 플랫폼 3개 등 총 35개 플랫폼 서비스를 제공하고 있다. 이들을 성격별로 살펴보면, 대형 트래픽을 통해 부가가치를 만들어 내는 트래픽 기반 무료 플랫폼인 네이버, 다음, KT 올레마켓, 둘째, 유료 기반으로 운영되지만 인터넷이나 모바일에서 파생된 것이 아니라 독립적으로 운영되는 레진코믹스, 탑툰 등 유료 웹툰 전문 플랫폼, 셋째, 유료 기반이나 NHN엔터테인먼트의 코미나코, e-Book 서비스 북큐브의 코믹큐브와 같이 자본, 회원, 트래픽 등을 공유하는 유료 웹툰 플랫폼, 넷째, 게임과 제휴한 배틀코믹스나 애니메이션과 제휴한 스핀에이, 카드형 뉴스서비스와 제휴한 피카툰 등의 제휴형 플랫폼, 다섯째, 자사 플랫폼 연재와 동시에 다른 플랫폼에도 공개하는 작품 기획, 개발 플랫폼, 마지막으로 출판 만화와 웹툰을 동시에 서비스하는 복합 플랫폼 등으로 나눌 수 있다.

196) 출처 : 만화유통환경 개선 방안, KOCCA, 2016.9.5.

표 3-34 국내 웹툰 포털 플랫폼 순위(2016.8 현재)[197]

순위	사이트명	순위	사이트명
1	네이버 만화	21	야툰
2	다음 웹툰	22	툰바
3	레진코믹스	23	알파카코믹스
4	케이툰	24	만화1번지
5	투믹스	25	애니맥스플러스
6	카카오페이지 만화	26	만두코믹스
7	탑툰	27	조이코믹스
8	폭스툰	28	빅툰
9	배틀코믹스	28	코코믹스
10	코미코	28	어른
11	미스터블루	28	케이코믹스
12	봄툰	28	와우코믹스
13	피너툰	28	바로툰
14	코미카	28	웹툰매니아
15	마녀코믹스	28	달콤
16	레일코믹스	신설	엔씨코믹스
17	코믹코브	신설	스푼코믹스
18	코믹GT		
19	진코믹스		
20	윙툰		

웹(web)과 만화(cartoon)가 결합한 웹툰은 출판물에서 웹으로 만화가 연재되는 공간이 바뀌며, 그 특징 또한 변하는 모습이다. 일반적으로 포털형 웹툰은 콘텐츠를 무료로 배포하고 있지만, 웹툰을 활용하여 다양한 수익모델을 창출하고 있다. 광고 수익모델로는 PPL, 브랜드 웹툰, 텍스트형 웹툰, 캐릭터 결합형 광고 등이 활용되고 있다. 브랜드 웹툰이란, 웹툰의 재미요소를 활용하여 브랜드 스토리를 전달하는 방법으로 브랜드 메시지를 웹툰 속에 자연스럽게 노출함으로써 거부감 없이 사용자로부터 긍정적인 반응을 유도하고, 이를 통해 트래픽이 증가하고 웹툰 독자의 수가 급속도로 늘어남에 따라 바이럴 마케팅(Viral Marketing)에 최적화된 상품으로 각광받고 있다. 텍스트 형 웹툰이란 웹툰 작가가 자기 작품의 주요 주제를 선택하면 그에 관련한 텍스트 형 광고가 웹툰 하단에 보이게 하는 것으로, 예를 들어 웹툰의 내용이 구두를 쇼핑하는 것이라면, 웹툰 작가가 '구두'라는 주제

197) 출처 : 웹툰인사이트, 2016.8. 기준

를 선택하고, 그에 따라 하단에 구두 관련 광고가 게재되는 형태이다. 일반적으로 그에 따른 광고 매출은 웹툰 작가에게 50% 이상이 분배된다. 캐릭터 결합형 광고는 라디오나 TV 프로그램에서 끝날 무렵 진행자가 직접 협찬 회사를 소개하는 것과 같이 웹툰의 에피소드가 끝나고 나면, 후반부에 해당 캐릭터가 광고를 하는 방식이다.

뿐만 아니라 웹툰은 소위 OSMU(One Source Multi Use)[198]화의 주요 콘텐츠로 자리매김하고 있다. 드라마, 영화, 연극, 애니메이션, 게임, 기타 캐릭터 상품 등으로 변환되고 있으며, 예능 프로그램의 에피소드로 패러디되기도 한다. 국내 뿐 아니라 해외에서도 웹툰의 경제적 가치는 판권 계약, 플랫폼 확대, OSMU, 광고료와 같은 기타 수익을 창출하는 콘텐츠로 자리매김하고 있다. 웹툰의 '아이디어', '테크놀로지', '캐릭터', '스토리텔링'등의 요인은 웹툰이 대중화될 수 있는 장점들로 단편적인 에피소드(Episode)가 계속 이어지는 웹툰은 아이디어와 캐릭터가 다양하게 만들어질 수 있으며, 특히 기술의 발전에 따라 웹툰의 생태계가 다변화될 수 있다. 국내 1, 2위 인터넷 업체인 네이버와 카카오의 경우 웹툰을 드라마나 영화 등 2차 저작물로 제작하는 한편, 글로벌 콘텐츠 플랫폼을 통해 웹툰을 해외에 수출하는 '투 트랙(Two-track)' 전략을 사용하고 있다. 네이버 웹툰의 경우, 영화·드라마 등 2차 저작물로 제작된 작품은 2016년 말 현재 총 18개에 달하며, '목욕의 신', '신과 함께' 등 6개 작품이 영화나 드라마로 제작 중이거나 판권 계약을 마친 상태다.

카카오의 자회사 포도트리가 운영하는 다음웹툰의 경우 2016년 현재 6개 작품이 영화나 드라마로 제작되고 있다. 다음 웹툰에서 연재된 웹툰이 2016년 말 현재 약 500개에 달하는데, 이 중 106개 작품이 영화·드라마 등 영상물로 제작됐다. 영화 '이끼'(원작 윤태호)와 '26년'(원작 강풀), 드라마 '미생'(원작 윤태호) 등이 다음 웹툰을 원작으로 한 2차 저작물이다.

198) OSMU : 하나의 자원을 토대로 다양한 사용처를 개발해내는 것으로, 예를 들어 웹툰 콘텐츠를 영화, 게임, 책 등의 다양한 방식으로 개발하여 판매하는 전략으로 최소의 투자비용으로 높은 부가가치를 얻을 수 있음.

표 3-35 영화 · 드라마로 제작된 웹 툰(위 : 네이버 사례, 아래: 카카오 사례)[199]

구분	작품명	작가	2차 저작물 종류
네이버	목욕의신	하일권	영화
	삼단합체 김창남	하일권	영화
	신과함께	주호민	영화
	언터처블	맛스타	드라마
	찌질의 역사	김풍 · 심윤수	영화
	후레자식	김칸비 · 황영찬	영화
카카오	괴물같은 아이돌	이원식 · 민홍	드라마
	국민사형투표	엄세윤 · 정이품	영화
	멀리서보면 푸른봄	지늉	드라마
	살아말아	고은	드라마
	좋아하면 울리는	천계영	드라마
	죽어도 좋아	골드키위새	드라미

특히 스마트 폰의 보급 확대는 만화의 소비행태도 변화시키고 있는데, 스마트 폰 이용자의 90.4%가 스마트 폰을 이용하여 만화를 소비한 경험이 있는데 이는 전년 72% 대비하여 약 20%의 증가율을 보이고 있다. 또한 온라인 만화 이용 시 주로 사용하는 단말은 스마트 폰이 74.3%, PC/노트북이 22.3%로 나타나, 스마트 폰을 이용한 만화 소비가 급격히 증가하는 현상을 보이고 있다.[200]

199) 출처 : 세계로 수출하고 영화로 만들고... 네이버 · 카카오, 웹툰으로 한판 붙는다. 조선Biz, 2017.2.6.
200) 출처 : 2016 만화백서, KOCCA. 2016.

그림 3-42 웹툰의 생태계201)

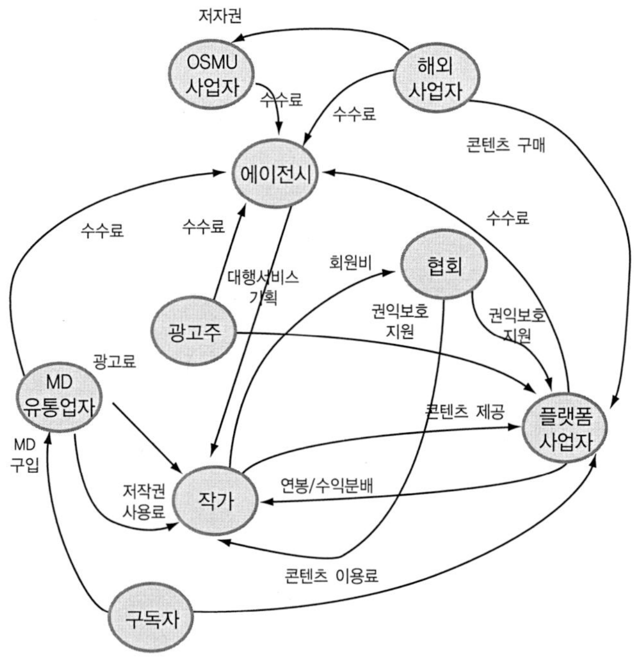

그림 3-43 웹툰의 OSMU 사례202)

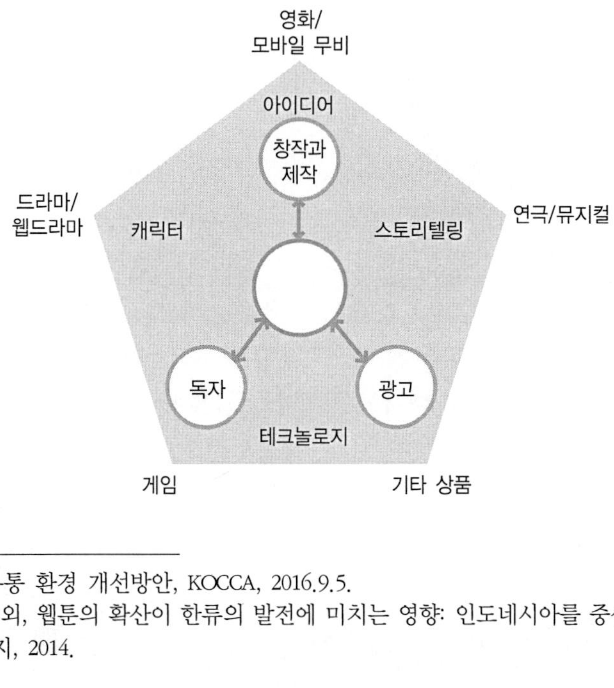

201) 출처 : 만화 유통 환경 개선방안, KOCCA, 2016.9.5.

202) 출처 : 송정은 외, 웹툰의 확산이 한류의 발전에 미치는 영향: 인도네시아를 중심으로, 한국엔터인먼트산업학회지, 2014.

국내 웹툰 산업은 레진 코믹스의 웹툰 유료 모델 성공이후 웹툰 전문 플랫폼이 우후준순처럼 생겨나기 시작하였고, 그에 따라 생성과 폐업이 지속적으로 발생되고 있다. 2015년 곰툰, 타다코믹스 등 다수의 웹툰 전문 서비스사가 운영을 중단하였으며, 투믹스사가 엘코 믹스사를 인수 합병하여 사이트가 통합되는 등 통・폐합이 빈번하게 발생하고 있어, 혹자에 따라서는 이미 국내의 웹툰 사업은 레드 오션(Red Ocean)화 되었으며, 해외 진출을 통한 사업 영역 확장이 필요한 시점이라 말하기도 한다. 2017년 들어 카카오 사는 대표적인 콘텐츠 플랫폼인 카카오페이지, 다음웹툰에 연재된 20개 작품을 중국의 텐센트(Tencent)가 운영 중인 만화 전문 사이트 '텐센트동만'을 통해 현지 진출을 하였다. 다음웹툰의 '연애싫어', '소녀신선', '아쿠아맨', '생존인간' 등 10개 작품과 카카오페이지의 '김비서가 왜 그럴까', '마검왕', '그 여름 나는' 등 10개 작품을 우선적으로 서비스 한 후 순차적으로 텐센트동만 PC웹/모바일 페이지와 앱을 통해 중국 시장에 소개하고 있다. 이들 작품은 텐센트로부터 독창적인 소재라는 점과 중국 현지 독자들이 공감하고, 선호할만한 스토리를 갖추고 있다는 점에서 높은 평가를 받고 있으며, 2017년 7월부터 텐센트동만에 서비스를 시작해 40일 만에 1억 조회 수를 달성하고, 유료 웹툰 순위 상위권을 기록하고 있는 카카오페이지에서 제공한 웹툰 '왕의 딸로 태어났다고 합니다'의 성공을 기반으로 하였다. 이처럼 글로벌 시장으로의 진출을 웹 툰이 고민해야 할 최대 과제인 것이다.

경쟁 과열로 작가 수급 경쟁이 심화되고 있다. 다수의 웹툰 전문 플랫폼 업체는 네이버 '도전 만화', 다음 '웹툰리그' 등의 웹툰 도전 플랫폼을 통해 신규 작가를 수급하기 위해 노력하고 있다. 반면 중위권 그룹의 신규 투자를 중심으로 양대 포털의 유력 작가 이전 문제 발생함에 따라 유력 작가에 대한 다작 요구가 강화되어 콘텐츠의 질이 하락되는 등의 문제가 발생하고 있다.

2) 웨비소드(웹 드라마) 및 웹 소설

웨비소드는 웹(Web)과 에피소드(Episode)의 합성어로, 스토리는 짧지만 속도감 있는 여러 개의 에피소드로 구성된 온라인 전용 드라마를 일컫는 것으로 '웹 드라마', 'SNS 드라마', '모바일 드라마', '드마라 툰', '미니드라마'로 불리기도 한다. 이처럼 스트리밍 방식으로 제공되고 있는 새로운 형식의 드라마의 등장은 소비자의 콘텐츠 소비 특성의 변화를 반영하여 개발된 새로운 형태의 콘텐츠의 필요성을 단적으로 보여 주는 사례이다.

웹 드라마는 PC나 스마트 폰에서의 시청에 초점을 맞추고 그에 최적화된 형태로 제작되고 있다. 전통적인 TV 매체를 통해 유통・배급하는 시스템이 필요 없다는 것은 누구나 창의적인 아이디어만 있으면 콘텐츠를 제작해서 시청자에게 공급할 수 있음을 의미한다. 이러한 제작 환경은 창의적 생산자의 진입장벽을 없애는 결과를 가져와 다양한 생산자가 다양한 시도를 할 수 있는 여건을 조성한다. 드라마나 예능 콘텐츠의 타깃 단말기(target terminal)가 TV가 아니라고 해서 드라마와 예능 콘텐츠를 제작하는 데 기본적으로 투입되는 생산 요소의 구성이나 최소 제작비 규모가 달라지는 것은 아니다. 다만 TV 매체에는 다양한 규제로 인해 접근하기 어려운 소재가 존재하는 데 반해, 그로부터 자유로워진다는 것만으로도 매체 간 경쟁에서 유리한 위치를 선점할 수 있게 된다.[203)]

방송·통신 융합 시대의 크로스 플랫폼 콘텐츠로 주목받고 있는 웨비소드는 1995년 6월 미국의 광고 및 TV 프로그램 프로듀서이자 대본 작가인 스콧 자카린(Scott Zakarin)이 사진과 동영상을 주요 콘텐츠로 하는 웹사이트 더스폿닷컴(thespot.com)을 개설한 뒤 시리즈 형태의 온라인 드라마를 제작·유통하였는데, 이 시리즈물에 '웨비소딕 시리즈'라는 이름을 붙인 것이 웨비소드의 시작으로 이해된다. 웨비소드라는 개념을 널리 알린 인물은 마블 코믹스와 마블 필름스의 대가인 스탠 리(Stan Lee)다. 그는 1998~1999년 방영된 웹 전용 애니메이션 슈퍼 히어로 시리즈 '일곱 번째 관문'의 인터넷 공개를 위한 프로모션과 마케팅 과정에서 웨비소드라는 용어를 최초로 공식 사용했다.[204)]

웨비소드 대중화에 견인차 역할을 한 인물은 디즈니의 대표를 지낸 마이클 아이즈너다. 아이즈너가 2007년 4월 선보인 90초 분량의 웨비소드 시리즈 '프롬 퀸(Prom Queen)'은 매일 에피소드 한 개를 제공했는데, 첫 방송 뒤 한 달 만에 스트리밍 건수가 총 520만 건에 달하는 등 놀라운 성과를 거두었다. SNS 사이트인 마이스페이스의 공이 컸다. 마이스페이스 회원 가운데 '프롬 퀸'을 온라인 친구로 등록한 가입자는 1만 8,000명을 넘어섰는데, 이들이 '프롬 퀸'을 알리고 확산시키는 역할을 한 것이다. '프롬 퀸'의 대성공은 할리우드 최고 제작자들이 웨비소드 시장에 진입하는 기폭제가 됐다. 저렴한 제작비용과 높은 광고효과 때문이다. 웨비소드는 한 회당 10분을 넘지 않기 때문에 한 회 제작비는 수천 달러에 불과하지만 광고효과는 회당 제작비가 200만 달러가 넘는 TV 드라마보다 높았다.

할리우드 제작자와 광고주들만 웨비소드의 인기에 환호성을 지르는 것은 아니다. 웨비소드가 동영상 사이트와 SNS를 통해 소비되면서 세계적인 동영상 사이트인 유튜브와 훌루닷컴, SNS 사업자인 마이스페이스나 페이스북도 웨비소드를 새로운 이익 창출 수단으로 주목하고 있다.[205)]

국내 웹 드라마의 시작은 윤성호 감독의 2010년 작 '할 수 있는 자가 구하라'로 5분에서 10분의 런닝 타임(running time)으로 구성된 인디 시트콤이다. 이 웹 드라마는 비메오와 인디시트콤 홈페이지를 통해 공개되었으며, 작품 홍보는 트위터와 미투데이를 활용했다. 매회 5~7분씩 모두 12편으로 제작됐었으며, 2012년 MBC 에브리원에서 방영되며 거꾸로 브라운관 속으로 들어가기도 하였다.

2015년 들어서면서부터 국내에서도 본격적으로 웹 드라마 시장이 만들어지기 시작했다. 이동통신망의 초고속화(LTE)서비스를 통해 모바일로 동영상을 감상할 수 있는 환경이

---

203) 출처 : 2015방송영상산업백서, KOCCA, 2016.
204) 출처 : 「웨비소드(Webisode), 온라인 전용 드라마로 각광… 왜?」, 장연주, 헤럴드경제, 2011.9.7.
205) 출처 : 네이버 지식백과

만들어지면서 기업들이 하나둘 시장에 참여하기 시작하였다. 특히 웹 드라마의 홍보 기능이 부각되면서 웹 드라마의 제작이 활성화되기 시작하였는데, 시청의 집중도가 높은 웹 드라마는 방송보다 더 공격적인 PPL(Product Placement, 간접광고)이 가능하고 투자 대비 효과도 높다는 특성을 가지고 있다. 이처럼 대사와 영상 표현에 제약이 없어 자유롭게 제작할 수 있다는 장점은 PPL과 이미지 홍보에 목적을 둔 기업들의 관심을 끌기에 충분한 요인으로 작용하고 있다. 누구나 소유하고 있으며, 언제든지 활용할 수 있는 스마트 폰을 통해 표적 시청층을 겨냥해 기업 홍보 콘텐츠를 방송 콘텐츠 화하여 전송할 수 있다는 것은 웹 드라마와 웹 예능 콘텐츠의 발전 가능 전망을 밝게 하는 장점이다.

2013년 2월 교보생명은 웹 드라마 '러브 인 메모리'를 교보생명 소셜 플라자와 다음 스토리 볼에서 선보였으며, 삼성그룹은 '무한동력'을 네이버 TV 캐스트와 삼성그룹 블로그를 통해 공개했고, 죠스떡볶이도 '매콤한 인생'을 네이버 TV 캐스트와 죠스떡볶이 블로그에 올리는 등 웹 드라마를 통해 자사의 홍보에 주력하기도 하였다. 웹드라마는 포털을 기반으로 사회관계망서비스(SNS)까지 다양한 채널로 유통되고 있으며, 형식이나 내용에 제약이 없어 기업 문화 홍보를 밑바탕에 깔아두거나 PPL을 하기도 쉽다. 그래서 직접 제작하지 않더라도 제작 지원을 하는 사례가 늘고 있다. TV 드라마보다 제작 문턱이 낮은 것도 선호 이유 가운데 하나로 꼽힌다. 웹 드라마 제작비는 TV 드라마의 6분의 1 수준으로 알려지고 있다.

표 3-36 웹 드라마의 정의 및 시청률 증가 현상[206]

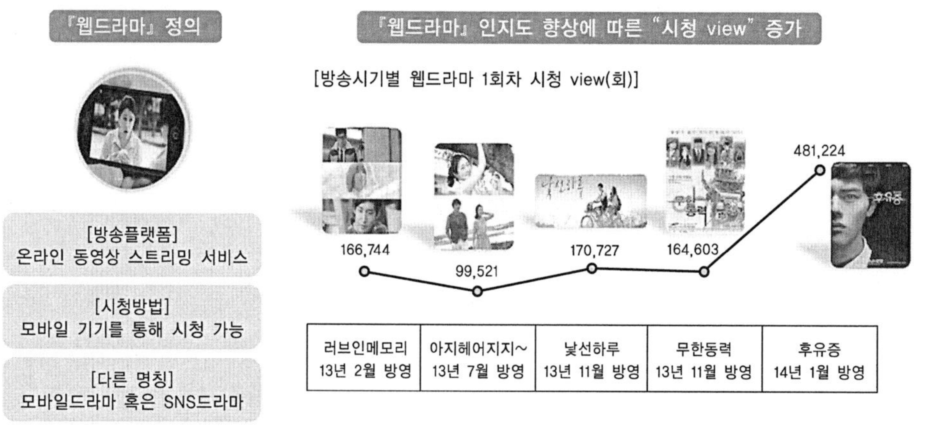

웨비소드는 기존의 TV시리즈가 웹으로 공개하는 번외 편 에피소드를 가리키기도 하지만 한편으로는 TV나 케이블 같은 이미 정착된 플랫폼이 아닌 온라인을 통해 배급되는 웹 시리즈의 에피소드를 일컫는 말이기도 하다. 누구나 제작하고 누구나 업로드하며 인터

206) 출처 : 웹 드라마의 부상과 모바일 콘텐츠로서의 가치, KT경제경영연구소. 2014.8.4.

넷 접속만 되면 시청이 가능하다는 비교적 평등한 온라인 특성 때문에 메이저 스튜디오는 물론이고 소규모의 개인들이 모여서 만드는 인디 프로젝트들도 끊임없이 만들어지고 있다. 그러나 무엇보다도 웹 드라마의 성장을 위해서는 모든 콘텐츠 전략이 그러하듯이 보다 많은 시청자를 끌어 모아야 한다. 시청자를 끌어모으는 힘은 "재미있는 콘텐츠"에서 비롯된다. 모바일 동영상 기반이라는 특성을 고려하여 웹 드라마에서만 느낄 수 있는 새로운 이야기와 즐거움을 제공하는 새로운 형태의 콘텐츠를 개발해 나가야 할 것이다.

웹 드라마가 생겨나고 성장해오는 과정에서 새롭게 조성된 매체 환경의 기여도가 크고, 홍보 목적 달성을 위해 과감하게 모험적인 도전을 한 기업들의 기여도가 크다. 이렇게 활성화된 환경으로 인해 웹 드라마가 대중들에게 알려지기 시작하고 확산되는 분위기가 조성되고 있다. 하지만 이제는 본격적으로 산업적인 틀을 구축해가야 하는 시점에 있다. 웹 드라마와 웹 예능 콘텐츠가 자생적으로 제작비를 조달하고, 수익을 발생시킬 수 있는 역량을 갖추어야 하는 시점이다.

웹 소설이라는 새로운 웹 콘텐츠 장르가 부상하고 있다. 월스트리트저널은 '급부상한 중국 대중문화에서 가장 가치가 높고 파급력이 큰 콘텐츠'라는 수식어로 웹 소설을 평가하였다. 스마트 폰 이용자가 급증하면서 웹 소설의 독자가 기하급수적으로 증가하였으며, 영화, 드라마, 게임에서 웹 소설 원작의 활용이 인기를 모으고 있다. 국내 역시 모바일 인터넷이 웹툰이나 웹 소설의 이용을 견인하고 있는 것으로 나타나고 있으며, 웹 소설 원작 드라마가 방영되기 시작하였다. 웹 소설은 가능성이 큰 모바일 시대의 스낵 컬처(Snack Culture)에서 대규모 경제적 가치를 창출하는 빅 킬러 콘텐츠로 변신하고 있다. 작가가 웹에 공개하고, 독자가 웹으로 소비하는 웹 소설은 인터넷이 존재하던 90년대부터 꾸준히 성장해온 콘텐츠 형태였다. 기존에 '팬픽(fan fic)[207]'을 중심으로 형성되어 왔던 인터넷 소설, 온라인 소설이 2013년 1월 네이버가 '웹 소설'이라는 플랫폼을 출시한 후 웹 소설로 불려지기 시작하였다. 웹 소설은 PC 통신 시절에 온라인 커뮤니티를 통해 발전되어 온 팬픽, 판타지, 무협, 로맨스와 같은 장르물들 이 시초로서, 웹 소설 지적재산권 확장의 초기작으로 국내에서 영화화 된 '엽기적인 그녀(1999)'가 대표작으로 자리매김하고 있다. 웹 툰에 비해 웹 소설은 텍스트 중심으로 열린 이미지이기 때문에 창작의 폭이 커서 지적재산권(IP: Intellectual Property)의 2차 확장 수준이 매우 다양한 장점을 가지고 있다. 따라서 중국에서는 이미 인터넷 소설/문학이 드라마, 영화, 게임 등 여러 상품으로 개발이 가능하기 때문에 최적의 지적재산권을 갖는 콘텐츠로 평가되고 있으며, 중국 엔터테인먼트 기업들은 웹 소설을 원천으로 한 영화, 드라마, 게임이 연달아 성공하자 지적재산권을 확보하기 위해 치열하게 경쟁하고 있다.

---

207) 팬픽 : 팬(Fan)과 픽션(fiction, 소설)의 합성어로 자신이 좋아하는 유명인이나 유명작품을 주인공으로 하는 작품 혹은 팬이 만드는 2차 창작물. 만화, 소설, 영화, 드라마 등 장르를 구분하지 않고 대중적으로 인기를 끄는 작품을 대상으로 팬들이 자신의 뜻대로 재창작한 작품

그림 3-44 중국 인터넷문학(소설)의 IP 확장 모형[208]

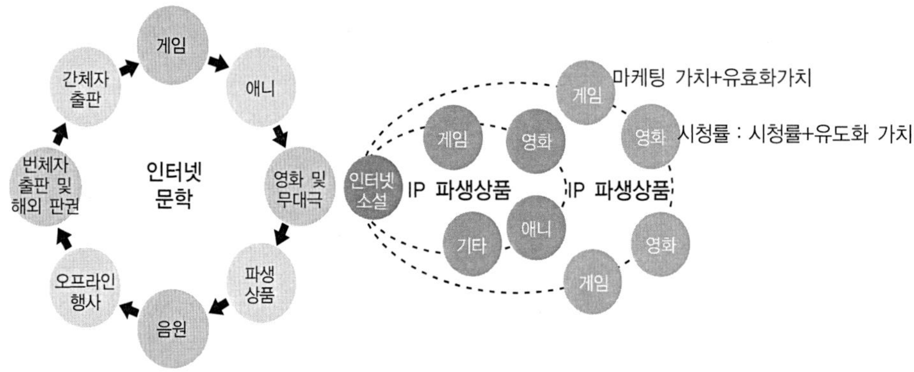

*간체자(簡體字) : 중국에서 본래의 복잡한 한자 정확을 간단하게 변형시켜 만들어 냈다고 하여 부르는 이름. 본래의 복잡한 한자를 번체자(繁體字)라고 함.

국내에서는 2016년 8월에 KBS의 월화드라마로 편성된 '구르미 그린 달빛'은 네이버 웹 소설이 원작으로 총 131회에 걸쳐 연재되어, 2013년 4월부터 누적 조회 수 약 5,000만 건 이상 기록하였으며, 종이책으로 출간되기도 하였다.

웹 소설은 누구나 쉽게 쓰고, 편하게 읽을 수 있는 부담 없는 콘텐츠로 웹툰보다도 진입장벽이 낮다. 기존의 영상콘텐츠와 비교할 때 웹툰의 특색으로 자주 언급되었던 것은 1인 창작이 주로 이루어지고, 전문적인 장비가 없어도 작업이 가능하기 때문에 진입이 용이하다는 것이었는데, 웹소설은 웹툰과 마찬가지로 대부분 1인 창작으로 이루어지며 '그림'이 아닌 '글쓰기' 만으로 가능하기 때문에 온라인 플랫폼을 통한 데뷔가 더 수월하다는 장점이 있다. 또한 순수문학과는 달리 형식에 얽매이지 않고, 작가의 개성을 자유롭게 드러낼 수 있어 다양한 창작자로 구성되어 있다.

플랫폼의 성향에 따라 다소 차이가 있으나, 일반적으로 웹 소설 소비 연령층은 20~40대로 나타나고 있다. 무료 이용의 경우 10대의 이용률도 유사한 수준이나 유료 이용률을 기준으로 보면 매우 저조하고, 장르 문학의 독자층은 일반적으로 분명한 소비 취향을 가졌으며, 대중적이지는 않지만 두텁고 충성도가 높다는 특성을 보인다. 따라서 온라인 플랫폼으로 제공되는 웹소설은 대부분 장르 문학을 지향하기 때문에 이러한 충성도 높은 독자층을 보유하면서도 더불어 빠른 확산 속도로 퍼져나가는 인터넷의 특성과 만나 특정 하위 집단의 폐쇄적인 문화에서 대중성을 갖추어 나가고 있다. 특히 웹 콘텐츠의 소비 특성을 가진 웹 소설은 콘텐츠 소비자가 콘텐츠 생산자로 전환하는 일이 자유롭기 때문에 독자이면서 창작자라는 산업의 트랜드를 잘 반영하고 있다.

208) 출처 : 중국콘텐츠산업동향 2016년 9호, KOCCA, 2016.

3 인공지능(AI) 산업의 발전과 콘텐츠 소비의 변화

제4차 산업혁명이 모든 것의 지능화가 근간에 존재하고 있는 것이라고 이해한다면, 현재 변화의 중심에 선 중요한 기술 중의 하나가 바로 인공지능(AI)[209]이다. 2016년 3월에 있었던 구글의 알파고(Alpha Go)와 이세돌 9단의 바둑 게임으로 세상을 놀라게 하였던 것이 바로 인공지능(AI)이다. 특히 알파고가 더욱 놀라웠던 것은 바둑 경기 중에도 지속적으로 학습을 통해 자신만의 수를 '창조'했다는 것이다. 인간이 규칙을 주고, 그 명령을 시행하게 한 것이 아니라, 이세돌 9단과 바둑을 두는 동안 알파고 스스로 성장하고 학습했던 것이다.

이러한 인공지능의 등장은 콘텐츠 산업에서도 새로운 요구의 변화를 불러오고 있는데, 인간만의 전유물이라 생각했던 예술 영역 뿐 아니라 소설, 음성콘텐츠 등의 콘텐츠에 대한 새로운 시장을 만들어 가고 있다. 인공지능 기술의 상용화의 선두에는 음성비서 서비스가 있으며, 이를 통해 다양한 융합 서비스의 개발과 출시가 지속될 것으로 전망하고 있다. 인공지능의 시각과 음성 지능을 활용한 온라인과 모바일 영역에서의 고객경험 향상을 위한 고도화가 지속적으로 확대되어 나갈 것으로 예상된다.

그림 3-45 구글, 애플 그리고 아마존의 인공지능 관련 추진 현황

	옴서비스 확장	온라인/모바일 고도화	융합 서비스
Google	• 구글 홈 출시('16.11) • 'Pixel폰(모바일)에 탑재('16)	• 구글 포토스 • 메시징 앱 'Allo' • 검색, 번역에 딥러닝 적용	• 자율주행차 개발 • 스마트 헬스 Streams, Hark • 딥러닝 활용 에너지 효율화
(Apple)	• Siri 적용 단말 확대 • Siri SDK 외부공개	• 아이폰 이미지 자동분류 • 스마트 리플라이 기능 탑재 • 지도와 커머스 연계 서비스	• 알고리즘 활용 비즈니스 솔루션(Turi사 기술보유)
amazon	• '에코/닷' 저가화 및 번들 판매 • 파이어 tv 스틱에도 적용	• 시각지능으로 고객 선호 파악 • 추천 알고리즘 고도화	• 예측 배송 • 아마존 프라임(드론 배송) • 포드와 커넥티드카 협력

209) 인공지능(AI, Artificail Intelligence) : 인간의 학습능력과 추론능력, 지각능력, 자연언어의 이해 능력 등을 컴퓨터 프로그램으로 실현한 기술로 컴퓨터가 인간의 지능적인 행동을 모방할 수 있도록 하는 것

구글에서는 2016년 6월 예술창작 인공지능으로 만든 80초짜리 피아노곡 '마젠타(Magenta)'[210]를 공개했으며, '유우레이라이타(有嶺雷太, 유령 작가)'라는 필명으로 '컴퓨터가 소설을 쓴 날'이라는 소설 작품도 발표되는 등 작곡뿐 아니라 소설 창작까지도 인공지능을 이용한 콘텐츠가 창조되어 지고 있다. 이 소설의 맨 마지막 부분에는 '컴퓨터가 소설을 쓰는 날. 컴퓨터는 자신의 즐거움 추구를 우선시하여 인간 섬기기를 그만 두었다.'고 끝맺고 있는데, 여러 의미를 제공해 주고 있다. 특히 소설가들의 평가에 의하면, 그 창작의 질 또한 훌륭했다고 한다.

인공지능이 등장하면서 콘텐츠 산업 분야에서 새로운 소비 요구가 발생되고 있는 분야가 오디오 콘텐츠이다. 시대적 변화에 따라 국내외 주요 정보기술(IT) 기업들은 오디오 콘텐츠를 확보하기 위해 치열한 경쟁을 벌리고 있다. 홈 비서 등 인공지능(AI) 장비가 스피커를 중심으로 발달하면서, AI가 음성을 인식하더라도 '들려줄 거리'가 없으면 무용지물이기 때문에 오디오 콘텐츠의 필요성은 더욱 커지고 있는 것이다.

그림 3-46 음성인식 시장의 현황[211)]

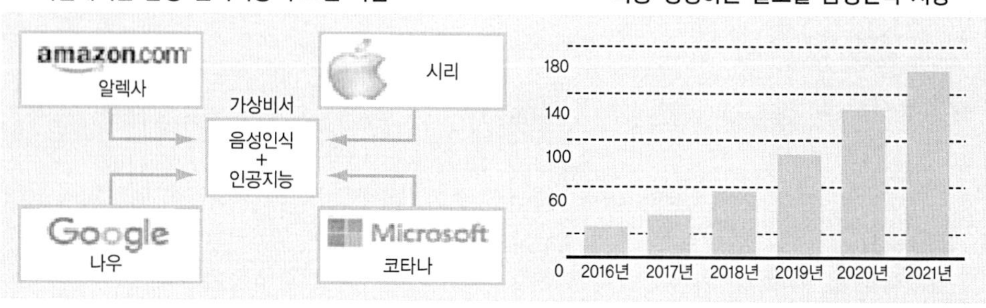

인공지능 서비스를 통해 제공할 오디오 콘텐츠를 가장 활발하게 모으고 있는 곳은 아마존이다. 음성인식 기반 AI '알렉사(Alexa)'를 개발한 아마존은 2008년 오디오북 업체인 '오디블'을 인수했다. 오디블은 최근 책뿐만 아니라 뉴스와 라디오까지로 범위를 넓히고 있

210) 머신 러닝(machine learning)을 활용하여 예술과 음악을 창조하는 인공지능(AI)으로, 구글의 딥러닝 연구팀인 구글 브레인이 2015년 5월 미국 노스캐롤라이나 주 더럼에서 개최한 음악 · 정보기술(IT) 축제 무그페스티벌에서 처음 개발 진행을 공개, 같은 해 6월 마젠타가 작곡한 길이 80초짜리 피아노곡을 블로그에 공개다. 이 곡은 4개의 첫 음표를 준 상태에서 머신 러닝 알고리즘으로 작곡되었으며, 구글브레인은 마젠타의 작곡 모델, 도구 등을 오픈소스 관리에 사용되는 기트허브(GitHub) 사이트에 공개해 누구든지 활용할 수 있도록 함(출처 : 네이버 지식백과).

211) 출처 : 폭풍성장 음성인식… 밀려난 한국, 매일경제신문, 2017.1.22.

다. 이를 위해 유명 인사들의 목소리도 적극적으로 확보하고 있다. 아마존은 더 나아가 오디오 생태계를 주도하는 플랫폼을 꿈꾸고 있다. 타사 서비스를 알렉사와 연동할 수 있는 소프트웨어인 '알렉사 스킬 키트(ASK)'를 개발자들에게 제공하고, API를 외부 개발 업체에 개방해 알렉사와 연동할 수 있는 앱을 만들도록 하는 등 생태계 확대에 힘써왔으며, 2017년 1월 현재 가전제품부터 자동차까지 14개 제품에서 알렉사를 채택한 제품이 출시되었다.

구글은 '구글나우'라는 음성인식 서비스가 탑재된 인공지능 서비스 '구글 홈(Google Home)'을 통해 유튜브 뮤직(YouTube Music), 스포티파이(Spotify), 판도라(Pandora), 아이하트라디오(iHeartRadio)[212] 등 다양한 음악 서비스를 제공함과 동시에 사물 인터넷(IoT, Internet of Things) 시대 집 안의 모든 가전제품을 통제할 수 있는 시스템을 구축하고 있다.

초기 음성인식 시장을 개척했던 애플의 '시리(Siri)'는 사물 인터넷 시대 주도권 탈환을 위해 소비자의 감정 상태까지 읽어내는 스마트 홈 허브 제품을 개발 하고, 2013년 스트리밍 라디오 서비스인 '아이튠스 라디오(iTune Radio)'를 공개하며, 일찍부터 AI로 들려줄 수 있는 오디오 콘텐츠에 공을 들이고 있다. 또한 마이크로소프트(MS)는 '코타나(Cortana)'라는 음성인식 기술을 활용한 가상의 개인비서 서비스를 통해 애플의 스마트 폰 시장 장악 이후 놓쳤던 정보기술(IT)업계 수위 자리를 되찾으려고 하고 있다. MS도 개발 코드 자체를 모두 개방해 자체 생태계를 확대하겠다는 전략이다.

또한 구글과 애플은 '구글 홈'과 '애플 홈 키트(Apple Home Kit) 서비스를 통해 가정 내 가전제품들을 제어할 수 있도록 지원하고 있는데, 홈 스피커는 댁내 시설 자동화뿐만 아니라 전자상거래 등 온라인 영역에서도 영향력을 넓히고 있다. 아마존도 에코를 통해 도미노 피자를 주문하고, 우버 택시를 호출할 수도 있으며, 핏빗(Firbit) 등 스마트 헬스기기의 트래킹 정보를 받아 볼 수도 있는 등 인공지능과 음성을 결합한 새로운 콘텐츠나 서비스 측면에서의 새로운 형태의 가치가 창출되고 있다.

이처럼 인공지능이 제품, 메신저(Messenger), 커머스(Commerce), 콘텐츠 이용의 핵심이 되는 것은 음성비서 서비스로부터 촉발되고 있는 것이다. 음성비서는 먼저 홈 스피커 형태로 제공되어 가정의 스마트 화, 즉 스마트 홈의 첨병으로 자리매김할 것이다. 음성비서가 내장된 스피커를 통해 집안의 가전제품과 도어락(Door Lock) 등의 생활시설, 온도 등 환경까지 제어한다. 아마존의 알렉사는 자신들의 음성인식 기술을 API(application programming interface) 형태인 ASK(Alexa Skills Kit)를 공개했으며, 2016년 현재 이 키트를 활용해 개발되어 사용 가능한 서비스가 160여개 이상에 이르고 있다.

---

212) 아이하트라디오((iHeartRadio) : 아이하트미디어(iHeartMedia) 산하의 인터넷 라디오 방송국. 2008년 4월에 서비스를 시작하였으며, 현재 1500개가 넘는 방송을 지원. 아이하트라디오는 온라인, 모바일 기기, TV, 게임 콘솔 등의 디바이스를 통해 서비스를 제공하며, 무료 서비스와 유료 서비스로 이용 가능. 아이하트라디오는 매년 아이하트라디오 뮤직 페스티벌(iHeartRadio Music Festival), 아이하트라디오 뮤직 어워드(iHeartRadio Music Award)를 개최(출처 : 위키백과)

국내에서도 오디오 콘텐츠 확보를 위한 다양한 전략들이 나타나고 있는데, SK텔레콤이 '누구'를 선보이며, '누구'를 통해 위키 백과 한국어판의 표제어 약 30만 개에 대한 간단한 답변이 가능토록 했다. 또한 FM 라디오 채널은 물론 음원 서비스 '멜론'과 연동해 구연동화 등 약 4,200개 어린이 특화 콘텐츠도 제공하고 있으며, 국내 최대 팟 캐스트 포털 '팟빵'과 제휴해 팟빵이 추천하는 에피소드도 청취하는 것이 가능하게 하였다. SKC&C도 SM엔터테인먼트와 함께 소녀시대, 엑소 등 연예인들의 음성 콘텐츠가 담긴 인공지능 스피커 '위드'의 시제품을 선보였다.

네이버는 차세대 오디오 콘텐츠 제작과 기술 지원을 위해 노력을 경주하고 있다. 글을 음성으로 바꾸는 음성 합성, 대화형 인공지능 플랫폼 '아미카' 등에 관한 기술을 바탕으로 PC와 모바일에서 오디오 콘텐츠를 들을 수 있는 '오디오 클립' 베타버전을 출시하였다. 또한 인공지능 기반 통역 앱 '파파고'도 출시하였는데, 이는 맥락을 이해하는 인공신경망 번역(NMT)[213] 기술을 활용해 종전의 번역 서비스보다 자연스러운 문장을 구사하는 특징을 제공하고 있다. 기존 통계 기반 번역이 단어·구 단위를 쪼개 번역하는 것과 달리 이 기술은 문장을 통째로 번역한다. 인공 지능을 이용하여 전체 문맥을 파악한 뒤 단어의 순서, 의미, 맥락 등을 반영한다. 한국어와 영어, 중국어 간체, 일본어를 지원 중이며, 스페인어, 프랑스어, 인도네시아어, 태국어, 중국어 번체, 베트남어 등 6개 언어로 서비스 되고 있다. 또한 네이버 랩스를 통해 AI 기반 번역 기능을 적용한 웹브라우저 '웨일'을 정식 출시함과 동시에, 라인(Line)과 공동 진행하는 '프로젝트 J'를 통해 인공지능 기반 스피커 '스마트 스피커', 그리고 이를 기반으로 스마트 홈, 자동차 등 사용자 생활 속에서 활용되는 다양한 형태로 자사 인공지능 기술을 적용해 나가고 있다.

카카오도 예외는 아닌데, 팟빵과 제휴하고 카카오 톡 채널에서 콘텐츠를 공급하는 '카카오 톡 채널'에 팟빵을 입점 시켜 서비스를 제공하고 있다. 또한 인공지능 관련 사업의 추진을 위해 카카오브레인이라는 자회사를 설립했다. 음성인식, 이미지인식, 자연어처리, 머신러닝(Machine Learning) 기반의 추천 기술 등 그 동안 카카오가 개발해 온 인공지능 기술을 접목한 생활 밀착형 서비스를 제공해 나갈 계획이다. KT 또한 '기가 지니' 등 홈 비서 AI 서비스를 발표하는 등 국내외를 불문하고 인공지능 산업의 발전과 더불어 새로운 콘텐츠 서비스를 선보이기 위한 치열한 경쟁을 벌이고 있다. 따라서 콘텐츠 제작자 입장에서는 새로이 탄생되는 인공지능 기반의 다양한 서비스에 적극적으로 대응하여 새로운 비즈니스 모델을 개발해 나가야 할 것이다.

---

213) NMT(Neural Machine Translation) : 인공신경망 기반 기계 번역 방식의 한 종류로 인공지능(AI)이 데이터 학습을 통해 문장 단위로 언어를 번역하는 기술.기존 기계 번역에 엔젠에 문장을 입력하면 맥락을 파악한 후 이를 단어, 구문, 어순 등의 정보가 담겨 있는 백터(좌표 값)로 전환하여 번역(출처 : 네이버 지식백과)

그림 3-47 국내외 주요사업자의 오디오 콘텐츠 확보 동향[214]

아마존	• 2008년 오디오북 업체 '오디블' 인수
아마존 · 구글	• 음원 및 방송 서비스와 협업 • 자사의 응용프로그램인터페이스(API) 공개하며 생태계 확장 시도
애플	• 2013년 아이튠스 라디오 공개. 지난달 '콘텐츠 직접 제작' 계획 발표
페이스북	• 지난해 3D 오디오 업체 '투빅 이어스' 인수
SK텔레콤 · SK C&C	• 인공지능(AI) 홈비서에 팟케스트 청취 기능 탑재 • 연예인 음성 콘텐츠 확보
네이버 및 카카오	• 네이버는 2017년부터 '3년간 음성 콘텐츠에 300억 원 투자' 발표 및 '오디오클립' 베타비전 출시. 카카오는 팟빵과 제휴

그림 3-48 국내 기업들의 인공지능 생태계 구축 전략 현황

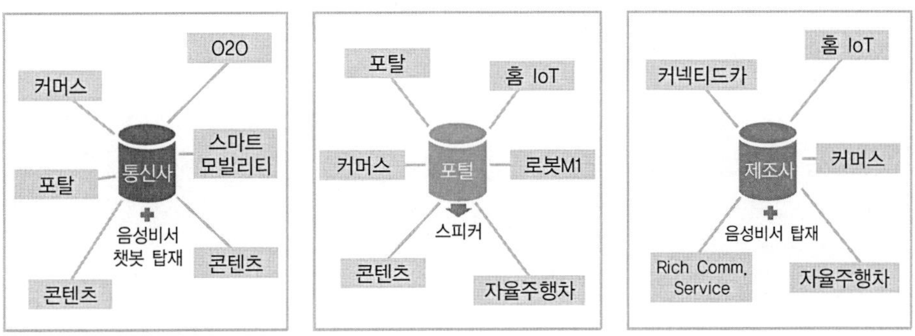

214) 출처 : AI시대, 음성콘텐츠 '귀한 몸', Dong-A.com, 2017.2.7.

정리하기

1 스마트콘텐츠 서비스란 무엇인지 간략하게 설명하시오.

2 차별적 콘텐츠 서비스를 위해 고려해야 할 요소는 무엇인가?

3 넷플릭스, 훌루, 유투브가 틈새 콘텐츠를 발굴하기 위한 전략에 대하여 간략하게 설명하시오.

4 차별적 콘텐츠 서비스를 위해 고려해야 할 요소 중 고도화된 콘텐츠 서비스를 제공해야 하는 이유는 무엇인가?

5 최근 주목받고 있는 웹(Web)과 에피소드(Episode)의 합성어인 웨비소드(Webisode)의 특징을 간략하게 설명한다면?

6 가상현실, 증강현실, 복합현실이란 무엇인지 설명하시오.

7 인공지능(AI) 기술의 발전과 콘텐츠 산업의 변화에 대해 설명하시오.

확인하기

1 스마트 콘텐츠 서비스에 대한 정의는 학계나 산업계에서 합의된 것은 없음. 따라서 통상적으로 산업계나 정부에서 정의하는 바를 인용해 보면, 과거 장르적 특성 하에서 개별적으로 생산되어지던 콘텐츠서비스들이 미디어의 스마트 화, 플랫폼이나 단말기, 소비자 변화 및 소비자의 소비 행태 등의 변화에 맞춰 제작, 유통, 소비되어지는 특성을 갖는 콘텐츠 서비스로 정의할 수 있다. 이를 세부적으로 설명하면, 소비자의 콘텐츠 소비 행태의 변화, 소셜 네트워크를 통한 유통 및 공유, 개방화된 서비스, 사용자 참여 및 양방향성 등 소비자 변화, 필요할 때 언제, 어디서든지, 어떤 형태의 콘텐츠라도, 어떤 단말기를 통해서든지 콘텐츠 서비스를 받고자하는 콘텐츠 소비의 이동성(mobility)과 종합화된 서비스, 각각의 Screen의 특성에 맞게 자동 변환 등을 통한 사용자 인터페이스(UI)의 편의성 추구하는 N Screen 소비의 욕구, 기술의 발전 등에 따른 단말기, 플랫폼 등의 변화 등에 적절히 대응할 수 있게 만들어지는 콘텐츠를 일명 스마트 콘텐츠란 명칭으로 부르고 있음.

2 차별적 콘텐츠 서비스를 위해서는 독점적 콘텐츠 제공과 틈새 콘텐츠 제공, 고도화된 콘텐츠 서비스의 제공, 새로운 형태의 콘텐츠 개발 등을 통해 서비스를 차별화해야 함.

3 넷플릭스(Netflix), 훌루(Hulu), 유투브(Youtube) 등 주요 인터넷 동영상 서비스들은 이용 가능 시간 및 공간의 편리함(Time shift, Device Shift), 그리고 높은 가격 경쟁력을 기반으로 전통적인 TV 중심이었던 전 세계 미디어 지형을 점차 변화시키고 있다.

4 정보통신 기술의 발전에 따른 소비자의 콘텐츠 소비 선호의 변화를 위해서는 전통적 콘텐츠 장르나 형태만을 고집해서는 안 된다. 기존의 콘텐츠를 내용적 측면이나 기술적 측면에서 한 차원 높게 재가공한 고도화 콘텐츠 서비스는 단말기, 기술 등의 변화에 따라 새로이 나타나는 소비행태의 차이를 만족시켜주기 위해 기존 콘텐츠의 디자인이나 Layout, 소재 측면에서도 차이를 보여야 할 필요성이 있다. 나아가 작가의 특성화 및 차별화로 소비자의 소비행태에 맞게 재가공한 콘텐츠 서비스의 필요성도 대두되고 있는 실정이다. 웹 툰, 웨비소드, 아바타 뿐 아니라 증강현실이나 가상 현실, 홀로그램 등을 이용한 실감형 콘텐츠를 비롯하여 소위 소비자의 오감을 자극하는 형태의 차별화된 콘텐츠 서비스가 속속 등장하고 있음을 감안할 때 이는 콘텐츠 서비스의 차별화를 위해 고도화된 기술을 활용하는 것임을 알 수 있다. 특히 유통 측면에서도 전통적 유통 방식이 아닌 인터넷을 통해 만들어지는 다양한 미디어들과 단말기들의 특성에 맞게 서비스를 제공하는 것도 중요한 차별화된 콘텐츠 서비스로서 필요한 것이다.

5 스토리는 짧지만 속도감 있는 여러 개의 에피소드로 구성된 온라인 전용 드라마로 스넥 컬쳐의 현상 등 최근 소비자의 콘텐츠 소비 특성의 변화를 반영하여 개발된 새로운 형태의 콘텐츠의 필요성을 단적으로 보여 주는 사례이다.

6 **가상현실**(VR : Virtual Reality)이란 실제와 유사하지만 실제가 아닌 어떤 특정한 환경이나 상황 또는 기술 자체를 의미하는 용어인데, 현실 세계를 인공적인 기술을 활용하여 실제에서 경험하기 힘든 환경을 제공해 오감을 자극함으로써 실제와 같이 체험하게 하는 기술.

증강현실(AR : Augmented Reality)은 현실세계가 컴퓨터 그래픽과 같은 가상의 수단에 의해 증강된 것이라는 점에서 가상현실과 차이가 있는데, 실제 환경에서 가상 사물이나 정보를 합성해 원래의 환경에 존재하는 사물처럼 보이도록 하는 컴퓨터그래픽(CG: Computer Graphic) 기법으로, 사용자가 눈으로 보는 현실 세계에 가상의 물체를 겹쳐 보여주는 기술.

혼합현실(MR : Mixed Reality)이란 가상현실과 증강현실은 뚜렷이 구분되는 개념이라기보다는 현실과 가상의 연속성 상에 놓여있으며, 어느 쪽에 가까이 위치해 있는지에 따라 증강과 가상의 속성 비중이 달라지게 되는데, 이런 관점에서 실제현실과 가상현실의 연속성 상에 있는 것을 통칭하여 부르는 기술

7 인공지능의 등장은 인간만의 전유물이라 생각했던 예술 영역 뿐 아니라 소설, 음성콘텐츠 등의 콘텐츠에 새로운 시장을 만들고 있는데, 예를 들어 구글에서는 2016년 6월 예술창작 인공지능으로 만든 80초짜리 피아노곡 '마젠타(Magenta)'를 공개했으며, '유우레이라이타(有嶺雷太, 유령 작가)'라는 필명으로 '컴퓨터가 소설을 쓴 날'이라는 소설 작품도 발표.

또한 새로운 소비 요구가 발생되고 있는 오디오 콘텐츠 시장이 확대되고 있는데, 홈 비서 등 인공지능(AI) 장비가 스피커를 중심으로 발달하면서, AI가 음성을 인식하더라도 '들려줄 거리'가 없으면 무용지물이기 때문에 오디오 콘텐츠의 필요성은 더욱 커지는 등 콘텐츠 산업도 전후방 산업의 변화에 맞춰 새로운 서비스를 지속적으로 개발해가야 함.

제4절 단말기의 변화

1 스마트 단말기의 등장

2000년대 후반에 들어서면서 파괴적 기술의 영향으로 단말기의 스마트(Smart)화가 급진전되고 있다. 스마트 단말기, 혹은 스마트 머신(Smart Machine)이란 다양한 유무선 네트워크를 통해 끊임없는 접속(connectivity)을 가능하게 하며, 이를 통해 다양한 콘텐츠 서비스 장터(Market Place)에 접속하여 콘텐츠를 구매하고, 이용할 수 있게 해주며, 개인용 클라우드(Personal Cloud)를 통한 무한대의 미디어 접속과 콘텐츠 이용을 용이하게 지원하고, 차세대 알고리즘(Algorithm)과 결합하여 기기 스스로가 학습하는 시스템을 구축하며, 자율적으로 작동이 가능한 새로운 형태의 단말기를 일컫는 용어이다.

미디어 산업의 변화에서도 언급한 바와 같이, 스마트하다는 것은 과거에 없었던 다양한 기능과 인공지능을 이용하여 이용자가 원하는 것을 자동적으로 설정할 수 있게 해준다든지 혹은 이러한 환경을 제공해주는 것을 의미한다. 더 중요한 것은 이용자(고객)의 판단에 의해 스마트의 여부가 결정되어지게 된다는 것이다. 사용자가 쓰기에 안성맞춤이어야 스마트 한 것이며, 객관적인 개념이 아닌 소비자 주관적 인식에 의해 결정되어지는 것이다. 소비자가 자신이 쓸 제품을 직접 정의하는 데에서 스마트 화가 시작되는 것이다. 단말기 측면에서의 스마트 환경은 제4차 산업 혁명과 같이 ICT 기술의 발전에 따라 스마트 머신들이 다양하게 등장하고 있다. 가트너(Gartner)는 자율 주행 차량, 첨단 로봇, 스마트 어드바이저(Smart Advisor) 등과 같은 스마트 머신의 등장은 IT 역사에서 가장 파괴적일 것이라고 설명하고 있다. 이처럼 단말의 스마트 화로 대변되는 스마트 머신은 산업의 경계를 넘어서고 점차 그 영역이 확대되고 있다.

그림 3-49 스마트 디바이스의 발전 방향[215]

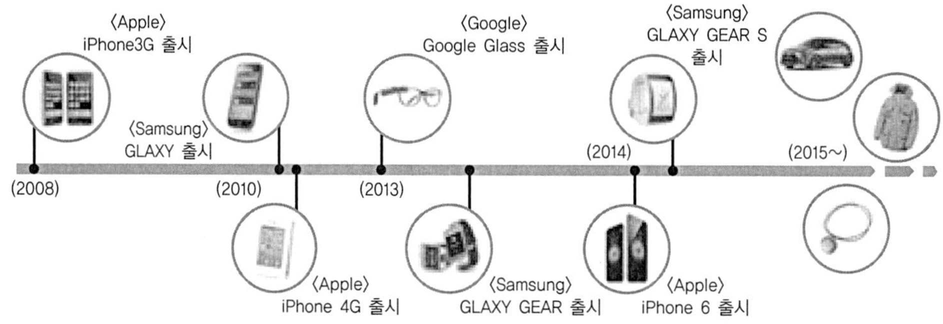

단말기는 인공지능과의 결합을 통해 단말뿐 아니라 미디어 측면에서도 스마트 화, 소셜(Social) 화 , 모바일 화, 웨어러블(Wearable) 및 히어러블(hearable) 등으로의 급속한 진화가 유발되고 있다. 스마트 폰을 비롯한 다양한 디바이스의 발달은 디바이스 간 상호작용을 증가시켜 각 디바이스 자체만으로도 스마트하게 작동할 수 있는 환경을 만들었다.

단말기는 점점 더 사용자에게 가까워져, 이제 사용자와 24시간 밀착하는 형태인 웨어러블을 넘어서 심지어 인체로의 삽입(embeded) 형태로 까지 진화할 것으로 추정된다. 사용자와 밀착해 개인의 행동정보, 생체정보를 실시간으로 수집하고 사용자 맞춤형 정보를 제공, 즉 수집한 정보를 바탕으로 적절한 시기에, 개인 맞춤형 정보를 제공하는 것이다.

단말기는 태블릿, 스마트 폰, 스마트 TV, 가상현실 단말(HMD: Head Mounted Display), 스마트 워치(Smart Watch)나 스마트 글래스(Smart Glass) 등의 웨어러블(Wearable), 심지어 자동차에서의 HUD(Head Up Display) 등 다양한 단말기가 등장하고, 단말기의 스마트 화 등의 변화에 의해 촉발되는 새로운 콘텐츠 생태계가 만들어 지고 있다.

215) 출처 : 스마트 디바이스 확산에 따른 마케팅 변화, DMC REPORT, 2014.12.3.

그림 3-50 단말기의 진화 방향[216)]

	PC 시대	스마트폰 시대	웨어러블 시대
입력방식	키보드	터치	음성/영상/센서
앱 구동방식	ON → TYPE	UNLOCK → 앱구동	터치, 음성명령
실시간 수집정보	-	위치정보	행동정보 생체정보

특히 사물인터넷(IoT) 산업의 등장에 따라 네트워크로 연결되는 단말이 급격히 증가할 것으로 예상하고 있는데, 디바이스 간의 연동이 확대되는 사물인터넷 시장에서 스마트 디바이스가 핵심 분야로 부각될 것이라는 예측에 따라, 다양한 서비스 제공이 가능한 형태의 단말기들이 폭발적으로 증가할 것으로 예상하고 있다.

가트너(Gartner)에서 발표한 자료에 따르면, 네트워크에 연결된 사물 수가 2016년에 64억 개에서 2017년에 84억 개로 31% 증가하고, 연결 사물 수는 2018년에 112억 개, 2020년에는 204억 개까지 늘어날 것으로 분석하고 있다. 특히 자동차 시스템을 제외한 사물인터넷 기기 가운데 소비자 부문에서는 스마트 TV와 디지털 셋톱박스, 기업 부문에서는 스마트 전기 계량기와 산업용 보안 카메라가 많이 보급될 것으로 예상하였다. 또한 사물인터넷을 제외하고는 스마트 폰의 보급이 절대적인데, 2016년 현재 전 세계적으로 보급률 50%를 넘어섰으며, 2020년까지 75%로 더 높아질 전망이라고 세계 이동통신사업자협회(GSMA)가 밝히고 있다. 국내의 경우 이미 85%를 넘어서고 있다. 이 처럼 단말기의 변화는 콘텐츠 산업의 가치사슬 전반에 걸쳐 혁신적 변화를 초래하고 있다.

2 네트워크의 고도화와 TV 단말의 스마트 화

가 네트워크의 고도화

1998년도부터 시작된 국내 유·무선 네트워크의 초고속화, 광대역화, 고도화는 콘텐츠 산업 생태계 전반에 혁신적 변화를 유발하였다. 네트워크의 고도화는 그간 인터넷, 미

216) 출처 : 스마트 디바이스 확산에 따른 마케팅 변화, DMC REPORT, 2014.12.3.

디어 등 정보통신 산업 전반의 성장에 기여해왔으며, 앞으로도 제조업과 전통산업 등에서 경제 재도약을 위한 핵심 동력으로 확장될 전망이다. 통신의 역할이 전 산업분야로 확장된다는 의미는 통신이 전통적인 커뮤니케이션(Communication) 과 정보서비스를 넘어 산업과 산업을 연결하고 융합시키는 매개체이자 플랫폼으로 활용된다는 뜻이다.

그림 3-51 유·무선 네트워크의 시대별 발전 과정[217]

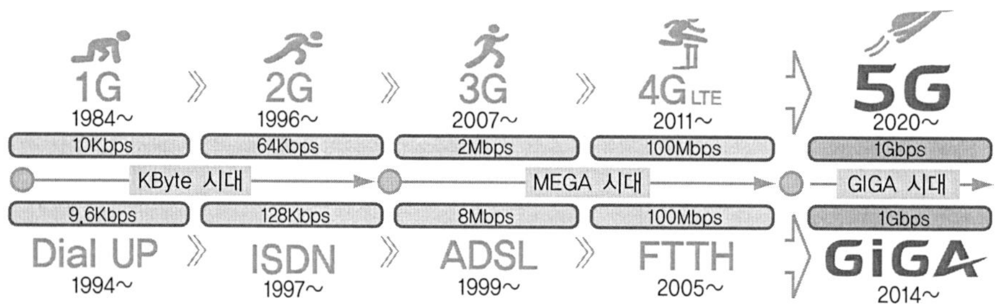

표 3-37 이동통신 방식의 변화

	1G	2G	3G	pre-4G/4G
접속방식	아날로그	GSM CDMA	WCDMA CDMA 2000 와이브로	LTE/LTE-Advanced 와이브로-에볼루션 (와이맥스2)
전송속도	-	14.4~64Kbps	144Kbps~2Mbps	100Mbps~1Gbps
전송형태	음성	음성/문자	음성/문자/동영상 등	음성/문자/동영상 등
다운로드 속도 (800MB 동영상)	다운로드 불가	약 6시간	약 10분	약 85초~6초(이론적)

무선의 경우 2010년경부터 시작된 4세대 통신망인 LTE[218] 시리즈는 향후 5세대 통신망으로 발전되어 갈 것이다. 무선망의 고속화는 결국 3세대 무선망과 단말기의 스마트 화로부터 시작되었다고 볼 수 있으나, 4세대 이동통신망으로 확장되면서 더욱 발전하게 되었다. 4G 이동통신 기술이 기존 2G/3G와 다른 점은 이동통신망의 IP화를 통해 음성, 문자, 영상 등 이용자가 송신하는 신호 뿐 아니라 인터넷망에 존재하는 다양한 데이터, 콘텐츠 등 IP멀티미디어 서비스를 패킷(Packet) 망을 통해 전송할 수 있다는 점이었다. 즉, 기존

217) 출처 : 상상보다 더 큰 미래, 대한민국 통신 130년, KT경제경영연구소, 2015.10.23.
218) LTE : Long Term Evolution, 유럽의 WCDMA방식에서 발전된 4세대 통신 규격

2G/3G 이동통신 기술에서 주로 제공하던 이용자 간 음성, 문자 등 단대 단 연결 서비스를 넘어선 인터넷 상의 다양한 정보 서비스, 콘텐츠, 엔터테인먼트 서비스 등 데이터 중심의 전송서비스 제공이 가능하게 되었다는 것이다.

3세대 이동통신망 서비스가 개시된 이후 전 세계 무선통신사업자는 네트워크 용량을 20배로 늘렸으나, 같은 기간 동안 데이터 수요는 100배 이상 증가했다.

그림 3-52 무선망의 진화 경로[219)]

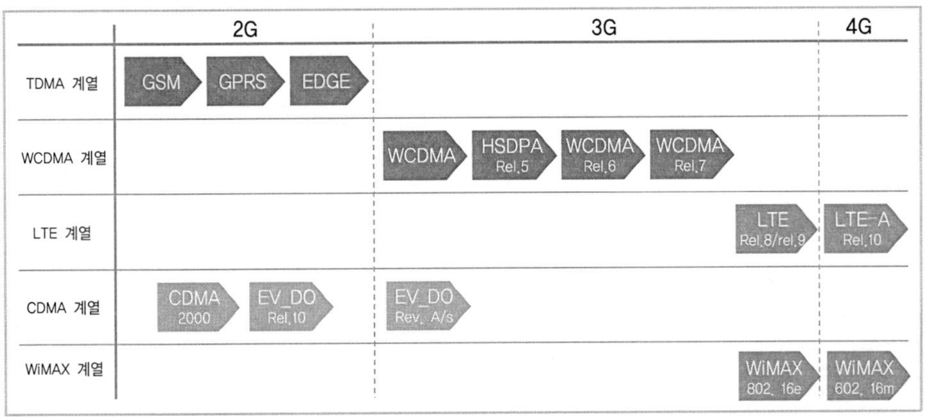

뿐만 아니라 사물 인터넷 등의 새로운 서비스가 활발하게 전개될 경우, 현재의 4세대 무선망의 용량과 속도로는 감당할 수 없을 것으로 예상하여 5세대 무선통신망의 필요성이 점차 커지고 있다. 국제전기통신연합(ITU)은 2015년 10월 전파통신총회를 열고, 5G의 공식 명칭을 'IMT(International Mobile Telecommunication)-2020'으로 정했다. 5G는 '5th generation mobile communications'의 약자다. 2GHz 이하의 주파수를 사용하는 4G와 달리, 5G는 28GHz의 초고대역 주파수를 사용한다. 과거 2000년대 상용화한 3G 통신 방식인 'IMT-2000'을 계승해서 2020년 상용화를 목표로 삼는 모바일 국제 표준이다.[220)]

국제전기통신연합(ITU)이 내린 정의에 따르면 5G는 최대 다운로드 속도가 20Gbps, 최저 다운로드 속도는 100Mbps이며, 1km^2 반경 안의 100만개 기기에 사물인터넷(IoT) 서비스를 제공할 수 있고, 시속 500km 고속열차에서도 자유로운 통신이 가능해야 한다. 이는 LTE-A 망의 속도인 300Mbps에 비해 70배 이상 빠르고, 일반 LTE에 비해선 280배 빠른 수준이다. 영화 1GB 영화 한 편을 10초 안에 내려 받을 수 있는 속도이다.

219) 출처 : 통신시장의 IP화와 C-P-N-D 생태계 확산에 대응한 중장기 통신정책방안 연구, 정보통신정책연구원, 2015.11.30.

220) 출처 : 용어로 보는 IT, 네이버캐스트

그림 3-53 5G 특징 8가지 현황[221)]
(체감전송률, 최대전송률, 이동성, 전송지연, 최대 연결수, 에너지효율, 주파수효율, 면적당용량)

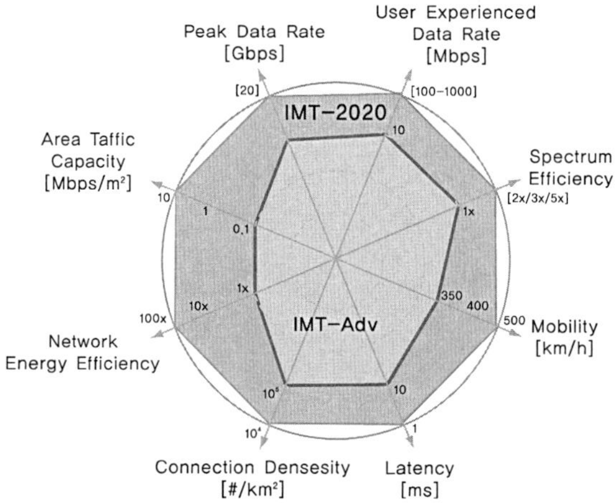

통신망의 고도화에 따라 사물인터넷 등 새로운 서비스가 등장하면서 그동안 인간 중심으로 전개되었던 네트워크가 모든 사물로 확대되면서 새로운 가치가 창출되고, 이에 따라 새로운 시장이 형성되기 시작하고 있다. 앞으로도 이러한 가치창출의 변화로 콘텐츠와 플랫폼, 단말기 산업 측면에서 창의적인 융합·신규 서비스들이 지속적으로 등장하고 있다.

5G 통신은 초 연결, 초 광대역, 초 저 지연(Latency)의 특징으로 고화질, 실시간, 동시접속을 가능하게 하는 혁신적인 기술이다. 5G 네트워크가 고도화되면, 대용량 광대역의 네트워크를 필요로 하는 서비스들이 활성화되며, 다양한 연관 산업이 발전하는 효과를 거두게 된다. 일예로 콘텐츠 측면에서도 홀로그래피 등의 실시간 실감형 콘텐츠와 초고화질 콘텐츠 서비스가 새로운 생태계를 만들어 갈 것이며, 스마트 카와 지능형 교통관제, 헬스케어와 실감형 교육 등 다양한 융합산업이 성장·발전되어 갈 것으로 예상된다.

221) 출처 : 한국통신학회 '5G 이동통신기술 발전방향'

그림 3-54 5G 서비스를 통한 산업 발전 효과와 경제적 가치[222)]

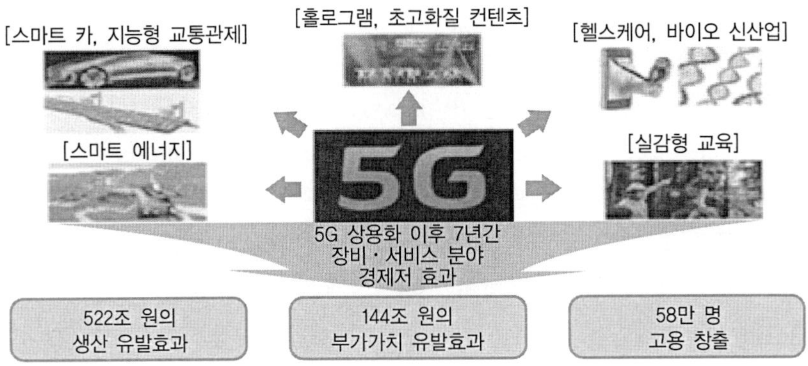

더불어 웨어러블, 사물 인터넷 등 신규 서비스 시장을 중심으로 사람 · 사물 · 공간을 연결하는 스마트 디바이스가 급격히 증가할 것으로 전망된다. ICT 융합이 확산되면서 스마트 폰을 대체할 수 있는 향후 기술로 웨어러블 기기(Wearable Device)가 주목받고 있다. 글로벌 제조사를 비롯하여 다양한 스타트업 기업들은 새로운 스마트 디바이스의 초기시장을 선점하기 위한 주도권 경쟁을 펼치고 있다. 지멘스, 보쉬, MS, Google, 레노버, 화웨이, IBM, 아마존, 알리바바 등 다양한 기존 산업분야의 기업들이 인터넷 기업들과 마찬가지로 스마트 디바이스 분야로 진출하고 있는 상황이다. 따라서 향후에는 드론, 웨어러블 등 신규 서비스의 발전이 지속될 것으로 예상되고, 스마트 홈, 스마트시티, 스마트자동차, 핀테크 등 정보통신 기술과 타 산업이 융합되면서 새로운 산업이 등장할 것으로 예상된다. 이러한 연결 사회에서는 실감형 미디어, 빅 데이터, 클라우드 환경 등이 보편화되어, 유 · 무선망에서 현재보다 10배 이상의 트래픽 수요가 발생할 것으로 예상된다.

그림 3-55 웨어러블 등 3세대 디바이스 글로벌 시장 전망

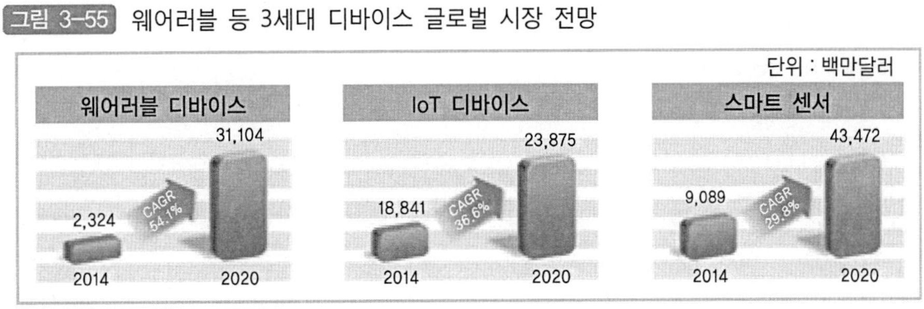

자료 : SA(2014), Gartner(2014)

222) 출처 : 미래창조과학부, KT경제경영연구소

나 TV 단말의 스마트 화

1) 스마트 TV 현황

TV 단말이 스마트 화한다는 의미로 스마트 TV라는 새로운 개념이 등장하였는데, 스마트 TV는 일반적으로 기존의 인터넷(IP: Internet Protocol) 기술을 이용하는 TV를 넘어, TV와 연결된 인터넷 망을 통해 다양한 콘텐츠나 응용서비스 장터(Application Store)에서 콘텐츠나 서비스를 내려 받고, 노트북과 스마트 폰 등 다른 기기와 콘텐츠를 공유할 수 있는 새로운 개념의 TV를 의미한다. 방송통신위원회에서는 '디지털 TV에 운영체계(OS) 및 인터넷 접속 기능을 탑재해 실시간 방송뿐 아니라 VOD · 게임 · 검색 · 날씨 등 다양한 콘텐츠를 편리한 이용자 환경(UI/UX)에서 이용할 수 있는 TV'라고 정의하고 있다.

하지만 스마트 TV에 대해 아직까지는 학계와 업계가 모두 동의하는 통일된 개념이나 이론은 만들어지지 않고 있다. 스마트 TV라는 말이 생겨난 이후로 다양한 업계에서 사업자들이 스마트 TV 사업을 시도했으며, 많은 사업자들에 의해 스마트 TV 기기와 서비스가 다양한 형태로 변형되어 오고 있다. 따라서 다양한 형태의 기기와 서비스들을 묶어서 '스마트 TV가 이것이다'라고 한마디로 정의하기란 쉽지 않다. 2006년 애플에 의해 촉발된 이동통신단말기의 스마트 화, 즉 스마트 폰의 등장과 앱 스토어라는 생태계적 시장 창출이 본격화 되었고, 애플과 구글이 TV 분야로의 진출 계획이 발표되면서 전통적인 글로벌 TV 시장의 강자였던 국내의 TV 제조사인 삼성전자와 LG전자는 이동통신 단말기 시장에서 일었던 스마트 열풍이 TV에도 재현되어 시장이 재편될 수 있다는 위기감을 느끼게 되었고, 이에 국내 TV 제조사들이 차기 TV 단말기를 빗대어 '스마트 TV'라 부르기 시작하면서, 신조어를 만들어 내었기 때문이라는 것이 정설로 받아들여지고 있다.

따라서 이동통신 단말기에 ① 운영체계(OS), ② 인터넷 접속, ③ 웹 및 앱 콘텐츠라는 3가지 요소가 결합되면서 스마트 폰의 새로운 생태계가 만들어졌듯이, TV 단말기에 이와 같은 기능이 결합된 단말기를 스마트 TV로 보는 것이 타당할 것이다.[223] 반면 스마트 TV를 운영체계, 인터넷 접속, 웹 및 앱 콘텐츠 이용 기능 등의 특성을 가진 'TV 세트'로 한정해 생각하는 것과 달리 광의적 측면에서 이러한 특성을 가진 TV '기능' 내지는 '서비스'로 이해될 수도 있다. 다시 말해 스마트 TV도 단순히 TV 세트가 아니라 TV 기능 내지는 서비스의 기능을 제공하는 모든 단말기로 보는 것이 적절하다. 다양한 형태의 스마트 TV가 출시되고 있다. 그중에는 삼성전자, LG전자와 같이 TV 제조사들이 판매하고 있는 TV 세트(일체형 TV) 뿐 아니라 유료 방송사와 OTT 업계에서 내놓은 스마트 셋톱박스, 마이크로소프트의 Xbox360, 소니의 PlayStation3와 같이 게임 콘솔이지만 운영체계와 인터넷 접속 기능이 탑재된 것, 영화 · VOD, 음악, 영상통화와 같은 기능을 제공하는 다양한 기기들이 기존 TV라는 디스플레이 기기와 융합되어 출시, 제공되어 지고 있다.

---

223) 출처 : 스마트 TV의 개념(스마트TV, 2014.4.15, 커뮤니케이션북스) 중심으로 재구성

그림 3-56 다양한 유형의 TV의 스마트 화를 지원하는 기기들

동글형	셋톱박스형				TV일체형
	OTT형	유료방송형	게임콘솔형	단일기기형	

Google Chormecast	Roku	U+ TV G	XBox360	Logitech Revue	삼성전자 스마트 TV

Roku Streaming Stick	Apple TV	C&M 스마트 셋톱박스	PlayStation	LG전자 스마트 TV U Pgrader	LG전자 스마트 TV

	Boxee			다음 TV+	

출처 : 각사 홈페이지

애플에 의해 촉발된 TV 단말기의 스마트 화 전략은 2010년 8월 삼성전자, 2011년 LG 전자 등 국내 전자기기 제조사들의 사업 진출을 이끌어 내었고, 더불어 구글(Google)도 스마트 TV 전략을 위해 일본의 소니 등과 손잡고 시장 진출을 추진하였다.

구글은 소니와 하드웨어(Hardware)의 제작을 그리고 내장되는 중앙처리장치(CPU)[224]는 인텔(Intel) 등과의 협력을 통해 2010년 5월에 최초로 구글 스마트 TV를 출시하였는데, 이는 안드로이드(Android) 플랫폼 기반으로 구글의 장터(Market)와 연동을 통해 다양한 콘텐츠나 응용 서비스를 이용할 수 있게 하였다. 초기에 출시된 제품은 일체형과 블루레이 디스크(Blu-ray Disc)[225] 2종 등을 출시하였다. 24인치(Inch), 32, 40,그리고 46인치 등 총 4

224) CPU(Central Processing Unit, 중앙처리장치) : 컴퓨터의 가장 중요한 부분으로서 명령을 해독하고 산술논리연산이나 데이터 처리를 실행하는 장치. 컴퓨터의 두뇌 부분에 해당하며 프로그램 카운터, ALUC(산술논리연산부), 각종 레지스터, 명령해독부, 제어부, 타이밍 발생회로 등으로 구성. 대형 컴퓨터에서는 주기억장치나 각종 제어장치를 포함해 CPU라고 하며, 소형 컴퓨터나 퍼스널 컴퓨터에서는 연산을 한 1칩의 LSI자체를 CPU라고 부르는 일이 많음. 컴퓨터의 능력은 CPU에 의존하는 바가 크며, 계산 속도나 한번에 다루는 데이터 량, 관리할 수 있는 주기억장치 영역의 크기 등의 지속적 향상이 진행 중임(출처 : 네이버 백과사전).

225) 블루레이 디스크(blu-ray disc / blu-ray disk) :디지털방송시대의 차세대 DVD로 개발된 대용량 광(光)디스크의 새 규격(출처 : 네이버 백과사전)

종류의 단말기를 만들었고, 쿼티(QWERTY) 자판이 포함된 키패드형 리모콘(Key Pad Remote Controller), 듀얼 뷰(Dual View) 기능, 즉 TV를 시청하면서 인터넷을 활용하여 다양한 일을 할 수 있는 멀티태스킹 기능을 제공하였다.

하지만 불편한 사용자 인터페이스(User Interface)와 콘텐츠 확보 실패 등으로 인하여, 성장에 상당한 부진을 겪고 있다. 스마트 TV의 성공을 위해서 반드시 고려해야할 요소는 다양한 콘텐츠나 응용서비스를 확충하는 것과 이용자들이 손쉽게 TV 단말기를 통해 이를 이용할 수 있게 해주는 사용자 인터페이스의 편리성의 확보가 중요하다 할 것이다. 이런 측면에서 콘텐츠가 다양한 단말기 시장의 확대를 위한 중간재로서 그 역할의 중요성을 이해해 볼 수 있다. 특히 구글 TV에 대해 시장에서 냉담한 반응을 보였던 것이 결국 프리미엄 콘텐츠를 확보하지 못한 데 가장 큰 원인이 있었음을 감안할 때 콘텐츠가 새로운 생태계 조성에 얼마나 중요한 역할을 하는가에 대해 인식할 수 있는 좋은 사례이다. 구글 TV의 실패 사례는 ABC, CBS, NBC, 폭스 TV 등 지상파 방송사가 콘텐츠를 제공하지 않음에 따라 구글 TV를 구입하도록 유인할 만한 매력적인 콘텐츠를 제공하지 못했음에 기인하기 때문으로 이해된다.

2011년부터 플랫폼 기능과 콘텐츠 수급에 초점을 두었던 삼성전자, LG전자 등 TV 제조업체의 경우를 살펴보면, 하드웨어를 중심으로 고민하였다. CES 2014를 통해 공개된 것을 보면, 삼성전자는 커브드(Curved) UHDTV를 선보이고 있는데, 이는 시청자가 보는 각도에 따라 화면 각도 조절이 가능하고, HDTV 대비 8배 선명, 향후 85인치 커브드 UHDTV 중심으로 UHDTV 단말기에서의 경쟁력을 확보해 나가고 있는 것이다. LG전자는 Web OS 기반의 스마트 TV를 전시하였고, 곡면형 및 가변형 UHD TV를 공개하였다. 이처럼 TV 하드웨어 제조사의 경우 주로 화질이나 TV의 단말기 기능을 중심으로 발전시켜 나가고 있음을 알 수 있다. 2년이 지난 2016년 CES를 통해 본 스마트 TV 시장도 역시 LG전자는 스마트 TV의 보안 기능을 강화한 웹OS 3.0 TV를, 삼성전자는 입력 전환과 단일 리모컨을 이용한 앱 조작의 편의성을 강화한 타이젠 TV 등을 선보였는데, 이것은 안드로이드 TV 플랫폼을 엮은 TV 세트가 사라지면서 다양성이 실종됐고, 스마트 TV 플랫폼에 대한 요구도 확실히 줄어든 모습을 보여주는 것이다. 다시 말해 스마트 TV 플랫폼은 UHD와 HDR 등 화질 중심의 TV 전략에 밀려 한 걸음 후퇴하고 있다.

이 처럼 스마트 TV의 성장이 주춤하고 있는 이유는, 첫째, 스마트 폰이나 태블릿 등과의 경쟁에서 뒤쳐졌기 때문이다. 교체 주기가 비교적 짧은 1~2년 정도인 스마트 폰은 매년 신제품을 내놓고, 그 때마다 기능과 성능을 올린다. 또한 운영체계도 매년 새로운 기능을 대폭 보강한다. 그에 비해 TV는 교체주기가 10년 정도 교체 없이 쓰는 것을 당연하게 생각한다. 가전제품의 특징으로 인해 매년 발표하는 신제품 역시 안정 적인 기능향상에 그치는 경우가 많다.

둘째, 기존 TV의 역할 가운데 가정 내의 유일한 화면이라는 원 스크린(One Screen) 역할이 사라졌기 때문이다. 거실에서 식구 모두가 모여서 보고, 황금시간대에 서로가 원하는 채널을 보기 위해 다투던 광경은 이제 없어졌다. 각자가 자기 스마트 폰과 PC, 태블릿의 화면을 통해 원하는 실시간 방송, 스트리밍 방송, 게임을 즐기는 상황에서 TV 자체의 비중이 줄어드는 추세로 진행될 수밖에 없는 것이 현실이다.

이러한 현상은 방송매체 이용행태[226] 조사에서도 보여 진다. 스마트 TV 보유 가구 중에서, 스마트 TV에 인터넷 회선이 연결이 되어 있는 가구는 42.3%에 불과하고, 인터넷 회선이 연결되어 있지 않은 가구(555가구) 중에서, 인터넷이 필요 할 때, 인터넷 회선을 스마트 TV에 연결 하는 가구는 12.6% 밖에 없는 실정이었다. 특히 스마트 TV에 인터넷을 연결한 경험이 있는 가구원(1,098명) 중, 최근 한 달 동안 스마트 TV로 방송 프로그램 시청 이외의 기능을 이용한 경험이 있는 비율은 15.8%로 나타난 것만 보아도 단순한 방송 시청용 단말 기능이 주 기능으로 활용되고 있음을 알 수 있다.

따라서 TV 단말은 궁극적으로 스마트로의 지향점을 갖기 보다는 사물인터넷 시대의 가정에서의 허브(Hub) 역할이나 가정 내 보안을 책임지는 감시 카메라의 역할, 아니면 대용량 저장장치를 내장하거나 추가할 수 있는 옵션을 두고 사용자의 콘텐츠를 저장해두었다가 직접 재생할 수 있게 해주는 콘텐츠 플랫폼으로서의 역할로 변화되어 갈 것으로 판단된다.

2) 스마트 TV 운영체계(OS)의 전쟁

전 세계 전자업계는 스마트 폰과 태블릿 PC를 비롯해 냉장고, 세탁기, TV 등 생활가전까지 스마트 기능을 확대시켜 궁극적으로 사물 인터넷(IoT) 시대의 중심에 서고자 노력하고 나가고 있다. 이는 이들 기기들 간의 호환성 확보를 통해 새로운 생태계를 조성하고, 스마트 가전 생태계에서의 선점뿐 아니라 궁극적으로 스마트 시티가 구현될 경우 전체 산업의 생태계 장악을 통해 새로운 시장을 펼쳐나가기 위한 의도로 해석되며, 이를 위해 자체 운영체계(OS)의 개발 및 보급 확대에 박차를 가하고 있다.

다시 말해 독자적인 운영체계를 통해 각 스마트 기기들을 연결하는 스마트 홈 생태계를 용이하게 구축해 나가고, 나아가 스마트 시티[227]에서의 사물 인터넷을 통한 다양한 서비스 개발, 제공에서의 중심적 역할을 담당하고자 하는 전략을 추진하고 있는 것이다.

---

226) 출처 : 2016 방송매체이용행태조사 보고서, 방송통신위원회, 2016.12.

227) 스마트 시티(Smart City) : 도시행정, 교육, 복지 등 다양한 도시 부분에 ICT의 첨단 인프라가 적용되어 도시의 효율성을 제고하고 지속가능한 부가가치를 창출하는 도시・스마트빌딩, 스마트헬스케어, 스마트교통, 스마트인프라(유틸리티), 스마트정부, 스마트 보안, 스마트그리드(에너지) 등이 유기적으로 연결되어 지능형 서비스를 제공

가전 제조사의 경우 스마트 폰 생태계에서 시장을 선점 당했기 때문에 스마트 TV 시장에서 새로운 생태계 조성을 통해 지배력을 확대해 나가고자 운영체계 시장을 선점하고자 전략을 추진하고 있다. 그 동안 구글이나 애플에 의해 추진되었던 독자적 운영체계 기반의 스마트 TV가 기대에 못 미치는 성장을 보여 옴에 따라 이들 가전 제조사들은 자체 운영체계 개발을 위해 노력하고 있는 것이다.

가전 제조사들은 기존에 구글 안드로이드, 애플 iOS 운영체계의 경우, 콘텐츠 제작 시 TV나 스마트 폰 등 단말기에 따라 최적화하는 과정을 거쳐야 하는 불편함이 있었다. 따라서 가전제조사들이 자체적으로 개발하는 운영체계는 이러한 불편을 없앰으로써 새로운 생태계를 장악하고자 개발 중인 자체 OS를 HTML5 기반의 개방형 운영체계로 추진하고 있는데, 이는 웹 표준만 준수하면 애플리케이션 등 콘텐츠를 단말기에 무관하게 쉽게 호환하여 이용할 수 있게 하는데 초점을 맞추고 있는 것이다.

LG전자는 '웹 OS'를 탑재한 스마트 TV를 2014년 초에 국내에 출시하면서 삼성전자보다 한발 앞서 시장 공략에 나섰다. '웹 OS'는 과거 PDA 시장에서 명성을 떨치던 'Palm'의 'Palm OS'를 기반으로 한 것으로, Palm이 HP에 인수되면서 'web OS'로 이름이 변경된 것인데, 이는 HTML5 기반 개방형 운영체계이다. 2013년 3월 LG전자가 HP로부터 인수한 후, 'CES 2014'에서 '웹OS'를 탑재한 스마트TV를 공개하였으며, 2016년에는 보안 기능을 강화한 웹 OS 3.0 TV를 출시하고 있다. 특히 LG전자는 스마트 TV를 시작으로 '웹OS 플랫폼'을 다른 기기로도 확산시키는 전략을 추진하고 있다.

삼성전자 역시 2014년 하반기 자체 운영체계인 '타이젠'을 탑재한 스마트 TV를 출시하였다. 타이젠은 삼성전자와 인텔 등 10여개 전자·통신업체들이 손을 잡은 '타이젠 연합'이 개발한 운영체계로, HTML5을 기반으로 해 호환성이 뛰어나 다양한 기기에 적용 가능한 개방형 운영체계이다. 삼성전자는 자체적으로 개발한 리눅스(Linux) 기반 HTML5 OS를 사용한 스마트 TV를 출시해왔으며, 타이젠 OS를 탑재한 TV를 출시할 경우 타이젠이라는 이름 아래 스마트 홈 생태계 구축에 탄력을 받을 것으로 보인다. 특히 2015년 자체 OS '타이젠' 확장 원년으로 생각하고, 카메라나 스마트 워치에 탑재해왔던 타이젠을 스마트 폰, TV, 가전 등 영역으로 넓혀 나가 궁극적으로는 타이젠을 중심으로 사물 인터넷(IoT) 플랫폼 장악까지 노리고 있는 것으로 판단된다.

애플은 아이폰, 태블릿에 이어 2015년 4월 '애플워치' 출시를 시작으로 애플 iOS를 중심으로 생태계를 공고히 해 나갈 전략을 추진해 나가고 있다. 애플워치의 출시는 타이젠이 탑재된 삼성 스마트 워치 '기어' 시리즈와 정면 대결을 의미하는 것이다. 애플은 사각형 디스플레이에 '심박센서'를 통한 건강관리 기능, 결제기능, 간단한 메시지 전송 등 커뮤니케이션 기능이 탑재된 스마트 워치를 시장에 출시하고 있다. 자체 통신 기능은 없지만 아이폰과 연동할 수 있게 되어 있다. 애플워치가 단순히 경쟁사 제품들과 비슷한 기능을 지원하는 선에 그치면서 스마트 워치 시장의 강자를 점치기 더욱 어려워졌다.

모바일에서 고전하고 있는 마이크로소프트(MS)는 2015년 하반기에 출시한 '윈도 10'에 기대를 두고 있는데, 윈도 10은 기존 데스크 톱 PC와 일부 태블릿 PC에서 운용됐던 것과 달리 스마트 폰부터 사물인터넷(IoT) 기기, 대형 TV까지 모든 IT 기기에 적용해 나갈 전략을 가지고 있다. 윈도 10은 음성인식이 가능한 보조장치 '코타나(Cortana)'를 장착하고, 액셀이나 워드프로세서 같은 오피스 프로그램이 동기화돼 기기에 상관없이 문서 작업을 할 수 있도록 지원하고 있다. 나아가 퀄컴 등과 손잡은 IoT 플랫폼 '올조인(AllJoyn)'으로 IoT 시대 주도권 경쟁에 의지를 보이고 있다. 올조인은 퀄컴이 지난 2013년 리눅스 재단과 손잡고 결성한 IoT 연합 단체 올신얼라이언스(AllSeen Alliance)가 표준화한 오픈소스 기반 플랫폼으로, MS 외에도 LG전자, 시스코, 소니, 파나소닉, 하이얼 등 전 세계 100여개 기업이 참여하고 있다.

이에 맞서 구글도 기존 스마트 폰 시장 안드로이드와 같은 플랫폼 경쟁력을 IoT시대까지 이어가기 위한 행보에 속도를 내고 있다. 구글은 2014년 디바이스와 네트워크 분야 사업자인 네스트 랩스(Nest Labs)와 리볼버 등을 인수하였으며, 네스트 랩스를 중심으로 상호호환이 가능한 IoT 구현 표준 연합체 '스레드(Thread)[228]'를 설립했다. 이처럼 스마트 TV 운영 체계를 둘러싸고 가전업체와 애플, 구글 등의 IT업체 간 주도권 다툼이 치열하게 벌어지고 있는데, 이는 앞으로 닥쳐올 사물인터넷 시대의 새로운 생태계에서의 패권 확보를 위한 것으로 이해된다.

---

228) 스레드(Thread) : 새로운 인터넷규약(IP)을 기반으로 한 무선 통신망 프로토콜을 통해 상호호환이 가능한 사물인터넷을 구현하기 위해 설립된 컨소시엄. 구글의 자회사인 네스트 랩스를 주축으로 2014년 7월 설립된 콘소시엄으로, 실리콘랩스, 프리스케일, ARM, 예일시큐리티, 삼성전자 등이 참여하고 있음.

그림 3-57 4대 스마트 TV 운영체계 비교[229)]

	Android	Firefox	Tizen	WebOS
내용	• Android는 지난 2014년 9월 발표된 Google의 TV 플랫폼으로 Android 단말과의 호환성과 콘텐츠를 강화하였다	• Firefox OS는 Mozilla 재단을 중심으로 개방된 웹 환경을 위해 개발된 운영체계로, 현재는 HTML 5등 차세대 웹표준 지원을 강화	• Tizen OS는 Linux 커널 기반의 운영체계로 삼성전자, Intel 등의 주도로 개발	• WebOS는 지난 2009년 Palm에서 개발 후 2010년 HP가 인수 • 이후 지난 2013년 LG전자가 HP로부터 WebOS를 인수한 뒤 LG전자의 스마트 TV OS로 채택
개방성	• 개발자 지원을 위한 SDK 무료 배포 • NativeApp 기반으로 Web 연동성 저하	• 개발자 지원을 위한 SDK 무료배포 • HML5, CSS등 Web환경 지원	• 개발자 지원을 위한 SDK 무료 배포 • Web 및 App환경 모두 지원	• 개발자 지원을 위한 SDK 무료 배포 • HTML5, CSS등 Web 환경 지원
업체 참여 현황	참여 TV 벤더 SONY SHARP PHILIPS • 모바일 기반의 생태계 구축을 통해 다양한 통신사 및 서비스 업체 참여	참여 TV 벤더 Panasonic • Telefonica등 통신사 7곳과 Line 등의 서비스 업체 13곳이 참여하였으나 활발한 움직임을 보여주지 못함	참여 TV 벤더 SAMSUNG • TV시장 점유율1위 삼성전자가 주도하고 있으나 타 벤더의 참여는 저조	참여 TV 벤더 LG • 단말 벤더 중에는 TV시장 점유율 2위 LG전자만이 참여하고 있어 생태계 확장의 필요성 대두
UI/UX 및 콘텐츠	 콘텐츠: Google Play 제공 • Google Play 형태의 UI구성 • 자사 서비스에 한정해 음성 검색 기능 제공	 콘텐츠: FirefoxApps Market 제공 • 아이콘화된 UI 제공 • YouTube등 TV에 존재하는 모든 콘텐츠 음성 검색 기능 제공	 콘텐츠: Tizen app store, Samsung의 음악 서비스 Milk 제공 • YouTube 등 TV에 존재하는 모든 콘텐츠 음성 검색 기능 제공 • 음성으로 시스템 작동 가능	 콘텐츠: Contantstore 제공 • 나열식 구조의 IS제공 • 자사 서비스의 음성 검색 기능 • 음성 기능 시스템 동작 지원
시사점 및 전망	• PlayStore 생태계를 기반으로 다양한 콘텐츠 활용가능 • 기존 구축된 모바일 생태계의 이점 때문에 TV벤더 뿐만 아니라 셋토박스 벤더등 다양한 업체의 참여 예상 • Native App 중심의 생태계를 구성한 탓에 Web 환경지원 미비	• 기존 저가 스마트폰에 주로 활용되어 저가 제품 인식 팽배 • Firefox 앱마켓 중심의 생태계 조성 필요	• TV시장 1위 삼성전자가 참여하고 있어 OS 점유율 상승 전망 • Linux 재단이 참여하고 있어 벤더, 서비스 사업자 등 다양한 업체의 참여 가능성 높음 • 현재 삼성전자 외 제조 벤더의 참여가 부족한 점은 단점으로 꼽힘	• 기존 HP에서 모바일 단말에 적용해 성공하지 못한 사례가 악재로 작용할 전망 • 타 OS에 비해 참여 업체 및 콘텐츠가 현저히 부족

다 TV와 셋톱박스 시장으로 몰려오는 인터넷 거물들[230)]

음악 산업에서 애플 아이팟이 등장하고 음원이 MP3 형태로 바뀌면서 기존의 음원을 생산하고 판매하기 위해 노력해 오던 관련 기업들 특히 과거 LP(Long Player)나 CD(Compact Disc) 위주의 음반사들이 위기에 처한 것처럼 기존 TV 사업자들도 이들 인터넷 기업에 자리를 빼앗길 수 있다는 우려가 커지고 있다.

229) 출처 : 스마트 TV OS 선점을 위한 경쟁, 스트라베이스, 2015.1.19.
230) 출처 : 중앙일보. 2014.7.22.를 중심으로 재구성
(http://article.joins.com/news/article/article.asp?total_id=15322533&cloc=olink|article|default)

2013년 애플TV, 구글의 크롬캐스트가 선보인 데 이어 2014년에는 아마존의 파이어TV가 등장했다. 특히 넷플릭스를 기반으로 빠르게 성장한 일본의 셋탑박스인 로쿠(Roku)도 가세했다. 넷플릭스의 TV 진출을 위한 교두보로 평가받는 서비스인데, 초소형 셋톱박스를 설치하거나(애플TV · 파이어TV), USB 모양의 작은 막대장치를 TV에 꽂으면(크롬캐스트 · 로쿠) 자신의 모바일 안에 있는 동영상 콘텐트를 TV로 옮겨 볼 수 있게 해주는 것이다. 이를 활용함으로 인해 넷플릭스나 훌루 같은 OTT 서비스, 유튜브가 제공하는 방송 · 영화 · 게임 · 음악 등 온라인 콘텐트를 대형 TV 화면으로 볼 수 있게 되는 것이다.

로쿠 뿐 아니라 셋톱 박스형의 스마트 TV로 2008년 6월부터 박시(Boxee)라는 명칭으로 무료로 제공하는 소프트웨어를 이용하여 다양한 스마트 TV 서비스를 이용할 수 있게 시작한 것도 있다. 이후 2010년 말 리눅스 기반의 셋톱박스인 '박시 박스(Boxee Box)'를 출시하였으며, 소셜 네트워킹을 적용해 '친구(friend)' 관계를 맺은 사람들끼리 사진을 공유하거나 동영상을 추천할 수 있게 해주는 등의 특징적 서비스도 제공하였다. 나아가 2013년부터 박시는 방송 튜너를 탑재해 지상파방송을 무료로 실시간 시청할 수 있고, 이를 무제한 녹화할 수 있는 DVR 기능을 추가한 '박시 TV(Boxee TV)'를 공개했으나, 2013년 7월 삼성전자에 인수되었다.

마이크로소프트는 자사의 콘솔(비디오) 게임기기인 XBOX를 이용한 셋톱 박스형 스마트 TV 서비스를 제공하고 있는데, '엑스박스 라이브 골드(Xbox Live Gold)'라는 유료 회원에 가입함으로써 이용할 수 있게 하고 있다. 2008년 11월부터 넷플릭스를 비롯하여 훌루 등의 동영상 서비스 제공업체들과 제휴했으며, 2009년 트위터와 페이스 북, 2010년 ESPN, 영국의 Sky TV, 프랑스 Canal+, 호주의 Foxtel 등 대형 방송 네트워크 사업자와도 제휴해 실시간 방송 서비스를 제공하고, 서비스 가능한 콘텐츠를 지속적으로 확대시켜 오고 있다.

국내에서는 인터넷 포털 사업자인 다음(daum)이 2012년 4월 스마트 TV 기능을 탑재한 셋톱박스인 다음TV+ 를 출시했다. 온라인 동영상 서비스 'TV팟'을 통한 콘텐츠 공급과 '다음 클라우드'를 활용한 기기 간 콘텐츠 연동 기능 등을 구현했다. 다음TV+는 셋톱박스만 구입하면 별도의 월정액 요금 없이 콘텐츠 이용이 가능하다는 장점이 있었으나, 셋톱박스를 구입할 만한 매력적인 콘텐츠가 없다는 것이 한계였다.

특히 셋톱박스 형 스마트 TV 시장에서 2013년 전체 미국 셋톱박스 시장의 46%를 차지한 로쿠라는 셋톱박스의 전략에 관심을 가져볼 필요가 있다. 로쿠의 전략은 소프트웨어에 집중한다는 것인데, 일반적으로 TV 사용자들은 TV 구입 후 약 1년6개월이면 교체하고 싶어 하는 것으로 알려지는 등 하드웨어에 대한 선호주기가 짧은 반면, 소프트웨어는 정기적으로 업데이트 해줄 수 있다는 장점을 가지고 있다. 따라서 물리적인 기계의 고장이나 피할 수 없는 하드웨어 구형화 현상은 계속 안고가기 힘들다는 판단에 따라 하드웨어는 제조사와 제휴해 해결하는 전략을 선택했다. 이는 자체 TV를 내놓을 것으로 예상되는

TV 제조사들이나 애플과 전혀 다른 전략인데, 로쿠는 스마트 TV 소프트웨어 공급사의 지위에 만족함으로써 로쿠만의 독특한 브랜드 이미지는 포기하는 대신 글로벌 제조사의 하드웨어 경쟁력과 값싼 가격정책을 선택한 것이다.

이처럼 새로운 서비스용 장치들은 낮은 가격 경쟁력을 강점으로 활발히 시장에 진입하고 있다. 미국 내 크롬캐스트의 가격은 35달러(약 3만5900원), 로쿠 스트리밍 스틱은 49달러(약 5만3100원)다. 2014년 5월 국내에 출시된 크롬캐스트도 대당 4만9900원 정도의 가격대를 형성하고 있다. 따라서 웬만하면 유료 방송 요금이 100달러를 넘기는 미국에서는 케이블방송을 끊고, 이들 OTT 서비스로 갈아타는 일명 '코드 커팅(cord cutting)' 현상도 나타나고 있다. 2011년에서 2013년까지 2년 동안 미국에서 유료 방송 가입자는 760만 명 감소한 반면 같은 기간 넷플릭스 가입자는 1,390만 명 늘었다. 유료 방송이 일대 위기감을 느끼는 이유다.

이처럼 통신과 방송의 시장 경계가 모호해지면서 모바일 기기와 연동해 자유롭게 콘텐츠를 소비하는 셋톱박스 시장이 활짝 열리면서 다양한 사업자들의 참여가 줄을 잇고 있다. 기존 셋톱박스 시장은 유료방송업체 중심으로 구성돼 진입 장벽이 높았지만 애플과 구글, 아마존, 인텔 등 글로벌 IT기업이 스트리밍 서비스를 중심으로 관련 제품을 내놓고 있기 때문이다. 기존 셋톱박스 시장 역시 온라인영상서비스(OTT)를 기반으로 새로운 성장 동력을 마련하기 위해 노력하고 있다.

전 세계에서 가장 큰 규모의 셋톱박스 시장은 미국이며, 셋톱박스 최대 수요처는 케이블과 네트워크 서비스 업체이다. 전통적인 개념의 셋톱박스 시장은 모토로라와 시스코가 전체 수요의 절반 이상을 공급하는 과점 경쟁구조를 형성하고 있고 중국 스카이워스 디지털, 영국의 페이스, 중국의 지우저우 등이 주도하고 있다. 시장조사업체 아이서플라이에 따르면 전통적인 셋톱박스 시장의 연간 출하량이 2016년에 들어서면서 4년 만에 처음으로 꺾일 것으로 예측되고 있다.

하지만 애플, 구글, 아마존 등의 인터넷 시장의 거물 기업들이 OTT 기반 스트리밍 셋톱박스를 새롭게 내놓으며, 새로운 성장 동력으로 자리매김하고 있다. 시장조사업체 Parks Associates에 따르면 2013년 미국에서 판매된 셋톱박스 중 일본 업체인 로쿠의 스트리밍 셋톱박스가 46%를 차지, 애플의 셋톱박스 '애플TV'의 26%를 크게 앞선 것으로 나타났다. 그러나 세계 시장에서는 애플이 로쿠를 앞섰는데, 로쿠가 800만대 판매된데 반해 애플은 애플TV 2000만대를 판매함으로써 글로벌 시장에서는 앞선 바 있다. 이외에 스틱형 동영상 플레이어인 구글 '크롬257캐스트'도 출시 6개월 만에 로쿠의 2013년도 판매량만큼의 판매 실적으로 올렸다.

물론 국내 OTT 시장은 미국에 비해 제한적이다. 유료 방송 요금이 저렴한 한국에서는 당장 미국 같은 코드 커팅은 없을 것으로 예상되나, 다양한 OTT 제품이 출시되고 콘텐트 종류와 분량이 늘면 젊은 층을 시작으로 코드 커팅이 일어날 수도 있을 것으로 예측된다. 국내 디지털TV 셋톱박스 시장은 2013년부터 시작된 암흑기를 지나 새로운 도약을 준비하고 있다.[231)]

국내외를 막론하고 신규 인터넷 거물들의 스마트 TV나 셋톱박스 시장에의 진출은 결국 스마트 홈 시장에서의 주도권 확보를 위한 전략이고, 이들의 판단은 스마트 홈이 향후 ICT 경쟁구도를 변화시킬 '新성장동력'으로 평가하고 있기 때문이다. 기존 주력 시장인 스마트 폰 시장이 샤오미, 비보(vivo) 등 중국의 신규 플레이어의 스마트 폰 시장 가세로 삼성과 애플의 스마트 폰 양 강 체제가 붕괴되고, 포화 상태에 이르렀다. 더불어 점차 경쟁이 심화되어 감에 따라 구글, 애플, 삼성 등 주요 글로벌 IT 사업자는 새로운 수익원을 확보하기 위한 전략 시장의 하나로 스마트 홈을 인식하고 새로운 시장 개척에 적극 노력하고 있다. 특히 구글의 알렉사 등 음성인식 기술을 활용한 로봇이나 기존 가정용 전자제품에 음성인식과 인공지능 기술을 활용함으로써 스마트 홈의 허브(Hub)로서의 기능할 하게 하는 등 스마트 홈 분야에서 다양한 단말들이 등장하고 있기도 하다.

그림 3-58 스마트 홈 서비스 진화 단계[232)]

3 모바일 기기의 확산 - 스마트 폰(Smart Phone)

모바일 단말은 무선망과 연결되고, 이동 중 사용이 가능한 모든 단말기를 일컫는다. 전화기능을 갖춘 모바일 폰, 태블릿, 지도를 통한 위치 안내 서비스를 제공하는 네비게이션(Navigation), 이동하면서 게임을 즐길 수 있는 게임기, 음악을 재생하는 MP3 플레이어(Player), 전자수첩, 심지어는 자동차, 스마트 워치, 스마트 그래스 등도 모바일 단말기의 일종으로 볼 수 있다.

231) 출처 : 전자신문. 2014.8.21.일자를 중심으로 재구성
232) 출처 : 구글, 애플, 삼성의 스마트 홈 3파전, KT 경제경영연구소. 2015.1.20.

이 처럼 다양한 모바일 단말은 그 기능적 측면에서 융·복합 현상을 보이며, 새로운 단말기 시장을 형성하고 있다. 특히 모바일 폰에 PC기능이 추가되고, 단말기를 통해 다양한 기능들을 수행할 수 있게 지원해주는 운영체계(Operating System)를 갖춰 사용자가 임의의 원하는 프로그램을 설치할 수 있는 스마트 폰이 시장의 흐름을 혁신적으로 바꾸고 있다.

애플이 2007년 1월, 'Apple reinvents the phone(애플이 전화기를 재발명 했습니다)'라는 문구를 앞세워 아이폰(iPhone)을 발표했다. 이 후 아이폰에서 촉발된 모바일 폰의 스마트 화 경쟁은 전 세계 이동통신 서비스 사업자, 단말기 제조업자, 운영체계 제공사업자 등 관련 산업의 가치사슬에 폭발적인 패러다임 변화를 유발하였다. 그러나 스마트 폰의 혁신에서 기술적으로는 새로울 것이 없다. 그 동안 PC와 다른 모바일 기기를 통해 충분히 발전된 기술이 이해관계 해소와 발상의 전환이 이뤄지지 못해서 휴대폰에 적용되지 못했던 것이다. 그것이 한꺼번에 적용되면서 짧은 시간에 많은 변화가 생긴 것이 결국 '스마트 폰 혁신'으로 인식되는 패러다임의 변화가 된 것이다.

스마트 폰의 발전 방향은 일정 수준까지 PC기술의 진보를 따라가는 것으로 정확히 일치했다. 발전 방향은 계속적으로 성능을 높이는 방향으로 나아갔다. 사진 촬영을 위한 카메라를 후면과 전면에 하나 씩 장착하는 것을 비롯해 위치 정보 파악을 위한 GPS, 가속도 센서, 조도 센서, 마이크를 통한 사운드 센서가 탑재되었고, 이들 센서를 자유롭게 이용할 수 있는 서비스개발키트(SDK)를 통해 매력적인 앱을 개발 할 수 있게 했다. 결과적으로 스마트 폰은 점점 주위의 모든 환경을 지능적으로 인식하고 연산해서 서비스를 제공 할 수 있는 만능기기로 발전한 것이다. 이것이 또 다른 스마트 폰 혁신의 트렌드가 되었다.

스마트 폰의 운영체계는 PC 운영체계보다 더 발전되어 가고 있다. 직관적으로 보고 느낄 수 있는 그래픽 유저 인터페이스(GUI)와 터치 스크린(Touch Screen)을 이용해 끌고 돌리고 넓히는 조작 기술이 적용되었을 뿐 아니라 음성 인식과 인공 지능 기술을 포함한 비서 시스템인 시리, 코타나 기술이 키보드 입력 대신 음성으로 조작 할 수 있는 가능성을 제공하고 있다. 향후에는 SF 영화에 나오는 인공 지능처럼 운영체계 스스로가 지능을 가지고 능동적으로 사용자에게 말을 걸고 교감하며 감정을 드러내는 식으로 발전하는 것도 기대해 볼 수 있다. 개인화 된 비서 시스템은 궁극적으로 진짜 인간형 비서처럼 완성되면서 새로운 혁신을 만들 것이다.

스마트 폰 시장이 상향 평준화되고, 이익률이 저하되어 감에 따라 모든 회사들이 새로운 혁신 기술을 찾고 있는데, 이 분야가 바로 디스플레이 분야이다. 스마트 폰을 켰을 때 가장 직관적으로 보이는 것이 화면이며, 어떤 빠른 연산과 미려한 인터페이스도 화면을 통해 표시되기 때문이다. 가장 장래에 도입될 것으로 예상되는 혁신은 자유롭게 휠 수 있는 플렉서블 디스플레(flexible display)이다. 이것은 두루마리처럼 말아서 가지고 다니다가 펴도 손상 없이 사용할 수 있고, 종이처럼 접거나 휘게 할 수 있는 매우 유연한 디스플레이를 의미 한다.

여기서 더 나아가 애플이 양면 디스플레이 특허를 등록했는데, 모션 제어 양면 디스플레이 포터블 미디어 디바이스(Motion Controllable Dual Display Portable Media Device)로, 스마트 폰의 앞면과 뒷면 모두를 디스플레이로 사용할 수 있는 방향으로 진화할 수도 있을 것으로 예상된다. 앞면은 비디오 등 전력 소모가 많이 들어가는 영화나 게임이, 뒷면에는 책이나 e-Mail이나 전화나 문자를 보낼 때 전력 소모가 덜 들어가는 전자 종이 디스플레이로 활용할 수 있을 것이다.[233)]

그림 3-59 벤더블 디스플레이 스마트 폰((Bendable Display Smart Phone)

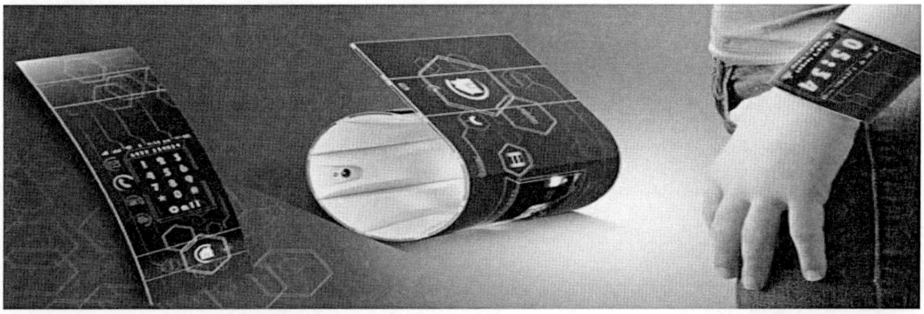

현재까지 출시된 단말기 뿐 만 아니라 향후 출시될 단말기들의 디자인, 편의성 등 감성적인 측면에서도 스마트 폰 단말기 간 격차는 점차 감소되어 갈 것으로 예상되고, 사용상에 있어서 소비자가 느끼는 미묘한 차이와 브랜드 그리고 앱 스토어(App Store)를 통한 확장성 등의 격차 축소가 단말기 경쟁을 위한 과제가 될 것으로 보인다.

스마트 폰은 애플에서 아이포드-아이튠스(iPod-iTunes)의 모델과 같은 가치사슬 연계형 사업 방식의 성공에 이은 후속작으로 음악 뿐 아니라 모든 장르, 형식의 콘텐츠를 거래할 수 있는 마켓(Market)을 연계하고, 단말기 자체에 다양한 처리 기능을 부가하여 제공함으로써 모바일 폰이 단순한 음성통화를 위한 기기가 아닌 다양한 콘텐츠나 응용 서비스를 위한 혁신적 가치를 제공한다는 측면에서 시장의 반향을 일으키면서 시작되었다. 그 후 전자기기 제조사를 비롯하여 통신사업자들도 앞 다투어 모바일 폰의 스마트 화를 추진하였으며, 이는 곧 소비자 욕구의 변화를 촉발시키고, 소비자 욕구를 만족시켜주기 위해 더 다양한 기능과 서비스를 제공하여 사용자 간 혹은 단말기 간 상호작용을 극대화하는 방향

233) 출처 : 10년 내 스마트 폰의 미래 진화방향, 차원용, 2014.7.24.

의 서비스로 발전되어 가고 있다.

2016년도 방송매체 이용행태 조사에 따르면, 일상생활을 하는데 없어서는 안 된다고 생각하는 매체로 스마트 폰은 2015년 조사에서 TV를 제치고 1위로 부상한데 이어 2016년 조사에서는 55.5%로 TV(38.6%)와 격차를 더 벌려 일상생활의 필수 매체로 부상하고 있다.

그림 3-60 연도별 필수매체 인식변화[234)]

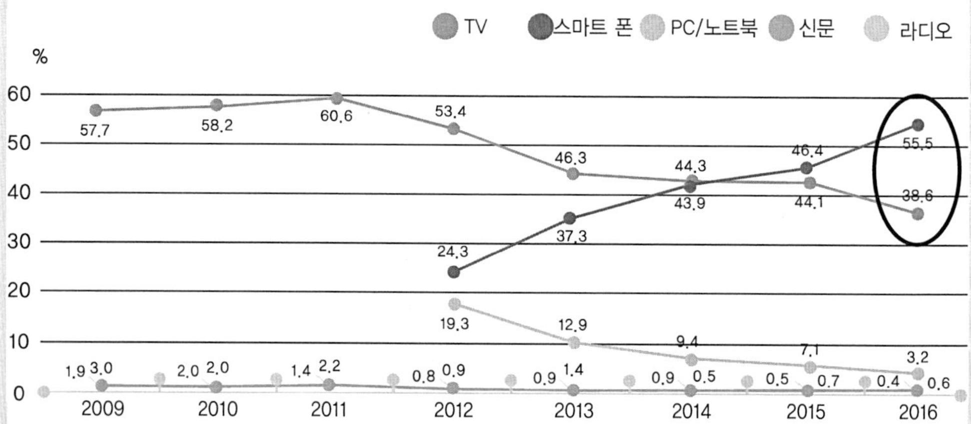

2016년 스마트 폰 총 출하대수는 14억 8,800만대이며, 이중 2억 9,530만대를 중국 제조사들이 차지했다. 또한 2016년도 제조사별 시장 점유율을 보면 1위와 2위는 2013년도와 동일하게 삼성과 애플이 차지했으나, 애플은 점유율은 2015년도대비 약 2%, 삼성은 1% 정도 줄어들었으며, 중국 화웨이가 2% 정도 증가하며 3위로 전년 대비 30% 이상의 증가를 보이고 있다. 그밖에 중국의 Oppo, vivo가 각각 전년 대비 100% 이상 증가하며 4, 5위를 차지하고 있다. 특히 중국의 Oppo사의 스마트 폰은 2016년도 4/4분기에 전 세계에서 가장 많이 팔린 것으로 집계되어 중국에서는 'Oppo의 반란'이라고 부르기도 한다. 중국 제조사들의 시장 확대로 기존 3~5위를 차지하던 화웨이, 오포, 비보 모두 연간 출하대수를 3000만대를 넘기며 성장하였고, 오포와 비보는 4,000~5,000만대 규모로 빠르게 성장하고 있다.

화웨이, 오포, 비보 모두 중국에서 판매량 상위를 차지하고 있는 회사들로 미국 시장과 동남아시아 시장 진출을 본격적으로 진행한다면, 성장세는 더욱 높아질 것으로 보여 삼성전자 입장에서는 더욱 힘든 싸움이 될 것으로 예상 된다.

234) 출처 : 2016 방송매체 이용행태 조사, 정보통신정책연구원, 2017.1.15.

표 3-38 전 세계 스마트 폰 제작사 별 판매 및 시장점유율 순위(2016년도)[235)]

Global Smartphone Vendor Shipments(Millions of Units)	Q4'15	2015	Q4'16	2016
Samsung	81.3	319.7	77.5	309.4
Apple	74.8	231.5	78.3	215.4
Huawei	32.6	107.1	44.9	138.8
OPPO	14.8	39.7	29.5	84.6
Vivo	13.3	39.0	25.6	71.9
Others	186.2	703.2	182.9	668.1
Total	403.0	1440.2	438.7	1488.2

Global Smartphone Vendor Marketshare(%)	Q4'15	2015	Q4'16	2016
Samsung	20.2%	22.2%	17.7%	20.8%
Apple	18.6%	16.1%	17.8%	14.5%
Huawei	8.1%	7.4%	10.2%	9.3%
OPPO	3.7%	2.8%	6.7%	5.7%
Vivo	3.3%	2.7%	5.8%	4.8%
Others	46.2%	48.8%	41.7%	44.9%
Total	100.0%	100.0%	100.0%	100.0%
Total Growth: Year-over-Tear(%)	6.0%	12.2%	8.9%	3.3%

스마트 TV와 스마트 폰을 비교해 보면 시장구조 측면에서, 스마트 폰의 경우 과거에 이동통신사업자 중심의 시장구조로 이동통신사업자가 단말기와 콘텐츠에 대한 통제력을 가지고 시장을 지배해 왔던 구조에서 애플의 앱 스토어 등장 이후 콘텐츠 장터의 개방화 추세로 인해 기존의 이동통신사업자들의 기득권이 소멸되어 가고 있으며, 특히 콘텐츠 개발자들이 대거 등장하였는데 이러한 현상은 스마트 TV에서도 동일하게 나타날 것으로 예상된다.

현재의 플랫폼을 제공하는 방송사들은 콘텐츠를 제작하는 제작사들과 대등한 역학관계가 조성될 것으로 예상된다. 특히 프리미엄(Premium) 콘텐츠의 경우는 공급자가 독점성을 강하게 가져가게 될 것이며, 이로 인해 플랫폼을 가진 방송사나 채널(Channel) 편성권을 가진 케이블 TV 사업자(SO: Service Operator)) 그리고 채널을 통해 콘텐츠를 제공하는 프로그램제공사(PP: Program Povider) 간에 콘텐츠 확보를 위한 다양한 협력이 진행될 것

235) 출처 : Strategic Analytics

으로 예상된다. 그리고 소비자의 욕구 측면에서 과거 TV는 수동적, 일방적 콘텐츠 소비행태를 보인 반면, 앞으로는 양 방향, 능동적 콘텐츠 소비 형태로 변화되어 갈 것으로 보이는데 과거 TV의 특성인 뒤로 기대어 시청(Lean Back)하던 소비행태가 앞으로 기울여(Lean Forward) 적극적으로 콘텐츠를 소비하는 행태로 변화되어 갈 것이다.

4 웨어러블(Wearable) 기기의 부상

가 웨어러블 기기의 현황

세계 ICT 기업들은 스마트 폰 시장이 성숙기로 진입하고 이로 인해 성장 둔화에 직면함에 따라 새로운 혁신을 통한 성장 동력 확보를 위해 다양한 시도를 하고 있는데, 이러한 시도들 중 가장 주목할 만한 변화가 바로 웨어러블 디바이스이다. 웨어러블 디바이스는 모바일 기기 성능의 향상, 새롭고 보다 편리한 기능과 서비스에 대한 소비자의 욕구, 그리고 새로운 사업기회를 모색하고자 하는 ICT 기업들의 노력, 관련 기술의 발전, 소비자가 기꺼이 지불할 수준의 경제성, 그리고 관련 산업에 대한 정부의 규제 등이 맞물려 등장한 차세대 모바일 기기이며, 더불어 확산을 위해서는 이들 성공조건이 만족되어야 할 것이다.[236]

초기에는 시계, 안경, 의류 등의 형태로 '휴대에서 착용'으로 단말기의 형태 변화를 추구하였으며, 현재까지는 시작 단계의 시장이고, 향후 IoT(사물인터넷, Internet of Things)라는 신 개념 인터넷 서비스와 융합하여 보다 진보된 다양한 기기로 발전할 것으로 전망되고 있다.

특히 인터넷을 기반으로 가장 빠른 기술 발전을 보이고 있는 분야는 바로 웨어러블 디바이스 분야다. 웨어러블 디바이스에 적용되는 기술은 매우 다양한데, 이는 각 분야의 첨단기술이 응집된 융합의 결과물로 볼 수 있다. 사물인터넷 기술과 융합된 형태의 웨어러블 기기는 앞으로도 꾸준히 발전할 것으로 보인다.

특히 스마트 워치 시장이 급속도로 확대될 것으로 보이는데, 사용자들이 편리하게 사용하는 기능들이 탑재된다면 더욱 활성화 될 것이다. 또한 스마트 밴드에 대한 인지도가 향상되면서, 글로벌 비즈니스 확대가 기대되고, 스마트 글래스의 대표주자인 구글 글래스 정식 출시 이후 시장이 크게 변화할 것으로 보이지만, 더딘 성장이 진행될 것이라 전망된다. 하지만 삼성전자를 비롯한 대기업의 웨어러블 디바이스 시장 진입으로 인해 시장은 꾸준히 발전 중이며, 기기를 비롯한 관련 서비스, 콘텐츠 등의 등장이 확대되어 갈 것으로 예상된다.

---

236) 출처 : 웨어러블 기기의 부상과 성공조건, 삼성경제연구소, 2013.5.24. 및 2013 정보통신산업 동향. KISDI. 2013.12.을 재구성

그림 3-61 웨어러블 디바이스별 출하량[237)]

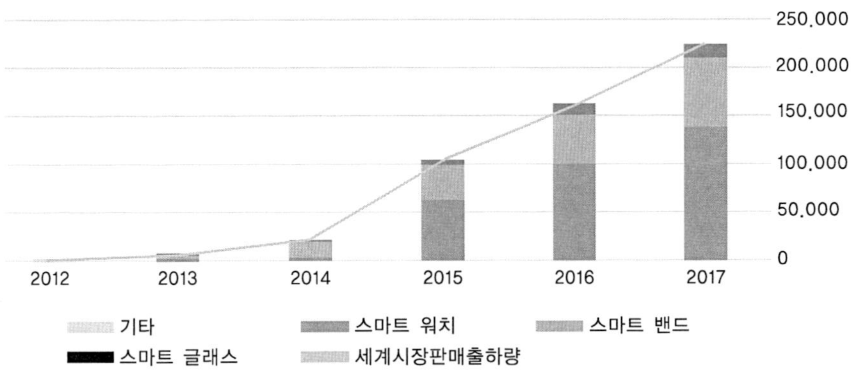

웨어러블 디바이스는 기존의 제조업체뿐만 아니라, 의류 또는 각종 장비를 생산하는 다양한 분야의 기업들도 관심을 보이는 영역이 되고 있으며, 이로 인해 산업의 전 영역으로 확대되는 양상 또한 나타나고 있다.

신생기업인 Allerta는 손목 시계형 웨어러블 디바이스인 Pebble SmartWatch를 선보이고 시장에서 주목을 받았으며, 이 외에도 클라우디오스, 라이브뱁 등 다양한 벤처기업들이 혁신적인 아이디어가 반영된 제품으로 시장에 진입하고 있다.

기존의 글로벌 기업인 나이키, 구글, 애플, 삼성전자, 소니 등도 각각 웨어러블 기기들을 선보였다. 기존의 기업들은 의류, 스포츠 용품, 인터넷 서비스 등 전통적인 자사의 경쟁 분야를 새로 출시한 웨어러블 기기와 연동시켜 이용자 효용을 향상시키려는 전략을 추구하는 반면, 신생 기업들은 세상에 없던 새로운 기기와 서비스를 제공함으로써 새로운 시장을 창출하려는 전략을 추구한다는 특징이 있다. 웨어러블 디바이스는 미래의 ICT 생태계에 큰 영향을 미칠 수 있는 분야로 제조업 및 서비스 분야의 경쟁 구조에 상당한 변화를 야기할 것이다. 미래 기술로 각광받고 있는 IoT 분야를 선도할 수 있는 ICT 기기로 앞으로도 가파른 성장이 예상되며, 스마트 폰에 이어 차세대 ICT 기기로서의 지위를 획득할 수 있을 것이다.

대표적인 밴드형 웨어러블 디바이스인 핏빗(fitBit)이 회사를 설립한 것은 2007년이지만 실제적으로 사람들에게 웨어러블 밴드를 인식시켰던 제품은 애플과 나이키가 합작한 나이키+ 퓨얼밴드(Fuel Band) 였다. 손목에 차고 운동량을 측정할 수 있게 해 주는 대표적인 웨어러블 디바이스였던 나이키의 퓨얼 밴드와 비슷한 제품인 핏빗(Fitbit), 조본(jawbone), 샤인(Shine) 등을 중심으로 2013년과 2014년에 수 많은 유사 제품들이 쏟아져

237) 출처 : Yano Research, 2014.10.

나왔으며, 가격도 100달러대에서 20달러대의 중국 제품에 이르기까지 다양한 가격대를 형성하였다.

시계형 웨어러블 디바이스의 경우 2012년7월 소니에서 스마트 워치(Smart Watch)라는 제품명으로 시장에 발 빠르게 대응했지만 출시 후 곧바로 실패했고, 2013년 두 번째 제품인 스마트 워치2(Smart Watch 2)를 내놓았지만 시장의 반응은 좋지 못했다. 오히려 킥 스타터에서 목표금액인 10만 달러를 훨씬 넘겨 1000만 달러를 달성한 스마트 워치 페블(Pebble)이 가장 성공적이었다.

삼성전자에서는 2013년에 애플보다 먼저 출시하는 것을 강조하면서 갤럭시 기어(Galaxy Gear)를 내놓았고, 2014년에는 이의 후속 모델인 갤럭시 기어 S2(Galaxy Gear S2)와 밴드형 신제품인 기어 핏(gear fit), 2016년에는 타이젠 운영체계를 사용하는 기어 S3를, 애플도 2세대 아이워치(iWatch)를 출시하였다. 스마트 폰에 이어 전 세계적으로 붐을 일으켰던 스마트 워치가 2016년을 기점으로 고점을 찍으며, 본격적인 성장 둔화세에 돌입하고 있는데, 스마트 워치 시장이 크게 확대되지 못했던 것은 스마트 워치가 IT 기기로 차별화된 기능을 인정받지 못했기 때문이다. 스마트 워치의 일부 기능이 편리하기는 해도 한정돼 있는데다가 스마트 폰과 따로 떼어놓고 생각할 수 없는 값비싼 보조 디바이스에 그치고 있다는 인식이 팽배한데다, 단순 패션 아이템의 하나로만 인식된 점과 작은 화면, 불편한 입력 장치, 배터리 용량의 한계 등도 시장을 확산하지 못한 걸림돌로 작용했다.

하지만 이러한 한계를 돌파하기 위해 구글은 스마트 워치용 운영체계인 안드로이드 2.0을 출시하였다. 이는 구글 스토어를 통해 직접 앱을 다운받을 수 있으며, 인공지능(AI) 음성인식 비서 서비스인 구글 어시스턴트(assistance)가 탑재되었다. 따라서 사용자가 궁금한 것을 물어보면 즉각 답을 들을 수 있고, 음성 명령으로 음악을 재생하고, 날씨 정보 등을 확인할 수 있다. 안드로이드 2.0을 탑재한 스마트 워치는 LG전가가 LG워치라는 이름으로 스포츠와 스타일 두 제품을 가장 먼저 출시한다. 201년에 출시된 'LG워치 스포츠'는 LTE 통신 기능을 갖춰 스마트폰 없이도 독립적으로 사용할 수 있고, 구글스토어를 내장하고 있어 스마트 폰에 연동하지 않고도 앱을 직접 내려 받을 수 있다. GPS칩으로 위치확인, 길 안내 등도 가능하게 하고 있다. 이외에도 중국의 화웨이는 1.4인치 원형 디스플레이에 LTE 통신 기능을 갖춘 '화웨이 워치2'를, 일본 소니는 '스마트 워치4'를 출시하는 등 시장을 확대하기 위해 지속적으로 새로운 제품을 선보이고 있다.

표 3-39 2016년도 스마트워치 시장규모[238)]

Global Smartwatch Vendor Shipments(Millions of Units)	Q4'15	2015	Q4'16	2016
Apple	5.1	13.6	5.2	11.6
Samsung	1.3	2.7	0.8	2.4
Others	1.7	4.5	2.2	7.1
Total	8.1	20.8	8.2	21.1

Global Smartwatch Vendor Marketshare %	Q4'15	2015	Q4'16	2016
Apple	63.0%	65.4%	63.4%	55.0%
Samsung	16.0%	13.0%	9.8%	11.4%
Others	21.0%	21.6%	26.8%	33.6%
Total	100.0%	100.0%	100.0%	100.0%
Total Growth: Year-over-Tear(%)	315.6%	352.2%	1.2%	1.4%

시계형 웨어러블 디바이스와 밴드형 디바이스 외에도 여러 형태의 제품들이 선보였는데 특히 주목할 만한 제품이 바로 구글에서 내놓은 안경형 제품인 구글 글래스(google glass)이다. 혁신적인 형태와 스마트 폰에 맞먹는 컴퓨팅 파워 등을 갖추었지만 디자인에서의 문제점, 배터리의 사용 시간등 해결해야 할 부분은 아직 많이 남아 있다. 구글 글래스 외에도 신발, 장갑, 악세서리, 운동복 등 다채로운 폼팩터(form factor)를 가진 웨어러블 디바이스가 등장했지만 어느 제품도 시장을 선도하면서 주류시장을 형성하지는 못 했다. 오스터하우트 디자인 그룹(Osterhout Design Group)이 2017년에 AR과 VR을 동시에 이용할 수 있는 스마트 글래스를 공개했는데, 이것은 홀로렌즈처럼 AR 및 TV 애플리케이션 구동을 위해 컴퓨터를 내장하고 있어, 스마트 글래스를 착용한 사용자들은 실제 배경 위에 떠다니는 이미지로 표시되는 3D 물체들과 상호작용할 수 있는 특징을 가지고 있다. 이처럼 구글에 의해 시작된 글래스(Glass) 형 웨어러블 기기는 여러 가지 기술적 문제들로 아직은 대중화되지 못하고 있으며, 이를 보완하기 위해 가상현실, 증강현실 콘텐츠 서비스 등과 연계된 다양한 기기가 HMD형태로 개발되고 있는 것이 현재의 추세이다.

2014년에 기대를 모았던 Apple Watch가 발표된 이후 시장에서는 웨어러블(Wearable) 시장에 대한 기대는 매우 긍정적이었다. 구글의 웨어러블 전용 플랫폼인 Android Wear가 공개되면서 이를 탑재한 제품들이 속속 등장했을 뿐 아니라 모바일로의 산업 변화에서 주춤했던 마이크로소프트(Microsoft)와 인텔(Intel)과 같은 기업들도 웨어러블 시장에 가세했고, 심지어 아마존은 자체 스토어에 웨어러블 상품 카테고리(Category)까지 별도로 만드는 등 새로운 시장을 열어 갈 수 있을 것으로 여겨졌다. 그러나 웨어러블 디바이스의 현재 위치를 어댑션 커브(Adaption Curve)로 보면 캐즘(Chasm) 상황에 있다.

238) 출처 : Strategic Analytics

그림 3-62 웨어러블 디바이스의 라이프사이클[239)]

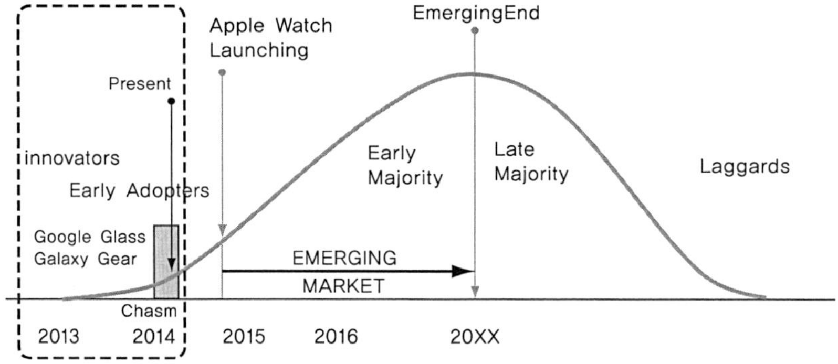

모든 IT 제품은 초기 이노베이터(innovator)와 얼리 어댑터(early adapter) 이후에 더 이상 판매가 증가되지 않고 정체되는 캐즘을 넘어서야 주류 시장으로 성장 할 수 있는데, 웨어러블 디바이스가 캐즘을 벗어나지 못하고, 배터리 용량과 사용 시간, 발열에 대한 처리, 방수와 내구성 문제 등 해결해야 할 많은 과제가 산적해 있는 것이 현실이다.

그림 3-63 웨어러블 기기를 구매하지 않는 이유[240)]

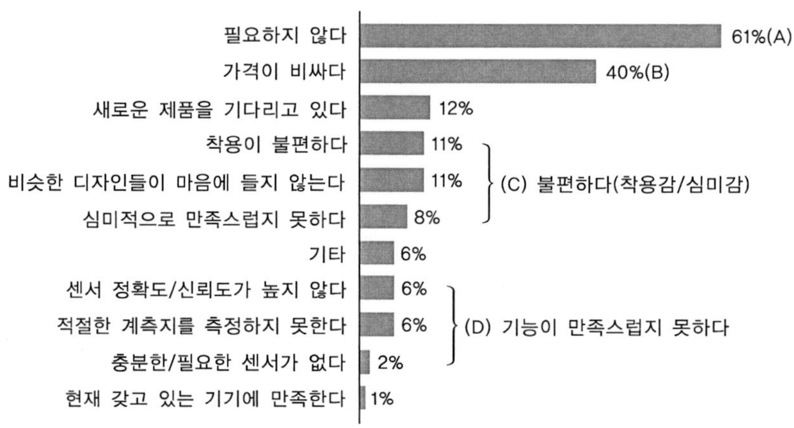

이처럼 웨어러블의 대표적 주자로 인식되었던 스마트 워치가 시장 둔화세에 접어들

239) 이하 본문 및 그림 출처 : 2015 웨어러블 디바이스 시장 예측, KT경영연구소, 2014.12.3.
240) 출처 : AlphaWise, 2014.(중복 응답)

면서, 한편에서는 스마트 워치 이후에 귀에 착용하는 형태의 웨어러블이 시장트랜드를 견인한 것이라 예상하고 있다. 귀에 착용하는 컴퓨터라 불리는 '히어러블(Hearable)'의 스마트 보청기, 피트니스(Fitness) 히어러블, 증강(Augmented) 히어러블 등으로 나누어 발전되고 있다. 손목형 웨어러블인 스마트 워치보다는 생체 데이터 수집이 더 용이하다는 점과 최근 인공지능 시장의 성장과 함께 증가하고 있는 음성인식 기술의 발달 및 보이스(Voice) 콘텐츠의 수요 증가나 음악 스트리밍이라는 킬러 앱(Killer App) 등의 성장과 함께 더욱 주목받는 웨어러블 단말로 등장하고 있다.

그림 3-64 차세대 웨어러블로 부상한 '히어러블(Hearable)'의 주요 사례[241)]

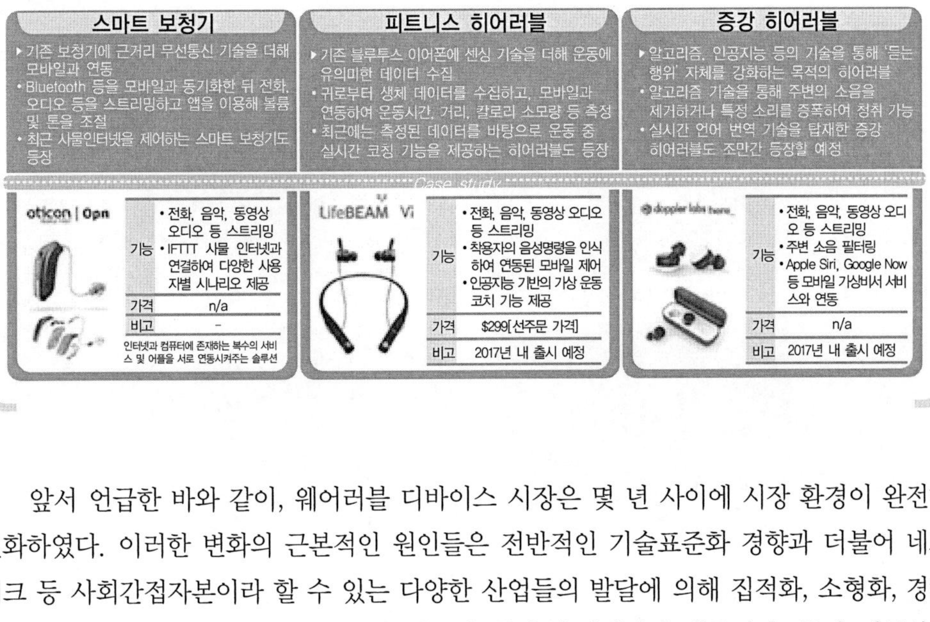

앞서 언급한 바와 같이, 웨어러블 디바이스 시장은 몇 년 사이에 시장 환경이 완전히 변화하였다. 이러한 변화의 근본적인 원인들은 전반적인 기술표준화 경향과 더불어 네트워크 등 사회간접자본이라 할 수 있는 다양한 산업들의 발달에 의해 집적화, 소형화, 경량화 되었으며, 저 전력소비로 과거보다 제조가 훨씬 용이해졌기 때문이다. 특히 애플워치의 등장으로 손목에 착용하는 형태의 웨어러블 디바이스의 경우 애플과 구글로 양분되었으며, 이전에 핏빗과 같은 시장 플레이어들은 저가형 중국 제품과의 가격 경쟁을 해야 하는 처지에 놓여 있다.

또한 기술 표준의 경우, 스마트 워치 시장은 스마트 폰과 같이 애플 iOS와 안드로이드 OS 기반으로 양분되어 성장할 것으로 예상되고 있다. 따라서 스마트 워치 시장이 더 성장해 나가기 위한 조건 중의 하나로 애플 이외에는 독자적인 OS로 시장을 확대하기에는 한계가 있으므로 다양한 디바이스와의 호환성 문제를 해결하는 것이 시장 확대에 도움을 줄 것이다.

---

241) 출처 : 차세대 웨어러블로 부상한 히어러블의 주요 사례와 시사점, 스트라베이스, 2017.2.9.

나 웨어러블 디바이스 시장의 분화

웨어러블 디바이스는 1996년에 개봉된 '마이너리티 리포트(Minority Report)'라는 영화에서 최초로 선 보였다. 톰 크루즈(Tom Cruise)가 주연했던 이 영화는 2054년의 미래를 배경으로 한 공상과학영화로, 주인공이 최첨단 장갑을 끼고 손동작으로 컴퓨터를 작동하는 모습을 통해 공상 과학으로만 여겨져 왔다.이 영화 개봉 이후 10여 년이 지난 현재, 'Thalmic Labs'가 개발한 MYO(Greek의 어원인 Muscle(근육)에서 따온 용어)는 팔에 착용하고 근육의 움직임을 통해 컴퓨터 혹은 전자 장비를 작동할 수 있는 기기로, 50년 후에나 가능하리라 여겨졌던 기술이 곧 실현 가능하게 될 것이라는 것을 보여주는 계기가 되었다.

그림 3-65 '미션 임파서블' 영화에서의 웨어러블 디바이스[242)]

〈미션임파서블(2000)〉

〈미션임파서블 4(2011)〉

〈미션임파서블(1996)〉

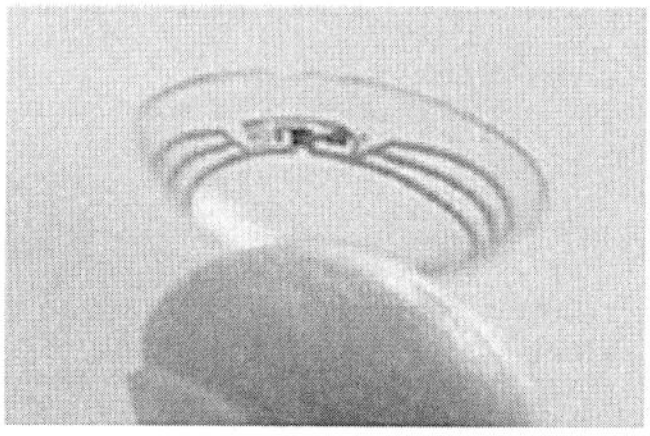
〈구글 콘택렌즈〉

1980년에 소니의 전자계산기 워치로 시작된 웨어러블 디바이스는 애플의 아이워치(iWatch)나 구글 글래스(Glass)의 등장으로 새로운 전기를 맞이하고 있다. 웨어러블 디바이스의 용도는 현재까지 건강관리, 정보나 오락 분야의 콘텐츠 이용으로 양분되어 있었는데, 스포츠나 피트니스(Fitness), 건강관리 분야의 비중이 큰 반면, 스마트 안경 등을 통해 상시 촬영이나 증강현실 서비스 등의 콘텐츠 서비스 분야는 관련 앱의 개발이 어느 정도 이루어질 것인가에 따라 그 성패가 좌우될 것으로 전망된다. 더불어 구글이 조사한 자사 글라스의 활용도 조사 결과 교육, 게임, 번역과 관련된 수요가 많음을 확인한 바 있다.[243)]

242) 출처 : http://www.geeksugar.com/
243) 출처 : 네이버 트랜드 지식사전

웨어러블 디바이스의 기능 중 가장 범용적인 기능은 커뮤니케이션 기능, 건강관리, 스케쥴이다. 이제까지 초기 웨어러블 디바이스 시장을 주도한 기기들 대부분 이 범주의 기능을 메인 기능으로 가지고 있었고, 앞으로도 마찬가지일 것이다. 이러한 범용 기능 외에 전문기능의 웨어러블 기기들도 있는데, 혈당체크와 혈압을 재는 전문 의료 영역의 기기들, 엔터테인먼트나 게임에 이용되는 기기 등 범용 기능을 제외한 영역의 서비스를 제공하는 웨어러블 디바이스들이다. 앞으로 웨어러블 기기는 의료, 건강, 스포츠, 엔터테인먼트 등 다양한 분야에서 여러 형태로의 활용 가능성이 높은 기술임에 틀림없다. 그러나 지금까지의 웨어러블 디바이스 시장은 주류라 불릴만한 제품이 등장하지 않고 있다.

현재 해외에서 중소기업에 의해 진행되고 있는 웨어러블 단말기를 이용한 서비스 사례를 살펴보면[244], 먼저 웰니스(Wellness), 즉 개인 건강관리 서비스는 부가가치 영역의 개발 측면에서 가장 빨리 성장하는 웨어러블 디바이스 시장인 바, 서비스의 정확성과 차별화된 부가 서비스가 성장의 지속성을 결정할 중요한 분야이다. 웰니스 시장은 사용자가 자발적으로 웨어러블을 착용하고 운동량을 측정하면서, 서비스를 이용할 뿐만 아니라 원격 치료 서비스가 아니라는 점에서 규제에서 자유로워 관련기업 및 스타트업들의 진입이 활발한 분야이기도 하다.

시장 초기 러닝(running)과 걷기를 측정하는 팔찌형태의 웨어러블 디바이스가 주를 이루었으나 이후 의류, 신발, 모자, 등으로 종류가 다양해지면서 개성 있는 디자인과, 수영 및 축구와 같은 단체 운동까지 측정의 범위가 확대되고 있다. 이러한 가운데 웨어러블 디바이스의 측정수치의 정확성 여부가 강력한 차별화 요소로 부상하고 있으며, 운동기록 관리라는 기본기능 이외의 소셜 기능을 통해 목표달성 수준에 따라 리워드(Reward)를 제공하거나, 게임의 요소를 가미해 네트워크의 친구들과의 경쟁 및 참여를 이끌어내는 후방(Back-End) 서비스가 추가되고 있는 상황이다.

스마트 워치 제조 기업들도 스마트를 강조할 목적으로 피트니스 분야를 우선적으로 고려한 제품들을 선보이고 있다. 대표적인 스마트 워치 중 하나인 애플 워치만 해도 수영이나 테니스, 농구, 런닝 등 각종 스포츠 활동에의 활용을 위한 다양한 기능을 제공하고, 삼성전자의 기어S3 프론티어도 고도계나 기압계가 요구되는 아웃도어 분야에 맞춰져 있다. 또한 가민(Garmin)의 비보무브(VivoMove) 라는 제품은 시,분,초를 표시하는 바늘만 있을 뿐 숫자를 표시하는 액정 디스플레이는 없다. 대신 비보무브 내부에 운동량을 측정에 필요한 센서를 탑재해 놨다. 그래서 외형은 일반 시계와 다를 바 없지만 활동량 측정 기능에 더해 수면 모니터링도 가능하고, 저장된 데이터를 스마트 폰으로 전송해 다양한 정보를 확인할 수도 있다. 스마트 워치에 탑재된 심박 센서나 고도계, 기압계 같은 건 없지만 일상생활에서 필요한 기본적인 정보는 다를 바 없다.

244) 출처 : 웨어러블 디바이스의 새로운 기회를 찾아서, KT경제연구소(심수민), 2014.6.3.

그림 3-66 가민(Garmin)의 비보무브(VivoMove)

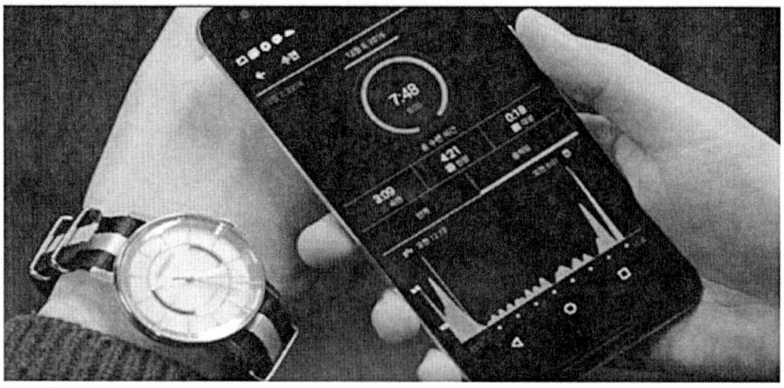

두 번째로 헬스케어(Healthcare) 분야로 저렴한 실시간 예방 의료 서비스의 대중화 측면이다. 환자의 개인 질병에 특화된 치료 솔루션을 제공하면서, 심미적으로도 거부감이 없도록 하여 일상생활에 쉽게 적용할 수 있게 도와주는 의류, 모자, 패치와 같은 웨어러블이 개발되고 있다. 미래 의료 환경의 핵심은 '치료'에서 '예방'으로 전환되고 있는바, 웨어러블 센서(Sensor)를 이용하여 정확한 측정이 가능하고, 클라우드(Cloud)에 환자의 실시간 상태를 저장하여 의사가 원격으로 모니터링(Monitoring) 할 수 있도록 지원하는 WHMS(Wearable Healthcare Monitoring System)에 대한 투자와 연구가 활발하게 진행되고 있다.

헬스케어용 웨어러블은 사용자가 일반인과 동일한 환경에서 육체적으로나 심리적으로 어려움 없이 일상생활을 할 수 있도록 고안되어야 하므로 디자인 면에서 일반 캐주얼 의류와 구분이 가지 않으면서 정확한 데이터 센싱(Sensing) 및 전송기능을 제공하는 기업들의 저렴한 웨어러블 제품들이 등장하여 치료효과를 기록하며 저변을 확대해 나가고 있는 실정이다.

그림 3-67 2014년 모바일 헬스케어 시장의 경쟁[245)]

플랫폼 사업자	
Google	• 헬스케어 서비스 Google Fit Platform 공개 • 10월 Google Fit 앱 출시 [Google Fit] 
Mayo Clinic의 Healthkit 통합형 	• Healthkit과 Health App을 공개 • 건강 데이터를 각종 3rd Party 앱을 통합하여 관리 가능/iOS8에서 헬스 앱 기본 제공 • 전문 헬스 장비 업체 Nautilus & 대형 의료기관 Mayo Clinic 등 HealthKit 지원 발표 • 생체신호 측정/원격진료가 가능한 Apple Watch 공개
f	• Facebook, 모바일 헬스 트래킹 앱 Moves 개발사 Proto Geo Oy 인수
Microsoft	• 피트니스 트래커 Band & 건강 관리 앱 Health 발표 [Microsoft Band] 

제조사	
SAMSUNG	• 다양한 바이오 센서를 모듈 형태로 포함시킬 수 있는 SAMI 헬스 플랫폼 기반 Open H/W "Simband" 공개 • SAMsung Digital Health Platform/SDK공개  [Simband]
mi	• 中샤오미, 피트니스 트래커 Mi Band 출시  [Mband]
lenovo	• 건강관리요 스마트밴드 SW-B100 출시

2017년 1월 17일(미국시간) 미국 캘리포니아주 샌프란시스코에 메디컬 스타트 업월 가입형 병원인 Forward가 설립되었다. 애플(Apple)의 오프라인(Off line) 매장과 유사한 인테리어를 갖춘 미래형 병원인 Forward의 경우 온·오프라인 진료 서비스를 제공하면서 진단 후 웨어러블을 통해 평상 시 건강관리 서비스도 제공한다는 점에서 미래 병원의 모습을 제시하고 있다.

Forward 병원은 자연어 처리 기술을 이용한 뉴스 큐레이션 서비스인 Wavii를 설립해 2013년 Google에 매각한 안드리안 오운(Adrian Aoun)이 설립한 병원으로, 월 가입형(149달러) 헬스 케어 서비스를 제공하고 있다. 예를 들어, Forward 방문 시 무인 안내데스크와 같은 데스크 뒤편에 있는 스캐너에 올라서면 스캐너의 센서가 방문 환자의 키, 몸무게, 심박수를 확인한 후, 해당 데이터를 Forward의 인공지능(AI) 시스템과 모바일 앱으로 전송하고, 인공지능 시스템은 해당 데이터를 수집해 기존 환자 데이터와 비교할 수 있도록 지원해 의사가 좀 더 빠르고 정확하게 진료를 할 수 있도록 하고 있다.

이후 대형 스크린이 있는 진료실에서 대형 스크린을 통해 의사가 방문 환자의 스캔 데이터(Scan Data), 혈액 데이터, DNA 분석 결과를 설명하면서 환자의 건강 상태를 알려주

245) 출처 : 2015 ICT 대전망 보고서, ROA컨설팅. 2014.12.

는데, DNA 테스트 역시 환자의 침 샘플을 제공하면, 협력 업체에서 바로 DNA를 분석해 제공하고, 의사는 해당 데이터에 기반 해 필요한 경우 환자 맞춤형 암 검진을 진행하는 형태를 취하고 있다. 진료가 끝난 후 Forward 병원이 승인한 웨어러블 단말을 통해 진료 후에도 건강 관련 활동량을 모니터링하면서 앱을 통해 24시간 의사나 간호사에게 필요한 것을 물어보거나 요청할 수 있는 서비스를 제공하고 있다. 모바일 앱에 환자의 의료 데이터와 검사 결과를 저장해 필요 시 바로 확인할 수 있도록 지원하는 등 새로운 형태의 헬스케어 서비스 분야가 활발하게 전개되고 있다.[246)]

또한 애플은 헬스케어를 애플 워치라는 웨어러블 기기에서 뿐 아니라 '건강' 앱을 출시하고, 애플 워치로부터 받는 건강 정보 외에 여러 센서에서 생성되는 정보들을 함께 받을 수 있는 서비스도 제공하고 있다. 애플은 단순한 웨어러블 기기보다 건강정보를 이용한 데이터 서비스 플랫폼을 만들고 있는데, 2015년에는 '리서치킷(ResearchKit)'이라는 프레임워크를 발표하였다. 자폐, 흑색종, 간질 등 특정 질병을 앓고 있는 환자들의 상태를 꾸준히 체크할 수 있으며, 얼굴 사진을 찍어 자폐증을 추적하거나 스마트폰의 동작 센서를 이용해 운동 신경에 대한 정보를 얻을 수 있게 하는 것이다. 또한 애플 워치뿐 아니라 아이폰 그 자체로 연구에 활용할 정보를 수집하는 기기로 활용하고 있다.

세 번째로 라이프 스타일(Life Style), 즉 사용자의 라이프 스타일 속에서 발견할 수 있는 다양한 틈새시장이 웨어러블 기술이 다가갈 수 있는 매력적인 블루오션으로 부상하고 있다. 1인 가구가 증가하면서 반려동물, 캠핑 등이 관심사로 등장하고 있으며, 이러한 트랜드에 사용자의 취미생활을 더욱 가치 있게 변화시킬 수 있는 아이템으로 주목받고 있다.

센서 기반의 운동량 기록장치인 Fitbark은 반려동물에게 웨어러블 밴드를 통해 건강관리 및 위치추적 서비스 등을 제공하며, Whistle은 개의 미아방지 목걸이인데, GPS가 내장되어 있어 실시간 위치 파악이 가능하며, 지정해 놓은 'Whistle Zone'에 반려동물이 진입하거나 벗어나면 핸드폰으로 알림을 전달하는 등 기본적인 위치 파악 기능 이외에도 반려동물의 활동량을 측정하여 주인에게 보여주는 기능도 제공하는 제품도 선보이고 있다. 이외에도 Star Walk, T Pet, Petfit 등 애완견에 대한 시장 수요가 증가하면서 다양한 웨어러블 제품이 등장하고 있다. 또한 Kite Patch라는 웨어러블 패치는 야외에서 48시간동안 모기와 곤충들의 접근을 막아주는 기능을 제공하는 것으로 새로운 아이템으로 등장하고 있다.

마지막으로 콘텐츠 서비스 측면에서 살펴보면, 엔터테인먼트 산업에서 웨어러블 디바이스는 '모션 센서(Motion Sensor) 기술', '모바일 컴퓨팅(Mobile Computing)', '증강 현실(Virtual Reality) 기술'을 통해 가상현실 환경의 실감 넘치는 게임을 현실에서 즐길 수 있게 할 수 있는데, 웨어러블 디바이스가 스마트 폰, 태블릿 PC상에서의 게임 환경과 다른 차별화된 요소는 사용자의 동작을 센서를 통해 정확하게 디지털 화하여 사용자가 마치 직접

---

246) 출처 : Forward로 보는 미래 병원의 모습, KT경제경영연구소, 2017.1.24.

참여하는 듯한 가상현실과 실제세계의 연결고리가 된다는 것이다. 게임업체들은 센서 기술과 게임기의 컴퓨팅 능력을 이용한 가상현실을 위한 환경을 구축 중이며, 호주 멜버른에 가상현실(VR) 게임을 멀티 플레이를 즐길 수 있는 새로운 형태의 게임 센터인 '제로 레이턴시(Zero Latency)'라 불리는 VR 게임방이 등장하였으며, 이러한 추세는 국내 및 중국 등에서 새로운 비즈니스 모델로 성황을 이루고 있다. 제로 레이턴시는 4,300 평방피트의 널찍한 창고 안에 129개의 플레이스테이션 아이 카메라가 설치되어 있어, 게임에 참여하는 게이머는 VR 헤드셋인 오큘러스 리프트 DK2를 장착하고, 등에 에일리언 알파 PC를 Back-Pack 형태로 매고, 손에는 게임 속에서 적을 명중시킬 VR Gun을 장착하여 소위 1인칭 슈팅 게임(Shooting Game)을 즐길 수 있다.

뿐만 아니라 다양한 스타트 업(Start Up) 기업들은 $100~$300 대의 저렴한 비용으로 입체적인 게임 환경을 감상할 수 있는 웨어러블 디바이스를 발표하고 있으며, 64 Bit의 고성능 프로세서를 장착한 스마트 폰들이 등장함에 따라 기존의 콘솔 게임기뿐만 아니라 다양한 플랫폼에 적용할 수 있는 엔터테인먼트 환경이 조성될 것으로 예상된다.

점진적으로 웨어러블 디바이스 시장은 애플과 구글 진영이 범용 기능을 중심으로 한 메이저 마켓을 형성할 것으로 보이며, 범용 기능을 제외한 나머지 영역에서는 마이너 마켓(Minor market), 즉 틈새시장으로 분화되어 갈 것으로 예측되는데, 이를 파레토의 법칙으로 해석하면, 애플과 구글 진영이 80%의 마켓을 점유할 것이고, 나머지 20%의 시장을 그 외의 사업자들이 나눠 가질게 될 것이다. 그 20%도 전문 의료 웨어러블 디바이스거나 가민(Garmin)이나 순토(Suunto)와 같은 전문적인 아웃도어 제품들이 시장을 장악할 것으로 판단되며, G-Shock으로 유명한 전자시계 전문회사 카시오가 아웃도어에 최적화된 안드로이드웨어(Androidware) 스마트 워치를 출시하였다.

그림 3-68 웨어러블 디바이스의 파레토 법칙

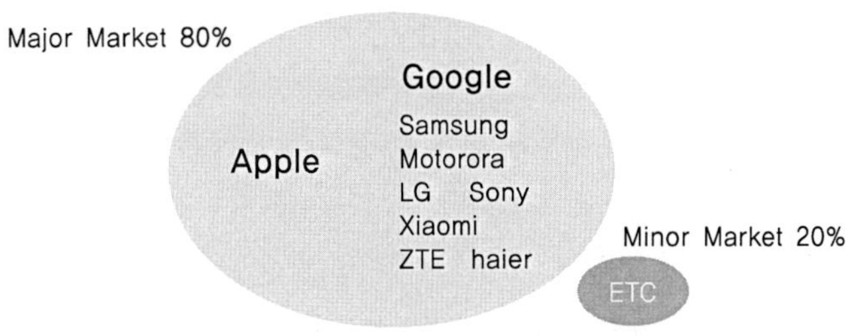

5 가상현실(Virtual Reality)용 단말기의 확산

가상현실(Virtual Reality, VR)이란 3차원의 공간성, 실시간 상호 작용, 몰입감 등을 특징으로 하며, 디스플레이 및 렌더링 장비를 통해 현실에서 존재하지 않는 정보를 사용자에게 제공하는 영상시스템 혹은 기술로서, 인공적인 기술을 토대로 만든, 실제와 유사하지만 실제가 아닌 어떤 특정한 환경이나 상황을 만드는 영상 콘텐츠 기술을[247] 의미한다. 가상현실에는 소위 인공현실(artificial reality), 사이버 공간(cyberspace), 가상세계(virtual worlds), 가상환경(virtual environment), 합성환경(synthetic environment), 인공 환경(artificial environment)라 불리는 것 등이 포함된다.[248]

가상현실의 개념과 관련 기술을 활용한 단말기는 1968년 미국의 컴퓨터 과학자 이반 서덜랜드(Ivan Edward Sutherland)가 헬멧 형태의 디스플레이가 장착된 HMD(Head Mounted Display) 단말기를 공개하면서 주목받기 시작했으나, 기술 발전에 따른 단말기 성능 향상으로 1990년대 들어 주목도가 크게 상승하고 있는 기술이다. 특히 가상현실은 거의 모든 산업 분야에 걸쳐 획기적인 변화를 초래할 수 있다는 점에서 모바일에 이은 차세대 기술로 주목받고 있다.

게임, 쇼핑, 광고 등 엔터테인먼트 분야는 현재 가상현실 기술이 활발히 적용되고 있으며, 다양한 시뮬레이션 훈련을 제약 조건 없이 수행할 수 있다는 점에서 의료 분야 뿐 아니라 교육 및 이-트레이닝(e-Training) 분야에의 적용도 기대되는 등 다양한 산업과의 융합을 통한 새로운 형태의 서비스 제공에 활용되어지고 있다. 도서관이나 백화점과 같은 실존 공간에 가상현실을 적용시키면 집에서도 실제로 책을 보는 것과 같은 느낌으로 대여하거나 구매할 수 있고, 분양을 앞둔 신축 아파트도 가상현실로 사용 경험을 창출, 모델하우스를 별도로 지을 필요를 없앨 수 있기 때문에 이러한 분야에서도 가상현실 콘텐츠 서비스를 활용하고 있다.

하지만 현재로는 모바일 VR 단말, 데스크 탑 VR 단말, 증강현실 단말의 구분은 비교적 뚜렷하지만, 시간이 갈수록 구분이 사라지면서 결국에는 가상현실 단말은 가상현실과 증강현실을 모두 지원하는 혼합현실 단말로 진화할 것으로 전망된다. 증강현실 단말의 경우 이미 구글의 탱고(Tango) 플랫폼과 같은 증강현실 플랫폼에서 실제 환경을 3D 로 인식해 실제 환경을 가상현실로 모두 전환이 가능한 수준까지 발전되어 있다. 따라서 시간이 갈수록 가상현실과 증강현실을 모두 지원하는 통합 플랫폼의 필요성이 증가하게 될 것으로 전망되며, Shared Reality와 유사하게 단말 컨트롤러(Controller)를 활용하거나 외부 동작 센서(Sensor)를 활용해 같은 공간에 있는 가상현실 착용자와 증강현실 착용자의 동작을

247) 출처 : 동향보고서 해외 ICT R&D 정책동향, 정보통신기술진흥센터, 2014년 04호
248) 출처 : 두산백과사전

모두 트랙킹(Tracking)하면서 단말 종류에 상관없이 같은 공간에서 같은 앱을 실행해 실시간으로 동일한 화면을 보면서 3D 객체를 만들거나 함께 게임을 즐길 수 있도록 지원하게 될 것이다.

가 가상현실 기기의 주요 기업 동향

전 세계적으로 가상현실 콘텐츠 서비스를 위한 새로운 단말기로 가상현실(VR,Virtual Reality)기기가 중요한 이슈로 등장하고 있다. 가트너(Gartner)는 미래 유망 기술을 크게 인간의 능력을 보완하는 기술(Augmenting humans with technology), 인간을 대체하는 기술(Machines replacing humans), 인간과 단말기 간 협업 기술(Humans and machines working alongside each other) 등 3가지로 구분한 바 있다.[249] 가상현실은 공간적 · 물리적 제약으로 현실 세계에서는 직접 경험할 수 없는 상황의 간접 체험을 가능케 한다는 점에서, 미래 유망 기술을 구현하는 데 적극적으로 활용될 것으로 예상하고 있다. 관련 시장 규모의 빠른 성장과 대형 사업자의 연이은 단말기 출시는 가상현실의 잠재력을 보여주는 단적인 예이나, 가상현실이 일상생활에 완전히 정착하기 위해서는 아직까지 기술적 장애물이 산적해 있다.

높은 기술적 완성도로 현재 가장 적극적으로 활용되고 있는 오큘러스 리프트조차 디스플레이 주변부의 화면 왜곡이나 화질의 열화(degradation, deterioration, 劣化)가 심해지는 단점은 완전히 극복하지 못한 상황이다. 일각에서는 사용자 몰입감을 극대화하는 가상현실 기술의 특성 상 이와 관련된 안전장치가 필요하다는 주장을 제기하기도 한다. 즉, 인터넷 중독이나 게임 중독과 마찬가지로 가상현실 중독 사례가 발생할 수 있으며, 가상세계와 현실세계를 혼동하여 사회 문제를 야기할 가능성도 존재한다는 것이다. 이 외에도 가상현실 디스플레이 단말기 이용 도중 현기증, 메스꺼움, 두통 등 신체 이상이 발생한 사례가 나타나고 있는 상황이다.

이러한 상황에도 가상현실 기기 시장에는 페이스 북 · 구글 · 소니 · 삼성전자 · HTC와 같은 글로벌 IT 거인들도 앞 다퉈 시장에 뛰어들면서 가상현실은 대중화의 길로 접어 들어서고 있다.

1) 페이스 북

가상현실 시장에서 가장 공격적인 기업은 페이스 북과 오큘러스이다. 2014년 3월 페이스 북은 가상현실 헤드셋 '오큘러스 리프트(Oculus Rift)' 를 선보인 오큘러스 VR을 20억 달러에 인수해 화제를 모았다. 오큘러스는 가상현실 콘텐츠를 이용할 수 있는 고글

---

249) 출처 : ZDNet, "Gartner's 2013 Emerging Technologies hype cycle focuses on humans and machines", 2013.8.19.자

(Goggle)의 소비자용 3D 가상현실 분야에서 선두 자리에 있는 기업이다. 2013년 8월 오큘러스 리프트 전용으로 콘텐츠를 자유롭게 등록하고 내려 받을 수 있도록 하는 쉐어 오큘러스(https:// share.oculus.com) 사이트 서비스를 시작하였다. 기존에 비디오 콘솔 게임과의 접목을 통해 새로운 게임 서비스 시장 개척을 위해 마이크로소프트와 소니 등에서 다방면으로 진출 노력을 경주하였으나, 두 회사의 비디오 게임은 3D 그래픽 환경을 제공할 뿐 게임 플레이 방법에 있어서 혁신적인 방법을 제시하지 못해왔다.

이런 가운데 오큘레스에 의해 가상현실 단말기과의 융합을 통한 서비스 제공으로 새로운 전기가 마련되기 시작하였다. 대표적 가상현실 헤드셋인 오큘러스 리프트의 경우 착용자가 가상 세계를 둘러볼 수 있게 하는 '헤드 트래킹'(Head Tracking) 기술과 가상현실 속 물체의 원근감이 느껴지게 하는 '스테레오 스코픽'(Stereoscopic) 기술 가상현실 속에 직접 서 있다는 느낌을 제공하는 포지션 트래킹(Position Tracking) 기술, 360도 입체 음향 시스템이 적용되어 트래킹 방향에 따라 사운드가 변하는 기술 등이 접목된 5감 기술로 착용자로 하여금 눈앞에 다가오는 물체를 피해야 할 것 같은 느낌을 선사한다.

그림 3-69 오큘러스 리프트

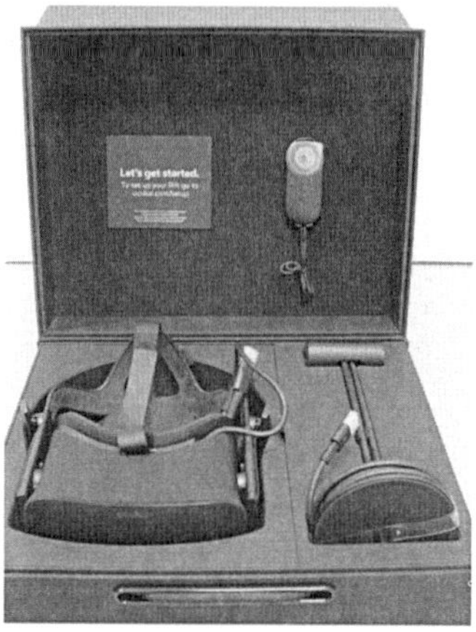

2016년에 '페이스 북 F8 개발자 컨퍼런스'에서 주커버그는 페이스 북의 10년 로드맵을 발표했다. 페이스 북은 약 3년 정도의 시간을 통해 자체 생태계를 형성했고, 그 다음 2년 동안은 개별 서비스인 동영상, 메신저, 그룹, 와츠업, 인스타그램 등을 강화해 왔으며, 향후 5년은 연결성(Connectivity), 인공지능(AI), 가상현실(VR) · 증강현실(AR) 등을 강화할 계획이다. 특히, 가상현실 생태계 형성을 위해 소셜 VR, 모바일 VR, 증강현실(AR) 기술 등을 강화할 계획이라 밝혔다. 페이스 북의 가상현실 생태계는 유선 인터넷 PC 중심의 디바이스 '오큘러스 리프트'를 보유하고 있고, 페이스 북과 오큘러스 스토어의 서비스 플랫폼을 통해 360도 동영상, 게임, 미디어 영상 등 다양한 콘텐츠를 제공하고 있으나, 향후에는 모바일 인터넷 기반 시장을 확대하고, UCC 기능이 포함된 가상현실 소프트웨어 개발을 통해 소셜(Social) 가상현실 서비스를 강화할 것으로 예상된다.

그림 3-70 페이스 북의 가상현실 생태계 전략[250]

구분	디바이스	네트워크	플랫폼	콘텐츠
현재	'오큘러스 리프트' (프리미엄)	유선 PC (디바이스)	오큘러스 스토어 페이스북	게임 미디어동영상 360도 동영상
향후 계획		모바일 VR 강화	UCC 기능이 포함된 가상화 소프트웨어 플랫폼	지속적 확대

2) 구글

플랫폼 기업인 구글은 가상현실 시장에서 차별적 접근을 시도하고 있는데, 2013년 증강현실을 활용하는 '구글 글래스'를 공개하며, 가상현실 및 증강현실 구현에 적극적이다. 구글은 2014년 9월 가상현실 기술 업체인 매직 리프(Magic Leap)에 5억 4,200만 달러를 투자한 후 골판지를 이용한 간이 가상현실 헤드셋 '카드 보드(Cardboard)'를 출시해 주목을 끌었다. 카드보드는 종이 또는 플라스틱으로 제작된 보드 사이에 스마트 폰을 끼우고 앞에 달려있는 분리된 렌즈 사이로 3D 영상을 감상하게 되어 있다. 스마트 폰의 가속도 센서, 자이로 센서 등을 이용해 헤드 트래킹을 추적해 360도 가상현실을 체현할 수 있다. 구글은 가상현실 시장 확대를 위해 저가의 가상현실 기기 보급을 활성화시키는 전형적인 플랫폼 전략을 펼치고 있다.

뿐만 아니라 유튜브를 통해 360도 동영상을 올릴 수 있게 하여 기어 VR, 오큘러스 VR, 카드보드와 같은 가상현실 기기를 이용하여 동영상을 즐길 수 있게 하고 있으며, 가상현실 기기가 없어도 안드로이드 운영체계를 사용하는 스마트 폰과 크롬 웹 브라우저(Chrome Web Browser)에서도 이용가능하게 제공하고 있다. 특히 가상현실 기기에 안드로이드 운영체계를 싣는 방안을 추진하고 있는데, 이는 유튜브 플랫폼을 통해 가상현실 콘텐츠 시장을 장악하고 이를 안드로이드 운영체계와 연결시켜 가상현실 생태계를 지배하려는 시도로 판단된다.

---

250) 출처 : 가상현실 생태계 현황 및 전망, 정보통신정책연구원, 2016.4.16.

표 3-40 구글의 가상현실 생태계 전략

구분	디바이스	네트워크	플랫폼	콘텐츠
현재	카드보드 2.0 (보급형)	모바일 (디바이스)	구글플레이 유튜브 탱고, 점포 프로젝트	VR앱 360도 동영상 및 사진
향후 계획	고급형 HMD 개발 중	모바일 (디바이스)	소프트웨어 플랫폼 확대	지속적 확대

또한 가상현실 플랫폼 '점프(Jump)'를 공개하고, 고프로(GoPro)와 제휴를 통해 카드보드와 16대의 카메라로 전방위 입체 영상을 촬영하여 하나의 입체 영상으로 결합하는 기능을 가진 '어레이 카메라(Array Camera)'를 이용해 서비스를 제공하고 있다.

그림 3-71 구글 카드 보드와 어레이 카메라

3) 삼성전자

2015년 갤럭시 S6와 결합해 가상현실 콘텐츠를 즐길 수 있는 헤드셋인 기어 VR을 출시하였으며, 오큘러스 VR과 협업으로 제작된 기어 VR은 어안 렌즈를 이용하여 96도의 넓은 시야각을 제공하고, 가속도와 자이로 센서 등이 내장되어 360도 파노라믹 뷰(Panoramic View)를 지원하고 있다. 특히 기어 VR(Gear VR)은 2016년 말 현재 글로벌 가상현실(VR) 기기 시장에서 70%를 넘어서는 점유율을 차지하며, 압도적인 1위를 차지하고 있다. 머리에 고정시키는 줄을 이용하여 쉽게 착용하게 하고, 렌즈 초점 조절 휠을 이용해 근시나 원시 등 사용자의 시력에 맞게 초점을 흔들림 없이 맞출 수 있는 기능도 제공하고 있다.

Strategic Analytics의 2016년 VR 앱 데이터에 따르면, 삼성 기어 VR 스토어가 보유하고 있는 앱은 445개로, 스팀(Steam)이 보유한 871개에 이어 2위다. 오큘러스 리프트 스토어가 보유하고 있는 앱은 192개다. 삼성전자는 미주 지역을 중심으로 VR 콘텐츠 플랫폼 서비스인 '밀크(Milk)'를 제공하고 있다. '밀크'는 매일매일 우유처럼 신선하고 새로운 콘텐츠를 제공한다는 의미를 지닌 삼성전자의 콘텐츠 서비스 브랜드명으로 스트리밍 방식의 음악 서비스 '밀크 뮤직'과 동영상 서비스 '밀크 비디오'가 출시된 바 있다. '밀크 VR'은 액션, 뮤직, 스포츠, 라이프스타일 등의 채널로 다양한 주제의 가상현실 콘텐츠를 제공하고 있는데, 1분에서 10분 정도의 분량으로 제공되는 새로운 콘텐츠들은 월요일부터 금요일까지 주5일 동안 업데이트되고 있다. 특히, '밀크 VR'은 스트리밍 방식 외에 4K X 2K 급의 고화질 콘텐츠를 사용자가 다운로드(download)해 언제 어디서나 즐길 수 있게 제공되며, 오큘러스 스토어(Oculus Store)에서 콘텐츠를 다운로드 할 수 있게 제공하고 있다고 한다.

삼성전자가 제공하는 VR 콘텐츠는 게임뿐 아니라 교육, 의료, 뉴스 콘텐츠 등으로 영역을 넓혀 사용처를 다변화하고 있다. 아일랜드 왕립 의과 대학과 손잡고 기어 VR을 활용해 응급상황을 가상현실로 경험하게 하는 애플리케이션을 선보였는데, 해당 앱은 교통사고와 같은 응급상황을 실제 경험해보지 못한 학생에게 가상현실로 간접 경험하게 해 적응력을 키워주는 콘텐츠로, 출시 3달 만에 6만 건이 넘는 다운로드 횟수를 기록하기도 했다. 또한 폴란드 개발사 더 팜 51이 체르노빌 원자력 발전소 사고 30주년에 VR 프로젝트 `더 체르노빌 VR`을 선보였는데, 원자력 발전소 사고 이후 유령마을이 된 체르노빌의 분위기를 기어VR 등 기기를 통해 볼 수 있도록 제작해 제공해고 있다.[251]

그림 3-72 기어 VR

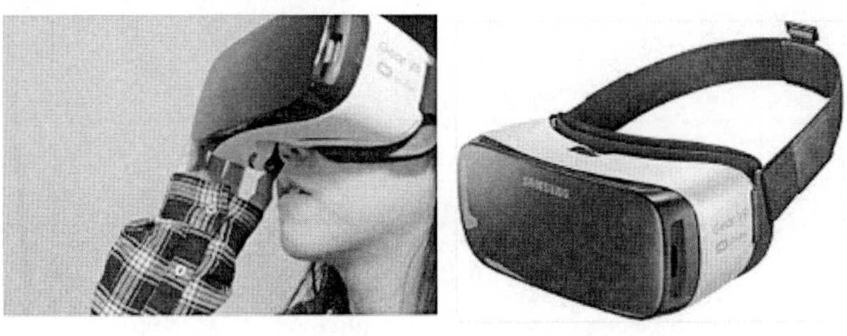

4) 소니

전자제품 제조사인 소니는 소니컴퓨터엔터테인먼트를 통해 게임 하드웨어인 플레이스테이션(Play Station, 이하 PS)과 게임 소프트웨어를 유통하고 있고, 소니픽처스, 소니뮤직 등 콘텐츠 제작 및 유통에도 강점이 있다. 우선적으로 소니컴퓨터엔터테인먼트의 가상현실 디바이스인 '플레이스테이션 VR'은 다른 HMD 제품과 달리 게임 콘솔을 기반으로 하

251) 출처 : '삼성전자, VR 애플리케이션 445개 스팀에 이어 2위', 전자신문, 2017.1.25.

고 있어서 기존 수천만 명의 PS 4 게임 사용자를 가상현실 시장으로 유도할 수 있다는 강점이 있다. PS 콘솔 게임 분야에 강점을 지닌 소니는 PS 4와 연동되고, 3D 오디오(Audio)를 지원하는 '모피어스(Morpheus)'란 이름으로 가상현실 기기를 출시하였으며, 2016년 '플레이스테이션 VR(Play Station VR)'로 명명하였다. 'PS 무브(Move)' 기능을 이용하면 영화 '아바타'처럼 내 손의 움직임이 게임 속 캐릭터에 전달되는 등의 기능을 제공하며, PS4를 통해 제공되는 다양한 게임 콘텐츠를 가상현실로 즐길 수 있고 3D 영화 콘텐츠를 즐길 수 있게 차별화된 서비스를 제공하고 있다.

그림 3-73 소니 플레이스테이션 VR

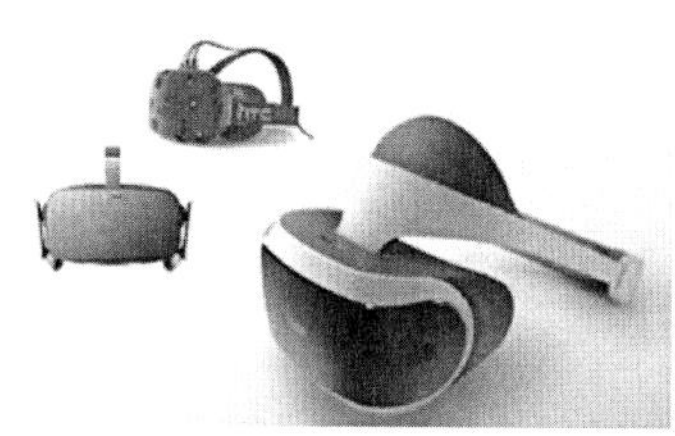

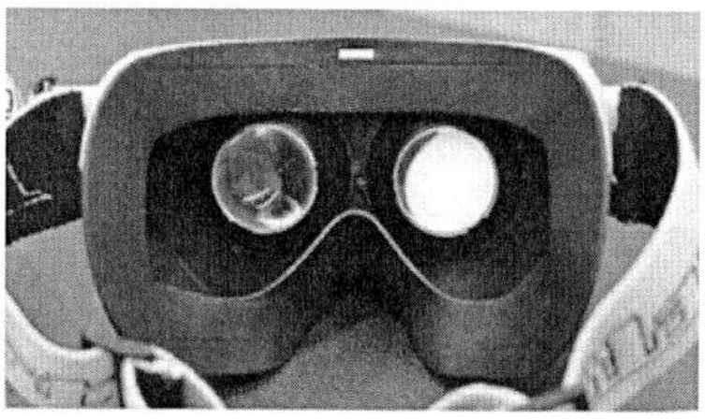

표 3-41 가상현실 디바이스 업계 현황[252)]

구분	투자 및 개발 현황
페이스북	오큘러스 VR 23억 달러 인수, 오큘러스 리프트 상용버전 출시('16.1)
구글	매직리프社에 5억 4천만 달러 투자, VR플랫폼 'DayDream' 발표('16.5)
소니	PS4용 PSVR 발표('16.10 출시예정), 전용 VR게임 제공 예정
마이크로소프트	홀로렌즈 개발자 버전 공급('16.3), 윈도우10에서 홀로렌즈 지원 예정
삼성전자	'기어360' 카메라 출시('16.4)와 3D 360인 비욘드 프로젝트 추진 중
LG전자	'360VR'과 '360Cam' 출시('16.4)와 '프렌즈' 개발자 생태계 구축 추진

나 가상현실 단말기의 활용 사례

가상현실 기술은 단말기 개발 수준이 가장 높은 HMD 형태의 단말기를 중심으로 전 산업 분야에 빠르게 융합되고 있다. 또한 가상현실 제품이 인기를 얻으면서 관련 콘텐츠와 서비스를 제공하는 플랫폼 서비스도 다수 등장하고 있다. 오큘러스(Oculus Store), 삼성(MilkVR), 구글(카드보드) 등은 디바이스 기반 유통 플랫폼 구축 및 서비스개발킷트(SDK:

252) 출처 : 가상현실 산업 육성 추진 현황 및 향후 계획, 대한민국 정부합동, 2016.6.7.

Service Development Kit)를 공개하거나 응용 프로그램 인터페이스를 개방(Open API) 하는 등을 통해 서드 파티(3RD Party)의 확대를 통해 360도 동영상, 시뮬레이션, 게임 등의 콘텐츠 업체의 참여를 유도하는 등 콘텐츠 확대를 위한 다양한 노력을 경주하고 있다. 특히 국내의 경우, 삼성전자는 자체 유통플랫폼(MilkVR)을 통해 VR영상·게임 등의 콘텐츠를 유통하고 있으며, LG전자는 2016년에 개발자・사용자 참여 공간인 엘지프렌즈닷컴(lgfriends.com)을 개발하고 있다.

표 3-42 가상 · 증강현실 분야 스토어 유통 현황(2016년 현재)

스토어	Oculus Store	Apple App Sore	Google Play Store	Valve Steam	SKT T-스토어	네이버 스토어	윈도우즈 스토어	Google Youtube	삼성 밀크VR
증강 현실		1,000여개	420여개		48개	6개	9개		
가상 현실	230 여개	930여개	570여개	150 여개		45개	5개	700여개	500 여개

가상현실(VR) 단말기는 다양한 산업에 접목되어 활용되어지고 있다. 우선 방송 산업 측면에서 NextVR은 2015년 10월에 CNN과 미국 대통령 후보 토론회를 개최하고, Fox Sports와 함께 아이스하키, 레이싱대회, US Open 토너먼트 등 스포츠 중계를 진행하기도 했으며, 국내에서는 MBC가 '빛나거나 미치거나'라는 프로그램을 VR로 제작하였으며, 유튜브 등을 통해 유통하기도 했다. SBS, JTBC 등도 시범적으로 VR제작을 추진하고 있다.

SK텔레콤은 자체 AR플랫폼인 'T-Real'을 기반으로 가상체험 전시를 시연하였으며, KT는 실시간 야구중계, LG U+는 공연, 모바일 게임 홍보 등을 진행하였다.

영화 산업 측면에서는 2015년 9월에 디즈니와 헐리우드의 영화사들이 공동으로 VR 솔루션 스타트 업인 Jaunt에 6,500만불을 투자하여, 영화, 테마파크 및 방송 시장 등에 진출하는 것을 추진하고 있고, 구글은 360도 영화 'Help'를 공개하기도 하였다.

게임 산업이 가장 활발하게 가상 현실 산업을 접목하고 있는데, 게임 기업들은 오큘러스 스토어를 통해 게임 콘텐츠를 판매하고 있으며, 세계 최대 게임유통 시스템인 '밸브코퍼레이션(Valve Corp.)'는 '스팀(Steam)'을 통해 VR 플랫폼 출시하고, 게임사와 협력으로 VR 게임의 유통에 적극적으로 진출하고 있다. 국내에서도 스코넷 엔터테인먼트는 오큘러스 기반 VR전용 건슈팅 게임 '모탈블리츠'를 출시하였고, 네오위즈, 조이시티, 드래곤플라이트, 한빛소프트 등 다양한 게임 기업들이 PS VR용 게임 타이틀을 개발하였으며, 다음게임이 온라인 게임인 '검은 사막' 게임 타이틀을 VR로 개발 출시하기도 했다.

유니버셜 스튜디오와 디즈니랜드 등의 테마파크에서도 가상현실을 도입하고 있으며,

삼성전자는 식스플래그(Six Flag, 롤러코스터 테마파크)에 기어 VR 콘텐츠를 제공하였다. 또한 'The Void'사는 VR 체험장을 통해 다양한 콘텐츠를 제공하였으며, 'Zero Latency'는 2015년 8월에 오큘러스 기반 VR게임장을 오픈하였다. 일본 반다이남코는 VR 오락실(VR존 프로젝트 아이 캔)에서 6개의 게임 서비스를 제공하고, 중국에서도 북경, 상해 등지에 VR 체험관이 구축되어 서비스를 제공하고 있다. 국내에서는 에버랜드가 '기어VR'을 활용한 어드밴처 관을 오픈하였으며, 롯데월드는 VR 롤러코스터를 도입·설치하는 등 가상현실 서비스를 확대해 나가고 있다. 이외에도 웹 박물관(파리), America's Black Holocaust Museum(미국), 소호 박물관(영국), 햄슨 가상 박물관(미국) 등 VR 기반 박물관도 개장하여 서비스를 제공하고 있다.

교육 측면에서 이러닝 기업들은 퀄컴의 뷰포리아(Qualcomm Vuforia), 인텔(Intel)의 리얼센스(Realsense), MS의 홀로렌즈(Hololens) 등의 증강현실 서비스 개발 키트를 기반으로 다양한 교육 콘텐츠를 제작, 서비스하고 있다. 뿐만 아니라 미국 육군과 해군은 BAE社, 엘빗시스템社 등을 통해 가상훈련 시스템을 개발하였으며, 보잉사는 항공기 배선조립 및 도색공정에 가상현실을 통한 훈련 시스템을 도입하고 있다. 이외에도 의료 측면에서 영상진단 외과 수술을 위한 교육이나 훈련, 재활의학 뿐 아니라 인간의 정신 기능 상 뇌에 유사 자극을 줌으로써 가상현실 공간에 존재하고 있는 듯한 감각을 생성하는 기술을 이용하여 정신행동치료법에 활용되기도 한다.

가상의 공간을 구현할 수 있다는 점을 활용한 여행 애플리케이션 역시 속속 출현하고 있는데, 우주 공간을 100만분의 1로 축소하여 구현해 놓은 애플리케이션 '타이탄즈 오브 스페이스(Titans of Space)'를 이용할 경우 사용자는 우주여행을 간접적으로 경험하는 것이 가능하며, 소프트웨어 개발사 유비짓(YouVisit)이 개발한 '유비짓 오브 뉴욕(YouVisit of New York)'은 현재 뉴욕 내 위치한 1,000여 개 대학 캠퍼스를 오큘러스 리프트를 이용해 둘러볼 수 있는 가상현실 서비스를 제공하는 등 새로운 경험을 제공하고 있다.

사용자 몰입도를 극대화 할 수 있다는 점에서 쇼핑·광고 분야 역시 가상현실 기술의 활용에 적극적이다. 일본 부동산, 주택 정보 제공 사업자 홈즈(HOME'S)는 현재 매물 상태를 오큘러스 리프트를 이용해 확인해 볼 수 있게 앱 형태로 제공하고 있는데, 앱인 '룸 VR(ROOM VR)'은 사용자가 구매를 원하는 주택이나 부동산의 전망, 내부 구조 등을 직접 확인해 볼 수 있을 뿐만 아니라, 3분 안에 일몰과 일출을 경험할 수 있는 시뮬레이션 서비스 제공을 통해 실제 거주 환경을 간접적으로 체험하는 것을 가능하게 해 준다. 이 외에도 음료 업체 코카콜라(CocaCola)는 2014년 6월 브라질 월드컵 경기가 개최된 마라카나 경기장(Maracana Stadium)의 탈의실을 모사한 장소를 꾸며 놓고, 해당 장소에서 오큘러스 리프트를 이용해 소비자들이 축구 경기를 체험할 수 있는 캠페인을 진행하는 등 다양한 분야에서의 가상현실 기술을 이용한 새로운 콘텐츠 서비스 제공을 위한 노력이 진행되고 있다.

정리하기

1 단말기의 스마트 화는 소비자들의 콘텐츠 서비스 이용행태를 변화시켰는데 이에 대한 5가지 변화를 간략하게 설명하시오.

2 스마트TV에 대한 정의를 기술하시오.

3 스마트 폰이 단순한 음성통화 기기를 넘어서 혁신적 가치를 제공한다는 측면의 의미를 기술하시오.

4 웨어러블 디바이스가 등장하면서 기존 기업(나이키, 애플 등)들과 신생 기업 간의 전략적 차이는?

5 스마트 단말이란 무엇인지 설명하시오.

6 운영 체계란 무엇이며, 글로벌 정보통신 기업들이 운영체계 전쟁을 벌이는 이유에 대해 설명하시오.

확인하기

1 (1) 멀티태스킹(Multi-tasking), 즉 TV를 시청하면서 메일을 보내고, (2) 전자상거래를 통해 상품을 구입하고, (3) 커뮤니티(Community)서비스를 통해 친구들과 대화하며, (4) 커뮤니케이션 기능을 이용해 서로 교류하며, 자신의 경험을 통해 다양한 콘텐츠 서비스를 직접 추천하기도 하며, (5) 나아가 자신의 경험을 나눠주는 등 콘텐츠의 바다로 이루어진 클라우드(Cloud)를 통해 다양한 네트워크(유, 무선망, 방송/통신망, NFC, DLNA, Bluetooth 등)를 이용하여 단말기의 종류에 무관하게 콘텐츠 소비, 전자상거래, 지인과의 교류, 지인과의 소통, 자신의 경험 전달 등의 일을 동시에 행하고 있는 것이 현재 소비자들의 소비 행태에서 대표적인 현상으로 나타나고 있다.

2 여전히 다른 시각차들이 있지만 스마트 TV는 일반적으로 기존의 인터넷(IP: Internet Protocol) 기술을 이용하는 TV를 넘어, TV와 연결된 인터넷 망을 통해 다양한 콘텐츠나 응용 서비스 장터(Application Store)에서 콘텐츠나 서비스를 내려 받고, 노트북과 모바일 전화 등 다른 기기와 콘텐츠를 공유할 수 있는 새로운 개념의 TV단말기를 의미한다. 방송통신위원회에서는 '디지털 TV에 운영체계(OS) 및 인터넷 접속 기능을 탑재해 실시간 방송뿐 아니라 VOD · 게임 · 검색 · 날씨 등 다양한 콘텐츠를 편리한 이용지 환경(UI/UX)에서 이용할 수 있는 TV'라고 정의하고 있다.

3 스마트 폰은 애플에서 아이포드-아이튠스(iPod-iTunes)의 모델과 같은 가치사슬 연계형 사업 방식의 성공에 이은 후속 작으로 음악 뿐 아니라 모든 장르, 형식의 콘텐츠를 거래할 수 있는 마켓(Market)을 연계하고, 단말기 자체에 다양한 처리 기능을 부가하여 제공함으로써 모바일 폰이 단순한 음성통화를 위한 기기가 아닌 다양한 콘텐츠나 응용 서비스를 위한 혁신적 가치를 제공한다.

4 기존의 기업들은 의류, 스포츠 용품, 인터넷 서비스 등 전통적인 자사의 경쟁 분야를 새로 출시한 웨어러블 기기와 연동시켜 이용자 효용을 향상시키려는 전략을 추구하는 반면, 신생 기업들은 세상에 없던 새로운 기기와 서비스를 제공함으로써 새로운 시장을 창출하려는 전략을 추구한다는 특징이 있다.

5 스마트 단말기 혹은 스마트 머신(Smart Machine)이란 다양한 유무선 네트워크를 통해 끊임 없는 접속(connectivity)을 가능하게 하며, 이를 통해 다양한 콘텐츠 서비스 장터(Market Place)에 접속하여 콘텐츠를 구매하고, 이용할 수 있게 해주며, 개인용 클라우드(Personal Cloud)를 통한 무한대의 미디어 접속과 콘텐츠 이용을 용이하게 지원하고, 차세대 알고리즘(Algorithm)과 결합하여 기기 스스로가 학습하는 시스템을 구축하며, 자율적으로 작동이 가능한 새로운 형태의 단말기. 예를 들어 스마트 폰과 같이 이용자가 자신이 원하는 앱을 앱 장터를 통해 내려 받아 본인이 원하는 형태로 배치를 한다든지, 원하는 기능을 스스로 세팅(setting)하는 등 소비자의 관점에서 본인이 원하는 기능이나 환경을 만들 수 있게 해 주는 단말기.

6 운영 체계(Operating System, 이하 OS)란 컴퓨터의 하드웨어 리소스를 관리하면서 애플리케이션이 요구하는 기능을 수행하는 소프트웨어임.
그 동안 구글이나 애플에 의해 운영체계 시장이 독과점적으로 진행됨으로 인해, 스마트 폼 등의 생태계에서 시장을 선점 당하여 서비스나 단말 기기의 개발 등 모든 부분에서 의존적으로 될 수 밖에 없는 종속적 관계가 진행되었다. 따라서 글로벌 전자업계는 스마트 폰과 태블릿 PC를 비롯해 냉장고, 세탁기, TV 등 생활가전까지 스마트 기능을 확대시켜 궁극적으로 사물 인터넷(IoT) 시대의 중심에 서고자 자체적인 운영체계를 개발하고자 노력하고 있으며, 이는 이들 기기들 간의 호환성 확보를 통해 새로운 생태계를 조성하고, 스마트 가전 생태계에서의 선점뿐 아니라 궁극적으로 스마트 시티가 구현될 경우 전체 산업의 생태계 장악을 통해 새로운 시장을 펼쳐나가기 위한 의도이다.

제5절 웹(Web)과 브라우저(Browser), 플랫폼(Platform)

1 웹(Web), 웹 브라우저(Web Browser) 그리고 모바일 브라우저 (Mobile Browser)

가 웹과 웹 브라우저

일반적으로 웹(Web)이라 하면 "문자 위주의 서비스에서 탈피하여, 문자 · 영상 · 음성 등이 혼합된 멀티미디어 정보를 마치 거미줄과 같은 통신망으로 세계 각지에 연결시켜 주는 서비스"[253]라고 정의되고 있으나, 통상 인터넷을 이용하기 위하여 브라우져(Browser)를 통해 다양한 사이트(Site)에 접속하여 콘텐츠나 응용 서비스 등을 이용하기 위한 기술을 의미한다.

웹은 1989년 3월 유럽 입자 물리 연구소(CERN)의 소프트웨어 공학자인 팀 버너스 리(Timothy John Berners Lee)[254]의 제안으로 시작되어 연구, 개발되었다. 원래는 세계의 여러 대학과 연구기관에서 일하는 물리학자들 상호간의 신속한 정보교환과 공동연구를 위해 고안되었다. 월드 와이드 웹(World Wide Web, WWW, W3)을 간략히 줄여 부르는 용어인 웹은 인터넷에 연결된 컴퓨터들을 통해 사람들이 정보를 공유할 수 있는 전 세계적인 정보 공간을 말한다. 어떤 측면에서는 웹이 인터넷의 전부이며, 인터넷이 웹이라고 해도 과언이 아닌 시대에 살고 있다. 단지 개별 콘텐츠와 서비스를 제공하는 기술로서가 아니라, 점점 더 다양한 응용과 서비스를 연동하고 제공하는 대표적인 플랫폼이 되었다고 할 수 있다. 이처럼 인터넷과 동의어로 쓰이는 경우가 많으나, 엄격히 말해 서로 다른 개념이다. 웹은 전자 메일과 같이 인터넷 상에서 동작하는 하나의 서비스일 뿐이다. 그러나 1993년 이래로 웹은 인터넷 구조의 절대적 위치를 차지하고 있으며, HTTP 프로토콜(protocol), 하이퍼텍스트(Hypertext), HTML(Hypertext Markup Language)[255]형식 등을 사용하여 그림과 문자를 교환하는 전송 방식을 웹이라 말한다.

콘텐츠 산업의 생태계적 측면에서 플랫폼을 이해하기 위해서는 웹과 플랫폼을 독립적으로 놓고 이해하기는 힘들다. 웹 기술을 이용하여 다양한 서비스를 제공하기 위해 플

---

253) 출처 : 네이버 백과사전

254) 월드와이드웹(WWW)의 창시자. 1989년에 글로벌 하이퍼텍스트 공간 개념을 제시하였는데, 이 개념을 바탕으로 탄생한 것이 바로 월드와이드웹

255) HTML : 인터넷 서비스의 하나인 월드 와이드 웹을 통해 볼 수 있는 문서를 만들 때 사용하는 프로그래밍 언어의 한 종류. 특히 하이퍼텍스트를 작성하기 위해 개발되었으며, 인터넷에서 웹을 통해 접근되는 대부분의 웹 페이지들은 HTML로 작성됨. 문서의 글자크기, 글자색, 글자모양, 그래픽, 문서이동(하이퍼링크) 등을 정의하는 명령어로서 홈페이지를 작성하는 데 쓰임.

랫폼이 만들어지고, 이 플랫폼은 또 웹 브라우저를 통해 서비스를 제공하게 되기 때문이다.

그 동안 웹 기술의 진화 발전 과정을 4단계로 구분해 볼 수 있는데, 첫 번째 단계는 1989년부터 1999년까지의 기간으로 HTML, URL, HTTP라는 세 가지 기술에 기초해 웹 기술이 제안되고, 보다 나은 인간 중심의 정보 처리 및 지식공유 등을 목표로 하는 단계였다. 두 번째 단계는 2000년부터 2004년까지의 기간으로 XML에 기반하며 인간 중심의 정보 처리뿐 아니라 다양한 디바이스와 서비스, 멀티미디어를 연결하는 것을 목표로 하는 단계였다. 세 번째 단계는 2005년부터 2009년까지로, 구글, 아마존, 위키피디아 등의 성공과 함께 웹 산업을 제2의 전성기로 이끌며, 다양한 신규 서비스가 등장할 수 있는 기반을 만들었다. 그리고 마지막 네 번째 단계는 2010년 이후로, 스마트 폰 및 태블릿 등 다양한 모바일 기기들을 대상으로 HTML5와 web API를 통해 한 단계 진화된 웹 응용 환경을 제공하며, 위치 정보 및 소셜 정보 등을 결합하는 통합 응용 플랫폼으로서 웹이 자리 잡아 가는 단계라 할 수 있다.[256)]

전 세계적으로 사용되는 웹 브라우져 중 대표적인 것은 마이크로소프트의 익스프롤러(Explorer), 구글의 크롬(Chrome), 파이어 폭스(Fire Fox)[257)], 애플에서 개발한 사파리(Safari), 오페라소프트웨어사의 오페라(Opera)[258)] 등이다. 2017년 현재 웹 브라우져 시장을 살펴보면, '인터넷 익스플로러'는 건재하고, '구글 크롬'은 점차 영토를 확장해 가고 있다. '파이어 폭스'는 다소 간 주춤거리고 있는 실정이며, 애플의 '사파리'는 애플 생태계를 등에 업고 계속적으로 명맥을 이어가고 있다. 오페라 창업자 욘 폰 테츠너는 '비발디'를 내놓았고, 자바스크립트(Javascript) 창시자인 브랜든 아이크(Brendan Eich)는 모바일에 특화된 '브레이브(Brave)'를 선보였는데, 브레이브는 브라우저 관리 권한을 사용자가 더 가져갈 수 있도록 하였는데, 기업이 함부로 개인 정보 및 쿠키 데이터를 추적하지 못하도록 만들었으며, 지나치게 가독성을 방해하는 광고는 없애고 제한된 공간에서만 광고를 보여주게 하였고, 악성 바이러스를 유포하는 광고를 차단해 보안성을 높였다.

세계 웹 브라우저 시장에서의 브라우저별 점유율을 살펴보면, 인터넷 익스플로러는 2008년 말까지는 70%에 육박하는 점유율을 기록했다. 하지만 파이어폭스, 사파리, 구글 크롬 등 새로운 웹 브라우저들이 나오며 인터넷 익스플로러의 점유율이 계속해서 떨어지고 있다. 2017년 1월 현재 데스크 탑(Desktop) 에서는 크롬이 58%에 이르게 되었으며, 다음으로 익스플로러 19.7%, 파이어 폭스 11.7%로 뒤따르고 있다. 또한 점유율 변화 추이를 보면, 2016년 4월을 기점으로 크롬이 익스플로러(Explorer)를 넘어서기 시작했음을 알 수 있

256) 출처 : HTML5 기반의 웹 플랫폼 기술 표준화 동향, ETRI, 2012.

257) 파이어 폭스 : AOL-타임워너의 모질라프로젝트(Mozilla Project)에서 떨어져 나와 2004년 개발된 공개(Open) 소프트웨어로 개발된 웹브라우저(출처 : 네이버 백과사전)

258) 오페라 : 노르웨이의 오페라소프트웨어사가 개발한 인터넷 웹브라우저의 하나. 넷스케이프나 익스플로러에 비해 크기가 작지만 속도는 빠른 웹 브라우저. 윈도와 매킨토시 · 리눅스 등 다양한 운영체계에서 활용이 가능(출처 : 네이버 백과사전)

다. 그러나 국내 시장의 경우는 전혀 다른 모습을 보이고 있는데, 국내에서는 Explorer 87.93%, Chrome 6.76%, Firefox 2.21%, Swing 1.23%, Edge 0.72%, Safari 0.33%, Opera 0.03% 순으로 마이크로소프트사의 익스프롤러가 압도적으로 사용되고 있다.

표 3-43 브라우저 점유율 및 점유율 변화 현황(2017년 1월 현재)[259]

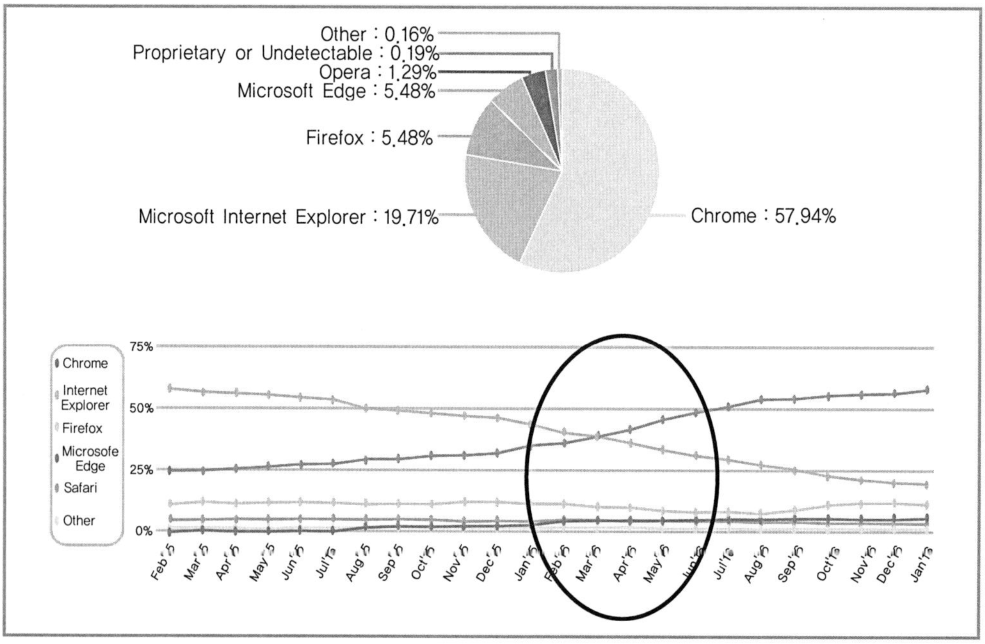

그림 3-74 국내 시장에서의 데스크 탑 브라우저 점유율 (2016.6 현재)[260]

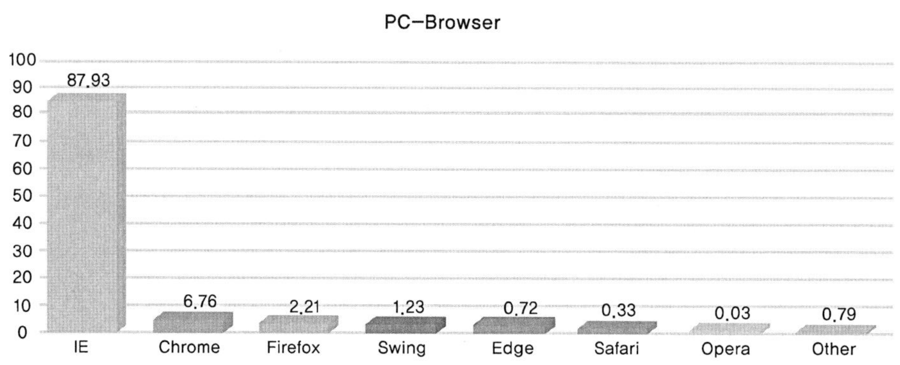

259) 출처 : netmarketshare(https://www.netmarketshare.com/operating-system-market-share.aspx?qprid=8&qpcustomd=1)

260) 출처 : koreahtml5.com(https://www.koreahtml5.kr/jsp/infoSquare/browserUseStatsKor.jsp)

나 모바일 브라우저

모바일 브라우저(mobile browser)는 휴대 전화나 PDA/태블릿(Tablet)과 같은 모바일 기기에서 이용하도록 설계된 웹 브라우저이다. 모바일 브라우저는 휴대용 기기의 작은 화면에 가장 효율적으로 웹 콘텐츠를 보이게 하는데 최적화되어 있다. 모바일 브라우져는 일본의 이동통신사업자인 NTT DoCoMo에서 자체적으로 아이모드(iMode)라는 웹 브라우져를 개발하여 무선 인터넷 서비스를 제공하면서 시작되었다. 초기에는 왑(WAP: Wireless Application Protocol)의 형태로 서비스가 진행되었는데, 작은 화면, 제한된 무선 네트워크 속도나 높은 이용요금, 폐쇄적 서비스 환경 그리고 유선과의 호환성 문제 등으로 활성화되지 못했다.

이후 모바일 위젯(Widget)[261]의 형태로 발전되다 애플에 의해 본격적으로 앱(App.)의 형태로 사업화되었다. 이에 따라 다양한 앱의 형태로 제공되는 서비스나 콘텐츠를 판매하는 장터인 앱 스토어가 등장하게 되었다. 그러나 포털(portal) 등 모바일 웹(Mobile Web)을 이용할 경우 여전히 브라우저를 통해 접속하게 되는데, 2017년 1월 현재 모바일 브라우저의 시장점유율을 보면, 크롬이 53%로 압도적인 보급률을 보이고 있으며, 다음이 사파리 32.4%, 안드로이드 브라우저 6.8% 등의 순으로 사용되고 있으며, 점유율 변화 측면에서도 거의 변동 없이 크롬이 전 세계 시장을 장악하고 있음을 알 수 있다. 국내시장에서는 안드로이드 브라우저가 57.2%, Safari 26.8%, Chrome 15.5% 순으로 나타났으며, 나머지 브라우저는 1%미만으로 나타나고 있다.

261) 위젯(widget) : '소형 장치' 또는 '부품'이란 뜻으로 이용자와 응용프로그램·운영체계와의 상호작용을 보다 원활하게 지원해주는 그래픽 유저 인터페이스(GUI; 그래픽을 통해 작업할 수 있는 환경을 뜻하는 말로, 마우스를 이용하여 화면의 메뉴 중 하나를 선택하여 작업하는 형태)의 하나인 미니 애플리케이션(응용프로그램, 소프트웨어)을 의미(출처 : 네이버 백과사전)

표 3-44 모바일 브라우저 점유율 및 점유율 변화 현황(2017년 1월 현재)[262)]

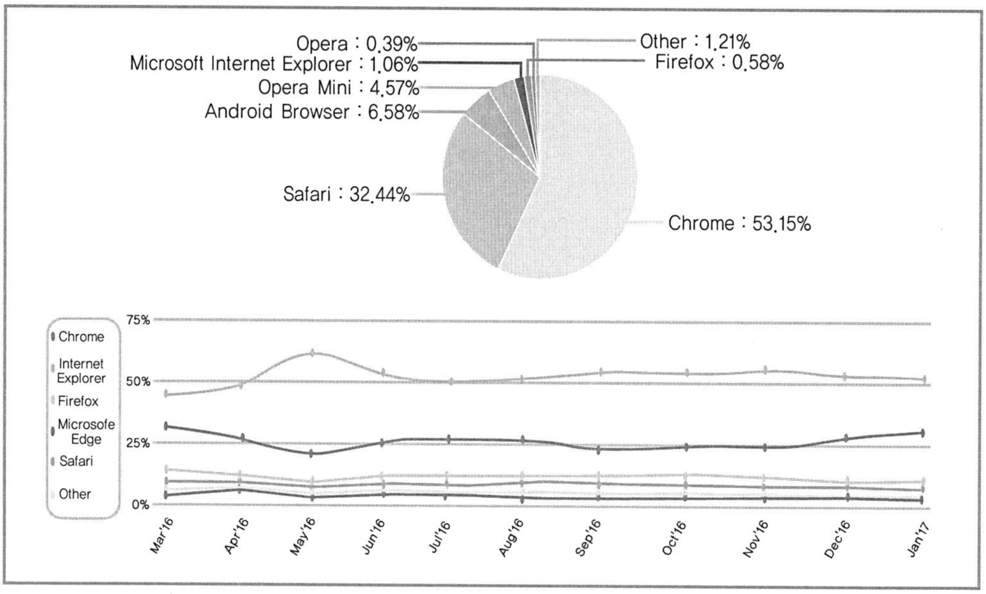

그림 3-75 국내 시장에서의 모바일 브라우저 점유율(2016.6 현재)[263)]
www.koreahtml5.kr/jsp/infoSquare/browserUseStatsKor.jsp

(단위 : %)

출처	구분		Android Browser	Chrome	Safari	Opera	Firefox	IE	Swing	기타	총계
Korea html5.kr	국내	'15년 상반기	75.11	8.81	15.02	0.03	0.01	0.16	0.04	0.82	100
		%p	-17.90	+6.70	+11.84	+0.01	+0.02	-0.15	-0.01	-0.51	
		'16년 상반기	57.21	15.51	26.86	0.04	0.03	0.01	0.03	0.31	100
Stat Counter.com	국내	'15년 상반기	15.34	60.91	21.31	0.26	0.14	0.01	-	200	100
		%p	+15.72	-11.04	-4.37	-0.03	-0.01	+0.03	-	-0.21	
		'16년 상반기	31.06	49.87	16.94	0.23	0.04	0.07	-	1.79	100
	전 세계		14.12	38.22	18.95	10.77	0.10	1.61		16.23	100

262) 출처 : netmarketshare(https://www.netmarketshare.com/operating-system-market-share.aspx?qprid=8&qpcustomd=1)

하지만 앱 스토어(App Store)나 포털도 운영체계나 소프트웨어의 상이함으로 인하여 점차 상호 호환성의 문제가 야기되기 시작하고, 이를 해결하기 위해 웹의 창시자인 팀 버너스 리(Tim berners Lee)에 의해 웹 표준 가이드라인을 마련코자 W3C(World Wide Web Consortium)가 결성되고, 웹 응용서비스의 표준화를 위한 노력을 경주하였으며, 2004년부터는 모질라재단, 애플, 오페라 등 브라우져 업체들이 W3C와 별도로 웹 표준 제안을 위해 WHATWG라는 연구모임을 결성하여 새로운 웹 응용서비스를 제안하기도 하였다. 하지만 W3C에서 표준안 명칭으로 제안한 HTLM 5가 모바일 웹의 실질적인 표준으로 등장하고 있다.

HTML5란 기존 텍스트와 하이퍼링크만 표시하던 HTML이 멀티미디어 등 다양한 애플리케이션까지 표현·제공하도록 진화한 '웹 프로그래밍 언어'로 오디오·비디오·그래픽 처리, 위치정보 제공 등 다양한 기능을 제공함으로써, 웹 자체에서 처리할 수 있는 기능이 대폭 향상된 차세대 웹 표준이다.

표 3-45 HTML 5 주요 특징과 세부내용[264)]

기능 항목	주요 특징	시사점
Semantics	보다 구조화되고 다양한 기능의 HTML 태그 제공	지능화되고 풍부한 웹문서의 표현
Multimedia	비디오, 오디오 기능의 자체 지원을 통한 강력한 멀티미디어 기능 제공	별도의 외부 플러그인 필요성 제거
Offline & Storage	네트워크 미 지원 환경에서도 웹 이용을 가능하게 하는 오프라인 처리 및 로컬 저장소, DB, 파일 접근 처리	웹 기반 애플리케이션의 태생적인 한계 요인 극복 가능
3D, Graphics & Effects	SVG, 캔버스, WebGL 등을 통한 다양한 2D/3D 그래픽 기능 제공	별도의 외부 플러그인 필요성 제거
Device Access	GPS, 카메라, 모션센서 등 디바이스의 H/W 기능을 웹에서 직접 제어하는 기능 제공	직접 제어 지원을 통해 네이티브 애플리케이션 수준의 기능 가능
Performance & Integration	비동기 통신, 멀티 스레딩을 통한 웹 상의 성능 향상	웹의 가장 큰 문제 중 하나였던 성능 문제를 대폭 개선
Connectivity	클라이언트와 서버 간 효율적인 통신 기능 제공을 통한 웹기반 커뮤니게이션 강화	다양한 통신(메시징, 애플리케이션 간 통신)을 통한 개발 범위의 확대
CSS3 Styling Effect	기존 웹 문서의 변경과 성능 저하 없이 웹 애플리케이션의 UI 기능 강화	UI 측면에서의 N-Screen 서비스 서비스 제공 가능

263) 출처 : koreahtml5.com(https://www.koreahtml5.kr/jsp/infoSquare/browserUseStatsKor.jsp)
264) 출처 : 2013년 IT 산업 7대 메가트랜드 보고서. 전종홍, 한국정보산업연합회

HTML 5 표준안이 완성되고, 실제 적용되어지기 시작하면 그 영향력은 유선에서보다 강력할 것으로 예측된다. 무엇보다도 모바일 환경이 갖는 스크린사이즈(Screen Size), 저장공간의 용량, 처리속도의 한계, 불편한 입력방식, 망사용 비용의 문제 등으로 인하여 갖는 한계성과 유선에서의 비표준화로 인한 불편함이 사라지게 될 것이다.

Strategy Analytics는 전 세계적으로 HTML5를 지원하는 모바일 단말이 2009년 3백 만 대에서 2016년 15억 6,000만대(전체 단말 중 85%)로 크게 늘어났으며, ETRI에 따르면, 모바일 애플리케이션 시장은 세계는 2011년 56억불에서 2015년 375억불로, 국내는 2011년 1.4조원에서 2015년 3.5조 원으로 성장하였으며, 2017년에는 HTML5 기반의 모바일 웹이 모바일 앱을 넘어설 것으로 전망하고 있다.

다 모바일 운영체계(OS)[265)]

운영체계(Operating System, 이하 OS)는 컴퓨터의 하드웨어 자원(Resouce)을 관리하면서 애플리케이션이 요구하는 기능을 수행하는 소프트웨어(Software, 이하 SW)를 말한다. 모든 형태의 컴퓨터에 필수적으로 설치되어 컴퓨터-하드웨어-응용프로그램 사이에 사용자가 컴퓨터를 사용하고 관리할 수 있게 하는 시스템 기능을 담당한다. 즉, 하드웨어를 제어하고, 애플리케이션을 구동하게 하는 역할을 담당한다. 운영체계가 없으면 시스템이 작동될 수 없으며, 소프트웨어 개발도구(SDK)를 통해 애플리케이션을 만들어 냄으로써 확장성을 가지게 하는데 중요한 역할이 있다.

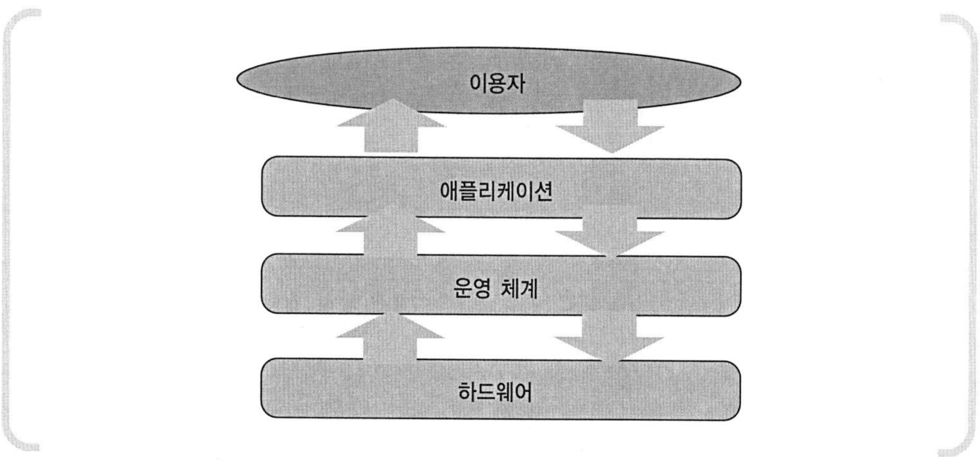

265) 출처 : MWC 2013에서 미리 본 차세대 모바일 OS와 제3 생태계의 탐색전.KT경제경영연구소. 2013.

글로벌 앱 시장은 이제 하나의 독립된 산업 군을 형성한 것으로 분석된다. 구글과 애플의 양 강 체제 및 각 국가별 로컬 시장 역시 이들을 중심으로 빠르게 통합되어 가고 있다. 이러한 현상의 기저에는 바로 모바일 운영체계의 전쟁이 존재하고 있다. 브라우저와 분리 불가능한 것이 바로 모바일 운영체계이기 때문이다. 모바일 OS는 모바일 브라우저에서 구동되는 가상의 OS 또는 일련의 애플리케이션들이기 때문이다.

모바일 운영 체계 시장은 크게 iOS 진영과 안드로이드 진영이라는 두 개의 축으로 안정화 단계에 들어서 있다. 규모 면에서는 안드로이드 진영이 압도적이지만, 생태계의 집중도 면에선 iOS 진영도 만만치 않다. 하지만 두 생태계의 안정적이라는 의미는 질서가 변하지 않는 생태계라는 의미인데, 이는 먹이 사슬을 이루는 힘의 분배가 더 이상 일어나지 않는 것이며, 이는 다른 말로 시장을 지배하는 권력과 수익 구조가 고착화되는 것을 의미한다. 때문에 안정적인 질서를 흐트러뜨려야 하는 쪽과 그것을 막는 쪽은 늘 존재하기 마련이지만, 언제나 새 질서의 태동을 막는 것은 어려운 일이다.

그림 3-76 모바일 운영체계의 그 간의 현황[266)]

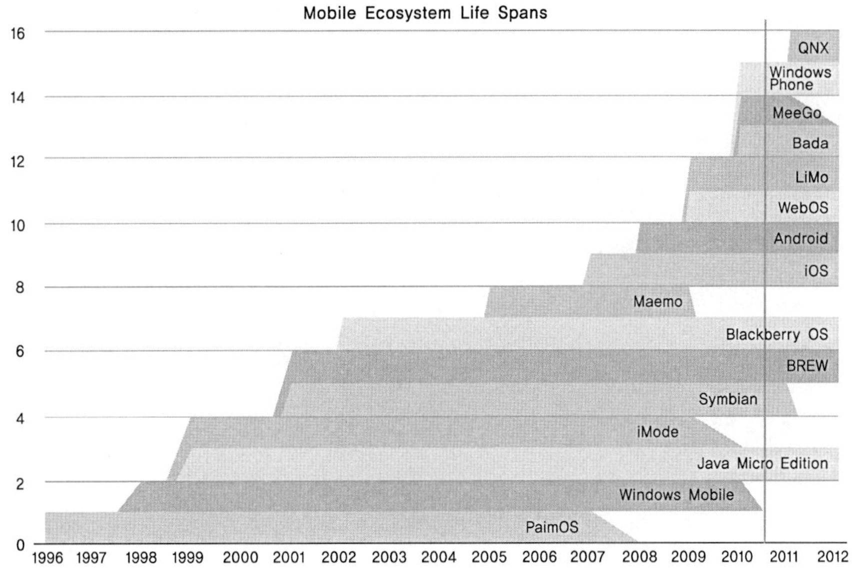

266) • QNX : QNX is a commercial Unix-like real-time operating system, aimed primarily at the embedded systems market.
- Limo : 리눅스협의체, SK텔레콤, Vodafone(보다폰), Telefonica(텔레포니카), Verizon(버라이존), Orange(오렌지), NTT도코모 등 6개 이동통신사 LiMo 플랫폼 탑재 공용단말기 출시를 제안
- Maemo : 노키아의 리눅스 운영체계
- Palm : 팜소스(PalmSource, Inc.)에서 개발한 PDA 및 스마트 폰 운영체계

새 질서가 만들어지는 것이 순환적 가치 구조를 갖는 생태계가 된다는 보장은 없지만, 어차피 종전 생태계에서 힘을 얻지 못한 입장이면 다른 생태계를 지원하는 편이 이들에게 생존의 기회가 열린다. 물론 이전에 윈도 폰이나 블랙베리에게도 기회는 있었다. 만약 이들이 폐쇄적 라이선스, 독립적인 하드웨어와 요금제 전략 같은 부분에서 좀 더 유연하게 대응했다면 아마 제3의 시장은 이들 몫이었을 수도 있다. 블랙베리도 사명까지 바꿔가며 제3생태계로 자리 잡기를 희망하지만, 현실은 녹록하지 않았다. 하지만 이들에 주어진 기회를 생태계의 구성원들과 나누려 하지 않음으로써 기회를 놓쳤다.

2017년 1월 현재 모바일 운영체계별 전 세계 시장점유율은 안드로이드 63.9%, iOS 32%로 양분되어 있으며, 그 외이 운영 체계는 1% 이하를 점유하는 등 거의 소멸되어 가는 모습을 보이고 있다. 이러한 추세는 앞으로도 지속되어 안드로이드와 iOS는 현재의 시장 점유율을 유지할 것으로 보지만 대부분의 군소 운영체계들은 점차 시장에서 퇴출 될 것으로 예상되고 있다.

그림 3-77 전 세계 모바일 운영체계 시장점유율 추이 및 전망267)

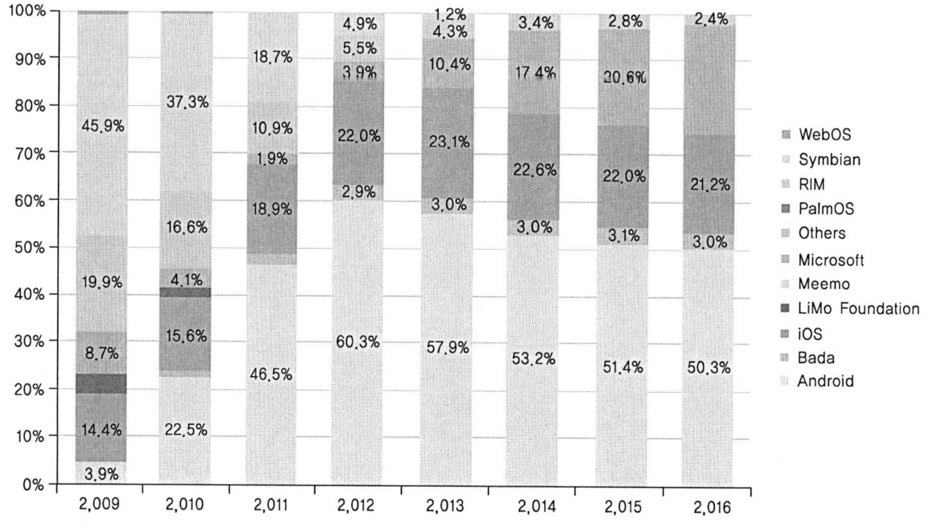

267) 출처 : Gartner. 2013.2.

표 3-46 Smartphone OS Sales Share(%)

Germany	3m/e jan´16	3m/e jan´17	%pt change
Android	74.2	75.5	1.3
iOS	193	21.3	2.0
Windows	5.9	2.9	−3.0
other	0.7	0.2	−0.5
QS	**3m/e jan´16**	**3m/e jan´17**	**%pt change**
Android	52.6	54.4	1.8
iOS	38.6	43.3	4.7
Windows	8.6	1.9	−6.7
other		0.3	0.1
Fance	**3m/e jan´16**	**3m/e jan´17**	**%pt change**
Android	71.9	72.9	1.0
iOS	19.3	24.2	4.9
Windows	7.8	2.8	−5.0
other	0.9	0.2	−0.7
Italy	**3m/e jan´16**	**3m/e jan´17**	**%pt change**
Android	78.1	7.9	0.9
iOS	14.4	15.8	1.4
Windows	7.2	4.4	−2.8
other	0.3	0.8	0.5
Spain	**3m/e jan´16**	**3m/e jan´17**	**%pt change**
Android	87.8	89.4	1.6
iOS	11.4	10.2	−1.2
Windows	0.8	0.4	−0.4
other	0	0	0.0

USA	3m/e jan´16	3m/e jan´17	%pt change
Android	58.2	56.4	1.8
iOS	29.1	42	2.9
Windows	2.6	1.3	−1.3
other	0.1	0.3	0.2
Chine	**3m/e jan´16**	**3m/e jan´17**	**%pt change**
Android	73.9	83.2	9.3
iOS	25.0	16.6	−8.4
Windows	0.9	0.1	−0.8
other	0.3	0.1	−0.2
Australia	**3m/e jan´16**	**3m/e jan´17**	**%pt change**
Android	52.6	55.7	3.1
iOS	41.2	42.4	1.2
Windows	5.4	1	−4.4
other	0.8	0.8	0.0
Japan	**3m/e jan´16**	**3m/e jan´17**	**%pt change**
Android	48.7	49	0.3
iOS	50.3	49.5	−.8
Windows	0.5	1.5	1.0
other	0.5	0	−0.5
EUS	**3m/e jan´16**	**3m/e jan´17**	**%pt change**
Android	72.9	74.3	1.4
iOS	20.3	22.7	2.4
Windows	6.4	2.7	−3.7
other	0.5	0.3	−0.2

양 강도를 형성하고 있는 모바일 운영체계에 대한 선호도를 살펴보면, 북미, 유럽에서는 개발자들이 iOS를 선호하는 성향을 갖는 반면, 중국, 일본은 독자적인 로컬 생태계가 발달되어 있는 특징이 있다. 더불어 안드로이드의 파편화, 즉 다양한 기기의 스크린, 다양한 운영체계의 버전(Version) 및 그에 따른 지리적, 언어적 사용 층의 다양화 및 세분화는 시장 성장의 걸림돌로 작용한다. 다시 말해 유명 게임의 경우 iOS는 40여 개의 버전이 필요한 반면, 안드로이드는 2,400여 개의 버전이 필요하다는 문제가 상존하고 있다.

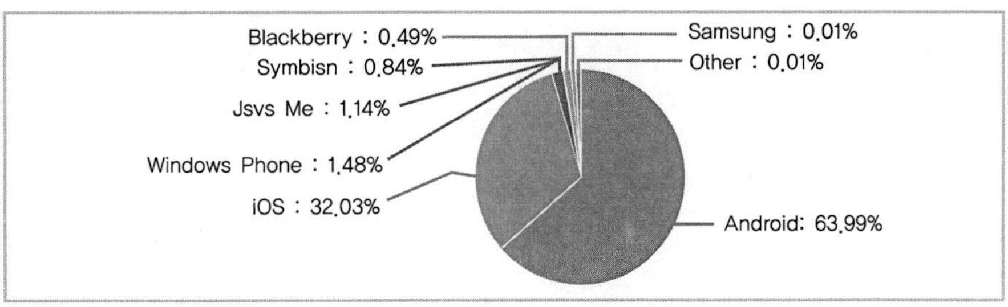

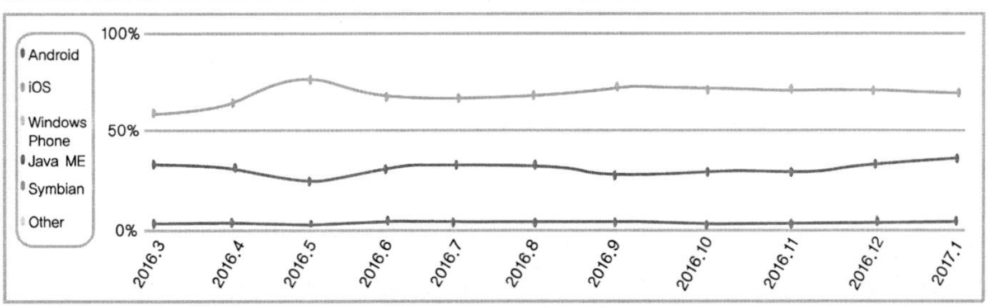

안드로이드와 iOS의 양강 체제에 제3의 모바일 운영체계 진영의 도전이 이어지고 있다. 웹 브라우져 사업자인 모질라(Mozilla)가 개발한 리눅스(Linux) 기반의 모바일 운영체계인 Firefox OS는 신규 운영체계 중 가장 먼저 출시되었는데, 하웨이(Huawei), LG, ZTE 등의 단말기 제조사가 파이어 운영체계를 탑재한 단말기를 출시하였다. 모질라는 가격 경쟁력을 확보한 제조사들과 협력을 통해 스마트 폰 보급이 미흡한 신흥 국가를 대상으로 집중 공략해 나가고 있다. 국내의 경우도 모바일 OS는 바다, 타이젠(Tizen), RTOS(Real Time Operating System)[268] 등 삼성전자가 자체 개발하거나 합작으로 개발한 OS가 이미 존재하며, 개발된 OS를 탑재한 스마트폰, 웨어러블 기기가 시장에 출시되어 사용되어 지고 있다.

영국의 소트프웨어 업체인 케노니컬(Canonical)이 개발 중인 리눅스 기반의 운영체계인 우분투(Ubuntu)[269]는 상당한 규모의 개발자 커뮤니티를 보유한 상태이며, 퀄컴과의 파트너 십을 통해 우분투의 완성도를 끌어 올리는데 주력 중인 것으로 알려졌다. 우분투는 데스크 탑 PC의 운영체계로도 사용될 수 있는 것으로 알려졌으며, 스마트 폰이나 태블릿에 키보드와 모니터를 연결하면 데스크 탑처럼 이용할 수 있게 될 전망이다. 2015년 2월 6일 캐노니컬 모바일 운영체계 우분투를 적용한 첫 스마트 폰인 '아쿠아리스 E4.5'가 출시될 것으로 발표되었는데, 우분투 첫 스마트 폰은 스페인 모바일 제조업체 BQ에서 제조됐다.

삼성전자, 인텔, KT, SK텔레콤, 중국 휴대폰 제조사인 화웨이 등이 연합전선을 형성, 공동 개발한 리눅스 기반의 모바일 운영체계인 타이젠(Tizen)은 인도 등지의 앱 개발자 및 소프트웨어 엔지니어를 고용해 바다와 같은 실패를 되풀이하지 않도록 사용자인터페이스(UI)와 소프트웨어의 질적 향상에 신경을 쓰고 있다.

2017년 9월에는 기존 3.0에 비해 실행속도와 그래픽 처리, 호환성이 크게 개선된 출시하며 '탈(脫) 구글' 전략의 속도를 낼 것이다. 타이젠 4.0은 마이크로소프트(MS)의 프로그래밍언어인 닷넷(.Net)을 탑재해, 기존 MS 닷넷 개발자들도 스마트 폰, 스마트 워치, 스마트 TV 등에 사용되는 타이젠 앱을 쉽게 개발할 수 있게 하고, 개발자들이 타이젠 프로그래밍을 쉽게 할 수 있도록 그래픽유저인터페이스(GUI) 기반의 개발도구 '타이젠 스튜디오'를 제공하여, 이를 사용하면 코드작성부터 사용자인터페이스(UI)·사용자경험(UX) 적용, 디버깅(오류수정) 작업을 간단히 할 수 있게 제공하고 있다. 이처럼 타이젠 기술의 고도화를 통해 구글 안드로이드 운영체계의 의존도를 낮추고, 타이젠 생태계를 강화해 독자 운영체계를 갖추겠다는 목표로 추진 중이다.

삼성전자 내부적으로도 스마트폰을 제외한 모든 제품에는 안드로이드를 대신해 타이젠 탑재를 결정했고, 인공지능(AI) 개발 역시 타이젠을 기반으로 설계하고 있다. 또한 세

---

268) RTOS : RT(Real-Time)와 OS(Operating System)의 합성어로 실시간 운영체계. 일반적인 OS는 효율적인 자원 관리를 위해 사용한다면 RTOS는 실시간 처리를 위해 사용된다. RTOS는 여러 개의 작업을 동시(시분할)에 처리하기 위해 태스크(Task)로 작업을 분할하여 처리한다.

269) 우분투 : '우부'는 접두사이고, '은투'는 '사람'이란 뜻이니 우분투는 '사람다움'을 뜻함.

탁기, 냉장고, 청소기, QLED TV, 일부 저가형 스마트 폰과 스마트 TV와 스마트 워치 기어 S3와 사이니지(Signage) 등에 타이젠 OS가 사용되고 있다.

이는 스마트 폰을 제외한 모든 제품의 운영체계를 타이젠으로 사용함으로써, 아직 IoT 시장에서 표준 운영체계가 정해지지 않은 상황이므로, 타이젠을 사실상 사물인터넷 시장의 운영체계 표준으로 자리매김하게 하는 의지를 가지고 발빠르게 움직이고 있다. 이는 2010년 스마트 폰의 등장이라는 큰 변화에서 자체 운영체계를 갖지 못했던 삼성전자가 구글의 개방형 운영체계인 안드로이드에 의존하여 갤럭시S 시리즈를 출시하여 급격한 변화의 위기를 극복했다. 하지만 이후 삼성전자는 세계 1위의 스마트 폰 제조사가 되어도 구글의 운영체계 개발일정에 따라가야 하고, 플랫폼 사업에 대한 권한을 모두 구글에 내주는 결과에 대해 반성하고, 운영체계가 없어 사업의 주도권을 구글에 빼앗기는 상황을 되풀이하지 않겠다는 의미로 이해된다.

Sailfish는 욜라(Jolla)가 개발한 모바일 운영체계이다. 이를 개발한 욜라는 2011년 설립된 핀란드 업체로, 노키아에서 미고(MeeGo) 운영체계를 개발했던 사람들이 설립했다. 이들은 노키아가 마이크로소프트 윈도우 폰 운영체계를 사용하기로 결정하면서 노키아를 떠나서 오픈소스 세일피시(Sailfish) 운영체계 개발하고 이를 기반으로 한 스마트 폰을 생산 판매하고 있는데, 욜라의 스마트 폰은 유럽과 아시아 일부 지역에서만 판매되고 있으며, 2016년에는 그동안 미국이 주도하는 스마트 폰 플랫폼(안드로이드 · iOS)을 대체할 OS를 고려해왔으며, 해외 모바일 OS에 대한 의존도를 급격히 줄이고자 노력하는 러시아의 '안드로이드 대안 찾기'의 대안으로 세일피쉬가 선정되기도 하였다. 오픈 소스 기반의 독립적인 운영체계인 세일피쉬가 러시아 미래의 모바일 OS 플랫폼으로 자리매김하게 된 것이다.

이외에도 파이어 폭스와 타이젠, 그리고 우분투 터치가 모바일 운영체계에서 차세대 모바일 운영체계로 자리매김하고 있다. 이들 셋은 운영체계를 주관하는 단체나 지향점이 모두 다르지만, 흥미롭게도 모두 HTML5 기반의 운영체계라는 점이다. 이들 운영체계의 정책에 따라 개방적이기도 하고, 라이센스를 통해서 배포되는 형태를 띠지만, HTML5 표준 중심의 모바일 환경에 대비하고 있는 공통점을 지니고 있다. 플랫폼에 독립적이고, 소비와 개발 도구가 동일하며, 풍부한 개발자 생태계를 확보하고, 다양한 환경에 적응 가능한 HTML5의 특징을 운영체계에 녹인 것이다.

제3의 모바일 생태계의 대표 주자가 되기 위해 노력하고 있는 차세대 모바일 운영체계들은 단순히 운영체계의 특징만을 내세우지 않고 있다. 운영체계 자체의 특징도 있지만, 단순히 운영체계만 공개하고 가져다 쓰라고 한 것이 아니라 이미 이 운영체계 기반의 상품을 만들어 판매 할 동업자와 함께 하고 있는 것이다.

구글이 안드로이드를 개방한 것은 맞지만 그 배후에 OHA(Open Handset Alliance)라는 제조사 연합을 통해 하나의 세력을 만들었고, 안드로이드 마켓의 분배 정책을 통해 지역 또는 국가별 이동통신사의 참여를 유도해 소프트웨어 지원부터 하드웨어 제조와 유통까지 연합 체계를 갖췄다. 개발 영역과 모바일 환경에 필요한 각종 서비스 구축은 구글이 전담했는데, 여기서 중요한 것은 생태계 관점에서 소프트웨어와 하드웨어, 이동통신사 등 각 동업자들의 역할을 명확하게 나눠 각자가 같은 부문을 충실하고 신속하게 실행함으로써 생태계의 발전 속도를 가속시켰다는 점이다. 덕분에 생태계의 질서도 빠르게 잡아 나갔다. 다만 그 과정에서 구글과 삼성 같은 일부만이 생태계의 절대 권력으로 성장한 것은 현재 문제점으로 꼽히는 것 가운데 하나로 볼 수 있다.

파이어폭스 OS나 타이젠도 안드로이드와 같은 협력자들과 함께 한다. 하지만 형태는 조금 다르다. 일단 OHA 같은 제조사 연합은 없다. 단지 운영체계에 협력 의사를 나타낸 하드웨어 업체와 이동통신사가 뭉치고 역할을 나눠 갖는 것으로 그림을 그렸다. 파이어폭스 OS는 모질라 재단이 운영체계와 개발자 지원을 맞고, ZTE와 알카텔, 소니, LG가, 타이젠은 삼성과 화웨이, 후지쯔가 참여한다.

파이어폭스 진영에는 퀄컴 같은 칩셋 제조사도 함께 하며, 텔레포니카, KDDI, KT, 차이나 유니콤 같은 이동통신사가 파트너로 참여하고 있다. 타이젠 연합은 삼성전자, 화웨이 이외에 프랑스 오렌지, 일본 NTT 도코모 같은 이동통신사가 참여하고 강제적인 것은 아니지만 퀄컴과 인텔, 삼성이 칩셋 공급자로서 역할을 맡는다. 개발자 지원은 겉으로는 리눅스 재단이지만, 대부분은 삼성전자의 모바일 솔루션 센터(MSC)에서 책임지고 관리한다. 이처럼 이동통신사와 제조사를 아우르는 연합군 구축은 진입 시장을 확보하는 데 있어 효과적인 전략임에 틀림없다. 새로운 생태계를 구축하든 기존 시장의 질서를 흔들든 간에 생태계에 있어서 역할 분담은 꼭 필요한 그 생태계의 빠른 발전을 위해서 꼭 필요한 것이기 때문이다.

모바일 운영체계를 통한 생태계 구축의 장점은 각 사업자들이 생태계 내의 역할을 나누고 기술 개발, 마케팅, 개발자 지원 같은 수많은 자원을 분담해 투입함으로써 비용을 줄이고 빠르게 분위기를 끌어 올릴 수 있는 동력을 지니고 있다는 점이다. 제3의 모바일 생태계가 운영체계 차원에서만 이뤄질 것으로 판단되지는 않는다. 생태계의 마지막 조건은 이용자를 통해 충족해야 하는데, 어느 정도 이용자를 확보한 서비스도 가능성은 열려 있다. 사실 HTML5를 중심으로 보면 페이스 북 같은 SNS 기반 플랫폼도 그 대열에 참여할 수 있고, 꼭 HTML5가 아니라면 NHN의 라인과 같은 메시징(Messaging) 기반 서비스들도 제3의 모바일 생태계에 도전할 만하다. 다만 현재의 흐름이 HTML5로 몰리고 있기 때문에 앱 중심의 메시징 플랫폼보다 기술적으로 좀 더 열린 SNS가 더 효과적인 생태계 구축에 가깝다고 볼 수 있다.

구글은 이미 2009년 구글 I/O[270]에서 차세대 웹 표준으로 HTML5를 적극 추천하고 크롬 OS라는 HTML5 기반 운영체계를 상용 제품으로 배포하고 있다. 2016년에는 안드로이드와 크롬 운영체계(OS)를 통합한 운영체계인 '안드로메다(Andromeda)'를 발표하였다. 안드로이드는 스마트 폰과 같은 모바일 기기에 최적화된 운영체계이며, 크롬은 노트북, 넷 북 등 스마트 폰보다 큰 화면을 가진 기기에서 사용하는 운영체계로 2010년 정식 출시됐으며, 크롬 운영체계에서는 크롬 웹 스토어(Web Store)에서 내려 받는 애플리케이션(앱)만 사용 가능하다. 이러한 두 운영체계가 통합되면 구글은 보다 많은 기기에서 안드로이드를 운용할 수 있게 된다. 그 동안 넥서스 폰에 안드로이드를, 크롬 북에 크롬 운영체계를 탑재해왔는데, 안드로메다로 통합되면 사용자들이 자유자재로 구글 플레이 스토어(Play Store)에 있는 앱(App)을 PC에 설치해 사용할 수 있게 된다.

또한 구글은 모바일에서 필요한 구글 맵과 지메일(G-Mail), 캘린더, 유투브 같은 서비스 플랫폼을 운영해왔다. 이러한 플랫폼은 모바일 환경에 필요한 새로운 제품이나 서비스를 만들고 이용할 수 있도록 만들어 놓았지만, 사실 이용자나 개발자를 이 생태계에서 떠나지 못하게 만드는 잠금 효과(Lock-in)가 매우 크다. 과거 응용 프로그램이 모바일 생태계의 잠금 효과 기능을 톡톡히 해냈지만, 지금은 어느 앱 장터를 들어가더라도 같은 응용 프로그램이 존재하므로 그 효과가 점점 약해지고 있다. 더구나 앞으로 HTML5 시대에서 이러한 앱의 특수성은 약해질 가능성이 높은데, 서비스 플랫폼은 쉽게 떠날 수 없기 때문에 개발자나 이용자나 모두 고민일 수밖에 없다. 제3의 생태계를 노리는 각 후보들이 구글의 서비스 플랫폼에서 독립하거나 또는 구글의 협력을 어떻게 이끌어내느냐는 것 역시 앞으로 주목해야 할 포인트다.

특히 주요 정보통신 기술 기업들의 독적인 운영체계(Operating System)출시가 확산되고 있다. 아마존(Amazon)이 파이어(Fire) 운영체계를 선보인 바 있고, 샤오미(Xiaomi Inc.,)는 자체 운영체계인 미유아이(MIUI)를 스마트 폰에 적용하고 있다. 또한 알리바바(Alibaba)나 텐센트(Tencent), ARM 등도 운영체계 개발에 적극적으로 가세하고 있다.

운영체계 경쟁이 재 점화될 수 있었던 여건은 스마트 폰 초기부터 조성화되었다. 구글의 안드로이드가 오픈소스(Open Source) 소프트웨어로 배포되면서 운영체계에 대한 기술적 접근성이 열리게 되었기 때문이다. 여기에다 구글과 애플 등 주요 운영체계기업들의 제약을 받지 않고 다양한 비즈니스를 추진하려는 기업, 특히 아마존과 알리바바와 같은 인터넷 서비스 기업들의 자체 운영체계 필요성도 점차 증가하게 된데 기인한 이유가 크다.

---

270) 구글 I/O : 구글이 매년 미국 샌프란시스코에서 혁신 제품을 선보이는 행사로, 구글의 신제품과 신기술을 가장 먼저 접할 수 있는 자리다. '구글 개발자 콘퍼런스'라고도 한다. 구글I/O에서 I와 O는 두 가지 의미를 담고 있다. 첫째는 입력을 뜻하는 'Input'과 출력을 뜻하는 'Output'의 뜻이다. 둘째는 '혁신은 개방 속에 있다(Innovation in the Open)'를 의미한다(출처 : 네이버 트랜드 지식사전).

사물 인터넷이 IT 산업의 핵심 트렌드로 부상하면서, 이를 지원하기 위한 운영체계의 중요성이 강조되는 것도 많은 기업들이 독자적인 운영체계에 관심을 가지게 된 주요 요인이다. 반도체 설계기업 ARM이 mbed OS라는 사물 인터넷 운영체계 개발하고, 구글도 브릴로(Brillo), 안드로이드웨어(Androidware) 등 사물 인터넷 및 웨어러블(착용형) 기기 운영체계를 개발하고 있다. 세계 스마트 폰 운영체계 시장의 80% 이상을 점유하는 구글은 그동안 스마트 홈 플랫폼 '네스트(Nest)', 웨어러블 기기 OS '안드로이드웨어,' 차량용 OS '안드로이드오토(Androidauto)' 등을 잇달아 내놓았고, 브릴로를 통해 이들을 다 묶겠다는 야심을 나타낸 것이다.

운영체계의 무상배포 경향에서 나타나듯이 운영체계는 그 자체의 가치 창출보다 하드웨어 및 서비스 지원을 통하여 차별화 가치를 확장하는 플랫폼으로서의 역할을 강화하고 있다 이에 따라 각 운영체계 기업들은 폐쇄적 생태계를 유지하던 과거와 달리 다른 기기 및 운영체계를 포용하는 개방적 정책을 실행하는 등 전향적인 모습을 보이고 있는 상황이다. iOS 용 응용 소프트웨어를 윈도우 10에서도 이용할 수 있도록 돕는 마이크로소프트의 윈도우 브릿지 프로젝트(Window Bridge Project), 안드로이드 전용 소프트웨어를 iOS에서도 사용할 수 있도록 변환하는 구글의 J2ObjC 소프트웨어 배포 등이 그 예다.

모바일과 사물 인터넷 등 IT 산업 패러다임의 변화에 따라 운영체계 경쟁은 새롭게 점화되고 있다. 앞으로는 자체적 생태계 구축뿐만 아니라 다양한 하드웨어와 서비스 및 경쟁 운영체계를 유연하게 연결할 수 있는 개방성 역시 운영체계의 핵심 이슈로 부상할 것으로 보인다. 또한 자체 운영체계를 가진 기업이든 아니든 향후 세분화될 것으로 예상되는 사물 인터넷 분야에 가장 적합한 운영체계를 확보하는 플랫폼 포지셔닝 및 자사의 서비스를 다수 운영체계에 효과적으로 지원하기 위한 멀티 플랫폼 전략도 강조될 것으로 예상된다.

2 플랫폼(Platform)

가 플랫폼이란?

플랫폼이란 관점에 따라 다양하게 정의될 수 있다. 플랫폼의 어원은 프랑스어의 'plateforme'로 'plat(영어의 flat)'과 'forme(영어의 form)'의 합성어로 '주변보다 높은 평평한 장소'라는 의미, 즉 강단, 연단, 발판 등을 지칭하는 용어다. 사전적 의미로 '기차나 비행기 같은 것을 타고 내리는 곳 또는 어떤 목적을 위해 높여진 단상이나 정치적 원칙'을 일컫는 용어다. 예를 들어 제품, 서비스, 디자인, 브랜드 등에 적용되는 것으로 디자인 플랫폼, 브랜드 플랫폼(예: CI등) 등으로 사용된다. 플랫폼이란 핵심가치를 담을 틀을 제공하고, 내부와 외부, 외부와 외부 간에 상호 연결을 가능하게 해주는 것으로, 소비와 공급의 중간에 위치하며, 미리 만들어진 것이 아닌 연결을 통해서 가치를 창출하고, 진화해가는 과정을 추구하는 것을 의미한다.[271)]

비즈니스 관점에서 플랫폼이란 '다양한 용도에 공통적으로 활용할 목적으로 설계된 유무형의 구조물, 상품 거래나 응용 프로그램을 개발할 수 있는 인프라, 공급자, 수요자 등 복수 그룹이 참여하여 각 그룹이 얻고자 하는 가치를 공정한 거래를 통해 교환할 수 있도록 구축된 환경으로서 참여자들 간의 상호작용이 일어나면서 모두에게 새로운 가치와 혜택을 제공해줄 수 있는 상생의 생태계' 등을 뜻 한다[272)].

인터넷의 등장과 더불어 플랫폼의 의미가 다원화되기 시작하였다. 컴퓨터 시스템의 기반이 되는 하드웨어 또는 윈도우, 안드로이드, iOS 등의 운영체계뿐 아니라 익스프롤러, Chrome, Firefox, Safari, Opera 등과 같은 브라우저(browser)를 구성하는 소프트웨어를 뜻하는 말로도 사용된다. 또한 구글(검색), 네이버(포털), 유튜브(동영상 포털), 애드센스(광고), 아이튠즈(음악서비스), 앱스토어(콘텐츠 장터), 아마존(쇼핑), 카카오톡/라인(SNS), 페이스북(소셜 미디어) 등과 같은 인터넷 서비스를 플랫폼이라 부르기도 한다. 즉, 이용자들 간 혹은 사업자와 이용자들 간 상호 작용이 일어나는 사이버 상의 공간 혹은 거래가 창출되는 공간으로서의 의미를 갖는 개념으로 플랫폼이란 용어가 사용되어지고 있다. 따라서 플랫폼이란 백화점 등과 같은 현실세계에서의 매개 공간뿐 아니라 소프트웨어, 인터넷 서비스 상의 플랫폼 등으로 존재하고 있는 것이다.

그림 3-78 플랫폼의 종류

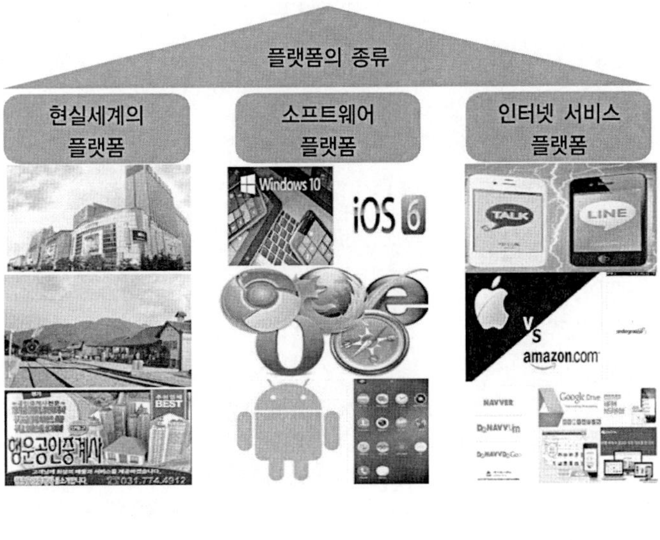

271) 출처 : 플랫폼 전쟁, 조용호, 21세기 북스, 2012.1.
272) 출처 : 최병삼, 2010.11. p.2, 윤상진, 2012. p.45

경제학적으로 플랫폼을 좀 더 엄밀하게 살펴보면, 플랫폼은 단면시장(one-sided market)이 아닌 양면시장(two-sided market), 또는 다면시장(multi-sided market)에서 발견된다. 단면시장은 두 고객 군 간의 직거래시장을 뜻한다. 반면 양면시장 또는 다면시장은 다음과 같은 세 가지 특징을 갖는다.[273)]

첫째, 상호연결을 필요로 하는 두 개 이상의 고객 군, 또는 수요 측 이용 자(demand-side user)와 공급 측 이용자(supply-side user)가 있고, 이를 매개하는 플랫폼이 존재한다. 둘째, 수요 측면에서 한 고객군의 효용이 다른 고객군의 소비 또는 규모가 커짐에 따라 늘어나는 교차 네트워크 효과(cross network effect)[274)]가 나타난다. 또한 공급 측면에서는 생산 규모가 커질수록 생산비용이 감소하는 규모의 경제가 나타날 수 있다. 셋째, 끝으로 교차보조(cross subsidization), 즉 두 고객 군 간의 직접 거래가 높은 거래비용으로 인해 불가능한 상황에서 플랫폼은 양쪽에 차별적인 가격 정책을 통해 수익을 확보할 수 있어야 한다. 쉽게 말하면 플랫폼은 두 고객이 직접 거래가 어렵다는 점을 활용해, 어느 한 쪽에게는 낮은 가격으로 내지는 무료로 제공하거나 보조금을 지급해 소비량이나 고객 수를 늘리는 한편, 다른 한 쪽에게는 높은 가격을 책정해 돈을 벌 수 있어야 한다. 여기서 플랫폼 사업자는 두 그룹 중 어느 쪽을 보조받는 쪽(subsidized segment)으로 하고, 어느 쪽을 보조하는 쪽(subsidizing segment), 즉 지불하는 쪽(money side)으로 둘지, 그 비용은 얼마로 할지, 이를 위해 활용할 도구에는 어떤 것이 있는지를 잘 따져서 정해야 한다. 즉 가격 할당 내지 비용 할당을 적절히 함으로써 가격 구조를 잘 만들지 못하면 교차 네트워크 효과는 발생하지 않고 플랫폼은 유지될 수 없다(Rochet & Tirole, 2003).

IT산업에서의 플랫폼이란 '하드웨어와 소프트웨어 등의 결합을 통해 최종 소비자(기업이든 개인이든)에게 서비스를 제공하기 위해 마련된 것' 또는 '수평적 레이어 위에서 솔루션(Solution)이 개발되기 위한 인터페이스(Interface)의 집합'을 통칭해 이른다. 하나의 운영 체계 또는 컴퓨터 아키텍처(Architecture)라고 말할 수도 있고, 그 두 가지를 통칭해서 말할 수도 있다. 공통의 활용 요소를 바탕으로 보완적인 파생 상품이나 서비스를 개발, 제조할 수 있는 기반으로 이는 제품 자체뿐만 아니라 제품을 구성하는 부품과 다른 서비스와의 연계를 도와주는 기반 서비스나 소프트웨어도 포함하는 총체적 개념으로 이해된다(남대일, 2003).

---

273) 출처 : Eisenmann, Parker, & Van Alstyne, 2006; Evans, 2003;Evans & Schmalensee, 2007.

274) 간접 네트워크 효과(indirect network effect)라고도 한다. 네트워크 효과는 네트워크 외부성(network externalities)으로 설명할 수 있는데 여기에는 직접 네트워크 외부성(direct network externalities)과 간접 네트워크 외부성(indirect network externalities)이 있다. 외부성이란 한 경제행위자의 경제행위가 3자에게 영향을 주는 것을 의미한다. 직접 네트워크 외부성은 동일 집단의 규모가 커짐에 따라 해당 집단의 효용이 증가하는 것을 뜻하는 반면, 간접 네트워크 외부성은 한 집단의 효용이 다른 집단의 규모에 의해 영향을 받을 때 생겨난다(Katz & Shapiro, 1985).

그림 3-79 플랫폼의 개념

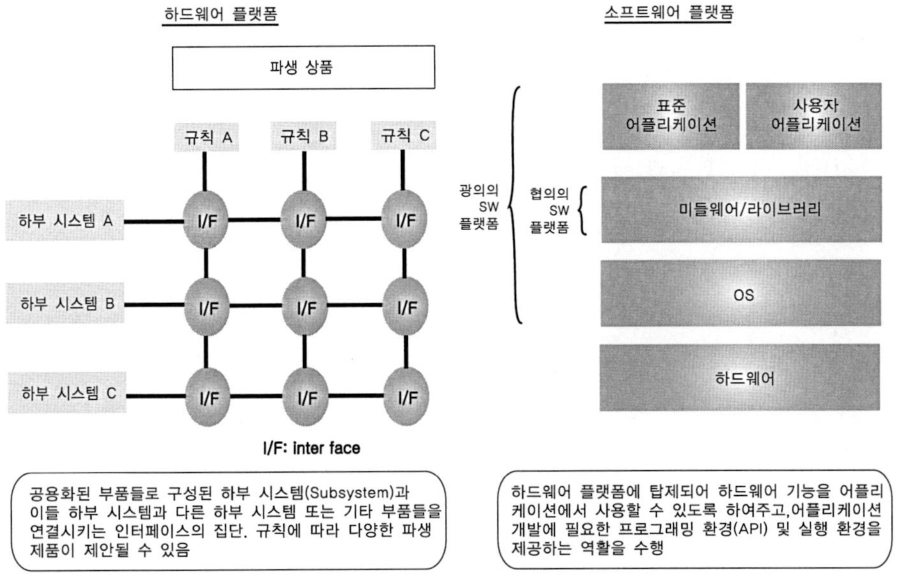

과거에는 부품 공용화 및 기술 표준화를 위한 하드웨어 중심의 플랫폼이 주를 이루었으나, 2000년대 들어서면서부터는 웹 플랫폼, 서비스 플랫폼, 소프트웨어 플랫폼 등, 플랫폼이란 의미가 소프트웨어 중심으로 많이 쓰이고 있다. 모바일 시장에서도 컴퓨팅 기능의 중요성이 높아지고 스마트 폰이나 웨어러블 단말뿐 아니라 사물 인터넷 시장이 확대되면서 소프트웨어 플랫폼에 대한 관심이 증가하고 있다.

휴대폰과 인터넷서비스, 모바일 단말기, CATV, IPTV 등 서비스 관련 하드웨어나 소프트웨어들이 등장함에 따라 콘텐츠를 담아낼 다양한 형태의 플랫폼이 만들어지고, 웹 영역에서는 기술의 발달과 새로운 사업영역의 출현으로 지금까지 우리가 접하지 못했던 서비스가 제공되는 '서비스 혁신 경쟁'과 기존의 콘텐츠와 서비스가 외연을 넓히며 확장해 가는 '서비스 확장 경쟁'이 플랫폼 경쟁의 두 축을 이루고 있다. 이러한 경쟁의 양상 속에, 고객과 서비스 공급자 사이엔 '양 방향 커뮤니케이션'이 이뤄지기도 하고, 여러 미디어를 넘나들며 서비스가 제공되는 '크로스 미디어(Cross-media)' 현상(최근 N Screen 혹은 Multi Screen이란 용어로 불리기도 함)이 일반화되고 있다. 또, 사업자는 서비스를 제공하는 데 있어, 고객 편의를 제공하고 사용 빈도를 높이기 위해 '사용 편의성'을 추구하고 있는 것이 현실이다.275)

275) 출처 : 스마트 혁명 미디어 빅뱅, 권택민, 정완진, 이노탱크, 2011.

나 서비스 플랫폼의 중요성

플랫폼은 다양한 고객의 니즈를 효율적, 경제적으로 만족시킬 수 있게 해준다는 관점에서 지렛대 역할을 한다고 볼 수 있다. 따라서 지렛대를 만드는 비용보다 효과가 커야하므로 중장기적 관점에서 접근하는 사업, 장치나 설비가 많이 필요한 분야에 적합한 특성을 가진다. 더불어 서비스의 핵심동력, 강력한 비즈모델의 구축 용이성 제공, 기술의 발전과 더불어 네트워크 효과를 통한 운용이 가능하게 해 주며, 나아가 성공한 플랫폼 사업자는 시장의 규칙을 제정하는 막강한 역할을 담당할 수 있게 해 준다는 의미에서 그 중요성을 띤다.[276)]

플랫폼은 공통적인 기반 기술과 구조를 중심으로 이루어져 표준화라는 특성을 지닌다. 플랫폼을 통한 표준 인터페이스의 제공은 다양한 응용서비스가 존재할 수 있는 유용성을 제공할 수 있게 한다(박동욱. 2007). 더불어 한 플랫폼 안에서 서로 다른 다양한 그룹의 고객을 맺어주는 멀티 사이드 비즈니스(multi side business)를 지원할 수 있게 해 줌으로써 가치를 창출한다.

운영체계 소프트웨어 플랫폼의 경우 MS가 1980년대 자사의 운영체계인 윈도우(Window)를 중심으로 PC제조사들의 경쟁을 통해 이점을 누리게 되고 소비자들이 그들의 제품을 가치 있게 인지하여 다양한 혜택을 누릴 수 있었다. 노키아의 경우는 1980년대 이후 모바일 단말기 에 있어 세계 제1의 제조사였다. 노키아의 성공은 하드웨어와 소프트웨어 플랫폼 양면으로 플랫폼 전략을 성공적으로 구사했었다. 하드웨어 측면에서는 MIPI(Mobile Industry Processor Interface)라는 하드웨어 인터페이스의 표준화를 기반으로 부품 표준화/ 공용화를 추진하였고, 소프트웨어 측면에서는 심비안(Symbian)이라는 운영체계를 중심으로 생태계를 구축하였었다. 이처럼 하드웨어와 소프트웨어 플랫폼을 통해 중저가 단말기부터 하이엔드(high-end)[277)] 단말기까지 경쟁사 대비 낮은 비용과 빠른 출시속도로 시장을 장악할 수 있었다.

인터넷 서비스 플랫폼 사업자는 서비스 플랫폼 제공을 통해 산업 전반을 지배할 수 있는 힘을 갖게 되고, 높은 부가가치를 창출하며 자사를 중심으로 한 생태계를 구축하려 노력하게 된다. 더불어 가치사슬 상의 다양한 이해당사자자들을 상호 연결 시켜줌으로써, 자사 중심으로 생태계의 조정자 역할을 수행하게 된다. 플랫폼 사업자는 보완 제품들의 수많은 혁신으로 인한 혜택뿐만 아니라 전체 시스템 차원에서의 경쟁으로 인한 혜택을 누릴 수 있다.

---

276) 출처 : 플랫폼 전쟁, 조용호, 21세기 북스, 2012.1.

277) high-end : 비슷한 기능을 가진 제품군 중에서 기능이 가장 뛰어나거나 가격이 제일 비싼 제품을 나타내는 용어(IT용어사전, 한국정보통신기술협회)

다시 말해 서비스 플랫폼은 네트워크 효과(Network externality)가 매우 크므로 더 많은 사용자, 개발자, 관련 기업들이 참여하는 네트워크 구축이 플랫폼 전략 성공에 있어서 가장 중요하다. 서비스 플랫폼에 올라간 애플리케이션이 사용자들의 인가를 얻으면 이는 플랫폼을 통해 순식간에 많은 사용자들에게 확산된다. 즉, 네트워크의 규모의 경제(economy of scale), 다시 말해 네트워크에 참여하는 다양한 이해 관계자들이 많아지면 많아질수록 그 가치가 기하급수적으로 증가하며, 네트워크의 규모와 플랫폼의 가치가 커지는 등 상호 간 밀접한 관계를 갖는다. 네트워크의 가치는 참여자수의 제곱에 비례한다는 '메칼프의 법칙((Metcalfe's law)'[278]이 적용된다. 서비스 플랫폼이 만들어지면 사용자가 모이고 새로운 응용서비스(Applications)들이 그 위에 올라가고 사용자 기반을 통해 인기 있는 애플리케이션이 순식간에 퍼지고 이러한 서비스들이 모여서 더 큰 부가가치가 만들어진다. 일예로 글로벌 시장에서 시가총액 상위 10개 기업 중 5개가 플랫폼 기업이다. 이들 기업은 자신들만의 독자적인 플랫폼을 구축했다는 공통점이 있다. 그 가운데서도 애플, 구글, 페이스 북, 아마존은 플랫폼 기업 빅4로 인데, 이들 기업은 각자 특유의 플랫폼을 기반으로 독특한 생태계를 구축하고서 시장의 모든 걸 빨아들이고 있다. 또한 자신의 플랫폼을 기반으로 새로운 사업을 계속 늘려가고 있다. 이처럼 서비스 플랫폼을 둘러 싼 주도권 확보를 위한 경쟁이 점차 치열해지고 있는 것이다. 경쟁에서 승리하면 승자 독식(Winner takes All)의 상태를 가져갈 수 있기 때문이다.

또한 플랫폼의 네트워크 효과로 인하여 주도권을 확보하게 된 이후에는 그 성공을 지속적으로 유지하고 사용자의 계속적 선택을 받기 위해서는 로얄티(Royalty)가 필요하다. 로얄티, 즉 충성도는 고객이 자신이 선택한 상품이나 서비스에 애착을 갖고 있어 경쟁사의 다양한 마케팅 노력에도 불구하고 전환(Churn out) 행위를 하지 않은 정도의 몰입 상태를 뜻하는데, 플랫폼 제공자의 경우 고객뿐 아니라 생태계 참여자 모두로부터 충성도를 확보하는 것이 중요할 수 있다. 즉 서드 파티(3rd Parties)들에게는 비젼을 제시해 호의와 열정을 이끌어 내고, 플랫폼을 신뢰하고 유대감을 가질 수 있게 노력해야 하며, 고객에게는 경쟁업체와 차원이 다른 실질적인 혜택을 제공하거나 정서적 만족감을 제공해야 한다.

또한 자사의 플랫폼을 반드시 이용하게 만들 정도로 강력한 역할을 담당하는 킬러 서비스(Killet Service)나 앱(App)을 제공해야 한다. 예를 들어 MS 윈도우의 경우는 MS 오피스(Office)라는 소프트웨어를 제공하는 것이나 SK 텔레콤이 T Map 서비스를 자사 가입자에게 무료로 제공하는 것, 보다 많은 킬러 앱을 만들기 위해 애플이나 구글, 아마존, 삼성전자 등 글로벌 플랫폼 기업의 경우 다양한 개발자 지원프로그램을 제공하는 것도 이러한 맥락으로 이해할 수 있다.

---

278) 메칼프의 법칙 : 미국의 네트워크장비업체 3COM의 설립자인 밥 메칼프가 주창한 이론으로, 네트워크에 일정 수 이상의 사용자가 모이면 그 가치가 폭발적(기하급수적)으로 늘어난다는 이론

그림 3-80 플랫폼 사업의 중요성 및 성공 요소[279)]

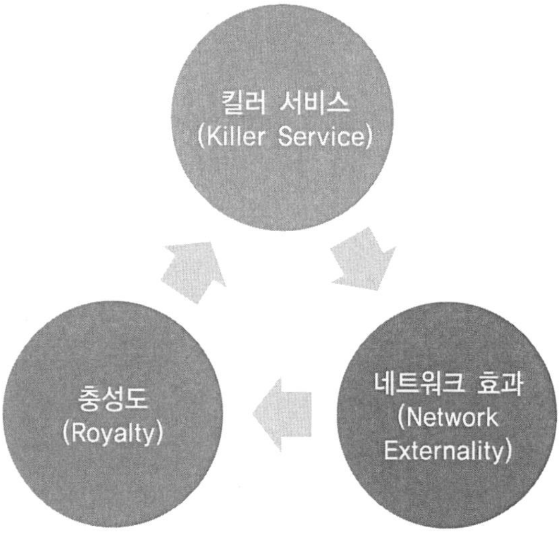

279) 출처 : 플랫폼, 시장의지배자(류한석, 코리아닷컴, 2016.11.10.) 재구성

정리하기

1 웹이란 무엇인지 설명하시오.

2 모바일 OS를 통한 생태계 구축의 장점은 무엇인가?

3 비즈니스 관점에서의 플랫폼이란?

4 서비스 플랫폼이 중요한 이유를 네트워크 경제 하에서의 다양한 이론을 접목하여 설명하시오.

5 서비스 플랫폼에서 네트워크가 갖는 가치는?

6 플랫폼이란 무엇이며, 플랫폼의 종류에 대해 설명하시오.

확인하기

1 일반적으로 웹(Web)이라 하면 "문자 위주의 서비스에서 탈피하여, 문자・영상・음성 등이 혼합된 멀티미디어 정보를 마치 거미줄과 같은 통신망으로 세계 각지에 연결시켜 주는 서비스"라고 정의되고 있으나, 통상 인터넷을 이용하기 위하여 브라우저(Browser)를 통해 다양한 사이트(Site)에 접속하여 콘텐츠나 응용 서비스 등을 이용하기 위한 기술을 의미한다.

2 모바일 OS를 통한 생태계 구축의 장점은 각 사업자들이 생태계 내의 역할을 나누고 기술 개발, 마케팅, 개발자 지원 같은 수많은 자원을 분담해 투입함으로써 비용을 줄이고 빠르게 분위기를 끌어 올릴 수 있는 동력을 지니고 있다는 점이다.

3 다양한 용도에 공통적으로 활용할 목적으로 설계된 유무형의 구조물, 상품 거래나 응용 프로그램을 개발할 수 있는 인프라, 공급자, 수요자 등 복수 그룹이 참여하여 각 그룹이 얻고자 하는 가치를 공정한 거래를 통해 교환할 수 있도록 구축된 환경으로서 참여자들 간의 상호작용이 일어나면서 모두에게 새로운 가치와 혜택을 제공해줄 수 있는 상생의 생태계

4 플랫폼은 다양한 고객의 니즈를 효율적, 경제적으로 만족시킬 수 있게 해준다는 관점에서 지렛대 역할을 한다고 볼 수 있다. 따라서 지렛대를 만드는 비용보다 효과가 커야하므로 중장기적 관점에서 접근하는 사업, 장치나 설비가 많이 필요한 분야에 적합한 특성을 가진다. 더불어 서비스의 핵심동력, 강력한 비즈모델의 구축 용이성 제공, 기술의 발전과 더불어 네트워크 효과를 통한 운용이 가능하게 해 주며, 나아가 성공한 플랫폼 사업자는 시장의 규칙을 제정하는 막강한 역할을 담당할 수 있게 해 준다는 의미에서 중요하다고 할 수 있다.

또한 네트워크 효과(Network externality)가 매우 크므로 더 많은 사용자, 개발자, 관련 기업들이 참여하는 네트워크 구축이 플랫폼 전략 성공에 있어서 가장 중요하다. 서비스 플랫폼에 올라간 애플리케이션이 사용자들의 인가를 얻으면 이는 풀랫폼을 통해 순식간에 많은 사용자들에게 확산된다. 즉, 네트워크의 규모, 다시 말해 네트워크에 참여하는 다양한 이해 관계자들이 많아지면 많아질수록 그 가치가 기하급수적으로 증가하며, 네트워크의 규모와 플랫폼의 가치는 밀접한 관계를 갖는다. 네트워크의 가치는 참여자수의 제곱에 비례한다는 메칼프의 법칙((Metcalfe's law)이 적용된다. 많은 플레이어들이 플랫폼에 참여해 상호 작용하며 가치 있는 콘텐츠와 소프트웨어를 통한 신규 서비스 창출 축진 및 다양한 수익 모델을 개발하면 서비스 사용자 증가로 이어지고 이는 또 개발을 촉진하면서 플랫폼이 확대되는 선순환 구조가 확립되어 가치 창출이 증대된다. 이로 인해 서비스 플랫폼을 둘러 싼 주도권 확보를 위한 경쟁이 점차 치열해지고 있는 것이다.

5 서비스 플랫폼에 올라간 애플리케이션이 사용자들의 인가를 얻으면 이는 풀랫폼을 통해 순식간에 많은 사용자들에게 확산된다. 즉, 네트워크의 규모, 다시 말해 네트워크에 참여하는 다양한 이해 관계자들이 많아지면 많아질수록 그 가치가 기하급수적으로 증가하며, 네트워크의 규모와 플랫폼의 가치는 밀접한 관계를 갖는다.

6 **플랫폼**이란 프랑스어의 'plateforme'로 'plat(영어의 flat)'과 'forme(영어의 form)'의 합성어로 '주변보다 높은 평평한 장소'라는 의미, 즉 강단, 연단, 발판 등을 지칭하는 용어로 핵심가치를 담을 틀을 제공하고, 내부와 외부, 외부와 외부 간에 상호 연결을 가능하게 해주는 것으로, 소비와 공급의 중간에 위치하며, 미리 만들어진 것이 아닌 연결을 통해서 가치를 창출하고, 진화해가는 과정을 추구하는 것을 의미 비즈니스 관점에서 플랫폼이란 '다양한 용도에 공통적으로 활용할 목적으로 설계된 유무형의 구조물, 상품 거래나 응용 프로그램을 개발할 수 있는 인프라, 공급자, 수요자 등 복수 그룹이 참여하여 각 그룹이 얻고자 하는 가치를 공정한 거래를 통해 교환할 수 있도록 구축된 환경으로서 참여자들 간의 상호작용이 일어나면서 모두에게 새로운 가치와 혜택을 제공해줄 수 있는 상생의 생태계'.

플랫폼의 종류로는 현실 세계의 플랫폼, 소프트웨어, 인터넷 서비스 플랫폼 등 3가지로 분류 가능.

① 현실세계의 플랫폼 : 백화점, 기차역, 강단, 연단, 부동산 중개소 등

② 소프트웨어 플랫폼 : 컴퓨터 시스템의 기반이 되는 하드웨어 또는 윈도우, 안드로이드, iOS 등의 운영체계뿐 아니라 익스프롤러, Chrome, Firefox, Safari, Opera 등과 같은 브라우저(browser)

③ 인터넷 서비스 플랫폼 : 구글(검색), 네이버(포털), 유튜브(동영상 포털), 애드센스(광고), 아이튠즈(음악서비스), 앱스토어(콘텐츠 장터), 아마존(쇼핑), 카카오톡/라인(SNS), 페이스북(소셜 미디어) 등으로 이용자들 간 혹은 사업자와 이용자들 간 상호 작용이 일어나는 사이버 상의 공간 혹은 거래가 창출되는 공간매개 공간뿐 아니라 소프트웨어, 인터넷 서비스 상의 플랫폼 등으로 존재하고 있는 것이다.

제6절 앱 스토어(App Store)의 변화

1 앱 스토어의 등장과 앱 생태계 경쟁 전략

모바일 콘텐츠 산업에서 가장 혁신적인 변화가 바로 앱과 앱을 거래하는 앱 스토어의 등장이라 할 것이다. 전 세계 앱스토어 시장이 스마트 폰, 태블릿 PC의 대중적 보급과 모바일 네트워크의 확산에 힘입어 폭발적 성장세를 거듭해 오고 있다. 특히 유료 앱 판매, 광고 뿐 아니라 부분 유료화(Freemium) 형태의 비즈니스 모델이 정착되면서 글로벌 앱 스토어 시장은 보다 안정적인 수익 구조를 만들어 가고 있다.

가치사슬을 연계한 사업 전략의 일환으로 산업에서 혁신적으로 등장하게 된 앱 스토어는 결국 집단지성(Collective Intellectual)을 이용하는 것이 그 핵심이다. 즉 장터(Market)를 열어 놓고, 개인이든, 기업이든 누구나 자사의 콘텐츠 장터에 개발된 콘텐츠나 응용서비스를 올려놓고 판매를 할 수 있게 만든 것이다. 이렇게 개방된 응용프로그램 인터페이스(API: Application Programming Interface)[280]를 통해 누구든지 다양한 서비스나 앱 개발을 할 수 있게 함으로써 자생적으로 진화할 수 있는 기반을 마련하고, 이에 따라 개인들이나 소규모 기업 혹은 중견 콘텐츠 개발사들이 다양한 서비스나 콘텐츠를 앱 스토어 상에 등록함으로써 소비자와 직접 판매 및 구매 활동을 전개할 수 있게 되는 것이다.

이처럼 모바일 앱 생태계 특성은 플랫폼, 앱 개발자, 단말기 제조업자, 네트워크 사업자, 소비자가 유기적으로 연계되어 있다. 모바일 앱 생태계는 운영체계를 제공하는 소프트웨어 플랫폼 제공업체와 앱 스토어를 제공하는 서비스 플랫폼 제공업체를 포함한 플랫폼 업체가 시장을 주도하고 있으며, 다수의 앱 개발자와 소비자뿐만 아니라 스마트 폰 및 태블릿 PC를 생산하는 단말기 제조업자와 무선 네트워크를 제공하는 이동통신사들까지 연계되어 서로 상호작용을 하면서 생태계를 형성하고 있는 것이다.

플랫폼의 가치는 이용 가능한 단말기 및 앱의 수와 소비자의 수가 늘어날수록 기하급수적으로 늘어나게 되어 있으며, 개발자들은 가장 많은 이용자를 확보한 플랫폼의 앱을 개발하기를 원하며, 소비자들은 가장 많은 수의 앱과 단말기를 보유한 플랫폼을 사용하기를 원하는 것도 네트워크 효과(Network Effect)에 기인하기 때문이다. 즉 제 3 개발세력(3rd Parties)과 소비자의 참여를 극대화하고, 나아가 자사의 플랫폼 경쟁력이 향상되면서, 플랫폼 제공 기업과 제3의 개발사 그리고 소비자로 이어지는 자생적 생태시스템을 구축할 수 있게 되는 것이다.

280) API : 운영체계와 응용프로그램 사이의 통신에 사용되는 언어나 메시지 형식(출처 : 네이버 백과사전)

그림 3-81 앱 스토어의 생태시스템 선순환 구조[281)]

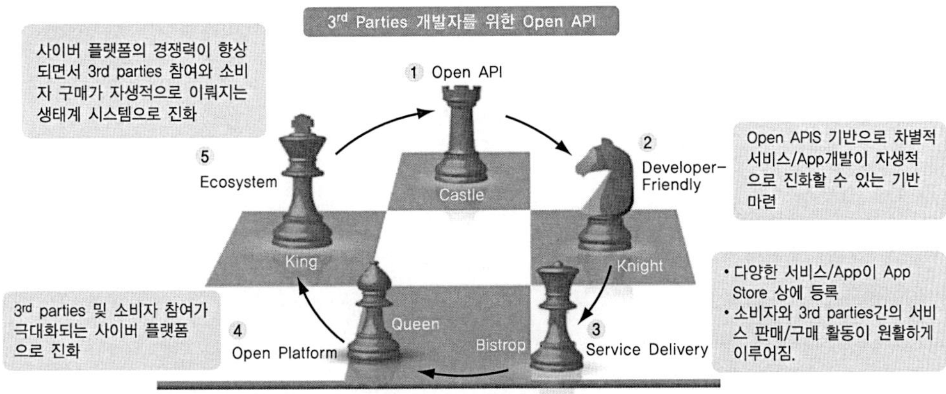

앱 스토어 시스템은 애플의 아이팟-아이튠스(iPod-iTunes)로부터 시작되었다. 다양한 음악들을 아이튠스라는 장터에 올려놓고 이를 곡당 0.99달러에 소비자들이 내려 받아 자신의 MP3 기기에 저장해 놓고 즐길 수 있게 함으로써 이전에 구매 할 때 자신이 원하는 곡 이외에 다른 곡을 섞어서 대가를 지불하고 구매해야 했던 CD등과의 차별성을 갖게 되고, 그로인해 자연스럽게 아이팟이란 애플의 MP3기기 판매로 이어지는 생태계적 사업 모델을 만든 것이다. 사용자에게는 편의성과, 풍부한 음원 구매 환경, 그리고 자신이 원하는 곡만을 구매할 수 있는 새로운 환경이 만들어지게 된 것이다.

이후 아이패드(iPad)라는 새로운 PC의 개발과 앱 스토어와의 연계를 통한 가치사슬 연계형 사업 모델의 개발을 통해 음원 뿐 아니라 전자책, 영화/비디오, 애니메이션을 비롯한 다양한 콘텐츠와 응용 서비스를 제공함으로써 태블릿 이라는 새로운 단말기 시장을 창출하기도 했다. 애플의 아이패드를 통한 전자책 산업의 경우 출판사의 입장에서도 가격은 출판사가 임의로 정할 수 있고, 소비자와 서점이라는 물리적 공간을 이용하지 않고도 직접 만나서 판매를 할 수 있다는 측면과 애플의 입장에서는 다양한 출판사를 수용할 수 있게 됨에 따라 소비자에게 보다 다양한 전자책을 선보일 수 있게 됨으로써 가치 상승을 통한 새로운 사업 모델을 만들 수 있게 된 것이다.

아마존(Amazon)도 자사의 전자책 단말기를 통해 권당 9.99달러의 저렴한 가격에 책을 판매함으로 출판 시장에서 새로운 혁명을 일으켰다. 즉, 물리적 공간이 필요 없이 필요

281) 출처 : ROA Group Korea, 2010.

한 책을 언제든지 내려 받아 볼 수 있게 함으로써 긴 꼬리(Long Tail) 판매 전략[282]의 성공 사례를 보여주었고, 더불어 애플사의 아이패드(iPad) 등 경쟁 관계에 있는 단말기들을 통해서도 자사의 책 장터에서 전자책을 내려 받아 사용할 수 있게 함으로써, 실질적으로 전자책 시장의 강자로 군림하게 되었다. 2011년에는 킨들 파이어(Kindle Fire)라는 태블릿(Tablet)을 개발해 시장에 출시함으로써 종합적인 콘텐츠 서비스 제공 기관으로 발돋움했다.

앱 스토어는 운영하는 사업자의 성격에 따라 4개의 형태로 구분할 수 있는데, 첫째, 단말기 제조업체 중심의 앱 스토어로 2008년 7월 시작된 애플 앱 스토어가 대표적이다. 애플의 앱 스토어는 자사의 단말기와 운영체계인 iOS를 기반으로 한 플랫폼 전략으로, 초기 앱 스토어 시장을 주도해 나갔다. 둘째, 운영체계(OS) 개발사 중심의 앱 스토어로서, 대표적인 것이 구글인데, 안드로이드 운영체계를 기반으로 2008년 10월에 안드로이드 마켓으로 시작해, 2012년 3월 구글 플레이로 변경하면서 서비스 플랫폼 시장을 주도하고 있다. 셋째, 통신사 중심의 앱 스토어들이며, 국내의 안드로이드 기반 앱 스토어인 SK플래닛의 T스토어는 2009년 9월 오픈한 후 전자책, 영화, 방송, 음악, 웹툰 등 멀티미디어 콘텐츠를 포함한 수십 만 개의 앱을 제공하면서 구글 플레이 및 애플의 앱 스토어와 경쟁하고 있는 상황이다. 마지막으로 독립적 앱 스토어들인데, 이는 특정 플랫폼에 국한되지 않고 니치 마켓을 형성하고 있는 다수의 앱 스토어로, 대표적인 예로 킨들 파이어를 중심으로 한 아마존 앱 스토어가 있다.

표 3-47 운영 주체별 앱스토어 분류[283]

구분	단말기 제조업체	OS 개발사	통신사	독립적
주요 사업자	Apple BlackBerry - App World LG SmartWorld Nokia OVI Store Samsung Apps HTC Apps	Google Play Widows Phone Store MS One App Firefox - Marketplace Window Store	SKT Store AT&T - App Center China Moblel Market Orange - Application Shop	Amazon - Appstore Getjar OnlySymbian OnlyAndroid SlideME
스토어 수	13개	5개	약 30개	100여개 이상

282) 롱테일법칙(Long Tail Theory)은 80%의 다수가 20%의 핵심 소수보다 뛰어난 가치를 창출한다는 이론이다. 많이 판매되는 상품들 순으로 그래프를 그리면 적게 팔리는 상품들은 선의 높이는 낮지만 긴 꼬리(Long Tail)처럼 길게 이어진다. 이 긴꼬리에 해당하는 상품들을 합치면 많이 팔리는 상품들을 압도한다는 뜻에서 지어졌다. 인터넷 기반 서점 아마존닷컴이 책목록 진열이 무한한 인터넷에서 잘 팔리는 책 20%보다 적게 1~2권씩 팔리는 책 80%의 매출이 훨씬 높다는 것에서 착안하여 만든 법칙이다. 전체 결과의 80%가 전체 원인의 20%에서 일어나는 현상을 가리키는 파레토법칙과는 반대되는 개념이다(출처 시사경제용어사전).

283) 출처 : research2guidance. 2013.6.

더불어 앱 스토어는 참여자의 특성에 따라 서로 다른 전략을 구사하고 있다. 즉 단말기 제조 유무와 운영체계 및 플랫폼 보유 유무에 따라 서로 다른 경쟁 전략을 구사하고 있는 것이다.

그림 3-82 주요 사업자의 앱 스토어 경쟁전략 비교 284)

앱스토어	장점	단점
Apple 'App Store'	• 세계 최대 모바일 앱스토어로 최다 앱 보유 • 매우 높은 앱 수익성 • 탄탄한 단말 플랫폼 기반	• 폐쇄적 앱 플랫폼 • 강압적인 앱스토어 정책
Google 'Google Play'	• 급속도로 성장 중인 Android 플랫폼 • 'App Store'에 필적하는 앱 보유량 • 강력한 광고 서비스 제공	• 광고 기반 무료 앱 정책에 의한 저조한 수익성 • 취약한 검열 정책에 의한 앱 퀄리티, 보안 문제
Amazon 'Amazon Appstore'	• Android의 플랫폼 기반 활용 가능 • 콘텐츠 보유 역량 • 구매력 강한 소비자 다수 포진	• Apple, Google 대비 적은 앱 종류 • 좁은 서비스 지역 • 사실상 'Kindle' 외 단말 기반 없음.
Microsoft 'Windows phone Mareplace'	• 제 3의 OS로서 높은 성장 잠재력 • 신규 'Windows phone 8 OS의 뛰어난 기술력 • PC－스마트폰－테블릿 연동 크로스 플랫폼 기능	• 낮은 OS 시장 점유율 • 잇따른 모바일 사업 실패에 의한 신뢰도 저하 • 'Windows Phone 8'의 이전 버전 호환 불가 논란
Facebook 'App Center'	• 세계 최대의 SNS로서 막대한 이용자 기반 확보 • 소셜 요소를 앱 유통에 활동 가능 • 기존 앱스토어도 포용하는 통합 유통 플랫폼	• 자체 앱 보유 역량 부족 • 수익 창출에 대한 투자자 의심 여전 • 끊임 없는 사생활 침해 논란

284) 출처 : 스트라베이스. 2012.

그림 3-83 앱 스토어 경쟁전략 변화

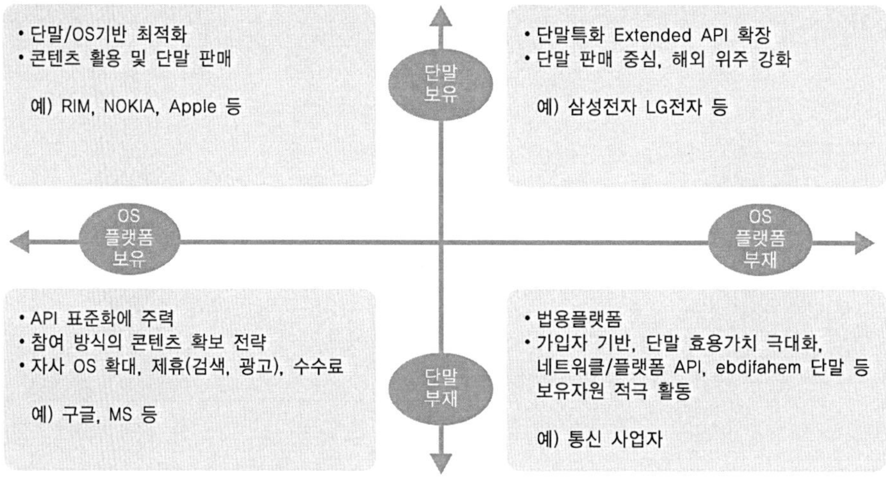

2 모바일 앱의 유형[285)]

모바일 앱의 유형은 크게 네이티브 앱(native app), 웹 앱(web app), 하이브리드 앱(hybrid app) 3가지로 구분하는 것이 일반적이다. 네이티브 앱은 일반적으로 이야기하는 애플리케이션을 의미하는데, 모바일 기기에 최적화 된 언어로 개발된 앱으로 안드로이드 개발툴킷(SDK: Software Development Kit)을 이용해 자바(Java)언어로 만드는 안드로이드 앱과 iOS SDK를 이용해 Objective-C 언어로 만드는 아이폰 앱 등 대부분이 이 유형에 속한다. 네이티브 앱 개발자는 앱 스토어나 마켓에서 개발한 앱을 판매할 수 있으며, 모바일에 저장된 주소록, 파일 등의 고유정보를 변경할 수 있고, 카메라나 후레시(flash) 등의 각종 센서(sensor)를 제어할 수도 있다.

웹 앱은 모바일 웹과 네이티브 앱을 결합한 유형으로, PC나 스마트 폰 등 단말기의 기종에 관계없이 아무 단말기에서나 같은 콘텐츠를 볼 수 있도록 해주는 시스템으로 HTML5를 기반으로 하며, 모바일 게임을 비롯한 콘텐츠 업체들을 중심으로 빠르게 확산되고 있다. 아이폰, 안드로이드폰, 윈도우폰 용으로 각각 앱을 제작해야하는 번거로움이 없어져 비용이나 시간이 훨씬 절감될 수 있고 앱을 등록하고 심사하는 과정을 거치지 않는 반면에, API의 이용이 어렵고 웹 앱 실행하기까지 웹 접속이 필요해 수행 시간이 늦다는 단점이 있다.

285) 출처 : 모바일 앱 및 광고시장의 현황 및 전망. KT경제경영연구소. 2014.7.23.

표 3-48 모바일 앱의 유형 및 장단점

	네이티브 앱	웹 앱	하이브리드 앱	모바일 웹(참고)
장점	• 구동속도가 가장 빠름. • 가장 동적으로 표현할 수 있음. • 인터넷이 연결되어있지 않아도 사용가능	• 네이티브 앱에 비해 개발기간이 짧음. • 업데이트 및 수정 변경이 용이함. • OS에 상관없이 웹브라우저로 접근가능. (아이패드, PC에서도 가능함)	• 구동속도가 모바일 웹보다 빠름. • 필수적인 요소만 포함해서 개발 가능. • 동적인 데이터는 실시간으로 통신.	• 쉽고 간단하게 적용할 수 있음. • html 표준 방식으로 개발하면 OS에 상관없이 구현됨.
단점	• 다른 방식과 비교할 때 개발 기간과 비용이 많이 들어감. • 앱스토어를 통해 등록 심사하는 과정으로 업데이트 및 수정이 번거로움. • 각기 다른 OS, 버전별로 개발해야함.	• 인터넷을 통해 접속하므로 구동이 느림. • 스마트폰의 특정 기능(GPS, 카메라 등) 사용불가 • 브라우저를 통한 2차 접근 방식이라 접근성이 낮음.	• 자체 사이트만 지원하므로 타 사이트 브라우징 불가능. • 네비게이션 설계 잘못 시 사용자 불편함 증가	• 인터넷에 접속하므로 상대적으로 느림. • 이미지나 영상이 많이 표함된 경우 더 느림. • 웹 브라우저만으로 이용 가능함.
비고	• 빠른 구동속도 및 스마트폰 개발 특징을 이용한 앱 개발이 강점.	• 기종을 가리지 않아 접근성이 좋고, 웹을 통한 접속으로 따로 설치가 필요하지 않아 접근이 가능함.	• 네이티브 앱과 웹 앱 개발방식의 장점을 수용한 방식으로 껍데기는 각각의 OS에서 구동되도록 만들어놓고 내부의 동적인 데이터는 HTML5, CSS로 만들어 둔 것임.	• PC 환경의 웹을 모바일 환경에서 최적화시켜서 보여주는 형태

하이브리드 앱은 웹 앱의 단점을 보완한 형태로써, 웹 앱을 네이티브 앱으로 포장하는 것을 말한다. 웹 기술로 개발되었지만 모바일에 최적화된 언어로 만드는 네이티브 앱처럼 보이게 하는 것을 말하며, 네이티브 앱의 형태를 띄고 있어 앱스토어나 마켓에서 다운받아 모바일에 설치할 수 있고, 모바일의 고유 정보를 이용하고 하드웨어를 제어할 수도 있다.

앱스토어는 네이티브 앱을 중심으로 형성되어 있는데, 2013년 기준 전체 앱 다운로드 중 네이티브 앱의 비중은 98.5%를 차지하고 있다. 반면,웹 앱이 전체 앱 다운로드에서 차지하는 비중은 2013년 1.5%에 불과하며, 2017년도에도 2.3%로 소폭 증가에 머물 전망으로 향후에도 당분간 네이티브 앱의 강세는 지속될 것으로 전망된다.

네이티브 앱은 플랫폼 경쟁업체별로 제공되는 개발툴킷(Software Developmentkit)을 활용해 앱이 개발되므로, 다른 애플리케이션과의 인터페이스나 API의 사용이 용이해 앱이 안정적이고 유저 인터페이스(UI) 등 구성요소가 대부분 기본으로 제공되어 앱 실행 시 빠른 속도를 제공한다는 장점을 보유하고 있다.

그러나 플랫폼 별로 지원하는 앱을 따로 개발해야하므로 개발 비용이 높고, 특정 플랫폼에서만 작동하기 때문에 사용이 제한적이라는 단점이 있는 반면, 웹 앱은 단말기마다 따로 앱을 개발할 필요가 없어서 개발 비용이 낮고, 모든 브라우저에서 실행이 가능하다는 장점이 있으나, API의 이용이 어렵고 웹 앱 실행하기까지 웹 접속이 필요해 수행 시간이 늦다는 단점을 보유하고 있다. 특히, HTML5의 등장과 더불어 다양한 멀티미디어 지원, 3D 그래픽지원, 카메라 등 장치 지원, 통신 기능, GPS, 시멘틱(Semantic) 태그 지원 등의 기능을 통해 보다 손쉽게 웹 앱을 개발할 수 있게 되었다. HTML5 등장에 따라 웹 앱이 크게 확산될 것으로 예상되었으나, HTML5 앱에 의한 개발자 경험 부족과 멀티 플랫폼(Multi Platform)에 대한 최적화 문제 등의 한계로 모바일 앱 시장은 네이티브 앱이 주도해 나갈 것으로 예상된다.

3 앱 스토어 시장 현황

앱 스토어는 초기에는 스마트 폰이나 태블릿 PC와 같은 모바일 단말기의 애플리케이션 유통 플랫폼에 국한되어 사용되었으나, 애플이 자사의 데스크 탑 컴퓨터 소프트웨어 마켓을 'Mac App Store'라 부르면서 데스크 탑 컴퓨터에도 앱 스토어란 개념이 통용되었으며, 모바일 플랫폼 이외에도 다양한 플랫폼에서 부상하고 있다.

애플의 앱 스토어와 구글 플레이의 앱 보유량은 2015년 6월 기준으로 각각 150만개와 160만개에 달하여, 그 밖의 앱 마켓인 아마존 앱 스토어(약 40만개), 윈도우즈폰스토어(약 34만개)에 비 해 월등하게 많은 수의 앱을 보유하고 있다. 또한 애플 앱 스토어의 모바일 앱 다운로 드 수는 2014년 6월 850만 건에서 2015년 6월 1천억 건으로 증가하는 등 모바일 앱 마켓은 큰 폭의 성장을 지속하고 있다.

이러한 앱의 확산은 모바일 이용자들이 모바일 웹 브라우저보다는 전용 앱을 통해 정보나 콘텐츠에 접근하는 것이 보편화되는 상황임을 말해주는 것이다. 더불어 모바일 단말기의 저장 능력 확대도 모바일 앱의 확산에 큰 기여를 했는데, 개인별 보유 앱 수는 이용자의 필요 뿐 아니라 단말기의 저장 공간에 크게 좌우되는데, 2016년 기준 국내 소비자들이 스마트 폰에 설치한 앱은 평균 53개에 달하고 있는데, 이는 아시아・태평양 지역에 속한 국가 중 최다 수치다. 그 다음이 싱가포르, 필리핀으로 평균 설치 앱이 45~35대 수준이었다. 평균 설치 앱이 가장 적은 국가는 25~30개를 설치한 중국이다. 평균 설치 앱이 적은 원인과 관련해, 메모리가 부족한 낮은 사양의 단말기가 많거나 현지 앱 시장의 다양성이 부족할 수 있다고 분석된다.

앱 애니(App Annie)에서 발표한 '2016년 Retrospective 보고서'에 따르면, 2016년은 모바일 앱 시장의 지속적인 성숙도와 성장이 입증된 해로 총 사용시간과 다운로드, 수익이 모두 기록적으로 증가한 것으로 나타났으며, 2016년 전 세계 앱의 총 사용 시간은 전년 대비 25%성장하여, 1,500억 시간 이상이 증가한 9,000억 시간으로 나타났다. 전 세계 앱 다운로드 또한 15% 성장하여 130억 건 이상 증가, 2016년 900억 건을 돌파했다. 구글 플레이의 다운로드 성장폭이 가장 컸으며, iOS 다운로드도 중국 시장에서 비약적인 성장에 힘입어 2015년보다 2016년에 더 큰 폭으로 증가했다.

2016년 앱 경제 측면에서의 주요 특징은 ① 동영상 스트리밍 앱의 지속적인 수익 성장세 ② 모바일 리테일 앱의 폭발적 성장 ③ 소셜 앱을 통한 동영상 마케팅 ④ 소매금융의 모바일 화 등으로 요약되었다.

표 3-49 전 세계 앱 사용시간 변동 현황[286)]

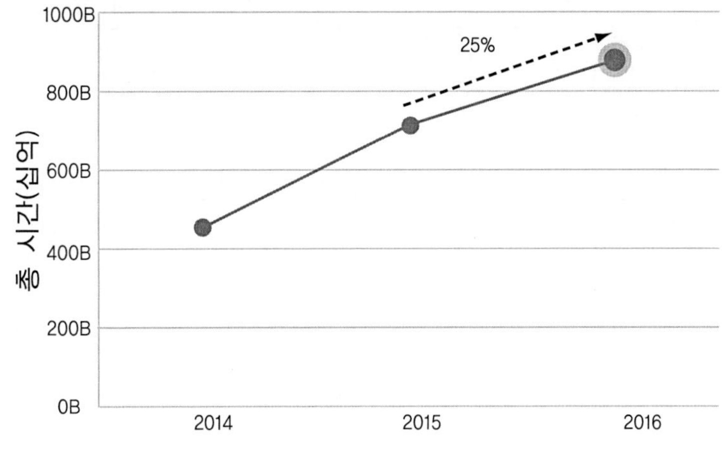

286) 출처 : App Annie 2016 Retrospective, 2017.1.

앱 스토어 시장은 구글과 애플의 양 강 구도로부터 통신사업자, IT사업자, 독립계 앱 스토어 사업자들의 참여로 다자 간 경쟁구도로 전환되어 가고 있다. 즉, 흔히 '탈옥 아이폰(iPhone) 앱 스토어'라 불리는 새로운 경쟁 구도가 만들어 지고 있다. 차량용 앱 스토어, 게임 전용 앱 스토어 등 주요 플랫폼 사업자들과의 경쟁을 피하고 특화된 콘텐츠로 틈새 시장을 노린 사업자들이 대거 등장하고 있다.

모바일 앱 시장에서 살아남기 위해서는 앱 스토어를 직접 구축, 운영하든지 아니면 앱 스토어를 통해 제작된 콘텐츠나 응용서비스를 제공하지 않으면 시장 접근 자체가 어려운 현상이 일어나고 있다. 애플리케이션(이하 앱) 시장이 성숙하면서 점차'다운로드 건수'가 아닌 '수익 구조'의 중요성이 부각되고 있다. 시장조사업체 Distimo의 보고서에 따르면, 2013년 상반기 4개월간 100만 다운로드 건수를 기록한 상위 10개 앱과 100만 달러를 기록한 상위 10개 앱이 각기 다르게 포진되어 있는데, 이는 다운로드 건수가 더 이상 수익을 보장해주지 않음을 보여주고 있다. 다운로드 건수를 살펴보면, 상위 10개 앱 중 8개가 미국에서의 다운로드 비중이 가장 높게 나타나고 있으며(미국 다운로드 건수가 앱 별로 최소 25%~최대 45%의 비중 차지), 다음으로 중국, 영국, 일본, 한국, 프랑스, 러시아, 독일 등의 순으로 다운로드 건수가 발생하고 있다. 다운로드 건수가 국가별 모바일 이용 인구수와 비례하고 있음을 알 수 있는 대목이다.

표 3-50 세계 앱 스토어 시장 매출 및 다운로드 건수 변화 추이[287)]

수익모델	2011	2012	2013	2014	2115	2016	2017
유료 다운로드	7,139	15,375	20,240	24,314	26,990	27,664	28,935
앱 내 결제	712	2,111	4,591	7,856	14,001	23,771	36,887
앱 내 광고	467	1,073	1,851	2,819	4,375	6,772	10,694
총 매출액	8,318	18,669	26,683	34,988	45,366	58,207	76,517
유료 다운로드(%)	85.8%	82.8%	75.9%	69.5%	59.6%	47.5%	37.8%
앱 내 결제(%)	8.6%	11.4%	17.2%	22.5%	30.9%	40.8%	48.2%
앱 내 광고(%)	5.6%	5.8%	6.9%	8.1%	9.6%	11.6%	14.0%

그 동안 앱 스토어를 통해 판매되는 유료 애플리케이션의 경우 그 평균 판매가(Average Selling Price)가 점차 하락하는 추세를 보이고 있는데 이것은 앱 스토어의 앱들이 점차 무료로 변화되고 있음을 알 수 있는데, 이처럼 앱의 무료화는 콘텐츠 산업의 주요 특징 중의 하나인 전형적 경험재적[288)] 성격에 기인하는 것으로 이해되며, 앱을 무료로 제공

287) 출처 : 통계 지표로 살펴 본 앱 스토어 생태계의 현재와 미래. 스트라베이스. 2014.3.10.
288) 경험재 : 경험을 하기 전에 가치를 평가하기 어려운 재화

하면서 광고를 통해 수익을 발생시키는 앱 버타이징(App-vertising)[289] 형태인 삼각사업모델(Triangle Biz. Model)이 산업의 주요 흐름으로 진행되어 왔으나, 이러한 경향은 점차 다운로드가 아닌 수익 구조 측면에서의 고려가 중요한 것으로 인식되어 가고 있다.

이러한 특성을 잘 반영하고 있는 것이 바로 매출 수익 면에서는 인-앱 결제(IAP) 방식의 수익구조를 채택한 유료 앱이 가장 많은 수익을 내고 있음을 통해 확인할 수 있다. 2013년 기준 전 세계 앱 스토어 시장 매출은 260억 달러를 넘어선 것으로 관측되고 있으며, 유료 앱 매출은 전체의 76%를 차지하고, 앱 내 결제(IAP, In-App Purchase)와 광고는 각각 전체 매출의 17.2%와 6.9%를 차지한 것으로 보고되고 있다.

앱 스토어의 수익모델은 앱 내 결제(IAP)를 중심으로 형성되고 있는데, 전체 매출 중에서 IAP의 비중은 2011년 8.6%에 불과했지만, 2013년 17.2%로 증가하였고, 2017년에는 48.2%까지 늘어날 전망이다.[290] 2013년 현재 매출 상위 10건 중 5건이 '유료앱 + IAP' 방식이었고, 3건은 단순 '유료앱', 2건은 '무료앱 + IAP' 방식이다. 최고 수익 역시 '유료앱 + IAP' 방식인 〈Angrybird Star Wars HD〉가 차지하고 있으며, '유료앱' 방식의 〈Grand Theft Auto: Vice City〉와 '무료앱 + IAP' 방식의 〈Temple Run 2〉가 수익구조 별로 각각 최 상위권에 안착하고 있다. 이러한 현상은 사용자들이 신규 앱의 구매보다는 게임 내 아이템이나 프리미엄(Freemium) 콘텐츠를 더 선호하고 있다는 이야기가 된다.

앞서 언급한대로 무료 다운로드 건수가 전체의 90%이상을 차지하고 있는 반면, 매출의 2/3이상이 유료 앱을 통해 발생한다는 점은 앱 스토어 시장의 폭발적인 성장에도 불구하고 기존의 수익 모델만으로는 앱 생태계를 유지하기 힘들다는 의미로 해석된다. 국내의 경우도 2016년에 출시된 스마트 폰 전체 앱은 약 220만개에 달하지만, 한국인이 한 번이라도 사용한 앱은 이 중 0.84%인 18,414개에 불과했다. 이처럼 실제로 앱 스토어에 등재된 앱 중에서 다운되어 설치되더라도 매일 사용되는 앱은 1%도 채 되지 않는다는 의미이므로 앱을 통한 매출을 기대하는 것은 점점 더 어려워지는 것으로 보인다.

---

289) App-vertising : App-Advertising을 혼합한 신조어로, 광고를 보거나 이벤트에 참여하면 이용자에게 보상을 해주는 새로운 마케팅 방법을 일컫는 용어임.

290) 출처 : Gartner, Vision Mobile, Portio Research 등 시장조사업체들이 추산해 발표한 자료

그림 3-84 국내 시장에서의 앱 사용 통계 현황[291)]

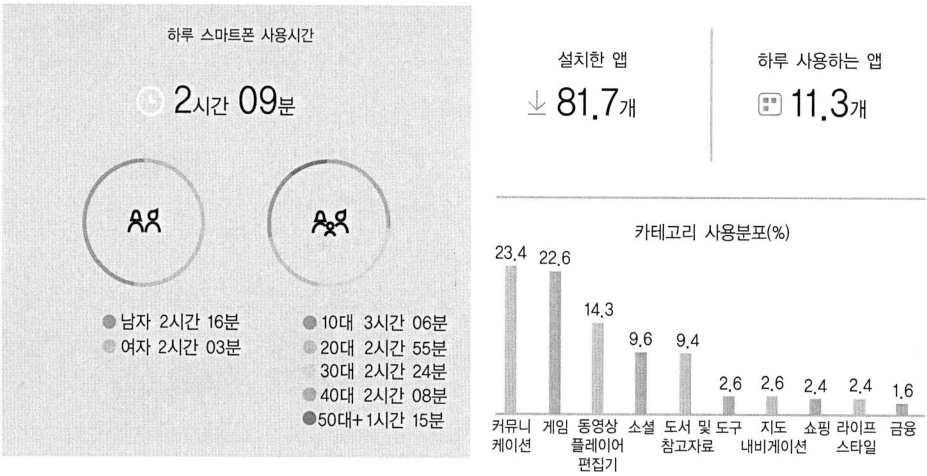

Vision Mobile의 조사에 따르면, 현재 전 세계 앱 개발자들 사이에 앱 수익 저변을 확대하기 위해 유료 앱 판매, 앱 내 결재 등 구매량에 따른 과금(pay-per-buy) 모델과 더불어 구독 모델이나 라이센스 제공과 같이 사용량에 따른 과금(pay as you use) 모델을 활용하기 시작했다. 앱 내 광고, 앱 내 브랜드 간접노출, 상품 판매 대항, CPI 광고 등 앱을 이용해 2차적으로 수익을 확보하는 비즈니스 모델 역시 활성화되고 있다. 특히 앱 수익 모델로서 특정 e-Commerce 서비스 상의 제품을 앱 내에서 판매하고, 실제 거래가 성사되면 수수료를 확보하는 방식에 주목할 필요가 있다.[292)]

291) 출처 : http://www.wiseapp.co.kr/(2017년 2월 6일 ~ 2월 12일 현황)
292) 출처 : 통계지표로 살펴본 앱 스토어 생태계의 현재와 미래, 스트라베이스, 2014.3.10.

그림 3-85 전 세계 앱 개발자의 수익모델별 활용률 및 평균 매출

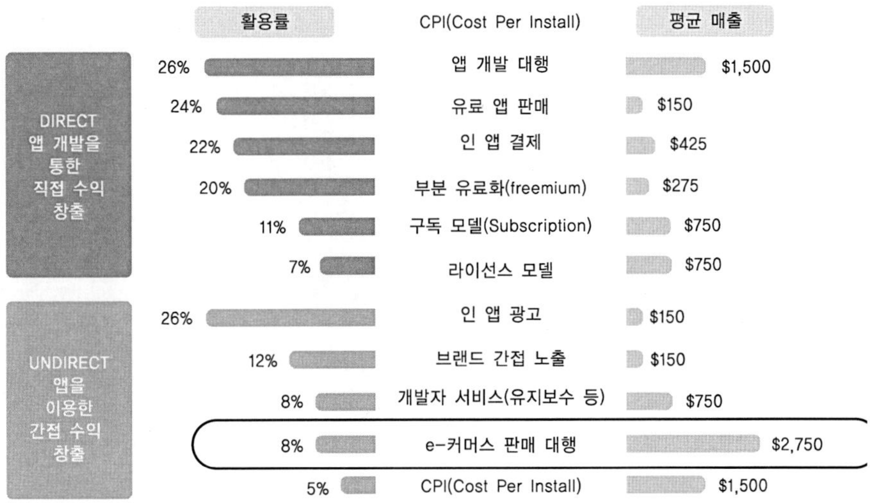

※ 자료: Vision Mobile(2014.2)

뿐만 아니라 시장에 첫 진입하는 앱 개발사 및 퍼플리셔의 입지가 점차 좁아지고 있음도 확인할 수 있는데, 이는 신규 앱 개발에서 대형업체나 브랜드를 갖춘 기존 개발사의 입지는 확고한 반면 신규 개발사의 성공 비율은 낮다는 것을 보여준다. 매출 수준도 미미하여, 신규 개발사가 올린 수익은 전체 매출 대비 애플 앱 스토어 0.25%, 구글 플레이는 1.2%정도로 나타났음 통해서도 알 수 있다. 이는 사용자들이 새로운 앱에 대한 필요성을 느끼지 못하면서 다운로드 수가 하락하고 매출 역시 일부 개발자에 편중되는 등 시장 포화 현상이 발생되고 있는 것으로 판단되고 있다. 일부 시장 전문가들은 시장 포화와 앱 사용 고착화와 같은 현상을 시장 성숙기에 나타나는 것으로 판단하고 있다. 따라서 앞으로는 더욱 정교한 비즈니스 모델과 시장 진입 전략이 필요할 것으로 예상된다.[293)]

293) 출처 : 글로벌 앱 시장의 주요 트랜드 변화. KT경제경영연구소. 2013.6.27.

그림 3-86 전 세계 앱 스토어 다운로드 추이[294)]

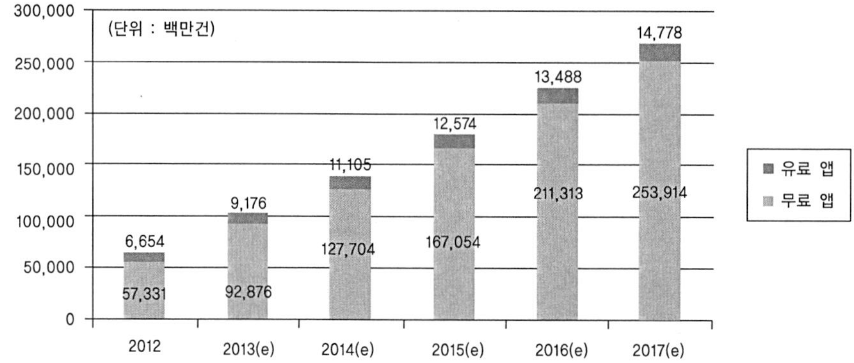

Source : Gartner

뿐만 아니라 앱 수가 폭발적으로 증가하여 기존 앱 마케팅 및 수익화 모델로는 한계에 봉착하고 있다. 하루 1,600개 이상의 앱이 앱 스토어에 신규 등록되는 등 App store와 Google Play를 합해 310만 개 이상(2016년 말 현재)의 앱이 등장하면서, 앱 인지도 확보 및 이용자 기반 확보를 위한 앱 개발자들의 부담이 증가하고 있으며, 기존 마케팅 및 수익화 모델도 한계에 봉착하였다.

이처럼 앱의 수적 증대에 따라 이용자 확보를 위한 관련 마케팅 비용도 증가 추세를 보이고 있는데, 앱 마케팅 기술 제공업체 Fiksu에 따르면, 충성도 높은 이용자(loyal user) 유지비용은 2014년 8월 1.86 달러에서 1개월 만에 21% 증가한 2.5달러를 기록했으며, 연간 증가율은 34%를 기록하고 있다고 한다. 또한 모바일 앱 시장조사업체 Priori Data에 따르면, iOS 기반 부분유료화(free-to-pay) 게임 40개와 유료 게임 40개를 2014년 7월부터 조사한 결과 해당 게임 개발자들의 일평균 다운로드 건수 및 매출이 일주일 안에 급감한 것으로 나타났다. 유료 앱과 부분유료화 앱 모두 평균적으로 일평균 매출이 30일 안에 75% 이상, 60일 안에 85% 감소했으며, 유료 앱의 일평균 매출은 35일 안에 6만 85달러에서 1,899 달러로, 부분유료화 앱의 경우 1만 4,783 달러에서 662 달러로 급감한 것으로 나타났다.

2016년 현재 앱 스토어의 현황을 살펴봐도 앱 스토어는 양대 앱 매출 규모가 2015년 대비 40% 증가한 350억 달러를 기록하고 앱 이용시간도 증가하는 등 지속적으로 활성화되고 있는 것에 반해, 앱 스토어의 제공 주체인 플랫폼 사업자와 달리 앱 제공 주체인 앱 개발사들은 오히려 위기에 봉착하고 있다. 이는 결국 경쟁 심화에 따른 마케팅 비용이 증가하는 반면 앱스토어의 앱 판매가 표준화로 수익 창출의 폭이 줄어든 탓이다. 각각의 앱은

294) 출처 : www.mobizen.pe.kr/1380?category=2

개발 기간 등이 상이하고, 투자와 무관하게 앱 판매가를 최고 10달러 미만 수준으로 표준화 한 것과 특정 앱이 이용자 한 명을 획득하는데 드는 마케팅 비용은 4달러에서 16달러로 실질적으로 흑자를 만들기가 쉽지 않은 상황이 지속되고 있다.295)

또한, 비효율적인 앱 스토어 내 검색 시스템으로 인해 앱 스토어에 등록된 전체 앱 중 이용자들이 실제 다운로드 및 설치한 앱은 5%에 불과하며, 존재조차 알려지지 못하고 퇴출되는 앱은 92%에 달하는 것으로 조사되었다.

이처럼 앱 경제는 무한 경쟁 시대 돌입하고 있다. 순간의 인기 아닌 결정적인 성장 모멘텀 확보가 관건이며, 앱 개발자들은 이용자 확보와 앱 인지도 확대를 위해 P2P(pay-to-play) 전략을 구사하거나, 가상통화 시스템을 도입하고 있지만, 가상통화의 경우 자기 자본이 충분치 않은 신생 업체에게는 위험부담이 크며, 일차적으로 품질 좋은 앱 개발을 위한 투자를 아끼지 말아야 하고, 앱의 성공을 확신할 수 있을 때 마케팅에 투자하는 것이 바람직한 것으로 나타난다.

또한, 앱이 아무리 성공적이더라도 앱을 상위권에서 유지시키기 위해서는 높은 앱 설치율과 앱의 퀄리티 유지를 위한 지속적인 투자가 요구된다. 최근 재정적으로 열악한 신생 업체 및 인디 개발자들을 위해 교차 프로모션(cross-promotion) 네트워크를 구축하는 등 새로운 마케팅 전략 개발이 가시화되고 있다. 교차 프로모션(cross-promotion)은 앱 개발자들이 다른 앱에서 자신의 앱을 광고하는 방식이다. 296)

4 앱의 장르별 현황

미국의 시장조사기관인 컴스코어(ComScore)가 CNN, 아마존(Amazon), The Weather Channel을 이용하는 소비자를 대상으로 실시한 조사 결과에 따르면, 소비자들은 앱 스토어의 등장이후 웹과 앱을 동시에 사용하는 비중이 15%로 줄어들었으며, 소비자들의 개인적인 선호에 따라 웹(Web)과 앱(App)을 명확히 구분해서 이용하고 있는 것으로 나타났다. 다만 일평균 앱을 이용하는 소비자가 전체의 56%를 차지하여 다수를 차지하고 있는 것으로 나타났다. 소비자들이 웹(Web)을 통해 주로 사용하는 콘텐츠는 제품의 리뷰(Review), 블로그(Blog), 스포츠(Sports), 뉴스 등이고, 앱(App)을 이용하는 것은 게임, 음악, 소셜 미디어 등으로 웹과 앱은 사용 콘텐츠에 따른 이용행태의 상이함을 극명하게 보여 주고 있다.297)

295) 출처 : 앱 스토어는 호황, 앱 개발자는 수익성 위기, 스트라베이스, 2016.3.18.

296) 출처 : TRABASE NewsBrief. 스트라베이스. 2015.2.2.

297) 출처 : http://mobizen.pe.kr/1110

그림 3-87 웹과 앱의 콘텐츠 이용행태 비교

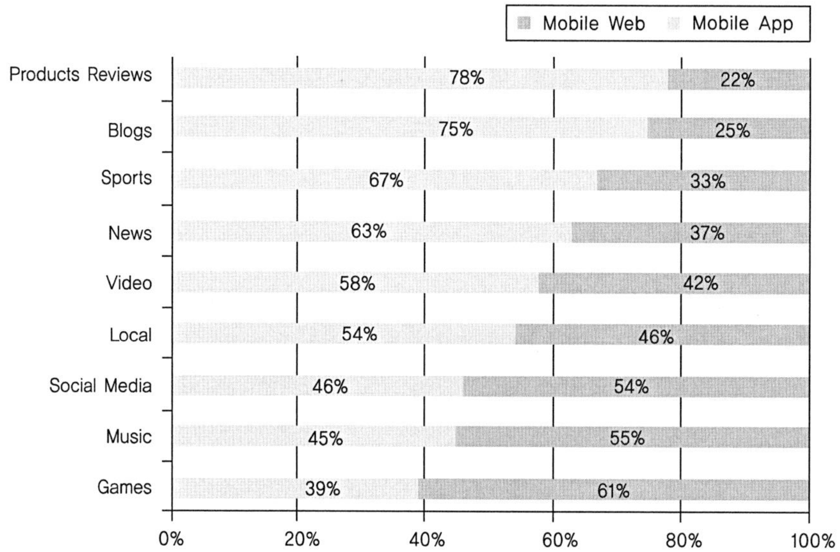

Source : Adobe(2010년 10월)

전 세계 앱 이용자들 사이에 게임은 가장 인기 있는 장르로 다운로드 건수, 매출 등에서 모두 가장 많은 점유율을 기록하고 있으며, iOS 매출의 63%가 게임에 의해 일어나고, 앱 스토어 내 가상 아이템 및 가상 화폐거래의 56.7%가 게임 장르에 의해 발생하는 것으로 나타났다.[298] 이는 이용자들이 게임에 많은 시간을 할애하고 있는 것이 그 이유이기도 하지만, 다른 카테고리(Category)에 비해 앱의 수가 압도적으로 많은 것이 결정적 요인으로 작용한 것으로 분석된다. 하지만 앱 장르 중 수명 주기가 가장 짧아 지속적인 매출 견인에는 한계를 나타내고 있다.[299] IT 전문 매체 GigaOM이 발표한 개발자들의 장르별 앱 개발 경험 조사결과, 스마트 폰과 태블릿 PC 모두 유틸리티, 게임, 경제/금융 앱 개발 비중이 높은 것으로 조사되었다. 이는 애플 앱스토어와 구글 플레이에서 높은 매출을 기록하고 있는 앱들이 대부분 게임과 유틸리티 및 툴에 편중되어 있는 것과 동일한 맥락에서 바라볼 수 있다. 즉, 개발자 입장에서는 수익성이 높은 장르의 앱 개발에 주력할 수밖에 없는 것이다.

298) App Annie가 시장조사업체 HIS와 2013년 전 세계 주요 7개국 콘텐츠소비자들을 대상으로 조사한 결과 게임 앱 시장은 전년대비 2.9배의 성장률을 기록한 것으로 나타남.

299) Flurry Analytics의 조사결과, 모바일 앱 장르 중 게임의 수명이 2개월로 가장 짧은 가운데 뉴스 앱이 7개월로 수명이 가장 긴 것으로 나타남.

2016년 전 세계 전으로 가장 많은 다운로드를 기록한 장르는 플레이스토어나 앱스토어 모두 게임으로 나타나고 있다. 다음은 앱 스토어의 경우는 사진이나 비디어, 엔터테인먼트, SNS 등의 순으로 나타났으며, 플레이스토어의 경우는 도구, 통신, 사진, 엔터테인먼트의 순으로 나타났다. 매출 측면에서도 게임이 가장 많은 매출을 기록하고 있으며, 다음이 SNS, 커뮤니테이션, 엔터테인먼트 등으로 나타나고 있다.

표 3-51 장르별 다운로드 및 매출 현황[300)]

iOS 2016 Worldwide Downloads			Google Play 2016 Worldwide Downloads			iOS 2016 Worldwide Revenue			Google Play 2016 Worldwide Revenue		
Rank	Catagory	Rank Change vs 2015	Rank	Catagory	Rank Change vs 2015	Rank	Catagory	Rank Change vs 2015	Rank	Catagory	Rank Change vs 2015
1	Games	-	1	Games	-	1	Games		1	Games	-
2	Photo & Video	-	2	Tools	-	2	Social Networking		2	Communication	-
3	Entertainment	-	3	Communication	-	3	Entertainment	▲1	3	Social	-
4	Social Networking	-	4	Photographt	-	4	Music	▼1	4	Entertainment	▲1
5	Utilities	▲1	5	Enterainment	-	5	Education	-	5	Music & Audio	▲2
6	Productivity	▲1	6	Social	-	6	Lifestyle	▲3	6	Lifestyle	▲4
7	Lifestyle	▼2	7	Productivity	▲2	7	Productivity	▼1	7	Education	▼1
8	Shopping	N/A*	8	Music & Audio	-	8	Books	▼1	8	Tools	▼4
9	Music	▼1	9	Personalization	▼2	9	Health and Fitness	▲3	9	Health & Fitness	▲6
10	Education	▼1	10	Shopping	▲2	10	Photo & Video	▲3	10	Sports	▼1

2016년 현재 매출이 가장 많은 앱은 스포티파이, 라인, 넷플릭스, 틴들, HBO Now 등의 순으로 타나타고 있으며, 게임에서는 Monster Strike(Mixi), Clash of Clan(Supercell), Pocketmon Go(Nitendo) 등으로 나타났다.

300) 출처 : App Annie 2016 Retrospective, 2017.1.

표 3-52 2016년 앱 및 게임 매출 순 현황[301)]

Top Apps of 2016:Worldwide Combined iOS and Google Play Revenue		
Rank	App	Company
1	Spotify	Spotify
2	LINE	LINE
3	Netflix	Netflix
4	Tinder	InterActive Corp (IAC)
5	HBO NOW	HBO
6	Pandora Radio	Pandora
7	iQIYI	Baidu
8	LINE Manga	LINE
9	Sing! Karaoke	Smule
10	Hulu	Hulu

Top Apps of 2016:Worldwide Combined iOS and Google Play Revenue		
Rank	App	Company
1	Monster Strike	Mixi
2	Clash of Clans	Supercell
3	Pokemon GO	Niantic
4	Game of War-Fire Age	MZ
5	Clash Royale	Supercell
6	Mobile Strike	MZ
7	Puzzle & Dragons	GungHO Online
8	Fantasy Westward Journey	NetEase
9	Candy Crush Sage	Activision Blizzard
10	Fate/Grand Order	Sony

5 앱 스토어 시장의 미래[302)]

2007년부터 시작된 앱 스토어 시장은 아직 앱 스토어 생태계가 확고히 구축되지 않은 신흥 국가들에서의 견고한 성장세에 힘입어 글로벌 경제 성장의 한 축을 담당할 것으로 전망된다.

하지만 미국이 2013년 말부터 성장률 둔화세를 보이는 등 시장 포화의 징후들이 곳곳에서 발견된다. 애플, 구글, 아마존 등 자체 앱 스토어를 운영하고 있는 사업자뿐만 아니라 모바일 앱 개발자들도 다음시대를 대비하기 위한 먹거리를 고민하고 있다. 앱 스토어 시장의 주요 플레이어(Player)들이 HTML5 기반의 웹 앱 등을 시도하거나 웨어러블, 사물인터넷(IoT, Interner of Things)등의 영역에 진출해 기존 비즈니스에 모바일 기술과 앱을 접목시키는 전략을 선보이며 앱 스토어 생태계 내 완전한 종속을 피하려하고 있다.

301) 출처 : App Annie 2016 Retrospective, 2017.1.
302) 출처 : 통계지표로 살펴본 앱스토어 생태계의 현재와 미래(스트라베이스.2014.3.10.)인용 재구성

앱 스토어의 매출은 지속적으로 증가하고 있지만, 경쟁 심화에 따라 개발사들의 평균 수익은 급격하게 줄어들고, 스타트업들이 소규모 자본으로 엄청난 기회를 창출하던 시대는 지나가고 있다. 플랫폼에서는 구글과 애플의 양강 구도가 심화되고, 개발자 단에서는 자금력이 경쟁력을 좌우하는 상황으로 변모한 것이다.

앱 시장 성숙도 모형에 따르면, 앱 시장은 시장 성숙도의 초기에는 기기 보급의 확대와 같이 다운로드 수가 급속히 증가하나 시간이 지남에 따라 앱 사용자들의 사용 시간이 점차 확대되어 가고, 이는 앱내 광고(In-App Advertising)나 앱내 구매(In-App Purchase) 혹은 모바일 커머스(Mobile Commerce) 등의 이용에 따라 매출이 점차 확대되어 가게 된다. 미국이나 일본과 같이 성숙된 시장에서는 다운로드의 수보다는 점차 앱 사용이나 매출이 증가하는 현상을 보이게 된다. 반면, 인도나 인도네시아와 같은 신규 시장에서는 앱 다운로드 수가 하이퍼(Hyper) 곡선을 그리며 성장하는 모습을 보이게 되는 등 시장의 성숙도에 따라 매출, 사용률, 다운로드 3가지 변수의 상관관계가 나타나게 된다.

그림 3-88 앱 마켓의 성숙도 모델[303)]

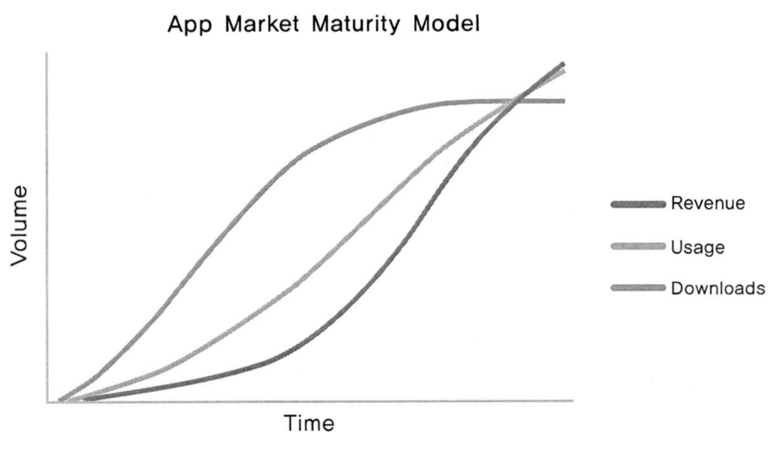

이 같은 현상은 부분유료화(Freemium), 즉 앱 내 결제기능이 있는 앱이 전체 매출의 92%를 차지하는 등 유료 앱과 앱내 결제 기능이 있는 유료 앱을 제치고 가장 보편적인 수익모델로 등장하는 등 앱 내 결제가 앱 스토어 시장의 핵심 수익 모델로 자리매김함에 따라 더욱 심화될 것으로 예상된다. 앱 내 결제로 앱 스토어의 수익구조가 획일화됨에 따라 앱 스토어 시장의 매출 자체는 크게 증가한 것이다. 앱 내 결제가 이용자들로 하여금 지나친 소비를 조장하고, 특히 일부 앱에서는 미성년자가 부모 동의 없이 앱 내 결제를 허용하

303) 출처 : App Annie 2016 Retrospective, 2017.1.

는 등의 문제는 앱스토어 생태계의 건전한 발전을 저해할 수 있다. 이와 관련해 유럽위원회(European Commission)는 앱 내 결제와 관련해 '게임 앱 광고에서 무료 표현제한, 아동 구매 권고 제한, 소비자 결제방식 안내, 운영자 정보 공개 등의 제제 가이드라인을 마련하는 등 앱내 결제 모델의 제재 방안마련을 위해 본격적으로 나서고 있는 등 앱 경제의 다양한 문제들이 등장하고, 또 새로운 규제나 서비스의 등장을 요구하게 될 것으로 예상된다.

최근 들어 비디오 및 음악 스트리밍 앱, 데이트 앱의 유료 가입(Subscription) 매출이 증가하여 매출 측면에서는 긍정정인 요인으로 작용하고 있으며, 앞으로도 Apple의 watchOS 및 tvOS와 구글의 Android Wear 및 Android TV 등 웨어러블과 TV 부문의 새로운 플랫폼의 등장 등 생태계 측면에서의 다양한 변화에 따라 적절하게 대응할 경우 앱 마켓 성장은 지속될 것으로 전망된다.

궁극적으로는 단말의 경우 웨어러블, 히어러블 등 다양한 단말이 등장하고, 인공지능을 활용한 상황인식을 통해 사용자가 필요로 하는 다양한 콘텐츠나 서비스를 추천해 주는 등 서비스가 지능화될 것이며, 네트워크 측면에서는 5세대 통신망이 상용화 되고, 모든 사물이 연결되는 사물 인터넷의 기반으로 자리매김해 갈 것이다. 마지막으로 콘텐츠 측면에서는 실감형, 지능형 콘텐츠의 수요가 증가하게 될 것으로 예측되는 바 앱 형태와앱 스토어의 경우도 이러한 생태계의 변화를 사전적으로 대응하는 변신을 진행해야 할 것으로 판단된다.

정리하기

1 앱스토어에서 집단지성(Collective Intellectual)이 갖는 의미는 무엇인가?

2 모바일 앱의 3가지 유형은 무엇인가 ? 3가지에 대해 설명하시오.

3 앱의 종류를 나열하고, 이를 설명하시오.

4 앱 내 결제(IAP, In-App Purchase)가 앱 생태계에 미치는 부정적 영향은 무엇인가?

확인하기

1 장터(Market)를 열어 놓고, 개인이든, 기업이든 누구나 자사의 콘텐츠 장터에 개발된 콘텐츠나 응용서비스를 올려 놓고 판매를 할 수 있게 만든 것이다. 이렇게 개방된 에이피아이(AP: Application Programming Interface)를 통해 누구든지 다양한 서비스나 앱 개발을 할 수 있게 함으로써 자생적으로 진화할 수 있는 기반을 마련하고, 이에 따라 개인들이나 소규모 기업 혹은 중견 콘텐츠 개발사들이 다양한 서비스나 콘텐츠를 앱 스토어 상에 등록함으로써 소비자와 직접 판매 및 구매 활동을 전개할 수 있게 되었다.

2 네이티브 앱(native app), 웹 앱(web app), 하이브리드 앱(hybrid app)으로 구분되어짐.
네이티브 앱은 일반적으로 이야기하는 애플리케이션을 의미하는데, 모바일 기기에 최적화 된 언어로 개발된 앱으로 안드로이드 개발툴킷(SDK: Software Development Kit)을 이용해 자바(Java)언어로 만드는 안드로이드 앱과 iOS SDK를 이용해 Objective-C 언어로 만드는 아이폰 앱 등 대부분이 이 유형에 속한다.
웹 앱은 모바일 웹과 네이티브 앱을 결합한 유형으로, PC나 스마트 폰 등 단말기의 기종에 관계없이 아무 단말기에서나 같은 콘텐츠를 볼 수 있도록 해주는 시스템으로 HTML5를 기반으로 하여 모바일 게임을 비롯한 콘텐츠 업체들을 중심으로 빠르게 확산되고 있으며, 아이폰, 안드로이드폰, 윈도우폰 용으로 각각 앱을 제작해야하는 번거로움이 없어져 비용이나 시간이 훨씬 절감될 수 있고 앱을 등록하고 심사하는 과정 을 거치지 않는 반면에, API의 이용이 어렵고 웹 앱 실행하기까지 웹 접속이 필요해 수행 시간이 늦다는 단점이 있다.
하이브리드 앱은 웹 앱의 단점을 보완한 형태로써, 웹 앱을 네이티브 앱으로 포장하는 것을 말한다. 웹 기술로 개발되었지만 모바일에 최적화된 언어로 만드는 네이티브 앱처럼 보이게 하는 것을 말하며, 네이티브 앱의 형태를 띄고 있어 앱스토어나 마켓에서 다운받아 모바일에 설치할 수 있고, 모바일의 고유 정보를 이용하고 하드웨어를 제어할 수도 있다.

3 모바일 앱의 유형은 크게 네이티브 앱, 웹 앱, 하이브리드 앱 3가지로 구분
① 네이티브(Native) 앱 : 일반적으로 이야기하는 애플리케이션을 의미
모바일 기기에 최적화 된 언어로 개발된 앱으로 안드로이드 개발툴킷
(SDK: Software Development Kit)을 이용해 만들어지며, 안드로이드와 iOS SDK를 이용해 만들어지는 앱
② 웹 앱(Web App) : 모바일 웹과 네이티브 앱을 결합한 유형으로, PC나 스마트 폰 등 단말기의 기종에 관계없이 아무 단말기에서나 같은 콘텐츠를 볼 수 있도록 해주는 시스템으로 HTML5를 기반으로 함.

아이폰, 안드로이드폰, 윈도우폰 용으로 각각 앱을 제작해야하는 번거로움이 없어져 비용이나 시간이 훨씬 절감될 수 있고 앱을 등록하고 심사하는 과정을 거치지 않는 반면에, API의 이용이 어렵고 웹 앱 실행하기까지 웹 접속이 필요해 수행 시간이 늦다.

③ 하이브리드(Hybrid) 앱 : 웹 앱의 단점을 보완한 형태로써, 웹 앱을 네이티브 앱으로 포장하는 것. 웹 기술로 개발되었지만 모바일에 최적화된 언어로 만드는 네이티브 앱처럼 보이게 하는 것을 말하며, 네이티브 앱의 형태를 띄고 있어 앱스토어나 마켓에서 다운받아 모바일에 설치할 수 있고, 모바일의 고유 정보를 이용하고 하드웨어를 제어할 수 있음.

4 앱 내 결제로 앱 스토어의 수익구조가 획일화됨에 따라 앱 스토어 시장의 매출 자체는 크게 증가할 수 있지만 앱 내 결제가 이용자들로 하여금 지나친 소비를 조장하고, 특히 일부 앱에서는 미성년자가 부모 동의 없이 앱 내 결제를 허용하는 등의 문제는 앱스토어 생태계의 건전한 발전을 저해할 수 있다.

찾아보기

정가 25,000원

4차 산업혁명과 스마트 경제하에서의 **콘텐츠 산업의 이해**

2017년 5월 2일 초판 인쇄
2017년 5월 12일 초판 발행
저 자 : 권택민
발행자 : 우명찬 · 송 준
발행처 : 홍릉과학출판사
주 소 : 서울시 강북구 인수봉로 50길 10
01093
등 록 : 1976년 10월 21일 제5-66호
전 화 : (02) 999-2274~5, 903-7037
팩 스 : (02) 905-6729
e-mail: hongpub@hongpub.co.kr
http://www.hongpub.co.kr
ISBN: 979-11-5600-522-3

저자와의
협의하에
인지생략